Direito Material e Processual do Trabalho para a 1ª fase da OAB

Comentários às questões

CARLOS AUGUSTO MARCONDES DE OLIVEIRA MONTEIRO — Advogado. Mestre em direito do trabalho pela PUC-SP. Coordenador do curso de pós-graduação em Direito e Processo do Trabalho da Escola Paulista de Direito — EPD. Professor convidado dos cursos de pós-graduação da Escola Superior da Advocacia — ESA e da Faculdade de Direito de São Bernardo do Campo. Professor de cursos preparatórios para concursos públicos e para a OAB (Praetorium, Marcato e Federal). Co-autor da CLT interpretada, editora Manole. Autor de diversos artigos publicados na Revista e no Suplemento Trabalhista da LTr.

YVELIZE OFÉLIA COELHO DE OLIVEIRA BORGES — Especialista em Direito do Trabalho e Processual do Trabalho pela Escola Paulista de Direito — EPD. Diretora aposentada de Vara do Trabalho do TRT da 15ª Região. Professora da Escola Paulista de Direito — EPD. Assistente de Coordenação do Curso de Direito do Trabalho e Processual do Trabalho da Escola Paulista de Direito — EPD.

CARLOS AUGUSTO MARCONDES DE OLIVEIRA MONTEIRO
YVELIZE OFÉLIA COELHO DE OLIVEIRA BORGES

Direito Material e Processual do Trabalho para a 1ª fase da OAB

Comentários às questões

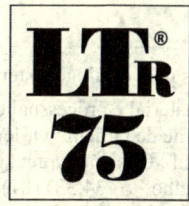

EDITORA LTDA.

© Todos os direitos reservados

Rua Jaguaribe, 571
CEP 01224-001
São Paulo, SP — Brasil
Fone (11) 2167-1101

LTr 4493.1
Outubro, 2011

Visite nosso site
www.ltr.com.br

Dados Internacionais de Catalogação na Publicação (CIP)
(Câmara Brasileira do Livro, SP, Brasil)

Monteiro, Carlos Augusto Marcondes de Oliveira

Direito material e processual do trabalho para a 1ª fase da OAB: Comentários às questões / Carlos Augusto Marcondes de Oliveira Monteiro, Yvelize Ofélia Coelho de Oliveira Borges. — São Paulo: LTr, 2011.

Bibliografia.
ISBN 978-85-361-1941-0

1. Direito do trabalho 2. Direito material 3. Direito processual do trabalho 4. Ordem dos Advogados do Brasil — Exames, questões etc. I. Borges, Yvelize Ofélia Coelho de Oliveira. II. Título.

11-10101   CDU-34:331(81)(079.1)

Índices para catálogo sistemático:

1. Direito material e processual do trabalho :
    Exame de Ordem : Ordem dos Advogados do
    Brasil : Questões comentadas : Direito do
    trabalho   34:331(81)(079.1)

Agradeço primeiro a Deus, pelo dom da vida e por todas as graças a mim concedidas. Agradeço a todos os meus sócios da Monteiro Dotto e Monteiro advogados associados, a todos os estagiários, em especial ao Higor Zakevicius Alves pelo grande auxílio prestado na elaboração deste livro. À Célia, Márcio e Bruno. À minha querida amiga e parceira de trabalho Yvelize Ofélia Coelho de Oliveira Borges e a todos os meus alunos dos cursinhos preparatórios para a OAB. Ao amigo Luiz Carlos Passos da Silva pelo apoio ao projeto. Ao cursos preparatórios Praetorium e Marcato, que me proporcionaram um excelente ambiente para o desenvolvimento deste trabalho.

CARLOS AUGUSTO MARCONDES DE OLIVEIRA MONTEIRO

Inicialmente agradeço a Deborah S. Pesrestrelo Monteiro, carinhosamente Dé, pela lembrança do meu nome. A minha eterna gratidão.

Ao professor Carlos Augusto Marcondes de Oliveira Monteiro pelo convite e pelo incentivo na confecção desta obra que compartilhamos. Meu respeito e admiração.

A Desembargadora Ivani Contini Bramante, que nos honra ao prefaciar o livro, responsável por minha formação recente.

Aos Desembargadores, Juízes e Servidores do Tribunal Regional do Trabalho da 15ª Região, onde tive a honra de servir pelos últimos 25 anos, pela contribuição na minha formação.

YVELIZE OFÉLIA COELHO DE OLIVEIRA BORGES

Dedico este trabalho à minha esposa Deborah S. Perestrelo Monteiro, responsável pelos melhores anos da minha vida. Aos meus pais Aureliano Monteiro Neto e Elza Marcondes de Oliveira, aos meus irmãos Rodrigo Emmanuel Marcondes de Oliveira Monteiro e Andrea Marcondes de Oliveira Monteiro (in memoriam) e ao meu sócio Pablo Dotto. À médica Maria Custódia dos Santos pela competência, dedicação e carinho. Aos pequenos e adoráveis Lucas Ferreira Andrade Scaramucci, Helena Kaiser Randig e Maria Luiza Kaiser Duarte. À Escola Paulista de Direito, aos professores Antônio Claudio da Costa Machado e Ivani Contini Bramante, referencias não só como professores mas também como brilhantes e admiráveis seres humanos. Ao professor Márcio Mendes Granconato, pela parceria na coordenação do curso da EPD e pela forte amizade.

CARLOS AUGUSTO MARCONDES DE OLIVEIRA MONTEIRO

Dedico esta obra primeiramente a Deus, por concretizar em mim os desejos que o meu coração anseia.
A meus pais Canuto e Ordália, in memorian. Saudades.
As minhas irmãs Marcia Monteiro Coelho Teixeira e Mara Monteiro Coelho, pela presença constante em minha vida.
Aos meus amigos Ilna Lúcia Bernardes Ferreira e Haydn José da Silva Junior, pela amizade e companheirismo sempre presentes.
A meu esposo Antonio Ivo, a meus filhos Ismael e Maria Ordália e a Vovó Alice, minha sogra, pela compreensão e amor a mim dedicados.

YVELIZE OFÉLIA COELHO DE OLIVEIRA BORGES

Sumário por temas

DIREITO INDIVIDUAL

TEMAS	QUESTÕES
1 • Fontes	SP-51 e MG-12
2 • Princípios	BR-35, SP-101 e SP-111
3 • Empregado / Trabalhador	BR-5, BR-12, BR-26, BR-63, BR-95, BR-112, BR-125, SP-21, SP-52, SP-103, SP-104, SP-144, SP-155 e SP-156, MG-20
4 • Empregador	BR-45, SP-12, SP-25 e SP-102
5 • Contrato de trabalho	BR-13, BR-47, BR-76, BR-79, BR-92, BR-111, BR-124, BR-133, BR-137, SP-22, SP-23, SP-105, SP-112, SP-123, SP-127, MG-2, MG-4, MG-25, MG-31, MG-35 e MG-36
6 • Salário / Remuneração	BR-46, BR-50, BR-61, BR-64, BR-67, BR-122; BR-132, SP-10, SP-13, SP-14, SP-43, SP-54, SP-66, SP-71, SP-85, SP-87, SP-113, SP-139, SP-141, SP-142, SP-146, SP-158, MG-3, MG-13, MG-22, MG-45
7 • Adicionais	BR-4, BR-11, BR-40, BR-66, BR-136, SP-11, SP-74, SP-92
8 • Jornada / Intervalos	BR-2, BR-39, BR-41, BR-81, BR-96, BR-106, BR-121, BR-139, SP-9, SP-24, SP-33, SP-42, SP-45, SP-64, SP-67, SP-91, SP-94, SP-138, SP-145, SP-154, MG-24, MG-26, MG-42 e MG-46
9 • Férias	BR-77, BR-110, SP-72, SP-93, SP-151, MG-5, MG-23, MG-34 e MG-44
10 • FGTS e Estabilidade	BR-65, BR-113, BR-123, BR-135, SP-32

TEMAS	QUESTÕES
11 • Menor / Mulher	BR-17, BR-91, BR-107, SP-84, SP-106, SP-148 e MG-43
12 • Gravidez / Licença-maternidade	BR-38, BR-42, BR-62, BR-97, SP-34 e SP-119
13 • Admissão / Suspensão / Interrupção	BR-18, BR-19, BR-27, SP-41, SP-122, SP-140, SP-152, MG-14, MG-21, MG-32 e MG-41
14 • Rescisão do contrato de trabalho	BR-20, BR-21, BR-37, BR-51, BR-68, BR-80, BR-93, BR-109, BR-126, BR-127, BR-134, SP-5, SP-31, SP-86, SP-114, SP-126, SP-147, SP-153, SP-157
15 • Revista íntima	SP-44
16 • Falência	SP-53
17 • Prescrição	BR-48, BR-75, SP-124

DIREITO PROCESSUAL

TEMAS	QUESTÕES
1 • Competência	BR-16, BR-33, BR-89, BR-105, SP-48, SP-50, SP-107, SP-131, SP-137, SP-150, MG-08, MG-18, MG-19 e MG-30
2 • Inicial / Exceção / Defesa	BR-94, SP-80, SP-82, SP-109, SP-120
3 • Audiência	BR-87, BR 104, BR-143, SP-40, SP-58, SP-59, SP-79, SP-97, SP-99, SP-134, SP-135, SP-160 e MG-29
4 • Procedimentos	BR-7, BR-30, BR-55, BR-69, BR-85, BR-88, BR-114, SP-3, SP-20, SP-30, SP-117, SP-118, SP-121, SP-130 e MG-39
5 • Nulidades / Anulabilidades	BR-32, BR-73, SP-2, SP-110, MG-6, MG-15 e MG-49
6 • Prazo / Atos processuais	BR-1, BR-99, SP-49, e MG-11
7 • Recursos / Embargos de declaração	BR-8, BR-9, BR-10, BR-14, BR-23, BR-25, BR-28, BR-29, BR-54, BR-57, BR-58, BR-60, BR-71, BR-72, BR-83, BR-86, BR-100, BR-102, BR-103, BR-117, BR-118, BR-130, BR-140, SP-4, SP-6, SP-7, SP-8, SP-29, SP-38, SP-68, SP-78, SP-81, SP-98, SP-108, SP-128, SP-132, SP-133, SP-149, MG-7, MG-9, MG-28, MG-40, MG-47, MG-48 e MG-50

TEMAS	QUESTÕES
8 • Juros / Correção monetária	SP-18 e MG-27
9 • Execução	BR-3, BR-31, BR-49, BR-84, BR-90, BR-116, BR-128, BR-133, BR-142, SP-1, SP-19, SP-39, SP-60, SP-61
10 • Honorários advocatícios e custas	BR-6, BR-22, BR-70, BR-101, BR-115, SP-28, SP-77
11 • TST	SP-62 e SP-83
12 • Procuração / Representação	BR-15, BR-34 e BR-74
13 • Ação rescisória	BR-56 e BR-119
14 • Sentença	BR-98 e MG-10
15 • Princípios / Aspectos gerais	MG-37, SP-129
16 • Inquérito para apuração de falta grave	BR-129
17 • Ação Civil Pública / Mandado de Segurança	BR-131, BR-141, SP-63

DIREITO COLETIVO, PROCESSO ADMINISTRATIVO E MPT

TEMAS	QUESTÕES
1 • Sindicato	BR-24, SP-26, SP-46, SP-55, SP-69, SP-76, SP-89, SP-95, SP-115, SP-116, SP-136, SP-159
2 • Convenção coletiva e acordo coletivo	BR-36, BR-53, SP-17, SP-35, SP-36, e MG-1
3 • Categoria	SP-15, SP-47 e SP-96
4 • Greve	BR-43, BR-108, SP-16 e SP-70
5 • Dirigente sindical	SP-27, SP-56, MG-17
6 • Contribuições	SP-88
7 • Dispensa coletiva	SP-57

TEMAS	QUESTÕES
8 • Dissídio coletivo	BR-59, SP-37
9 • CIPA	BR-78, SP-73, SP-120, SP-125 e SP-143
10 • Comissão de Conciliação Prévia	BR-44, BR-52, BR-82 e MG-38
11 • Fiscalização / MPT	BR-144, SP-65, SP-75, SP-90 e SP-100
12 • Sentença normativa	BR-59 e MG-16

Prefácio

Honrada recebi o convite dos autores Carlos Augusto Marcondes de Oliveira Monteiro e Yvelize Ofélia Coelho de Oliveira Borges para prefaciar o seu livro *Direito Material e Processual do Trabalho para a 1ª Fase da OAB*.

Carlos Augusto Marcondes de Oliveira Monteiro, emérito e combativo advogado, mestre em Direito do Trabalho pela Pontifícia Universidade Católica de São Paulo e Professor da Faculdade de Direito de São Bernardo do Campo, conjuga com maestria a arte da advocacia com ampla experiência acadêmica, o que viabiliza a realização de um livro que atenda a um só tempo os anseios práticos dos candidatos ao exame da OAB, bem como aos dos concursos públicos, com a necessária profundidade doutrinária.

À experiência do coautor, soma-se a extraordinária capacidade de Yvelize Ofélia Coelho de Oliveira Borges, servidora pública do Tribunal Regional do Trabalho da 15ª Região por mais de trinta anos, tendo exercido por longos anos a árdua e relevante função de Diretora de Secretaria.

Trata-se de obra sem igual na literatura jurídica, pois, embora tenha como intuito aparente a preparação de candidatos ao — cada vez melhor elaborado — exame da Ordem dos Advogados do Brasil, tem em sua essência nova e revolucionária forma de ensino, pois ao responder as questões de múltipla escolha de concursos, cuidadosamente escolhidas, destrincha de modo claro e profundo as questões jurídicas nelas versadas, de forma a propiciar ao candidato, além de segurança na resposta, forte embasamento teórico que permite conhecimento doutrinário e jurisprudencial das matérias questionadas.

Além do ótimo conteúdo da obra, os autores, com esmerado empenho, dividiram as questões dos concursos por temas, com objetivo claro de facilitar o estudo dos candidatos aos concursos — eis que poderão utilizar-se do compêndio não apenas como instrumento para aprofundamento da matéria, como também ao término da análise doutrinária de cada tópico estudado, testar os conhecimentos adquiridos.

Merece destaque a forma e a diagramação da obra, que se utiliza de formas diretas e sem notas de rodapé, o que torna a leitura do texto fluída e agradável, bem como a menção, em cada questão, à legislação, jurisprudência e doutrina aplicáveis, o que facilita a missão dos estudantes que encontram, em obra única, forte subsídio à preparação para os concursos.

Portanto, vem o livro, sem precedentes na literatura jurídica, enriquecê-la e ocupar espaço há muito requisitado pela comunidade jurídica.

Com certeza a obra nasce vencedora e destinada ao mais amplo sucesso. Espera-se que os autores não apenas limitem o estudo ao processo do trabalho, como também estendam a análise aos demais ramos do direito, fundamentais não apenas à aprovação nos concursos públicos e provas da OAB, mas também para preparar os canditados, interdisciplinarmente, para a prática da advocacia.

Ivani Contini Bramante
Desembargadora Federal do Trabalho — TRT 2ª Região, Mestre e Doutora pela Pontifícia Universidade Católica de São Paulo — PUC. Professora titular de Direito Processual do Trabalho da Faculdade de Direito de São Bernardo do Campo.

OAB/CESPE NACIONAL
2008.1

1. Antônio moveu reclamação trabalhista contra a Empresa Alfa Ltda. e formulou pedido de condenação solidária da Empresa Ômega Ltda. O juiz de 1ª instância julgou procedente o pedido e estabeleceu condenação contra a Empresa Alfa Ltda. e condenação solidária da Empresa Ômega Ltda. As empresas possuíam advogados distintos, constituídos nos autos. A Empresa Ômega Ltda. interpôs recurso ordinário no 7º dia do prazo, e a Empresa Alfa Ltda. o fez no 14º dia, fundamentando-se no art. 191 do Código de Processo Civil (CPC), que assim dispõe: "Quando os litisconsortes tiverem diferentes procuradores, ser-lhe-ão contados em dobro os prazos para contestar, para recorrer e, de modo geral, para falar nos autos." Considerando essa situação hipotética, assinale a opção correta com relação ao prazo para a interposição do recurso ordinário.

☐ A) Sendo a CLT omissa, aplica-se subsidiariamente o disposto no CPC, de forma que o prazo é contado em dobro quando houver litisconsortes com procuradores distintos.

☐ B) O advogado da Empresa Alfa Ltda. não precisaria sequer invocar o CPC, pois a CLT também estabelece o prazo em dobro quando presentes litisconsortes com procuradores distintos.

☐ C) O prazo em dobro previsto no CPC é inaplicável ao processo do trabalho, visto que é incompatível com o princípio da celeridade inerente ao processo trabalhista.

☐ D) Ambos os recursos apresentados seriam intempestivos, visto que o prazo para apresentar recurso ordinário é de 5 dias.

A alternativa correta é a "C".

O prazo em dobro previsto no art. 191 do CPC é inaplicável ao processo do trabalho conforme já pacificou o Tribunal Superior do Trabalho, através da Orientação Jurisprudencial n. 310 da SDI-I, abaixo transcrita:

OJ-SDI1-310 — LITISCONSORTES. PROCURADORES DISTINTOS. PRAZO EM DOBRO. ART. 191 DO CPC. INAPLICÁVEL AO PROCESSO DO TRABALHO (DJ 11.8.2003)

A regra contida no art. 191 do CPC é inaplicável ao processo do trabalho, em decorrência da sua incompatibilidade com o princípio da celeridade inerente ao processo trabalhista.

De acordo com o art. 769 da CLT, para aplicação subsidiária do processo comum é necessário a conjugação de dois fatores: 1º — omissão da CLT; 2º — ausência de incompatibilidade com os princípios do processo do trabalho.

Quanto ao prazo do art. 191 do CPC, entende o TST que incompatível com o princípio da celeridade inerente ao processo do trabalho.

> Art. 769. Nos casos omissos, o direito processual comum será fonte subsidiária do direito processual do trabalho, exceto naquilo em que for incompatível com as normas deste Título.

Por esse motivo, incorretas as alternativas "A" e "B".

Quanto a alternativa "D" também incorreta, pois o prazo do Recurso Ordinário é de 8 dias. (art. 895 da CLT).

2. João, motorista da Empresa de Ônibus Expresso Ltda., trabalhava na linha que ligava dois municípios, em um mesmo Estado, distantes 400 km um do outro. Findo o contrato de trabalho sem justa causa, João ingressou com reclamação trabalhista contra a empresa, pleiteando o pagamento de horas extras. A empresa juntou aos autos os relatórios diários emitidos pelo tacógrafo do ônibus, afirmando que tais relatórios comprovavam que João não laborava em jornada extraordinária. Considerando a situação hipotética apresentada, assinale a opção correta.

◻ A) O tacógrafo, sem a existência de outros elementos, não serve para controlar a jornada de trabalho do empregado que exerce jornada externa.

◻ B) O tacógrafo, por si só, é um elemento capaz de demonstrar a jornada de trabalho, já que é o espelho do tempo de duração da viagem, comprovando, assim, a jornada de trabalho.

◻ C) O tacógrafo não comprova jornada de trabalho em nenhuma hipótese, pois serve, apenas, para controlar a velocidade do ônibus.

◻ D) O tacógrafo não serve como prova, pois não existe dispositivo na CLT que assim o classifique.

A *alternativa correta é a* "A".

A resposta a esta questão está na orientação jurisprudencial n. 332 da SDI-I do TST.

> OJ-TST-SDI-I-332 — Motorista. Horas extras. Atividade externa. Controle de jornada por tacógrafo. Resolução n. 816/1986 do CONTRAN. O tacógrafo, por si só, sem a existência de outros elementos, não serve para controlar a jornada de trabalho de empregado que exerce atividade externa.

Cumpre destacar ainda que a fixação de jornada é incompatível com a atividade externa, como a exercida pelos motoristas de ônibus, em razão da impossibilidade de controle de horários.

O art. 62, I, da CLT assim estabelece: "Não são abrangidos pelo regime previsto neste capítulo: I — os empregados que exercem atividade externa incompatível com a fixação de horário de trabalho, devendo tal condição ser anotada na Carteira de Trabalho e Previdência Social e no registro de empregados".

Portanto, em relação aos trabalhadores que realizam atividade externa, a anotação na CTPS e no livro de registro se traduz em um imperativo legal como prova dessa condição, qual seja a de excluídos do controle de jornada.

Não se trata de nenhum privilégio. O art. 62 da CLT excepciona os empregados, cujas jornadas não são controladas pelo empregador, em razão de sua impossibilidade. Todavia, se houver alguma forma de controle de horário, terão direito, se provadas, a eventuais horas extras.

Em nenhum caso, o tacógrafo, sem a existência de outros elementos, servirá para o controle da jornada.

Assim sendo, incorretas as demais alternativas.

3. José litigava na justiça do trabalho contra uma sociedade de economia mista em processo de liquidação extrajudicial. O processo encontrava-se em fase de execução, e alguns bens da sociedade haviam sido penhorados para garantir o pagamento. Contudo, antes de findar a execução, a União sucedeu a sociedade de economia mista. Com relação a essa situação hipotética, assinale a opção correta.

- [ ] A) Uma vez que ocorreu a sucessão da União antes de findar a execução, os bens penhorados devem ser liberados, e os valores devidos, pagos por meio de precatórios.
- [ ] B) A execução continua normalmente, mantendo-se a penhora dos bens, sendo o regime de precatórios inaplicável no processo do trabalho.
- [ ] C) O processo deve ser anulado desde o início, pois relações de trabalho com sociedades de economia mista devem ser julgadas pela justiça federal.
- [ ] D) É válida a penhora de bens da sociedade de economia mista realizada anteriormente à sucessão pela União, não podendo a execução prosseguir mediante precatório.

A alternativa correta é a "D".

A questão é tratada pela Orientação Jurisprudencial n. 343 da SDI-I do TST, que assim dispõe:

OJ-SDI1-343 — PENHORA. SUCESSÃO. ART. 100 DA CF/1988. EXECUÇÃO (DJ 22.6.2004). É válida a penhora em bens de pessoa jurídica de direito privado, realizada anteriormente à sucessão pela União ou por Estado-membro, não podendo a execução prosseguir mediante precatório. A decisão que a mantém não viola o art. 100 da CF/1988.

Por esse motivo, incorretas as demais alternativas.

---

4. Francisco trabalhava na Empresa ABC Ltda., a qual, encerradas suas atividades, dispensou todos os seus empregados sem justa causa. Francisco resolveu, então, ingressar com reclamação trabalhista para obter o pagamento do adicional de insalubridade. Com base na situação hipotética apresentada, assinale a opção correta.

- [ ] A) Não é possível estabelecer condenação por adicional de insalubridade, visto que, com o encerramento das atividades da empresa, a realização da perícia torna-se inviável.
- [ ] B) Quando não for possível a realização da perícia, por motivo de encerramento das atividades da empresa, o juiz pode utilizar-se de outros meios de prova para julgar o pedido de pagamento de adicional de insalubridade.
- [ ] C) Ocorrendo o encerramento das atividades da empresa, fica prejudicado o pedido de pagamento do adicional de insalubridade, pois fica descaracterizada a atividade em condições insalubres.
- [ ] D) Uma vez que trabalhou em condições insalubres durante todo o vínculo com a empresa, vindo a pleitear o pagamento do adicional somente após a ruptura do contrato de trabalho, caracteriza-se a renúncia tácita por parte de Francisco ao adicional.

A alternativa correta é a "B".

A perícia é obrigatória, quando solicitado em Juízo o adicional, a teor da norma constante do art. 195 da CLT, do seguinte teor: "A caracterização e a classificação da insalubridade e da periculosidade, segundo as normas do Ministério do Trabalho, far-se-ão por meio de perícia a cargo de Médico do Trabalho ou Engenheiro do Trabalho, registrados no Ministério do Trabalho".

No caso de fechamento da empresa, poderá o Juiz utilizar-se de outros meios de prova.

Assim dispõe a Orientação Jurisprudencial n. 278 da SDI-1 do TST — "A realização da perícia é obrigatória para a verificação de insalubridade. Quando não for possível sua realização, como em caso de fechamento da empresa, poderá o julgador utilizar-se de outros meios de prova".

Como "outros meios de prova" tem-se admitido também a utilização de prova emprestada, realizada anteriormente no mesmo local de trabalho que fora desativado. Portanto, incorretas as alternativas "A" e "C".

Com relação a alternativa "D", não há falar-se em renúncia. Com efeito, os direitos trabalhistas são irrenunciáveis. Tal princípio encontra-se consagrado pelo art. 9º da CLT, assim dispõe: "serão nulos de pleno direito os atos praticados com o objetivo de desvirtuar, impedir ou fraudar a aplicação dos preceitos contidos na presente Consolidação".

Sobre o adicional de insalubridade, cumpre ainda destacar que encontra previsão constitucional no art. 7º, inciso XXIII da CF/88, regulamentada pelos arts. 189 e seguintes da CLT.

Serão consideradas atividades insalubres aquelas cuja natureza exponha os empregados a agentes nocivos à saúde, acima dos limites de tolerância fixados em razão da natureza e da intensidade do agente e do tempo de exposição aos seus efeitos. (art. 189 CLT)

O art. 190 CLT estabelece que o Ministério do Trabalho é quem irá determinar quais atividades serão consideradas insalubres. Tais atividades encontram-se na NR-15, da Portaria n. 3.214/78, que estabelece os agentes químicos, físicos e biológicos prejudiciais à saúde e o limite de tolerância.

O adicional poderá ser mínimo (10%), médio (20%) ou máximo (40%) — art. 192 CLT — que será calculado sobre o salário mínimo.

Art. 191 CLT — A eliminação ou neutralização da insalubridade poderá ocorrer:

I — com a adoção de medidas que conservem o ambiente de trabalho dentro dos limites de tolerância;

II — com a utilização de equipamentos de proteção individual ao trabalhador, que diminuam a intensidade do agente agressivo a limites de tolerância.

Parágrafo único. Caberá às Delegacias Regionais do Trabalho, comprovada a insalubridade, notificar as empresas, estipulando prazos para a sua eliminação ou neutralização, na forma deste artigo.

Súmula n. 47 TST — INSALUBRIDADE (mantida) — Res. 121/2003, DJ 19, 20 e 21.11.2003. O trabalho executado em condições insalubres, em caráter intermitente, não afasta, só por essa circunstância, o direito à percepção do respectivo adicional.

Súmula n. 80 TST — INSALUBRIDADE (mantida) — Res. 121/2003, DJ 19, 20 e 21.11.2003. A eliminação da insalubridade mediante fornecimento de aparelhos protetores aprovados pelo órgão competente do Poder Executivo exclui a percepção do respectivo adicional.

Súmula n. 139 TST — ADICIONAL DE INSALUBRIDADE (incorporada a Orientação Jurisprudencial n. 102 da SBDI-1) — Res. 129/2005, DJ 20, 22 e 25.4.2005. Enquanto percebido, o adicional de insalubridade integra a remuneração para todos os efeitos legais. *(ex-OJ n. 102 da SBDI-1 — inserida em 1º.10.1997)*

Súmula n. 248 TST — ADICIONAL DE INSALUBRIDADE. DIREITO ADQUIRIDO (mantida) — Res. 121/2003, DJ 19, 20 e 21.11.2003. A reclassificação ou a descaracterização da insalubridade, por ato da autoridade competente, repercute na satisfação do respectivo adicional, sem ofensa a direito adquirido ou ao princípio da irredutibilidade salarial.

Súmula n. 289 TST — O simples fornecimento do aparelho de proteção pelo empregador não o exime do pagamento do adicional de insalubridade. Cabe-lhe tomar as medidas que conduzam à diminuição ou eliminação da nocividade, entre as quais as relativas ao uso efetivo do equipamento pelo empregado.

Súmula n. 293 TST ADICIONAL DE INSALUBRIDADE. CAUSA DE PEDIR. AGENTE NOCIVO DIVERSO DO APONTADO NA INICIAL (mantida) — Res. 121/2003, DJ 19, 20 e 21.11.2003. A verificação mediante perícia de prestação de serviços em condições nocivas, considerado agente insalubre diverso do apontado na inicial, não prejudica o pedido de adicional de insalubridade.

OJ-SDI1-4 — ADICIONAL DE INSALUBRIDADE. LIXO URBANO *(nova redação em decorrência da incorporação da Orientação Jurisprudencial n. 170 da SBDI-1) — DJ 20.4.2005*

I — Não basta a constatação da insalubridade por meio de laudo pericial para que o empregado tenha direito ao respectivo adicional, sendo necessária a classificação da atividade insalubre na relação oficial elaborada pelo Ministério do Trabalho.

II — A limpeza em residências e escritórios e a respectiva coleta de lixo não podem ser consideradas atividades insalubres, ainda que constatadas por laudo pericial, porque não se encontram dentre as classificadas como lixo urbano na Portaria do Ministério do Trabalho. *(ex-OJ n. 170 da SBDI-1 — inserida em 8.11.2000)*

OJ-SDI1-47 — HORA EXTRA. ADICIONAL DE INSALUBRIDADE. BASE DE CÁLCULO (alterada) — Res. 148/2008, DJ 4 e 7.7.2008 — Republicada DJ 8, 9 e 10.7.2008

Orientação Jurisprudencial da SBDI-1 C-12 A base de cálculo da hora extra é o resultado da soma do salário contratual mais o adicional de insalubridade.

OJ-SDI1-103 — ADICIONAL DE INSALUBRIDADE. REPOUSO SEMANAL E FERIADOS (nova redação) — DJ 20.4.2005

O adicional de insalubridade já remunera os dias de repouso semanal e feriados.

OJ-SDI1-121 — SUBSTITUIÇÃO PROCESSUAL. DIFERENÇA DO ADICIONAL DE INSALUBRIDADE. LEGITIMIDADE (nova redação) — DJ 20.4.2005

O sindicato tem legitimidade para atuar na qualidade de substituto processual para pleitear diferença de adicional de insalubridade.

OJ-SDI1-165 — PERÍCIA. ENGENHEIRO OU MÉDICO. ADICIONAL DE INSALUBRIDADE E PERICULOSIDADE. VÁLIDO. ART. 195 DA CLT (inserida em 26.3.1999)

O art. 195 da CLT não faz qualquer distinção entre o médico e o engenheiro para efeito de caracterização e classificação da insalubridade e periculosidade, bastando para a elaboração do laudo seja o profissional devidamente qualificado.

OJ-SDI1-171 — ADICIONAL DE INSALUBRIDADE. ÓLEOS MINERAIS. SENTIDO DO TERMO "MANIPULAÇÃO" (inserida em 8.11.2000)

Para efeito de concessão de adicional de insalubridade não há distinção entre fabricação e manuseio de óleos minerais — Portaria n. 3.214 do Ministério do Trabalho, NR-15, Anexo XIII.

OJ-SDI1-172 — ADICIONAL DE INSALUBRIDADE OU PERICULOSIDADE. CONDENAÇÃO. INSERÇÃO EM FOLHA DE PAGAMENTO (inserida em 8.11.2000)

Condenada ao pagamento do adicional de insalubridade ou periculosidade, a empresa deverá inserir, mês a mês e enquanto o trabalho for executado sob essas condições, o valor correspondente em folha de pagamento.

OJ-SDI1-173 — ADICIONAL DE INSALUBRIDADE. RAIOS SOLARES. INDEVIDO (inserida em 8.11.2000)

Em face da ausência de previsão legal, indevido o adicional de insalubridade ao trabalhador em atividade a céu aberto (art. 195, CLT e NR-15 MTb, Anexo 7).

OJ-SDI1T-4 — MINERAÇÃO MORRO VELHO. ADICIONAL DE INSALUBRIDADE. BASE DE CÁLCULO. ACORDO COLETIVO. PREVALÊNCIA (inserido dispositivo) — DJ 20.4.2005

O acordo coletivo estabelecido com a Mineração Morro Velho sobrepõe-se aos comandos da lei, quando as partes, com o propósito de dissipar dúvidas e nos exatos limites de seu regular direito de negociação, livremente acordaram parâmetros para a base de cálculo do adicional de insalubridade. *(Cancelada pela Resolução n. 175/11)*

OJ-SDI1T-12 — CSN. ADICIONAL DE INSALUBRIDADE E DE PERICULOSIDADE. SALÁRIO COMPLESSIVO. PREVALÊNCIA DO ACORDO COLETIVO (inserido dispositivo) — DJ 20.4.2005

O pagamento do adicional de insalubridade e periculosidade embutido no salário contratual dos empregados da CSN não caracteriza a complessividade salarial, uma vez que essa forma de pagamento decorre de acordo coletivo há muitos anos em vigor.

OJ-SDI1T-57 — ADICIONAL DE INSALUBRIDADE. DEFICIÊNCIA DE ILUMINAMENTO. LIMITAÇÃO *(conversão da Orientação Jurisprudencial n. 153 da SBDI-1) — DJ 20.4.2005*

Somente após 26.2.1991 foram, efetivamente, retiradas do mundo jurídico as normas ensejadoras do direito ao adicional de insalubridade por iluminamento insuficiente no local da prestação de serviço, como previsto na Portaria n. 3.751/1990 do Ministério do Trabalho. *(ex-OJ n. 153 da SBDI-1 — inserida em 26.3.1999)*

5. Manuel foi contratado como trabalhador rural por uma empresa de pequeno porte, localizada em um município de 20.000 habitantes, na zona rural, e que beneficiava e distribuía leite no âmbito municipal. Manuel dirigia o caminhão da empresa, fazendo a coleta de leite diretamente nas fazendas da região e levando o produto até a empresa. Ao ser demitido sem justa causa, Manuel ingressou com reclamação trabalhista, pleiteando o seu enquadramento funcional como motorista e, não, como trabalhador rural. Com relação a essa situação hipotética, assinale a opção correta.

☐ A) Assiste razão a Manuel, visto que, tendo dirigido o caminhão, a função ficou caracterizada como motorista.

☐ B) Assiste razão a Manuel, pois trabalhador rural é apenas aquele que exerce funções diretamente no campo.

☐ C) Não assiste razão a Manuel, pois é considerado trabalhador rural o motorista que, trabalhando no âmbito de empresa cuja atividade é preponderantemente rural, não enfrenta o trânsito de estradas e cidades.

☐ D) Não assiste razão a Manuel, visto que, desde a admissão, teve conhecimento prévio do trabalho e das condições de trabalho a que se sujeitaria.

A alternativa correta é a "C".

A questão é exemplo típico de empregado que exerce sua atividade na propriedade rural, chamado, portanto, de trabalhador rural.

O art. 2º da Lei n. 5.859, de 8 de junho de 1973, conceitua empregado rural como sendo: "... toda pessoa física que, em propriedade rural ou prédio rústico, presta serviços de natureza não eventual a empregador rural, sob a dependência deste e mediante salário."

A caracterização do trabalhador rural dá-se em razão da atividade exercida pelo empregador.

Para que seja considerado empregado rural, portanto, é necessário que o trabalho seja prestado observando-se os requisitos da pessoalidade, subordinação, não eventualidade, onerosidade, alteridade e que seja prestado por pessoa física à empregador rural em propriedade rural ou prédio rústico.

Os motoristas que trabalham na empresa cuja atividade é preponderantemente rural é trabalhador rural.

Assim a inteligência da Orientação Jurisprudencial n. 315 da SDI-TST; "É considerado trabalhador rural o motorista que trabalha no âmbito de empresa cuja atividade é preponderantemente rural, considerando que, de modo geral, não enfrenta o trânsito das estradas e cidades".

Cumpre destacar que "prédio rústico" é aquele que, localizado na rural ou urbana, tem como destinação a exploração de atividade agroeconômica.

Empregador rural é a pessoa física ou jurídica, proprietária ou não, que explore atividade agroeconômica, em caráter permanente ou temporário, diretamente ou por meio de prepostos e com auxílio de empregados.

Por atividade agroeconômica entende-se as funções e tarefas agrícolas e pecuárias, no sentido estrito, que tenham destinação ao mercado.

Ainda, determina a lei que se qualifique como atividade agroeconômica, para fins trabalhistas, a exploração industrial em estabelecimento agrário (art. 3º, § 1º, Lei n. 5.889/73).

Essa exploração industrial se restringe "às atividades que compreendem o primeiro tratamento dos produtos agrários *in natura* sem transformá-lo em sua natureza." (art. 2º, § 4º, Decreto n. 73.626/74).

Empresas de florestamento ou reflorestamento. Em que pese ser tidas como empresas urbanas, serão tidas como rurícolas seus empregados que exerçam, no campo, atividades efetivamente rurais. OJ n. 38 da SDI-I do TST.

6. Não se inclui entre os exemplos de pessoa isenta do pagamento de custas na justiça do trabalho, enumerados no art. 790-A da CLT, a

- A) União.
- B) empresa pública.
- C) autarquia estadual.
- D) fundação pública estadual que não explore atividade econômica.

A resposta adequada para esta questão é a alternativa "B", pois a empresa pública não está isenta do pagamento de custas na justiça do trabalho.

O art. 790-A, *caput* e incisos, assim dispõe:

Art. 790-A. São isentos do pagamento de custas, além dos beneficiários de justiça gratuita:
I — a União, os Estados, o Distrito Federal, os Municípios e respectivas autarquias e fundações públicas federais, estaduais ou municipais que não explorem atividade econômica;
II — o Ministério Público do Trabalho.

Dessa forma, observando-se a literalidade do art. 790-A da CLT, apenas a empresa pública, alternativa "B", não se encontra entre os isentos de pagamento de custas.

As empresas públicas que exploram atividade econômica têm natureza privada, conforme dispõe o art. 173, § 1º, II, da CF/1988. Por isso não ficam isentas do pagamento de custas na Justiça do Trabalho.

As alternativas "A", "C" e "D" estão incorretas, pois suas afirmações estão perfeitamente contempladas pelo inciso I do art. 790-A.

---

7. Antônio moveu reclamação trabalhista contra a Empresa Sol Ardente, tendo o valor total das verbas pleiteadas correspondido a R$ 6.500,00. Na audiência de conciliação, a empresa reclamada não compareceu, e o juiz percebeu que a citação não fora realizada porque o reclamante havia fornecido o endereço da reclamada de forma incompleta. Nessa situação, o juiz deve

- A) abrir prazo para que o reclamante informe o endereço correto da reclamada, determinando a designação de nova audiência.
- B) aplicar a penalidade da revelia e confissão da reclamada.
- C) determinar o retorno do processo à secretaria da vara para tentativa de localização da reclamada.
- D) determinar o arquivamento da reclamação trabalhista.

A alternativa correta é a "D".

Ações de até 40 salários mínimos tramitaram pelo rito sumaríssimo previsto nos arts. 852-A a 852-I da CLT.

Uma das características deste procedimento é a ausência de citação por edital, ou seja, não sendo encontrado o reclamado, os autos serão arquivados (art. 852-B, inciso II e § 1º da CLT).

> Art. 852-B. Nas reclamações enquadradas no procedimento sumaríssimo:
> I — o pedido deverá ser certo ou determinado e indicará o valor correspondente;
> II — não se fará a citação por edital, incumbindo ao autor a correta indicação do nome e endereço do reclamado;
> III — a apreciação da reclamação deverá ocorrer no prazo máximo de quinze dias do seu ajuizamento, podendo constar de pauta especial, se necessário, de acordo com o movimento judiciário da Vara do Trabalho.
> § 1º O não atendimento, pelo reclamante, do disposto nos incisos I e II deste artigo importará no arquivamento da reclamação e condenação ao pagamento de custas sobre o valor da causa.
> § 2º As partes e advogados comunicarão ao juízo as mudanças de endereço ocorridas no curso do processo, reputando-se eficazes as intimações enviadas ao local anteriormente indicado, na ausência de comunicação.

Por esse motivo, as demais alternativas estão incorretas. A solução contida na alternativa "A" é muito utilizada na prática, em prol do princípio da economia processual. Entretanto, como visto, a legislação determina expressamente o arquivamento.

A solução contida na alternativa "B" é totalmente equivocada pois, para se aplicar a pena de revelia e confissão, é necessário que o réu tenha sido citado. A revelia no processo do trabalho é a ausência do reclamado na audiência (art. 844 CLT).

Em se tratando de rito ordinário aplica-se o disposto no § 1º do art. 841 da CLT que prevê a citação por edital.

> Art. 841. Recebida e protocolada a reclamação, o escrivão ou chefe de Secretaria, dentro de 48 horas, remeterá a segunda via da petição ou do termo, ao reclamado, notificando-o ao mesmo tempo, para comparecer à audiência de julgamento, que será a primeira desimpedida, depois de cinco dias.
> § 1º A notificação será feita em registro postal com franquia. Se o reclamado criar embaraço ao seu recebimento, ou não for encontrado, far-se-á a notificação por edital, inserto no jornal oficial ou no que publicar o expediente forense, ou, na falta, afixado na sede da Vara ou do Juízo.

---

8. No que diz respeito ao recurso de revista, assinale a opção correta.

☐ A) Tal recurso possui efeitos devolutivo e suspensivo em todos os casos.

☐ B) Esse recurso é cabível contra decisões proferidas pelos tribunais regionais do trabalho ou por suas turmas, em execução de sentença, em casos de ofensa direta e literal de norma da Constituição Federal.

☐ C) Não é cabível a interposição de recurso de revista nas causas sujeitas ao procedimento sumaríssimo.

☐ D) O prazo para interposição do recurso de revista é de 10 dias.

A *alternativa correta é a "B"*.

Na execução recurso de revista é cabível apenas por violação direta e literal da Constituição Federal, conforme dispõe o § 2º do art. 896 da CLT.

§ 2º Das decisões proferidas pelos Tribunais Regionais do Trabalho ou por suas Turmas, em execução de sentença, inclusive em processo incidente de embargos de terceiro, não caberá Recurso de Revista, salvo na hipótese de ofensa direta e literal de norma da Constituição Federal. *(Redação dada pela Lei n. 9.756, de 17.12.1998)*

Súmula n. 266 — RECURSO DE REVISTA. ADMISSIBILIDADE. EXECUÇÃO DE SENTENÇA (mantida) — Res. 121/2003, DJ 19, 20 e 21.11.2003
A admissibilidade do recurso de revista interposto de acórdão proferido em agravo de petição, na liquidação de sentença ou em processo incidente na execução, inclusive os embargos de terceiro, depende de demonstração inequívoca de violência direta à Constituição Federal.

A alternativa "A" é incorreta, pois os recursos trabalhistas, inclusive o de revista, são dotados tão somente de efeito devolutivo, conforme art. 899 da CLT.

Art. 899. Os recursos serão interpostos por simples petição e terão efeito meramente devolutivo, salvo as exceções previstas neste Título, permitida a execução provisória até a penhora. *(Redação dada pela Lei n. 5.442, de 24.5.1968)*

A alternativa "C" é incorreta, pois nas causas sujeitas ao procedimento sumaríssimo é cabível recurso de revista em duas hipóteses, quais sejam: a) violação à Constituição Federal e; b) contrariedade à Súmula do TST.

§ 6º Nas causas sujeitas ao procedimento sumaríssimo, somente será admitido recurso de revista por contrariedade a súmula de jurisprudência uniforme do Tribunal Superior do Trabalho e violação direta da Constituição da República. *(Incluído pela Lei n. 9.957, de 12.1.2000)*

A respeito de contrariedade à Orientação Jurisprudencial, não cabe recurso de revista, em se tratando de rito sumaríssimo.

OJ-SDI1-352 — PROCEDIMENTO SUMARÍSSIMO. RECURSO DE REVISTA FUNDAMENTADO EM CONTRARIEDADE A ORIENTAÇÃO JURISPRUDENCIAL. INADMISSIBILIDADE. ART. 896, § 6º, DA CLT, ACRESCENTADO PELA LEI N. 9.957, DE 12.1.2000 (DJ 25.4.2007)
Nas causas sujeitas ao procedimento sumaríssimo, não se admite recurso de revista por contrariedade à Orientação Jurisprudencial do Tribunal Superior do Trabalho (Livro II, Título II, Capítulo III, do RITST), por ausência de previsão no art. 896, § 6º, da CLT.

Por fim, a alternativa "D" também é incorreta pois o prazo do recurso de revista é de 8 dias (art. 6º Lei n. 5.584/70).

---

9. O prazo para a oposição de embargos de declaração, no processo do trabalho, é de

☐ A) 5 dias.
☐ B) 8 dias.
☐ C) 10 dias.
☐ D) 15 dias.

A *alternativa correta é a "A".*

O prazo dos embargos de declaração é de 5 dias (art. 897-A CLT)

Art. 897-A. Caberão embargos de declaração da sentença ou acórdão, no prazo de cinco dias, devendo seu julgamento ocorrer na primeira audiência ou sessão subsequente a sua apresentação, registrado na certidão, admitido efeito modificativo da decisão nos casos de omissão e contradição no julgado e manifesto equívoco no exame dos pressupostos extrínsecos do recurso. *(Incluído pela Lei n. 9.957, de 12.1.2000)*
Parágrafo único. Os erros materiais poderão ser corrigidos de ofício ou a requerimento de qualquer das partes. *(Incluído pela Lei n. 9.957, de 12.1.2000)*

Os demais recursos trabalhistas o prazo é de 8 dias (art. 6º da Lei n. 5.584/70).

10. Considere que Antonino, advogado da Empresa Água Limpa Ltda., tenha apresentado recurso de revista contra acórdão proferido por tribunal regional do trabalho, de forma tempestiva, e efetuado corretamente o depósito recursal, mas não tenha assinado o referido recurso. Nessa situação,

A) o desembargador-presidente do tribunal regional, ao aferir a admissibilidade do recurso, deve abrir prazo para o advogado assiná-lo e sanar a irregularidade.

B) o recurso deve ser encaminhado ao Tribunal Superior do Trabalho (TST), para que o ministro relator decida sobre a abertura de prazo para o advogado assinar o recurso ou sobre a negativa de seguimento, com fundamento na irregularidade.

C) o recurso deve ser considerado como inexistente, por falta de assinatura do advogado.

D) o recurso deve ser remetido ao TST, conhecido, e seu mérito analisado, visto que a falta de assinatura constitui mera irregularidade formal.

A alternativa correta é a "C".

Petição não assinada é petição apócrifa. Neste caso deverá ser considerado inexistente. Sobre esta questão, assim já se posicionou o TST:

> OJ-SDI1-120 — RECURSO. ASSINATURA DA PETIÇÃO OU DAS RAZÕES RECURSAIS. VALIDADE (nova redação) — DJ 20.4.2005
> O recurso sem assinatura será tido por inexistente. Será considerado válido o apelo assinado, ao menos, na petição de apresentação ou nas razões recursais.

Ainda sobre a questão da regularidade de representação, o TST editou a Súmula n. 164, abaixo transcrita:

> Súmula 164 — PROCURAÇÃO. JUNTADA (nova redação) — Res. 121/2003, DJ 19, 20 e 21.11.2003
> Súmula A-48
> O não cumprimento das determinações dos §§ 1º e 2º do art. 5º da Lei n. 8.906, de 4.7.1994 e do art. 37, parágrafo único, do Código de Processo Civil importa o não conhecimento de recurso, por inexistente, exceto na hipótese de mandato tácito.

De acordo com referido verbete, é admissível no processo do trabalho o chamado "mandato tácito", que é a hipótese do advogado que está sem procuração por escrito mas atuou em audiência. Neste caso o recurso assinado por este advogado deverá ser processado, eis que regular a representação.

Por esse motivo, incorreta a alternativa "D".

As alternativas "A" e "B" são incorretas pois não há previsão legal para a concessão de prazo para assinar a petição. Neste caso, o primeiro juízo de admissibilidade (presidente do Tribunal Regional) deverá denegar seguimento ao recurso.

11. João moveu reclamação trabalhista contra a Empresa Delta Ltda., pleiteando pagamento de adicional de insalubridade. Alegou, na inicial, que tinha contato permanente com o elemento A, nocivo à saúde. Realizada a perícia, ficou constatado que João trabalhava em condições nocivas, porém em contato permanente com o elemento B e, não, como afirmado na inicial, com o elemento A. Considerando a situação hipotética apresentada, assinale a opção correta.

A) A reclamação trabalhista movida por João deve ser extinta sem o julgamento do mérito, visto que o pedido se torna juridicamente impossível, em virtude de o elemento nocivo justificador do pedido não ter sido o mesmo detectado pela perícia.

B) O juiz deve abrir prazo para que João reformule o pedido e substitua o agente nocivo.

C) A ação deve ser julgada improcedente, visto que a prova dos autos não se coaduna com o pedido.

D) Tendo a perícia concluído que João trabalhava em condições insalubres, o fato de ele ter apontado agente insalubre diverso não prejudica o pedido de adicional de insalubridade.

A alternativa correta é a "D".

Assim estabelece a Súmula n. 293 do TST — "A verificação mediante perícia de prestação de serviços em condições nocivas, considerado agente insalubre diverso do apontado na inicial, não prejudica o pedido de adicional de insalubridade".

Ao empregado não cabe indicar o elemento insalubre. A caracterização e classificação da insalubridade compete ao perito, consoante dispõe o art. 195, da CLT, que assim prescreve: "A caracterização e a classificação da insalubridade e da periculosidade, segundo as normas do Ministério do Trabalho, far-se-ão por meio de perícia a cargo de Médico do Trabalho ou Engenheiro do Trabalho, registrados no Ministério do Trabalho".

O § 2º do mencionado dispositivo legal, esclarece que: "Arguida em juízo insalubridade ou periculosidade, seja por empregado, seja por sindicato em favor de grupo de associados, o juiz designará perito habilitado na forma deste artigo e, onde não houver, requisitará perícia ao órgão competente do Ministério do Trabalho."

A perícia é obrigatória para a caracterização da insalubridade. Portanto, não se trata de faculdade do Juiz determinar a sua realização. Assim sendo, mesmo que o empregado aponte outro elemento, não será caso de extinção do feito sem julgamento do mérito.

As alternativas "A", "B" e "C" portanto, estão incorretas pelas razões já apontadas, acrescentando que o Juiz não está adstrito ao laudo pericial para formar a sua convicção.

12. Constitui direito aplicável à categoria dos empregados domésticos

- A) o seguro-desemprego, em caso de desemprego involuntário.
- B) o repouso semanal remunerado, preferencialmente aos domingos.
- C) a remuneração do trabalho noturno superior à do diurno.
- D) o salário-família.

A alternativa correta é a "B".

O direito ao repouso semanal remunerado está previsto no art. 7º inciso XV da Constituição Federal e, por força do parágrafo único do mesmo artigo, é aplicável aos domésticos.

São direitos dos domésticos previstos na Constituição Federal (parágrafo único, art. 7º): salário mínimo; irredutibilidade salarial; 13º salário; repouso semanal remunerado; férias anuais mais 1/3; licença gestante; licença-paternidade; aviso-prévio; aposentadoria.

Em 2006, a Lei n. 11.324 revogou a alínea *a* do art. 5º da Lei n. 605/49, que trata do repouso semanal remunerado e pagamento de salário, nos feriados civis e religiosos, garantindo ao empregado doméstico não só o direito ao repouso semanal assegurado pelo art. 7º da CF/88, mas também o repouso em feriados civis e religiosos.

As alternativas "A", "C" e "D" estão incorretas.

Com efeito, os direitos elencados no art. 7º da CF/88 são taxativos e não incluem o direito ao seguro-desemprego, nem tampouco a remuneração diferenciada do trabalho noturno e diurno.

Não obstante, a Lei n. 10.208/01 tornou facultativa a inclusão ao regime do FGTS.

Assim, uma vez incluso no programa, se despedido imotivadamente terá direito ao FGTS e seguro-desemprego. Cumpre frisar que a inclusão é uma faculdade do empregador.

O art. 7º, alínea *a* da CLT exclui expressamente a aplicação da CLT aos domésticos.

---

13. Não é cabível contrato de trabalho por prazo determinado em

- A) serviço cuja natureza ou transitoriedade justifique a predeterminação do prazo.
- B) atividades empresariais de caráter transitório.
- C) contrato de empreitada.
- D) contrato de experiência.

A alternativa correta é a "C".

O contrato por prazo determinado é aquele cujo termo final é antecipadamente ajustado pelas partes.

Contudo, e em razão da prefixação do prazo para a sua extinção, a CLT limitou a sua utilização nas seguintes hipóteses: art. 443, § 2º, da CLT — "O contrato de trabalho por prazo determinado só será válido em se tratando: a) de serviço cuja natureza ou transitoriedade justifique a predeterminação do prazo; b) de atividades empresariais de caráter transitório; c) de contrato de experiência."

Exemplos de casos de contratos por prazo determinado: obra certa (Lei n. 2.959/56), atleta profissional (art. 30 da Lei n. 9.615/98), artistas (art. 9º da Lei n. 6.533/78), entre outros.

O contrato de empreitada ocorre em razão da prestação de serviços, sem que haja subordinação. Os serviços são prestados, mediante o pagamento do preço previamente ajustado; há autonomia na condução e execução dos serviços. No contrato de trabalho, ao revés, há a subordinação jurídica, que se caracteriza pela prestação de serviços dirigida pelo empregador.

A alternativa "A", "B" e "D" tratam das três hipóteses previstas na CLT, razão pela qual por exclusão, a alternativa correta é a "C".

Ainda sobre contrato à prazo: DURAÇÃO — art. 445 CLT — "O contrato por prazo determinado não poderá ser estipulado por mais de 2 (dois) anos. Parágrafo único — o contrato de experiência não poderá exceder de 90 (noventa) dias."

Art. 451 CLT — Prorrogação do contrato = apenas uma vez, incluindo a prorrogação, inclusive o contrato de experiência. *(Súmula n. 188 do TST)*

Se o último dia do contrato de trabalho cair em um sábado, domingo ou feriado, não prorroga para o dia útil seguinte. Em assim ocorrendo haverá contrato por prazo indeterminado.

Art. 452 CLT — Prazo entre dois contratos por prazo determinado é de seis meses, salvo se a expiração do prazo dependeu da execução de serviços especializados ou da realização de certos acontecimentos.

Nestes casos não se trata de prorrogação, mas sim de sucessão de contratos.

RESCISÃO — Art. 479 CLT — Dispensando o empregado antes do término final do contrato, o empregador deverá pagar-lhe, a título de indenização, e por metade, a remuneração a que teria direito até o término do contrato.

Art. 481 CLT — Os contratos que contiverem cláusula permitindo às partes a rescisão imotivada antes do termo final estarão regidos pelas mesmas regras dos contratos por prazo indeterminado.

Se a extinção ocorrer no termo final, terá direito o empregado ao pagamento de saldo de salário, férias mais 1/3, 13º salário e guias para saque do FGTS.

Não terá direito à estabilidade. (Súmula n. 244, III do TST)

O tempo de afastamento não é causa de suspensão ou interrupção da contagem do prazo do contrato, salvo se as partes acordarem de forma diversa (art. 472, § 2º CLT)

Não se admite a contratação de empregado por experiência após o término de contrato de trabalho temporário.

Súmula n. 163 TST — Cabe aviso-prévio nas rescisões antecipadas dos contratos de experiência, na forma do art. 481 da CLT.

Art. 480 CLT — Se o empregado der causa ao desligamento antecipado, deverá indenizar o empregador "nos prejuízos que desse fato lhe resultarem", sendo que referida indenização não poderá exceder o valor a que teria direito o empregado em idêntica situação.

14. José, advogado não constituído nos autos, interpôs recurso de revista, requerendo a concessão de prazo para posterior juntada do instrumento de procuração. Tendo como referência a situação hipotética descrita, assinale a opção correta.

☐ A) É inadmissível, em instância recursal, o oferecimento tardio de procuração.

☐ B) Caberá ao relator designado para julgar o recurso de revista a análise do pedido de juntada posterior do instrumento de procuração.

☐ C) A juntada posterior de instrumento de procuração é cabível em qualquer fase do processo.

☐ D) Na justiça do trabalho, não existe a necessidade de procuração, já que o mandado pode ser outorgado de forma tácita.

A *alternativa correta é a* "A".

A regularização da representação prevista no art. 13 do CPC não se aplica à fase recursal, conforme já pacificou entendimento o TST, por meio do item II da Súmula n. 383.

> Súmula N. 383 — MANDATO. ARTS. 13 E 37 DO CPC. FASE RECURSAL. INAPLICA-BILIDADE (conversão das Orientações Jurisprudenciais ns. 149 e 311 da SBDI-1) — Res. 129/2005, DJ 20, 22 e 25.4.2005
> I — É inadmissível, em instância recursal, o oferecimento tardio de procuração, nos termos do art. 37 do CPC, ainda que mediante protesto por posterior juntada, já que a interposição de recurso não pode ser reputada ato urgente. *(ex-OJ n. 311 da SBDI-1 — DJ 11.8.2003)*
> II — Inadmissível na fase recursal a regularização da representação processual, na forma do art. 13 do CPC, cuja aplicação se restringe ao Juízo de 1º grau. *(ex-OJ n. 149 da SBDI-1 — inserida em 27.11.1998)*

Por esse motivo, incorretas as alternativas "B" e "C", quanto a alternativa "D", o fato da Justiça do Trabalho admitir procuração tácita não significa que "não existe a necessidade de procuração", razão pela qual incorreta.

> Súmula n. 164 — PROCURAÇÃO. JUNTADA (nova redação) — Res. 121/2003, DJ 19, 20 e 21.11.2003 Súmula A-48.
> O não cumprimento das determinações dos §§ 1º e 2º do art. 5º da Lei n. 8.906, de 4.7.1994 e do art. 37, parágrafo único, do Código de Processo Civil importa o não conhecimento de recurso, por inexistente, exceto na hipótese de mandato tácito.

Ainda sobre a procuração nos autos, segue abaixo entendimentos pacificados pelo Tribunal Superior do Trabalho:

> Súmula n. 395 — MANDATO E SUBSTABELECIMENTO. CONDIÇÕES DE VALIDADE (conversão das Orientações Jurisprudenciais ns. 108, 312, 313 e 330 da SBDI-1) — Res. 129/2005, DJ 20, 22 e 25.4.2005
> I — Válido é o instrumento de mandato com prazo determinado que contém cláusula estabelecendo a prevalência dos poderes para atuar até o final da demanda. *(ex-OJ n. 312 da SBDI-1 — DJ 11.8.2003)*
> II — Diante da existência de previsão, no mandato, fixando termo para sua juntada, o instrumento de mandato só tem validade se anexado ao processo dentro do aludido prazo. *(ex-OJ n. 313 da SBDI-1 — DJ 11.8.2003)*
> III — São válidos os atos praticados pelo substabelecido, ainda que não haja, no mandato, poderes expressos para substabelecer (art. 667, e parágrafos, do Código Civil de 2002). *(ex-OJ n. 108 da SBDI-1 — inserida em 1º.10.1997)*
> IV — Configura-se a irregularidade de representação se o substabelecimento é anterior à outorga passada ao substabelecente. *(ex-OJ n. 330 da SBDI-1 — DJ 9.12.2003)*

> OJ-SDI1-52 — MANDATO. PROCURADOR DA UNIÃO, ESTADOS, MUNICÍPIOS E DISTRITO FEDERAL, SUAS AUTARQUIAS E FUNDAÇÕES PÚBLICAS. DISPENSÁVEL A JUNTADA DE PROCURAÇÃO.

(LEI N. 9.469, DE 10 DE JULHO DE 1997) *(inserido dispositivo e atualizada a legislação)* — DJ 20.4.2005

A União, Estados, Municípios e Distrito Federal, suas autarquias e fundações públicas, quando representadas em juízo, ativa e passivamente, por seus procuradores, estão dispensadas da juntada de instrumento de mandato.

OJ-SDI1-75 — SUBSTABELECIMENTO SEM O RECONHECIMENTO DE FIRMA DO SUBSTABELECENTE. INVÁLIDO (ANTERIOR À LEI N. 8.952/94) *(inserido dispositivo)* — DJ 20.4.2005

Não produz efeitos jurídicos recurso subscrito por advogado com poderes conferidos em substabelecimento em que não consta o reconhecimento de firma do outorgante. Entendimento aplicável antes do advento da Lei n. 8.952/94.

OJ-SDI1-200 — MANDATO TÁCITO. SUBSTABELECIMENTO INVÁLIDO *(inserido dispositivo)* — DJ 20.4.2005

É inválido o substabelecimento de advogado investido de mandato tácito.

OJ-SDI1-255 — MANDATO. CONTRATO SOCIAL. DESNECESSÁRIA A JUNTADA *(inserida em 13.3.2002)*

O art. 12, VI, do CPC não determina a exibição dos estatutos da empresa em juízo como condição de validade do instrumento de mandato outorgado ao seu procurador, salvo se houver impugnação da parte contrária.

OJ-SDI1-319 — REPRESENTAÇÃO REGULAR. ESTAGIÁRIO. HABILITAÇÃO POSTERIOR (DJ 11.8.2003)

Válidos são os atos praticados por estagiário se, entre o substabelecimento e a interposição do recurso, sobreveio a habilitação, do então estagiário, para atuar como advogado.

OJ-SDI1-371 — IRREGULARIDADE DE REPRESENTAÇÃO. SUBSTABELECIMENTO NÃO DATADO. INAPLICABILIDADE DO ART. 654, § 1º, DO CÓDIGO CIVIL (DEJT divulgado em 3, 4 e 5.12.2008)

Não caracteriza a irregularidade de representação a ausência da data da outorga de poderes, pois, no mandato judicial, ao contrário do mandato civil, não é condição de validade do negócio jurídico. Assim, a data a ser considerada é aquela em que o instrumento for juntado aos autos, conforme preceitua o art. 370, IV, do CPC. Inaplicável o art. 654, § 1º, do Código Civil.

OJ-SDI1-373 — REPRESENTAÇÃO. PESSOA JURÍDICA. PROCURAÇÃO. INVALIDADE. IDENTIFICAÇÃO DO OUTORGANTE E DE SEU REPRESENTANTE (redação alterada na sessão do Tribunal Pleno realizada em 16.11.2010 — IUJ-85600-06.2007.5.15.0000) — Res. 170/2010, DEJT divulgado em 19, 22 e 23.11.2010

É inválido o instrumento de mandato firmado em nome de pessoa jurídica que não contenha, pelo menos, o nome da entidade outorgante e do signatário da procuração, pois estes dados constituem elementos que os individualizam.

---

15. Álvaro foi constituído pela Empresa Caminho Certo para atuar como advogado em um processo trabalhista. Na procuração por meio da qual a empresa o constituiu como seu advogado, não estavam previstos poderes para substabelecer. Contudo, Álvaro substabeleceu a Alfredo, com reservas de poderes, e este praticou atos no processo. Com relação a essa situação hipotética, assinale a opção correta. *(Anulada)*

☐ A) Os atos praticados por Alfredo não são válidos, pois o substabelecimento concedido por Álvaro estava maculado de irregularidade.

☐ B) Os atos praticados por Alfredo somente serão considerados inválidos se a parte contrária apresentar impugnação específica, fundamentada na irregularidade do substabelecimento.

☐ C) Somente a própria Empresa Caminho Certo pode pleitear a invalidade dos atos praticados por Alfredo.

☐ D) São válidos os atos praticados por Alfredo, ainda que não estejam previstos, no mandado, poderes específicos para substabelecer.

Referida questão foi anulada pelos examinadores.

Entendemos que a referida questão foi anulada em razão do erro de grafia contido na alternativa "D".

Isto porque, a alternativa "D" está de acordo com o entendimento consubstanciado no item III da Súmula n. 395 do TST:

> Súmula n. 395 TST — MANDATO E SUBSTABELECIMENTO. CONDIÇÕES DE VALIDADE.... III — São válidos os atos praticados pelo substabelecido, ainda que não haja, no mandato, poderes expressos para substabelecer (art. 667, e parágrafos, do Código Civil de 2002).

No entanto, a alternativa "D" contém um erro de grafia, ao invés de "mandato" constou "mandado", o que altera completamente o sentido da alternativa.

Portanto, entendemos que a questão foi anulada por estas duas razões, a dubiedade da questão e o erro de gramática na possível alternativa correta.

OAB/CESPE NACIONAL 2008.2

16. José foi demitido sem justa causa pela empresa Solo Brilhante, tendo recebido suas verbas rescisórias. Contudo, a referida empresa não forneceu a José as guias referentes ao seguro-desemprego, tendo esse demonstrado interesse em mover ação para obter a indenização correspondente à não liberação das guias do seguro-desemprego.

Considerando a situação hipotética apresentada, assinale a opção correta de acordo com entendimento do TST.

☐ A) José deve ajuizar sua inicial perante a justiça do trabalho.

☐ B) Não é cabível nenhum tipo de ação com o objetivo de pedido de indenização, nesse caso.

☐ C) José deve ajuizar seu pedido perante a justiça federal.

☐ D) José deve ajuizar a ação perante a justiça comum estadual.

A alternativa correta é a "A".

A resposta está na Súmula n. 389 item I do TST — Inscreve-se na competência material da Justiça do Trabalho a lide entre empregado e empregador tendo por objeto indenização pelo não fornecimento das guias do seguro-desemprego. *(ex-OJ n. 210 da SBDI-1 — inserida em 8.11.2000)*

A obrigação do empregador é de fornecer as guias para o saque do seguro desemprego. O não fornecimento implicará em indenização, conforme determina o item II da referida súmula, abaixo transcrito:

> II — O não fornecimento pelo empregador da guia necessária para o recebimento do seguro-desemprego dá origem ao direito à indenização. *(ex-OJ n. 211 da SBDI-1 — inserida em 8.11.2000)*.

Cumpre destacar que o direito ao seguro-desemprego está previsto no art. 7º inciso II da Constituição Federal que dispõe que são direitos de todos os trabalhadores "II — seguro-desemprego, em caso de desemprego involutário".

Assim, de acordo com entendimento sumulado pelo TST a competência será da Justiça do Trabalho.

17. Se uma empresa de médio porte publicar, em jornal de grande circulação, anúncio oferecendo vagas para o cargo de secretário executivo e a contratação de pessoas do sexo feminino estiver condicionada à apresentação de documento médico que ateste que a pretendente à vaga não esteja em estado gestacional, nesse caso, a condição imposta no ato de contratação deverá ser considerada

- A) improcedente, visto que representa um elemento limitador do acesso feminino ao mercado de trabalho.

- B) improcedente, sendo possível tornar-se regular mediante a concordância expressa do respectivo sindicato da categoria profissional.

- C) procedente, visto que as funções do cargo oferecido não são compatíveis com estado gestacional.

- D) procedente, dado que o poder de mando do empresário possibilita tal exigência para a contratação de pessoas do sexo feminino.

A alternativa correta é a "A".

A exigência do documento médico que ateste o estado gestacional, não só é limitador, mas se constitui numa prática discriminatória, vedada por lei.

O art. 5º da CF de 1988 assegurou os direitos ali indicados a todos os brasileiros e estrangeiros residentes no país e no seu inciso I a igualdade de direitos e obrigações entre homens e mulheres.

Não obstante, a mulher trabalhadora, mereceu uma proteção especial, na Constituição Federal de 1988, ao dispor no art. 7º, XX que:

> Art. 7º São direitos dos trabalhadores urbanos e rurais, além de outros que visem à melhoria de sua condição social:
> ...
> XX — proteção do mercado de trabalho da mulher, mediante incentivos específicos, nos termos da lei.

Por sua vez, a lei ordinária, atendendo ao comando constitucional, buscou conceder proteção e incentivos específicos para a mulher. Podemos citar como exemplo de incentivo para a contratação da mulher, o salário-maternidade que é pago pela Previdência Social.

O art. 373-A da CLT, visando impedir práticas discriminatórias em relação à mulher, assim dispõe:

> Ressalvadas as disposições legais destinadas a corrigir as distorções que afetam o acesso da mulher ao mercado de trabalho e certas especificidades estabelecidas nos acordos trabalhistas, é vedado:
> ...
> IV — exigir atestado ou exame, de qualquer natureza, para comprovação de esterilidade ou gravidez, na admissão ou permanência no emprego.

A Lei n. 9.029, de 13 de abril de 1995, que trata da Discriminação no emprego, prevê no art. 2º, inciso I:

> Constituem crime as seguintes práticas discriminatórias:
> I — a exigência de teste, exame, perícia, laudo, atestado, declaração ou qualquer outro procedimento relativo à esterilização ou a estado de gravidez;

E mais, o art. 6º da CF/88 consagra a proteção à maternidade como direito social.

A alternativa "B" está incorreta, porquanto a Lei n. 9.029/1995, já citada, é clara no sentido de proibir a exigência de atestado de gravidez para fins admissionais, considerando crime a exigência de teste de gravidez, perícia, atestado, exame ou outro procedimento.

A alternativa "C" está incorreta pelas razões já expostas, acrescentando que os preceitos que regulam o trabalho masculino são aplicáveis ao trabalho feminino, revelando-se necessária a proteção à maternidade e a trabalhos que demandem força física incompatíveis com a condição física da mulher.

A alternativa "D" está incorreta. É certo que o empregado, seja homem ou mulher, se subordina ao poder diretivo do empregador, a quem compete definir as atividades desenvolvidas pelo empregado, bem como organizar, controlar e disciplinar o trabalho. Todavia, este poder encontra limites na Constituição, nas leis, no contrato etc.

---

18. A denominada aposentadoria por invalidez é, em relação ao contrato de trabalho, causa de

- [ ] A) rescisão.
- [ ] B) suspensão.
- [ ] C) interrupção.
- [ ] D) prorrogação.

A alternativa correta é a "B".

A aposentadoria por invalidez é uma das causas de suspensão do contrato de trabalho. O prazo de suspensão será fixado pelas leis da Previdência Social, para a efetivação da aposentadoria. Assim o comando do art. 475, *caput*, da CLT.

> Art. 475. O empregado que for aposentado por invalidez terá suspenso o seu contrato de trabalho durante o prazo fixado pelas leis de previdência social para a efetivação do benefício.

Na suspensão do contrato de trabalho, empregado e empregador suspendem as suas obrigações. O empregado deixa de prestar os serviços e o empregador de remunerá-lo. Todavia, o vínculo permanece. Atualmente o prazo fixado pela Previdência Social é de cinco anos.

A alternativa "A" está incorreta. A aposentadoria por invalidez não é causa de rescisão do contrato de trabalho, mas sim de suspensão, como vimos da análise da alternativa correta. A rescisão do contrato de trabalho do aposentado por invalidez, só ocorrerá caso sua capacidade laborativa seja recuperada e não interessar mais ao empregador a continuidade do vínculo empregatício. Assim dispõe o § 1º, do art. 475, da CLT:

> § 1º Recuperando o empregado a capacidade de trabalho e sendo a aposentadoria cancelada, ser-lhe-á

assegurado o direito à função que ocupava ao tempo da aposentadoria, facultado, porém, ao empregador, o direito de indenizá-lo por rescisão do contrato de trabalho, nos termos dos arts. 477 e 478, salvo na hipótese de ser ele portador de estabilidade, quando a indenização deverá ser paga na forma do art. 497. *(Redação dada pela Lei n. 4.824, de 5.11.1965).*

SUM-160 — APOSENTADORIA POR INVALIDEZ (mantida) — Res. 121/2003, DJ 19, 20 e 21.11.2003
Cancelada a aposentadoria por invalidez, mesmo após cinco anos, o trabalhador terá direito de retornar ao emprego, facultado, porém, ao empregador, indenizá-lo na forma da lei *(ex-Prejulgado n. 37).*

A alternativa "C" está incorreta, pelas razões já declinadas quando da análise das alternativas anteriores. Não obstante, oportuno conceituar o que se entende por interrupção do contrato de trabalho. Este difere da suspensão, uma vez que o empregado deixa de prestar os serviços, mas permanece recebendo a sua remuneração, a cargo do empregador. Na aposentadoria por invalidez, o empregado passa a receber da Previdência Social.

A alternativa "D" está também incorreta. A prorrogação diz respeito aos contratos por prazo de determinado, também chamado de contrato a termo, somente permitido nos casos autorizados por lei. Exemplo: contrato de experiência.

---

19. Juarez, empregado da empresa Luz e Arte Ltda., sofreu uma queda em sua residência, durante o gozo de descanso semanal remunerado. Em decorrência do acidente, fraturou o tornozelo e precisou ficar afastado do trabalho por 28 dias.

Nessa situação hipotética, os primeiros 15 dias de afastamento de Juarez são considerados

☐ A) suspensão do contrato de trabalho, devendo ser remunerados pela previdência social.

☐ B) interrupção do contrato de trabalho, devendo ser remunerados pela previdência social.

☐ C) interrupção do contrato de trabalho, devendo ser remunerados pelo empregador.

☐ D) suspensão do contrato de trabalho, devendo ser remunerados pelo empregador.

A alternativa correta é a "C".

Os primeiros 15 dias de afastamento importam em um dos casos de interrupção do contrato de trabalho, onde há a sustação temporária da obrigação de prestar serviços pelo empregado, permanecendo o empregador com todas as obrigações resultantes do contrato de trabalho.

A partir do 15º dia, já deve ser considerado suspenso o contrato de trabalho e o empregado passa a receber da Previdência o auxílio-doença. Assim dispõe o art. 59, da Lei n. 8.213/1991:

Art. 59. O auxílio-doença será devido ao segurado que, havendo cumprido, quando for o caso, o período de carência exigido nesta Lei, ficar incapacitado para o seu trabalho ou para a sua atividade habitual por mais de 15 (quinze) dias consecutivos.

A alternativa "A" está incorreta. Trata-se de um dos casos de interrupção do contrato de trabalho. A interrupção difere da suspensão. Na interrupção a cessação das obrigações é provisória, arcando o empregador normalmente com a remuneração do empregado. Na suspensão, as obrigações do contrato ficam suspensas tanto para o empregado quanto para o empregador.

A alternativa "B" está incorreta. Os primeiros 15 dias importam em interrupção do contrato de trabalho e deverão ser pagos pelo empregador, a teor do que dispõe o art. 60, § 3º, da Lei n. 8.213/91.

> Art. 60. O auxílio-doença será devido ao segurado empregado a contar do décimo sexto dia do afastamento da atividade, e, no caso dos demais segurados, a contar da data do início da incapacidade e enquanto ele permanecer incapaz. *(Redação dada pela Lei n. 9.876, de 26.11.1999)*
>
> § 3º Durante os primeiros quinze dias consecutivos ao do afastamento da atividade por motivo de doença, incumbirá à empresa pagar ao segurado empregado o seu salário integral. *(Redação dada pela Lei n. 9.876, de 26.11.1999)*

A alternativa "D" está incorreta pelas razões já apontadas. Para melhor elucidação da diferença entre suspensão e interrupção, trazemos algumas hipóteses de ambos os conceitos:

Interrupção

O art. 473, da CLT apresenta algumas hipótese de interrupção do contrato de trabalho.

> Art. 473. O empregado poderá deixar de comparecer ao serviço sem prejuízo do salário: *(Redação dada pelo Decreto-lei n. 229, de 28.2.1967)*
>
> I — até 2 (dois) dias consecutivos, em caso de falecimento do cônjuge, ascendente, descendente, irmão ou pessoa que, declarada em sua carteira de trabalho e previdência social, viva sob sua dependência econômica; *(Inciso incluído pelo Decreto-lei n. 229, de 28.2.1967)*
>
> II — até 3 (três) dias consecutivos, em virtude de casamento; *(Inciso incluído pelo Decreto-lei n. 229, de 28.2.1967)*
>
> III — por um dia, em caso de nascimento de filho no decorrer da primeira semana; *(Inciso incluído pelo Decreto-lei n. 229, de 28.2.1967)*
>
> IV — por um dia, em cada 12 (doze) meses de trabalho, em caso de doação voluntária de sangue devidamente comprovada; *(Inciso incluído pelo Decreto-lei n. 229, de 28.2.1967)*
>
> V — até 2 (dois) dias consecutivos ou não, para o fim de se alistar eleitor, nos têrmos da lei respectiva. *(Inciso incluído pelo Decreto-lei n. 229, de 28.2.1967)*
>
> VI — no período de tempo em que tiver de cumprir as exigências do Serviço Militar referidas na letra "c" do art. 65 da Lei n. 4.375, de 17 de agosto de 1964 (Lei do Serviço Militar). *(Incluído pelo Decreto-lei n. 757, de 12.8.1969)*
>
> VII — nos dias em que estiver comprovadamente realizando provas de exame vestibular para ingresso em estabelecimento de ensino superior. *(Inciso incluído pela Lei n. 9.471, de 14.7.1997)*
>
> VIII — pelo tempo que se fizer necessário, quando tiver que comparecer a juízo. *(Inciso incluído pela Lei n. 9.853, de 27.10.1999)*
>
> IX — pelo tempo que se fizer necessário, quando, na qualidade de representante de entidade sindical, estiver participando de reunião oficial de organismo internacional do qual o Brasil seja membro. *(Incluído pela Lei n. 11.304, de 2006)*

Alguns exemplos de interrupção:

Licença-Paternidade

Constituição Federal de 1988, art. 7º, XIX, c/c ADCT, art. 10, II, § 1º:

> Art. 7º São direitos dos trabalhadores urbanos e rurais, além de outros que visem à melhoria de sua condição social:
>
> XIX — licença-paternidade, nos termos fixados em lei.
>
> Art. 10. Até que seja promulgada a lei complementar a que se refere o art. 7º, I, da Constituição.
>
> II — fica vedada a dispensa arbitrária ou sem justa causa:
>
> § 1º Até que a lei venha a disciplinar o disposto no art. 7º, XIX, da Constituição, o prazo da licença-paternidade a que se refere o inciso é de cinco dias.

Acidente de trabalho ou doença

> Art. 60. O auxílio-doença será devido ao segurado empregado a contar do décimo sexto dia do afastamento da atividade, e, no caso dos demais segurados, a contar da data do início da incapacidade e enquanto ele permanecer incapaz. *(Redação dada pela Lei n. 9.876, de 26.11.1999)*
>
> § 1º Quando requerido por segurado afastado da atividade por mais de 30 (trinta) dias, o auxílio-doença será devido a contar da data da entrada do requerimento.
>
> § 3º Durante os primeiros quinze dias consecutivos ao do afastamento da atividade por motivo de doença, incumbirá à empresa pagar ao segurado empregado o seu salário integral. *(Redação dada pela Lei n. 9.876, de 26.11.1999)*

Repouso semanal remunerado

> Art. 7º São direitos dos trabalhadores urbanos e rurais, além de outros que visem à melhoria de sua condição social:
>
> XV — repouso semanal remunerado, preferencialmente aos domingos;

Férias

> Art. 7º, da CF-88.
>
> XVII — gozo de férias anuais remuneradas com, pelo menos, um terço a mais do que o salário normal;

A alternativa "A" está incorreta. Trata-se de interrupção do contrato de trabalho, devendo ser remunerado pelo empregador.

Alguns exemplos de suspensão

Serviço militar

Art. 472. O afastamento do empregado em virtude das exigências do serviço militar, ou de outro encargo público, não constituirá motivo para alteração ou rescisão do contrato de trabalho por parte do empregador.

§ 1º Para que o empregado tenha direito a voltar a exercer o cargo do qual se afastou em virtude de exigências do serviço militar ou de encargo público, é indispensável que notifique o empregador dessa intenção, por telegrama ou carta registrada, dentro do prazo máximo de 30 (trinta) dias, contados da data em que se verificar a respectiva baixa ou a terminação do encargo a que estava obrigado.

§ 2º Nos contratos por prazo determinado, o tempo de afastamento, se assim acordarem as partes interessadas, não será computado na contagem do prazo para a respectiva terminação.

Qualificação profissional

Art. 476-A. O contrato de trabalho poderá ser suspenso, por um período de dois a cinco meses, para participação do empregado em curso ou programa de qualificação profissional oferecido pelo empregador, com duração equivalente à suspensão contratual, mediante previsão em convenção ou acordo coletivo de trabalho e aquiescência formal do empregado, observado o disposto no art. 471 desta Consolidação. *(Incluído pela Medida Provisória n. 2.164-41, de 2001)*

§ 1º Após a autorização concedida por intermédio de convenção ou acordo coletivo, o empregador deverá notificar o respectivo sindicato, com antecedência mínima de quinze dias da suspensão contratual. *(Incluído pela Medida Provisória n. 2.164-41, de 2001)*

§ 2º O contrato de trabalho não poderá ser suspenso em conformidade com o disposto no *caput* deste artigo mais de uma vez no período de dezesseis meses. *(Incluído pela Medida Provisória n. 2.164-41, de 2001)*

§ 3º O empregador poderá conceder ao empregado ajuda compensatória mensal, sem natureza salarial, durante o período de suspensão contratual nos termos do *caput* deste artigo, com valor a ser definido em convenção ou acordo coletivo.

§ 4º Durante o período de suspensão contratual para participação em curso ou programa de qualificação profissional, o empregado fará jus aos benefícios voluntariamente concedidos pelo empregador. *(Incluído pela Medida Provisória n. 2.164-41, de 2001)*

§ 5º Se ocorrer a dispensa do empregado no transcurso do período de suspensão contratual ou nos três meses subsequentes ao seu retorno ao trabalho, o empregador pagará ao empregado, além das parcelas indenizatórias previstas na legislação em vigor, multa a ser estabelecida em convenção ou acordo coletivo, sendo de, no mínimo, cem por cento sobre o valor da última remuneração mensal anterior à suspensão do contrato. *(Incluído pela Medida Provisória n. 2.164-41, de 2001)*

§ 6º Se durante a suspensão do contrato não for ministrado o curso ou programa de qualificação profissional, ou o empregado permanecer trabalhando para o empregador, ficará descaracterizada a suspensão, sujeitando o empregador ao pagamento imediato dos salários e dos encargos sociais referentes ao período, às penalidades cabíveis previstas na legislação em vigor, bem como às sanções previstas em convenção ou acordo coletivo. *(Incluído pela Medida Provisória n. 2.164-41, de 2001)*

§ 7º O prazo limite fixado no *caput* poderá ser prorrogado mediante convenção ou acordo coletivo de trabalho e aquiescência formal do empregado, desde que o empregador arque com o ônus correspondente ao valor da bolsa de qualificação profissional, no respectivo período. *(Incluído pela Medida Provisória n. 2.164-41, de 2001)*

Greve

Lei n. 7.783/1989, art. 7º:

Art. 7º Observadas as condições previstas nesta Lei, a participação em greve suspende o contrato de trabalho, devendo as relações obrigacionais, durante o período, ser regidas pelo acordo, convenção, laudo arbitral ou decisão da Justiça do Trabalho.

Prestação de serviço militar

Art. 472. O afastamento do empregado em virtude das exigências do serviço militar, ou de outro encargo público, não constituirá motivo para alteração ou rescisão do contrato de trabalho por parte do empregador.

Empregado eleito dirigente sindical

Art. 543. O empregado eleito para cargo de administração sindical ou representação profissional, inclusive junto a órgão de deliberação coletiva, não poderá ser impedido do exercício de suas funções, nem transferido para lugar ou mister que lhe dificulte ou torne impossível o desempenho das suas atribuições sindicais. *(Redação dada pelo Decreto-lei n. 229, de 28.2.1967)*

§ 2º Considera-se de licença não remunerada, salvo assentimento da emprêsa ou cláusula contratual, o tempo em que o empregado se ausentar do trabalho no desempenho das funções a que se refere êste artigo. *(Redação dada pelo Decreto-lei n. 229, de 28.2.1967)*

Aposentadoria por invalidez

Art. 475. O empregado que for aposentado por invalidez terá suspenso o seu contrato de trabalho durante o prazo fixado pelas leis de previdência social para a efetivação do benefício.

Empregado eleito diretor de Sociedade Anônima.

SUM-269 — DIRETOR ELEITO. CÔMPUTO DO PERÍODO COMO TEMPO DE SERVIÇO (mantida) — Res. 121/2003, DJ 19, 20 e 21.11.2003
O empregado eleito para ocupar cargo de diretor tem o respectivo contrato de trabalho suspenso, não se computando o tempo de serviço desse período, salvo se permanecer a subordinação jurídica inerente à relação de emprego.

---

20. Antônio, contratado como vigilante noturno de uma instituição financeira, abandonou, em duas oportunidades distintas, sem justificativa, seu posto de trabalho, por cerca de 30 minutos, para resolver questões particulares, fato comprovado por testemunhas.

Na situação hipotética apresentada, a atitude de Antônio, para fins de despedida por justa causa, de acordo com a Consolidação das Leis do Trabalho, é considerada

☐ A) desídia no desempenho de suas funções.

☐ B) abandono de emprego.

☐ C) ato de improbidade.

☐ D) ato de indisciplina ou de insubordinação.

A alternativa "A" está correta. Trata-se de uma das hipóteses legais de falta grave praticada pelo empregado, sendo causa de resilução do contrato de trabalho, por justa causa.

Na questão apresentada, o comportamento do empregado no desempenho de suas funções, preencheu os requisitos para a aplicação da justa causa, por desídia. O que caracteriza a desídia é a reiteração de atos faltosos, todos punidos pelo empregador.

A alternativa "B" está errada. A ausência do empregado, na questão apresentada, se deu por um período curto de tempo e não houve a intenção de abandonar o emprego.

Para que fique configurado o abandono de emprego, são levados em consideração as faltas durante certo período de tempo, que a jurisprudência fixou em mais de 30 dias e a intenção do empregado em não mais trabalhar. Aqui, o empregado se ausentou em uas oportunidades distintas, por duas vezes, o que, como vimos, configura desídia.

SUM-32 — ABANDONO DE EMPREGO (nova redação) — Res. 121/2003, DJ 19, 20 e 21.11.2003. Presume-se o abandono de emprego se o trabalhador não retornar ao serviço no prazo de 30 (trinta) dias após a cessação do benefício previdenciário nem justificar o motivo de não o fazer.

A alternativa "C" está errada. A improbidade importa na desonestidade, na falta de caráter, na imoralidade, na prática de ato lesivo ao empregador. Como exemplo pode-se citar: falsificação de documentos, furto, roubo, apropriação indébita.

A alternativa "D" está errada. A indisciplina importa em não cumprir o empregado as ordens gerais de serviço e a insubordinação no descumprimento de ordens diretas do empregador.

As hipóteses que ensejam justa causa do contrato de trabalho estão previstas em lei, sendo a maioria no art. 482 da CLT.

HIPÓTESES PREVISTAS NO ART. 482 DA CLT

1) Ato de improbidade — significa má-qualidade, imoralidade, malícia. É o mau caráter. Ex: furto, roubo, falsificação de cartão de ponto;

2) Incontinência de conduta — desregramento do empregado no tocante a vida sexual. Ex: pornografia, assedio sexual.

3) Mau procedimento — diz respeito a comportamento não aceito pelo senso comum. Ex: uso indevido do computador.

4) Negociação habitual por conta própria ou alheia sem permissão do empregador e quando constituir ato de concorrência à empresa para a qual trabalha o empregado, ou for prejudicial ao serviço.

5) Condenação criminal — é preciso sentença transitada em julgado, sem concessão de SURSIS (suspensão da execução da pena)

6) Desídia — negligência, desleixo, desinteresse, relaxamento, indiferença, repetição de atos faltosos.

7) Embriaguez habitual ou em serviço — enseja em justa causa quando a embriaguez ocorre ocasionalmente em serviço ou de forma habitual fora de serviço, com influência no trabalho.

8) Violação de segredos da empresa — divulgação de informações sigilosas.

9) Indisciplina — recusar a cumprir normas da empresa.

10) Insubordinação — recusar a cumprir ordens individuais.

11) Abandono de emprego — a jurisprudencial entende como abandono a falta por mais de 30 dias.

12) Ato lesivo a honra e boa fama praticado no serviço contra qualquer pessoa ou ofensas físicas, salvo legítima defesa própria ou de outrem.

13) Ato lesivo a honra e boa fama ou ofensas físicas praticadas contra empregador ou superior hierárquico, salvo legítima defesa própria ou de outrem.

14) Jogos de azar — refere-se a prática constante de jogos de azar fora do emprego que possa comprometer a imagem do empregador.

15) Atos atentatórios à segurança nacional.

Outras hipóteses

16) art. 508 CLT — **revogado.** Hipótese que tratava do bancário, devedor contumaz.

17) art. 158 CLT — inobservância de uso de equipamento necessário e de prática das instruções de segurança obrigatória.

18) art. 240 CLT — ferroviário que se recusa a laborar em horas extras para casos de emergência ou acidente.

Além da necessidade de previsão legal, é necessário verificar a presença dos demais elementos objetivos e subjetivos da justa causa.

São elementos subjetivos: dolo ou culpa. São elementos objetivos: 1 — Tipificação legal (Taxativo); 2 — Gravidade do ato; 3 — Nexo de causalidade entre a falta e a dispensa; 4 — Imediatidade — data em que o empregador toma conhecimento e não do dia em que foi cometido e; 5 — singularidade — a punição deve ser única.

21. A direção da empresa Vale Verde Ltda. divulgou, por meio de circular interna, a proibição de fumar nos ambientes fechados da empresa, tendo sido estabelecidos locais específicos para a prática do tabagismo. Jorge, empregado da empresa Vale Verde Ltda., fumante há mais de 20 anos, descumpriu tal norma, e, por diversas vezes, foi flagrado fumando nos ambientes fechados da empresa, tendo sido, nessas ocasiões, advertido pelo empregador.

Considerando a situação hipotética acima e com base na legislação trabalhista, assinale a opção correta.

A) O ato de fumar nos ambientes fechados da empresa constitui motivo de despedida por justa causa por ato de indisciplina, uma vez que Jorge descumpriu uma ordem geral do empregador.

B) A atitude de Jorge, que se caracteriza como incontinência de conduta ou mau procedimento, constitui motivo de dispensa por justa causa.

C) A atitude de Jorge não se caracteriza como desobediência à determinação do empregador dado o grau de dependência em relação ao cigarro, já que ele é fumante há mais de 20 anos.

D) Como a atitude de Jorge não gera prejuízo para a empresa, mas apenas desconforto para seus colegas de trabalho, ele não pode ser punido por fumar em ambientes fechados da empresa.

A *alternativa correta é a "A".*

Trata-se de indisciplina, que é o descumprimento de ordem de serviço de caráter geral. Já insubordinação é o descumprimento de ordem emanada diretamente do empregador ou superior hierárquico.

Para que a justa causa por indisciplina fique configurada, deverá o empregador provar que o empregado tinha conhecimento da norma geral.

A alternativa "B" está incorreta. A incontinência de conduta diz respeito ao mau procedimento relacionado ao comportamento sexual do empregado na empresa. São exemplos: a prática de atos libidinosos, os atos de pedofilia, entre outros. O mau procedimento se traduz no comportamento do empregado incompatível com a moral e os bons costumes. Não se confunde com a incontinência, já que não há violação da moral sexual.

A alternativa "C" está incorreta. A desobediência é incompatível com as obrigações contratuais e a sua inobservância justifica a rescisão do contrato de trabalho. O vício não pode repercutir nas atividades laborais do empregado.

A alternativa "D" está incorreta. A atitude do empregado importa em descumprimento dos regulamentos da empresa, em cumprimento ao disposto no art. 2º da Lei n. 9.294/1996, do seguinte teor:

> É proibido o uso de cigarros, cigarrilhas, charutos, cachimbos ou de qualquer outro produto fumígero, derivado ou não do tabaco, em recinto coletivo, privado ou público, salvo em área destinada exclusivamente a esse fim, devidamente isolada e com arejamento conveniente.

22. Segundo orientação do TST, na justiça do trabalho, a condenação em honorários advocatícios, necessariamente, requer

☐ A) a simples procuração do advogado juntada aos autos.

☐ B) a assistência por sindicato e o benefício da justiça gratuita, de forma concomitante.

☐ C) a assistência por sindicato, apenas.

☐ D) o benefício da justiça gratuita, apenas.

A *alternativa "B" está correta.*

A Súmula n. 219 do C.TST assim dispõe:

SUM-219 — HONORÁRIOS ADVOCATÍCIOS. HIPÓTESE DE CABIMENTO (nova redação do item II e inserido o item III à redação) — Res. 174/2011, DEJT divulgado em 27, 30 e 31.5.2011 I — Na Justiça do Trabalho, a condenação ao pagamento de honorários advocatícios, nunca superiores a 15% (quinze por cento), não decorre pura e simplesmente da sucumbência, devendo a parte estar assistida por sindicato da categoria profissional e comprovar a percepção de salário inferior ao dobro do salário mínimo ou encontrar-se em situação econômica que não lhe permita demandar sem prejuízo do próprio sustento ou da respectiva família. *(ex-Súmula n. 219 — Res. 14/1985, DJ 26.9.1985)*
II — É cabível a condenação ao pagamento de honorários advocatícios em ação rescisória no processo trabalhista.

Assim, para serem devidos honorários advocatícios na Justiça do Trabalho, é necessário de forma concomitante: i) a assistência por sindicato e ii) percepção de salário inferior ao dobro do salário mínimo ou encontrar-se em situação econômica que não lhe permita demandar sem prejuízo do próprio sustento ou da respectiva família.

O segundo requisito (ii) é o mesmo requisito necessário para a concessão dos benefícios da justiça gratuita, conforme se lê do art. 790, § 3º da CLT. Por isso a alternativa fala em benefício da justiça gratuita ao invés de "percepção de salário inferior ao dobro do salário mínimo ou encontrar-se em situação econômica que não lhe permita demandar sem prejuízo do próprio sustento ou da respectiva família".

Portanto, correta a alternativa "B" por trazer afirmação no mesmo sentido da Súmula n. 219 do TST.

A alternativa "A" está incorreta. Isto porque, na Justiça do Trabalho, diferentemente da justiça comum, os honorários advocatícios não são devidos pela simples sucumbência, devendo ser observados os requisitos elencados na Súmula n. 219 do TST, já comentada.

A alternativa "C" está incorreta. Pois além da assistência do sindicato, necessário também é que o reclamante perceba salário inferior ao dobro do salário mínimo ou que encontre-se em situação econômica que não lhe permita demandar sem prejuízo do próprio sustento ou de sua família.

A alternativa "D" está incorreta. Além de estarem presentes os requisitos da justiça gratuita, necessária também é a assistência pelo sindicato.

23. Juca, advogado da empresa Terra e Mar Ltda., compareceu pessoalmente à Secretaria da 1ª Turma do TRT e tomou conhecimento do teor de decisão que havia negado provimento a recurso ordinário interposto pela empresa. No mesmo dia, Juca interpôs recurso de revista para o TST, antes de ocorrer a publicação do acórdão regional. Segundo orientação do TST, na situação hipotética apresentada, o recurso de revista interposto é considerado

- A) extemporâneo.
- B) deserto.
- C) tempestivo.
- D) intempestivo.

A alternativa correta é a "A".

Quando a questão menciona "segundo orientação do TST", é porque há súmula ou orientação jurisprudencial sobre o assunto. Sobre esta questão, o TST editou a OJ n. 357 da SDI-I que assim dispõe:

> OJ-SDI1-357 — RECURSO. INTERPOSIÇÃO ANTES DA PUBLICAÇÃO DO ACÓRDÃO IMPUGNADO. EXTEMPORANEIDADE. NÃO CONHECIMENTO (DJ 14.3.2008)
> É extemporâneo recurso interposto antes de publicado o acórdão impugnado.

Assim incorreta as demais alternativas. Quanto a alternativa "B" cumpre destacar que deserção é o não pagamento do preparo (custas + depósito recursal).

Os prazos recursais são contados a partir do dia seguinte da publicação.

> Súmula 1 TST — PRAZO JUDICIAL (mantida) — Res. 121/2003, DJ 19, 20 e 21.11.2003.
> Quando a intimação tiver lugar na sexta-feira, ou a publicação com efeito de intimação for feita nesse dia, o prazo judicial será contado da segunda-feira imediata, inclusive, salvo se não houver expediente, caso em que fluirá no dia útil que se seguir.

Ainda sobre prazo, segue abaixo algumas súmulas do TST:

> Súmula n. 16 — NOTIFICAÇÃO (nova redação) — Res. 121/2003, DJ 19, 20 e 21.11.2003
> Presume-se recebida a notificação 48 (quarenta e oito) horas depois de sua postagem. O seu não recebimento ou a entrega após o decurso desse prazo constitui ônus de prova do destinatário.

> Súmula n. 30 — INTIMAÇÃO DA SENTENÇA (mantida) — Res. 121/2003, DJ 19, 20 e 21.11.2003
> Quando não juntada a ata ao processo em 48 horas, contadas da audiência de julgamento (art. 851, § 2º, da CLT), o prazo para recurso será contado da data em que a parte receber a intimação da sentença.

> Súmula 53 — CUSTAS (mantida) — Res. 121/2003, DJ 19, 20 e 21.11.2003
> O prazo para pagamento das custas, no caso de recurso, é contado da intimação do cálculo.

> Súmula 197 — PRAZO (mantida) — Res. 121/2003, DJ 19, 20 e 21.11.2003
> O prazo para recurso da parte que, intimada, não comparecer à audiência em prosseguimento para a prolação da sentença conta-se de sua publicação.

> Súmula 262 — PRAZO JUDICIAL. NOTIFICAÇÃO OU INTIMAÇÃO EM SÁBADO. RECESSO FORENSE (incorporada a Orientação Jurisprudencial n. 209 da SBDI-1) — Res. 129/2005, DJ 20, 22 e 25.4.2005
> I — Intimada ou notificada a parte no sábado, o início do prazo se dará no primeiro dia útil imediato e a contagem, no subsequente. (ex-Súmula n. 262 — Res. 10/1986, DJ 31.10.1986)
> II — O recesso forense e as férias coletivas dos Ministros do Tribunal Superior do Trabalho (art. 177, § 1º, do RITST) suspendem os prazos recursais. (ex-OJ n. 209 da SBDI-1 — inserida em 8.11.2000)

Súmula 385 — FERIADO LOCAL. AUSÊNCIA DE EXPEDIENTE FORENSE. PRAZO RECURSAL. PRORROGAÇÃO. COMPROVAÇÃO. NECESSIDADE (conversão da Orientação Jurisprudencial n. 161 da SBDI-1) — Res. 129/2005, DJ 20, 22 e 25.4.2005

Cabe à parte comprovar, quando da interposição do recurso, a existência de feriado local ou de dia útil em que não haja expediente forense, que justifique a prorrogação do prazo recursal. (ex-OJ n. 161 da SBDI-1 — inserida em 26.3.1999)

SUM-387 — RECURSO. FAC-SÍMILE. LEI n. 9.800/1999 (inserido o item IV à redação) — Res. 174/2011, DEJT divulgado em 27, 30 e 31.5.2011

I — A Lei n. 9.800, de 26.5.1999, é aplicável somente a recursos interpostos após o início de sua vigência. (ex-OJ n. 194 da SBDI-1 — inserida em 8.11.2000)

II — A contagem do quinquídio para apresentação dos originais de recurso interposto por intermédio de fac-símile começa a fluir do dia subsequente ao término do prazo recursal, nos termos do art. 2º da Lei n. 9.800, de 26.5.1999, e não do dia seguinte à interposição do recurso, se esta se deu antes do termo final do prazo. (ex-OJ n. 337 da SBDI-1 — primeira parte — DJ 4.5.2004)

III — Não se tratando a juntada dos originais de ato que dependa de notificação, pois a parte, ao interpor o recurso, já tem ciência de seu ônus processual, não se aplica a regra do art. 184 do CPC quanto ao *dies a quo*, podendo coincidir com sábado, domingo ou feriado. (ex-OJ n. 337 da SBDI-1 — in fine — DJ 4.5.2004)

IV — A autorização para utilização do fac-símile, constante do art. 1º da Lei n. 9.800, de 26.5.1999, somente alcança as hipóteses em que o documento é dirigido diretamente ao órgão jurisdicional, não se aplicando à transmissão ocorrida entre particulares.

---

24. Aníbal foi eleito membro do conselho fiscal do sindicato representativo de sua categoria profissional em 20 de maio de 2008. No dia 20 de agosto de 2008, Aníbal foi demitido sem justa causa da empresa onde trabalhava. Segundo orientação do TST, nessa situação hipotética, a demissão de Aníbal

☐ A) somente seria regular se houvesse a extinção da empresa.

☐ B) foi arbitrária, pois não houve nenhuma justificativa prévia ou inquérito capaz de provar justa causa para a demissão.

☐ C) foi regular, pois membro de conselho fiscal de sindicato não tem direito à estabilidade provisória porquanto não representa ou atua na defesa de direitos da categoria respectiva, agindo somente na fiscalização da gestão financeira do sindicato.

☐ D) foi irregular, pois Aníbal gozava de estabilidade provisória desde sua eleição ao cargo de conselheiro fiscal do sindicato.

A *alternativa correta é a "C"*.

A demissão se deu de forma regular.

Aos membros eleitos para o Conselho Fiscal não é assegurada a estabilidade provisória.

A atuação do Conselho Fiscal se restringe a fiscalizar a gestão financeira do sindicato, não podendo ser considerado órgão de representação da categoria, mas sim de fiscalização.

A estabilidade provisória pressupõe o exercício de representação da categoria e garante a manutenção do emprego dos trabalhadores que defendem os demais perante o empregador.

Neste sentido é a Orientação Jurisprudencial n. 365 da SDI-I do TST:

OJ-SDI1-365 — ESTABILIDADE PROVISÓRIA. MEMBRO DE CONSELHO FISCAL DE SINDICATO. INEXISTÊNCIA (DJ 20, 21 e 23.5.2008)

Membro de conselho fiscal de sindicato não tem direito à estabilidade prevista nos arts. 543, § 3º, da

CLT e 8º, VIII, da CF/1988, porquanto não representa ou atua na defesa de direitos da categoria respectiva, tendo sua competência limitada à fiscalização da gestão financeira do sindicato (art. 522, § 2º, da CLT).

Incorreta a alternativa "A".

A demissão foi regular, uma vez que o membro do Conselho Fiscal não é portador da estabilidade que é concedida a dirigente sindical. Este sim, por representar a categoria profissional, necessita de proteção.

A estabilidade provisória garante o exercício pleno do mandado sindical, uma vez que na defesa dos interesses dos seus representados, não raras vezes contraria o empregador. A teor do que dispõe o inciso VIII do art. 8º da CF, a estabilidade é assegurada ao candidato ao cargo de direção sindical ou representação profissional e a seu suplente.

O art. 543, da CLT garante o pleno exercício da atividade sindical, seja na condição de administrador sindical, seja na de representante de classe. (Representante dos trabalhadores nas empresas com mais de duzentos empregados — art. 11 CF).

Incorreta a alternativa "B".

A demissão se deu sem justa causa. No entanto, se tivesse ocorrido por justa causa, ainda assim seria regular, já que o membro do Conselho Fiscal não é portador de estabilidade.

Incorreta a alternativa "D".

O membro do Conselho Fiscal não é dirigente sindical, ou seja, não é eleito para representar a categoria profissional no âmbito da empresa.

A estabilidade visa a proteger o trabalhador empregado, exercente de cargo de direção, cuja tarefa é a defesa dos interesses da categoria que representa, das pressões dos empregadores.

25. O prazo para a interposição de recurso de embargos para a Seção de Dissídios Individuais no TST é de

☐ A) 5 dias.

☐ B) 8 dias.

☐ C) 10 dias.

☐ D) 15 dias.

A alternativa correta é a "B".

De acordo com o art. 6º da Lei n. 5.589/70 para todos os recursos trabalhistas o prazo é de 8 dias.

Embargos para a SDI do TST está previsto no art. 894 da CLT e na Lei n. 7.701/88. São cabíveis contra decisões proferidas pelas Turmas do TST quando houver alguma divergência com outra Turma do próprio TST ou com decisão da SDI ou com súmula ou OJ do TST (art. 3º, III, *b*, da Lei n. 7.701/88).

Os embargos no TST também são chamados de Embargos Divergentes.

OJ-SDI1-95 — EMBARGOS PARA SDI. DIVERGÊNCIA ORIUNDA DA MESMA TURMA DO TST. INSERVÍVEL (inserida em 30.5.1997)

ERR 125320/1994, SDI-Plena

Em 19.5.1997, a SDI-Plena, por maioria, decidiu que acórdãos oriundos da mesma Turma, embora divergentes, não fundamentam divergência jurisprudencial de que trata a alínea *b*, do art. 894 da Consolidação das Leis do Trabalho para embargos à Seção Especializada em Dissídios Individuais, Subseção I.

Súmula n. 401 do STF — Não se conhece do recurso de revista, nem dos embargos de divergência, do processo trabalhista, quando houver jurisprudência firme do Tribunal Superior do Trabalho no mesmo sentido da decisão impugnada, salvo se houver colisão com a jurisprudência do Supremo Tribunal Federal.

---

26. Ciro trabalha como taxista para uma empresa que explora o serviço de táxi de um município, sendo o automóvel utilizado em serviço por Ciro de propriedade da mencionada empresa.

Em face da situação hipotética apresentada, de acordo com a legislação trabalhista, Ciro é considerado

- A) empregado.
- B) empresário.
- C) trabalhador avulso.
- D) trabalhador autônomo.

A alternativa correta é a "A".

A questão apresenta relação típica de emprego, cujos requisitos encontram-se estabelecidos no art. 3º da CLT, quais sejam: trabalho prestado por pessoa física, pessoalidade, não eventualidade, onerosidade e com subordinação.

Ainda da questão pode-se extrair a presença do requisito alteridade, que estabelece que os riscos da atividade econômica devam ser assumidos, exclusivamente, pelo empregador.

Apesar da questão não mencionar expressamente a presença de todos os requisitos da relação empregatícia, por exclusão também chegaríamos a alternativa "A".

Vejamos cada requisito da relação de emprego:

Pessoalidade — significa que o trabalhador não pode fazer-se substituir por outra pessoa. é o caráter *intuitu persoane* da relação de emprego ou da infungibilidade no que tange ao trabalhador. Significa dizer que o contrato de emprego possui uma obrigação personalíssima.

Não eventualidade — significa que o contrato de emprego exige uma continuidade. Se for um trabalho prestado eventualmente, estaremos diante de um trabalhador eventual e não empregado. Ou seja, o trabalho não pode ser esporádico. Não se pode confundir trabalhador eventual com sazonal ou adventício, que são aqueles realizados em apenas determinadas épocas do ano.

Onerosidade — o contrato de emprego envolve prestações recíprocas entre os sujeitos envolvidos. A onerosidade deve ser considerada sob duas dimensões: uma objetiva e outra subjetiva. No plano objetivo, a onerosidade se manifesta pelo pagamento. No plano subjetivo se manifesta pela intenção econômica conferida pelas partes. É o *animus contrahendi*.

Subordinação — é o elemento de maior pertinência. Várias são as espécies de subordinação, sendo que aquela caracterizadora da relação empregatícia é a denominada subordinação jurídica, na medida em que deve obediência às ordens e determinações do empregador.

O trabalhador autônomo é aquele que presta serviços por conta própria, assumindo os riscos da atividade econômica.

A diferenciação central entre o empregado e o trabalhador autônomo está na SUBORDINAÇÃO.

Na autonomia o próprio trabalhador é quem estabelece como os serviços serão prestados, o que não ocorre com o empregado.

Definição de trabalhador autônomo: "é a pessoa física que exerce, por conta própria, atividade econômica de natureza urbana, com fins lucrativos ou não." (alínea h, inciso V, do art. 12 da Lei n. 8.212/91)

As características do trabalhador autônomo são: 1. não é subordinado; 2. não é regido pela CLT e portanto não possui direitos trabalhistas; 3. trabalha por conta e risco; 4. pode ou não haver pessoalidade (ex: advogado autônomo contratado. Há pessoalidade, pois a contratação foi específica daquele trabalhador mas não há vínculo de emprego).

Avulso é aquele que "presta, a diversas empresas, sem vínculo empregatício, serviços de natureza urbana ou rural definidos no regulamento."

O regulamento, que é o atual Decreto n. 3.048/99 esclarece que o trabalhador avulso é "aquele que, sindicalizado ou não, presta serviços de natureza urbana ou rural, sem vínculo empregatício, a diversas empresas, com intermediação obrigatória do sindicato da categoria ou do órgão gestor de mão de obra." (art. 9º, VI)

O avulso não possui subordinação, seja com o sindicato seja como tomador e nem pessoalidade.

São características do avulso: 1) liberdade na prestação dos serviços; 2) possibilidade da prestação de serviços a mais de uma empresa; 3) intermediação obrigatória da mão de obra pelo sindicato ou pelo órgão gestor de mão de obra; 4) o curto período da prestação de serviços.

A Constituição Federal estabeleceu igualdade de direitos entre o avulso e o empregado (art. 7º, XXXIV).

O OGMO ou o sindicato é quem paga o trabalhador. O tomador dos serviços e o OGMO são solidariamente solidários pelo pagamento das verbas trabalhistas, sendo vedada a invocação de benefício de ordem.

Por fim, cumpre destacar que a definição legal de empresário, contido na alternativa "B", encontra-se no art. 966 do Código Civil: "Art. 966. Considera-se empresário quem exerce profissionalmente atividade econômica organizada para a produção ou a circulação de bens ou de serviços. Parágrafo único. Não se considera empresário quem exerce profissão intelectual, de natureza científica, literária ou artística, ainda com o concurso de auxiliares ou colaboradores, salvo se o exercício da profissão constituir elemento de empresa."

---

27. Pedro foi eleito para exercer o cargo de diretor da sociedade anônima da qual já era empregado havia 12 anos. Segundo o estatuto da sociedade anônima, o mandato de diretor era de 2 anos.

Segundo orientação do TST, nessa situação hipotética, durante o período em que Pedro estiver exercendo o cargo de diretor, seu contrato de trabalho ficará

☐ A) prorrogado.

☐ B) rescindido.

☐ C) interrompido.

☐ D) suspenso.

A *alternativa correta é a "D".*

O empregado eleito para ocupar cargo de diretor tem o respectivo contrato de trabalho suspenso, não se computando o tempo de serviço deste período, salvo se permanecer a subordinação jurídica inerente à relação de emprego.

Estabelece a Súmula n. 269, do TST:

> SUM-269 — DIRETOR ELEITO. CÔMPUTO DO PERÍODO COMO TEMPO DE SERVIÇO (mantida) — Res. 121/2003, DJ 19, 20 e 21.11.2003
>
> O empregado eleito para ocupar cargo de diretor tem o respectivo contrato de trabalho suspenso, não se computando o tempo de serviço desse período, salvo se permanecer a subordinação jurídica inerente à relação de emprego.

A alternativa "A" está incorreta. O contrato de trabalho, a teor do que dispõe o art. 443, da CLT, pode ser tácito ou expresso; verbal ou escrito, por prazo determinado e por prazo indeterminado. O contrato por prazo determinado tem duração antecipadamente ajustada pelas partes, não podendo ser estipulado por período superior a dois anos e admite uma única prorrogação. Assim dispõe o art. 451, da CLT.

> Art. 451. O contrato de trabalho por prazo determinado que, tácita ou expressamente, for prorrogado mais de uma vez passará a vigorar sem determinação de prazo. *(Vide Lei n. 9.601, de 1998)*

A alternativa "B" está incorreta. Nos contratos individuais de trabalho a alteração só é lícita por mútuo consentimento. Assim dispõe o art. 468, da CLT:

> Art. 468. Nos contratos individuais de trabalho só é lícita a alteração das respectivas condições por mútuo consentimento, e ainda assim desde que não resultem, direta ou indiretamente, prejuízos ao empregado, sob pena de nulidade da cláusula infringente desta garantia.
>
> Parágrafo único. Não se considera alteração unilateral a determinação do empregador para que o respectivo empregado reverta ao cargo efetivo, anteriormente ocupado, deixando o exercício de função de confiança.

Entende uma parte da doutrina que a eleição de empregado para ocupar o cargo de diretor, não lhe retira a condição de empregado.

A alternativa "C" está incorreta. A interrupção do contrato de trabalho importa na paralisação temporária dos serviços realizados pelo empregado, sem que haja a suspensão da remuneração a cargo do empregador, sendo-lhe garantido os direitos do período de afastamento. Os casos de interrupção do contrato de trabalho estão previsto no art. 473, da CLT.

> Art. 473. O empregado poderá deixar de comparecer ao serviço sem prejuízo do salário: *(Redação dada pelo Decreto-lei n. 229, de 28.2.1967)*
>
> I — até 2 (dois) dias consecutivos, em caso de falecimento do cônjuge, ascendente, descendente, irmão ou pessoa que, declarada em sua carteira de trabalho e previdência social, viva sob sua dependência econômica; *(Inciso incluído pelo Decreto-lei n. 229, de 28.2.1967)*
>
> II — até 3 (três) dias consecutivos, em virtude de casamento; *(Inciso incluído pelo Decreto-lei n. 229, de 28.2.1967)*
>
> III — por um dia, em caso de nascimento de filho no decorrer da primeira semana; *(Inciso incluído pelo Decreto-lei n. 229, de 28.2.1967)*
>
> IV — por um dia, em cada 12 (doze) meses de trabalho, em caso de doação voluntária de sangue devidamente comprovada; *(Inciso incluído pelo Decreto-lei n. 229, de 28.2.1967)*
>
> V — até 2 (dois) dias consecutivos ou não, para o fim de se alistar eleitor, nos têrmos da lei respectiva. *(Inciso incluído pelo Decreto-lei n. 229, de 28.2.1967)*
>
> VI — no período de tempo em que tiver de cumprir as exigências do Serviço Militar referidas na letra "c" do art. 65 da Lei n. 4.375, de 17 de agosto de 1964 (Lei do Serviço Militar). *(Incluído pelo Decreto-lei n. 757, de 12.8.1969)*
>
> VII — nos dias em que estiver comprovadamente realizando provas de exame vestibular para ingresso em estabelecimento de ensino superior. *(Inciso incluído pela Lei n. 9.471, de 14.7.1997)*
>
> VIII — pelo tempo que se fizer necessário, quando tiver que comparecer a juízo. *(Inciso incluído pela Lei n. 9.853, de 27.10.1999)*
>
> IX — pelo tempo que se fizer necessário, quando, na qualidade de representante de entidade sindical, estiver participando de reunião oficial de organismo internacional do qual o Brasil seja membro. *(Incluído pela Lei n. 11.304, de 2006)*

28. Contra decisão definitiva proferida por TRT em mandado de segurança cabe

- A) agravo de instrumento para o TST, no prazo de 8 dias.
- B) agravo de instrumento para o TST, no prazo de 10 dias.
- C) recurso ordinário para o TST, no prazo de 8 dias.
- D) recurso ordinário para o TST, no prazo de 10 dias.

A alternativa correta é a "C".

A questão é polêmica. Isso porque após a EC n. 45/04 Mandado de Segurança deixou de ser apenas ação de competência originária dos Tribunais. Hoje é perfeitamente possível o cabimento de Mandado de Segurança na vara do trabalho. Ex.: Mandado de Segurança contra ato do delegado do trabalho, será ajuizado na vara do trabalho. Neste caso, o TRT funcionará como segundo grau de jurisdição.

Entretanto, por eliminação, chega-se a alternativa "C". Isto porque, da decisão definitiva proferida por TRT em Mandado de Segurança de sua competência originária (ou seja, ação distribuída diretamente no Tribunal), o recurso cabível será o Ordinário para o TST, no prazo de 8 dias, conforme dispõe o art. 895, inciso II da CLT.

Art. 895. Cabe recurso ordinário para a instância superior:
I — das decisões definitivas ou terminativas das Varas e Juízos, no prazo de 8 (oito) dias; e *(Incluído pela Lei n. 11.925, de 2009).*
II — das decisões definitivas ou terminativas dos Tribunais Regionais, em processos de sua competência originária, no prazo de 8 (oito) dias, quer nos dissídios individuais, quer nos dissídios coletivos. *(Incluído pela Lei n. 11.925, de 2009).*

Súmula n. 201 — RECURSO ORDINÁRIO EM MANDADO DE SEGURANÇA (mantida) — Res. 121/2003, DJ 19, 20 e 21.11.2003. Da decisão de Tribunal Regional do Trabalho em mandado de segurança cabe recurso ordinário, no prazo de 8 (oito) dias, para o Tribunal Superior do Trabalho, e igual dilação para o recorrido e interessados apresentarem razões de contrariedade.

Agravo de Instrumento no processo do trabalho só é cabível contra decisão que denega seguimento a outro recurso para instância superior (art. 897, alínea *b* da CLT), razão pela qual incorretas as alternativas "A" e "B".

A a alternativa "D" está incorreta no que se refere ao prazo. O prazo dos recursos trabalhistas são todos de 8 dias, exceto embargos de declaração que o prazo é de 5 dias.

29. Nos processos que correm sob o rito sumaríssimo, o recurso de revista será cabível

☐ A) quando houver contrariedade à súmula de jurisprudência uniforme do TST e violação direta à CF.

☐ B) nos casos em que haja flagrante injustiça.

☐ C) quando a decisão proferida pelo TRT violar disposição de lei federal.

☐ D) quando houver divergência jurisprudencial entre TRTs.

A alternativa correta é a "A", que é exatamente a redação do § 6º do art. 896 da CLT.

Art. 896. ...
...
§ 6º CLT — Nas causas sujeitas ao procedimento sumaríssimo, somente será admitido recurso de revista por contrariedade a súmula de jurisprudência uniforme do Tribunal Superior do Trabalho e violação direta da Constituição Federal.

Assim, duas são as hipóteses de recurso de revista no rito sumaríssimo: 1º) contrariedade à Súmula do TST e; 2º) violação direta da Constituição Federal.

OJ-SDI1-352 — PROCEDIMENTO SUMARÍSSIMO. RECURSO DE REVISTA FUNDAMENTADO EM CONTRARIEDADE A ORIENTAÇÃO JURISPRUDENCIAL. INADMISSIBILIDADE. ART. 896, § 6º, DA CLT, ACRESCENTADO PELA LEI N. 9.957, DE 12.1.2000 (DJ 25.4.2007). Nas causas sujeitas ao procedimento sumaríssimo, não se admite recurso de revista por contrariedade à Orientação Jurisprudencial do Tribunal Superior do Trabalho (Livro II, Título II, Capítulo III, do RITST), por ausência de previsão no art. 896, § 6º, da CLT.

Em se tratando de rito ordinário é cabível em 3 hipóteses:

Art. 896. Cabe Recurso de Revista para Turma do Tribunal Superior do Trabalho das decisões proferidas em grau de recurso ordinário, em dissídio individual, pelos Tribunais Regionais do Trabalho, quando:
a) derem ao mesmo dispositivo de lei federal interpretação diversa da que lhe houver dado outro Tribunal Regional, no seu Pleno ou Turma, ou a Seção de Dissídios Individuais do Tribunal Superior do Trabalho, ou a Súmula de Jurisprudência Uniforme dessa Corte;
b) derem ao mesmo dispositivo de lei estadual, Convenção Coletiva de Trabalho, Acordo Coletivo, sentença normativa ou regulamento empresarial de observância obrigatória em área territorial que exceda a jurisdição do Tribunal Regional prolator da decisão recorrida, interpretação divergente, na forma da alínea a;
c) proferidas com violação literal de disposição de lei federal ou afronta direta e literal à Constituição Federal.

A alternativa "B" está errada pois recurso de natureza extraordinária não serve para analisar justiça ou não de uma decisão. Aliás, é vedado ao Tribunal Superior do Trabalho reexaminar fatos e provas, conforme teor da Súmula n. 126 do TST.

Súmula n. 126 — RECURSO. CABIMENTO (mantida) — Res. 121/2003, DJ 19, 20 e 21.11.2003. Incabível o recurso de revista ou de embargos (arts. 896 e 894, b, da CLT) para reexame de fatos e provas.

Por violação à dispositivo de lei, só caberá recurso de revista no rito ordinário. Em se tratando de rito sumaríssimo apenas por violação direta e literal à Constituição Federal, razão pela qual errada a alternativa "C".

Por divergência entre Tribunais Regionais do Trabalho, também só é cabível recurso de revista no rito ordinário, razão pela qual errada a alternativa "D".

CESP/Nacional 2008.2

30. Em um processo trabalhista que objetivava o pagamento de adicional de insalubridade, o juiz determinou que a parte recolhesse previamente os honorários do perito, para, após, ser realizada a perícia.

Em face da situação hipotética apresentada, assinale a opção correta, segundo entendimento do TST.

☐ A) Não é cabível o pagamento de honorários periciais em processos trabalhistas.

☐ B) Despesas com honorários periciais no processo do trabalho devem ser custeadas pelo próprio tribunal e, não, pelas partes.

☐ C) A determinação do juiz está em perfeita harmonia com o disposto no Código de Processo Civil e deve ser aplicada ao processo do trabalho.

☐ D) É ilegal a exigência de depósito prévio para custeio de honorários periciais, uma vez que tal exigência é incompatível com o processo do trabalho.

A alternativa correta é a "D".

A resposta está no Orientação Jurisprudencial n. 98 da SDI-II do TST: "MANDADO DE SEGURANÇA. CABÍVEL PARA ATACAR EXIGÊNCIA DE DEPÓSITO PRÉVIO DE HONORÁRIOS PERICIAIS (nova redação) — DJ 22.8.2005. É ilegal a exigência de depósito prévio para custeio dos honorários periciais, dada a incompatibilidade com o processo do trabalho, sendo cabível o mandado de segurança visando à realização da perícia, independentemente do depósito."

De acordo com o art. 195 da CLT "A caracterização e a classificação da insalubridade e da periculosidade, segundo as normas do Ministério do Trabalho, far-se-ão através de perícia a cargo de Médico do Trabalho ou Engenheiro do Trabalho, registrado no Ministério do Trabalho."

De acordo com o § 2º do mesmo artigo arguida a insalubridade ou periculosidade em juízo, o juiz deverá designar perito habilitado (médico ou engenheiro).

Neste sentido, é o teor da Orientação Jurisprudencial n. 165 da SDI-I do TST: "PERÍCIA. ENGENHEIRO OU MÉDICO. ADICIONAL DE INSALUBRIDADE E PERICULOSIDADE. VÁLIDO. ART. 195 DA CLT (inserida em 26.3.1999). O art. 195 da CLT não faz qualquer distinção entre o médico e o engenheiro para efeito de caracterização e classificação da insalubridade e periculosidade, bastando para a elaboração do laudo seja o profissional devidamente qualificado."

Contudo, por força da IN n. 27 do TST, é facultado ao juiz exigir depósito prévio dos honorários periciais nas lides decorrentes de relação de trabalho que passaram a ser de competência da Justiça do Trabalho após a EC n. 45/04. Não é a hipótese da questão, pois se trata de pedido de adicional de insalubridade.

De acordo com o art. 3º da Lei n. 5.584/70: "Os exames periciais serão realizados por perito único designado pelo juiz, que fixará o prazo para a entrega do laudo. Parágrafo único — Permitir-se-á a cada parte a indicação de um assistente, cujo laudo terá que ser apresentado no mesmo prazo assinado para o perito, sob pena de ser desentranhado dos autos."

Quanto ao pagamento dos honorários, estabelece o art. 790-B da CLT que "A responsabilidade pelo pagamento dos honorários periciais é da parte sucumbente na pretensão objeto da perícia, salvo se beneficiária da justiça gratuita." Referido dispositivo teve origem na cancelada Súmula n. 236 do TST.

Quanto aos assistente técnico, cada parte terá que arcar com os honorários de seu assistente, independentemente do resultado da perícia, conforme já pacificado pelo Tribunal Superior do Trabalho através da Súmula n. 341: "HONORÁRIOS DO ASSISTENTE TÉCNICO (mantida) — Res. 121/2003, DJ 19, 20 e 21.11.2003. A indicação do perito assistente é faculdade da parte, a qual deve responder pelos respectivos honorários, ainda que vencedora no objeto da perícia."

Ocorrendo o fechamento da empresa, poderá o juiz valer-se de outros meios de prova, conforme dispõe a Orientação Jurisprudencial n. 278 da SDI-I do TST: "ADICIONAL DE INSALUBRIDADE. PERÍCIA. LOCAL DE TRABALHO DESATIVADO (DJ 11.8.2003). A realização de perícia é obrigatória para a verificação de insalubridade. Quando não for possível sua realização, como em caso de fechamento da empresa, poderá o julgador utilizar-se de outros meios de prova."

OAB/CESPE NACIONAL
2008.3

31. Acerca do princípio do dispositivo no âmbito do processo do trabalho, assinale a opção correta.

A) Não há possibilidade de o magistrado instaurar de ofício o processo trabalhista.

B) A execução pode ser promovida por um interessado ou, de ofício, pelo julgador competente.

C) Na esfera trabalhista, ante a prevalência do princípio da informalidade, as reclamações podem ser iniciadas por provocação dos interessados ou pelo magistrado.

D) O dissídio coletivo pode ser suscitado de ofício pelo presidente do TRT, no caso de suspensão das atividades pelos trabalhadores e para reavaliar normas e condições coletivas de trabalho preexistentes.

A alternativa "B" é a correta.

No processo do trabalho a execução pode ser promovida de ofício pelo juízo ou pela parte interessada. (art. 878 da CLT).

Art. 878. A execução poderá ser promovida por qualquer interessado, ou ex officio pelo próprio Juiz ou Presidente ou Tribunal competente, nos termos do artigo anterior.
Parágrafo único. Quando se tratar de decisão dos Tribunais Regionais, a execução poderá ser promovida pela Procuradoria da Justiça do Trabalho.

Por esse motivo, incorreta a alternativa "A". Quanto a alternativa "C" também incorreta, pois as reclamações só podem ser iniciadas por provocação da parte. (art. 839 da CLT).

Art. 839. A reclamação poderá ser apresentada:
a) pelos empregados e empregadores, pessoalmente, ou por seus representantes, e pelos sindicatos de classe;
b) por intermédio das Procuradorias Regionais da Justiça do Trabalho.

A alternativa "D" é incorreta pois o presidente poderá suscitar o dissídio apenas no caso de suspensão das atividades pelos empregadores (art. 856 da CLT).

Art. 856. A instância será instaurada mediante representação escrita ao Presidente do Tribunal. Poderá ser também instaurada por iniciativa do presidente, ou, ainda, a requerimento da Procuradoria da Justiça do Trabalho, sempre que ocorrer suspensão do trabalho.

32. A respeito da conciliação no processo trabalhista, assinale a opção correta.

☐ A) Sob pena de nulidade, a conciliação tem de ser buscada antes do oferecimento da defesa pelo réu e antes do julgamento do feito.

☐ B) O juiz deve propiciar a conciliação tão logo dê início à audiência; caso não seja esta alcançada, deve o magistrado passar à instrução e ao julgamento sem permitir nova possibilidade para a composição das partes.

☐ C) Encerrado o juízo conciliatório, as partes não mais podem celebrar acordo ante a ocorrência da preclusão.

☐ D) A decisão que homologa o acordo é irrecorrível para qualquer das partes e, quando for o caso, para a previdência social.

A alternativa correta é a "A".

No processo do trabalho dois são os momentos em que a tentativa de conciliação é obrigatória: 1º) antes do oferecimento da defesa e; 2º) após as razões finais e antes do julgamento.

Art. 846 CLT — Aberta a audiência, o juiz ou presidente proporá a conciliação.
§ 1º Se houve acordo lavrar-se-á termo, assinado pelo presidente e pelos litigantes, consignando-se o prazo e demais condições para seu cumprimento;
§ 2º Entre as condições a que se refere o parágrafo anterior, poderá ser estabelecida a de ficar a parte que não cumpriu o acordo obrigada a satisfazer integralmente o pedido ou pagar uma indenização convencionada, sem prejuízo do cumprimento do acordo.

Art. 850 CLT — Terminada a instrução, poderão as partes aduzir razões finais, em prazo não excedente de dez minutos para cada uma. Em seguida, o juiz ou presidente renovará a proposta de conciliação, e não se realizando esta, será proferida a decisão.

A tentativa de acordo é possível a qualquer tempo no processo, sendo que nos dois momentos acima indicados é obrigatório. Por essa razão erradas as alternativas "B" e "C".

A alternativa "D" também é incorreta eis que a decisão que homologa acordo é irrecorrível apenas para as partes e não para o INSS.

Art. 831. A decisão será proferida depois de rejeitada pelas partes a proposta de conciliação.
Parágrafo único. No caso de conciliação, o termo que for lavrado valerá como decisão irrecorrível, salvo para a Previdência Social quanto às contribuições que lhe forem devidas. *(Redação dada pela Lei n. 10.035, de 25.10.2000)*

Súmula n. 259 TST — TERMO DE CONCILIAÇÃO. AÇÃO RESCISÓRIA (mantida) — Res. 121/2003, DJ 19, 20 e 21.11.2003. Só por ação rescisória é impugnável o termo de conciliação previsto no parágrafo único do art. 831 da CLT.

33. Considere que, em determinado município, uma reclamação trabalhista tramite perante vara cível, dada a inexistência, na localidade, de vara do trabalho e dada a falta de jurisdição das existentes no estado. Nessa situação, caso venha a ser instalada uma vara trabalhista nessa localidade, a ação deve

☐ A) continuar sendo processada e julgada junto à justiça comum em razão do princípio da *perpetuatio jurisdictionis*, independentemente da fase em que esteja.

☐ B) ser remetida à vara do trabalho, seja qual for a fase em que esteja, para que lá continue sendo processada e julgada, sendo esse novo juízo o competente, inclusive, para executar as sentenças já proferidas pela justiça estadual.

☐ C) ser remetida à vara do trabalho apenas se ainda não tiver sido prolatada a sentença, cabendo à justiça comum executar a sentença proferida.

☐ D) continuar no âmbito da competência da justiça comum, caso ainda não tenha sido prolatada a sentença, cabendo à vara do trabalho a execução da decisão.

A alternativa correta é a "B", por tratar-se de situação típica contemplada pela Súmula n. 10 do STJ, que assim dispõe: INSTALADA A JUNTA DE CONCILIAÇÃO E JULGAMENTO, CESSA A COMPETÊNCIA DO JUIZ DE DIREITO EM MATÉRIA TRABALHISTA, INCLUSIVE PARA A EXECUÇÃO DAS SENTENÇAS POR ELE PROFERIDAS.

O enunciado da súmula não deixa dúvidas, restando claro que a partir do momento da instalação da Vara do Trabalho, esta passará a ter competência sobre todos os processos trabalhistas, seja qual for sua fase.

O termo "Junta de Conciliação e Julgamento", no enunciado da súmula, deve ser entendido como "Vara do Trabalho", isto porque a redação da Súmula se deu em setembro de 1990, ou seja, anterior à Emenda Constitucional n. 24/1999, que extinguiu a representação colegiada em primeiro grau e criou as "Varas do Trabalho".

Assim estabelece o art. 112 da Constituição Federal de 1988, com redação alterada pelas Emendas Constitucionais ns. 24/99 e 45/04: "Art. 112. A lei criará varas da Justiça do Trabalho, podendo, nas comarcas não abrangidas por sua jurisdição, atribuí-la aos juízes de direito, com recurso para o respectivo Tribunal Regional do Trabalho."

A alternativa "A" está incorreta, pois o princípio da princípio da *perpetuatio jurisdictionis*, encontra-se previsto no art. 87 do CPC e não se enquadra na questão em comento, o referido artigo assim dispõe: "Art. 87. Determina-se a competência no momento em que a ação é proposta. São irrelevantes as modificações do estado de fato ou de direito ocorridas posteriormente, salvo quando suprimirem o órgão judiciário ou alterarem a competência em razão da matéria ou da hierarquia."

Dessa forma, resta claro que a situação hipotética se enquadra em **uma das exceções** ao princípio da *perpetuatio jurisdictionis*, qual seja a alteração de competência material. Isto porque o juiz de direito perde a competência material para julgar a ação trabalhista a partir do momento em que é instituída uma vara do trabalho em sua jurisdição.

A alternativa "C" está incorreta, pois a Súmula n. 10 do STJ, é clara ao enunciar que ao ser instalada a vara do trabalho, a competência do juiz de direito em matéria trabalhista cessa, inclusive para a execução das sentenças por ele proferidas.

A alternativa "D" está incorreta, pois a partir da instalação da vara do trabalho, a competência para processar, julgar e executar passa a ser desta, independentemente de ter sido ou não prolatada sentença pelo juiz de direito. Assim, esta alternativa também não está de acordo com o entendimento da Súmula n. 10 do STJ.

34. No que diz respeito à representação processual na justiça do trabalho, assinale a opção correta.

- A) Em regra, é possível, nas reclamações trabalhistas, o empregador ser representado por preposto, mesmo que este não seja empregado do reclamado.

- B) O empregador de microempresa ou empresa de pequeno porte pode ser representado por terceiros, ainda que estes não façam parte do quadro societário ou do quadro de empregados dessas empresas.

- C) O advogado pode, no mesmo processo em que esteja na condição de patrono do empregador, ser também seu preposto.

- D) Se, por doença, o empregado não puder comparecer pessoalmente em juízo, poderá ser representado por outro empregado, cabendo a este transigir, confessar e desistir da ação se assim o desejar.

A alternativa "B" é a opção correta, pois está de acordo com o disposto no art. 54 da Lei n. 123/2006:

> Art. 54. É facultado ao empregador de microempresa ou de empresa de pequeno porte fazer-se substituir ou representar perante a Justiça do Trabalho por terceiros que conheçam dos fatos, ainda que não possuam vínculo trabalhista ou societário.

Neste sentido também é o atual entendimento da Súmula n. 377 do TST, que segue:

> Súmula n. 377 — PREPOSTO. EXIGÊNCIA DA CONDIÇÃO DE EMPREGADO. Exceto quanto à reclamação de empregado doméstico, ou contra micro ou pequeno empresário, o preposto deve ser necessariamente empregado do reclamado.

A regra geral para comparecimento de preposto em audiência encontra-se no art. 843, § 1º da CLT:

> Art. 843. Na audiência de julgamento deverão estar presentes o reclamante e o reclamado, independentemente do comparecimento de seus representantes salvo, nos casos de Reclamatórias Plúrimas ou Ações de Cumprimento, quando os empregados poderão fazer-se representar pelo Sindicato de sua categoria. *(Redação dada pela Lei n. 6.667, de 3.7.1979)*

> § 1º É facultado ao empregador fazer-se substituir pelo gerente, ou qualquer outro preposto que tenha conhecimento do fato, e cujas declarações obrigarão o proponente.

A alternativa "A" está incorreta, pois não está de acordo com a já citada Súmula n. 377 do TST. Em regra o preposto deve ser empregado da reclamada.

A alternativa "C" está incorreta. Em que pese a CLT ser omissa neste sentido, o Regulamento Geral do Estatuto da Advocacia e da OAB, dispõe em seu art. 3º:

> Art. 3º É defeso ao advogado funcionar no mesmo processo, simultaneamente, como patrono e preposto do empregador ou cliente.

A alternativa "D" está incorreta, o art. 843, § 2º dispõe:

> § 2º Se por doença ou qualquer outro motivo poderoso, devidamente comprovado, não for possível ao empregado comparecer pessoalmente, poderá fazer-se representar por outro empregado que pertença à mesma profissão, ou pelo seu sindicato.

35. Ao término de relação empregatícia, quando negados a prestação do serviço e o despedimento, o ônus da prova é do

☐ A) empregado, pois trata-se de prova da relação de emprego.

☐ B) empregado, por caber ao autor a demonstração dos fatos por ele alegados.

☐ C) empregador, pois vigora o princípio da continuidade da relação de emprego, que constitui presunção favorável ao empregado.

☐ D) empregador, pois cabe a este demonstrar, em qualquer caso, a prova dos fatos alegados por qualquer das partes, por vigorar, no processo do trabalho, o princípio do *in dubio pro misero*.

A alternativa correta é a "C".

A alternativa correta encontra-se prevista na Súmula n. 212 do C.TST, que assim estabelece: "O ônus de provar o término do contrato de trabalho, quando negados a prestação de serviço e despedimento é do empregador, pois o princípio da continuidade da relação de emprego constitui presunção favorável ao empregado".

Prova da relação de emprego — Aqui cumpre esclarecer que, a princípio a prova da relação de emprego incumbe ao reclamante (fato constitutivo do seu direito). Todavia, em sendo alegado fatos impeditivos, modificativos ou extintivos do direito do autor, inverte-se o ônus, que passa a ser da reclamada, nos termos do art. 333, inciso II do CPC, dispositivo que complementa o 818 do Diploma Consolidado.

Assim estabelece o art. 818, da CLT "a prova das alegações incumbe à parte que as fizer". E, o art. 333 do CPC estabelece que "O ônus da prova incumbe: I — ao autor, quanto ao fato constitutivo de seu direito; II — ao réu, quanto à existência de fato impeditivo, modificativo ou extintivo do direito do autor..".

Entretanto, em algumas situações, há presunção relativa em favor de uma das partes. Como ocorre no caso da terminação do contrato de trabalho. Em razão do princípio da continuidade, presume-se que a relação empregatícia não tem prazo final. É importante ressaltar que o contrato por prazo indeterminado é a regra no direito do trabalho, sendo os contratos à prazo exceções.

Por isso que é sempre ônus do empregador provar a modalidade de rescisão contratual, sob pena de presumir-se a dispensa imotivada.

A questão confunde o candidato quando diz "quando negados a prestação de serviços". Isto porque, neste caso o ônus da prova é do empregado. Contudo, deve ser analisada no todo e o enunciado inicia dizendo "ao término da relação empregatícia..." Não se trata de ônus da prova quanto a prestação de serviços, mas sim quanto ao término do contrato de trabalho.

Outras hipóteses de inversão do ônus da prova sumuladas pelo TST:

Súmula n. 338 do TST: I — É ônus do empregador que conta com mais de 10 (dez) empregados o registro da jornada de trabalho na forma do art. 74, § 2º da CLT. A não apresentação injustificada dos controles de frequência gera presunção relativa de veracidade da jornada de trabalho, a qual pode ser elidida por prova em contrário; II — A presunção de veracidade da jornada de trabalho, ainda que prevista em instrumento normativo, pode ser elidida por prova em contrário; III — Os cartões de ponto que demonstram horários de entrada e saída uniformes são inválidos como meio de prova, invertendo-se o ônus da prova, relativo às horas extras, que passa a ser do empregador, prevalecendo a jornada da inicial se dele não se desincumbir.

Súmula n. 6, VIII — É do empregador o ônus da prova do fato impeditivo, modificativo ou extintivo da equiparação salarial. *(ex-Súmula n. 68 — RA 9/1977, DJ 11.2.1977)*

36. Acerca de negociação coletiva de trabalho, assinale a opção correta.

☐ A) Convenção coletiva de trabalho é o acordo de caráter normativo no qual o sindicato de empregados estipula condições de trabalho aplicáveis no âmbito de uma ou mais empresas.

☐ B) Tanto o acordo coletivo de trabalho quanto a convenção coletiva de trabalho têm prazo de vigência de, no máximo, dois anos.

☐ C) Acordo coletivo de trabalho é o acordo de caráter normativo em que dois ou mais sindicatos representativos de categorias econômicas e profissionais estipulam condições de trabalho aplicáveis, no âmbito das respectivas representações, às relações individuais de trabalho.

☐ D) A participação dos sindicatos nas negociações coletivas de trabalho não é obrigatória.

A *alternativa correta é a "B".*

O prazo de validade da convenção e do acordo coletivo de trabalho é de 2 (dois) anos.

> Art. 614, § 3º CLT: Não será permitido estipular duração de Convenção ou Acordo superior a 2 (dois) anos.
>
> OJ-SDI1-322 — ACORDO COLETIVO DE TRABALHO. CLÁUSULA DE TERMO ADITIVO PRORROGANDO O ACORDO PARA PRAZO INDETERMINADO. INVÁLIDA. DJ 9.12.2003. Nos termos do art. 614, § 3º, da CLT, é de 2 anos o prazo máximo de vigência dos acordos e das convenções coletivas. Assim sendo, é inválida, naquilo que ultrapassa o prazo total de 2 anos, a cláusula de termo aditivo que prorroga a vigência do instrumento coletivo originário por prazo indeterminado.

A alternativa "A" é incorreta. Com efeito, a descrição constante da alternativa se refere ao acordo coletivo de trabalho, cuja definição encontra-se no § 1º do art. 611, da CLT — "É facultado aos sindicatos representativos das categorias profissionais celebrar Acordos Coletivos com uma ou mais empresas da correspondente categoria econômica, que estipulem condições de trabalho, aplicáveis no âmbito da empresa ou das empresas acordantes às respectivas relações de trabalho".

O conceito de Convenção Coletiva de Trabalho é definido pelo art. 611, da CLT que assim dispõe: "Convenção Coletiva de Trabalho é o acordo de caráter normativo, pelo qual dois ou mais sindicatos representativos de categorias econômicas e profissionais estipulam condições de trabalho aplicáveis, no âmbito das respectivas representações, às relações individuais de trabalho".

A diferença diz respeito aos signatários, ou seja, no acordo coletivo de trabalho o instrumento normativo é pactuado entre o sindicato da categoria profissional e uma ou mais empresas, aplicáveis no âmbito da(s) empresa (s) acordantes e na convenção entre o sindicato da categoria profissional e o sindicato a categoria econômica, aplicáveis no âmbito das respectivas representações.

A alternativa "C" é incorreta. Os sujeitos no acordo coletivo de trabalho são o sindicato profissional e de outro o sindicato da categoria econômica e não o contrário como descrito na alternativa.

Com efeito, é facultado aos sindicatos representativos das categorias profissionais, ou seja, de trabalhadores, celebrar acordos coletivos com uma ou mais empresas da correspondente categoria econômica, que estipulem condições de trabalho, aplicáveis no âmbito da empresa ou das empresas acordantes às respectivas relações de trabalho (§ 1º, do art. 611, da CLT).

A alternativa "D" também é incorreta. Ao contrário do que afirmado, a participação dos sindicatos é obrigatória na negociações coletivas de trabalho. Dispõe o art. 8º, III, da Constituição Federal que aos sindicatos cabe a defesa dos direitos e interesses coletivos ou individuais da categoria, inclusive em questões judiciais e administrativas e no inciso VI do mesmo dispositivo constitucional, estabelece a obrigatoriedade de participação dos sindicatos nas negociações coletivas.

37. Jurema foi contratada por Alice, em 10.5.2007, para prestar serviço como doméstica. Em 10.11.2008, ela foi dispensada sem justa causa e não lhe foi exigido o cumprimento do aviso prévio. No dia 20.11.2008, Alice pagou a Jurema as verbas rescisórias. Com relação a essa situação hipotética, assinale a opção correta acerca do pagamento das verbas rescisórias.

☐ A) A empregadora, Alice, está sujeita ao pagamento da multa equivalente a 50% do salário de Jurema, dado o atraso no pagamento das verbas rescisórias.

☐ B) A empregadora, Alice, não está sujeita ao pagamento de multa pelo atraso no pagamento de verbas rescisórias.

☐ C) A empregadora, Alice, está sujeita ao pagamento da multa equivalente a um salário mínimo, em decorrência do atraso no pagamento das verbas rescisórias.

☐ D) A empregadora, Alice, está sujeita ao pagamento da multa equivalente a 20% do salário de Jurema, em decorrência do atraso no pagamento das verbas rescisórias.

A alternativa correta é a "B".

A questão apresentada refere-se a multa prevista no § 6º, do art. 477, devida quando o prazo para pagamento das verbas rescisórias não é observado. Ocorre que o empregado doméstico não tem os direitos garantidos pela CLT.

Vejamos:

O empregado doméstico foi excluído dos direitos garantidos pela CLT, a teor do que dispõe o art. 7º, *a*, da CLT:

Art. 7º Os preceitos constantes da presente Consolidação salvo quando fôr em cada caso, expressamente determinado em contrário, não se aplicam: *(Redação dada pelo Decreto-lei n. 8.079, 11.10.1945)*
a) aos empregados domésticos, assim considerados, de um modo geral, os que prestam serviços de natureza não econômica à pessoa ou à família, no âmbito residencial destas;

Os direitos dos empregados domésticos, entendidos como aqueles que prestam serviços de natureza contínua e de finalidade não lucrativa à pessoa ou à família no âmbito residencial destas, estão previstos no art. 7º da Constituição Federal de 1988 e pela Lei n. 5.859/72.

Art. 7º São direitos dos trabalhadores urbanos e rurais, além de outros que visem à melhoria de sua condição social:

Parágrafo único. São assegurados à categoria dos trabalhadores domésticos os direitos previstos nos **incisos IV, VI, VIII, XV, XVII, XVIII, XIX, XXI e XXIV, bem como a sua integração à previdência social.**
IV — **salário mínimo**, fixado em lei, nacionalmente unificado, capaz de atender a suas necessidades vitais básicas e às de sua família com moradia, alimentação, educação, saúde, lazer, vestuário, higiene, transporte e previdência social, com reajustes periódicos que lhe preservem o poder aquisitivo, sendo vedada sua vinculação para qualquer fim;
VI — **irredutibilidade do salário**, salvo o disposto em convenção ou acordo coletivo;
VIII — **décimo terceiro salário** com base na remuneração integral ou no valor da aposentadoria;
XV — **repouso semanal remunerado**, preferencialmente aos domingos;
XVII — **gozo de férias anuais remuneradas** com, pelo menos, um terço a mais do que o salário normal;
XVIII — **licença à gestante**, sem prejuízo do emprego e do salário, com a duração de cento e vinte dias;
XIX — **licença-paternidade**, nos termos fixados em lei;
XXI — **aviso-prévio proporcional ao tempo de serviço**, sendo no mínimo de trinta dias, nos termos da lei;
XXIV — **aposentadoria**;

As alternativas "A", "C" e "D" estão incorretas, uma vez que como vimos, a multa pelo atraso no pagamento das verbas rescisórias não se aplica aos empregados domésticos e não pode ser exigida da empregadora.

38. No que concerne ao trabalho da mulher, assinale a opção correta.

☐ A) A empregada gestante tem direito à licença-maternidade de 120 dias, sem prejuízo do emprego e do salário, devendo, mediante atestado médico, notificar o seu empregador da data do início do afastamento do emprego, que poderá ocorrer entre o 28º dia antes do parto e ocorrência deste.

☐ B) As empresas que tenham em seus quadros mais de 100 empregados são obrigadas a contratar, no mínimo, 20 mulheres, em obediência à CF e à legislação ordinária.

☐ C) Os estabelecimentos em que trabalharem pelo menos 25 mulheres com mais de 16 anos de idade são obrigados a dispor de local apropriado onde seja permitido às empregadas, no período da amamentação, deixar, sob vigilância e assistência, os seus filhos.

☐ D) Ao empregador é vedado empregar mulher em serviço que demande o emprego de força muscular superior a 25 quilos para o trabalho contínuo, exceto quanto à remoção de material feita por impulsão ou tração de vagonetes sobre trilhos, de carros-de-mão ou quaisquer aparelhos mecânicos.

A *alternativa correta é a "A".*

A empregada gestante tem direito à estabilidade a partir da confirmação da gravidez, até 5 meses após o parto.

A Constituição Federal de 1988 assegura o emprego à gestante, ao dispor no art. 7º, XVIII:

> Art. 7º São direitos dos trabalhadores urbanos e rurais, além de outros que visem à melhoria de sua condição social:.
> XVIII — licença à gestante, sem prejuízo do emprego e do salário, com a duração de cento e vinte dias;

O Ato das Disposições Constitucionais Transitórias, no art. 10, II, *b*, proíbe a dispensa arbitrária e assegura à gestante a garantia do emprego, desde a confirmação da gravidez até cinco meses após o parto.

Trata-se de uma das hipóteses de estabilidade provisória, que restringe o direito potestativo do empregador, na medida em que o impede de dispensar a empregada.

> Art. 10. Até que seja promulgada a lei complementar a que se refere o art. 7º, I, da Constituição:
> II — fica vedada a dispensa arbitrária ou sem justa causa:
> b) da empregada gestante, desde a confirmação da gravidez até cinco meses após o parto".

A CLT assim dispõe sobre a matéria:

> Art. 392. A empregada gestante tem direito à licença-maternidade de 120 (cento e vinte) dias, sem prejuízo do emprego e do salário. *(Redação dada pela Lei n. 10.421, 15.4.2002)*
>
> § 1º A empregada deve, mediante atestado médico, notificar o seu empregador da data do início do afastamento do emprego, que poderá ocorrer entre o 28º (vigésimo oitavo) dia antes do parto e ocorrência deste. *(Redação dada pela Lei n. 10.421, 15.4.2002)*
>
> § 2º Os períodos de repouso, antes e depois do parto, poderão ser aumentados de 2 (duas) semanas cada um, mediante atestado médico. *(Redação dada pela Lei n. 10.421, 15.4.2002)*
>
> § 3º Em caso de parto antecipado, a mulher terá direito aos 120 (cento e vinte) dias previstos neste artigo. *(Redação dada pela Lei n. 10.421, 15.4.2002)*
>
> § 4º É garantido à empregada, durante a gravidez, sem prejuízo do salário e demais direitos: *(Redação dada pela Lei n. 9.799, de 26.5.1999)*
>
> I — transferência de função, quando as condições de saúde o exigirem, assegurada a retomada da função anteriormente exercida, logo após o retorno ao trabalho; *(Incluído pela Lei n. 9.799, de 26.5.1999)*

II — dispensa do horário de trabalho pelo tempo necessário para a realização de, no mínimo, seis consultas médicas e demais exames complementares. *(Incluído pela Lei n. 9.799, de 26.5.1999)*

§ 5º (VETADO) *(Incluído pela Lei n. 10.421, de 2002)*

Com relação ao salário-maternidade o art. 72 da Lei n. 8.213/91 estabelece:

Art. 72. O salário-maternidade para a segurada empregada ou trabalhadora avulsa consistirá numa renda mensal igual a sua remuneração integral. *(Redação dada pela Lei n. 9.876, de 26.11.99)*
§ 1º Cabe à empresa pagar o salário-maternidade devido à respectiva empregada gestante, efetivando-se a compensação, observado o disposto no art. 248 da Constituição Federal, quando do recolhimento das contribuições incidentes sobre a folha de salários e demais rendimentos pagos ou creditados, a qualquer título, à pessoa física que lhe preste serviço. *(Redação dada pela Lei n. 10.710, de 5.8.2003)*

Ainda sobre a estabilidade da gestante cabe mencionar as Orientações e Súmulas do TST:

OJ-SDI1-44 — GESTANTE. SALÁRIO-MATERNIDADE. Inserida em 13.9.1994
É devido o salário-maternidade, de 120 dias, desde a promulgação da CF/1988, ficando a cargo do empregador o pagamento do período acrescido pela Carta.
SUM-244 — GESTANTE. ESTABILIDADE PROVISÓRIA (incorporadas as Orientações Jurisprudenciais ns. 88 e 196 da SBDI-1) — Res. 129/2005, DJ 20, 22 e 25.4.2005
I — O desconhecimento do estado gravídico pelo empregador não afasta o direito ao pagamento da indenização decorrente da estabilidade (art. 10, II, *b* do ADCT). *(ex-OJ n. 88 da SBDI-1 — DJ 16.4.2004 e republicada DJ 4.5.2004)*
II — A garantia de emprego à gestante só autoriza a reintegração se esta se der durante o período de estabilidade. Do contrário, a garantia restringe-se aos salários e demais direitos correspondentes ao período de estabilidade. *(ex-Súmula n. 244 — alterada pela Res. 121/2003, DJ 21.11.2003)*
III — Não há direito da empregada gestante à estabilidade provisória na hipótese de admissão mediante contrato de experiência, visto que a extinção da relação de emprego, em face do término do prazo, não constitui dispensa arbitrária ou sem justa causa. *(ex-OJ n. 196 da SBDI-1 — inserida em 8.11.2000)*
SUM-396 — ESTABILIDADE PROVISÓRIA. PEDIDO DE REINTEGRAÇÃO. CONCESSÃO DO SALÁRIO RELATIVO AO PERÍODO DE ESTABILIDADE JÁ EXAURIDO. INEXISTÊNCIA DE JULGAMENTO "EXTRA PETITA" (conversão das Orientações Jurisprudenciais ns. 106 e 116 da SBDI-1) — Res. 129/2005, DJ 20, 22 e 25.4.2005
I — Exaurido o período de estabilidade, são devidos ao empregado apenas os salários do período compreendido entre a data da despedida e o final do período de estabilidade, não lhe sendo assegurada a reintegração no emprego. *(ex-OJ n. 116 da SBDI-1 — inserida em 1º.10.1997)*
II — Não há nulidade por julgamento "extra petita" da decisão que deferir salário quando o pedido for de reintegração, dados os termos do art. 496 da CLT. *(ex-OJ n. 106 da SBDI-1 — inserida em 20.11.1997)*

A alternativa "B" está incorreta. Com efeito, o dispositivo da CLT que se refere a empresas com mais de 100 (cem empregados, diz respeito a ambos os sexos e obrigam a manutenção de programas especiais de incentivo e aperfeiçoamento profissional.

Art. 390-C. As empresas com mais de cem empregados, de ambos os sexos, deverão manter programas especiais de incentivos e aperfeiçoamento profissional da mão de obra. *(Incluído pela Lei n. 9.799, de 1999)*

A alternativa "C" está incorreta, uma vez que contraria o disposto nos §§ 1º e 2º, do art. 389, que obriga a empresa a manter creches na empresa ou mediante convênios.

Art. 389. Toda empresa é obrigada: *(Redação dada pelo Decreto-lei n. 229, de 28.2.1967)*
§ 1º Os estabelecimentos em que trabalharem pelo menos 30 (trinta) mulheres com mais de 16 (dezesseis) anos de idade terão local apropriado onde seja permitido às empregadas guardar sob vigilância e assistência os seus filhos no período da amamentação. *(Incluído pelo Decreto-lei n. 229, de 28.2.1967)*
§ 2º — A exigência do § 1º poderá ser suprida por meio de creches distritais mantidas, diretamente ou mediante convênios, com outras entidades públicas ou privadas, pelas próprias empresas, em regime comunitário, ou a cargo do SESI, do SESC, da LBA ou de entidades sindicais. *(Incluído pelo Decreto-lei n. 229, de 28.2.1967)*

A alternativa "D" está incorreta.

Assim dispõe o art. 390, da CLT:

Art. 390. Ao empregador é vedado empregar a mulher em serviço que demande o emprego de força muscular superior a 20 (vinte) quilos para o trabalho continuo, ou 25 (vinte e cinco) quilos para o trabalho ocasional.
Parágrafo único. Não está compreendida na determinação deste artigo a remoção de material feita por impulsão ou tração de vagonetes sobre trilhos, de carros de mão ou quaisquer aparelhos mecânicos.

O dispositivo em comento, visa a proteger a integridade física da mulher e proíbe força superior a 20 quilos para trabalho contínuo e não superior a 25 como asseverado.

39. Assinale a opção correta com relação ao direito do trabalhador ao descanso remunerado.

☐ A) O empregado que prestar serviço em domingo ou feriado terá sempre o direito de receber, em dobro, o pagamento do labor referente a tais dias.

☐ B) O empregador está obrigado a discriminar, no contracheque do empregado, o valor do pagamento inerente ao repouso semanal.

☐ C) É devido o pagamento do repouso semanal remunerado a empregado que se ausentar do trabalho, por até 7 dias consecutivos, em virtude de casamento.

☐ D) Para fins de percepção do salário-enfermidade e da remuneração do repouso semanal, na justificativa da ausência do empregado motivada por doença, deve-se observar a ordem preferencial dos atestados médicos estabelecida em lei.

A alternativa correta é a "D".

Esse o entendimento da Súmula n. 15, do TST: "A justificação da ausência do empregado motivada por doença, para a percepção do salário enfermidade e a remuneração do repouso semanal, deve observar a ordem preferencial dos atestados médico estabelecida em lei".

Incorreta a alternativa "A" — Com efeito, o direito a dobra salarial será devida caso não haja a folga compensatória.

Assim sendo, se o empregado trabalhar em domingos e feriados, sem que lhe seja concedida a folga compensatória, a dobra será devida.

A Constituição Federal de 1988, no art. 7º, inciso XV, também estabelece:

> São direitos dos trabalhadores urbanos e rurais, além de outros que visem a melhoria de sua condição social:
> ...
> XV — repouso semanal remunerado, preferencialmente aos domingos;

No mesmo sentido, o art. 9º da Lei n. 605/49 — "Nas atividades em que não for possível, em virtude das exigências técnicas das empresas, a suspensão do trabalho, nos dias feriados civis e religiosos, a remuneração será paga em dobro, salvo se o empregador determinar outro dia de folga".

Súmula n. 146-TST — Trabalho em domingos e feriados, não compensado. — O trabalho prestado em domingos e feriados, não compensado, deve ser pago em dobro, sem prejuízo da remuneração relativa ao repouso semanal.

Precedente Normativo n. 87 TST — Trabalho em domingos e feriados. Pagamento dos salários (positivo). É devida a remuneração em dobro do trabalho em domingos e feriados não compensados, sem prejuízo do pagamento do repouso remunerado, desde que, para este, não seja estabelecido outro dia pelo empregador.

Incorreta a alternativa "B" — Estabelece o § 2º do art. 7º, da Lei n. 605/49 — "Consideram-se já remunerados os dias de repouso semanal do empregado mensalista ou quinzenalista, cujo cálculo de salário mensal ou quinzenal, ou cujos por falta sejam efetuados na base do número de dias do mês ou de trinta (30) e quinze (quinze) diárias, respectivamente".

A alternativa "C" também está incorreta. Prescreve o art. 6º, da Lei n. 605/49 (repouso semanal remunerado): — "Não será devida a remuneração quando, sem motivo justificado, o empregado não tiver trabalhado durante toda a semana anterior, cumprindo integralmente o seu trabalho. § 1º São motivos justificados: .... d) a ausência do empregado, até três dias consecutivos, em virtude de seu casamento; ...".

40. Suponha que Paulo, contratado para trabalhar em uma usina, em 18.7.2004, exerça suas atividades em sistema elétrico, tendo contato com sistema de alta potência duas vezes por semana, em média, durante uma hora em cada uma dessas vezes. Considerando essa situação hipotética, assinale a opção correta. *(Anulada)*

☐ A) Em decorrência do contato com sistema de alta potência, Paulo tem direito à percepção do adicional de insalubridade.

☐ B) O adicional de periculosidade a que Paulo faz jus não pode, ante o princípio da proteção, ser fixado em percentual inferior ao legalmente estabelecido nem ser calculado proporcionalmente ao tempo de exposição do empregado ao risco, ainda que por meio de convenção coletiva de trabalho ou acordo coletivo de trabalho.

☐ C) O cálculo do adicional de periculosidade devido a Paulo deve ser efetuado sobre a totalidade das parcelas de natureza salarial por ele recebidas.

☐ D) O adicional de periculosidade a que Paulo faz jus deve incidir apenas sobre o seu salário básico, e não sobre este acrescido de outros adicionais.

A *alternativa tida como correta é a "C"*.

A Lei n. 7.369, de 20 de setembro de 1985, assim dispõe no seu art. 1º: — "O empregado que exerce atividade no setor de energia elétrica, em condições de periculosidade, tem direito a uma remuneração adicional de 30% sobre o salário que perceber".

Ao contrário da CLT que estabelece como base de cálculo o salário básico, a lei que trata da atividade em setor de energia elétrica estabelece que será calculado sobre "o salário que perceber".

Sobre esta questão, o Tribunal Superior do Trabalho editou a Súmula n. 191: "O adicional de periculosidade incide apenas sobre o salário básico e não sobre este acrescido de outros adicionais. Em relação aos eletricitários, o cálculo do adicional de periculosidade deverá ser efetuado sobre a totalidade das parcelas de natureza salarial".

Portanto, correta a alternativa "C".

Alternativa "A" está incorreta ao classificar a atividade exercida como insalubre.

A atividade realizada pelo empregado (setor de energia elétrica), descrita na questão apresentada, garante o recebimento do adicional de periculosidade, nos termos da mencionada lei.

Considera-se atividades ou operações insalubres aquelas que, por sua natureza, condições ou métodos de trabalho, exponham os empregados a agentes nocivos à saúde, acima dos limites de tolerância fixados em razão da natureza e da intensidade do agente e do tempo de exposição aos seus efeitos (art. 189 da CLT).

Alternativa "B" está incorreta. A uma porque o que importa para o recebimento do adicional de periculosidade não é o fator contínuo de exposição do trabalhador, mas sim o risco de vida a que está submetido; a duas, porque, quando da prova em questão, o entendimento do TST era no sentido de que ser lícito fixar percentual inferior por acordo ou convenção coletiva. Contudo, a Resolução n. 175/11 do TST cancelou o item II da Súmula n. 364, que tratava do assunto.

SUM-364 — ADICIONAL DE PERICULOSIDADE. EXPOSIÇÃO EVENTUAL, PERMANENTE E INTERMITENTE (cancelado o item II e dada nova redação ao item I) — Res. 174/2011, DEJT divulgado em 27, 30 e 31.5.2011. Tem direito ao adicional de periculosidade o empregado exposto permanentemente ou que, de forma intermitente, sujeita-se a condições de risco. Indevido, apenas, quando o contato dá-se de forma eventual, assim considerado o fortuito, ou o que, sendo habitual, dá-se por tempo extremamente reduzido. *(ex-Ojs da SBDI-1 ns. 5 — inserida em 14.3.1994 — e 280 — DJ 11.8.2003)*

OJ SDI-I do TST 324 — Adicional de periculosidade. Sistema elétrico de potência. Decreto n. 93.412/1986. Art. 2º, § 1º É assegurado o adicional de periculosidade apenas aos empregados que trabalhem em sistema elétrico de potência em condições de risco, ou que o façam em equipamentos e instalações elétricas similares, que ofereçam risco equivalente, ainda que em unidade consumidora de energia elétrica.

A alternativa "D" está incorreta, já que o empregado que exerce atividade no setor elétrico recebe o adicional sobre todas as parcelas de natureza salarial.

Por conta do disposto no item I da Súmula n. 364 do TST é que a questão foi anulada.

---

41. Um empregado contratado em 25.5.2006 trabalhou, durante a primeira semana do mês de outubro de 2008, cumprindo jornada das 8h às 17h, com 30 minutos de intervalo. Em 20.10.2008, o empregado cumpriu jornada das 16h às 23h, com uma hora de intervalo, e, em 21.10.2008, reiniciou o labor às 8h, laborando até as 17h, tendo gozado de intervalo de uma hora. Considerando essa situação hipotética, assinale a opção correta.

☐ A) Quanto à primeira semana do mês de outubro de 2008, foi regular a jornada de trabalho cumprida.

☐ B) Quanto ao labor em 20.10.2008 e em 21.10.2008, ao empregado é devido o pagamento de horas extras em decorrência de não ter sido observado o intervalo determinado por lei.

☐ C) Ao empregado não é devido o pagamento de nenhuma hora extra quanto ao labor em 20.11.2008 e em 21.10.2008.

☐ D) Ao empregado é devido o pagamento de somente uma hora extra, considerando-se o labor entre 20.10.2008 e 21.10.2008.

A alternativa correta é a "B".

A questão diz respeito ao intervalo interjornada, ou seja, intervalos entre duas jornadas, que impõe um intervalo mínimo de 11 horas.

Assim estabelece o art. 66 da CLT: "Entre duas jornadas de trabalho haverá um período mínimo de 11 horas consecutivas para descanso".

A contagem do período inicia-se no momento em que cessa o trabalho.

No caso apresentado, a pausa de 11 horas, no mínimo, não foi observada.

O trabalho cessou às 23h do dia 20/10 e reiniciou às 8h do dia 21/10, o que resultou numa pausa de 9 horas.

A absorção do intervalo transforma-se em horas extras. No caso, serão devidas duas horas, com os devidos adicionais.

Súmula n. 110, do TST — No regime de revezamento, as horas trabalhadas em seguida ao repouso semanal de 24 horas, com prejuízo do intervalo mínimo de 11 horas consecutivas para descanso entre jornadas, devem ser remuneradas como extraordinárias, inclusive com o respectivo adicional.

A alternativa "A" está incorreta. A jornada de trabalho na primeira semana de outubro se deu das 8h às 17h, ou seja, 9 horas de labor, com 30 minutos de intervalo. Aqui não foi observado o intervalo intrajornada, ou seja, a pausa dentro da jornada diária de trabalho, previsto no *caput* do art. 71 da CLT.

Art. 71 CLT — Em qualquer trabalho contínuo, cuja duração exceda de 6 (seis) horas, é obrigatória a concessão de um intervalo para repouso ou alimentação, o qual será, no mínimo, de 1 (uma) hora e, salvo acordo escrito ou contrato coletivo em contrário, não poderá exceder de 2 (duas) horas.

Neste caso, fará jus o empregado ao pagamento de uma hora extra diária, conforme determina o § 4º do art. 71 da CLT.

Art. 71, § 4º CLT — Quando o intervalo para repouso e alimentação, previsto neste artigo, não for concedido pelo empregador, este ficará obrigado a remunerar o período correspondente com um acréscimo de no mínimo cinquenta por cento sobre o valor da remuneração da hora normal de trabalho.

A alternativa "C" está incorreta. Vejamos: As horas de descanso que deixaram de ser usufruídas, serão pagas como horas extras.

Orientação Jurisprudencial n. 355 — Intervalo interjornadas. Inobservância. Horas extras. Período pago como sobrejornada. Art. 66 da CLT. Aplicação analógica do § 4º do art. 71 da CLT. O desreipeito ao intervalo mínimo interjornadas previsto no art. 66 da CLT acarreta, por analogia, os mesmos efeitos previstos no § 4º do art. 71 da CLT e na Súmula n. 110 do TST, devendo pagar a integralidade das horas que foram subtraídas do intervalo, acrescidas do respectivo adicional.

Incorreta também a alternativa "D". Serão devidas duas horas extras, ou seja, o descanso se deu no período de 9h. As horas trabalhadas em seguida ao repouso devem ser consideradas como extraordinárias. Assim o entendimento da Súmula n. 110, do TST, acima descrita.

---

42. Suponha que determinada empregada, admitida em 10.1.2007 para prestar serviço como auxiliar de cozinha em um restaurante, tenha adotado, em 13.11.2008, uma criança nascida em 28.5.2006. Nessa situação, a empregada

☐ A) tem direito a gozo de licença-maternidade por um período de 60 dias, desde que apresente o termo judicial que comprove a efetivação da adoção.

☐ B) tem direito a gozo de licença-maternidade por um período de 120 dias, desde que apresente o termo judicial que comprove a efetivação da adoção.

☐ C) não tem direito a gozo de licença-maternidade em decorrência da idade da criança adotada.

☐ D) não tem direito a gozo de licença-maternidade por não ser mãe biológica da criança.

TODAS AS ALTERNATIVAS ESTÃO INCORRETAS.

A alternativa "A", porque à empregada adotante será concedida licença-maternidade de 120 dias, independentemente da idade da criança.

Art. 392. A empregada gestante tem direito à licença-maternidade de 120 (cento e vinte) dias, sem prejuízo do emprego e do salário.

§ 1º A empregada deve, mediante atestado médico, notificar o seu empregador da data do início do afastamento do emprego, que poderá ocorrer entre o 28º (vigésimo oitavo) dia antes do parto e ocorrência deste.

§ 2º Os períodos de repouso, antes e depois do parto, poderão ser aumentados de 2 (duas) semanas cada um, mediante atestado médico.

§ 3º Em caso de parto antecipado, a mulher terá direito aos 120 (cento e vinte) dias previstos neste artigo.

§ 4º (VETADO)

§ 5º (VETADO)"(NR)

Ocorre que os §§ 1º ao 3º, do art. 392-A, da CLT, previam períodos diferenciados de licença, dependendo da idade da criança e assim dispunham:

> Art. 392-A. À empregada que adotar ou obtiver guarda judicial para fins de adoção de criança será concedida licença-maternidade nos termos do art. 392, observado o disposto no seu § 5º.
>
> § 1º No caso de adoção ou guarda judicial de criança até 1 (um) ano de idade, o período de licença será de 120 (cento e vinte) dias.
>
> § 2º No caso de adoção ou guarda judicial de criança a partir de 1 (um) ano até 4 (quatro) anos de idade, o período de licença será de 60 (sessenta) dias.
>
> § 3º No caso de adoção ou guarda judicial de criança a partir de 4 (quatro) anos até 8 (oito) anos de idade, o período de licença será de 30 (trinta) dias.
>
> § 4º A licença-maternidade só será concedida mediante apresentação do termo judicial de guarda à adotante ou guardiã.

A Lei n. 12.010, de 3 de agosto de 2009, no seu art. 8º, revogou os §§ 1º a 3º do art. 392, da CLT.

> Art. 8º Revogam-se o § 4º do art. 51 e os incisos IV, V e VI do caput do art. 198 da Lei n. 8.069, de 13 de julho de 1990, bem como o parágrafo único do art. 1.618, o inciso III do caput do art. 10 e os arts. 1.620 a 1.629 da Lei n. 10.406, de 10 de janeiro de 2002 — Código Civil, e os §§ 1º a 3º do art. 392-A da Consolidação das Leis do Trabalho, aprovada pelo Decreto-Lei n. 5.452, de 1º de maio de 1943.

O art. 392 efetuadas as devidas alterações passou a vigorar com a seguinte redação:

> Art. 392. A empregada gestante tem direito à licença-maternidade de 120 (cento e vinte) dias, sem prejuízo do emprego e do salário. *(Redação dada pela Lei n. 10.421, 15.4.2002)*
>
> § 1º A empregada deve, mediante atestado médico, notificar o seu empregador da data do início do afastamento do emprego, que poderá ocorrer entre o 28º (vigésimo oitavo) dia antes do parto e ocorrência deste. *(Redação dada pela Lei n. 10.421, 15.4.2002)*
>
> § 2º Os períodos de repouso, antes e depois do parto, poderão ser aumentados de 2 (duas) semanas cada um, mediante atestado médico. *(Redação dada pela Lei n. 10.421, 15.4.2002)*
>
> § 3º Em caso de parto antecipado, a mulher terá direito aos 120 (cento e vinte) dias previstos neste artigo. *(Redação dada pela Lei n. 10.421, 15.4.2002)*
>
> § 4º É garantido à empregada, durante a gravidez, sem prejuízo do salário e demais direitos: *(Redação dada pela Lei n. 9.799, de 26.5.1999)*
>
> I — transferência de função, quando as condições de saúde o exigirem, assegurada a retomada da função anteriormente exercida, logo após o retorno ao trabalho; *(Incluído pela Lei n. 9.799, de 26.5.1999)*
>
> II — dispensa do horário de trabalho pelo tempo necessário para a realização de, no mínimo, seis consultas médicas e demais exames complementares. *(Incluído pela Lei n. 9.799, de 26.5.1999)*

A alternativa "B" está incorreta. A lei não impõe a condição para o direito ao gozo de licença-maternidade, uma vez que equiparou a mãe adotante e a biológica para fins de sua concessão.

> Art. 392-A. À empregada que adotar ou obtiver guarda judicial para fins de adoção de criança será concedida licença-maternidade nos termos do art. 392, observado o disposto no seu § 5º. *(Incluído pela Lei n. 10.421, 15.4.2002)*
>
> § 5º (VETADO) *(Incluído pela Lei n. 10.421, de 2002)*

A alternativa "C" está errada. Como vimos da análise das alternativas anteriores, a idade da criança não é usada como critério para a obtenção da adoção.

A alternativa "D" está errada. A lei não faz distinção da mãe biológica da adotante. O que a lei visa é a criança.

43. Suponha que os integrantes da categoria de empregados nas empresas de distribuição de energia elétrica, por meio de interferência da entidade sindical que os representa, pretendam entrar em greve, em vista de não ter sido possível a negociação acerca do reajuste salarial a ser concedido à categoria. Considerando essa situação hipotética, assinale a opção correta.

☐ A) Não é assegurado a esses empregados o direito de greve.

☐ B) A atividade executada pelos integrantes dessa categoria profissional não se caracteriza como essencial.

☐ C) Frustrada a negociação, é facultada a cessação coletiva do trabalho, sendo afastada a possibilidade de recursos via arbitral.

☐ D) Caso a categoria decida pela greve, a entidade sindical deverá comunicar a decisão aos empregadores e aos usuários com antecedência mínima de 72 horas da paralisação.

A *alternativa correta é a "D"*.

Sindicato dos trabalhadores é que tem legitimidade para a instauração da greve.

Compete a entidade sindical, após frustradas as tentativas de negociação coletiva, convocar os trabalhadores em assembleia para decidirem sobre a paralisação coletiva de trabalho. Tomada a decisão pela greve, a entidade sindical, deverá comunicar a paralisação com a antecedência mínima de 48 horas.

Todavia, quando a greve se der em serviços ou atividades essenciais, como no caso apresentado, a comunicação deverá ser feita com a antecedência mínima de 72 horas.

O art. 13, da Lei n. 7.783/89, que dispõe sobre o exercício do direito de greve nas atividades essenciais estabelece:

> Na greve em serviços ou atividades essenciais, ficam as entidades sindicais ou os trabalhadores, conforme o caso, obrigados a comunicar a decisão aos empregadores e aos usuários com antecedência mínima de 72 (setenta e duas) horas da paralisação.

A alternativa "A" está incorreta. A Constituição Federal de 1988 conferiu o direito a greve, inclusive nas atividades consideradas essenciais.

> Art. 9º, da Constituição Federal de 1988 — É assegurado o direito de greve, competindo aos trabalhadores decidir sobre a oportunidade de exercê-lo e sobre os interesses que devam por meio dele defender.
> § 1º — A lei definirá os serviços ou atividades essenciais e disporá sobre o atendimento das necessidades inadiáveis da comunidade.

A Lei n. 7.738, de 28 de junho de 1989, atendendo à determinação da Constituição, definiu as atividades consideradas essenciais, cujo rol está elencado no art. 10, acima transcrito.

A greve é permitida, mas o seu exercício é limitado, para atender às necessidades inadiáveis da comunidade.

Assim disciplina o art. 11 da Lei de Greve — "Nos serviços ou atividades essenciais, os sindicatos, os empregadores e os trabalhadores ficam obrigados, de comum acordo, a garantir, durante a greve, a prestação dos serviços indispensáveis ao atendimento das necessidades inadiáveis da comunidade".

A alternativa "B" está incorreta. Os empregados que laboram nas empresas de distribuição de energia elétrica, tem a sua atividade considerada como essencial.

O art. 10, da Lei n. 7.783/89, que dispõe sobre o exercício do direito de greve, define as atividades essenciais, regula o atendimento das necessidades inadiáveis da comunidade, e dá outras providências, enumera os serviços e atividades consideradas essenciais:

São considerados serviços ou atividades essenciais:
I — tratamento e abastecimento de água; produção e distribuição de energia elétrica, gás e combustíveis;
II — assistência médica e hospitalar;
III — distribuição e comercialização de medicamentos e alimentos;
IV — funerários;
V — transporte coletivo;
VI — captação e tratamento de esgoto e lixo;
VII — telecomunicações;
VIII — guarda, uso e controle de substâncias radioativas, equipamentos e materiais nucleares;
IX — processamento de dados ligados a serviços essenciais;
X — controle de tráfego aéreo;
XI — compensação bancária.

A alternativa "C" está incorreta, eis que a afirmação ali constante, contraria o disposto no art. 3º, da Lei n. 7.738/89, que estabelece:

> Frustrada a negociação ou verificada a impossibilidade de recurso via arbitral, é facultada a cessação coletiva de trabalho.

A greve somente pode ocorrer com a frustração da negociação coletiva, e quando não for possível a solução via arbitral, sob pena de ser considerada abusiva.

OJ-SDC-11 — GREVE. IMPRESCINDIBILIDADE DE TENTATIVA DIRETA E PACÍFICA DA SOLUÇÃO DO CONFLITO. ETAPA NEGOCIAL PRÉVIA. Inserida em 27.3.1998.
É abusiva a greve levada a efeito sem que as partes hajam tentado, direta e pacificamente, solucionar o conflito que lhe constitui o objeto.

OJ-SDC-10 — GREVE ABUSIVA NÃO GERA EFEITOS. Inserida em 27.3.1998
É incompatível com a declaração de abusividade de movimento grevista o estabelecimento de quaisquer vantagens ou garantias a seus partícipes, que assumiram os riscos inerentes à utilização do instrumento de pressão máximo.
Na ausência de Sindicato, será legítima a federação e, na sua falta, a confederação. Na ausência de ambas as entidades de nível superior, competirá assembleia-geral eleger uma comissão para tratar das negociações, que como sabemos, deve preceder à decretação da greve.

Art. 5º, da Lei n. 7.738/89: "A entidade sindical ou comissão especialmente eleita representará os interesses dos trabalhadores nas negociações coletivas ou na Justiça do Trabalho".

44. Manuel, contratado por uma empresa de comunicação visual, no dia 18.9.2005, para prestar serviços como desenhista, foi dispensado sem justa causa em 3.11.2008. Inconformado com o valor que receberia a título de adicional noturno, férias e horas extras, Manuel firmou, no dia 11.11.2008, acordo com a empresa perante a comissão de conciliação prévia, recebendo, na ocasião, mais R$ 927,00, além do valor que a empresa pretendia pagar-lhe. A comissão de conciliação prévia ressalvou as horas extras. Considerando essa situação hipotética, assinale a opção correta.

A) Manuel não poderá reclamar na justiça do trabalho nenhuma parcela, visto que o acordo ocorreu regularmente.

B) Manuel pode postular na justiça do trabalho o pagamento de horas extras, dada a ressalva apresentada pela comissão de conciliação prévia.

C) A comissão de conciliação prévia não poderia firmar acordo parcial indicando ressalvas.

D) O título decorrente da homologação somente pode ser questionado perante a comissão de conciliação prévia.

A alternativa "B" está correta. Estabelece o parágrafo único, do art. 625-E, da CLT:
> Aceita a conciliação, será lavrado termo assinado pelo empregado, pelo empregador ou seu preposto e pelos membros da Comissão, fornecendo-se cópia às partes.
> Parágrafo único. O termo de conciliação é título executivo extrajudicial e terá eficácia liberatória geral, exceto quanto às parcelas expressamente ressalvadas.

A quitação formulada perante a CCP restringe-se às parcelas constantes do acordo. Daí a necessidade de que sejam especificadas no instrumento. Caso contrário, entender-se-á que o acordo abrangeu todos os pedidos.

Na questão apresentada, as horas extras pleiteadas não foram consideradas no acordo, tendo sido objeto de ressalva. A quitação restringiu-se às parcelas submetidas à comissão, exceção das horas extras, que poderão ser objeto de ação trabalhista, perante a Justiça do Trabalho, a qual deverá ser instruída com cópia do acordo.

A alternativa "A" está incorreta. A ação poderá ser proposta por Manuel, tendo por objeto as horas extras, cuja ressalva foi expressamente consignada no acordo perante a comissão.

A alternativa "C" está incorreta. As CCP foram instituídas com a atribuição de tentar conciliar os conflitos individuais do trabalho. A própria lei utiliza a expressão "tentar conciliar".

Art. 625-A. As empresas e os sindicatos podem instituir Comissões de Conciliação Prévia, de composição paritária, com representantes dos empregados e dos empregadores, com a atribuição de tentar conciliar os conflitos individuais do trabalho.

A lei prevê a possibilidade de ressalva no acordo, em relação às parcelas não quitadas. (parágrafo único do art.625-E, acima transcrito).

A alternativa "D" está incorreta. O termo de conciliação celebrado perante a CCP é título executivo extrajudicial e poderá ser questionada perante a Justiça do Trabalho.

---

45. Em 23.9.1993, Joana foi contratada para prestar serviços como secretária. A partir de 7.10.1995, passou a desempenhar a função de confiança de gerente administrativa, recebendo uma gratificação correspondente a 30% do salário de secretária. Em 18.9.2006, Joana foi dispensada, sem justo motivo, da função de gerente, retornando às atividades de secretária e deixando de perceber o percentual inerente à gratificação de função. Considerando a situação hipotética apresentada, assinale a opção correta.

☐ A) A empregada pode retornar ao cargo efetivo, sem o direito de receber o valor a título de gratificação de função, pois não mais se justifica tal pagamento.

☐ B) A empregada pode retornar ao cargo efetivo, devendo o empregador pagar-lhe, por pelo menos um ano, o valor correspondente a 50% do valor da gratificação de função.

☐ C) Dado o tempo de exercício na função de confiança, a empregada somente pode ser dispensada do exercício dessa função por justo motivo.

☐ D) O empregador pode dispensar a empregada do exercício da função de confiança sem justo motivo, mas está obrigado a manter o pagamento do valor inerente à gratificação.

A alternativa correta é a "D".

A Consolidação das Leis do Trabalho prestigiou o princípio da inalterabilidade contratual, quando causar prejuízo ao trabalhador, ainda que haja a concordância do obreiro.

O princípio da inalterabilidade do contrato, encontra-se previsto no art. 468 da CLT, ao dispor: "Nos contratos individuais de trabalho só é lícita a alteração das respectivas condições por mútuo consentimento, e ainda assim desde que não resultem, direta ou indiretamente, prejuízos ao empregado, sob pena de nulidade da cláusula infringente desta garantia".

Trata-se de norma protetiva que restringe a autonomia da vontade das partes, na medida em que impõe para a validade das alterações, a concordância do empregado e a ausência de prejuízo.

É certo que as partes têm liberdade em estabelecer as condições do contrato.

Todavia, o contrato de trabalho é pacto de trato sucessivo, ou seja, deve se prolongar no tempo. Assim, o empregador, utilizando-se do *jus variandi* poderá proceder a alterações decorrentes do seu poder de direção.

O *caput* do art. 468 da CLT, ocupa-se das alterações objetivas, ou seja as que dizem respeito as cláusulas do trabalho, afetando o seu conteúdo. Já o parágrafo único do mesmo dispositivo legal, trata do retorno do empregado de confiança ao cargo efetivo anteriormente ocupado.

Lembremo-nos de que o *jus variandi* encontra seus limites na ausência de prejuízo.

No caso apresentado, o reclamante permaneceu no cargo de confiança por mais de 10 anos, adquirindo uma estabilidade financeira. Assim estabelece a Súmula n. 372, parte I, do TST — "Percebida a gratificação de função por dez ou mais anos pelo empregado, se o empregador, sem justo motivo, reverte-lo a seu cargo efetivo, não poderá retirar-lhe a gratificação tendo em vista o princípio da estabilidade financeira."

Por tal motivo, a reversão ao cargo efetivo é possível mas a gratificação de função deve ser mantida.

Cumpre destacar que tal regra só se aplica aos empregados que receberem a gratificação por 10 ou mais anos e não houver justo motivo para a reversão. Nos demais casos, é perfeitamente possível o empregador reverter o cargo e deixar de pagar.

A alteração da função no direito do trabalho é admitida em algumas hipóteses.

1 — a reversão em cargo de confiança (parágrafo único do art. 468 CLT), conforme já visto;

2 — a reversão em casos de substituição, comissionamento ou interinidade (art. 450 CLT).

Substituição — quando ocupa cargo de empregado afastado (Súmula n. 159, parte I, do TST)

Súmula n. 159, I do TST — Enquanto perdurar a substituição que não tenha caráter meramente eventual, inclusive nas férias, o empregado substituto fará jus ao salário contratual do substituído.

Comissionamento — quando o empregado ocupa cargo de provimento temporário mediante gratificação ou comissão de função, sendo normalmente consistente em cargo de confiança.

Interinidade — quando o empregado ocupa cargo que se encontra vago.

Nestas hipóteses, o empregado perderá as vantagens salariais quando retornar ao cargo efetivo, que é denominado de reversão.

3 — readaptação do empregado à nova função, em vista da redução de sua capacidade de trabalho por motivo de deficiência física ou mental (arts. 300 e 461, § 4º da CLT).

Neste caso, o salário da função original deve ser mantido.

4 — readaptação temporária da gestante, durante a gravidez, quando as condições de saúde o exigirem (art. 392, § 4º, I da CLT).

OAB/CESPE NACIONAL
2009.1

46. Com relação ao décimo terceiro salário, assinale a opção correta.

☐ A) O empregador deverá proceder ao adiantamento da primeira parcela do décimo terceiro salário no mês de novembro de cada ano e ao da segunda parcela, em dezembro.

☐ B) Todos os empregados deverão receber o pagamento da primeira parcela do décimo terceiro salário no mesmo mês de cada ano, em face do princípio da igualdade.

☐ C) Na dispensa com justa causa, cabe o pagamento do décimo terceiro salário proporcional ao empregado.

☐ D) O pagamento da primeira parcela do décimo terceiro salário deverá ser feito entre fevereiro e novembro de cada ano, e o valor corresponderá à metade do salário percebido no mês anterior, não estando o empregador obrigado a pagar o adiantamento, no mesmo mês, a todos os seus empregados.

A alternativa correta é a "D".

O décimo terceiro salário, também conhecido como "gratificação natalina" ou ainda "gratificação compulsória de Natal", foi instituída pela Lei n. 4.090 de 13 de julho de 1962, a qual no seu art. 1º, §§ 1º e 2º assim o regulamentou:

> Art. 1º No mês de dezembro de cada ano, a todo empregado será paga, pelo empregador, uma gratificação salarial, independentemente da remuneração a que fizer jus.
> § 1º A gratificação corresponderá a 1/12 (um doze avos) da remuneração devida em dezembro, por mês de serviço, do ano correspondente;
> § 2º A fração igual ou superior a 15 (quinze) dias de trabalho será havida como mês integral para os efeitos do parágrafo anterior.

A forma de pagamento foi disciplinada pela Lei n. 4.749, de 12 de agosto de 1965, a qual acrescentou o art. 2º a Lei n. 4.090/1962, instituindo o adiantamento, assim dispondo: "Entre os meses de fevereiro e novembro de cada ano o empregador pagará, como adiantamento da gratificação referida no artigo precedente, de uma só vez, metade do salário recebido pelo respectivo empregado no mês anterior".

Incorretas, portanto as alternativas "A" e "B".

A alternativa "C" fala do pagamento proporcional do décimo terceiro quando da dispensa por justa causa. Incorreta a afirmação, já que dispensado por justa causa, o empregado não terá direito ao décimo terceiro do ano. Assim estatui o Decreto n. 57.155, de 3 de novembro de 1965, art. 7º: "Ocorrendo a extinção do contrato de trabalho, salvo na hipótese de rescisão com justa causa, o empregado receberá a gratificação devida, nos termos do art. 1º, calculada sobre a remuneração do respectivo mês".

Encontra previsão constitucional no art. 7º, inciso VIII, que estabelece como direito de todos os trabalhadores "décimo terceiro salário com base na remuneração integral ou no valor da aposentadoria."

Cumpre destacar ainda que, em se tratando de pedido de demissão, fará jus o empregado ao décimo terceiro salário proporcional, conforme preceitua à Súmula n. 157 do TST: "A gratificação instituída pela Lei n. 4.090, de 13.7.1962 é devida na resilição contratual de iniciativa do empregado."

De acordo com o art. 1º, § 3º da Lei n. 4.090/62, inserido pela Lei n. 9.011/95, o décimo terceiro será proporcional: (I) na extinção dos contratos a prazo, entre estes incluídos os de safra, ainda que a relação de emprego haja findado antes de dezembro; e; (II) na cessação da relação de emprego resultante da aposentadoria do trabalhador, ainda que verificada antes de dezembro.

Ainda sobre a gratificação natalina, o TST editou às seguintes súmulas e orientações jurisprudenciais:

> Súmula n. 45 — SERVIÇO SUPLEMENTAR (mantida) — Res. 121/2003, DJ 19, 20 e 21.11.2003
> A remuneração do serviço suplementar, habitualmente prestado, integra o cálculo da gratificação natalina prevista na Lei n. 4.090, de 13.7.1962.
>
> Súmula n. 50 — GRATIFICAÇÃO NATALINA (mantida) — Res. 121/2003, DJ 19, 20 e 21.11.2003
> A gratificação natalina, instituída pela Lei n. 4.090, de 13.7.1962, é devida pela empresa cessionária ao servidor público cedido enquanto durar a cessão.
>
> Súmula n. 148 — GRATIFICAÇÃO NATALINA (mantida) — Res. 121/2003, DJ 19, 20 e 21.11.2003
> É computável a gratificação de Natal para efeito de cálculo de indenização *(ex-Prejulgado n. 20)*.
>
> Súmula n. 242 — INDENIZAÇÃO ADICIONAL. VALOR (mantida) — Res. 121/2003, DJ 19, 20 e 21.11.2003
> A indenização adicional, prevista no art. 9º da Lei n. 6.708, de 30.10.1979 e no art. 9º da Lei n. 7.238 de 28.10.1984, corresponde ao salário mensal, no valor devido na data da comunicação do despedimento, integrado pelos adicionais legais ou convencionados, ligados à unidade de tempo mês, não sendo computável a gratificação natalina.
>
> Súmula n. 253 — GRATIFICAÇÃO SEMESTRAL. REPERCUSSÕES (nova redação) — Res. 121/2003, DJ 19, 20 e 21.11.2003
> A gratificação semestral não repercute no cálculo das horas extras, das férias e do aviso prévio, ainda que indenizados. Repercute, contudo, pelo seu duodécimo na indenização por antiguidade e na gratificação natalina.
>
> OJ-SDI1T-47 — DÉCIMO TERCEIRO SALÁRIO. DEDUÇÃO DA 1ª PARCELA. URV. LEI N. 8.880/1994 (conversão da Orientação Jurisprudencial n. 187 da SBDI-1) — DJ 20.4.2005
> Ainda que o adiantamento do 13º salário tenha ocorrido anteriormente à edição da Lei n. 8.880/1994, as deduções deverão ser realizadas considerando o valor da antecipação, em URV, na data do efetivo pagamento, não podendo a 2ª parcela ser inferior à metade do 13º salário, em URV. *(ex-OJ n. 187 da SBDI-1 — inserida em 8.11.2000)*

Sobre o assunto, o Supremo Tribunal Federal editou a Súmula n. 688 que estabelece: "É legítima a incidência da contribuição previdenciária sobre o 13º salário."

---

47. Assinale a opção correta de acordo com o contrato individual de trabalho regido pela CLT.

☐ A) O referido contrato somente poderá ser acordado de forma expressa.

☐ B) É exigida forma especial para a validade e eficácia do contrato em apreço, motivo pelo qual não é permitida a forma verbal.

☐ C) Um contrato de trabalho por prazo determinado de dois anos poderá ser prorrogado uma única vez, por igual período.

☐ D) No contrato mencionado, o contrato de experiência poderá ser prorrogado uma única vez, porém não poderá exceder o prazo de noventa dias.

A *alternativa correta é a "D"*.

O contrato individual de trabalho regido pela CLT (art. 442), pode ser tácito (os serviços são prestados pelo obreiro sem que haja oposição do empregador) e expresso (quando as partes manifestam por escrito ou verbalmente as cláusulas e condições do contrato.

Para a sua validade e eficácia não se exige forma especial, em regra, já que esta exigência se dá nos contratos de aprendiz, de contrato temporário, dentre outras formas.

Por esse motivo, erradas as alternativas "A" e "B".

Com relação ao contrato de trabalho por prazo determinado, regido pela CLT, o prazo somente poderá ser fixado nos casos permitidos pela lei, em razão do princípio da continuidade da relação de emprego.

Art. 443. "O contrato individual de trabalho poderá ser acordado tácita ou expressamente, verbalmente ou por escrito e por prazo determinado ou indeterminado.

§ 1º Considera-se como de prazo determinado o contrato de trabalho cuja vigência dependa de termo prefixado ou da execução de serviços especificados ou ainda da realização de certo acontecimento suscetível de previsão aproximada."

Assim sendo, o que se deve levar em conta, no contrato por prazo determinado, previsto na CLT, são três fatores: tempo prefixado para a elaboração do serviço; a atividade desenvolvida pela empresa que deverá ser provisória, temporária e o contrato de experiência.

De acordo com o art. 451 da CLT "O contrato de trabalho por prazo determinado que, tácita ou expressamente, for prorrogado mais de uma vez, passará a vigorar sem determinação de prazo."

A prorrogação é permitida uma única vez, desde que não ultrapasse o prazo total estipulado em lei. Se a lei estabelece dois anos, o tempo total, incluindo a prorrogação não poderá superar dois anos, por esse motivo, errada a alternativa "C".

---

48. A respeito da proteção conferida ao menor trabalhador, assinale a opção correta.

- [ ] A) Não corre nenhum prazo prescricional contra os menores de 18 anos de idade.
- [ ] B) É vedado ao menor empregado firmar recibos legais pelo pagamento dos salários sem que esteja assistido pelos seus representantes.
- [ ] C) É lícita a quitação advinda da rescisão contratual firmada por empregado menor sem a assistência do seu representante legal.
- [ ] D) Excepcionalmente, é permitido o trabalho noturno de menores de 18 anos de idade, mas, em nenhuma hipótese, é admitido o trabalho de menores de 16 anos de idade.

A alternativa "A" está correta. Contra os menores de 18 anos, não corre a prescrição.

Assim dispõe o art. 440, da CLT:

Contra os menores de 18 (dezoito) anos não corre nenhum prazo de prescrição.

O que é a prescrição?

A prescrição diz respeito aos efeitos que o decurso do tempo produz nas relações jurídicas. Pode ser aquisitiva e extintiva.

A que nos interessa agora é a extintiva, que importa na perda do direito de ação, em razão de não ter sido exercido no prazo. O que se perde é o direito de ser exigido judicialmente, não o direito propriamente dito. O beneficiário da prescrição é o devedor que não poderá mais ser compelido para o cumprimento da obrigação.

Assim dispõe o art. 189, do Código Civil Brasileiro:

> Violado o direito, nasce para o titular a pretensão, a qual se extingue, pela prescrição, nos prazos a que aludem os arts. 205 e 206.

Há dois prazos de prescrição no âmbito do Direito do Trabalho, a saber: de cinco anos, quanto aos créditos resultantes do contrato de trabalho e de dois anos quando da extinção do contrato.

O art. 7º, inciso XXIX, da Constituição Federal, assim dispõe:

> Art. 7º São direitos dos trabalhadores urbanos e rurais, além de outros que visem à melhoria de sua condição social:
> XXIX — ação, quanto aos créditos resultantes das relações de trabalho, com prazo prescricional de cinco anos para os trabalhadores urbanos e rurais, até o limite de dois anos após a extinção do contrato de trabalho; *(Redação dada pela Emenda Constitucional n. 28, de 25.5.2000)*

No mesmo sentido, o art. 11, da CLT:

> Art. 11. O direito de ação quanto a créditos resultantes das relações de trabalho prescreve: *(Redação dada pela Lei n. 9.658, de 5.6.1998)*
> I — em cinco anos para o trabalhador urbano, até o limite de dois anos após a extinção do contrato; *(Incluído pela Lei n. 9.658, de 5.6.1998)*
> II — em dois anos, após a extinção do contrato de trabalho, para o trabalhador rural. *(Incluído pela Lei n. 9.658, de 5.6.1998)*
> SUM-308 — PRESCRIÇÃO QUINQUENAL (incorporada a Orientação Jurisprudencial n. 204 da SBDI-1) — Res. 129/2005, DJ 20, 22 e 25.4.2005
> I. Respeitado o biênio subsequente à cessação contratual, a prescrição da ação trabalhista concerne às pretensões imediatamente anteriores a cinco anos, contados da data do ajuizamento da reclamação e, não, às anteriores ao quinquênio da data da extinção do contrato. *(ex-OJ n. 204 da SBDI-1 — inserida em 8.11.2000)*
> II. A norma constitucional que ampliou o prazo de prescrição da ação trabalhista para 5 (cinco) anos é de aplicação imediata e não atinge pretensões já alcançadas pela prescrição bienal quando da promulgação da CF/1988. *(ex-Súmula n. 308 — Res. 6/1992, DJ 5.11.1992)*

A lei protege o trabalhador menor de 14 a 18 anos da prescrição, uma vez que o mesmo não tem a capacidade para praticar atos jurídicos, não está plenamente desenvolvido, para entender que a sua inércia importará na perda do seu direito.

As alternativas "B" e "C" estão incorretas. O menor pode firmar recibo de pagamento de salários. Todavia, não poderá firmar recibo de quitação do contrato de trabalho, sem a assistência de seus responsáveis legais. Assim dispõe o art. 439, da CLT:

> É lícito ao menor firmar recibo pelo pagamento dos salários. Tratando-se, porém, de rescisão do contrato de trabalho, é vedado ao menor de 18 (dezoito) anos dar, sem assistência dos seus responsáveis legais, quitação ao empregador pelo recebimento da indenização que lhe for devida.

A alternativa "D" está incorreta. O trabalho noturno, perigoso e insalubre é proibido ao menor de 18 anos, sendo que o menor de 16 anos somente poderá trabalhar na condição de aprendiz.

Assim prescreve o inciso XXXIII, do art. 7º da Constituição Federal:

> Art. 7º ...
> XXXIII — proibição de trabalho noturno, perigoso ou insalubre a menores de dezoito e de qualquer trabalho a menores de dezesseis anos, salvo na condição de aprendiz, a partir de quatorze anos; *(Redação dada pela Emenda Constitucional n. 20, de 1998)*

49. Acerca da execução trabalhista regulamentada pela CLT, assinale a opção correta.

☐ A) Somente as partes poderão promovê-la.

☐ B) Poderá ser impulsionada *ex officio* pelo juiz.

☐ C) O prazo estipulado para o ajuizamento dos embargos à execução é de dez dias após garantida a execução ou penhorados os bens.

☐ D) Não poderão ser executadas *ex officio* as contribuições sociais devidas em decorrência de decisão proferida pelos juízes e tribunais do trabalho e resultantes de condenação ou homologação de acordo.

A alternativa correta é a "B".

De acordo com o art. 878 da CLT, a execução trabalhista pode ser impulsionada de ofício pelo juízo.

> Art. 878. A execução poderá ser promovida por qualquer interessado, ou *ex officio* pelo próprio Juiz ou Presidente ou Tribunal competente, nos termos do artigo anterior.

Assim, incorreta a alternativa "A"

Quanto a alternativa "C" também é incorreta pois o prazo dos embargos é de 5 dias, conforme disposto no art. 884 da CLT.

> Art. 884. Garantida a execução ou penhorados os bens, terá o executado 5 (cinco) dias para apresentar embargos, cabendo igual prazo ao exequente para impugnação.

Errada também a alternativa "D", pois é exatamente o contrário, ou seja, poderão ser executadas *ex officio* as contribuições sociais devidas em decorrência de decisão proferida pelos juízes e tribunais do trabalho e resultantes de condenação ou homologação de acordo, conforme determina o parágrafo único do art. 876 da CLT.

> Art. 876. As decisões passadas em julgado ou das quais não tenha havido recurso com efeito suspensivo; os acordos, quando não cumpridos; os termos de ajuste de conduta firmados perante o Ministério Público do Trabalho e os termos de conciliação firmados perante as Comissões de Conciliação Prévia serão executada pela forma estabelecida neste Capítulo. *(Redação dada pela Lei n. 9.958, de 12.1.2000)*
> Parágrafo único. Serão executadas *ex-officio* as contribuições sociais devidas em decorrência de decisão proferida pelos Juízes e Tribunais do Trabalho, resultantes de condenação ou homologação de acordo, inclusive sobre os salários pagos durante o período contratual reconhecido. *(Redação dada pela Lei n. 11.457, de 2007)*

Sobre esta questão, o Tribunal Superior do Trabalho editou a Súmula n. 368:

> Súmula n. 368 — DESCONTOS PREVIDENCIÁRIOS E FISCAIS. COMPETÊNCIA. RESPONSABILIDADE PELO PAGAMENTO. FORMA DE CÁLCULO (inciso I alterado) — Res. 138/2005, DJ 23, 24 e 25.11.2005
> I. A Justiça do Trabalho é competente para determinar o recolhimento das contribuições fiscais. A competência da Justiça do Trabalho, quanto à execução das contribuições previdenciárias, limita-se às sentenças condenatórias em pecúnia que proferir e aos valores, objeto de acordo homologado, que integrem o salário de contribuição. *(ex-OJ n. 141 da SBDI-1 — inserida em 27.11.1998)*
> II. É do empregador a responsabilidade pelo recolhimento das contribuições previdenciárias e fiscais, resultante de crédito do empregado oriundo de condenação judicial, devendo incidir, em relação aos descontos fiscais, sobre o valor total da condenação, referente às parcelas tributáveis, calculado ao final, nos termos da Lei n. 8.541, de 23.12.1992, art. 46 e Provimento da CGJT n. 01/1996. *(ex-OJs ns. 32 e 228 da SBDI-1 — inseridas, respectivamente, em 14.3.1994 e 20.6.2001)*
> III. Em se tratando de descontos previdenciários, o critério de apuração encontra-se disciplinado no art. 276, § 4º, do Decreto n. 3.048/1999 que regulamentou a Lei n. 8.212/1991 e determina que a contribuição do empregado, no caso de ações trabalhistas, seja calculada mês a mês, aplicando-se as alíquotas previstas no art. 198, observado o limite máximo do salário de contribuição. *(ex-OJs ns. 32 e 228 da SBDI-1 — inseridas, respectivamente, em 14.3.1994 e 20.6.2001)*

50. Acerca da remuneração do trabalhador estipulada pela CLT e jurisprudência do TST, assinale a opção correta.

☐ A) Não se incluem nos salários as ajudas de custo, assim como as diárias para viagem que não excedam cinquenta por cento do salário percebido pelo empregado.

☐ B) Não integram o salário as comissões, percentagens, gratificações ajustadas, diárias para viagens e abonos pagos pelo empregador.

☐ C) Não integram a remuneração do trabalhador as gorjetas incluídas nas notas de serviços e as oferecidas espontaneamente pelos clientes.

☐ D) O vale-refeição, fornecido por força do contrato de trabalho, não tem caráter salarial nem integra a remuneração do empregado para qualquer efeito legal.

A alternativa correta é a "A".

A CLT utilizou o termo REMUNERAÇÃO no **art. 457**. De acordo com a CLT remuneração é igual a salário mais gorjetas.

Salário é o valor pago diretamente pelo empregador e gorjeta é o pagamento feito por terceiro.

E, integra o salário, não só a importância fixa, mas também as comissões, as percentagens, gratificações ajustadas, diárias para viagens e abonos pagos pelo empregador (**Art. 457, § 1º CLT**)

As diárias para viagem só integram o salário se o valor exceder a 50% do valor do salário. (**Art. 457, § 2º CLT**)

> Art. 457, § 2º CLT — Não se incluem nos salários as ajudas de custo, assim como as diárias para viagem que não excedam de cinquenta por cento do salário percebido pelo empregado.

Trata-se de presunção relativa. Ou seja, se as diárias e ajudas de custo forem superiores a 50% do salário, caberá ao empregador provar a destinação para o trabalho; se forem inferiores, caberá ao empregado provar que não se destinam ao trabalho.

O que vai definir é a finalidade. Na ausência de prova, a lei traçou uma presunção.

> **Súmula n. 101 TST** — Integram o salário, pelo seu valor total e para efeitos indenizatórios, as diárias de viagem que excedam a 50% (cinquenta por cento) do salário do empregado, enquanto pendurarem as viagens.

Por essa razão, as alternativas "B" e "C" estão incorretas.

Quanto a alternativa "D" também incorreta, eis que, de acordo com a Súmula n. 241 do TST, o vale-refeição fornecido por força do contrato de trabalho têm caráter salarial.

> SUM-241 — SALÁRIO-UTILIDADE. ALIMENTAÇÃO (mantida) — Res. 121/2003, DJ 19, 20 e 21.11.2003
> O vale para refeição, fornecido por força do contrato de trabalho, tem caráter salarial, integrando a remuneração do empregado, para todos os efeitos legais.

51. Assinale a opção correta acerca do aviso-prévio na CLT e em conformidade com o entendimento do TST.

A) A falta de aviso-prévio por parte do empregador dá ao empregado o direito aos salários correspondentes ao prazo do aviso, mas nem sempre garante a integração desse período no seu tempo de serviço.

B) É indevido o aviso-prévio na despedida indireta.

C) É incabível o aviso-prévio nas rescisões antecipadas dos contratos de experiência, mesmo ante a existência de cláusula assecuratória do direito recíproco de rescisão antes de expirado o termo ajustado.

D) O valor das horas extraordinárias habituais integra o aviso-prévio indenizado.

A alternativa correta é a "D".

Estabelece o § 5º, do art. 487, da CLT:

§ 5º O valor das horas extraordinárias habituais integra o aviso-prévio indenizado. *(Parágrafo incluído pela Lei n. 10.218, de 11.4.2001)*

A alternativa "A" está incorreta.

Se o empregador deixar de conceder o aviso-prévio, caberá ao empregado receber os salários correspondentes ao período do aviso, integrando o período ao seu tempo de serviço.

Assim dispõe o § 1º, do art. 487.

§ 1º A falta do aviso-prévio por parte do empregador dá ao empregado o direito aos salários correspondentes ao prazo do aviso, garantida sempre a integração desse período no seu tempo de serviço.

A alternativa "B" está incorreta.

Independe se o aviso-prévio tenha sido concedido pelo empregado ou pelo empregador. Em ambos os casos, terá o empregado o direito a receber o aviso prévio indenizado, além das verbas rescisórias.

Estabelece o art. 490, da CLT:

O empregador que, durante o prazo do aviso-prévio dado ao empregado, praticar ato que justifique a rescisão imediata do contrato, sujeita-se ao pagamento da remuneração correspondente ao prazo do referido aviso, sem prejuízo da indenização que for devida.

A alternativa "C" está incorreta, uma vez que a rescisão antecipada por parte do empregador nos contratos por prazo determinado, que contiverem a cláusula assecuratória do direito recíproco, desde que exercido, aplicam-se os princípios que regem a rescisão nos contratos por prazo indeterminado.

Art. 481. Aos contratos por prazo determinado, que contiverem cláusula assecuratória do direito recíproco de rescisão antes de expirado o termo ajustado, aplicam-se, caso seja exercido tal direito por qualquer das partes, os princípios que regem a rescisão dos contratos por prazo indeterminado.

SUM-163 — AVISO-PRÉVIO. CONTRATO DE EXPERIÊNCIA (mantida) — Res. 121/2003, DJ 19, 20 e 21.11.2003
Cabe aviso-prévio nas rescisões antecipadas dos contratos de experiência, na forma do art. 481 da CLT *(ex-Prejulgado n. 42)*.

Não havendo cláusula assecuratória do direito de rescisão antecipada, aplica-se o disposto no art. 479 da CLT, caso a rescisão se dê por iniciativa do empregador e o art. 480 da CLT se por iniciativa do empregado.

Art. 479. Nos casos que tenham termo estipulado, o empregador que, sem justa causa, despedir o empregado será obrigado a pagar-lhe, a título de indenização, e por metade, a remuneração a que teria direito até o termo do contrato.

Parágrafo único. Para a execução do que dispõe o presente artigo, o cálculo da parte variável ou incerta dos salários será feito de acordo com o prescrito para o cálculo da indenização referente à rescisão dos contratos por prazo indeterminado.

Art. 480. Havendo termo estipulado, o empregado não se poderá desligar do contrato, sem justa causa, sob pena de ser obrigado a indenizar o empregador dos prejuízos que desse fato lhe resultarem.

§ 1º A indenização, porém, não poderá exceder àquela a que teria direito o empregado em idênticas condições.

§ 2º ...

---

52. A respeito das Comissões de Conciliação Prévia, assinale a opção correta.

- [ ] A) É obrigatória a instituição de tais comissões pelas empresas e sindicatos.
- [ ] B) As referidas comissões não interferem no curso do prazo prescricional.
- [ ] C) O termo de conciliação é considerado título executivo judicial.
- [ ] D) É vedada a dispensa dos representantes dos empregados membros das comissões em apreço até um ano após o final do mandato, salvo se cometerem falta grave.

A alternativa correta é a "D".

A estabilidade dos membros das CCPs está prevista no § 1º, do art. 625-B, da CLT:

> É vedada a dispensa dos representantes dos empregados membros da Comissão de Conciliação Prévia, titulares e suplentes, até um ano após o final do mandato, salvo se cometerem falta grave, nos termos da lei.

A estabilidade tem início quando o empregado passa a fazer parte da comissão e não quando da inscrição da sua candidatura, a exemplo do que ocorre com os dirigentes sindicais.

A alternativa "A" está incorreta. Estabelece a lei que as empresas e os Sindicatos podem e não devem instituir Comissões de Conciliação Prévia. Assim sendo, devemos concluir que não é obrigatória.

Dispõe o art. 625-A, da CLT — As empresas e os sindicatos podem instituir Comissões de Conciliação Prévia, de composição paritária, com representantes dos empregados e dos empregadores, com a atribuição de tentar conciliar os conflitos individuais do trabalho.

A alternativa "B" está incorreta. A prescrição para ajuizar reclamação trabalhista ficará suspensa a partir da provocação da Comissão de Conciliação Prévia por 10 (dez) dias que é o prazo que a lei determina para a realização da audiência.

Assim dispõem os arts. 625-F e 625-G, *in verbis*:

> Art. 625-F. As Comissões de Conciliação Prévia têm prazo de dez dias para a realização da sessão de tentativa de conciliação a partir da provocação do interessado.
> Parágrafo único. Esgotado o prazo sem a realização da sessão, será fornecida, no último dia do prazo, a declaração a que se refere o § 2º do art. 625-D.
>
> Art. 625-G. O prazo prescricional será suspenso a partir da provocação da Comissão de Conciliação Prévia, recomeçando a fluir, pelo que lhe resta, a partir da tentativa frustrada de conciliação ou do esgotamento do prazo previsto no art. 625-F.

A alternativa "C" está incorreta. O termo de conciliação é título executivo extrajudicial.

> Parágrafo único, do art. 625-E da CLT — "O termo de conciliação é título executivo extrajudicial e terá eficácia liberatória geral, exceto quanto às parcelas expressamente ressalvadas".

53. No que concerne às convenções coletivas de trabalho, assinale a opção correta.

☐ A) Acordo coletivo é o negócio jurídico pelo qual dois ou mais sindicatos representativos de categorias econômicas e profissionais estipulam condições de trabalho aplicáveis, no âmbito das respectivas representações, às relações individuais do trabalho.

☐ B) Para ter validade, a convenção coletiva de trabalho deve ser, obrigatoriamente, homologada pela autoridade competente.

☐ C) Não é lícito estipular duração de validade superior a dois anos para a convenção coletiva de trabalho.

☐ D) É facultada a celebração verbal de acordo coletivo de trabalho, desde que presentes, ao menos, duas testemunhas.

A alternativa correta é a "C".

O prazo de validade da convenção e do acordo coletivo de trabalho é de 2 (dois) anos.

Art. 614, § 3º CLT: Não será permitido estipular duração de Convenção ou Acordo superior a 2 (dois) anos.

OJ-SDI1-322 — ACORDO COLETIVO DE TRABALHO. CLÁUSULA DE TERMO ADITIVO PRORROGANDO O ACORDO PARA PRAZO INDETERMINADO. INVÁLIDA. DJ 9.12.2003. Nos termos do art. 614, § 3º, da CLT, é de 2 anos o prazo máximo de vigência dos acordos e das convenções coletivas. Assim sendo, é inválida, naquilo que ultrapassa o prazo total de 2 anos, a cláusula de termo aditivo que prorroga a vigência do instrumento coletivo originário por prazo indeterminado.

A alternativa "A" é incorreta. Acordo Coletivo de trabalho é aquele firmado entre o sindicato dos empregados com uma empresa ou um grupo de empresas, com a finalidade de estipular condições de trabalho para a coletividade.

Art. 611, § 1º CLT — É facultado aos sindicatos representativos de categorias profissionais celebrar Acordos Coletivos com uma ou mais empresas da correspondente categoria econômica, que estipulem condições de trabalho, aplicáveis no âmbito da empresa ou das empresas acordantes às respectivas relações de trabalho.

A alternativa "B" também é incorreta, pois não é condição de validade a homologação por autoridade competente. Não se exige a homologação.

O art. 7º, inciso XXVI da Constituição Federal reconheceu a validade dos acordos e convenções coletivas de trabalho, não condicionando a qualquer homologação para sua validade.

Por fim, a alternativa "D" é incorreta, pois tanto o acordo coletivo quanto a convenção coletiva deverá ser por escrito. Não se admite na forma verbal. Apenas o contrato individual de trabalho pode ser estabelecido de forma verbal.

54. A respeito do recurso de revista, assinale a opção correta.

☐ A) Não cabe recurso de revista contra decisão proferida na fase de execução de sentença pelos tribunais regionais do trabalho ou por suas turmas, salvo na hipótese de ofensa direta e literal de norma da CF.

☐ B) Não é cabível a interposição de recurso de revista nas causas sujeitas ao procedimento sumaríssimo.

☐ C) Os requisitos de admissibilidade do recurso de revista devem ser apreciados pelo tribunal de origem, na pessoa do seu presidente, não cabendo recurso para atacar a decisão que lhe nega seguimento.

☐ D) O presidente do tribunal recorrido pode conferir efeito suspensivo ao recurso de revista interposto, desde que a parte interessada assim o requeira.

A alternativa correta é a "A".

Na execução o recurso de revista é cabível apenas por violação direta e literal da Constituição Federal, conforme dispõe o § 2º do art. 896 da CLT.

> § 2º Das decisões proferidas pelos Tribunais Regionais do Trabalho ou por suas Turmas, em execução de sentença, inclusive em processo incidente de embargos de terceiro, não caberá Recurso de Revista, salvo na hipótese de ofensa direta e literal de norma da Constituição Federal. *(Redação dada pela Lei n. 9.756, de 17.12.1998)*

> Súmula n. 266 — RECURSO DE REVISTA. ADMISSIBILIDADE. EXECUÇÃO DE SENTENÇA (mantida) — Res. 121/2003, DJ 19, 20 e 21.11.2003
> A admissibilidade do recurso de revista interposto de acórdão proferido em agravo de petição, na liquidação de sentença ou em processo incidente na execução, inclusive os embargos de terceiro, depende de demonstração inequívoca de violência direta à Constituição Federal.

A alternativa "B" é incorreta, pois nas causas sujeitas ao procedimento sumaríssimo é cabível recurso de revista em duas hipóteses, quais sejam: a) violação à Constituição Federal e; b) contrariedade à Súmula do TST.

> § 6º Nas causas sujeitas ao procedimento sumaríssimo, somente será admitido recurso de revista por contrariedade a súmula de jurisprudência uniforme do Tribunal Superior do Trabalho e violação direta da Constituição da República. *(Incluído pela Lei n. 9.957, de 12.1.2000)*

Em se tratando de contrariedade à Orientação Jurisprudencial, não cabe recurso de revista, em se tratando de rito sumaríssimo.

> OJ-SDI1-352 — PROCEDIMENTO SUMARÍSSIMO. RECURSO DE REVISTA FUNDAMENTADO EM CONTRARIEDADE À ORIENTAÇÃO JURISPRUDENCIAL. INADMISSIBILIDADE. ART. 896, § 6º, DA CLT, ACRESCENTADO PELA LEI N. 9.957, DE 12.1.2000 (DJ 25.4.2007)
> Nas causas sujeitas ao procedimento sumaríssimo, não se admite recurso de revista por contrariedade à Orientação Jurisprudencial do Tribunal Superior do Trabalho (Livro II, Título II, Capítulo III, do RITST), por ausência de previsão no art. 896, § 6º, da CLT.

A primeira parte da alternativa "C" está correta, pois de fato o primeiro juízo de admissibilidade do recurso é do Presidente do Tribunal Regional do Trabalho. Entretanto da decisão que denega seguimento caberá recurso de agravo de instrumento (art. 897, alínea *b* da CLT), razão pela qual incorreta a alternativa "C".

Incorreta também a alternativa "D", pois os recursos trabalhistas são dotados somente de efeito devolutivo, conforme dispõe art. 899 da CLT.

> Art. 899. Os recursos serão interpostos por simples petição e terão efeito meramente devolutivo, salvo as exceções previstas neste Título, permitida a execução provisória até a penhora. *(Redação dada pela Lei n. 5.442, de 24.5.1968)*

55. Com relação ao procedimento sumaríssimo estipulado na CLT, assinale a opção correta.

☐ A) Nas reclamações enquadradas no referido procedimento, não é permitida a citação por edital, incumbindo ao autor a correta indicação do nome e do endereço do reclamado.

☐ B) Nas reclamações enquadradas no referido procedimento, o pedido pode ser ilíquido, desde que não seja possível a parte indicá-lo expressamente.

☐ C) O procedimento sumaríssimo é apropriado para reclamação trabalhista com valor de até sessenta vezes o salário mínimo vigente na data do seu ajuizamento.

☐ D) O número máximo de testemunhas que cada uma das partes pode indicar é três, devendo elas comparecer à audiência de instrução e julgamento independentemente de intimação ou convite.

A alternativa correta é a "A".

O procedimento sumaríssimo foi instituído pela Lei n. 99.857/00, que acrescentou à CLT os arts. 852-A a 852-I.

Uma das características do rito sumaríssimo é a impossibilidade de citação por edital, conforme preceitua o art. 852-B, inciso II da CLT.

> Art. 852-B, II — não se fará citação por edital, incumbindo ao autor a correta indicação do nome e endereço do reclamado.

Outras características do rito sumaríssimo:

1º) O procedimento sumaríssimo será observado nos dissídios individuais cujo valor não exceda a 40 vezes o salário mínimo, exceto nas ações em que é parte a Administração Pública direta, autárquica e fundacional. (art. 852-A CLT). Por esse motivo errada a alternativa "C".

2º) O pedido deve ser certo e determinado, com a indicação exata do valor que pretende, sob pena de arquivamento (art. 852-B CLT).

Por esse motivo errada a alternativa "B", pois neste procedimento não se admite pedido ilíquido.

3º) Máximo de duas testemunhas para cada parte (art. 852-H, § 2º CLT). Necessidade da comprovação do convite para ser deferida a intimação da audiência (art. 852-H, § 3º CLT).

Assim errada a alternativa "D";

4º) A audiência deverá ser designada no prazo máximo de 15 dias do ajuizamento da ação, podendo constar de pauta especial (art. 852-B, inciso III CLT);

5º) É dever da parte e dos advogados comunicar ao juízo as mudanças de endereço ocorridas durante o processo, reputando-se válidas as enviadas ao endereço antigo, na ausência de comunicação (art. 852-B, § 2º CLT);

6º) Prova técnica — manifestação das partes no prazo comum de 5 dias (art. 852-H, § 6º CLT);

7º) Em caso de necessidade do adiamento da audiência o prosseguimento deverá ocorrer no prazo máximo de 30 dias, salvo motivo relevante (art. 852-H, § 7º CLT);

8º) É dispensado o relatório da sentença e as partes serão intimadas na própria audiência (art. 852-I CLT);

9º) No procedimento sumaríssimo só será admitido Recurso de Revista por contrariedade à súmula do TST e violação direta da Constituição Federal (art. 896, § 6º CLT).

56. Com base no que dispõe a CLT sobre a ação rescisória e à luz do entendimento do TST sobre a matéria, assinale a opção correta.

☐ A) Por falta de previsão legal, a ação rescisória é incabível no âmbito da justiça do trabalho.

☐ B) A ação rescisória é cabível no âmbito da justiça do trabalho e está sujeita ao depósito prévio de 20% do valor da causa, salvo o caso de miserabilidade jurídica do autor.

☐ C) É admissível o reexame de fatos e provas do processo que originou a decisão rescindenda mediante ação rescisória fundamentada em violação de lei.

☐ D) É dispensável a prova do trânsito em julgado da decisão rescindenda para o processamento de ação rescisória, mesmo porque é admissível a ação rescisória preventiva.

A *alternativa correta é a "B"*.

Assim dispõe o art. 836 da CLT:

Art. 836. É vedado aos órgãos da Justiça do Trabalho conhecer de questões já decididas, exceptuados os casos expressamente previstos neste Título e a ação rescisória, que será admitida na forma do disposto no Capítulo IV do Título IX da Lei n. 5.869, de 11 de janeiro de 1973 — Código de Processo Civil, sujeita ao depósito prévio de 20% (vinte por cento) do valor da causa, salvo prova de miserabilidade jurídica do autor. *(Redação dada pela Lei n. 11.495, de 2007)*

Parágrafo único. A execução da decisão proferida em ação rescisória far-se-á nos próprios autos da ação que lhe deu origem, e será instruída com o acórdão da rescisória e a respectiva certidão de trânsito em julgado. *(Incluído pela Medida provisória n. 2.180-35, de 2001)*

O *caput* do artigo é exatamente o disposto na alternativa correta.

Por tal motivo incorreta a alternativa "A".

Quanto a alternativa "C", a Súmula n. 410 do TST é no sentido totalmente oposto, razão pela qual incorreta.

Súmula n. 410 — AÇÃO RESCISÓRIA. REEXAME DE FATOS E PROVAS. INVIABILIDADE (conversão da Orientação Jurisprudencial n. 109 da SBDI-2) — Res. 137/2005 DJ 22, 23 e 24.8.2005. A ação rescisória calcada em violação de lei não admite reexame de fatos e provas do processo que originou a decisão rescindenda. *(ex-OJ n. 109 da SBDI-2 — DJ 29.4.2003)*

A alternativa "D" também é incorreta, pois não existe ação rescisória preventiva e, para processamento da rescisória é indispensável o trânsito em julgado da decisão rescindenda, conforme item I da Súmula n. 299 do TST.

SUM-299 — AÇÃO RESCISÓRIA. DECISÃO RESCINDENDA. TRÂNSITO EM JULGADO. COMPROVAÇÃO. EFEITOS (incorporadas as Orientações Jurisprudenciais ns. 96 e 106 da SBDI-2) — Res. 137/2005, DJ 22, 23 e 24.8.2005

I — É indispensável ao processamento da ação rescisória a prova do trânsito em julgado da decisão rescindenda. *(ex-Súmula n. 299 — Res 8/1989, DJ 14, 18 e 19.4.1989)*

II — Verificando o relator que a parte interessada não juntou à inicial o documento comprobatório, abrirá prazo de 10 (dez) dias para que o faça, sob pena de indeferimento. *(ex-Súmula n. 299 — Res 8/1989, DJ 14, 18 e 19.4.1989)*

III — A comprovação do trânsito em julgado da decisão rescindenda é pressuposto processual indispensável ao tempo do ajuizamento da ação rescisória. Eventual trânsito em julgado posterior ao ajuizamento da ação rescisória não reabilita a ação proposta, na medida em que o ordenamento jurídico não contempla a ação rescisória preventiva. *(ex-OJ n. 106 da SBDI-2 — DJ 29.4.2003)*

IV — O pretenso vício de intimação, posterior à decisão que se pretende rescindir, se efetivamente ocorrido, não permite a formação da coisa julgada material. Assim, a ação rescisória deve ser julgada extinta, sem julgamento do mérito, por carência de ação, por inexistir decisão transitada em julgado a ser rescindida. *(ex-OJ n. 96 da SBDI-2 — inserida em 27.9.2002)*

Sobre ação rescisória, seguem outras súmulas do Tribunal Superior do Trabalho:

Súmula n. 83 — AÇÃO RESCISÓRIA. MATÉRIA CONTROVERTIDA (incorporada a Orientação Jurisprudencial n. 77 da SBDI-2) — Res. 137/2005, DJ 22, 23 e 24.8.2005

I — Não procede pedido formulado na ação rescisória por violação literal de lei se a decisão rescindenda estiver baseada em texto legal infraconstitucional de interpretação controvertida nos Tribunais. *(ex-Súmula n. 83 — alterada pela Res. 121/2003, DJ 21.11.2003)*

II — O marco divisor quanto a ser, ou não, controvertida, nos Tribunais, a interpretação dos dispositivos legais citados na ação rescisória é a data da inclusão, na Orientação Jurisprudencial do TST, da matéria discutida. *(ex-OJ n. 77 da SBDI-2 — inserida em 13.3.2002)*

Súmula n. 99 — AÇÃO RESCISÓRIA. DESERÇÃO. PRAZO (incorporada a Orientação Jurisprudencial n. 117 da SBDI-2) — Res. 137/2005, DJ 22, 23 e 24.8.2005

Havendo recurso ordinário em sede de rescisória, o depósito recursal só é exigível quando for julgado procedente o pedido e imposta condenação em pecúnia, devendo este ser efetuado no prazo recursal, no limite e nos termos da legislação vigente, sob pena de deserção. *(ex-Súmula n. 99 — alterada pela Res. 110/2002, DJ 15.4.2002 — e ex-OJ n. 117 da SBDI-2 — DJ 11.8.2003)*

Súmula n. 100 — AÇÃO RESCISÓRIA. DECADÊNCIA (incorporadas as Orientações Jurisprudenciais ns. 13, 16, 79, 102, 104, 122 e 145 da SBDI-2) — Res. 137/2005, DJ 22, 23 e 24.8.2005

I — O prazo de decadência, na ação rescisória, conta-se do dia imediatamente subsequente ao trânsito em julgado da última decisão proferida na causa, seja de mérito ou não. *(ex-Súmula n. 100 — alterada pela Res. 109/2001, DJ 20.4.2001)*

II — Havendo recurso parcial no processo principal, o trânsito em julgado dá-se em momentos e em tribunais diferentes, contando-se o prazo decadencial para a ação rescisória do trânsito em julgado de cada decisão, salvo se o recurso tratar de preliminar ou prejudicial que possa tornar insubsistente a decisão recorrida, hipótese em que flui a decadência a partir do trânsito em julgado da decisão que julgar o recurso parcial. *(ex-Súmula n. 100 — alterada pela Res. 109/2001, DJ 20.4.2001)*

III — Salvo se houver dúvida razoável, a interposição de recurso intempestivo ou a interposição de recurso incabível não protrai o termo inicial do prazo decadencial. *(ex-Súmula n. 100 — alterada pela Res. 109/2001, DJ 20.4.2001)*

IV — O juízo rescindente não está adstrito à certidão de trânsito em julgado juntada com a ação rescisória, podendo formar sua convicção através de outros elementos dos autos quanto à antecipação ou postergação do *dies a quo* do prazo decadencial. *(ex-OJ n. 102 da SBDI-2 — DJ 29.4.2003)*

V — O acordo homologado judicialmente tem força de decisão irrecorrível, na forma do art. 831 da CLT. Assim sendo, o termo conciliatório transita em julgado na data da sua homologação judicial. *(ex-OJ n. 104 da SBDI-2 — DJ 29.4.2003)*

VI — Na hipótese de colusão das partes, o prazo decadencial da ação rescisória somente começa a fluir para o Ministério Público, que não interveio no processo principal, a partir do momento em que tem ciência da fraude. *(ex-OJ n. 122 da SBDI-2 — DJ 11.8.2003)*

VII — Não ofende o princípio do duplo grau de jurisdição a decisão do TST que, após afastar a decadência em sede de recurso ordinário, aprecia desde logo a lide, se a causa versar questão exclusivamente de direito e estiver em condições de imediato julgamento. *(ex-OJ n. 79 da SBDI-2 — inserida em 13.3.2002)*

VIII — A exceção de incompetência, ainda que oposta no prazo recursal, sem ter sido aviado o recurso próprio, não tem o condão de afastar a consumação da coisa julgada e, assim, postergar o termo inicial do prazo decadencial para a ação rescisória. *(ex-OJ n. 16 da SBDI-2 — inserida em 20.9.2000)*

IX — Prorroga-se até o primeiro dia útil, imediatamente subsequente, o prazo decadencial para ajuizamento de ação rescisória quando expira em férias forenses, feriados, finais de semana ou em dia em que não houver expediente forense. Aplicação do art. 775 da CLT. *(ex-OJ n. 13 da SBDI-2 — inserida em 20.9.2000)*

X — Conta-se o prazo decadencial da ação rescisória, após o decurso do prazo legal previsto para a interposição do recurso extraordinário, apenas quando esgotadas todas as vias recursais ordinárias. *(ex-OJ n. 145 da SBDI-2 — DJ 10.11.2004)*

Súmula n. 158 — AÇÃO RESCISÓRIA (mantida) — Res. 121/2003, DJ 19, 20 e 21.11.2003

Da decisão de Tribunal Regional do Trabalho, em ação rescisória, é cabível recurso ordinário para o Tribunal Superior do Trabalho, em face da organização judiciária trabalhista *(ex-Prejulgado n. 35)*.

Súmula n. 192 — AÇÃO RESCISÓRIA. COMPETÊNCIA E POSSIBILIDADE JURÍDICA DO PEDIDO (inciso III alterado) — Res. 153/2008, DEJT divulgado em 20, 21 e 24.11.2008, Súmula A-55

I — Se não houver o conhecimento de recurso de revista ou de embargos, a competência para julgar ação que vise a rescindir a decisão de mérito é do Tribunal Regional do Trabalho, ressalvado o disposto no item II. *(ex-Súmula n. 192 — alterada pela Res. 121/2003, DJ 21.11.2003)*

II — Acórdão rescindendo do Tribunal Superior do Trabalho que não conhece de recurso de embargos ou de revista, analisando arguição de violação de dispositivo de lei material ou decidindo em consonância com súmula de direito material ou com iterativa, notória e atual jurisprudência de direito material da Seção de Dissídios Individuais (Súmula n. 333), examina o mérito da causa, cabendo ação rescisória da competência do Tribunal Superior do Trabalho. *(ex-Súmula n. 192 — alterada pela Res. 121/2003, DJ 21.11.2003)*

III — Em face do disposto no art. 512 do CPC, é juridicamente impossível o pedido explícito de desconstituição de sentença quando substituída por acórdão do Tribunal Regional ou superveniente sentença homologatória de acordo que puser fim ao litígio.

IV — É manifesta a impossibilidade jurídica do pedido de rescisão de julgado proferido em agravo de instrumento que, limitando-se a aferir o eventual desacerto do juízo negativo de admissibilidade do recurso de revista, não substitui o acórdão regional, na forma do art. 512 do CPC. *(ex-OJ n. 105 da SBDI-2 — DJ 29.4.2003)*

V — A decisão proferida pela SBDI, em sede de agravo regimental, calcada na Súmula n. 333, substitui acórdão de Turma do TST, porque emite juízo de mérito, comportando, em tese, o corte rescisório. *(ex-OJ n. 133 da SBDI-2 — DJ 4.5.2004)*

SUM-219 — HONORÁRIOS ADVOCATÍCIOS. HIPÓTESE DE CABIMENTO (nova redação do item II e inserido o item III à redação) — Res. 174/2011, DEJT divulgado em 27, 30 e 31.5.2011

I — Na Justiça do Trabalho, a condenação ao pagamento de honorários advocatícios, nunca superiores a 15% (quinze por cento), não decorre pura e simplesmente da sucumbência, devendo a parte estar assistida por sindicato da categoria profissional e comprovar a percepção de salário inferior ao dobro do salário mínimo ou encontrar-se em situação econômica que não lhe permita demandar sem prejuízo do próprio sustento ou da respectiva família. *(ex-Súmula n. 219 — Res. 14/1985, DJ 26.9.1985)*

II — É cabível a condenação ao pagamento de honorários advocatícios em ação rescisória no processo trabalhista.

Súmula n. 298 — AÇÃO RESCISÓRIA. VIOLÊNCIA DE LEI. PREQUESTIONAMENTO (incorporadas as Orientações Jurisprudenciais ns. 36, 72, 75 e 85, parte final, da SBDI-2) — Res. 137/2005, DJ 22, 23 e 24.8.2005

I — A conclusão acerca da ocorrência de violação literal de lei pressupõe pronunciamento explícito, na sentença rescindenda, sobre a matéria veiculada. *(ex-Súmula n. 298 — Res. 8/1989, DJ 14.4.1989)*

II — O prequestionamento exigido em ação rescisória diz respeito à matéria e ao enfoque específico da tese debatida na ação e não, necessariamente, ao dispositivo legal tido por violado. Basta que o conteúdo da norma, reputada como violada, tenha sido abordado na decisão rescindenda para que se considere preenchido o pressuposto do prequestionamento. *(ex-OJ n. 72 da SBDI-2 — inserida em 20.9.2000)*

III — Para efeito de ação rescisória, considera-se prequestionada a matéria tratada na sentença quando, examinando remessa de ofício, o Tribunal simplesmente a confirma. *(ex-OJ n. 75 da SBDI-2 — inserida em 20.4.2001)*

IV — A sentença meramente homologatória, que silencia sobre os motivos de convencimento do juiz, não se mostra rescindível, por ausência de prequestionamento. *(ex-OJ n. 85 da SBDI-2 — parte final — inserida em 13.3.2002 e alterada em 26.11.2002)*

V — Não é absoluta a exigência de prequestionamento na ação rescisória. Ainda que a ação rescisória tenha por fundamento violação de dispositivo legal, é prescindível o prequestionamento quando o vício nasce no próprio julgamento, como se dá com a sentença "*extra, citra* e *ultra petita*". *(ex-OJ n. 36 da SBDI-2 — inserida em 20.9.2000)*

Súmula n. 303 — FAZENDA PÚBLICA. DUPLO GRAU DE JURISDIÇÃO (incorporadas as Orientações Jurisprudenciais ns. 9, 71, 72 e 73 da SBDI-1) — Res. 129/2005, DJ 20, 22 e 25.4.2005

I — Em dissídio individual, está sujeita ao duplo grau de jurisdição, mesmo na vigência da CF/1988, decisão contrária à Fazenda Pública, salvo:

a) quando a condenação não ultrapassar o valor correspondente a 60 (sessenta) salários mínimos;

b) quando a decisão estiver em consonância com decisão plenária do Supremo Tribunal Federal ou com súmula ou orientação jurisprudencial do Tribunal Superior do Trabalho. *(ex-Súmula n. 303 — alterada pela Res. 121/2003, DJ 21.11.2003)*

II — Em ação rescisória, a decisão proferida pelo juízo de primeiro grau está sujeita ao duplo grau de jurisdição obrigatório quando desfavorável ao ente público, exceto nas hipóteses das alíneas *a* e *b* do inciso anterior. *(ex-OJ n. 71 da SBDI-1 — inserida em 3.6.1996)*

III — Em mandado de segurança, somente cabe remessa *ex officio* se, na relação processual, figurar pessoa jurídica de direito público como parte prejudicada pela concessão da ordem. Tal situação não ocorre na hipótese de figurar no feito como impetrante e terceiro interessado pessoa de direito privado, ressalvada a hipótese de matéria administrativa. *(ex-OJs ns. 72 e 73 da SBDI-1 — inseridas, respectivamente, em 25.11.1996 e 3.6.1996)*

Súmula n. 365 — ALÇADA. AÇÃO RESCISÓRIA E MANDADO DE SEGURANÇA (conversão das Orientações Jurisprudenciais ns. 8 e 10 da SBDI-1) — Res. 129/2005, DJ 20, 22 e 25.4.2005

Não se aplica a alçada em ação rescisória e em mandado de segurança. *(ex-OJs ns. 8 e 10 da SBDI-1 — inseridas em 1º.2.1995)*

Súmula n. 397 — AÇÃO RESCISÓRIA. ART. 485, IV, DO CPC. AÇÃO DE CUMPRIMENTO. OFENSA À COISA JULGADA EMANADA DE SENTENÇA NORMATIVA MODIFICADA EM GRAU DE RECURSO. INVIABILIDADE. CABIMENTO DE MANDADO DE SEGURANÇA (conversão da Orientação Jurisprudencial n. 116 da SBDI-2) — Res. 137/2005, DJ 22, 23 e 24.8.2005. Não procede ação rescisória calcada em ofensa à coisa julgada perpetrada por decisão proferida em ação de cumprimento, em face de a sentença normativa, na qual se louvava, ter sido modificada em grau de recurso, porque em dissídio coletivo somente se consubstancia coisa julgada formal. Assim, os meios processuais aptos a atacarem a execução da cláusula reformada são a exceção de pré-executividade e o mandado de segurança, no caso de descumprimento do art. 572 do CPC. *(ex-OJ n. 116 da SBDI-2 — DJ 11.8.2003)*

Súmula n. 398 — AÇÃO RESCISÓRIA. AUSÊNCIA DE DEFESA. INAPLICÁVEIS OS EFEITOS DA REVELIA (conversão da Orientação Jurisprudencial n. 126 da SBDI-2) — Res. 137/2005, DJ 22, 23 e 24.8.2005
Na ação rescisória, o que se ataca na ação é a sentença, ato oficial do Estado, acobertado pelo manto da coisa julgada. Assim sendo, e considerando que a coisa julgada envolve questão de ordem pública, a revelia não produz confissão na ação rescisória. *(ex-OJ n. 126 da SBDI-2 — DJ 9.12.2003)*.

Súmula n. 399 — AÇÃO RESCISÓRIA. CABIMENTO. SENTENÇA DE MÉRITO. DECISÃO HOMOLOGATÓRIA DE ADJUDICAÇÃO, DE ARREMATAÇÃO E DE CÁLCULOS (conversão das Orientações Jurisprudenciais ns. 44, 45 e 85, primeira parte, da SBDI-2) — Res. 137/2005, DJ 22, 23 e 24.8.2005
I — É incabível ação rescisória para impugnar decisão homologatória de adjudicação ou arrematação. *(ex-OJs ns. 44 e 45 da SBDI-2 — inseridas em 20.9.2000)*
II — A decisão homologatória de cálculos apenas comporta rescisão quando enfrentar as questões envolvidas na elaboração da conta de liquidação, quer solvendo a controvérsia das partes quer explicitando, de ofício, os motivos pelos quais acolheu os cálculos oferecidos por uma das partes ou pelo setor de cálculos, e não contestados pela outra. *(ex-OJ n. 85 da SBDI-2 — primeira parte — inserida em 13.3.2002 e alterada em 26.11.2002)*.

Súmula n. 400 — AÇÃO RESCISÓRIA DE AÇÃO RESCISÓRIA. VIOLAÇÃO DE LEI. INDICAÇÃO DOS MESMOS DISPOSITIVOS LEGAIS APONTADOS NA RESCISÓRIA PRIMITIVA (conversão da Orientação Jurisprudencial n. 95 da SBDI-2) — Res. 137/2005, DJ 22, 23 e 24.8.2005
Em se tratando de rescisória de rescisória, o vício apontado deve nascer na decisão rescindenda, não se admitindo a rediscussão do acerto do julgamento da rescisória anterior. Assim, não se admite rescisória calcada no inciso V do art. 485 do CPC para discussão, por má aplicação dos mesmos dispositivos de lei, tidos por violados na rescisória anterior, bem como para arguição de questões inerentes à ação rescisória primitiva. *(ex-OJ n. 95 da SBDI-2 — inserida em 27.9.2002 e alterada DJ 16.4.2004)*

Súmula n. 401 — AÇÃO RESCISÓRIA. DESCONTOS LEGAIS. FASE DE EXECUÇÃO. SENTENÇA EXEQUENDA OMISSA. INEXISTÊNCIA DE OFENSA À COISA JULGADA (conversão da Orientação Jurisprudencial n. 81 da SB-DI-2) — Res. 137/2005 — DJ 22, 23 e 24.8.2005
Os descontos previdenciários e fiscais devem ser efetuados pelo juízo executório, ainda que a sentença exequenda tenha sido omissa sobre a questão, dado o caráter de ordem pública ostentado pela norma que os disciplina. A ofensa à coisa julgada somente poderá ser caracterizada na hipótese de o título exequendo, expressamente, afastar a dedução dos valores a título de imposto de renda e de contribuição previdenciária. *(ex-OJ n. 81 da SBDI-2 — inserida em 13.3.2002)*

Súmula n. 402 — AÇÃO RESCISÓRIA. DOCUMENTO NOVO. DISSÍDIO COLETIVO. SENTENÇA NORMATIVA (conversão da Orientação Jurisprudencial n. 20 da SBDI-2) — Res. 137/2005, DJ 22, 23 e 24.8.2005
Documento novo é o cronologicamente velho, já existente ao tempo da decisão rescindenda, mas ignorado pelo interessado ou de impossível utilização, à época, no processo. Não é documento novo apto a viabilizar a desconstituição de julgado:
a) sentença normativa proferida ou transitada em julgado posteriormente à sentença rescindenda;
b) sentença normativa preexistente à sentença rescindenda, mas não exibida no processo principal, em virtude de negligência da parte, quando podia e deveria louvar-se de documento já existente e não ignorado quando emitida a decisão rescindenda. *(ex-OJ n. 20 da SBDI-2 — inserida em 20.9.2000)*

Súmula n. 403 — AÇÃO RESCISÓRIA. DOLO DA PARTE VENCEDORA EM DETRIMENTO DA VENCIDA. ART. 485, III, DO CPC (conversão das Orientações Jurisprudenciais ns. 111 e 125 da SBDI-2) — Res. 137/2005, DJ 22, 23 e 24.8.2005
I — Não caracteriza dolo processual, previsto no art. 485, III, do CPC, o simples fato de a parte vencedora haver silenciado a respeito de fatos contrários a ela, porque o procedimento, por si só, não constitui ardil do qual resulte cerceamento de defesa e, em consequência, desvie o juiz de uma sentença não-condizente com a verdade. *(ex-OJ n. 125 da SBDI-2 — DJ 9.12.2003)*
II — Se a decisão rescindenda é homologatória de acordo, não há parte vencedora ou vencida, razão pela qual não é possível a sua desconstituição calcada no inciso III do art. 485 do CPC (dolo da parte

vencedora em detrimento da vencida), pois constitui fundamento de rescindibilidade que supõe solução jurisdicional para a lide. *(ex-OJ n. 111 da SBDI-2 — DJ 29.4.2003)*

Súmula n. 404 — AÇÃO RESCISÓRIA. FUNDAMENTO PARA INVALIDAR CONFISSÃO. CONFISSÃO FICTA. INADEQUAÇÃO DO ENQUADRAMENTO NO ART. 485, VIII, DO CPC (conversão da Orientação Jurisprudencial n. 108 da SBDI-2) — Res. 137/2005, DJ 22, 23 e 24.8.2005

O art. 485, VIII, do CPC, ao tratar do fundamento para invalidar a confissão como hipótese de rescindibilidade da decisão judicial, refere-se à confissão real, fruto de erro, dolo ou coação, e não à confissão ficta resultante de revelia. *(ex-OJ n. 108 da SBDI-2 — DJ 29.4.2003)*

Súmula n. 405 — AÇÃO RESCISÓRIA. LIMINAR. ANTECIPAÇÃO DE TUTELA (conversão das Orientações Jurisprudenciais ns. 1, 3 e 121 da SBDI-2) — Res. 137/2005, DJ 22, 23 e 24.8.2005

I — Em face do que dispõe a MP n. 1.984-22/2000 e reedições e o art. 273, § 7º, do CPC, é cabível o pedido liminar formulado na petição inicial de ação rescisória ou na fase recursal, visando a suspender a execução da decisão rescindenda. Súmula A-122

II — O pedido de antecipação de tutela, formulado nas mesmas condições, será recebido como medida acautelatória em ação rescisória, por não se admitir tutela antecipada em sede de ação rescisória. *(ex-OJs ns. 1 e 3 da SBDI-2 — inseridas em 20.9.2000 — e 121 da SBDI-2 — DJ 11.8.2003)*

Súmula n. 406 — AÇÃO RESCISÓRIA. LITISCONSÓRCIO. NECESSÁRIO NO PÓLO PASSIVO E FACULTATIVO NO ATIVO. INEXISTENTE QUANTO AOS SUBSTITUÍDOS PELO SINDICATO (conversão das Orientações Jurisprudenciais ns. 82 e 110 da SBDI-2) — Res. 137/2005, DJ 22, 23 e 24.8.2005

I — O litisconsórcio, na ação rescisória, é necessário em relação ao pólo passivo da demanda, porque supõe uma comunidade de direitos ou de obrigações que não admite solução díspar para os litisconsortes, em face da indivisibilidade do objeto. Já em relação ao pólo ativo, o litisconsórcio é facultativo, uma vez que a aglutinação de autores se faz por conveniência e não pela necessidade decorrente da natureza do litígio, pois não se pode condicionar o exercício do direito individual de um dos litigantes no processo originário à anuência dos demais para retomar a lide. *(ex-OJ n. 82 da SBDI-2 — inserida em 13.3.2002)*

II — O Sindicato, substituto processual e autor da reclamação trabalhista, em cujos autos fora proferida a decisão rescindenda, possui legitimidade para figurar como réu na ação rescisória, sendo descabida a exigência de citação de todos os empregados substituídos, porquanto inexistente litisconsórcio passivo necessário. *(ex-OJ n. 110 da SBDI-2 — DJ 29.4.2003)*

Súmula n. 407 — AÇÃO RESCISÓRIA. MINISTÉRIO PÚBLICO. LEGITIMIDADE *AD CAUSAM* PREVISTA NO ART. 487, III, *A* E *B*, DO CPC. AS HIPÓTESES SÃO MERAMENTE EXEMPLIFICATIVAS (conversão da Orientação Jurisprudencial n. 83 da SBDI-2) — Res. 137/2005, DJ 22, 23 e 24.8.2005

A legitimidade *ad causam* do Ministério Público para propor ação rescisória, ainda que não tenha sido parte no processo que deu origem à decisão rescindenda, não está limitada às alíneas *a* e *b* do inciso III do art. 487 do CPC, uma vez que traduzem hipóteses meramente exemplificativas. *(ex-OJ n. 83 da SBDI-2 — inserida em 13.3.2002)*

Súmula n. 408 — AÇÃO RESCISÓRIA. PETIÇÃO INICIAL. CAUSA DE PEDIR. AUSÊNCIA DE CAPITULAÇÃO OU CAPITULAÇÃO ERRÔNEA NO ART. 485 DO CPC. PRINCÍPIO *IURA NOVIT CURIA* (conversão das Orientações Jurisprudenciais ns. 32 e 33 da SBDI-2) — Res. 137/2005, DJ 22, 23 e 24.8.2005 Súmula A-123

Não padece de inépcia a petição inicial de ação rescisória apenas porque omite a subsunção do fundamento de rescindibilidade no art. 485 do CPC ou o capitula erroneamente em um de seus incisos. Contanto que não se afaste dos fatos e fundamentos invocados como causa de pedir, ao Tribunal é lícito emprestar-lhes a adequada qualificação jurídica (*iura novit curia*). No entanto, fundando-se a ação rescisória no art. 485, inc. V, do CPC, é indispensável expressa indicação, na petição inicial da ação rescisória, do dispositivo legal violado, por se tratar de causa de pedir da rescisória, não se aplicando, no caso, o princípio *iura novit curia*. *(ex-Ojs ns. 32 e 33 da SBDI-2 — inseridas em 20.9.2000)*

Súmula n. 409 — AÇÃO RESCISÓRIA. PRAZO PRESCRICIONAL. TOTAL OU PARCIAL. VIOLAÇÃO DO ART. 7º, XXIX, DA CF/1988. MATÉRIA INFRACONSTITUCIONAL (conversão da Orientação Jurisprudencial n. 119 da SBDI-2) — Res. 137/2005, DJ 22, 23 e 24.8.2005

Não procede ação rescisória calcada em violação do art. 7º, XXIX, da CF/1988 quando a questão envolve discussão sobre a espécie de prazo prescricional aplicável aos créditos trabalhistas, se total ou parcial, porque a matéria tem índole infraconstitucional, construída, na Justiça do Trabalho, no plano jurisprudencial. *(ex-OJ n. 119 da SBDI-2 — DJ 11.8.2003)*

Súmula n. 411 — AÇÃO RESCISÓRIA. SENTENÇA DE MÉRITO. DECISÃO DE TRIBUNAL REGIONAL DO TRABALHO EM AGRAVO REGIMENTAL CONFIRMANDO DECISÃO MONOCRÁTICA DO RELATOR QUE, APLICANDO A SÚMULA N. 83 DO TST, INDEFERIU A PETIÇÃO INICIAL DA AÇÃO RESCISÓRIA. CABIMENTO (conversão da Orientação Jurisprudencial n. 43 da SBDI-2) — Res. 137/2005, DJ 22, 23 e 24.8.2005

Se a decisão recorrida, em agravo regimental, aprecia a matéria na fundamentação, sob o enfoque das Súmulas ns. 83 do TST e 343 do STF, constitui sentença de mérito, ainda que haja resultado no indeferimento da petição inicial e na extinção do processo sem julgamento do mérito. Sujeita-se, assim, à reforma pelo TST, a decisão do Tribunal que, invocando controvérsia na interpretação da lei, indefere a petição inicial de ação rescisória. *(ex-OJ n. 43 da SBDI-2 — inserida em 20.9.2000)*

Súmula n. 412 — AÇÃO RESCISÓRIA. SENTENÇA DE MÉRITO. QUESTÃO PROCESSUAL (conversão da Orientação Jurisprudencial n. 46 da SBDI-2) — Res. 137/2005, DJ 22, 23 e 24.8.2005. Pode uma questão processual ser objeto de rescisão desde que consista em pressuposto de validade de uma sentença de mérito. *(ex-OJ n. 46 da SBDI-2 — inserida em 20.9.2000)*

Súmula n. 413 — AÇÃO RESCISÓRIA. SENTENÇA DE MÉRITO. VIOLAÇÃO DO ART. 896, "A", DA CLT (conversão da Orientação Jurisprudencial n. 47 da SBDI-2) — Res. 137/2005, DJ 22, 23 e 24.8.2005

É incabível ação rescisória, por violação do art. 896, *a*, da CLT, contra decisão que não conhece de recurso de revista, com base em divergência jurisprudencial, pois não se cuida de sentença de mérito (art. 485 do CPC). *(ex-OJ n. 47 da SBDI-2 — inserida em 20.9.2000)*

Ainda sobre ação rescisória, a SDI-II do TST editou diversas orientações jurisprudenciais, abaixo transcritas:

OJ-SDI2-2 — AÇÃO RESCISÓRIA. ADICIONAL DE INSALUBRIDADE. BASE DE CÁLCULO. SALÁRIO MÍNIMO. CABÍVEL (mantida) — Res. 148/2008, DJ 4 e 7.7.2008 — Republicada DJ 8, 9 e 10.7.2008

Viola o art. 192 da CLT decisão que acolhe pedido de adicional de insalubridade com base na remuneração do empregado.

OJ-SDI2-4 — AÇÃO RESCISÓRIA. BANCO DO BRASIL. ADICIONAL DE CARÁTER PESSOAL. ACP (inserida em 20.9.2000)

Procede, por ofensa ao art. 5º, inciso XXXVI, da CF/1988, o pedido de rescisão de julgado que acolheu Adicional de Caráter Pessoal em favor de empregado do Banco do Brasil S.A.

OJ-SDI2-5 — AÇÃO RESCISÓRIA. BANCO DO BRASIL. AP E ADI. HORAS EXTRAS. SÚMULA N. 83 DO TST. APLICÁVEL (inserida em 20.9.2000). Não se acolhe pedido de rescisão de julgado que deferiu a empregado do Banco do Brasil S.A. horas extras após a sexta, não obstante o pagamento dos adicionais AP e ADI, ou AFR quando a decisão rescindenda for anterior à Orientação Jurisprudencial n. 17, da Seção de Dissídios Individuais do TST (7.11.1994). Incidência das Súmulas ns. 83 do TST e 343 do STF.

OJ-SDI2-6 — AÇÃO RESCISÓRIA. CIPEIRO SUPLENTE. ESTABILIDADE. ADCT DA CF/88, ART. 10, II, "A". SÚMULA N. 83 DO TST (nova redação) — DJ 22.8.2005. Rescinde-se o julgado que nega estabilidade a membro suplente de CIPA, representante de empregado, por ofensa ao art. 10, II, *a*, do ADCT da CF/88, ainda que se cuide de decisão anterior à Súmula n. 339 do TST. Incidência da Súmula n. 83 do TST.

OJ-SDI2-7 — AÇÃO RESCISÓRIA. COMPETÊNCIA. CRIAÇÃO DE TRIBUNAL REGIONAL DO TRABALHO. NA OMISSÃO DA LEI, É FIXADA PELO ART. 678, INC. I, "C", ITEM 2, DA CLT (nova redação) — DJ 22.8.2005. A Lei n. 7.872/89 que criou o Tribunal Regional do Trabalho da 17ª Região não fixou a sua competência para apreciar as ações rescisórias de decisões oriundas da 1ª Região, o que decorreu do art. 678, I, "c", item 2, da CLT.

OJ-SDI2-8 — AÇÃO RESCISÓRIA. COMPLEMENTAÇÃO DE APOSENTADORIA. BANESPA. SÚMULA N. 83 DO TST (nova redação) — DJ 22.8.2005. Não se rescinde julgado que acolheu pedido de complementação de aposentadoria integral em favor de empregado do BANESPA, antes da Súmula n. 313 do TST, em virtude da notória controvérsia jurisprudencial então reinante. Incidência da Súmula n. 83 do TST.

OJ-SDI2-9 — AÇÃO RESCISÓRIA. CONAB. AVISO DIREH 2/84. SÚMULA N. 83 DO TST. APLICÁVEL (inserida em 20.9.2000). Não se rescinde julgado que reconheceu garantia de emprego com base no Aviso DIREH 02/84 da CONAB, antes da Súmula n. 355 do TST, em virtude da notória controvérsia jurisprudencial então reinante. Incidência da Súmula n. 83 do TST.

OJ-SDI2-10 — AÇÃO RESCISÓRIA. CONTRATO NULO. ADMINISTRAÇÃO PÚBLICA. EFEITOS. ART. 37, II E § 2º, DA CF/1988 (inserida em 20.9.2000). Somente por ofensa ao art. 37, II e § 2º, da CF/1988, procede o pedido de rescisão de julgado para considerar nula a contratação, sem concurso público, de servidor, após a CF/1988.

OJ-SDI2-11 — AÇÃO RESCISÓRIA. CORREÇÃO MONETÁRIA. LEI N. 7.596/87. UNIVERSIDADES FEDERAIS. IMPLANTAÇÃO TARDIA DO PLANO DE CLASSIFICAÇÃO DE CARGOS. VIOLAÇÃO DE LEI. SÚMULA N. 83 DO TST. APLICÁVEL (inserida em 20.9.2000). Não se rescinde julgado que acolhe pedido de correção monetária decorrente da implantação tardia do Plano de Classificação de Cargos de Universidade Federal previsto na Lei n. 7.596/87, à época em que era controvertida tal matéria na jurisprudência. Incidência da Súmula n. 83 do TST.

OJ-SDI2-12 — AÇÃO RESCISÓRIA. DECADÊNCIA. CONSUMAÇÃO ANTES OU DEPOIS DA EDIÇÃO

DA MEDIDA PROVISÓRIA N. 1.577/97. AMPLIAÇÃO DO PRAZO (nova redação em decorrência da incorporação da Orientação Jurisprudencial n. 17 da SBDI-II) — DJ 22.8.2005. I — A vigência da Medida Provisória n. 1.577/97 e de suas reedições implicou o elastecimento do prazo decadencial para o ajuizamento da ação rescisória a favor dos entes de direito público, autarquias e fundações públicas. Se o biênio decadencial do art. 495 do CPC findou após a entrada em vigor da referida medida provisória e até sua suspensão pelo STF em sede liminar de ação direta de inconstitucionalidade (ADIn n. 1.753-2), tem-se como aplicável o prazo decadencial elastecido à rescisória. (ex-OJ n. 17 da SDI-2 — inserida em 20.9.2000); II — A regra ampliativa do prazo decadencial para a propositura de ação rescisória em favor de pessoa jurídica de direito público não se aplica se, ao tempo em que sobreveio a Medida Provisória n. 1.577/97, já se exaurira o biênio do art. 495 do CPC. Preservação do direito adquirido da parte à decadência já consumada sob a égide da lei velha. *(ex-OJ n. 12 da SDI-2 — inserida em 20.9.2000)*

OJ-SDI2-18 — AÇÃO RESCISÓRIA. DECADÊNCIA. UNIÃO. LEI COMPLEMENTAR N. 73/1993, ART. 67. LEI N. 8.682/1993, ART. 6º (inserida em 20.9.2000). O art. 67 da Lei Complementar n. 73/1993 interrompeu todos os prazos, inclusive o de decadência, em favor da União no período compreendido entre 14.2.1993 e 14.8.1993.

OJ-SDI2-19 — AÇÃO RESCISÓRIA. DESLIGAMENTO INCENTIVADO. IMPOSTO DE RENDA. ABONO PECUNIÁRIO. VIOLAÇÃO DE LEI. SÚMULA N. 83 DO TST. APLICÁVEL (inserida em 20.9.2000). Havendo notória controvérsia jurisprudencial acerca da incidência de imposto de renda sobre parcela paga pelo empregador ("abono pecuniário") a título de "desligamento incentivado", improcede pedido de rescisão do julgado. Incidência da Súmula n. 83 do TST.

OJ-SDI2-21 — AÇÃO RESCISÓRIA. DUPLO GRAU DE JURISDIÇÃO. TRÂNSITO EM JULGADO. INOBSERVÂNCIA. DECRETO-LEI N. 779/69, ART. 1º, V. INCABÍVEL (nova redação) — DJ 22.8.2005. É incabível ação rescisória para a desconstituição de sentença não transitada em julgado porque ainda não submetida ao necessário duplo grau de jurisdição, na forma do Decreto-Lei n. 779/69. Determina-se que se oficie ao Presidente do TRT para que proceda à avocatória do processo principal para o reexame da sentença rescindenda.

OJ-SDI2-23 — AÇÃO RESCISÓRIA. ESTABILIDADE. PERÍODO PRÉ-ELEITORAL. VIOLAÇÃO DE LEI. SÚMULA N. 83 DO TST. APLICÁVEL (inserida em 20.9.2000)
Não procede pedido de rescisão de sentença de mérito que assegura ou nega estabilidade pré-eleitoral, quando a decisão rescindenda for anterior à Orientação Jurisprudencial n. 51, da Seção de Dissídios Individuais do TST (25.11.96). Incidência da Súmula n. 83 do TST.

OJ-SDI2-24 — AÇÃO RESCISÓRIA. ESTABILIDADE PROVISÓRIA. REINTEGRAÇÃO EM PERÍODO POSTERIOR. DIREITO LIMITADO AOS SALÁRIOS E CONSECTÁRIOS DO PERÍODO DA ESTABILIDADE (inserida em 20.9.2000). Rescinde-se o julgado que reconhece estabilidade provisória e determina a reintegração de empregado, quando já exaurido o respectivo período de estabilidade. Em juízo rescisório, restringe-se a condenação quanto aos salários e consectários até o termo final da estabilidade.

OJ-SDI2-25 — AÇÃO RESCISÓRIA. EXPRESSÃO "LEI" DO ART. 485, V, DO CPC. NÃO INCLUSÃO DO ACT, CCT, PORTARIA, REGULAMENTO, SÚMULA E ORIENTAÇÃO JURISPRUDENCIAL DE TRIBUNAL (nova redação em decorrência da incorporação da Orientação Jurisprudencial n. 118 da SBDI-II) — DJ 22.8.2005. Não procede pedido de rescisão fundado no art. 485, V, do CPC quando se aponta contrariedade à norma de convenção coletiva de trabalho, acordo coletivo de trabalho, portaria do Poder Executivo, regulamento de empresa e súmula ou orientação jurisprudencial de tribunal. *(ex-OJ 25 da SDI-2, inserida em 20.9.2000 e ex-OJ 118 da SDI-2, DJ 11.8.2003)*

OJ-SDI2-26 — AÇÃO RESCISÓRIA. GRATIFICAÇÃO DE NÍVEL SUPERIOR. SUFRAMA (inserida em 20.9.2000). A extensão da gratificação instituída pela SUFRAMA aos servidores celetistas exercentes de atividade de nível superior não ofende as disposições contidas nos arts. 37, XIII e 39, § 1º, da CF/1988.

OJ-SDI2-28 — AÇÃO RESCISÓRIA. JUÍZO RESCISÓRIO. RESTITUIÇÃO DA PARCELA JÁ RECEBIDA. DEVE A PARTE PROPOR AÇÃO PRÓPRIA (cancelada) — Res. 149/2008, DEJT divulgado em 20, 21 e 24.11.2008. Inviável em sede de ação rescisória pleitear condenação relativa à devolução dos valores pagos aos empregados quando ultimada a execução da decisão rescindenda, devendo a empresa buscar por meio de procedimento próprio essa devolução.

OJ-SDI2-30 — AÇÃO RESCISÓRIA. MULTA. ART. 920 DO CÓDIGO CIVIL DE 1916 (ART. 412 DO CÓDIGO CIVIL DE 2002) (nova redação em decorrência da incorporação da Orientação Jurisprudencial n. 31 da SBDI-II) — DJ 22.8.2005. Não se acolhe, por violação do art. 920 do Código Civil de 1916 (art. 412 do Código Civil de 2002), pedido de rescisão de julgado que: a) em processo de conhecimento, impôs condenação ao pagamento de multa, quando a decisão rescindenda for anterior à Orientação Jurisprudencial n. 54 da Subseção I — Especializada em Dissídios Individuais do TST (30.5.1994), incidindo o óbice da Súmula n. 83 do TST; *(ex-OJ n. 30 da SDI-2 inserida em 20.9.2000)*; b) em execução, rejeita-se limitação da condenação ao pagamento de multa, por inexistência de violação literal. *(ex-OJ n. 31 da SDI-2 — inserida em 20.9.2000)*

OJ-SDI2-34 — AÇÃO RESCISÓRIA. PLANOS ECONÔMICOS (inserida em 20.9.2000). 1. O acolhimento de pedido em ação rescisória de plano econômico, fundada no art. 485, inciso V, do CPC, pressupõe, necessariamente, expressa invocação na petição inicial de afronta ao art. 5º, inciso XXXVI, da Constituição Federal de 1988. A indicação de ofensa literal a preceito de lei ordinária atrai a incidência da Súmula n. 83 do TST e Súmula n. 343 do STF. 2. Se a decisão rescindenda é posterior à Súmula n. 315 do TST (Res. 07, DJ 22.9.93), inaplicável a Súmula n. 83 do TST.

OJ-SDI2-35 — AÇÃO RESCISÓRIA. PLANOS ECONÔMICOS. COISA JULGADA. LIMITAÇÃO À DATA-BASE NA FASE DE EXECUÇÃO (inserida em 20.9.2000). Não ofende a coisa julgada a limitação à data-base da categoria, na fase executória, da condenação ao pagamento de diferenças salariais decorrentes de planos econômicos, quando a decisão exequenda silenciar sobre a limitação, uma vez que a limitação decorre de norma cogente. Apenas quando a sentença exequenda houver expressamente afastado a limitação à data-base é que poderá ocorrer ofensa à coisa julgada.

OJ-SDI2-38 — AÇÃO RESCISÓRIA. PROFESSOR-ADJUNTO. INGRESSO NO CARGO DE PROFESSOR-TITULAR. EXIGÊNCIA DE CONCURSO PÚBLICO (LEI N. 7.596/1987, DECRETO N. 94.664/87 E ART. 206, V, CF/1988) (inserida em 20.9.2000). A assunção do professor-adjunto ao cargo de professor titular de universidade pública, sem prévia aprovação em concurso público, viola o art. 206, inciso V, da Constituição Federal. Procedência do pedido de rescisão do julgado.

OJ-SDI2-39 — AÇÃO RESCISÓRIA. REAJUSTES BIMESTRAIS E QUADRIMESTRAIS. LEI N. 8.222/1991. SÚMULA N. 83 DO TST. APLICÁVEL (inserida em 20.9.2000). Havendo controvérsia jurisprudencial à época, não se rescinde decisão que aprecia a possibilidade de cumulação das antecipações bimestrais e reajustes quadrimestrais de salário previstos na Lei n. 8.222/91. Incidência da Súmula n. 83 do TST.

OJ-SDI2-41 — AÇÃO RESCISÓRIA. SENTENÇA *CITRA PETITA*. CABIMENTO (inserida em 20.9.2000) Revelando-se a sentença *citra petita*, o vício processual vulnera os arts. 128 e 460 do CPC, tornando-a passível de desconstituição, ainda que não opostos embargos declaratórios.

OJ-SDI2-70 — AÇÃO RESCISÓRIA. MANIFESTO E INESCUSÁVEL EQUÍVOCO NO DIRECIONAMENTO. INÉPCIA DA INICIAL. EXTINÇÃO DO PROCESSO (alterada em 26.11.2002). O manifesto equívoco da parte em ajuizar ação rescisória no TST para desconstituir julgado proferido pelo TRT, ou vice-versa, implica a extinção do processo sem julgamento do mérito por inépcia da inicial.

OJ-SDI2-71 — AÇÃO RESCISÓRIA. SALÁRIO PROFISSIONAL. FIXAÇÃO. MÚLTIPLO DE SALÁRIO MÍNIMO. ART. 7º, IV, DA CF/88 (nova redação) — DJ 22.11.2004

A estipulação do salário profissional em múltiplos do salário mínimo não afronta o art. 7º, inciso IV, da Constituição Federal de 1988, só incorrendo em vulneração do referido preceito constitucional a fixação de correção automática do salário pelo reajuste do salário mínimo.

OJ-SDI2-76 — AÇÃO RESCISÓRIA. AÇÃO CAUTELAR PARA SUSPENDER EXECUÇÃO. JUNTADA DE DOCUMENTO INDISPENSÁVEL. POSSIBILIDADE DE ÊXITO NA RESCISÃO DO JULGADO (inserida em 13.3.2002). É indispensável à instrução da ação cautelar com as provas documentais necessárias à aferição da plausibilidade de êxito na rescisão do julgado. Assim sendo, devem vir junto com a inicial da cautelar as cópias da petição inicial da ação rescisória principal, da decisão rescindenda, da certidão do trânsito em julgado da decisão rescindenda e informação do andamento atualizado da execução.

OJ-SDI2-78 — AÇÃO RESCISÓRIA. CUMULAÇÃO SUCESSIVA DE PEDIDOS. RESCISÃO DA SENTENÇA E DO ACÓRDÃO. AÇÃO ÚNICA. ART. 289 DO CPC (inserida em 13.3.2002). É admissível o ajuizamento de uma única ação rescisória contendo mais de um pedido, em ordem sucessiva, de rescisão da sentença e do acórdão. Sendo inviável a tutela jurisdicional de um deles, o julgador está obrigado a apreciar os demais, sob pena de negativa de prestação jurisdicional.

OJ-SDI2-80 — AÇÃO RESCISÓRIA. DECADÊNCIA. *DIES A QUO*. RECURSO DESERTO. SÚMULA N. 100 DO TST (inserida em 13.3.2002). O não conhecimento do recurso por deserção não antecipa o *dies a quo* do prazo decadencial para o ajuizamento da ação rescisória, atraindo, na contagem do prazo, a aplicação da Súmula n. 100 do TST.

OJ-SDI2-84 — AÇÃO RESCISÓRIA. PETIÇÃO INICIAL. AUSÊNCIA DA DECISÃO RESCINDENDA E/OU DA CERTIDÃO DE SEU TRÂNSITO EM JULGADO DEVIDAMENTE AUTENTICADAS. PEÇAS ESSENCIAIS PARA A CONSTITUIÇÃO VÁLIDA E REGULAR DO FEITO. ARGUIÇÃO DE OFÍCIO. EXTINÇÃO DO PROCESSO SEM JULGAMENTO DO MÉRITO (alterada em 26.11.2002). A decisão rescindenda e/ou a certidão do seu trânsito em julgado, devidamente autenticadas, à exceção de cópias reprográficas apresentadas por pessoa jurídica de direito público, a teor do art. 24 da Lei n. 10.522/02, são peças essenciais para o julgamento da ação rescisória. Em fase recursal, verificada a ausência de qualquer delas, cumpre ao Relator do recurso ordinário arguir, de ofício, a extinção do processo, sem julgamento do mérito, por falta de pressuposto de constituição e desenvolvimento válido do feito.

OJ-SDI2-94 — AÇÃO RESCISÓRIA. COLUSÃO. FRAUDE À LEI. RECLAMATÓRIA SIMULADA EXTINTA (inserida em 27.9.2002). A decisão ou acordo judicial subjacente à reclamação trabalhista, cuja tramitação deixa nítida a simulação do litígio para fraudar a lei e prejudicar terceiros, enseja ação rescisória, com lastro em colusão. No juízo rescisório, o processo simulado deve ser extinto.

OJ-SDI2-97 — AÇÃO RESCISÓRIA. VIOLAÇÃO DO ART. 5º, II, LIV E LV, DA CONSTITUIÇÃO FEDERAL. PRINCÍPIOS DA LEGALIDADE, DO DEVIDO PROCESSO LEGAL, DO CONTRADITÓRIO E DA AMPLA DEFESA (nova redação) — DJ 22.8.2005. Os princípios da legalidade, do devido processo legal, do contraditório e da ampla defesa não servem de fundamento para a desconstituição de decisão judicial transitada em julgado, quando se apresentam sob a forma de pedido genérico e desfundamentado, acompanhando dispositivos legais que tratam especificamente da matéria debatida, estes sim, passíveis de fundamentarem a análise do pleito rescisório.

OJ-SDI2-101 — AÇÃO RESCISÓRIA. ART. 485, IV, DO CPC. OFENSA A COISA JULGADA. NECESSIDADE DE FIXAÇÃO DE TESE NA DECISÃO RESCINDENDA (DJ 29.4.2003)
Para viabilizar a desconstituição do julgado pela causa de rescindibilidade do inciso IV, do art. 485, do CPC, é necessário que a decisão rescindenda tenha enfrentado as questões ventiladas na ação rescisória, sob pena de inviabilizar o cotejo com o título executivo judicial tido por desrespeitado, de modo a se poder concluir pela ofensa à coisa julgada.

OJ-SDI2-103 — AÇÃO RESCISÓRIA. CONTRADIÇÃO ENTRE FUNDAMENTAÇÃO E PARTE DISPOSITIVA DO JULGADO. CABIMENTO. ERRO DE FATO (DJ 29.4.2003)
É cabível a rescisória para corrigir contradição entre a parte dispositiva do acórdão rescindendo e a sua fundamentação, por erro de fato na retratação do que foi decidido.

OJ-SDI2-112 — AÇÃO RESCISÓRIA. VIOLAÇÃO DE LEI. DECISÃO RESCINDENDA POR DUPLO FUNDAMENTO. IMPUGNAÇÃO PARCIAL (DJ 29.4.2003)
Para que a violação da lei dê causa à rescisão de decisão de mérito alicerçada em duplo fundamento, é necessário que o Autor da ação rescisória invoque causas de rescindibilidade que, em tese, possam infirmar a motivação dúplice da decisão rescindenda.

OJ-SDI2-123 — AÇÃO RESCISÓRIA. INTERPRETAÇÃO DO SENTIDO E ALCANCE DO TÍTULO EXECUTIVO. INEXISTÊNCIA DE OFENSA À COISA JULGADA (título alterado) — DJ 22.8.2005. O acolhimento da ação rescisória calcada em ofensa à coisa julgada supõe dissonância patente entre as decisões exequenda e rescindenda, o que não se verifica quando se faz necessária a interpretação do título executivo judicial para se concluir pela lesão à coisa julgada.

OJ-SDI2-128 — AÇÃO RESCISÓRIA. CONCURSO PÚBLICO ANULADO POSTERIORMENTE. APLICAÇÃO DA SÚMULA N. 363 DO TST (DJ 9.12.2003). O certame público posteriormente anulado equivale à contratação realizada sem a observância da exigência contida no art. 37, II, da Constituição Federal de 1988. Assim sendo, aplicam-se à hipótese os efeitos previstos na Súmula n. 363 do TST.

OJ-SDI2-131 — AÇÃO RESCISÓRIA. AÇÃO CAUTELAR PARA SUSPENDER EXECUÇÃO DA DECISÃO RESCINDENDA. PENDÊNCIA DE TRÂNSITO EM JULGADO DA AÇÃO RESCISÓRIA PRINCIPAL. EFEITOS (DJ 4.5.2004). A ação cautelar não perde o objeto enquanto ainda estiver pendente o trânsito em julgado da ação rescisória principal, devendo o pedido cautelar ser julgado procedente, mantendo-se os efeitos da liminar eventualmente deferida, no caso de procedência do pedido rescisório ou, por outro lado, improcedente, se o pedido da ação rescisória principal tiver sido julgado improcedente.

OJ-SDI2-132 — AÇÃO RESCISÓRIA. ACORDO HOMOLOGADO. ALCANCE. OFENSA À COISA JULGADA (DJ 4.5.2004). Acordo celebrado — homologado judicialmente — em que o empregado dá plena e ampla quitação, sem qualquer ressalva, alcança não só o objeto da inicial, como também todas as demais parcelas referentes ao extinto contrato de trabalho, violando a coisa julgada, a propositura de nova reclamação trabalhista.

OJ-SDI2-134 — AÇÃO RESCISÓRIA. DECISÃO RESCINDENDA. PRECLUSÃO DECLARADA. FORMAÇÃO DA COISA JULGADA FORMAL. IMPOSSIBILIDADE JURÍDICA DO PEDIDO (DJ 4.5.2004). A decisão que conclui estar preclusa a oportunidade de impugnação da sentença de liquidação, por ensejar tão-somente a formação da coisa julgada formal, não é suscetível de rescindibilidade.

OJ-SDI2-135 — AÇÃO RESCISÓRIA. VIOLAÇÃO DO ART. 37, "*CAPUT*", DA CF/1988. NECESSIDADE DE PREQUESTIONAMENTO (DJ 4.5.2004). A ação rescisória calcada em violação do art. 37, *caput*, da Constituição Federal, por desrespeito ao princípio da legalidade administrativa exige que ao menos o princípio constitucional tenha sido prequestionado na decisão.

OJ-SDI2-136 — AÇÃO RESCISÓRIA. ERRO DE FATO. CARACTERIZAÇÃO (DJ 4.5.2004). A caracterização do erro de fato como causa de rescindibilidade de decisão judicial transitada em julgado supõe a afirmação categórica e indiscutida de um fato, na decisão rescindenda, que não corresponde à realidade dos autos. O fato afirmado pelo julgador, que pode ensejar ação rescisória calcada no inciso IX do art. 485 do CPC, é apenas aquele que se coloca como premissa fática indiscutida de um silogismo argumentativo, não aquele que se apresenta ao final desse mesmo silogismo, como conclusão decorrente das premissas que especificaram as provas oferecidas, para se concluir pela existência do fato. Esta última hipótese é afastada pelo § 2º do art. 485 do CPC, ao exigir que não tenha havido controvérsia sobre o fato e pronunciamento judicial esmiuçando as provas.

OJ-SDI2-146 — AÇÃO RESCISÓRIA. INÍCIO DO PRAZO PARA APRESENTAÇÃO DA CONTESTAÇÃO. ART. 774 DA CLT (DJ 10.11.2004). A contestação apresentada em sede de ação rescisória obedece à regra relativa à contagem de prazo constante do art. 774 da CLT, sendo inaplicável o art. 241 do CPC.

OJ-SDI2-150 — AÇÃO RESCISÓRIA. DECISÃO RESCINDENDA QUE EXTINGUE O PROCESSO SEM RESOLUÇÃO DE MÉRITO POR ACOLHIMENTO DA EXCEÇÃO DE COISA JULGADA. CONTEÚDO MERAMENTE PROCESSUAL. IMPOSSIBILIDADE JURÍDICA DO PEDIDO (DEJT divulgado em 3, 4 e 5.12.2008). Reputa-se juridicamente impossível o pedido de corte rescisório de decisão que, reconhecendo a configuração de coisa julgada, nos termos do art. 267, V, do CPC, extingue o processo sem resolução de mérito, o que, ante o seu conteúdo meramente processual, a torna insuscetível de produzir a coisa julgada material.

OJ-SDI2-151 — AÇÃO RESCISÓRIA E MANDADO DE SEGURANÇA. IRREGULARIDADE DE REPRESENTAÇÃO PROCESSUAL VERIFICADA NA FASE RECURSAL. PROCURAÇÃO OUTORGADA COM PODERES ESPECÍFICOS PARA AJUIZAMENTO DE RECLAMAÇÃO TRABALHISTA. VÍCIO PROCESSUAL INSANÁVEL (DEJT divulgado em 03, 04 e 5.12.2008). A procuração outorgada com poderes específicos para ajuizamento de reclamação trabalhista não autoriza a propositura de ação rescisória e mandado de segurança, bem como não se admite sua regularização quando verificado o defeito de representação processual na fase recursal, nos termos da Súmula n. 383, item II, do TST. Orientação Jurisprudencial da SBDI-2.

OJ-SDI2-152 — AÇÃO RESCISÓRIA E MANDADO DE SEGURANÇA. RECURSO DE REVISTA DE ACÓRDÃO REGIONAL QUE JULGA AÇÃO RESCISÓRIA OU MANDADO DE SEGURANÇA. PRINCÍPIO DA FUNGIBILIDADE. INAPLICABILIDADE. ERRO GROSSEIRO NA INTERPOSIÇÃO DO RECURSO (DEJT divulgado em 3, 4 e 5.12.2008). A interposição de recurso de revista de decisão definitiva de Tribunal Regional do Trabalho em ação rescisória ou em mandado de segurança, com fundamento em violação legal e divergência jurisprudencial e remissão expressa ao art. 896 da CLT, configura erro grosseiro, insuscetível de autorizar o seu recebimento como recurso ordinário, em face do disposto no art. 895, *b*, da CLT.

---

57. Com relação aos embargos de declaração na justiça do trabalho, assinale a opção correta.

☐ A) Os erros materiais podem ser corrigidos de ofício ou a requerimento de qualquer das partes.

☐ B) O embargo de declaração não está previsto taxativamente na CLT, razão pela qual se aplicam, subsidiariamente, as normas do CPC.

☐ C) O prazo para a oposição de embargos de declaração é de oito dias, a contar da data da sentença ou do acórdão.

☐ D) Não é passível de nulidade decisão que acolhe embargo de declaração com efeito modificativo tomada sem que a parte contrária tenha se manifestado.

A alternativa correta é a "A".

Trata-se exatamente do teor do parágrafo único do art. 897-A da CLT.

> Art. 897-A. Caberão embargos de declaração da sentença ou acórdão, no prazo de cinco dias, devendo seu julgamento ocorrer na primeira audiência ou sessão subsequente a sua apresentação, registrado na certidão, admitido efeito modificativo da decisão nos casos de omissão e contradição no julgado e manifesto equívoco no exame dos pressupostos extrínsecos do recurso. *(Incluído pela Lei n. 9.957, de 12.1.2000)*
> Parágrafo único. Os erros materiais poderão ser corrigidos de ofício ou a requerimento de qualquer das partes. *(Incluído pela Lei n. 9.957, de 12.1.2000)*

Assim, independentemente da oposição de embargos de declaração, os erros materiais podem ser corrigidos pelo juízo de ofício. Caso não faça, poderá ser matéria de embargos de declaração.

Além do erro material, o art. 897-A da CLT traz mais 3 hipóteses de cabimento de Embargos de Declaração, quais sejam: 1ª) omissão; 2ª) contradição e; 3ª) manifesto equívoco no exame dos pressupostos extrínsecos do recurso. Mas também se admite na hipótese de obscuridade, conforme previsto no art. 535 do CPC.

A alternativa "B" é incorreta, pois há previsão expressa na CLT quanto a tal matéria. A alternativa "C" é incorreta, pois o prazo é de 5 dias e não de 8.

A finalidade dos embargos é sanar algum vício da sentença ou acórdão. Entretanto, ao sanar o vício poderá conceder efeito modificativo. Neste caso, antes de julgar o juiz deverá intimar a parte contrária a se manifestar, sob pena de nulidade, conforme entendimento pacificado pelo TST através da OJ n. 142 da SDI-I.

> OJ-SDI1-142 — EMBARGOS DE DECLARAÇÃO. EFEITO MODIFICATIVO. VISTA À PARTE CONTRÁRIA (inserido dispositivo) — DEJT divulgado em 16, 17 e 18.11.2010
> É passível de nulidade decisão que acolhe embargos de declaração com efeito modificativo sem que seja concedida oportunidade de manifestação prévia à parte contrária.

Por esse motivo, incorreta a alternativa "D".

---

58. O agravo de petição é o recurso cabível contra a decisão do juiz do trabalho, nas execuções. A respeito desse recurso, assinale a opção correta.

- ☐ A) A simples interposição do agravo de petição suspende a execução na sua totalidade.
- ☐ B) O prazo para a interposição do agravo de petição é de 10 dias.
- ☐ C) O julgamento do agravo de petição cabe ao juiz do trabalho da vara onde estiver em curso a execução.
- ☐ D) O agravo de petição somente será recebido se o agravante tiver delimitado, justificadamente, as matérias e os valores impugnados.

A alternativa correta é a "D".

O agravo de petição está previsto no art. 897, alínea *a* da CLT e a primeira parte do seu parágrafo primeiro é exatamente o teor da alternativa "D".

> Art. 897. Cabe agravo, no prazo de 8 (oito) dias: *(Redação dada pela Lei n. 8.432, 11.6.1992)*
> a) de petição, das decisões do Juiz ou Presidente, nas execuções; *(Redação dada pela Lei n. 8.432, 11.6.1992)*
> § 1º O agravo de petição só será recebido quando o agravante delimitar, justificadamente, as matérias e os valores impugnados, permitida a execução imediata da parte remanescente até o final, nos próprios autos ou por carta de sentença. *(Redação dada pela Lei n. 8.432, 11.6.1992).*

O agravo de petição não suspende a execução do julgado, eis que só possui efeito devolutivo, como todos os demais recursos trabalhistas (art. 899 CLT), razão pela qual incorreta a alternativa "A".

Quanto aos valores incontroversos, a execução é definitiva, por carta de sentença ou nos próprios autos, se o agravo for remetido ao Tribunal em autos apartados.

O prazo para a interposição do agravo de petição é de 8 dias (art. 6º da Lei n. 5584/70). Portanto incorreta a alternativa "B".

O julgamento do agravo de petição se dará pelo Tribunal Regional do Trabalho, conforme determina o § 3º do art. 897 da CLT, razão pela qual incorreta a alternativa "C".

> Súmula n. 416 — MANDADO DE SEGURANÇA. EXECUÇÃO. LEI N. 8.432/1992. ART. 897, § 1º, DA CLT. CABIMENTO (conversão da Orientação Jurisprudencial n. 55 da SBDI-2) — Res. 137/2005, DJ 22, 23 e 24.8.2005
> Devendo o agravo de petição delimitar justificadamente a matéria e os valores objeto de discordância, não fere direito líquido e certo o prosseguimento da execução quanto aos tópicos e valores não especificados no agravo. *(ex-OJ n. 55 da SBDI-2 — inserida em 20.9.2000)*

> § 3º Na hipótese da alínea *a* deste artigo, o agravo será julgado pelo próprio tribunal, presidido pela autoridade recorrida, salvo se se tratar de decisão de Juiz do Trabalho de 1ª Instância ou de Juiz de Direito, quando o julgamento competirá a uma das Turmas do Tribunal Regional a que estiver subordinado o prolator da sentença, observado o disposto no art. 679, a quem este remeterá as peças necessárias para o exame da matéria controvertida, em autos apartados, ou nos próprios autos, se tiver sido determinada a extração de carta de sentença. *(Redação dada pela Lei n. 10.035, de 25.10.2000)*

---

59. Assinale a opção correta a respeito dos dissídios coletivos do trabalho.

☐ A) Da sentença normativa proferida pelo tribunal regional do trabalho cabe recurso de revista para o TST.

☐ B) O Ministério Público do Trabalho possui legitimidade para propor dissídios coletivos em qualquer situação.

☐ C) A competência originária para o julgamento dos dissídios coletivos é do juiz do trabalho de 1º grau.

☐ D) A sentença normativa não se submete a processo de execução, mas, sim, a ação de cumprimento.

A alternativa correta é a "D".

Descumprida a sentença normativa por um ou mais empregadores, a lei prevê a ação de cumprimento, a qual busca compelir o empregador(s) ao cumprimento da norma imposta.

A ação de cumprimento está prevista no art. 872, parágrafo único da CLT, que assim dispõe:

> Celebrado o acordo, ou transitada em julgado a decisão, seguir-se-á o seu cumprimento, sob as penas estabelecidas neste Título.

> Parágrafo único. Quando os empregadores deixarem de satisfazer o pagamento de salários, na conformidade da decisão proferida, poderão os empregados ou seus sindicatos, independentes de outorga de poderes de seus associados, juntando certidão de tal decisão, apresentar reclamação à Junta ou Juízo competente, observado o processo previsto no Capítulo II deste Título, sendo vedado, porém, questionar sobre a matéria de fato e de direito já apreciada na decisão.

Com relação ao prazo para interposição da ação de cumprimento pode ser proposta antes mesmo do trânsito em julgado.

> **Súmula n. 246, TST — Ação de cumprimento. Trânsito em julgado da sentença normativa** *(Res. 15/1985, DJ 9.12.1985)*
> É dispensável o trânsito em julgado da sentença normativa para a propositura da ação de cumprimento.
>
> **OJ n. 277 da SDI-I do TST** — Ação de cumprimento fundada em decisão normativa que sofreu posterior reforma, quando já transitada em julgado a sentença condenatória. Coisa Julgada. Não configuração. A coisa julgada produzida na ação de cumprimento é atípica, pois dependente de condição resolutiva, ou seja, da não modificação da decisão normativa por eventual recurso. Assim, modificada a sentença normativa pelo TST, com a consequente extinção do processo, sem julgamento do mérito, deve-se extinguir a execução em andamento, uma vez que a norma sobre a qual se apoiava o título exequendo deixou de existir no mundo jurídico.

Embora rara a ocorrência, a ação de cumprimento pode ser proposta pelo Sindicato patronal para cumprimento de obrigação imposta pela norma à categoria. Pode ser proposta pelo sindicato ou por qualquer interessado. Será de competência das varas do trabalho.

A alternativa "A" está incorreta. A sentença normativa tem natureza dispositiva, ou seja, não é declaratória, condenatória ou constitutiva, não resultando do exercício de jurisdição, se constitui no exercício do poder legiferante, na medida em que impõe normas até então inexistentes no ordenamento jurídico

As sentenças normativas, admitem embargos declaratórios, em caso de obscuridade, contradição ou omissão, no prazo de 5 dias (art. 897-A CLT e 535 e ss CPC).

O Recurso em face de sentença normativa é o Recurso Ordinário, nos termos do art. 895, inciso II da CLT.

Também será cabível Embargos Infringentes contra as decisões não unânimes proferidas em processo de dissídio coletivo, quando a competência originária for do TST, salvo se a decisão impugnada estiver em consonância com precedente jurisprudencial ou súmula de jurisprudência do TST (art. 2º, II, *c*, da Lei n. 7.701/88)

A alternativa "B" está incorreta. O Ministério Público tem legitimação para instaurar dissídios coletivos de greve, atuando como fiscal da lei, podendo emitir parecer e também recorrer.

Assim dispõem os arts. 856, da CLT, 8º, da Lei 7.783/89 e 83, incisos VIII e IX, da Lei Complementar n. 75/93, abaixo transcritos:

> Art. 856, da CLT — "A instância será instaurada mediante representação escrita ao Presidente do Tribunal. Poderá ser também instaurada por iniciativa do presidente, ou, ainda, a requerimento da Procuradoria da Justiça do Trabalho, sempre que ocorrer suspensão do trabalho".
>
> Art. 8º, da Lei 7.783/89 — "A Justiça do Trabalho, por iniciativa de qualquer das partes ou do Ministério Público do Trabalho, decidirá sobre a procedência, total ou parcial, ou improcedência das reivindicações, cumprindo ao Tribunal publicar, de imediato, o competente acórdão".
>
> Art. 83, incisos VIII e IX, da LC n. 75/93 — "Compete ao Ministério Público do Trabalho o exercício das seguintes atribuições junto aos órgãos da Justiça do Trabalho:
>
> ...
>
> VIII — instaurar instância em caso de greve, quando a defesa da ordem jurídica ou o interesse público assim o exigir;
>
> IX — promover ou participar da instrução e conciliação em dissídios decorrentes da paralisação de serviços de qualquer natureza, oficiando obrigatoriamente nos processos, manifestando sua concordância ou discordância, em eventuais acordos firmados antes da homologação, resguardado o direito de recorrer em caso de violação à lei e à Constituição Federal;
>
> ..."

São legitimados também para propor processo de dissídio coletivo:

— as entidades sindicais — sindicato, federações e confederações.

> Art. 857, da CLT — A representação para instaurar a instância em dissídio coletivo constitui prerrogativa das associações sindicais, excluídas as hipóteses aludidas no art. 856, quando ocorrer suspensão do trabalho.
>
> Parágrafo único. Quando não houver sindicato representativo da categoria econômica ou profissional, poderá a representação ser instaurada pelas federações correspondentes e, na falta destas, pelas confederações respectivas, no âmbito de sua representação.

— as empresas

OJC 19 — Dissídio coletivo contra-empresa. Legitimação da entidade sindical. Autorização dos trabalhadores diretamente envolvidos no conflito. (Inserida em 25.5.1998 — Inserção de ementa a sua redação — DeJT de 16.11.2010)

A legitimidade da entidade sindical para a instauração da instância contra determinada empresa está condicionada à prévia autorização dos trabalhadores da suscitada diretamente envolvidos no conflito.

— o presidente do tribunal Regional do Trabalho

Art. 856, da CLT — "A instância será instaurada mediante representação escrita ao Presidente do Tribunal. Poderá ser também instaurada por iniciativa do presidente, ou, ainda, a requerimento da Procuradoria da Justiça do Trabalho, sempre que ocorrer suspensão do trabalho".

— Ministério Público do Trabalho — nos dissídios coletivos de natureza econômica.

§ 3º, do art.114, da CF/88 — "Em caso de greve em atividade essencial, com possibilidade de lesão do interesse público, o Ministério Público do Trabalho poderá ajuizar dissídio coletivo, competindo à Justiça do Trabalho decidir o conflito. *(Parágrafo incluído pela Emenda Constitucional n. 20, de 15.12.1998 e alterado pela Emenda Constitucional n. 45, de 8.12.2004)".*

A alternativa "C" está incorreta. Estabelece o art. 114, § 2º, da Constituição Federal:

"Recusando-se qualquer das partes à negociação coletiva ou à arbitragem, é facultado às mesmas, de comum acordo, ajuizar dissídio coletivo de natureza econômica, podendo a Justiça do Trabalho decidir o conflito, respeitadas as disposições mínimas legais de proteção ao trabalho, bem como as convencionadas anteriormente. *(Inciso alterado pela Emenda Constitucional n. 45, de 8.12.2004)".*

---

60. Considerando o recurso de embargos, após a edição da Lei n. 11.496/2007, assinale a opção correta.

☐ A) São incabíveis os embargos contra decisão proferida, em agravo, por Turma do TST, que tenham a finalidade de impugnar o conhecimento de agravo de instrumento.

☐ B) São cabíveis os embargos contra as decisões que, tomadas por turmas do TST, contrariarem a letra de lei federal e(ou) da CF.

☐ C) Cabem embargos para impugnar decisão não unânime prolatada em dissídio coletivo de competência originária do TST.

☐ D) Cabem embargos contra decisão proferida pelo tribunal pleno, salvo se a decisão estiver em consonância com súmula ou jurisprudência uniforme do TST.

A alternativa correta é a "C".

A Lei n. 11.496, de 22.6.2007, modificou o cabimento dos embargos no TST, alterando o art. 894 da CLT e a alínea *b* do inciso III do art. 3º da Lei n. 7.701/88.

A grande alteração foi a extinção do recurso de embargos de nulidade. São dois os embargos cabíveis no TST: 1º) Embargos Infringentes; 2º) Embargos de Divergência.

EMBARGOS INFRINGENTES — cabíveis para a SDC do TST, contra decisões não unânimes proferidas em processo de dissídio coletivo, quando a competência originária for do TST, salvo se a decisão impugnada estiver em consonância com precedente jurisprudencial ou súmula de jurisprudência do TST (art. 2º, II, c, da Lei n. 7.701/88)

Se a decisão do Tribunal Superior do Trabalho em dissídio coletivo de sua competência originária for unânime, não caberão embargos infringentes, mas tão somente embargos de declaração e recurso extraordinário, em caso de ofensa à Constituição Federal de 1988.

Possui natureza ordinária, alcançando, portanto, matéria fática e jurídica, possuindo amplo efeito devolutivo.

EMBARGOS DE DIVERGÊNCIA — cabíveis para a SDI-I do TST, contra decisões divergentes de turmas em dissídios individuais, ou destas com decisão da SDI, ou com súmula. (art. 3º, III, *b*, da Lei n. 7.701/88).

A alternativa "A" é incorreta pois é possível o cabimento de embargos em face de acórdão que julga agravo, desde que haja divergência.

A alternativa "B" é incorreta.

A Lei n. 11.496/07 revogou a parte final do art. 3º, III, *b* da Lei n. 7.701/88, suprimindo assim os EMBARGOS DE NULIDADE, que era o recurso cabível para a SDI-I do TST, contra decisões que violarem preceito de lei federal ou da Constituição Federal.

Por fim a alternativa "D" também é incorreta pois é cabível embargos de divergência contra decisão de Turma para a SDI e embargos infringentes para a SDC.

OAB/CESPE NACIONAL
2009.2

61. Pedro exercia, na empresa Atlântico, havia cinco anos, cargo de confiança pelo qual recebia gratificação. Em razão de não ter atendido às metas determinadas pela nova direção da empresa, perdeu o cargo e retornou à função que ocupava originariamente. Com relação a essa situação hipotética, assinale a opção correta.

A) Em razão do princípio da estabilidade financeira, a empresa não poderá retirar a gratificação de Pedro.

B) Em razão do princípio da irredutibilidade salarial e por Pedro ter prestado serviços por cinco anos no referido cargo de confiança, a empresa não poderá retirar-lhe a gratificação.

C) Pedro não perderá a gratificação pelo cargo de confiança, visto que, após três anos, ela é incorporada ao patrimônio jurídico do trabalhador.

D) A empresa poderá retirar a gratificação que Pedro recebia pelo cargo ocupado.

A alternativa correta é a "D".

Não obstante as restrições impostas pela lei com respeito às modificações das cláusulas do contrato, constantes do art. 468, da CLT que assim dispõe: "Nos contratos individuais de trabalho só é lícita a alteração das respectivas condições por mútuo consentimento e, ainda assim, desde que não resultem, direta ou indiretamente, prejuízos ao empregado, sob pena de nulidade da cláusula infringente desta garantia", o fato é sendo o contrato de trabalho de trato sucessivo, prestigia o princípio da inalterabilidade do contrato. Da análise do dispositivo em comento, percebemos que a intenção do legislador foi a de permitir a alteração do contrato por mútuo consentimento, objetivando resguardar o empregado, parte mais fraca na relação jurídica, de abusos cometidos pelo empregador.

Registre-se que a lei reconhece a nulidade, mesmo que haja a concordância do empregado.

A questão apresenta o caso do empregado que exerceu, por cinco anos, cargo de confiança e o perdeu, retornando ao seu cargo de origem. A resposta à questão encontra-se no parágrafo único do art. 468, da CLT, que assim dispõe: "Não se considera alteração unilateral a determinação do empregador para que o respectivo empregado reverta ao cargo efetivo, anteriormente ocupado, deixando o exercício de função de confiança". Nesse caso, a reversão é permitida, já que foi admitido para cargo comum e só depois, no decorrer do pacto laboral convidado a exercer o cargo de confiança. O ocupante de cargo de confiança é demissível *ad nutum*.

O empregado no exercício do cargo de confiança deverá receber seu salário com o acréscimo de 40%, consoante determina o parágrafo único do art. 62 da CLT.

Na questão apresentada, o empregado exerceu a função de confiança por 5 anos. A Súmula n. 372 do TST assim dispõe: "Gratificação de função. Supressão ou redução. Limites: — percebida a gratificação de função por dez ou mais anos pelo empregado, se o empregador, sem justo motivo, revertê-lo a seu cargo efetivo, não poderá retirar-lhe a gratificação tendo em vista o princípio da estabilidade financeira II — Mantido o empregado no exercício da função comissionada, não pode o empregador reduzir o valor da gratificação."

Incorretas, portanto as alternativas "A" "B" e "C".

---

62. Assinale a opção correta acerca da estabilidade provisória da empregada gestante.

☐ A) Há direito da empregada gestante à estabilidade provisória na hipótese de admissão mediante contrato de experiência, visto que a extinção da relação de emprego, em face do término do prazo, constitui dispensa arbitrária ou sem justa causa.

☐ B) Não se prevê garantia de emprego à empregada doméstica gestante desde a confirmação da gravidez até cinco meses após o parto.

☐ C) A garantia de emprego à gestante só autoriza a reintegração se esta se der durante o período de estabilidade; do contrário, a garantia restringe-se aos salários e demais direitos correspondentes ao período de estabilidade.

☐ D) O desconhecimento, pelo empregador, do estado gravídico da empregada afasta o direito ao pagamento da indenização decorrente da estabilidade.

A *alternativa correta é a "C", eis que traduz o entendimento consubstanciado na Súmula n. 244, do TST.*

SUM-244 — GESTANTE. ESTABILIDADE PROVISÓRIA (incorporadas as Orientações Jurisprudenciais ns. 88 e 196 da SBDI-1) — Res. 129/2005, DJ 20, 22 e 25.04.2005

I — O desconhecimento do estado gravídico pelo empregador não afasta o direito ao pagamento da indenização decorrente da estabilidade (art. 10, II, "b" do ADCT). *(ex-OJ n. 88 da SBDI-1 — DJ 16.04.2004 e republicada DJ 4.5.2004)*

II — A garantia de emprego à gestante só autoriza a reintegração se esta se der durante o período de estabilidade. Do contrário, a garantia restringe-se aos salários e demais direitos correspondentes ao período de estabilidade. *(ex-Súmula n. 244 — alterada pela Res. 121/2003, DJ 21.11.2003)*

III — Não há direito da empregada gestante à estabilidade provisória na hipótese de admissão mediante contrato de experiência, visto que a extinção da relação de emprego, em face do término do prazo, não constitui dispensa arbitrária ou sem justa causa. *(ex-OJ n. 196 da SBDI-1 — inserida em 8.11.2000)*

A alternativa "A" está incorreta. O contrato de experiência importa em uma das modalidades do contrato por prazo determinado e não confere à empregada a estabilidade no emprego, uma vez que não haverá que se falar em dispensa arbitrária, conforme item III da Súmula n. 244 do TST acima transcrita.

A alternativa "B" está incorreta. A empregada doméstica gestante tem a garantia da estabilidade desde a confirmação da gravidez até cinco meses após o parto.

Assim dispõe o art. 4º-A, da Lei n. 5.859/1972, acrescentado pela Lei n. 11.324/2006:

Art. 4º-A. É vedada a dispensa arbitrária ou sem justa causa da empregada doméstica gestante desde a confirmação da gravidez até 5 (cinco) meses após o parto. *(Incluído pela Lei n. 11.324, de 2006)*

A alternativa "D" está incorreta. A afirmativa contraria o disposto no inciso I, da Súmula n. 244, do TST acima transcrito.

---

63. A respeito do empregado doméstico, assinale a opção correta.

☐ A) Um empregado que trabalhe em uma casa de cômodos para aluguel não pode ser considerado empregado doméstico, em razão da configuração da atividade lucrativa do empregador.

☐ B) É obrigatório o pagamento do FGTS para os empregados domésticos.

☐ C) As normas de trabalho do empregado doméstico são regidas pela CLT.

☐ D) O seguro-desemprego não se estende aos empregados domésticos.

A *alternativa correta é a* "A".

Regidos pela Lei n. 5.859, de 11 de dezembro de 1972, o empregado doméstico é aquele "..que presta serviços de natureza contínua e de finalidade não lucrativa à pessoa ou à família, no âmbito residencial destas..".

São requisitos fático-jurídicos específicos da relação doméstica: (a) continuidade; (b) finalidade não lucrativa dos serviços; (c) prestados apenas a pessoa física ou a família; (d) efetuados no âmbito residencial.

Continuidade — refere-se a não eventualidade.

Finalidade não lucrativa — se o empregador obtém lucro com o trabalho do trabalhador, resta afastado a condição de doméstico, em razão do conteúdo econômico.

Prestação laboral à pessoa ou família — significa que pessoa jurídica não pode ser empregador doméstico. Também se admite como empregador doméstico grupo de pessoas físicas, como, por exemplo, um grupo de amigos que contrata um empregado para laborar na residência.

Âmbito residencial de prestação laborativa — onde está escrito "no âmbito residencial" entende-se "para o âmbito residencial".

O que se considera é que o trabalho se refira ao interesse pessoal ou familiar.

A questão formulada coloca o empregado trabalhando em uma casa, cujos cômodos eram alugados. Nesse caso, embora se tratasse de uma residência, tinha por finalidade o lucro, o que desnatura a condição de doméstico.

Os empregados domésticos, foram expressamente excluídos do regime da CLT, conforme se infere do art. 7º, alínea *a*, do Diploma Consolidado, razão pela qual resta excluída a alternativa "C".

Quanto as alternativas "B" e "D", cumpre destacar que de acordo com a Lei n. 10.208/01, é ato voluntário do empregador efetuar ou não o recolhimento do fundo de garantia. Assim, não se trata de direito do doméstico mas, sim, faculdade do empregador. Uma vez recolhido, passa a ser direito. Por esse motivo, errada a alternativa "B" que diz "é obrigatório" e também errada a alternativa "D" porque o seguro-desemprego se estende aos domésticos quando devidamente recolhidos os depósitos fundiários. Nesta hipótese, em havendo despedida imotivada, fará jus o doméstico ao seguro-desemprego.

---

64. Com relação aos conceitos de salário e remuneração, assinale a opção correta.

☐ A) A ajuda de custo paga ao empregado possui natureza salarial.

☐ B) A legislação brasileira autoriza o pagamento de salário complessivo, que é aquele em que todas as quantias a que faz jus o empregado são englobadas em um valor unitário, indiviso, sem discriminação das verbas pagas.

☐ C) As gorjetas pagas pelos clientes aos empregados de um restaurante integram o salário desses empregados.

☐ D) A participação dos empregados nos lucros ou resultados da empresa não possui caráter salarial.

A *alternativa correta é "D"*.

A participação nos lucros e resultados da empresa não possui caráter salarial. Trata-se de um direito assegurado aos trabalhadores pela Constituição Federal de 1988, no art. 7º, inciso XI, que assim dispõe: "São direitos dos trabalhadores urbanos e rurais, além de outros que visem à melhoria de sua condição social: ... XI — participação nos lucros, ou resultados, desvinculada da remuneração, e, excepcionalmente, participação na gestão da empresa, conforme definido em lei ".

Atualmente vigora a Lei n. 10.101/200, que tem por fundamento a integração entre o capital e o trabalho, bem como o incentivo à produtividade, como preceitua o seu art. 1º: "Esta Lei regula a participação dos trabalhadores nos lucros ou resultados da empresa como instrumento de integração entre o capital e o trabalho e como incentivo à produtividade, nos termos do art. 7º, inciso XI, da Constituição". No seu art. 3º estabelece que a participação nos lucros ou resultados não substitui nem complementa a remuneração do empregado.

A análise da incorreção das alternativas "A" e "C", passa por relembrar a conceituação de salário e remuneração, prevista no art. 457 da CLT que assim dispõe: "Compreendem-se na remuneração do empregado, para todos os efeitos legais, além do salário devido e pago diretamente pelo empregador, como contraprestação do serviço, as gorjetas que receber".

Analisando o dispositivo em comento, conclui-se que remuneração é o somatório do salário e da gorjeta. Salário, por sua vez, corresponde "não só a importância fixa estipulada, como também as comissões, percentagens, gratificações ajustadas, diárias para viagens e abonos pagos pelo empregador" (§ 1º art. 457 CLT). Quanto às diárias para viagens deve ser observado o disposto no o § 2º do art. 457, da CLT: "Não se incluem nos salários as ajudas de custo, assim como as diárias para viagem que não excedam de cinquenta por cento do salário percebido pelo empregado".

A alternativa "B" trata do salário complessivo. Esta forma de pagamento não é admitida no direito do trabalho e se traduz em um pagamento único que engloba diferentes parcelas. Assim a Súmula n. 91, do TST: "Nula é a cláusula que fixa determinada importância ou percentagem para atender englobadamente vários direitos legais ou contratuais do trabalhador".

---

65. Assinale a opção correta acerca do FGTS.

☐ A) A conta vinculada do trabalhador no FGTS não poderá ser movimentada em caso de despedida indireta.

☐ B) É devido o recolhimento do FGTS sobre os valores pagos a título de aviso prévio, quer tenha o empregado, durante esse período, trabalhado ou não.

☐ C) Os valores referentes ao FGTS podem ser pagos diretamente ao empregado.

☐ D) Os trabalhadores autônomos são beneficiários do FGTS.

A alternativa correta é a "B".

O aviso prévio integra o tempo de serviço, quer seja trabalhado ou não.

> Súmula n. 305 TST — FUNDO DE GARANTIA DO TEMPO DE SERVIÇO. INCIDÊNCIA SOBRE O AVISO PRÉVIO (mantida) — Res. 121/2003, DJ 19, 20 e 21.11.2003. O pagamento relativo ao período de aviso prévio, trabalhado ou não, está sujeito a contribuição para o FGTS.

A despedida indireta está incluída dentre as hipóteses de levantamento dos valores depositados na conta vinculada.

Na rescisão indireta do contrato de trabalho, na despedida sem justa causa e na rescisão por culpa recíproca, o trabalhador pode movimentar o saldo existente em sua conta vinculada. Assim autoriza o art. 20, I, da Lei n. 8.036/1990, ao elencar os casos em que a movimentação é permitida.

> Art. 20. A conta vinculada do trabalhador no FGTS poderá ser movimentada nas seguintes situações: I — despedida sem justa causa, inclusive a indireta, de culpa recíproca e de força maior.

A alternativa "C" está incorreta. Os valores referentes ao FGTS não serão pagos diretamente ao empregado, mas depositados em conta vinculada, cujo saque será efetuado por meio de guias próprias para tal finalidade.

A quantia referente ao Fundo de Garantia, que corresponde a 8% da remuneração mensal do empregado, é depositada junto à Caixa Econômica Federal, em conta aberta em nome do empregado, e somente poderá ser levantado nos casos previstos em lei.

Aqui cabe ressaltar que nos contratos de trabalho por prazo determinado, a alíquota será reduzida para 2% (art. 2º, II, da Lei n. 9.601/1998 — que disciplina os contratos de trabalho por prazo determinado e o banco de horas).

Igual percentual sobre a remuneração também se aplica aos contratos de aprendizagem (art. 15, § 7º, da Lei n. 8.036/90).

A alternativa "D" está incorreta.

Os trabalhadores autônomos não foram incluídos no sistema do FGTS. Com efeito, o sistema do FGTS abrange os empregados urbanos e rurais, bem como os trabalhadores avulsos e temporários. (§ 2º, do art. 15 da Lei n. 8.036/90, atual lei do FGTS):

Considera-se trabalhador toda pessoa física que prestar serviços a empregador, a locador ou tomador de mão de obra, excluídos os eventuais, os autônomos e os servidores públicos civis e militares sujeitos a regime jurídico próprio.

Portanto, são beneficiários do sistema do FGTS, os celetistas, ou seja, os trabalhadores regidos pela CLT, os rurais, os avulsos, os temporários, a mãe social, o aprendiz (o depósito será efetuado com a alíquota de 2%).

Por exclusão, não são beneficiários do sistema, o trabalhador autônomo, o eventual, o servidor público e o militar.

O empregado doméstico terá direito ao FGTS, desde que requerido pelo empregador, já que facultativa a sua inclusão no sistema, por força da Lei n. 10.208/2001.

66. No que se refere ao adicional de periculosidade e ao adicional de insalubridade, assinale a opção correta.

☐ A) A eliminação da insalubridade do trabalho em uma empresa, mediante a utilização de aparelhos protetores aprovados pelo Ministério do Trabalho e Emprego, não é suficiente para o cancelamento do pagamento do respectivo adicional.

☐ B) As horas em que o empregado permanecer em sobreaviso também geram a integração do adicional de periculosidade para o cálculo da jornada extraordinária.

☐ C) Frentistas que operam bombas de gasolina não fazem jus ao adicional de periculosidade, visto que não têm contato direto com o combustível.

☐ D) O caráter intermitente do trabalho executado em condições insalubres não afasta o direito de recebimento do respectivo adicional.

A *alternativa correta é a "D".*

Assim é o teor da Súmula n. 47, do TST: "O trabalho executado em condições insalubres, em caráter intermitente, não afasta, por essa circunstância, o direito à percepção do respectivo adicional".

Quanto a periculosidade, assim é o teor da Súmula n. 361 do TST — "O trabalho exercido em condições perigosas, embora de forma intermitente, dá direito ao empregado a receber o adicional de periculosidade de forma integral, tendo em vista que a Lei n. 7.369/85 não estabeleceu qualquer proporcionalidade em relação ao seu pagamento".

Com relação a alternativa "A", consigne-se que a eliminação da insalubridade exclui o recebimento do respectivo adicional, conforme art. 191 da CLT.

Art. 191. A eliminação ou a neutralização da insalubridade ocorrerá:

I — com a adoção de medidas que conservem o ambiente de trabalho dentro dos limites de tolerância;

II — com a utilização de equipamentos de proteção individual do trabalhador, que diminuam a intensidade do agente agressivo a limites de tolerância.

Assim prescreve a Súmula n. 80 do TST: "A eliminação da insalubridade mediante fornecimento de aparelhos protetores aprovados pelo órgão competente do Poder Executivo exclui a percepção do respectivo adicional".

No mesmo sentido o art. 194 da CLT — "O direito do empregado ao adicional de insalubridade ou de periculosidade cessará com a eliminação do risco à sua saúde ou integridade física, nos termos desta Seção e das normas expedidas pelo Ministério do Trabalho".

O pagamento será cancelado apenas na constatado, mediante a realização de nova perícia, da efetiva eliminação do risco.

A alternativa "B" está incorreta pois contraria o que dispõe a Súmula n. 132 do TST do seguinte teor: "ADICIONAL DE PERICULOSIDADE. INTEGRAÇÃO. I — O adicional de periculosidade, pago em caráter permanente, integra o cálculo de indenização e de horas extras. II — Durante as horas de sobreaviso, o empregado não se encontra em condições de risco, razão pela qual é incabível a integração do adicional de periculosidade sobre as mencionadas horas".

A alternativa "C" também está incorreta. O art. 189 da CLT apresenta o conceito legal de insalubridade, ao dispor: "Serão consideradas atividades ou operações insalubres aquelas que, por sua natureza, condições ou métodos de trabalho, exponham os empregados a agentes nocivos à saúde, acima dos limites de tolerância fixados em razão da natureza e da intensidade do agente e do tempo de exposição aos seus efeitos".

O art. 193 trata das atividades que são consideradas perigosas pelo Ministério do Trabalho e dispõe: "São consideradas atividades ou operações perigosas, na forma da regulamentação aprovada pelo Ministério do Trabalho, aquelas que, por sua natureza ou métodos de trabalho, impliquem o contato permanente com inflamáveis ou explosivos em condições de risco acentuado".

Assim também a Súmula n. 39 do TST — "Os empregados que operam em bomba de gasolina têm direito ao adicional de periculosidade" e 212 do STF — "tem direito ao adicional de serviço perigoso o empregado de posto de revenda de combustível líquido".

Consigne-se, por oportuno, que o adicional de periculosidade é devido ao frentista e também às pessoas que trabalham no posto, independentemente de operarem diretamente com a bomba de gasolina.

---

67. A respeito do salário utilidade ou *in natura*, assinale a opção correta.

☐ A) O fornecimento de cigarro por indústria tabagista ao empregado que nela trabalhe é considerado salário *in natura*.

☐ B) A energia fornecida por empresa de energia elétrica ao empregado que nela trabalhe possui natureza salarial em qualquer situação.

☐ C) A habitação fornecida ao empregado, quando indispensável à realização do trabalho, não tem natureza salarial.

☐ D) O fornecimento, pela empresa, de veículo ao empregado, quando indispensável à realização do trabalho, será considerado salário *in natura*, o que deixará de ocorrer quando o veículo for também utilizado para atividades particulares do empregado.

A alternativa correta é a "C".

Para ser caracterizado como salário utilidade é necessário dois elementos: GRATUIDADE e HABITUALIDADE. Ou seja, é preciso que seja fornecido de forma gratuita pelo empregador e de forma habitual. Além disso, é necessário recorrermos à regra do PARA e PELO. Se o bem foi fornecido PARA o trabalho não será considerado salário. Como por exemplo, o uniforme de trabalho, uma ferramenta e etc. ... Se for fornecido PELO trabalho, será considerado salário.

A alternativa C é a correta porque trata-se de uma utilidade fornecida PARA o trabalho, qual seja, o fornecimento da moradia, indispensável à realização do trabalho. Portanto, deve-se analisar se a habitação foi concedida pelo trabalho ou para o trabalho.

Exceção à regra do PARA e do PELO são as hipóteses dos incisos II ao VI do § 2º do art. 458 da CLT que tratam de verbas pagas PELO trabalho sem natureza salarial.

Assim dispõe referido dispositivo:

Art. 458, § 2º CLT — Para os efeitos previstos neste artigo, não serão consideradas como salário as seguintes utilidades concedidas pelo empregador:

I — vestuário, equipamentos e outros acessórios fornecidos aos empregados e utilizados no local de trabalho, para a prestação do serviço;

II — educação, em estabelecimento de ensino próprio ou de terceiros, compreendendo os valores relativos a matrícula, mensalidade, anuidade, livros e material didático;

III — transporte destinado ao deslocamento para o trabalho e retorno, em percurso servido ou não por transporte público;

IV — assistência médica, hospitalar e odontológica, prestada diretamente ou mediante seguro-saúde;

V — seguros de vida e de acidentes pessoais;

VI — previdência privada.

Com relação às demais alternativas, vejamos:

Preceitua o art. 458 da CLT:

Além do pagamento em dinheiro, compreende-se no salário, para todos os efeitos legais, a alimentação, habitação, vestuário ou outras prestações *in natura* que a empresa, por força do contrato ou do costume, fornecer habitualmente ao empregado. Em caso algum será permitido o pagamento com bebidas alcoólicas ou drogas nocivas.

Por tal motivo, a alternativa "A" é incorreta.

Ainda sobre referida alternativa, o TST editou o item II da Súmula n. 367, com a seguinte redação: "II — O cigarro não se considera salário-utilidade em face de sua nocividade à saúde".

Quanto às alternativas "B" e "D" assim preceitua o item I da Súmula n. 367 do TST — "I — A habitação, a energia elétrica e veículo fornecidos pelo empregador ao empregado, quando indispensáveis para a realização do trabalho, não tem natureza salarial, ainda que, no caso de veículo, seja ele utilizado pelo empregado também em atividades particulares."

Assim sendo, se a energia elétrica e o veículo forem fornecidos pelo empregador ao empregado para o trabalho não tem natureza salarial. O mesmo ocorre, se o veículo é utilizado durante o horário de trabalho, mas também fora dele, em atividades particulares, também não será considerado salário-utilidade.

68. Com base no entendimento do TST acerca da rescisão do contrato de trabalho, assinale a opção correta.

- A) Nas rescisões antecipadas dos contratos de experiência que contenham cláusula assecuratória do direito recíproco de rescisão antes de seu término, não cabe aviso prévio.

- B) A indenização de empregado que trabalha por comissão deve ser calculada com base na média das comissões recebidas nos últimos doze meses de serviço.

- C) O empregado que rescinde antecipadamente o contrato por prazo determinado não está obrigado a indenizar o empregador.

- D) A pessoa jurídica de direito público que não observa o prazo para pagamento das verbas rescisórias não se submete à multa prevista no art. 477 da CLT.

A alternativa correta é a "B".

Se o empregado receber por comissão ou por percentagens variáveis, a sua remuneração será calculada pela média dos valores percebidos nos últimos 12 (doze) meses. Se laborar em horas extras, com habitualidade, as mesmas deverão compor o cálculo.

Assim preceituam o § 4º, do art. 478, da CLT e a Súmula n. 24 do TST.

> § 4º Para os empregados que trabalhem a comissão ou que tenham direito a percentagens, a indenização será calculada pela média das comissões ou percentagens percebidas nos últimos 12 (doze) meses de serviço. *(Redação dada pelo Decreto-lei n. 229, de 28.2.1967)*
>
> SUM-24 — SERVIÇO EXTRAORDINÁRIO (mantida) — Res. 121/2003, DJ 19, 20 e 21.11.2003
> Insere-se no cálculo da indenização por antiguidade o salário relativo a serviço extraordinário, desde que habitualmente prestado.

A alternativa "A" está incorreta. O aviso prévio é comumente utilizado nos contratos por prazo indeterminado e importa na resilição do contrato de trabalho por vontade de uma das partes. Em regra, o aviso-prévio é incabível nos contrato a prazo, pelo fato de que o seu termo já está previamente ajustado e é do conhecimento das partes. Todavia, se do contrato constar cláusula assecuratória do direito recíproco de rescisão, as regras do contrato por prazo indeterminado serão aplicadas, cabendo, portanto, o aviso-prévio.

> Art. 481. Aos contratos por prazo determinado, que contiverem cláusula assecuratória do direito recíproco de rescisão antes de expirado o termo ajustado, aplicam-se, caso seja exercido tal direito por qualquer das partes, os princípios que regem a rescisão dos contratos por prazo indeterminado.
>
> SUM-163 — AVISO-PRÉVIO. CONTRATO DE EXPERIÊNCIA (mantida) — Res. 121/2003, DJ 19, 20 e 21.11.2003
> Cabe aviso-prévio nas rescisões antecipadas dos contratos de experiência, na forma do art. 481 da CLT *(ex-Prejulgado n. 42)*.

A alternativa "C" está incorreta. O empregado que antecipadamente rescinde o contrato de trabalho por prazo determinado deve indenizar o empregador, exceção se o pedido se der em razão de justa causa praticada pelo empregador.

> Art. 480. Havendo termo estipulado, o empregado não se poderá desligar do contrato, sem justa causa, sob pena de ser obrigado a indenizar o empregador dos prejuízos que desse fato lhe resultarem. *(Vide Lei n. 9.601, de 1998)*

A alternativa "D" está incorreta. Com efeito, a pessoa jurídica de direito público que não observa o prazo para pagamento das verbas rescisórias, se submete à multa do art. 477, da CLT. Assim o entendimento constante da Orientação Jurisprudencial n. 238, da SDI-1, do TST.

> OJ-SDI1-238 — MULTA. ART. 477 DA CLT. PESSOA JURÍDICA DE DIREITO PÚBLICO. APLICÁVEL. Inserida em 20.6.2001 (inserido dispositivo, DJ 20.4.2005)
> Submete-se à multa do art. 477 da CLT a pessoa jurídica de direito público que não observa o prazo para pagamento das verbas rescisórias, pois nivela-se a qualquer particular, em direitos e obrigações, despojando-se do *jus imperii* ao celebrar um contrato de emprego.

69. A respeito do procedimento sumaríssimo no processo do trabalho, assinale a opção correta.

☐ A) Cada parte poderá indicar até três testemunhas para a oitiva na audiência de instrução e julgamento.

☐ B) No procedimento sumaríssimo, somente será admitido recurso de revista por contrariedade a súmula uniforme do TST ou por violação direta da CF.

☐ C) Ação trabalhista contra autarquia federal submete-se ao procedimento sumaríssimo desde que o valor daquela não exceda a quarenta salários mínimos.

☐ D) A citação por edital será admitida no procedimento sumaríssimo caso as tentativas de citação por carta registrada e oficial de justiça não tenham logrado êxito.

A alternativa correta é a "B".

O procedimento sumaríssimo foi instituído pela Lei n. 99857/00, que acrescentou à CLT os arts. 852-A a 852-I.

Uma das características do procedimento sumaríssimo é que o recurso de revista fica limitado a duas hipóteses, quais sejam: 1º) violação à Constituição Federal e; 2º) contrariedade à Súmula do TST. (art. 896, § 6º CLT.)

> Art. 896, § 6º CLT — Nas causas sujeitas ao procedimento sumaríssimo, somente será admitido recurso de revista por contrariedade a súmula de jurisprudência uniforme do Tribunal Superior do Trabalho e violação direta da Constituição Federal.
>
> OJ-SDI1-352 — PROCEDIMENTO SUMARÍSSIMO. RECURSO DE REVISTA FUNDAMENTADO EM CONTRARIEDADE A ORIENTAÇÃO JURISPRUDENCIAL. INADMISSIBILIDADE. ART. 896, § 6º, DA CLT, ACRESCENTADO PELA LEI N. 9.957, DE 12.1.2000 (DJ 25.4.2007)
> Nas causas sujeitas ao procedimento sumaríssimo, não se admite recurso de revista por contrariedade à Orientação Jurisprudencial do Tribunal Superior do Trabalho (Livro II, Título II, Capítulo III, do RITST), por ausência de previsão no art. 896, § 6º, da CLT.
>
> OJ-SDI1-260 — AGRAVO DE INSTRUMENTO. RECURSO DE REVISTA. PROCEDIMENTO SUMARÍSSIMO. LEI N. 9.957/00. PROCESSOS EM CURSO (inserida em 27.9.2002)
> I — É inaplicável o rito sumaríssimo aos processos iniciados antes da vigência da Lei n. 9.957/00.
> II — No caso de o despacho denegatório de recurso de revista invocar, em processo iniciado antes da Lei n. 9.957/00, o § 6º do art. 896 da CLT (rito sumaríssimo), como óbice ao trânsito do apelo calcado em divergência jurisprudencial ou violação de dispositivo infraconstitucional, o Tribunal superará o obstáculo, apreciando o recurso sob esses fundamentos.

Outras características do rito sumaríssimo:

1º) O procedimento sumaríssimo será observado nos dissídios individuais cujo valor não exceda a 40 vezes o salário mínimo, exceto nas ações em que é parte a Administração Pública direta, autárquica e fundacional (art. 852-A CLT). Por esse motivo errada a alternativa "C".

2º) O pedido deve ser certo e determinado, com a indicação exata do valor que pretende, sob pena de arquivamento (art. 852-B CLT).

3º) Máximo de duas testemunhas para cada parte (art. 852-H, § 2º CLT). Necessidade da comprovação do convite para ser deferida a intimação da audiência (art. 852-H, § 3º CLT). Por esse motivo errada a alternativa "A".

4º) A audiência deverá ser designada no prazo máximo de 15 dias do ajuizamento da ação, podendo constar de pauta especial (art. 852-B, inciso III CLT);

5º) É dever da parte e dos advogados comunicar ao juízo as mudanças de endereço ocorridas durante o processo, reputando-se válidas as enviadas ao endereço antigo, na ausência de comunicação (art. 852-B, § 2º CLT);

6º) Prova técnica — manifestação das partes no prazo comum de 5 dias (art. 852-H, § 6º CLT);

7º) Em caso de necessidade do adiamento da audiência o prosseguimento deverá ocorrer no prazo máximo de 30 dias, salvo motivo relevante (art. 852-H, § 7º CLT);

8º) É dispensado o relatório da sentença e as partes serão intimadas na própria audiência (art. 852-I CLT);

9º) Não se fará citação por edital, incumbindo o autor a correta indicação do nome e endereço do reclamado, sob pena de arquivamento (art. 852-B, II CLT). Desta forma, errada a alternativa "D".

70. Além dos beneficiários da justiça gratuita, são isentas do pagamento de custas no processo do trabalho

☐ A) as autarquias.

☐ B) as entidades sindicais.

☐ C) as empresas públicas.

☐ D) as sociedades de economia mista.

A alternativa correta é a "A". Isto porque, o art. 790-A da CLT assim dispõe:

Art. 790-A. São isentos do pagamento de custas, além dos beneficiários de justiça gratuita:

I — a União, os Estados, o Distrito Federal, os Municípios e respectivas **autarquias** *e fundações públicas federais, estaduais ou municipais que não explorem atividade econômica;*

II — o Ministério Público do Trabalho.

Assim, as autarquias são isentas do pagamento de custas na Justiça do Trabalho.

A alternativa "B" está incorreta, pois as entidades sindicais devem pagar custas processuais. Se o sindicato encontrar-se como assistente do reclamante e este for condenado em custas, o sindicato responde solidariamente, conforme art. 790, § 1º da CLT. Se o sindicato for parte na ação, também fica sujeito ao pagamento de custas, caso perca a demanda. O sindicato só não fica sujeito ao pagamento de custas, obviamente, quando está prestando assistência judiciária, pois neste caso não é parte no processo.

A alternativa "C" está incorreta, pois as empresas públicas que exploram atividade econômica têm natureza privada, conforme o art. 173, § 1º, II, da CF/1988. Por esta razão não ficam isentas do pagamento de custas na Justiça do Trabalho.

A alternativa "D" está incorreta, pois as sociedades de economia mista também se enquadram no art. 173, § 1º, II da CF/1988 e têm natureza privada, não ficando isentas do pagamento de custas. O TST consagra seu entendimento sobre a matéria através da Súmula 170, que segue:

Súmula n. 170 — SOCIEDADE DE ECONOMIA MISTA. CUSTAS. Os privilégios e isenções no foro da Justiça do Trabalho não abrangem as sociedades de economia mista, ainda que gozassem desses benefícios anteriormente ao Decreto-Lei n. 779, de 21.8.1969.

71. O art. 899 da CLT dispõe que os recursos trabalhistas devem ser interpostos por simples petição. Segundo entendimento pacífico da jurisprudência, no tratamento da necessidade de fundamentação dos recursos apresentados,

- A) o recurso deve ser fundamentado, visto que, na justiça do trabalho, exige-se que as razões ataquem os fundamentos da decisão recorrida.

- B) a fundamentação recursal será necessária somente se o pedido não delimitar com precisão o objeto da irresignação, impossibilitando compreender-se a controvérsia em toda sua extensão.

- C) não será necessária, ante a informalidade do processo trabalhista, a fundamentação dos recursos.

- D) apenas os recursos de natureza extraordinária, por expressa previsão constitucional, devem ser fundamentados, sob pena de não serem conhecidos.

A alternativa correta é a "A".

Trata-se do princípio da discursividade ou dialeticidade, onde os recursos devem ser fundamentados, nos termos do art. 514, inciso II do CPC.

Referido princípio é aplicável ao processo do trabalho, conforme já pacificou entendimento o TST através da Súmula n. 422.

Súmula n. 422 — RECURSO. APELO QUE NÃO ATACA OS FUNDAMENTOS DA DECISÃO RECORRIDA. NÃO CONHECIMENTO. ART. 514, II, do CPC (conversão da Orientação Jurisprudencial n. 90 da SBDI-2) — Res. 137/2005, DJ 22, 23 e 24.8.2005
Não se conhece de recurso para o TST, pela ausência do requisito de admissibilidade inscrito no art. 514, II, do CPC, quando as razões do recorrente não impugnam os fundamentos da decisão recorrida, nos termos em que fora proposta. *(ex-OJ n. 90 da SBDI-2 — inserida em 27.5.2002)*

Tal princípio deve ser observado em todos os recursos, pois visa em final análise garantir a contraditório. Por esse motivo, incorreta as demais alternativas.

---

72. No que concerne ao acordo homologado judicialmente, assinale a opção correta.

- A) O termo conciliatório transita em julgado na data da publicação da homologação judicial.

- B) O acordo homologado judicialmente tem força de decisão irrecorrível, salvo para a previdência social, quanto às contribuições que lhe forem devidas.

- C) Acordos judiciais não transitam em julgado, visto que podem sofrer alterações a qualquer tempo, conforme a vontade das partes.

- D) Cabe agravo de instrumento contra a decisão que homologa acordo.

A alternativa correta é a "B".

Trata-se do disposto no art. 831 da CLT: "A decisão será proferida depois de rejeitada pelas partes a proposta de conciliação. Parágrafo único: No caso de conciliação, o termo que for lavrado valerá como decisão irrecorrível, salvo para a Previdência Social quanto às contribuições que lhe forem devidas."

Ou seja, formulado acordo na Justiça do Trabalho, as partes deverão discriminar as verbas que serão pagas. Sobre as verbas indenizatórias não incide INSS. Da decisão que homologa o acordo apenas o INSS poderá recorrer. O recurso é o ordinário, no prazo de 16 dias.

Para as partes, referida decisão é irrecorrível, passível apenas de Ação Rescisória, conforme Súmula n. 259 do TST: "TERMO DE CONCILIAÇÃO. AÇÃO RESCISÓRIA. Só por ação rescisória é impugnável o termo de conciliação previsto no parágrafo único do art. 831 da CLT."

O prazo decadencial de 2 anos para propositura da ação rescisória conta-se imediatamente, conforme item V da Súmula n. 100 do TST: "V — O acordo homologado judicialmente tem força de decisão irrecorrível, na forma do art. 831 da CLT. Assim sendo, o termo conciliatório transita em julgado na data da sua homologação judicial. *(ex-OJ n. 104 da SBDI-2 — DJ 29.4.2003)*".

A alternativa "A" está errada, pois não contempla a exceção e, o trânsito em julgado se dá na data da homologação.

A alternativa "C" também está errado porque acordo homologado faz coisa julgada material, constituindo-se de título executivo judicial, conforme art. 876 da CLT: "As decisões passadas em julgado ou das quais não tenha havido recurso com efeito suspensivo; os acordos, quando não cumpridos; os termos de ajuste de conduta firmados perante o Ministério Público do Trabalho e os termos de conciliação firmados perante as Comissões de Conciliação Prévia serão executados pela forma estabelecida neste Capítulo."

Cumpre destacar também que a homologação do acordo é faculdade do juiz, conforme estabelece a Súmula n. 418 do TST: — A concessão de liminar ou a homologação de acordo constituem faculdade do juiz, inexistindo direito líquido e certo tutelável pela via do mandado de segurança.

De acordo com a CLT, dois são os momentos obrigatórios em que o juiz deve tentar a conciliação, quais sejam: 1) aberta a audiência (art. 846 CLT) e; 2) após razões finais (art. 850 CLT).

Por fim, a alternativa "D" está errada, pois (a) contra decisão que homologa acordo não cabe recurso para as partes; (b) apenas o INSS pode recorrer e o recurso é o ordinário e; (c) agravo de instrumento no processo do trabalho só é cabível em uma única hipótese, qual seja, em face das decisões que denegarem seguimento a recurso para instância superior (art. 897, alínea *b* da CLT).

---

73. No que se refere às nulidades no processo do trabalho, assinale a opção correta de acordo com a CLT.

☐ A) Tratando-se de nulidade fundada em incompetência de foro, serão considerados nulos os atos ordinatórios.

☐ B) O juiz ou tribunal que declarar a nulidade declarará os atos a que ela se estende.

☐ C) A nulidade será pronunciada quando for possível suprir-se a falta ou repetir-se o ato.

☐ D) Não haverá nulidade quando dos atos inquinados resultar manifesto prejuízo às partes litigantes.

A alternativa correta é a "B", que é exatamente os termos do art. 797 da CLT.

Art. 797. O juiz ou Tribunal que pronunciar a nulidade declarará os atos a que ela se estende.

As normas sobre nulidades estão previstas na CLT, na seção V do capítulo II (arts. 794 a 798).

Art. 794. Nos processos sujeitos à apreciação da Justiça do Trabalho só haverá nulidade quando resultar dos atos inquinados manifesto prejuízo às partes litigantes.

Art. 795. As nulidades não serão declaradas senão mediante provocação das partes, as quais deverão argui-las à primeira vez em que tiverem de falar em audiência ou nos autos.

§ 1º Deverá, entretanto, ser declarada *ex officio* a nulidade fundada em incompetência de foro. Nesse caso, serão considerados nulos os atos decisórios.

§ 2º O juiz ou Tribunal que se julgar incompetente determinará, na mesma ocasião, que se faça remessa do processo, com urgência, à autoridade competente, fundamentando sua decisão.

Art. 796. A nulidade não será pronunciada:

a) quando for possível suprir-se a falta ou repetir-se o ato;

b) quando arguida por quem lhe tiver dado causa.

Art. 797. O juiz ou Tribunal que pronunciar a nulidade declarará os atos a que ela se estende.

Art. 798. A nulidade do ato não prejudicará senão os posteriores que dele dependam ou sejam consequência.

Cinco são os princípios consagrados por referidos dispositivos: 1º) Princípio da Instrumentalidade das formas — também chamado de princípio da finalidade (art. 796, alínea *a*); 2º) Princípio do Prejuízo ou da Transcendência, onde não haverá nulidade sem prejuízo (art. 794); 3º) Princípio da convalidação ou da preclusão — as nulidades devem ser arguidas no primeiro momento que a parte deve falar nos autos (art. 795); 4º) Princípio da Economia Processual (796, alínea *a* e 797); 5º) Princípio do Interesse — a parte tem o ônus de demonstrar o manifesto prejuízo, mas só poderá arguir se não concorreu direta ou indiretamente para a ocorrência da irregularidade (art. 796, alínea *b*).

A alternativa "A" está incorreta, pois de acordo com o § 1º do art. 795 da CLT, em caso de incompetência de foro, serão considerados nulos os atos decisórios e não os ordinatórios.

A alternativa "C" é exatamente o contrário do disposto no art. 796, alínea *a* da CLT, pois as nulidade só serão pronunciados quando NÃO for possível suprir a falta ou repetir o ato, razão pela qual também incorreta.

A alternativa "D" também é exatamente o contrário do que dispõe o art. 794 da CLT, que consagra o princípio do prejuízo, razão pela qual incorreta.

---

74. Assinale a opção correta acerca do mandato.

☐ A) Configura-se a irregularidade de representação caso o substabelecimento seja anterior à outorga passada ao substabelecente.

☐ B) São inválidos os atos praticados pelo substabelecido se não houver, no mandato, poderes expressos para substabelecer.

☐ C) Considera-se inválido instrumento de mandato com prazo determinado e com cláusula que estabeleça a prevalência dos poderes para atuar até o final da demanda.

☐ D) Caso haja previsão, no mandato, de termo para sua juntada, o instrumento de mandato terá validade independentemente da data em que for juntado aos autos.

A *alternativa "A" está correta.*

Sobre esta questão, o TST editou a Súmula n. 395, cuja a alternativa correta é exatamente a hipótese contemplada pelo item IV da súmula.

> Súmula n. 395 — MANDATO E SUBSTABELECIMENTO. CONDIÇÕES DE VALIDADE (conversão das Orientações Jurisprudenciais ns. 108, 312, 313 e 330 da SBDI-1) — Res. 129/2005, DJ 20, 22 e 25.4.2005
> I — Válido é o instrumento de mandato com prazo determinado que contém cláusula estabelecendo a prevalência dos poderes para atuar até o final da demanda. *(ex-OJ n. 312 da SBDI-1 — DJ 11.8.2003)*
> II — Diante da existência de previsão, no mandato, fixando termo para sua juntada, o instrumento de mandato só tem validade se anexado ao processo dentro do aludido prazo. *(ex-OJ n. 313 da SBDI-1 — DJ 11.8.2003)*
> III — São válidos os atos praticados pelo substabelecido, ainda que não haja, no mandato, poderes expressos para substabelecer (art. 667, e parágrafos, do Código Civil de 2002). *(ex-OJ n. 108 da SBDI-1 — inserida em 1º.10.1997)*
> IV — Configura-se a irregularidade de representação se o substabelecimento é anterior à outorga passada ao substabelecente. *(ex-OJ n. 330 da SBDI-1 — DJ 9.12.2003)*

A alternativa "B" está incorreta, pois para substabelecer não é necessário poderes expressos para tal, assim é o entendimento do item III, da mesma súmula do TST

A alternativa "C" está incorreta, pois é totalmente válido o substabelecimento nos termos descritos, conforme o item I da Súmula n. 395 do TST.

A alternativa "D" está incorreta, pois caso haja termo, no mandato, este tem de ser respeitado, sob pena de invalidade do substabelecimento. Assim é o disposto no item II da mesma súmula.

---

75. Segundo grande parte da doutrina, prescrição consiste na perda do direito de ação pelo não exercício desse direito no prazo determinado por lei. A esse respeito, assinale a opção correta.

☐ A) No caso de ação ajuizada em razão do não recolhimento da contribuição para o FGTS, a prescrição é de trinta anos, respeitado o biênio posterior ao término do contrato de trabalho.

☐ B) A prescrição da pretensão relativa às parcelas remuneratórias não alcança o respectivo recolhimento da contribuição para o FGTS.

☐ C) Para ações em que se questionem créditos resultantes das relações empregatícias, prevê-se prazo prescricional de dois anos no curso da relação de emprego e de cinco anos após a extinção do contrato de trabalho.

☐ D) Para a ação em que se pleiteie apenas anotação da carteira de trabalho e previdência social, conta-se o prazo prescricional a partir da extinção do contrato de trabalho.

A *alternativa correta é a* "A".

> SUM-362 — FGTS. PRESCRIÇÃO (nova redação) — Res. 121/2003, DJ 19, 20 e 21.11.2003
> É trintenária a prescrição do direito de reclamar contra o não recolhimento da contribuição para o FGTS, observado o prazo de 2 (dois) anos após o término do contrato de trabalho.

A alternativa "B" está incorreta.

Se o empregador pagou a remuneração, mas não recolheu o FGTS, a prescrição é de 30 anos. Se o principal estiver prescrito, não se aplica o prazo de 30 anos.

Assim a Súmula n. 206, do TST:

SUM-206 — FGTS. INCIDÊNCIA SOBRE PARCELAS PRESCRITAS (nova redação) — Res. 121/2003, DJ 19, 20 e 21.11.2003
A prescrição da pretensão relativa às parcelas remuneratórias alcança o respectivo recolhimento da contribuição para o FGTS.

A alternativa "C" está incorreta.

Com efeito, o prazo será de dois anos para o empregado propor ação na Justiça do Trabalho, a contar da cessação do contrato de trabalho. Interposta a ação nesse prazo, o empregado poderá postular os direitos relativos aos últimos 5 (cinco) anos, a contar o ajuizamento da ação.

SUM-308 — PRESCRIÇÃO QUINQUENAL (incorporada a Orientação Jurisprudencial n. 204 da SBDI-1) — Res. 129/2005, DJ 20, 22 e 25.4.2005

I. Respeitado o biênio subsequente à cessação contratual, a prescrição da ação trabalhista concerne às pretensões imediatamente anteriores a cinco anos, contados da data do ajuizamento da reclamação e, não, às anteriores ao quinquênio da data da extinção do contrato. (ex-OJ n. 204 da SBDI-1 — inserida em 8.11.2000)

II. A norma constitucional que ampliou o prazo de prescrição da ação trabalhista para 5 (cinco) anos é de aplicação imediata e não atinge pretensões já alcançadas pela prescrição bienal quando da promulgação da CF/1988. (ex-Súmula n. 308 — Res. 6/1992, DJ 5.11.1992)

A alternativa "D" está incorreta.

SUM-64 — PRESCRIÇÃO (cancelada) — Res. 121/2003, DJ 19, 20 e 21.11.2003
A prescrição para reclamar contra anotação de carteira profissional, ou omissão desta, flui da data de cessação do contrato de trabalho.

OAB/CESPE NACIONAL
2009.3

76. Assinale a opção correta acerca da hipótese de alteração do contrato mediante transferência do empregado, consoante o que dispõe a CLT.

- [ ] A) É vedada a transferência do empregado na hipótese de extinção do estabelecimento em que ele trabalhar.

- [ ] B) Na hipótese de necessidade do serviço, o empregador poderá transferir o empregado para localidade diversa da que resultar do contrato, não sendo obrigado a pagar qualquer acréscimo salarial por isso.

- [ ] C) Via de regra, ao empregador é vedado transferir o empregado, sem a anuência deste, para localidade diversa da que resultar do contrato, não se considerando transferência a que não acarretar necessariamente a mudança do seu domicílio.

- [ ] D) As despesas resultantes da transferência, segundo regra geral, serão rateadas entre o empregado e o empregador.

A *alternativa correta é a "C"*.

A questão formulada diz respeito a alteração unilateral do contrato de trabalho.

A regra geral consagrada no art. 469 da CLT indica a impossibilidade de transferência sem a anuência do empregado.

> Art. 469 CLT. Ao empregador é vedado transferir o empregado, sem a sua anuência, para localidade diversa da que resultar do contrato, não se considerando transferência a que não acarretar necessariamente a mudança de seu domicílio.

De acordo com tal dispositivo, em regra a transferência é ILÍCITA.

Admite-se, contudo, quando o empregado passar a prestar serviços em local diverso do contratado e desde que acarrete a mudança de seu domicílio.

Entende-se domicílio como residência.

Em sendo ILÍCITA, o empregado poderá pleitear medida liminar, nos termos do art. 659, IX da CLT.

> § 1º do art. 469 da CLT — Não estão compreendidos na proibição deste artigo os empregados que exerçam cargos de confiança e aqueles cujos contratos tenham como condição, implícita ou explícita, a transferência, quando esta decorra de real necessidade de serviços.

Referido dispositivo trata da exceção, onde em duas hipóteses a transferência será lícita: 1) os empregados que exerçam cargo de confiança; e 2) os empregados cujos contratos tenham como condição, implícita ou explícita, a transferência, quando esta decorra de real necessidade de serviços.

Nestas hipóteses, é necessário "a real necessidade de serviços."

Será explícita quando inserida expressamente no contrato de trabalho e implícita quando decorrer da natureza da função. Ex: vendedores externos.

> Súmula n. 43 TST — Presume-se abusiva a transferência de que trata o § 1º do art. 469 da CLT, sem comprovação da necessidade de serviço.

> § 2º do art. 469 da CLT — É lícita a transferência quando ocorrer extinção do estabelecimento em que trabalhar o empregado.

Assim, errada a alternativa "A" que estabelece exatamente o contrário.

Equipara-se a extinção de estabelecimento o término da obra de construção civil.

> § 3º do art. 469 da CLT — Em caso de necessidade de serviço o empregador poderá transferir o empregado para localidade diversa da qual resultar do contrato, não obstante as restrições do artigo anterior, mas, nesse caso, ficará obrigado a um pagamento suplementar, nunca inferior a 25% (vinte e cinco por cento) dos salários que o empregado percebia naquela localidade, enquanto durar essa situação.

Trata-se de uma transferência provisória que também exige a "necessidade de serviço".

Em havendo transferência provisória, deverá ser pago adicional de 25%, enquanto durar a transferência.

Nas hipóteses dos §§ 1º e 2º também entende-se devido o adicional, desde que a transferência seja provisória. *(OJ n. 113 da SDI-I do TST)*.

> OJ n. 113 da SDI-I do TST — Adicional de transferência. Cargo de confiança ou previsão contratual de transferência. Devido. Desde que a transferência seja provisória. O fato de o empregado exercer cargo de confiança ou a existência de previsão de transferência no contrato de trabalho não exclui o direito ao adicional. O pressuposto legal apto a legitimar a percepção do mencionado adicional é a transferência provisória.

Assim, errada a alternativa "B".

Em se tratando de transferência solicitada pelo empregado, não há que se falar no adicional, pois não se trata de transferência unilateral. Isso também se verifica quando o empregado autoriza a transferência. Ex.: uma empresa anuncia oferecer a todos os empregados a possibilidade de transferência.

Por fim, estabelece o art. 470 CLT que "As despesas resultantes da transferência correrão por conta do empregador." Por esse motivo, errada a alternativa "D".

77. No que se refere às férias anuais dos trabalhadores, regulamentadas pela CLT, assinale a opção correta.

☐ A) O período das férias será computado, para todos os efeitos, como tempo de serviço.

☐ B) É possível descontar do período de férias as faltas do empregado ao serviço, desde que no limite máximo de dez faltas.

☐ C) Em nenhuma hipótese, o período de férias do trabalhador poderá ser fracionado.

☐ D) A definição do período de férias atende ao que melhor convenha aos interesses do empregado.

A alternativa correta é a "A".

Trata-se de uma das hipóteses de interrupção do contrato de trabalho, período no qual o empregado interrompe a prestação de serviço, mas permanece sendo remunerado.

O direito é garantido pelo art.130 da CLT, que assim dispõe:

> Art. 130. Todo o empregado terá direito anualmente ao gozo de um período de férias, sem prejuízo da remuneração.

O período das férias é contado como de serviço. Assim dispõe o § 2º do inciso IV, do art. 130 da CLT: "O período das férias será computado, para todos os efeitos, como tempo de serviço".

O direito às férias é adquirido após um ano de vigência do contrato e assim sucessivamente.

Registre-se, por oportuno, que as férias indenizadas não são computadas como tempo de serviço, somente as usufruídas.

Incorreta a alternativa "B".

As faltas não podem ser descontadas do período das férias, as quais são adquiridas em razão do tempo de serviço e não em razão das faltas cometidas.

Os dias de descanso são diminuídos em razão das faltas injustificadas ocorridos durante o período aquisitivo. Todavia, não poderá haver nenhum desconto na remuneração, a qual deverá corresponder ao período integral.

O que ocorre é uma restrição ao direito, no que diz respeito à duração das férias, consoante proporção disposta no art. 130 da CLT, conforme segue: até 5 faltas — 30 dias de férias; de 6 a 14 faltas — 24 dias de férias; de 15 a 23 faltas — 18 dias de férias e de 24 a 32 faltas — 12 dias de férias. Acima de 32 faltas, o empregado perde o direito a férias.

> Súmula n. 89 TST — FALTA AO SERVIÇO (mantida) — Res. 121/2003, DJ 19, 20 e 21.11.2003
>
> Se as faltas já são justificadas pela lei, consideram-se como ausências legais e não serão descontadas para o cálculo do período de férias.

Incorreta a alternativa "C".

A regra geral é que as férias sejam concedidas em um só período.

Todavia, as férias poderão ser fracionadas em dois períodos, um dos quais não inferior a 10 dias, sendo admitida somente em casos excepcionais.

> Art. 134. As férias serão concedidas por ato do empregador, em um só período, nos 12 (doze) meses subsequentes à data em que o empregado tiver adquirido o direito. (Redação dada pelo Decreto-lei n. 1.535, de 13.4.1977)
>
> § 1º Somente em casos excepcionais serão as férias concedidas em 2 (dois) períodos, um dos quais não poderá ser inferior a 10 (dez) dias corridos. (Incluído pelo Decreto-lei n. 1.535, de 13.4.1977)
>
> § 2º Aos menores de 18 (dezoito) anos e aos maiores de 50 (cinquenta) anos de idade, as férias serão sempre concedidas de uma só vez. (Incluído pelo Decreto-lei n. 1.535, de 13.4.1977)

Incorreta a alternativa "D".

Com efeito, as férias deverão ser concedidas pelo empregador anualmente, dentro do período concessivo, ou seja, nos doze meses seguintes ao período aquisitivo, no momento em que atenda aos seus interesses do empregador, cabendo-lhe fixar a data de gozo das férias.

> Art. 136. A época da concessão das férias será a que melhor consulte os interesses do empregador. *(Redação dada pelo Decreto-lei n. 1.535, de 13.4.1977)*
>
> § 1º Os membros de uma família, que trabalharem no mesmo estabelecimento ou empresa, terão direito a gozar férias no mesmo período, se assim o desejarem e se disto não resultar prejuízo para o serviço. *(Redação dada pelo Decreto-lei n. 1.535, de 13.4.1977)*
>
> § 2º O empregado estudante, menor de 18 (dezoito) anos, terá direito a fazer coincidir suas férias com as férias escolares. *(Redação dada pelo Decreto-lei n. 1.535, de 13.4.1977)*

---

78. Assinale a opção correta em relação à Comissão Interna de Prevenção de Acidentes (CIPA).

☐ A) Tanto os representantes do empregador quanto os dos empregados serão eleitos por escrutínio secreto.

☐ B) A estabilidade no emprego é garantida ao eleito para o cargo de direção da CIPA, desde o registro de sua candidatura até um ano após o final do mandato.

☐ C) Para que o empregado possa integrar a CIPA, é necessário que ele seja sindicalizado.

☐ D) O mandato do membro da CIPA é de dois anos, sendo admitida uma reeleição.

A alternativa correta é a "B".

Os empregados membros da CIPA (Comissões Internas de prevenção de acidentes), titulares e suplentes que exercem cargo de direção, são detentores de estabilidade no emprego, só podendo ser dispensados se cometerem falta grave, devidamente comprovada. A garantia inicia com o registro da candidatura até um ano após o final do mandato.

Assim dispõe o art. 165, da CLT:

...

> Os titulares da representação dos empregados nas CIPAs não poderão sofrer despedida arbitrária, entendendo-se como tal a que não se fundar em motivo disciplinar, técnico, econômico ou financeiro.
>
> Parágrafo único. Ocorrendo a despedida, caberá ao empregador, em caso de reclamação à Justiça do Trabalho, comprovar a existência de qualquer dos motivos mencionados neste artigo, sob pena de ser condenado a reintegrar o empregado.

Súmula n. 339 — CIPA. Suplente. Garantia de emprego. CF/1988. *(Res 39/1994, DJ 20.12.1994. Nova redação em decorrência da incorporação das Orientações Jurisprudenciais ns. 25 e 329 da SDI-1 — Res. 129/2005, DJ. 20.4.2005)*

I — O suplente da CIPA goza da garantia de emprego prevista no art. 10, II, a, do ADCT a partir da promulgação da Constituição Federal de 1988. *(ex-Súmula n. 339 — Res. 39/1994, DJ 20.12.1994 e ex-OJ n. 25 — Inserida em 29.3.1996)*

II — A estabilidade provisória do cipeiro não constitui vantagem pessoal, mas garantia para as atividades dos membros da CIPA, que somente tem razão de ser quando em atividade a empresa. Extinto o estabelecimento, não se verifica a despedida arbitrária, sendo impossível a reintegração e indevida a indenização do período estabilitário. *(ex-OJ n. 329 — DJ 9.12.2003)*

Súmula n. 399 — Estabilidade provisória. Ação trabalhista ajuizada após o término do período de garantia no emprego. Abuso do exercício do direito de ação. Não configuração. Indenização devida. *(DeJT 2.8.2010)*

O ajuizamento de ação trabalhista após decorrido o período de garantia de emprego não configura abuso do exercício do direito de ação, pois este está submetido apenas ao prazo prescricional inscrito no art. 7º, XXIX, da CF/1988, sendo devida a indenização desde a dispensa até a data do término do período estabilitário.

Súmula n. 676, STF — A garantia da estabilidade provisória prevista no art. 10, II, a, do Ato das Disposições Constitucionais Transitórias, também se aplica ao suplente do cargo de direção de Comissões Internas de Prevenção de Acidentes (CIPA). (DJ 9.10.2003)

OJ-SDI n. 26 — Ação rescisória. Cipeiro suplente. Estabilidade. ADCT da CF/88, art. 10, II, a. Súmula n. 83 do TST. (Inserida em 20.9.2000. Nova redação — Res. 137/2005, DJ 22.8.2005)

Rescinde-se o julgado que nega estabilidade a membro suplente de CIPA, representante de empregado, por ofensa ao art. 10, II, *a*, do ADCT da CF/88, ainda que se cuide de decisão anterior à Súmula n. 339 do TST. Incidência da Súmula n. 83 do TST.

Art. 10, da ADCT — "Até que seja promulgada a lei complementar a que se refere o art. 7º, I, da Constituição:

I — ...

II — fica vedada a dispensa arbitrária ou sem justa causa:

a) do empregado eleito para cargo de direção de comissões internas de prevenção de acidentes, desde o registro de sua candidatura até um ano após o final de seu mandato;

..."

A alternativa "A" está incorreta.

As Comissões Internas de Prevenção de Acidentes — CIPA é um dos órgãos de Segurança e Medicina do Trabalho das Empresas. É constituída de forma paritária, ou seja, com representantes dos trabalhadores e da empresa. Atuam na preservação da saúde do trabalhador.

Somente os representantes dos empregados, titulares e suplentes são eleitos em escrutínio secreto. Os representantes dos empregadores serão por eles designados.

Assim dispõe a CLT:

Art. 164. Cada CIPA será composta de representantes da empresa e dos empregados, de acordo com os critérios que vierem a ser adotados na regulamentação de que trata o parágrafo único do artigo anterior.

§ 1º Os representantes dos empregadores, titulares e suplentes, serão por eles designados.

§ 2º Os representantes dos empregados, titulares e suplentes, serão eleitos em escrutínio secreto, do qual participem, independentemente de filiação sindical, exclusivamente os empregados interessados.

A Comissão Interna de Prevenção de Acidentes deve ser constituída obrigatoriamente pelas empresas, em atendimento a **NR-5** — Comissão Interna de Prevenção de Acidentes da Portaria n. 3.214/78 do Ministério do Trabalho:

5.6 A CIPA será composta de representantes do empregador e dos empregados, de acordo com o dimensionamento previsto no Quadro I desta NR, ressalvadas as alterações disciplinadas em atos normativos para setores econômicos específicos. (205.004-8/I2)

5.6.1 Os representantes dos empregadores, titulares e suplentes, serão por eles designados.

A alternativa "C" está incorreta. Podem participar da eleição empregados interessados, independentemente de serem filiados ou não ao sindicato.

5.6.2 Os representantes dos empregados, titulares e suplentes, serão eleitos em escrutínio secreto, do qual participem, independentemente de filiação sindical, exclusivamente os empregados interessados. (205.005-6/I4)

A alternativa "D" está incorreta. O mandato será de um ano. Assim dispõe o § 3º, do art. 164, da CLT:

Art. 164. "Cada CIPA será composta de representantes da empresa e dos empregados, de acordo com os critérios que vierem a ser adotados na regulamentação de que trata o parágrafo único do artigo anterior".

§ 2º ...

§ 3º O mandato dos membros eleitos da CIPA terá a duração de 1 (um) ano, permitida uma reeleição.

No mesmo sentido a NR-5 — 5.7:

O mandato dos membros eleitos da CIPA terá a duração de um ano, permitida uma reeleição. (205.008-0/I2).

79. Na hipótese de a justiça do trabalho declarar nulo contrato de trabalho celebrado entre a administração pública e servidor público que não tenha sido previamente aprovado em concurso público, o empregado

☐ A) não terá direito a nenhuma verba, dado que o contrato foi declarado nulo.

☐ B) terá direito a férias proporcionais ou integrais, saldo de salário e 13º salário.

☐ C) fará jus ao pagamento da contraprestação pactuada em relação ao número de horas trabalhadas, respeitado o valor da hora do salário mínimo, e dos valores referentes ao depósito do FGTS.

☐ D) terá direito somente ao salário devido.

A alternativa correta é a "C".

A questão implica em nulidade do contrato de trabalho, cujos efeitos não são os mesmos da teoria civilista, eis que no direito laboral o que se protege é a força do trabalho já prestado e que não poderá ser restituído ao empregado.

A despeito da nulidade, fará jus ao pagamento dos valores pactuados e os referentes ao FGTS depositado.

Estabelece o inciso II, do art. 37 da Constituição Federal de 1988, a obrigatoriedade de realização de concurso público para investidura em cargos ou emprego público. O § 2º, do mesmo dispositivo constitucional, impõe a declaração de nulidade do ato na inobservância.

Súmula n. 363 do TST, assim dispõe sobre a contratação pela Administração Pública, sem o devido concurso:

> Súmula n. 363 — Contrato nulo. Efeitos. A contratação de serviço público, após a CF/1988, sem prévia aprovação em concurso público, encontra óbice no respectivo art. 37,II e § 2º somente lhe conferindo direito ao pagamento da contraprestação pactuada em relação ao número de horas trabalhadas, respeitado o valor da hora do salário mínimo e dos valores referentes aos depósitos do FGTS.

Em 2008, o TST editou a Orientação Jurisprudencial n. 366 da SDI-I, que estabelece: "... ainda que desvirtuada a finalidade do contrato de estágio celebrado na vigência da Constituição Federal de 1988, é inviável o reconhecimento do vínculo empregatício com ente da Administração Pública direta ou indireta, por força do art. 37, II, da CF/1988, bem como o deferimento de indenização pecuniária, exceto em relação às parcelas previstas na Súmula n. 363 do TST, se requeridas".

Na Súmula n. 363 o TST nada mais fez do que um juízo de ponderação. Diante de dois valores constitucionais (a vedação expressa do art. 37 e o trabalho prestado), o TST aplicou o princípio da proporcionalidade e determinou o pagamento apenas das horas trabalhadas acrescida de FGTS sem vínculo de empreIsto porque, o contrato de trabalho, como todo negócio jurídico, para ter validade é preciso observar os três elementos, quais sejam: 1) agente capaz; 2) objeto lícito e; 3) forma prescrita ou não defesa em lei.

Pois bem, o vínculo de emprego com administração público exige concurso público. Assim, o trabalho prestado sem concurso não gera vínculo de emprego.

80. Acerca de rescisão de contrato de trabalho, assinale a opção correta.

☐ A) Na hipótese de cumprimento do aviso-prévio, o pagamento das parcelas constantes do instrumento de rescisão ou recibo de quitação deverá ser efetuado até o primeiro dia útil imediato ao término do contrato.

☐ B) Qualquer compensação no pagamento da rescisão contratual não poderá exceder o valor equivalente a três meses de remuneração do empregado.

☐ C) Para os casos de rescisão do contrato de trabalho de empregado com mais de um ano de serviço, a lei exige a assistência do sindicato ou da autoridade do Ministério do Trabalho e Emprego para a validade do recibo de quitação, formalidade não exigida para o pedido de demissão.

☐ D) É eficaz a quitação genérica outorgada pelo empregado na rescisão contratual.

A alternativa correta é a "A". A rescisão do contrato de trabalho, torna-se efetiva depois de expirado o prazo de cumprimento do aviso-prévio. Assim dispõe o art. 489, da CLT.

Art. 489. Dado o aviso-prévio, a rescisão torna-se efetiva depois de expirado o respectivo prazo, mas, se a parte notificante reconsiderar o ato, antes de seu termo, à outra parte é facultado aceitar ou não a reconsideração.

Portanto, o contrato considera-se rescindido no último dia do cumprimento do aviso-prévio. Neste caso, o pagamento das verbas rescisórias deverá ser efetuado no primeiro dia útil imediato ao término do contrato.

Assim dispõe o § 6º, *a*, do art. 477, da CLT.

§ 6º O pagamento das parcelas constantes do instrumento de rescisão ou recibo de quitação deverá ser efetuado nos seguintes prazos: *(Incluído pela Lei n. 7.855, de 24.10.1989)*

a) até o primeiro dia útil imediato ao término do contrato;

A alternativa "B" está incorreta, eis que contraria o que dispõe o § 5º, do art. 477, da CLT, que assim estabelece:

§ 5º Qualquer compensação no pagamento de que trata o parágrafo anterior não poderá exceder o equivalente a um mês de remuneração do empregado. *(Redação dada pela Lei n. 5.584, de 26.6.1970)*

A compensação de valores já recebidos pelo empregado é permitida e está circunscrita às homologações e somente deverá abranger as parcelas de natureza salarial. Se o valor for superior a um mês, a compensação na rescisão somente poderá levar em consideração o valor e um mês de salário.

A alternativa "C" está incorreta. Estabelece o § 1º, do art. 477, da CLT:

§ 1º O pedido de demissão ou recibo de quitação de rescisão, do contrato de trabalho, firmado por empregado com mais de 1 (um) ano de serviço, só será válido quando feito com a assistência do respectivo Sindicato ou perante a autoridade do Ministério do Trabalho e Previdência Social. *(Redação dada pela Lei n. 5.584, de 26.6.1970)*

Não importa a forma em que se deu a rescisão, o recibo de quitação deve especificar a natureza e o valor das parcelas que estão sendo pagas.

SUM-330 — QUITAÇÃO. VALIDADE (mantida) — Res. 121/2003, DJ 19, 20 e 21.11.2003

A quitação passada pelo empregado, com assistência de entidade sindical de sua categoria, ao empregador, com observância dos requisitos exigidos nos parágrafos do art. 477 da CLT, tem eficácia liberatória em relação às parcelas expressamente consignadas no recibo, salvo se oposta ressalva expressa e especificada ao valor dado à parcela ou parcelas impugnadas.

I — A quitação não abrange parcelas não consignadas no recibo de quitação e, consequentemente, seus reflexos em outras parcelas, ainda que estas constem desse recibo.

II — Quanto a direitos que deveriam ter sido satisfeitos durante a vigência do contrato de trabalho, a quitação é válida em relação ao período expressamente consignado no recibo de quitação.

A alternativa "D" está incorreta. Assim dispõe o § 2º, do art. 477, da CLT:

§ 2º O instrumento de rescisão ou recibo de quitação, qualquer que seja a causa ou forma de dissolução do contrato, deve ter especificada a natureza de cada parcela paga ao empregado e discriminado o seu valor, sendo válida a quitação, apenas, relativamente às mesmas parcelas. *(Redação dada pela Lei n. 5.584, de 26.6.1970)*

O pagamento efetuado na rescisão quita as parcelas nele consignadas e não impede o trabalhador de reclamar eventual diferença na Justiça o Trabalho.

---

81. Assinale a opção correta no que se refere ao acordo intrajornada.

☐ A) A ausência de intervalo intrajornada acarreta apenas multa administrativa imposta pela fiscalização do trabalho.

☐ B) O intervalo de descanso será computado na duração do trabalho.

☐ C) O intervalo mínimo intrajornada pode ser transigido em acordo escrito ou contrato coletivo.

☐ D) Mediante acordo escrito ou contrato coletivo, a duração do intervalo intrajornada pode ser superior a duas horas.

A *alternativa correta é a "D"*.

A resposta está no *caput* do art. 71 da CLT.

Art. 71, da CLT — Em qualquer trabalho contínuo, cuja duração exceda de seis horas, é obrigatória a concessão de um intervalo de repouso ou alimentação, o qual será, no mínimo, de uma hora e, salvo acordo escrito ou contrato coletivo em contrário, não poderá exceder de duas horas.

Incorreta a alternativa "A". A inobservância do intervalo intrajornada, acarreta os efeitos previstos no § 4º do art. 71 da CLT.

Art. 71, § 4º CLT — Quando o intervalo para repouso e alimentação, previsto neste artigo, não for concedido pelo empregador, este ficará obrigado a remunerar o período correspondente com um acréscimo de no mínimo 50% sobre a remuneração da hora normal de trabalho.

Deverá ser pago o período de uma hora, independentemente do tempo que foi suprimido, conforme já pacificado pelo TST, por meio da OJ n. 307 da SDI-I.

OJ-SDI1-307 — INTERVALO INTRAJORNADA (PARA REPOUSO E ALIMENTAÇÃO). NÃO CONCESSÃO OU CONCESSÃO PARCIAL. LEI N. 8.923/94 (DJ 11.8.2003)

Após a edição da Lei n. 8.923/94, a não concessão total ou parcial do intervalo intrajornada mínimo, para repouso e alimentação, implica o pagamento total do período correspondente, com acréscimo de, no mínimo, 50% sobre o valor da remuneração da hora normal de trabalho (art. 71 da CLT).

Referida verba tem natureza salarial e não indenizatória, conforme entendimento consagrado pela OJ n. 354 da SDI-I do TST.

OJ-SDI1-354 — INTERVALO INTRAJORNADA. ART. 71, § 4º, DA CLT. NÃO CONCESSÃO OU REDUÇÃO. NATUREZA JURÍDICA SALARIAL (DJ 14.3.2008)

Possui natureza salarial a parcela prevista no art. 71, § 4º, da CLT, com redação introduzida pela Lei n. 8.923, de 27 de julho de 1994, quando não concedido ou reduzido pelo empregador o intervalo mínimo intrajornada para repouso e alimentação, repercutindo, assim, no cálculo de outras parcelas salariais.

Incorreta a alternativa "B", porquanto o intervalo de descanso não é computado na duração do trabalho, conforme preceitua o § 2º, do art. 71 da CLT.

> Art. 71, § 2º CLT — Os intervalos de descanso não serão computados na duração do trabalho.

Incorreta a alternativa "C" — O intervalo mínimo legal não pode ser alterado por norma coletiva, conforme já pacificado pelo TST por meio da OJ-SDI-I n. 342 da SDI-I.

> OJ n. 342 da SDI-I do TST — Intervalo intrajornada para repouso e alimentação. Não concessão ou redução. Previsão em norma coletiva. Invalidade. Exceção aos condutores de veículos rodoviários, empregados em empresas de transporte coletivo urbano.
> I — É inválida cláusula de acordo ou convenção coletiva de trabalho contemplando a supressão ou redução do intervalo intrajornada porque este constitui medida de higiene, saúde e segurança do trabalho, garantido por norma de ordem pública (art. 71 da CLT e art. 7º, XXII, da CF/1988), infenso à negociação coletiva.
> II — Ante a natureza do serviço e em virtude das condições especiais de trabalho a que são submetidos estritamente os condutores e cobradores de veículos rodoviários, empregados em empresas de transporte público coletivo urbano, é válida cláusula de acordo ou convenção coletiva de trabalho contemplando a redução do intervalo intrajornada, desde que garantida a redução da jornada para, no mínimo, sete horas diárias ou quarenta e duas semanais, não prorrogada, mantida a mesma remuneração e concedidos intervalos para descanso menores e fracionados ao final de cada viagem, não descontados da jornada.

---

82. A respeito das comissões de conciliação prévia, assinale a opção correta.

☐ A) O termo de conciliação é título executivo extrajudicial e terá eficácia liberatória geral, exceto quanto às parcelas expressamente ressalvadas.

☐ B) A ausência da empresa na data designada para a tentativa de conciliação prévia implica a penalidade de revelia.

☐ C) A provocação da comissão de conciliação prévia não suspende o prazo prescricional para a propositura da reclamação trabalhista.

☐ D) As comissões de conciliação prévia compõem a estrutura da justiça do trabalho.

A alternativa correta é a "A".

O termo de conciliação celebrado perante a CCP é título executivo extrajudicial e terá eficácia liberatória, que importa no poder dar quitação às parcelas pleiteadas para todos os efeitos legais, extinguindo o contrato de trabalho havido entre as partes. As parcelas que não fizeram parte do acordo, deverão ser objeto de ressalvas, a fim de possibilitar ao empregado, querendo, interpor ação trabalhista

A alternativa "B" está incorreta. As CCPs não tem poder judicante. Trata-se de uma instância administrativa, que poderá ou não ser buscada pelo empregado. Foram criadas como uma possibilidade a mais para a solução dos conflitos entre empregados e empregadores.

Frustrada a conciliação, o empregado deverá obter declaração assinada pelo membros da CCP, para fazer a prova da suspensão da prescrição. A ausência da reclamada ou a sua presença sem que o acordo seja viabilizado, importam no fornecimento da referida, nos termos do que dispõe o § 2º, do art. 625-D, da CLT, do seguinte teor:

> Não prosperando a conciliação, será fornecida ao empregado e ao empregador declaração da tentativa

conciliatória frustrada com a descrição de seu objeto, firmada pelos membros da Comissão, que deverá ser juntada à eventual reclamação trabalhista.

A alternativa "C" está incorreta. Com o ingresso na CCP, o prazo prescricional será suspenso pelo prazo de 10 dias, que é o prazo que a lei determina para a realização da sessão para a tentativa de conciliação.

Assim dispõem os artigos da CLT, abaixo transcritos:

> Art. 625-F. As Comissões de Conciliação Prévia têm prazo de dez dias para a realização da sessão de tentativa de conciliação a partir da provocação do interessado.
>
> Parágrafo único. Esgotado o prazo sem a realização da sessão, será fornecida, no último dia do prazo, a declaração a que se refere o § 2º do art. 625-D.
>
> Art. 625-G. O prazo prescricional será suspenso a partir da provocação da Comissão de Conciliação Prévia, recomeçando a fluir, pelo que lhe resta, a partir da tentativa frustrada de conciliação ou do esgotamento do prazo previsto no art. 625-F.

A alternativa "D" está incorreta. As Comissões de Conciliação Prévia não compõem a estrutura do judiciário. Trata-se de instância administrativa, não constituindo, pré-requisito para o ajuizamento de reclamação trabalhista.

83. Assinale a opção correta com referência aos recursos no processo do trabalho.

☐ A) O agravo de petição só será recebido quando o agravante delimitar, justificadamente, as matérias e os valores impugnados.

☐ B) Omissões e contradições podem ser questionadas por intermédio de embargos de declaração, que deverão ser opostos no prazo de oito dias, contados da publicação da sentença ou acórdão.

☐ C) As decisões proferidas pelos TRTs em processos de dissídios coletivos são irrecorríveis.

☐ D) Nos recursos de revista, assim como nos recursos especiais, o recorrente apenas poderá fundamentar a afronta a dispositivo de lei federal, cabendo ao STF a análise de afrontas à CF.

A alternativa correta é a "A".

Assim estabelece o § 1º do art. 897 da CLT:

> § 1º O agravo de petição só será recebido quando o agravante delimitar, justificadamente, as matérias e os valores impugnados, permitida a execução imediata da parte remanescente até o final, nos próprios autos ou por carta de sentença. *(Redação dada pela Lei n. 8.432, 11.6.1992)*

O erro contido na alternativa "B" se refere ao prazo, pois o prazo dos embargos é de 5 dias e não de 8 dias.

Também incorreta a alternativa "C" pois das decisões proferidas pelos Tribunais Regionais do Trabalho em dissídio coletivo (ação de competência originária do Tribunal) é cabível Recurso ordinário para o TST (art. 895, inciso II da CLT).

> Art. 895. Cabe recurso ordinário para a instância superior:
>
> I — das decisões definitivas ou terminativas das Varas e Juízos, no prazo de 8 (oito) dias; e *(Incluído pela Lei n. 11.925, de 2009)*

II — das decisões definitivas ou terminativas dos Tribunais Regionais, em processos de sua competência originária, no prazo de 8 (oito) dias, quer nos dissídios individuais, quer nos dissídios coletivos. *(Incluído pela Lei n. 11.925, de 2009)*

Por fim, incorreta a alternativa "D" pois o Recurso de Revista é cabível contra decisão que viole Lei Federal e a Constituição Federal. Da decisão da turma do TST, caberá recurso extraordinário para o Supremo Tribunal Federal em caso de violação da Constituição Federal.

---

84. Com relação ao princípio da inércia jurisdicional no âmbito da justiça do trabalho, assinale a opção correta.

☐ A) O juiz não pode promover, de ofício, a execução.

☐ B) Tratando-se de decisões dos tribunais regionais, a execução deverá ser promovida, necessariamente, pelo advogado da parte credora.

☐ C) A execução poderá ser promovida de ofício.

☐ D) A execução, no âmbito da justiça do trabalho, terá início somente quando a parte interessada requerer o cumprimento da sentença.

A alternativa correta é a "C".

A execução de ofício na Justiça do Trabalho está prevista no art. 878 da CLT.

Art. 878. A execução poderá ser promovida por qualquer interessado, ou *ex officio* pelo próprio Juiz ou Presidente ou Tribunal competente, nos termos do artigo anterior.

Parágrafo único. Quando se tratar de decisão dos Tribunais Regionais, a execução poderá ser promovida pela Procuradoria da Justiça do Trabalho.

Por esse motivo, incorreta as demais alternativas.

85. Assinale a opção correta acerca do procedimento sumaríssimo.

☐ A) Tal procedimento é aplicável aos dissídios individuais e coletivos, desde que o valor da causa não exceda quarenta vezes o salário mínimo vigente na data do seu ajuizamento.

☐ B) Estão excluídas desse tipo de procedimento as demandas em que seja parte a administração pública direta, autárquica, fundacional ou sociedade de economia mista.

☐ C) A ausência de pedido certo e determinado impõe, além do pagamento das custas sobre o valor da causa, o arquivamento da reclamação.

☐ D) No âmbito desse procedimento, não será possível a produção de prova técnica.

A alternativa correta é a "B".

O procedimento sumaríssimo foi instituído pela Lei n. 99.857/00, que acrescentou à CLT os arts. 852-A a 852-I.

Uma das características do procedimento sumaríssimo é que o pedido deverá ser certo ou determinado e indicar o valor correspondente, sob pena de arquivamento (art. 852-B, inciso I e § 1º CLT)

> Art. 852-B. Nas reclamações enquadradas no procedimento sumaríssimo:
> I — o pedido deverá ser certo ou determinado e indicará o valor correspondente;
> ...
> § 1º O não atendimento, pelo reclamante, do disposto nos incisos I e II deste artigo importará no arquivamento da reclamação e condenação ao pagamento de custas sobre o valor da causa.

Outras características do rito sumaríssimo:

1º) O procedimento sumaríssimo será observado nos dissídios individuais cujo valor não exceda a 40 vezes o salário mínimo, exceto nas ações em que é parte a Administração Pública direta, autárquica e fundacional. (art. 852-A CLT).

Desta forma, errada a alternativa "A", pois fala em dissídios individuais e coletivos, enquanto que o correto é apenas dissídios individuais.

Também errada a alternativa "B", pois incluiu as empresas de economia mista.

2º) máximo de duas testemunhas para cada parte (art. 852-H, § 2º CLT). Necessidade da comprovação do convite para ser deferida a intimação da audiência (art. 852-H, § 3º CLT).

3º) A audiência deverá ser designada no prazo máximo de 15 dias do ajuizamento da ação, podendo constar de pauta especial (art. 852-B, inciso III CLT);

4º) É dever da parte e dos advogados comunicar ao juízo as mudanças de endereço ocorridas durante o processo, reputando-se válidas as enviadas ao endereço antigo, na ausência de comunicação (art. 852-B, § 2º CLT);

5º) Prova técnica — manifestação das partes no prazo comum de 5 dias (art. 852-H, § 6º CLT);

Quando for necessário, poderá o juiz determinar a prova técnica (perícia), (art. 852-H, § 4º CLT). Por essa razão errada a alternativa "D".

6º) Em caso de necessidade do adiamento da audiência o prosseguimento deverá ocorrer no prazo máximo de 30 dias, salvo motivo relevante (art. 852-H, § 7º CLT);

7º) É dispensado o relatório da sentença e as partes serão intimadas na própria audiência (art. 852-I CLT);

8º) Não se fará citação por edital, incumbindo o autor a correta indicação do nome e endereço do reclamado, sob pena de arquivamento (art. 852-B, II CLT);

9º) O recurso de revista fica limitado a duas hipóteses, quais sejam: 1º) violação à Constituição Federal e; 2º) contrariedade à Súmula do TST. (art. 896, § 6º CLT)

86. No que diz respeito à exceção de suspeição, assinale a opção correta.

- A) Em razão do princípio do juiz natural, não cabe falar em suspeição do juiz na justiça do trabalho.

- B) Parentesco de terceiro grau civil, em relação à pessoa dos litigantes, não é motivo para o juiz dar-se por suspeito.

- C) A suspeição será admitida se do processo constar que o recusante deixou de alegá-la anteriormente, quando já a conhecia, ou que, depois de conhecida, aceitou o juiz recusado ou, finalmente, se procurou, de propósito, o motivo de que ela se originou.

- D) Das decisões sobre exceções de suspeição, salvo, quanto a estas, se terminativas do feito, não caberá recurso, podendo, no entanto, as partes alegá-las novamente no recurso que couber da decisão final.

A alternativa correta é a "D".

A decisão que julga exceção de suspeição é decisão interlocutória, portanto, irrecorrível de imediato (art. 893, § 1º CLT)

§ 1º Os incidentes do processo são resolvidos pelo próprio Juízo ou Tribunal, admitindo-se a apreciação do merecimento das decisões interlocutórias somente em recursos da decisão definitiva. *(Parágrafo único renumerado pelo Decreto-lei n. 8.737, de 19.1.1946)*

Se terminativa do feito, caberá Recurso Ordinário ao Tribunal (art. 895, inciso I da CLT), conforme determina o § 2º do art. 799 da CLT.

Art. 799. Nas causas da jurisdição da Justiça do Trabalho, somente podem ser opostas, com suspensão do feito, as exceções de suspeição ou incompetência. *(Redação dada pelo Decreto-lei n. 8.737, de 19.1.1946)*
§ 1º As demais exceções serão alegadas como matéria de defesa. *(Redação dada pelo Decreto-lei n. 8.737, de 19.1.1946)*
§ 2º Das decisões sobre exceções de suspeição e incompetência, salvo, quanto a estas, se terminativas do feito, não caberá recurso, podendo, no entanto, as partes alegá-las novamente no recurso que couber da decisão final. *(Redação dada pelo Decreto-lei n. 8.737, de 19.1.1946)*
Art. 895. Cabe recurso ordinário para a instância superior:
I — das decisões definitivas ou terminativas das Varas e Juízos, no prazo de 8 (oito) dias; e *(Incluído pela Lei n. 11.925, de 2009).*

A exceção de suspeição está prevista no art. 799 da CLT, razão pela qual incorreta a alternativa "A".

O art. 801 da CLT traz as hipóteses de suspeição.

Art. 801. O juiz, presidente ou vogal, é obrigado a dar-se por suspeito, e pode ser recusado, por algum dos seguintes motivos, em relação à pessoa dos litigantes:
a) inimizade pessoal;
b) amizade íntima;
c) parentesco por consanguinidade ou afinidade até o terceiro grau civil;
d) interesse particular na causa.
Parágrafo único. Se o recusante houver praticado algum ato pelo qual haja consentido na pessoa do juiz, não mais poderá alegar exceção de suspeição, salvo sobrevindo novo motivo. A suspeição não será também admitida, se do processo constar que o recusante deixou de alegá-la anteriormente, quando já a conhecia, ou que, depois de conhecida, aceitou o juiz recusado ou, finalmente, se procurou de propósito o motivo de que ela se originou.

Também admite-se a declaração de suspeição por motivo de for íntimo, conforme previsto no parágrafo único do art. 135 do CPC.

Art. 135. Reputa-se fundada a suspeição de parcialidade do juiz, quando:
I — amigo íntimo ou inimigo capital de qualquer das partes;

II — alguma das partes for credora ou devedora do juiz, de seu cônjuge ou de parentes destes, em linha reta ou na colateral até terceiro grau;
III — herdeiro presumido, donatário ou empregador de alguma das partes;
IV — receber dádivas antes ou depois de iniciado o processo; aconselhar alguma das partes acerca do objeto da causa, ou subministrar meios para atender às despesas do litígio;
V — interessado no julgamento da causa em favor de uma das partes.
Parágrafo único. Poderá ainda o juiz declarar-se suspeito por motivo íntimo.

A CLT não trata da exceção de impedimento, mas também é admitida no processo do trabalho. As hipóteses de impedimento estão no art. 134 do CPC.

Art. 134. É defeso ao juiz exercer as suas funções no processo contencioso ou voluntário:
I — de que for parte;
II — em que interveio como mandatário da parte, oficiou como perito, funcionou como órgão do Ministério Público, ou prestou depoimento como testemunha;
III — que conheceu em primeiro grau de jurisdição, tendo-lhe proferido sentença ou decisão;
IV — quando nele estiver postulando, como advogado da parte, o seu cônjuge ou qualquer parente seu, consanguíneo ou afim, em linha reta; ou na linha colateral até o segundo grau;
V — quando cônjuge, parente, consanguíneo ou afim, de alguma das partes, em linha reta ou, na colateral, até o terceiro grau;
VI — quando for órgão de direção ou de administração de pessoa jurídica, parte na causa.
Parágrafo único. No caso do n. IV, o impedimento só se verifica quando o advogado já estava exercendo o patrocínio da causa; é, porém, vedado ao advogado pleitear no processo, a fim de criar o impedimento do juiz.

Tanto na hipótese de suspeição, quanto na de impedimento, deverá ser observada os termos do art. 802 da CLT.

Art. 802. Apresentada a exceção de suspeição, o juiz ou Tribunal designará audiência dentro de 48 (quarenta e oito) horas, para instrução e julgamento da exceção.
§ 1º Nas Juntas de Conciliação e Julgamento e nos Tribunais Regionais, julgada procedente a exceção de suspeição, será logo convocado para a mesma audiência ou sessão, ou para a seguinte, o suplente do membro suspeito, o qual continuará a funcionar no feito até decisão final. Proceder-se-á da mesma maneira quando algum dos membros se declarar suspeito.
§ 2º Se se tratar de suspeição de Juiz de Direito, será este substituído na forma da organização judiciária local.

A alternativa "B" também está errada eis que parentesco de terceiro grau civil, em relação à pessoa dos litigantes, é motivo para o juiz dar-se por suspeito, nos termos da alínea c do art. 801 da CLT.

A suspeição deve ser arguida tão logo a parte tenha conhecimento do fato, sob pena de preclusão, o que torna incorreta a alternativa "C".

---

87. Se, em reclamação trabalhista de rito não sumaríssimo, o reclamante arrolar seis testemunhas para provar a realização de horas extras e o juiz indeferir o depoimento de três, essa decisão do juiz

◻ A) constituirá cerceamento de defesa, dada a possibilidade de a parte provar os fatos por todos os meios em direito admitidos.

◻ B) ferirá o ordenamento jurídico, haja vista a garantia, conferida pela norma trabalhista, de o reclamante arrolar até três testemunhas para cada fato.

◻ C) será correta, visto que cada uma das partes não pode indicar mais de três testemunhas, salvo quando se tratar de inquérito, caso em que esse número poderá ser elevado a seis.

◻ D) será incorreta, pois somente na hipótese de inquérito o número de testemunhas se limita a três.

A *alternativa correta é a "C"*.

Em se tratando de rito "não sumaríssimo" o número máximo de testemunhas é de 3 para cada parte, exceto no inquérito para apuração de falta grave, onde o número máximo de testemunhas é de 6. Em sendo rito sumaríssimo o máximo de testemunhas para cada parte é de duas para cada parte.

A reclamação trabalhista poderá tramitar por 3 procedimentos: ordinário, sumário e sumaríssimo.

O que distingue os procedimentos é o valor da causa. Rito ordinário para as ações de mais de 40 salários mínimos; sumário para as ações de até 2 salários mínimos e; sumaríssimo para as de até 40 salários mínimos.

Estão excluídas do rito sumaríssimo as demandas em que é parte a administração pública direta, autárquica e fundacional (parágrafo único art. 852-A CLT).

Assim está correta a decisão do juiz que indeferiu a oitiva de testemunhas, limitando a três.

O limite de testemunhas é para cada parte e não para cada fato, o que torna errada a alternativa "C".

No processo do trabalho as testemunhas comparecerão independentemente de intimação, ou seja, não há exigência de rol de testemunhas prévio. O não comparecimento implicará em adiamento da audiência e expedição de intimação judicial (art. 825 CLT). Em sendo procedimento sumaríssimo, o adiamento só ocorrerá se a parte comprovar o convite (852-H, § 3º CLT).

---

88. Assinale a opção correta no que diz respeito à interposição de recurso sob o rito sumaríssimo.

☐ A) Nas causas sujeitas ao procedimento sumaríssimo, somente será admitido recurso de revista por contrariedade a súmula de jurisprudência uniforme do Tribunal Superior do Trabalho.

☐ B) O recurso ordinário terá acórdão consistente unicamente na certidão de julgamento, com a indicação suficiente do processo e parte dispositiva, e das razões de decidir do voto prevalente; caso a sentença seja confirmada pelos próprios fundamentos, a certidão de julgamento, na qual se registra tal circunstância, servirá de acórdão.

☐ C) Em razão do princípio da celeridade, que norteia todo rito sumaríssimo, o prazo de interposição do recurso ordinário, em tal hipótese, é reduzido para cinco dias.

☐ D) O parecer do representante do MP, se necessário, deve ser escrito e apresentado na sessão de julgamento do recurso.

A alternativa correta é a "B".

O procedimento sumaríssimo foi instituído pela Lei n. 99.857/00, que acrescentou à CLT os arts. 852-A a 852-I.

No que tange ao Recurso Ordinário, referida lei também introduziu os §§ 1º e 2º no art. 895 da CLT, que assim dispõem:

Art. 895. Cabe recurso ordinário para a instância superior:

....

§ 1º Nas reclamações sujeitas ao procedimento sumaríssimo, o recurso ordinário:

I — (vetado).

II — será imediatamente distribuído, uma vez recebido no Tribunal, devendo o relator liberá-lo no prazo máximo de dez dias, e a Secretaria do Tribunal ou da Turma colocá-lo imediatamente em pauta para julgamento, sem revisor.

III — terá parecer oral do representante do Ministério Público presente à sessão de julgamento, se este entender necessário o parecer, com registro na certidão.

IV — terá acórdão consistente unicamente na certidão de julgamento, com a indicação suficiente do processo e parte dispositiva, e das razões de decidir do voto prevalente. Se a sentença for confirmada pelos próprios fundamentos, a certidão do julgamento, registrando tal circunstância, servirá de acórdão.

§ 2º Os Tribunais Regionais, divididos em Turmas, poderão designar Turma para o julgamento dos recursos ordinários interpostos das sentenças proferidas nas demandas sujeitas ao procedimento sumaríssimo.

A alternativa correta é exatamente o disposto no inciso IV acima transcrito.

A alternativa "A" está errada porque no rito sumaríssimo caberá recurso de revista em duas hipóteses: 1º) contrariedade á Súmula do TST e, 2º) violação da Constituição Federal.

OJ-SDI1-352 — PROCEDIMENTO SUMARÍSSIMO. RECURSO DE REVISTA FUNDAMENTADO EM CONTRARIEDADE A ORIENTAÇÃO JURISPRUDENCIAL. INADMISSIBILIDADE. ART. 896, § 6º, DA CLT, ACRESCENTADO PELA LEI N. 9.957, DE 12.1.2000 (DJ 25.4.2007)

Nas causas sujeitas ao procedimento sumaríssimo, não se admite recurso de revista por contrariedade à Orientação Jurisprudencial do Tribunal Superior do Trabalho (Livro II, Título II, Capítulo III, do RITST), por ausência de previsão no art. 896, § 6º, da CLT.

A alternativa "C" está errada, pois não há previsão legal alguma da redução do prazo para a interposição do Recurso Ordinário. Seja rito ordinário, seja sumário ou sumaríssimo, o prazo será de 8 dias.

A alternativa "D" contraria o disposto no inciso III do § 1º do art. 895 da CLT, razão pela qual também incorreta.

---

89. Um sindicato representante de empregados celetistas procedeu aos atos iniciais para realização do processo de eleição da diretoria, tendo sido escolhida, em assembleia, a comissão eleitoral, designada a data para a realização das eleições e definido o período de registro das chapas concorrentes. Após o registro e concedidos os prazos para a regularização de documentações, três chapas se apresentaram para concorrer ao pleito, contudo, a comissão eleitoral deferiu o registro de apenas duas delas. Nessa situação hipotética, caso exista o interesse de representantes da chapa cujo registro foi indeferido pela comissão eleitoral em ingressar com ação judicial para a obtenção do direito de participação no pleito eleitoral, eles devem ingressar com a competente ação na justiça

- A) comum estadual.
- B) do trabalho.
- C) comum federal.
- D) eleitoral.

A alternativa correta é a "B".

Trata-se de novidade trazida pela EC n. 45, que alterou a redação do art. 114 da CF.

Art. 114. Compete à Justiça do Trabalho processar e julgar:

III — as ações de representação sindical, entre sindicatos, entre sindicatos e trabalhadores e entre sindicatos e empregadores;

Referido inciso traz 4 hipóteses cuja a competência é da Justiça do Trabalho, a saber: (a) as ações de disputa sobre a representação sindical; (b) as ações entre sindicatos; (c) as ações entre sindicatos e trabalhadores e; (d) as ações entre sindicatos e empregadores.

É muito comum dois sindicatos litigarem sobre a representatividade de uma determinada região. Antes da EC n. 45 a Justiça do Trabalho só se manifestava incidentalmente quanto a tais questões, passando, após a emenda, a ter competência quanto ao mérito cujo o objeto é a representatividade.

Também será de competência da Justiça do Trabalho julgar as ações que tenham por objeto a controvérsia sobre contribuições confederativas ou assistencial ou sindical, seja aquela ajuizada pelo empregado, seja pelo empregador, seja pelo sindicato ou pelo Ministério Público do Trabalho.

As disputas sobre eleições sindicais, por força do mesmo dispositivo, também passaram a ser de competência da Justiça do Trabalho.

90. Assinale a opção correta no tocante aos embargos à execução e à sua impugnação na justiça do trabalho.

☐ A) Garantida a execução ou penhorados os bens, terá o executado oito dias para apresentar embargos à execução, cabendo igual prazo ao exequente para a respectiva impugnação.

☐ B) A matéria de defesa nos embargos à execução será restrita às alegações de cumprimento da decisão ou do acordo.

☐ C) Dado o princípio da celeridade, se, na defesa, tiverem sido arroladas testemunhas, é defeso ao juiz ou ao presidente do tribunal a oitiva das citadas testemunhas.

☐ D) Considera-se inexigível o título judicial fundado em lei ou o ato normativo declarados inconstitucionais pelo STF ou em aplicação ou interpretação consideradas incompatíveis com a CF.

A *alternativa correta é a "D"*.

É exatamente o teor do § 5º do art. 884 da CLT.

Art. 884. Garantida a execução ou penhorados os bens, terá o executado 5 (cinco) dias para apresentar embargos, cabendo igual prazo ao exequente para impugnação.
§ 1º A matéria de defesa será restrita às alegações de cumprimento da decisão ou do acordo, quitação ou prescrição da dívida.
§ 2º Se na defesa tiverem sido arroladas testemunhas, poderá o Juiz ou o Presidente do Tribunal, caso julgue necessários seus depoimentos, marcar audiência para a produção das provas, a qual deverá realizar-se dentro de 5 (cinco) dias.
§ 3º Somente nos embargos à penhora poderá o executado impugnar a sentença de liquidação, cabendo ao exequente igual direito e no mesmo prazo. *(Incluído pela Lei n. 2.244, de 23.6.1954)*
§ 4º Julgar-se-ão na mesma sentença os embargos e as impugnações à liquidação apresentadas pelos credores trabalhista e previdenciário. *(Redação dada pela Lei n. 10.035, de 25.10.2000)*
§ 5º Considera-se inexigível o título judicial fundado em lei ou ato normativo declarados inconstitucionais pelo Supremo Tribunal Federal ou em aplicação ou interpretação tidas por incompatíveis com a Constituição Federal. *(Incluído pela Medida provisória n. 2.180-35, de 2001)*

A alternativa "A" é incorreta pois o prazo dos embargos é de 5 dias após a garantia da execução, conforme *caput* do art. 884 da CLT.

A alternativa "B" é incorreta ao afirmar "será restrita", pois o § 1º do art. 884 da CLT permite outras hipóteses.

Por fim, incorreta a alternativa "C" pois o § 2º do art. 884 da CLT permite a oitiva de testemunhas, caso necessário.

OAB/CESPE NACIONAL
2010.1

91. Com relação às normas de proteção ao trabalho da mulher, inseridas na CLT, assinale a opção correta.

- A) Na admissão ao emprego, é facultado ao empregador exigir a testado ou exame para a comprovação de gravidez.

- B) Entre duas jornadas de trabalho, deve haver um intervalo de, no mínimo, doze horas consecutivas destinadas ao repouso.

- C) O trabalho noturno terá salário superior ao diurno, com percentual de acréscimo de, no mínimo, 25%.

- D) Em caso de prorrogação do horário normal de trabalho, é obrigatória a concessão de descanso de, no mínimo, quinze minutos antes do início do horário extraordinário do trabalho.

A *alternativa correta é a "D"*.

A CLT trata da proteção do trabalho da mulher nos arts. 372 a 401.

A duração do trabalho da mulher é igual a do homem, ou seja — 8 (oito) horas diárias e 44 horas semanais.

A mulher também pode prorrogar a jornada de trabalho, sem que haja nenhuma restrição na lei.

Não obstante, em havendo prorrogação do trabalho da mulher, será obrigatório um intervalo de 15 minutos, antes do início da jornada extraordinária.

Assim dispõe o art. 384, da CLT:

> Em caso de prorrogação do horário normal, será obrigatório um descanso de 15 (quinze) minutos no mínimo, antes do início do período extraordinário de trabalho.

Incorreta a alternativa "A".

A atitude do empregador é vedada por lei.

O art. 1º, da Lei n. 9.029/1995, cujas normas tratam de práticas discriminatórias no emprego, proíbe a exigência de atestados de gravidez e esterilização, para fins de admissão ou mesmo de permanência no emprego.

Esta regra deve ser adotada pelo empregador, constituindo crime a não observância, com pena de um a dois anos e multa. (art. 2º da Lei n. 9.029/1995)

Não obstante, a empresa, pode solicitar o exame no caso de dispensa da empregada, com o fim de se certificar se a dispensa pode ou não ser efetivada, uma vez constatada a gravidez, a relação de emprego deverá ser mantida.

Incorreta a alternativa "B". Os períodos de descanso interjornada, ou seja, entre duas jornadas é de 11 (onze) horas, no mínimo.

O art. 66 da CLT assegura ao trabalhador, seja homem ou mulher, um intervalo mínimo de 11 horas consecutivas, ao dispor: "Entre 2 (duas) jornadas de trabalho haverá um período mínimo de 11 (onze) horas consecutivas para descanso".

Incorreta a alternativa "C". Não há distinção entre o trabalho noturno do homem e o da mulher. Considera-se noturno o horário compreendido entre 22 e às 5 horas do dia seguinte. A hora equivale a 52 minutos e 30 segundos. Com relação ao percentual de acréscimo da remuneração, a CLT estabelece que será, no mínimo de 20%.

> Art. 73, da CLT: Salvo nos casos de revezamento semanal ou quinzenal, o trabalho noturno terá remuneração superior à do diurno e, para esse efeito, sua remuneração terá um acréscimo de 20% (vinte por cento), pelo menos, sobre a hora diurna.

Todavia, esse adicional poderá ser superior, se convencionado.

92. Com relação ao contrato de trabalho, assinale a opção correta.

☐ A) O empregado poderá deixar de comparecer ao serviço sem prejuízo do salário nos dias em que estiver comprovadamente realizando prova de exame vestibular para ingresso em estabelecimento de ensino superior.

☐ B) A suspensão do empregado por mais de quinze dias consecutivos importa na rescisão injusta do contrato de trabalho.

☐ C) Constitui justa causa para rescisão do contrato de trabalho pelo empregador a condenação criminal do empregado proferida pelo juiz de primeiro grau.

☐ D) Constitui motivo para alteração do contrato de trabalho pelo empregador o afastamento do empregado em virtude das exigências do serviço militar.

A alternativa correta é a "A".

Trata-se de uma das hipóteses de interrupção do contrato de trabalho, prevista no art. 473,VII, da CLT. Referido dispositivo estabelece 9 hipóteses de interrupção do contrato de trabalho, ou seja, onde o empregado poderá deixar de comparecer ao trabalho sem prejuízo do salário:

Assim dispõe referido dispositivo:

Art. 473. O empregado poderá deixar de comparecer ao serviço, sem prejuízo do salário:
I — até 2 (dois) dias consecutivos, em caso de falecimento do cônjuge, ascendente, descendente, irmão ou pessoa que, declarada em sua Carteira de Trabalho e Previdência Social, viva sob sua dependência econômica;

Também chamado de período de NOJO. Entende-se por ascendente pai, mãe, avó, avô, bisavô, bisavó e etc. ... A dependência econômica deve ser anotada na CTPS pelo INSS;

II — até 3 (três) dias consecutivos, em virtude de casamento;

Também chamado de período de GALA ou BODAS. É válido para casamento civil ou religioso.

III — por um dia, em caso de nascimento de filho, no decorrer da primeira semana;

Apesar da CLT falar em apenas um dia, fato é que a licença-paternidade é de 5, razão pela qual o prazo de ausência ao trabalho em caso de nascimento de filho é de 5 dias e não apenas de um.

IV — por um dia, em cada 12 (doze) meses de trabalho, em caso de doação voluntária de sangue devidamente comprovada;

Os 12 meses serão contados pelo contrato de trabalho e não pela última doação

V — até 2 (dois) dias consecutivos ou não, para o fim de se alistar eleitor, nos termos da lei respectiva;

Art. 48 da Lei n. 4.737/65 — estabelece que o empregado deverá comunicar o empregador com prazo de 48 horas de antecedência.

VI — no período de tempo em que tiver de cumprir as exigências do Serviço Militar referidas na letra *c* do art. 65 da Lei n. 4.375, de 17 de agosto de 1964 (Lei do Serviço Militar);

VII — nos dias em que estiver comprovadamente realizando provas de exame vestibular no ingresso em estabelecimento de ensino superior;

VIII — pelo tempo que se fizer necessário, quando tiver que comparecer em juízo;

IX — pelo tempo que se fizer necessário, quando, na qualidade de representante de entidade sindical, estiver participando de reunião oficial de organismo internacional do eu o Brasil seja membro.

Além das hipóteses do art. 473 da CLT, podemos citar: 1 — o professor, no decurso de 9 dias, decorrentes de gala ou luto em consequência de falecimento de pai, mãe, filho ou cônjuge. (§ 3º do art. 320 da CLT); 2 — atestado médico — deverá ser atestado por médico da empresa, de convênio médico firmado pela empresa ou de médico da previdência social, nesta ordem. § 4º do art. 60 da Lei

n. 8.213/91, Súmula 15 e 282 do TST; 3 — § 6º do art. 3º da Lei n. 8.213/91 — o representante dos trabalhadores em atividade terá sua ausência justificada, computando-se como jornada efetivamente trabalhada para todos os fins e efeitos legais, para participação nas reuniões do Conselho Nacional de Previdência Social; 4 — Prisão preventiva, quando for impronunciado ou absolvido; 5 — Trabalho eleitoral — dobro dos dias de convocação (art. 98 da Lei n. 9.504/97).

Em relação a alternativa "B", registre-se que será considerado rescisão injusta do contrato de trabalho, quando a suspensão do empregado for por mais de 30 (trinta) dias (art. 474 CLT), razão pela qual incorreta a resposta.

A suspensão por 15 dias é perfeitamente válida, desde que guarde proporcionalidade com a falta cometida.

Com respeito a alternativa "C", consigne-se que a condenação criminal não constitui justa causa para a rescisão do contrato de trabalho enquanto não ocorrer o trânsito em julgado da decisão, sem que tenha havido a suspensão da execução da pena (art. 482, alínea *d* CLT).

Por fim, com relação ao período em que o empregado estiver afastado em virtude do cumprimento das exigências do serviço militar, não é motivo para alteração do contrato de trabalho, mas sim, de interrupção.

---

93. Considerando o disposto na CLT a respeito do aviso-prévio, assinale a opção correta.

☐ A) O aviso-prévio é exigido somente do empregado, pois o empregador pode rescindir o contrato livremente, arguindo a subordinação existente na relação de emprego.

☐ B) O período de aviso-prévio não integra o tempo de serviço para os devidos efeitos legais.

☐ C) O valor das horas extraordinárias habituais integra o aviso-prévio indenizado.

☐ D) Na despedida indireta, é incabível o aviso-prévio.

A alternativa "C" está correta. Assim dispõe o § 5º, do art. 487, da CLT:

§ 5º O valor das horas extraordinárias habituais integra o aviso-prévio indenizado. (Parágrafo incluído pela Lei n. 10.218, de 11.4.2001)

A alternativa "A" está incorreta. Com efeito, o aviso-prévio corresponde a comunicação em que empregado e empregador denunciam a intenção de romper o contrato dentro de determinado prazo. Consiste, portanto em uma obrigação das partes, e não apenas do empregado, nos contratos por prazo indeterminado.

Assim dispõe o art. 487, da CLT:

Art. 487. Não havendo prazo estipulado, a parte que, sem justo motivo, quiser rescindir o contrato deverá avisar a outra da sua resolução com a antecedência mínima de:

I — oito dias, se o pagamento for efetuado por semana ou tempo inferior; *(Redação dada pela Lei n. 1.530, de 26.12.1951)*

II — trinta dias aos que perceberem por quinzena ou mês, ou que tenham mais de 12 (doze) meses de serviço na empresa. *(Redação dada pela Lei n. 1.530, de 26.12.1951)*

§ 1º A falta do aviso-prévio por parte do empregador dá ao empregado o direito aos salários correspondentes ao prazo do aviso, garantida sempre a integração desse período no seu tempo de serviço.

§ 2º A falta de aviso-prévio por parte do empregado dá ao empregador o direito de descontar os salários correspondentes ao prazo respectivo.

§ 3º Em se tratando de salário pago na base de tarefa, o cálculo, para os efeitos dos parágrafos anteriores, será feito de acordo com a média dos últimos 12 (doze) meses de serviço.

§ 4º É devido o aviso-prévio na despedida indireta. *(Parágrafo incluído pela Lei n. 7.108, de 5.7.1983)*

§ 5º O valor das horas extraordinárias habituais integra o aviso-prévio indenizado. *(Parágrafo incluído pela Lei n. 10.218, de 11.4.2001)*

§ 6º O reajustamento salarial coletivo, determinado no curso do aviso-prévio, beneficia o empregado pré-avisado da despedida, mesmo que tenha recebido antecipadamente os salários correspondentes ao período do aviso, que integra seu tempo de serviço para todos os efeitos legais. *(Parágrafo incluído pela Lei n. 10.218, de 11.4.2001)*

A alternativa "B" está incorreta. O período do aviso-prévio integra o tempo de serviço do empregado para todos os efeitos. Assim dispõem os §§ 1º e 6º, do art. 487, da CLT:

§ 1º A falta do aviso-prévio por parte do empregador dá ao empregado o direito aos salários correspondentes ao prazo do aviso, **garantida sempre a integração desse período no seu tempo de serviço.**

...

§ 6º O reajustamento salarial coletivo, determinado no curso do aviso-prévio, beneficia o empregado pré-avisado da despedida, mesmo que tenha recebido antecipadamente os salários correspondentes ao período do aviso, que integra seu tempo de serviço para todos os efeitos legais. *(Parágrafo incluído pela Lei n. 10.218, de 11.4.2001)*

SUM-305 — FUNDO DE GARANTIA DO TEMPO DE SERVIÇO. INCIDÊNCIA SOBRE O AVISO-PRÉVIO (mantida) — Res. 121/2003, DJ 19, 20 e 21.11.2003. O pagamento relativo ao período de aviso-prévio, trabalhado ou não, está sujeito a contribuição para o FGTS.

OJ-SDI1-82 — AVISO-PRÉVIO. BAIXA NA CTPS. Inserida em 28.4.97

A data de saída a ser anotada na CTPS deve corresponder à do término do prazo do aviso-prévio, ainda que indenizado.

A alternativa "D" está incorreta, uma vez que contraria o disposto no § 4º, do art. 487, da CLT:

§ 4º É devido o aviso-prévio na despedida indireta. *(Parágrafo incluído pela Lei n. 7.108, de 5.7.1983)*

---

94. Assinale a opção correta relativamente à resposta do reclamado.

☐ A) De acordo com a CLT, o fato de o juiz ter parentesco por consanguinidade ou afinidade até o terceiro grau civil em relação à pessoa dos litigantes é causa de suspeição, devendo ser questionada, via exceção, no caso de não pronunciamento pelo próprio magistrado.

☐ B) A perempção, a conexão e a falta de caução ou de outra prestação, que a lei exige como preliminar, podem ser alegadas quando da discussão de mérito.

☐ C) Cabe ao reclamado manifestar-se precisamente sobre os fatos narrados na petição inicial, presumindo-se verdadeiros os fatos não impugnados, ainda que em contradição com a defesa, considerada em seu conjunto.

☐ D) Quando forem notificados para a ação vários reclamados, com diferentes procuradores, o prazo para a contestação será contado em dobro.

A *alternativa correta é a* "A".

A questão encontra previsão legal no art. 801 da CLT: "O juiz, presidente ou vogal, é obrigado a dar-se por suspeito, e pode ser recusado, por alguns dos seguintes motivos, em relação à pessoa dos litigantes: a) inimizade pessoal; b) amizade íntima; c) parentesco por consanguinidade ou afinidade até o terceiro grau civil; d) interesse particular na causa."

Ainda, estabelece o parágrafo único do mesmo dispositivo: "Se o recusante houver praticado algum ato pela qual haja consentido na pessoa do juiz, não mais poderá alegar exceção de suspeição, salvo sobrevindo novo motivo. A suspeição não será também admitida, se do processo constar que o recusante deixou de alegá-la anteriormente, quando já a conhecia, ou que, depois de conhecida, aceitou o juiz recusado ou, finalmente, se procurou de propósito o motivo de que ela se originou."

Apresentada exceção de suspeição, será designada nova audiência dentro do prazo de 48 horas. (art. 802 CLT).

A CLT não fala em exceção de impedimento, mas tão somente em suspeição (arts. 801 e 802) e incompetência (art. 800).

Entretanto, admite-se também exceção de impedimento na Justiça do Trabalho. As hipóteses estão elencadas no art. 134 do CPC, a seguir transcrito:

> Art. 134. É defeso ao juiz exercer as funções no processo contencioso ou voluntário:
> I — de que for parte;
> II — em que interveio como mandatário da parte, oficiou como perito, funcionou como órgão do Ministério Público, ou prestou depoimento como testemunha;
> III — que conheceu em primeiro grau de jurisdição, tendo-lhe proferido sentença ou decisão;
> IV — quando nele estiver postulando, como advogado da parte, o seu cônjuge ou qualquer parente seu, consanguíneo ou afim, em linha reta; ou na linha colateral até o segundo grau;
> V — quando cônjuge, parente, consaguíneo ou afim, de alguma das partes, em linha reta ou, na colateral, até o terceiro grau.
> VI — quando for órgão de direção ou de administração de pessoa jurídica, parte na causa;
> Parágrafo único. No caso do n. IV, o impedimento só se verifica quando o advogado já estava exercendo o patrocínio da causa; é, porém, vedado ao advogado pleitear no processo, a fim de criar o impedimento do juiz.

A alternativa "B" está errada por se tratar de questões que devem ser alegadas em preliminar de defesa. São hipóteses de extinção do feito sem resolução do mérito, previstas no art. 301 do CPC.

A alternativa "C" também está errada. A primeira parte está correta. O que a torna errada é a parte final, pois é uma das ressalvas previstas no art. 302 do CPC, mais precisamente o inciso III.

Estabelece o art. 302 do CPC:

> Art. 302. Cabe também ao réu manifestar-se precisamente sobre os fatos narrados na petição inicial. Presumem-se verdadeiros os fatos não impugnados, salvo:
> I — se não for admissível, a seu respeito, a confissão;
> II — se a petição inicial não estiver acompanhada do instrumento público que a lei considerar da substância do ato;
> III — se estiverem em contradição com a defesa, considerada em seu conjunto.
> Parágrafo único. Esta regra, quanto ao ônus da impugnação específica dos fatos, não se aplica ao advogado dativo, ao curador especial e ao órgão do Ministério Público.

Por fim, a alternativa "D" também está errada pois estampa o disposto no art. 191 do CPC: "Quando os litisconsortes tiverem diferentes procuradores, ser-lhes-ão contados em dobro os prazos para contestar, para recorrer e, de modo geral, para falar nos autos."

Contudo, referido dispositivo não se aplica ao processo do trabalho, conforme entendimento pacificado pelo TST, através da OJ n. 310 da SDI-I — "LITISCONSORTES. PROCURADORES DISTINTOS. PRAZO EM DOBRO. ART. 191 DO CPC. INAPLICÁVEL AO PROCESSO DO TRABALHO (DJ 11.8.2003). A regra contida no art. 191 do CPC é inaplicável ao processo do trabalho, em decorrência da sua incompatibilidade com o princípio da celeridade inerente ao processo trabalhista."

95. Os requisitos necessários à caracterização do vínculo de emprego abrangem

☐ A) subordinação, não eventualidade, onerosidade e pessoalidade.

☐ B) dependência econômica, continuidade, subordinação e alteridade.

☐ C) onerosidade, exclusividade, subordinação jurídica e alteridade.

☐ D) eventualidade, pessoalidade, onerosidade e subordinação jurídica.

A alternativa correta é a "A".

Inicialmente cumpre ressaltar que o vínculo de emprego regula o trabalho existente entre empregado e empregador, diferentemente da relação de trabalho que se estabelece quando há prestação de serviço por trabalhador autônomo ou eventual.

Assim temos que, nem todo o trabalhador é empregado.

Dispõe o art. 3º da CLT: "Considera-se empregado toda a pessoa física que prestar serviços de natureza não eventual a empregador, sob a dependência deste e mediante salário".

Assim sendo, para que uma relação de emprego exista há a necessidade do preenchimento dos requisitos elencados na alternativa "A", quais sejam:

Subordinação — caracterizada pela dependência do empregado ao empregador, ou seja, decorre do poder de comando do empregador, que se traduz na subordinação hierárquica.

Não eventualidade — a prestação dos serviços há que ser contínua e, não eventual, exercida com habitualidade, com frequência.

Onerosidade — o trabalho há que ser remunerado. Não há vínculo de emprego voluntário, gratuito.

Pessoalidade — os serviços devem ser prestador por pessoa física (atividade personalíssima). A relação de emprego será sempre *intuitu personae*, na medida em que não poderá em nenhuma hipótese ser substituído por outra pessoa.

Registre-se, por oportuno, que os requisitos do vínculo de emprego são cumulativos, ou seja, faltando um dos requisitos, o vínculo de emprego é descaracterizado.

A alternativa "B" é descartada por mencionar "dependência econômica". Apesar de o art. 3º da CLT mencionar "sob dependência" fato é que não se trata de dependência econômica, mas sim subordinação jurídica. A simples subordinação econômica é insuficiente para caracterizar a relação empregatícia. Ainda na alternativa "B", o requisito "continuidade" aparece apenas na lei que trata do doméstico. E, parte da doutrina entende que há diferença técnica entre "continuidade" e "não eventualidade", o que também afastaria tal alternativa como a correta.

A alternativa "C" é incorreta por utilizar o requisito "exclusividade", pois não é elemento fático-jurídico da relação de emprego. Um mesmo empregado pode ter mais de um contrato de emprego. O requisito alteridade, que significa que a atividade exercida corre por conta e risco do empregador, pode também ser considerado um elemento fático-jurídico da relação de emprego, por encontrar-se no art. 2º da CLT.

A alternativa "D" também é incorreta por mencionar "eventualidade", pois o correto é "não eventualidade".

96. Fábio, empregado da empresa Transportar Ltda., firmou, com seu empregador, acordo escrito em que ficou estabelecido que o excesso de horas trabalhadas em um dia seria compensado pela correspondente diminuição em outro dia, sem acréscimo salarial. Considerando essa situação hipotética, assinale a opção correta.

☐ A) Fábio pode trabalhar onze horas diárias durante uma semana a título de compensação na semana seguinte.

☐ B) Caso Fábio preste horas extras habituais, o acordo de compensação de jornada restará descaracterizado.

☐ C) Não havendo a compensação dentro do período de um ano, Fábio terá direito ao pagamento das horas trabalhadas em excesso acrescidas do adicional de 50%.

☐ D) Independentemente de a compensação de jornada relativa à categoria profissional de Fábio ser expressamente proibida em norma coletiva, o acordo de compensação realizado entre as partes será válido, conforme entendimento jurisprudencial consolidado do Tribunal Superior do Trabalho.

A alternativa correta é a "B".

O acordo individual de compensação de horas é possível, conforme estabelece o art. 7º inciso XIII da Constituição Federal. Ou seja, o empregador e o empregado podem estabelecer jornada superior a 8 horas diárias, desde que não ultrapasse a 44 horas na semana e ao limite de 10 horas diárias.

O mais comum é o empregado trabalhar 9 horas de segunda a quinta, 8 horas na sexta, compensar o sábado e usufruir do descanso semanal no domingo. Esta jornada é perfeitamente válida desde que prevista em acordo individual, acordo coletivo ou convenção coletiva de trabalho.

> Art. 7º, XIII da CF — duração normal de trabalho não superior a oito horas diárias e quarenta e quatro semanais, facultada a compensação de horários e a redução da jornada, mediante acordo ou convenção coletiva de trabalho.

Entretanto, as horas extras habituais, o que se traduz em descumprimento do acordo de compensação é causa de descaracterização do acordo, razão pela qual a alternativa B está correta. Trata-se da redação do item IV da Súmula n. 85 do TST.

> SUM-85 — COMPENSAÇÃO DE JORNADA (inserido o item V) — Res. 174/2011, DEJT divulgado em 27, 30 e 31.5.2011 I. A compensação de jornada de trabalho deve ser ajustada por acordo individual escrito, acordo coletivo ou convenção coletiva. *(ex-Súmula n. 85 — primeira parte — alterada pela Res. 121/2003, DJ 21.11.2003)*
> II. O acordo individual para compensação de horas é válido, salvo se houver norma coletiva em sentido contrário. *(ex-OJ n. 182 da SBDI-1 — inserida em 8.11.2000)*
> III. O mero não atendimento das exigências legais para a compensação de jornada, inclusive quando encetada mediante acordo tácito, não implica a repetição do pagamento das horas excedentes à jornada normal diária, se não dilatada a jornada máxima semanal, sendo devido apenas o respectivo adicional. *(ex-Súmula n. 85 — segunda parte — alterada pela Res. 121/2003, DJ 21.11.2003)*
> IV. A prestação de horas extras habituais descaracteriza o acordo de compensação de jornada. Nesta hipótese, as horas que ultrapassarem a jornada semanal normal deverão ser pagas como horas extraordinárias e, quanto àquelas destinadas à compensação, deverá ser pago a mais apenas o adicional por trabalho extraordinário. *(ex-OJ n. 220 da SBDI-1 — inserida em 20.6.2001)*
> V — As disposições contidas nesta súmula não se aplicam ao regime compensatório na modalidade "banco de horas", que somente pode ser instituído por negociação coletiva".

Incorreta a alternativa "A", pois o limite diário é de 10 horas.

> Art. 59 CLT — A duração normal do trabalho poderá ser acrescida de horas suplementares, em número

não excedente de duas, mediante acordo escrito entre empregador e empregado, ou mediante contrato coletivo de trabalho.

Incorreta a alternativa "C". A compensação anual só é possível em se tratando de banco de horas, previsto no art. 59, § 2º da CLT, que não é a presente hipótese.

> Art. 59, § 2º CLT — Poderá ser dispensado o acréscimo de salário se, por força de acordo ou convenção coletiva de trabalho, o excesso de horas em um dia for compensado pela correspondente diminuição em outro dia, de maneira que não exceda, no período máximo de um ano, à soma das jornadas semanais de trabalho previstas, nem seja ultrapassado o limite máximo de dez horas diárias.

Incorreta a alternativa "D", pois de acordo com o item II da Súmula n. 85 do TST, acima transcrito, o acordo individual terá validade, desde que não haja proibição em norma coletiva.

Ainda sobre compensação de jornada, segue abaixo os seguintes entendimentos do Tribunal Superior do Trabalho:

> SUM-349 — ACORDO DE COMPENSAÇÃO DE HORÁRIO EM ATIVIDADE INSALUBRE, CELEBRADO POR ACORDO COLETIVO. VALIDADE (mantida) — Res. 121/2003, DJ 19, 20 e 21.11.2003.
> A validade de acordo coletivo ou convenção coletiva de compensação de jornada de trabalho em atividade insalubre prescinde da inspeção prévia da autoridade competente em matéria de higiene do trabalho (art. 7º, XIII, da CF/1988; art. 60 da CLT). *(Cancelada pela Resolução n. 175/11)*
>
> SUM-376 — HORAS EXTRAS. LIMITAÇÃO. ART. 59 DA CLT. REFLEXOS (conversão das Orientações Jurisprudenciais ns. 89 e 117 da SBDI-1) — Res. 129/2005, DJ 20, 22 e 25.4.2005
> I — A limitação legal da jornada suplementar a duas horas diárias não exime o empregador de pagar todas as horas trabalhadas. *(ex-OJ n. 117 da SBDI-1 — inserida em 20.11.1997)*
> II — O valor das horas extras habitualmente prestadas integra o cálculo dos haveres trabalhistas, independentemente da limitação prevista no *"caput"* do art. 59 da CLT. *(ex-OJ n. 89 da SBDI-1 — inserida em 28.4.1997)*
>
> OJ-SDI1-323 — ACORDO DE COMPENSAÇÃO DE JORNADA. "SEMANA ESPANHOLA". VALIDADE (DJ 9.12.2003)
> É válido o sistema de compensação de horário quando a jornada adotada é a denominada "semana espanhola", que alterna a prestação de 48 horas em uma semana e 40 horas em outra, não violando os arts. 59, § 2º, da CLT e 7º, XIII, da CF/1988 o seu ajuste mediante acordo ou convenção coletiva de trabalho.

---

97. Paula firmou contrato de trabalho, por prazo indeterminado, com uma empresa, onde trabalhou pelo período de três anos. Em 10.10.2008, foi sumariamente demitida, sem justa causa e sem receber qualquer valor rescisório ou indenizatório, embora estivesse com dois meses de gestação. Em face dessa situação hipotética, assinale a opção correta.

- [ ] A) Caso ajuíze reclamatória trabalhista no último dia do prazo prescricional, Paula terá direito tão somente aos salários e demais direitos correspondentes ao período de estabilidade garantido à gestante.

- [ ] B) Se for ajuizada reclamatória após o período da estabilidade garantido à gestante, Paula não terá direito a qualquer efeito jurídico referente à estabilidade.

- [ ] C) Caso Paula não tenha informado ao empregador, na data da demissão, o seu estado gestacional, ela não fará jus a qualquer indenização decorrente da estabilidade garantida à gestante.

- [ ] D) Se ajuizar reclamatória trabalhista até o último dia do prazo prescricional, Paula terá garantido o direito de reintegração ao emprego.

A alternativa "A" está correta. É certo que o desconhecimento da gravidez pelo empregador não afasta o direito ao pagamento da indenização decorrente da estabilidade (art. 10, II, b do ADCT). Com efeito, a gestante só terá direito à reintegração se ainda estiver em curso o período da estabilidade. Do contrário, estabelece a Súmula n. 244, I, II, do TST, a garantia ficará limitada aos salários e aos demais direitos correspondentes ao período respectivo.

SUM-244 — GESTANTE. ESTABILIDADE PROVISÓRIA (incorporadas as Orientações Jurisprudenciais ns. 88 e 196 da SBDI-1) — Res. 129/2005, DJ 20, 22 e 25.4.2005

I — O desconhecimento do estado gravídico pelo empregador não afasta o direito ao pagamento da indenização decorrente da estabilidade (art. 10, II, *b* do ADCT). *(ex-OJ n. 88 da SBDI-1 — DJ 16.4.2004 e republicada DJ 4.5.2004)*

II — A garantia de emprego à gestante só autoriza a reintegração se esta se der durante o período de estabilidade. Do contrário, a garantia restringe-se aos salários e demais direitos correspondentes ao período de estabilidade. *(ex-Súmula n. 244 — alterada pela Res. 121/2003, DJ 21.11.2003)*

A alternativa "B" está incorreta. Terminado o período de estabilidade, mas ainda no prazo da prescrição, a empregada fará jus aos salários e demais direitos correspondentes ao período da estabilidade de forma indenizada. (Súmula n. 244, II).

A alternativa "C" está incorreta. Não há como responsabilizar o empregador que não tinha conhecimento do estado gravídico da empregada, não sendo configurada a dispensa como arbitrária, obstativa da estabilidade. Todavia, terá direito a empregada ao pagamento da indenização decorrente da estabilidade.

A alternativa "D" está incorreta, pelas mesmas razões apontadas quando a análise da alternativa "A".

98. Assinale a opção correta no que diz respeito às decisões na justiça do trabalho.

A) Não há necessidade de menção das custas que devam ser pagas pela parte vencida na sentença, pois o seu valor será apurado na fase de liquidação.

B) Erros evidentes de datilografia ou de cálculo existentes na sentença somente poderão ser corrigidos a requerimento da parte e antes de iniciada a execução.

C) A União não será intimada das decisões homologatórias de acordos que contenham parcela indenizatória, cabendo sempre a execução de ofício.

D) A sentença deverá conter o nome das partes, o resumo do pedido e da defesa, a apreciação das provas, os fundamentos da decisão e a respectiva conclusão.

A alternativa "D" contém a resposta correta, pois está de acordo com o disposto no art. 832, caput, da CLT, que segue:

Art. 832. Da decisão deverão constar o nome das partes, o resumo do pedido e da defesa, a apreciação das provas, os fundamentos da decisão e a respectiva conclusão.

A alternativa "A" está incorreta, pois a menção às custas devidas pela parte tem de constar obrigatoriamente na sentença. Assim é o disposto no art. 832, § 2º da CLT:

§ 2º A decisão mencionará sempre as custas que devam ser pagas pela parte vencida.

Há que se observar que o valor das custas na Justiça do Trabalho é de 2% sobre o valor da causa, em caso de improcedência da ação, e de 2% sobre o valor da condenação, em caso de procedência parcial ou total da ação.

A alternativa "B" está incorreta, pois os erros evidentes de datilografia ou de cálculo existentes na sentença podem ser corrigidos por requerimento dos interessados ou da Procuradoria da Justiça do Trabalho, ou, ainda, *ex officio*, isto é pelo juiz independentemente de provocação.

Assim é o disposto no art. 833 da CLT:

Art. 833. Existindo na decisão evidentes erros ou enganos de escrita, de datilografia ou de cálculo, poderão os mesmos, antes da execução, ser corrigidos, *ex officio*, ou a requerimento dos interessados ou da Procuradoria da Justiça do Trabalho.

A alternativa "C" está incorreta, pois a União deve sim ser intimada das decisões homologatórias de acordo que contenham parcela indenizatória. Assim é o disposto no art. 832, § 4º:

> § 4º A União será intimada das decisões homologatórias de acordos que contenham parcela indenizatória, na forma do art. 20 da Lei n. 11.033, de 21 de dezembro de 2004, facultada a interposição de recurso relativo aos tributos que lhe forem devidos.

99.
Com relação aos atos, termos e prazos processuais na justiça trabalhista, assinale a opção correta.

- A) Os documentos juntados aos autos podem ser desentranhados sempre que a parte assim o requerer.
- B) Presume-se recebida, 48 horas após a sua postagem, a notificação para a prática de ato processual, sendo possível a produção de prova em contrário.
- C) Os atos processuais devem ser públicos, salvo quando o interesse social determinar o contrário, e terão de realizar-se nos dias úteis, no horário de expediente forense habitual.
- D) No processo trabalhista, os prazos são contados com a inclusão do dia em que se iniciam e do dia em que vencem.

A *alternativa correta é a "B"*.

Assim estabelece a Súmula n. 16 do TST:

> Súmula 16 — NOTIFICAÇÃO (nova redação) — Res. 121/2003, DJ 19, 20 e 21.11.2003
> Presume-se recebida a notificação 48 (quarenta e oito) horas depois de sua postagem. O seu não recebimento ou a entrega após o decurso desse prazo constitui ônus de prova do destinatário.

No processo do trabalho o prazo inicia-se após 48 horas da expedição da notificação e não da juntada de aviso de recebimento nos autos, como é na Justiça Comum. Trata-se de uma presunção relativa, pois a própria súmula permite prova em contrário, conferindo ao destinatário tal ônus.

A alternativa "A" é incorreta pois os documentos só podem ser desentranhados por autorização do juiz.

Quanto a alternativa "C", assim dispõe o art. 770 da CLT:

> Art. 770. Os atos processuais serão públicos salvo quando o contrário determinar o interesse social, e realizar-se-ão nos dias úteis das 6 (seis) às 20 (vinte) horas.
>
> Parágrafo único. A penhora poderá realizar-se em domingo ou dia feriado, mediante autorização expressa do juiz ou presidente.

Ou seja, a primeira parte da alternativa é correta. Contudo, quanto ao horário está incorreta, pois o dispositivo é claro ao estabelecer das 06:00 às 20:00, que não coincide com o horário forense. Portanto incorreta a alternativa "C".

Ainda sobre a publicidade dos atos, assim estabelece o art. 93, inciso IX da Constituição Federal:

> IX — todos os julgamentos dos órgãos do Poder Judiciário serão públicos, e fundamentadas todas as decisões, sob pena de nulidade, podendo, a lei limitar a presença, em determinados atos, às próprias partes e a seus advogados, ou somente a estes, em casos nos quais a preservação do direito à intimidade do interessado no sigilo não prejudique o interesse público à informação.

A alternativa "D" também está incorreta pois o prazo conta-se excluindo o dia da publicação e incluindo o dia do vencimento.

> Súmula n. 1 TST — PRAZO JUDICIAL (mantida) — Res. 121/2003, DJ 19, 20 e 21.11.2003.

Quando a intimação tiver lugar na sexta-feira, ou a publicação com efeito de intimação for feita nesse dia, o prazo judicial será contado da segunda-feira imediata, inclusive, salvo se não houver expediente, caso em que fluirá no dia útil que se seguir.

Assim estabelece o art. 93, inciso IX da Constituição Federal:

IX — todos os julgamentos dos órgãos do Poder Judiciário serão públicos, e fundamentadas todas as decisões, sob pena de nulidade, podendo, a lei limitar a presença, em determinados atos, às próprias partes e a seus advogados, ou somente a estes, em casos nos quais a preservação do direito à intimidade do interessado no sigilo não prejudique o interesse público à informação.

---

100. Acerca dos recursos no processo do trabalho, assinale a opção correta.

☐ A) Nas causas sujeitas ao procedimento sumaríssimo, somente será admitido recurso de revista por violação direta da CF.

☐ B) Contra as decisões definitivas ou terminativas das varas e juízos cabe recurso ordinário para a instância superior, no prazo de oito dias.

☐ C) Nas reclamações sujeitas ao procedimento sumaríssimo, o recurso ordinário terá de ser imediatamente distribuído, devendo o relator liberá-lo no prazo máximo de trinta dias.

☐ D) Nas execuções, cabe agravo de instrumento, no prazo de oito dias, contra as decisões do juiz ou presidente.

A alternativa correta é a "B".

Assim estabelece o inciso I do art. 895 da CLT:

Art. 895. Cabe recurso ordinário para a instância superior:
I — das decisões definitivas ou terminativas das Varas e Juízos, no prazo de 8 (oito) dias; e *(Incluído pela Lei n. 11.925, de 2009).*
II — das decisões definitivas ou terminativas dos Tribunais Regionais, em processos de sua competência originária, no prazo de 8 (oito) dias, quer nos dissídios individuais, quer nos dissídios coletivos. *(Incluído pela Lei n. 11.925, de 2009)*

A alternativa correta é exatamente a hipótese do inciso I do art. 895 da CLT. Decisão terminativa é aquela que extingue sem resolução do mérito; decisão definitiva é aquela que extingue com resolução do mérito.

A segunda hipótese do art. 895 da CLT está no inciso II que são os casos de decisão do Tribunal em ação de sua competência originária, ou seja, ações que são distribuídas no Tribunal. Ex: ação rescisória, dissídio coletivo etc.

A alternativa "A" é incorreta pois afirma que "somente". Em rito sumaríssimo será cabível recurso de revista em duas hipóteses: 1ª — violação direta da Constituição Federal e; 2ª — contrariedade à Súmula do TST, conforme dispõe o art. 896, § 6º da CLT.

§ 6º Nas causas sujeitas ao procedimento sumaríssimo, somente será admitido recurso de revista por contrariedade a súmula de jurisprudência uniforme do Tribunal Superior do Trabalho e violação direta da Constituição da República. *(Incluído pela Lei n. 9.957, de 12.1.2000)*

OJ-SDI1-352 — PROCEDIMENTO SUMARÍSSIMO. RECURSO DE REVISTA FUNDAMENTADO EM CONTRARIEDADE À ORIENTAÇÃO JURISPRUDENCIAL. INADMISSIBILIDADE. ART. 896, § 6º, DA CLT, ACRESCENTADO PELA LEI N. 9.957, DE 12.1.2000 (DJ 25.4.2007)

Nas causas sujeitas ao procedimento sumaríssimo, não se admite recurso de revista por contrariedade à Orientação Jurisprudencial do Tribunal Superior do Trabalho (Livro II, Título II, Capítulo III, do RITST), por ausência de previsão no art. 896, § 6º, da CLT.

A alternativa "C" também é incorreta, pois no rito sumaríssimo, após a distribuição, o relator deve liberar o processo no prazo máximo de 10 dias e não 30, conforme consta da alternativa (§ 1º, inciso II do art. 895 da CLT).

> § 1º Nas reclamações sujeitas ao procedimento sumaríssimo, o recurso ordinário: *(Incluído pela Lei n. 9.957, de 12.1.2000)*
> I — (Vetado). *(Incluído pela Lei n. 9.957, de 12.1.2000)*
> II — será imediatamente distribuído, uma vez recebido no Tribunal, devendo o relator liberá-lo no prazo máximo de dez dias, e a Secretaria do Tribunal ou Turma colocá-lo imediatamente em pauta para julgamento, sem revisor; *(Incluído pela Lei n. 9.957, de 12.1.2000)*
> III — terá parecer oral do representante do Ministério Público presente à sessão de julgamento, se este entender necessário o parecer, com registro na certidão; *(Incluído pela Lei n. 9.957, de 12.1.2000)*
> IV — terá acórdão consistente unicamente na certidão de julgamento, com a indicação suficiente do processo e parte dispositiva, e das razões de decidir do voto prevalente. Se a sentença for confirmada pelos próprios fundamentos, a certidão de julgamento, registrando tal circunstância, servirá de acórdão. *(Incluído pela Lei n. 9.957, de 12.1.2000)*

Além da liberação em 10 dias, o parecer do Ministério Público será oral em audiência (§ 1º, inciso III do art. 895 da CLT) e, o acórdão consistirá em uma certidão de julgamento (§ 1º, inciso IV do art. 895 da CLT).

A alternativa "D" é incorreta pois agravo de instrumento no processo do trabalho só é cabível em uma única hipótese: contra decisão que denega seguimento a recurso para instância superior (art. 897, alínea *b* da CLT).

Na execução, o recurso cabível é o agravo de petição. (art. 897, alínea *a* da CLT).

> Art. 897. Cabe agravo, no prazo de 8 (oito) dias: *(Redação dada pela Lei n. 8.432, 11.6.1992)*
> a) de petição, das decisões do Juiz ou Presidente, nas execuções; *(Redação dada pela Lei n. 8.432, 11.6.1992)*
> b) de instrumento, dos despachos que denegarem a interposição de recursos. *(Redação dada pela Lei n. 8.432, 11.6.1992)*

---

101. Determinada empresa, ao apresentar contestação em processo trabalhista, formulou pedido de concessão da justiça gratuita, alegando dificuldades financeiras, sem a devida comprovação de incapacidade, e anexou, apenas, declaração de miserabilidade firmada por seu representante legal.

A respeito dessa situação hipotética e do benefício da justiça gratuita, assinale a opção correta.

- A) Para que possa usufruir do benefício da justiça gratuita, a empresa em questão deve comprovar a sua condição de miserabilidade.

- B) Pessoas jurídicas não fazem jus aos benefícios da justiça gratuita no processo do trabalho, podendo apenas requerer o pagamento das custas ao final do processo.

- C) Os benefícios da justiça gratuita só podem ser concedidos aos reclamantes.

- D) A simples alegação de dificuldades financeiras é suficiente para a concessão do referido benefício.

A *alternativa correta é a "A"*.

A questão formulada traz a situação hipotética, na qual a empresa em contestação apresentada, em sede trabalhista, pleiteia os benefícios da Justiça gratuita, alegando dificuldades financeiras, sem contudo, fazer a prova da miserabilidade.

Inicialmente há que se diferenciar assistência judiciária da justiça gratuita. A assistência judiciária é o benefício concedido àquele que não tem condições de constituir um advogado, o qual, na esfera cível, se concedido, será patrocinado pelo advogado do Estado e na Justiça do Trabalho pelo Sindicato. A Justiça gratuita, espécie do gênero assistência judiciária, é a concessão legal concedida a parte que não dispõe de recursos financeiros para pagar as despesas do processo, tais como emolumentos, custas.

Para a obtenção da gratuidade, a parte deve comprovar a miserabilidade por meio de declaração e, em sendo empregador, deverá demonstrar que está em dificuldades financeiras.

Todavia, registre-se que concedido o benefício da Justiça Gratuita, o empregador não arcará com as custas processuais para recorrer, mas terá que efetuar o depósito recursal, que se constitui em pressuposto do recurso e não tem a natureza jurídica de taxa.

Assim, de acordo com o art. 790, § 3º da CLT é perfeitamente possível a concessão da Justiça gratuita à empregadores, desde que declarem seu estado de miserabilidade. A simples alegação não é suficiente, razão pela qual a alternativa "D" está incorreta.

Sobre esta questão, cumpre destacar os termos da Orientação Jurisprudencial n. 331 da SDI-I, do CTST, assim dispõe: "Desnecessária a outorga de poderes especiais ao patrono da causa para firmar declaração de insuficiência econômica, destinada a concessão dos benefícios da Justiça gratuita."

---

102. Em reclamação trabalhista, o advogado do reclamante interpôs recurso ordinário contra a sentença proferida pelo juiz de primeiro grau, que julgou improcedente o pedido de condenação em horas extras formulado pelo reclamante e indeferiu a oitiva das testemunhas arroladas, por entender que o depoimento do reclamante era suficiente para o julgamento da demanda. Argumentando a tese do cerceamento de defesa, o advogado formulou pedido de anulação dos atos processuais, sem requerer expressamente a análise, pelo tribunal, das horas extras negadas. Ao se julgar o recurso ordinário no TRT, foi reconhecido o cerceamento de defesa e condenada a empresa a pagar à reclamante as horas extras pleiteadas. Em face dessa situação hipotética, assinale a opção correta a respeito da decisão do TRT.

A) Não cabe ao TRT fazer nova análise de prova em sede de recurso ordinário, portanto o tribunal não poderia ter estabelecido condenação em horas extras.

B) Não tendo o advogado requerido análise das horas extras, o julgamento deve limitar-se ao que foi expressamente pedido, logo, não poderia o TRT estabelecer condenação em horas extras.

C) O TRT agiu equivocadamente, visto que, reconhecido o cerceamento de defesa, deveria ter designado data para a oitiva de testemunhas, e, só então, analisar o pedido de condenação em horas extras.

D) O recurso ordinário devolve toda a matéria para a análise do TRT, logo, reconhecido o cerceamento de defesa, deve o tribunal analisar a questão das horas extras.

A alternativa correta é a "B".

O art. 515 do CPC consagra um princípio segundo o qual *tantum devolutum quantum appellatum*, onde o Tribunal irá analisar a matéria impugnada, ou seja, a matéria devolvida.

> Art. 515 CPC. A apelação devolverá ao tribunal o conhecimento da matéria impugnada.

O que não for impugnado, não será analisado pelo Tribunal. Trata-se do efeito devolutivo do recurso. O § 1º do art. 515 do CPC traz o chamado efeito devolutivo em profundidade.

> § 1º Serão, porém, objeto de apreciação e julgamento pelo tribunal todas as questões suscitadas e discutidas no processo, ainda que a sentença não as tenha julgado por inteiro.

Referido dispositivo é aplicável ao processo do trabalho, conforme Súmula n. 393 do Tribunal Superior do Trabalho.

> Súmula n. 393 — RECURSO ORDINÁRIO. EFEITO DEVOLUTIVO EM PROFUNDIDADE. ART. 515, § 1º, DO CPC (redação alterada pelo Tribunal Pleno na sessão realizada em 16.11.2010) — Res. 169/2010, DEJT divulgado em 19, 22 e 23.11.2010. O efeito devolutivo em profundidade do recurso ordinário, que se extrai do § 1º do art. 515 do CPC, transfere ao Tribunal a apreciação dos fundamentos da inicial ou da defesa, não examinados pela sentença, ainda que não renovados em contrarrazões. Não se aplica, todavia, ao caso de pedido não apreciado na sentença, salvo a hipótese contida no § 3º do art. 515 do CPC.

A hipótese tratada no § 3º do art. 515 do CPC é a chamada teoria da causa madura.

> § 3º Nos casos de extinção do processo sem julgamento do mérito (art. 267), o tribunal pode julgar desde logo a lide, se a causa versar questão exclusivamente de direito e estiver em condições de imediato julgamento.

A alternativa "A" é incorreta pois o Tribunal, quando a matéria for devolvida, não só pode como deve analisar as provas produzidas.

Quanto a alternativa "C", de fato o Tribunal agiu de forma errada, mas a solução trazida pela alternativa é incorreta, pois reconhecendo o cerceamento de defesa, deveria o Tribunal anular a sentença e determinar nova instrução processual e novo julgamento.

Por fim, a alternativa "D" é incorreta pois é exatamente o oposto da alternativa correta.

---

103. Considere que, em processo trabalhista, as empresas Delta e Echo sejam condenadas, de forma solidária, pelo juiz do trabalho, que ambas interponham recurso ordinário, que apenas Delta efetue o depósito recursal, e nenhuma delas pleiteie a exclusão da lide. Nessa situação hipotética, o recurso apresentado pela empresa Echo

☐ A) deverá ser conhecido, mas improvido, em razão de não ter sido efetuado o depósito recursal.

☐ B) estará apto a ser conhecido, visto que, sendo a condenação solidária, o depósito efetuado pela empresa Delta aproveita à empresa Echo.

☐ C) será deserto, em razão de não ter sido efetuado o depósito recursal.

☐ D) será intempestivo, em razão de não ter sido efetuado o depósito recursal.

A *alternativa correta é a "B"*.

A resposta correta está no item III da Súmula n. 128 do TST.

> Súmula n. 128 — DEPÓSITO RECURSAL (incorporadas as Orientações Jurisprudenciais ns. 139, 189 e 190 da SBDI-1) — Res. 129/2005, DJ 20, 22 e 25.4.2005
>
> I — É ônus da parte recorrente efetuar o depósito legal, integralmente, em relação a cada novo recurso interposto, sob pena de deserção. Atingido o valor da condenação, nenhum depósito mais é exigido para qualquer recurso. *(ex-Súmula n. 128 — alterada pela Res. 121/2003, DJ 21.11.03, que incorporou a OJ n. 139 da SBDI-1 — inserida em 27.11.1998)*
>
> II — Garantido o juízo, na fase executória, a exigência de depósito para recorrer de qualquer decisão viola os incisos II e LV do art. 5º da CF/1988. Havendo, porém, elevação do valor do débito, exige-se a complementação da garantia do juízo. *(ex-OJ n. 189 da SBDI-1 — inserida em 8.11.2000)*
>
> III — Havendo condenação solidária de duas ou mais empresas, o depósito recursal efetuado por uma delas aproveita as demais, quando a empresa que efetuou o depósito não pleiteia sua exclusão da lide. *(ex-OJ n. 190 da SBDI-1 — inserida em 8.11.2000)*

Ou seja, na condenação solidária, só será exigido os recolhimentos autônomos quando o recorrente pleitear sua exclusão da lide.

Por esse motivo, incorreta as demais alternativas. Quanto as alternativas "C" e "D", cumpre ressaltar apenas, que o não recolhimento do depósito recursal implica em não conhecimento do recurso por deserção e não por intempestividade. Esta ocorre quando interposto fora do prazo.

Ainda sobre o preparo, abaixo alguns entendimentos pacificados pelo TST.

> Súmula n. 86 — DESERÇÃO. MASSA FALIDA. EMPRESA EM LIQUIDAÇÃO EXTRAJUDICIAL (incorporada a Orientação Jurisprudencial n. 31 da SBDI-1) — Res. 129/2005, DJ 20, 22 e 25.4.2005
>
> Não ocorre deserção de recurso da massa falida por falta de pagamento de custas ou de depósito do valor da condenação. Esse privilégio, todavia, não se aplica à empresa em liquidação extrajudicial. *(primeira parte — ex-Súmula n. 86 — RA 69/78, DJ 26.9.1978; segunda parte — ex-OJ n. 31 da SBDI-1 — inserida em 14.3.1994)*

> Súmula n. 99 — AÇÃO RESCISÓRIA. DESERÇÃO. PRAZO (incorporada a Orientação Jurisprudencial n. 117 da SBDI-2) — Res. 137/2005, DJ 22, 23 e 24.8.2005
>
> Havendo recurso ordinário em sede de rescisória, o depósito recursal só é exigível quando for julgado procedente o pedido e imposta condenação em pecúnia, devendo este ser efetuado no prazo recursal, no limite e nos termos da legislação vigente, sob pena de deserção. *(ex-Súmula n. 99 — alterada pela Res. 110/2002, DJ 15.4.2002 — e ex-OJ n. 117 da SBDI-2 — DJ 11.8.2003)*

> Súmula n. 161 — DEPÓSITO. CONDENAÇÃO A PAGAMENTO EM PECÚNIA (mantida) — Res. 121/2003, DJ 19, 20 e 21.11.2003. Se não há condenação a pagamento em pecúnia, descabe o depósito de que tratam os §§ 1º e 2º do art. 899 da CLT *(ex-Prejulgado n. 39)*.

> Súmula n. 217 — DEPÓSITO RECURSAL. CREDENCIAMENTO BANCÁRIO. PROVA DISPENSÁVEL (mantida) — Res. 121/2003, DJ 19, 20 e 21.11.2003
>
> O credenciamento dos bancos para o fim de recebimento do depósito recursal é fato notório, independendo da prova.

> Súmula n. 245 — DEPÓSITO RECURSAL. PRAZO (mantida) — Res. 121/2003, DJ 19, 20 e 21.11.2003.
>
> O depósito recursal deve ser feito e comprovado no prazo alusivo ao recurso. A interposição antecipada deste não prejudica a dilação legal.

> OJ-SDI1-140 — DEPÓSITO RECURSAL E CUSTAS. DIFERENÇA ÍNFIMA. DESERÇÃO. OCORRÊNCIA (nova redação) — DJ 20.4.2005
>
> Ocorre deserção do recurso pelo recolhimento insuficiente das custas e do depósito recursal, ainda que a diferença em relação ao *quantum* devido seja ínfima, referente a centavos.

> OJ-SDI1-264 — DEPÓSITO RECURSAL. PIS/PASEP. AUSÊNCIA DE INDICAÇÃO NA GUIA DE DEPÓSITO RECURSAL. VALIDADE (inserida em 27.9.2002)
>
> Não é essencial para a validade da comprovação do depósito recursal a indicação do número do PIS/PASEP na guia respectiva.

104. Em determinada reclamação trabalhista, o preposto da empresa reclamada não soube responder as perguntas formuladas pelo juiz e pelo advogado do reclamante na audiência de instrução e argumentou que não possuía conhecimento específico a respeito dos fatos que estavam sendo tratados no processo. O advogado da empresa juntou à contestação diversos documentos na audiência inaugural. Nessa situação hipotética,

☐ A) a empresa deve ser declarada confessa, independentemente de ter juntado defesa e documentos.

☐ B) o juiz, antes de aplicar a penalidade de confissão, deve determinar à empresa que apresente novas provas ao processo.

☐ C) o juiz deve designar nova audiência, determinando que a empresa nomeie preposto que conheça os fatos abordados no processo.

☐ D) a prova pré-constituída nos autos pode ser considerada para o confronto com a confissão ficta.

A *alternativa correta é a "D"*.

No presente caso ocorreu a chamada confissão ficta, que está prevista nos arts. 343 a 345 do CPC. Confissão real é aquela quando a parte admite um fato contrário a seu interesse e favorável ao adversário (art. 348 CPC).

Confissão ficta ocorre quando a parte deixa de comparecer para depor ou se recusa a depor. (art. 343 CPC).

Entretanto, a confissão ficta pode ser elidida por prova pré-constituída nos autos ou qualquer outra, principalmente pela confissão real da outra parte. Sobre esta questão, o TST editou a Súmula n. 74, cujo o item II é exatamente a alternativa "D".

Súmula n. 74 — CONFISSÃO (incorporada a Orientação Jurisprudencial n. 184 da SBDI-1) — Res. 129/2005, DJ 20, 22 e 25.4.2005
I — Aplica-se a pena de confissão à parte que, expressamente intimada com aquela cominação, não comparecer à audiência em prosseguimento, na qual deveria depor. (ex-Súmula n. 74 — RA 69/1978, DJ 26.9.1978)
II — A prova pré-constituída nos autos pode ser levada em conta para confronto com a confissão ficta (art. 400, I, CPC), não implicando cerceamento de defesa o indeferimento de provas posteriores. (ex-OJ n. 184 da SBDI-1 — inserida em 8.11.2000)

Entendemos equivocada a referida súmula, pois a confissão de que trata o inciso I do art. 400 do CPC é a real e não a ficta, que apenas gera uma mera presunção relativa, sendo que perfeitamente possível que a parte produza prova em sentido contrário. Assim, *data maxima venia* o entendimento de que não implica cerceamento de defesa contido na súmula é totalmente equivocado.

Por esse motivo, entendemos que a confissão ficta deve ser analisada na sentença. Contudo, como visto, esse não é o entendimento do TST e em prova de múltipla escolha. O que deve prevalecer é o texto da lei e as súmulas e orientações jurisprudenciais dos Tribunais.

A alternativa "A" trata da confissão real que prevalece sobre as demais provas nos autos e a hipótese narrada na questão é de confissão ficta. A alternativa "B" está errada eis que contrária à Súmula n. 74 do TST. E, por fim a alternativa "C" está errada pois não há previsão legal para que seja designada nova audiência.

105. Na hipótese de um empregado desejar mover ação de reparação de perdas e danos causados pelo cálculo incorreto do benefício previdenciário por omissão ou equívoco do empregador, o processamento e o julgamento da demanda competirão

- A) à justiça comum estadual.
- B) ao Ministério da Previdência Social.
- C) à justiça do trabalho.
- D) à justiça federal.

A *alternativa correta é a "C"*.

Trata-se de competência em razão da matéria, cujas hipóteses estão previstas no art. 114 da CF. Toda e qualquer questão envolvendo empregado e empregador a competência é da Justiça do Trabalho.

A questão menciona "ação de reparação de perdas e danos" a ser movida em face do empregador, razão pela qual a competência é da Justiça do Trabalho. Antes da EC n. 45 já era entendimento da jurisprudência e da doutrina que a competência para as ações de dano moral era da Justiça do Trabalho. A Emenda Constitucional acabou com a discussão quanto a competência para o dano moral e tratou também da competência quanto ao dano material.

Dano moral e material: art. 5º incisos V e X da Constituição Federal; Atos ilícitos: arts. 186 a 188 do Código Civil; Responsabilidade civil: arts. 927 a 943 do Código Civil; Indenização: arts. 944 a 954 do Código Civil.

Pessoa jurídica pode sofrer dano moral: art. 51 do Código Civil e Súmula n. 227 do STJ.

Tarifação prevista na lei de imprensa: Súmula n. 281 do STJ.

OAB/FGV NACIONAL 2010.2

106. A respeito do regime de compensação de jornada do banco de horas, assinale a alternativa correta.

☐ A) Pode ser instituído mediante acordo, verbal ou por escrito, entre empresa e empregado, facultando-se a participação dos sindicatos representantes das categorias.

☐ B) Não admite compensação de jornada que ultrapassar o limite máximo de 10 horas diárias.

☐ C) Pode ser compensado após a rescisão do contrato de trabalho, se houver crédito em favor do trabalhador, respeitado o limite de validade do acordo.

☐ D) O excesso de jornada a ser compensada não pode exceder, no prazo legal máximo de um semestre, a soma das jornadas semanais previstas para o período.

A *alternativa correta é a "B"*.

Banco de horas é a possibilidade de estabelecer compensação de jornada por um período de até um ano. É necessária a previsão em convenção ou acordo coletivo. A previsão legal está no art. 59, § 2º da CLT.

> Art. 59, § 2º — Poderá ser dispensado o acréscimo de salário, se, por força de acordo ou convenção coletiva de trabalho, o excesso de horas em um dia for compensado pela correspondente diminuição em outro dia, de maneira que não exceda, no período máximo de um ano, à soma das jornadas semanais de trabalho previstas, nem seja ultrapassado o limite máximo de dez horas diárias.

Incorreta a alternativa "A". A implementação do banco de horas, depende de acordo coletivo ou convenção coletiva de trabalho, sendo vedado por acordo individual.

Incorreta a alternativa "C", pois em caso de rescisão do contrato de trabalho fará jus o empregado ao pagamento do saldo do banco de horas, conforme estabelece o § 3º do art. 59 da CLT.

> Art. 59, § 3º do art. 59 da CLT — Na hipótese de rescisão do contrato de trabalho sem que tenha havido a compensação integral da jornada extraordinária, na forma do parágrafo anterior, fará o trabalhador jus ao pagamento das horas extras não compensadas, calculadas sobre o valor da remuneração na data da rescisão.

Incorreta a alternativa "D". A Lei n. 9.601/98 alterou o § 2º do art. 59 da CLT e inseriu § 3º, supra mencionado, em que cria o chamado banco de horas, no qual as horas trabalhadas em um dia são compensadas com a diminuição em outro dia. Com isso, a compensação de horas semanal foi estendida a qualquer período, desde que não supere um ano. (§ 2º do art. 59)

107. No contexto da teoria das nulidades do contrato de trabalho, assinale a alternativa correta.

- A) Configurado o trabalho ilícito, é devido ao empregado somente o pagamento da contraprestação salarial pactuada.

- B) Os trabalhos noturno, perigoso e insalubre do menor de 18 (dezoito) anos de idade são modalidades de trabalho proibido ou irregular.

- C) O trabalho do menor de 16 (dezesseis) anos de idade, que não seja aprendiz, é modalidade de trabalho ilícito, não gerando qualquer efeito.

- D) A falta de anotação da Carteira de Trabalho e Previdência Social do empregado invalida o contrato de trabalho.

A alternativa correta é a "B".

O trabalho noturno é proibido ao menor de 18 anos — Assim prescreve o art. 404, da CLT: "Ao menor de 18 (dezoito) anos é vedado o trabalho noturno, considerado este o que for executado no período compreendido entre as 22 (vinte e duas) e as 5 (cinco) horas"

A Constituição Federal de 1988 assim prescreve: "Art. 7º São direitos dos trabalhadores... além de outros... XXXIII — proibição de trabalho noturno, perigoso ou insalubre a menores de dezoito e de qualquer trabalho a menores de dezesseis anos, salvo na condição de aprendiz, a partir de 14 anos."...

Com relação ao trabalho perigoso e insalubre, dispõe o art. 405, inciso I da CLT — "Ao menor não será permitido o trabalho: I — nos locais e serviços perigosos ou insalubres, constantes de quadro para esse fim aprovado pela Secretaria de Segurança e Medicina do Trabalho".

Incorreta a alternativa "A".

Estabelece o art. 9º da CLT — "Serão nulos de pleno direito os atos praticados com o objetivo de desvirtuar, impedir ou fraudar a aplicação dos preceitos contidos na presente Consolidação".

O trabalho ilícito é nulo de pleno direito e não produz efeitos.

A alternativa "C" é incorreta.

Com efeito, não se trata de trabalho ilícito, mas de trabalho proibido. O primeiro não gera nenhum efeito, já, o segundo, produz efeitos enquanto perdurar.

Estabelece o art. 403, da CLT: "É proibido qualquer trabalho a menores de 16 (dezesseis) anos de idade, salvo na condição de aprendiz, a partir dos 14 (quatorze) anos".

Incorreta também a alternativa "D".

A falta de anotação na CTPS do contrato de trabalho não o invalida.

O art. 40, inciso I, da CLT dispõe que a anotação na CTPS faz prova do contrato de trabalho: "As Carteiras de Trabalho e Previdência Social regularmente emitidas e anotadas servirão de prova nos atos em que sejam exigidas carteiras de identidade...".

Assim dispõe a Súmula 12, do TST: "As anotações apostas pelo empregador na Carteira de Trabalho do empregado não geram presunção *juris et de jure*, mas apenas *júris tantum*".

Sobre o trabalho do menor cumpre destacar ainda que o trabalho do menor de 14 anos é proibido. De 14 a 16, apenas na condição de aprendiz (não confunda a idade máxima do aprendiz, que é 24 anos). De 16 a 18, é permitido o trabalho exceto no horário noturno, em condições periculosas, insalubres e em trabalhos contrários à moralidade (art. 405, § 3º da CLT).

O responsável legal do menor tem a faculdade de pleitear a extinção de seu contrato de trabalho, desde que o serviço possa acarretar a ele prejuízos de ordem física ou moral (art. 408 da CLT)

O menor poderá firmar recibos. Na rescisão do contrato é necessário a assistência dos responsáveis legais para efeito de quitação (art. 439 da CLT).

A emancipação do menor não o torna maior para fins trabalhistas.

Contra os menores de 18 anos não corre prazo de prescrição (art. 440 CLT).

---

108. Com relação ao Direito Coletivo do Trabalho, assinale a alternativa correta.

☐ A) Acordo coletivo do trabalho é o acordo de caráter normativo pelo qual dois ou mais sindicatos representativos de categorias econômicas e profissionais estipulam condições de trabalho aplicáveis, no âmbito das respectivas representações, às relações individuais de trabalho.

☐ B) Na greve em serviços ou atividades essenciais, ficam as entidades sindicais ou os trabalhadores, conforme o caso, obrigados a comunicar a decisão aos empregadores e aos usuários com antecedência mínima de 72 (setenta e duas) horas da paralisação.

☐ C) As centrais sindicais, por força de lei, podem celebrar acordos e convenções coletivos de trabalho.

☐ D) O recolhimento da contribuição sindical obrigatória ("imposto sindical") somente é exigido dos empregados sindicalizados, em face do princípio da liberdade sindical.

A alternativa correta é a "B".

Trata-se de um dos requisitos estabelecidos pela lei, a qual exige a comunicação da deflagração da greve, ao empregador e ao público atingido pela paralisação. No caso da greve em serviços e atividades consideradas essenciais, o prazo é de 72 horas e não 48 horas como exigido dos demais trabalhadores.

O art. 13, da Lei n. 7.783/89, que dispõe sobre o exercício do direito de greve nas atividades essenciais estabelece:

> Na greve em serviços ou atividades essenciais, ficam as entidades sindicais ou os trabalhadores, conforme o caso, obrigados a comunicar a decisão aos empregadores e aos usuários com antecedência mínima de 72 (setenta e duas) horas da paralisação.

A alternativa "A" está incorreta, e se refere à Convenção Coletiva de Trabalho, a qual encontra-se definida no art. 611, da CLT:

> Convenção Coletiva de Trabalho é o acordo de caráter normativo, pelo qual dois ou mais Sindicatos representativos de categorias econômicas e profissionais estipulam condições de trabalho aplicáveis, no âmbito das respectivas representações, às relações individuais de trabalho. *(Redação dada pelo Decreto-lei n. 229, de 28.2.1967)*

O Acordo Coletivo de Trabalho está definido no § 1º, do art. 611, da CLT, que assim dispõe:

> É facultado aos Sindicatos representativos de categorias profissionais celebrar Acordos Coletivos com uma ou mais empresas da correspondente categoria econômica, que estipulem condições de trabalho, aplicáveis no âmbito da empresa ou das acordantes respectivas relações de trabalho. *(Redação dada pelo Decreto-lei n. 229, de 28.2.1967)*

Da análise do conceito de ambos os institutos, constatamos que em ambos são estipuladas condições de trabalho, tendo por diferença os sujeitos envolvidos, ou seja, na Convenção, de um lado temos os Sindicatos Profissionais e de outro os Sindicatos de Categoria Econômica, e nos Acordos, de um lado o Sindicato Profissional e de outro uma ou mais empresas.

A alternativa "C" está incorreta. As Centrais Sindicais não podem celebrar Acordos e Convenções Coletivas de Trabalho. A uma, porque não representam a categoria. São órgãos de cúpula, intercategoriais que tem por atribuição a coordenação dos sindicatos, federações e confederações a ela filiadas, os quais, por sua vez, representam os trabalhadores. A duas, porque tanto no Acordo quanto na Convenção Coletiva de Trabalho há a participação direta dos trabalhadores, os quais, por meio da Assembleia Geral, estipulam as condições de trabalho que serão aplicados em seus contratos individuais.

As atribuições das Centrais Sindicais encontram-se descritas no art. 1º, da Lei n. 11.648/2008.

> **Art. 1º** A central sindical, entidade de representação geral dos trabalhadores, constituída em âmbito nacional, terá as seguintes atribuições e prerrogativas:
> I — coordenar a representação dos trabalhadores por meio das organizações sindicais a ela filiadas; e
> II — participar de negociações em fóruns, colegiados de órgãos públicos e demais espaços de diálogo social que possuam composição tripartite, nos quais estejam em discussão assuntos de interesse geral dos trabalhadores.
> Parágrafo único. Considera-se central sindical, para os efeitos do disposto nesta Lei, a entidade associativa de direito privado composta por organizações sindicais de trabalhadores.

A alternativa "D" está incorreta. A Contribuição Sindical obrigatória, também conhecida como Imposto Sindical é devida pelos trabalhadores independentemente de serem sindicalizados ou não.

Sua natureza é tributária, portanto compulsória, corresponde a um dia de trabalho dos empregados, sendo devida também pelos empregadores, trabalhadores autônomos e profissionais liberais, e também pelas empresas.

> Art. 545. Os empregadores ficam obrigados a descontar na folha de pagamento dos seus empregados, desde que por eles devidamente autorizados, as contribuições devidas ao Sindicato, quando por este notificados, salvo quanto à contribuição sindical, cujo desconto independe dessas formalidades. *(Redação dada pelo Decreto-lei n. 925, de 10.10.1969, DOU 13.10.1969)*

> Art. 580. A contribuição sindical será recolhida, de uma só vez, anualmente, e consistirá: *(Redação dada pela Lei n. 6.386, de 9.12.1976, DOU 10.12.1976) (Em vigor até que lei específica discipline a contribuição negocial — art. 7º da Lei n. 11.648, de 31.3.2008 — DOU 31.3.2008 — Edição Extra)*
> I — na importância correspondente à remuneração de 1 (um) dia de trabalho, para os empregados, qualquer que seja a forma da referida remuneração; *(Redação dada pela Lei n. 6.386, de 9.12.1976, DOU 10.12.1976)*
> II — para os agentes ou trabalhadores autônomos e para os profissionais liberais, numa importância correspondente a 30% (trinta por cento) do maior valor-de-referência fixado pelo Poder Executivo, vigente à época em que é devida a contribuição sindical, arredondada para Cr$ 1,00 (um cruzeiro) a fração porventura existente; *(Redação dada pela Lei n. 7.047, de 1º.12.1982)*
> III — para os empregadores, numa importância proporcional ao capital social da firma ou empresa, registrado nas respectivas Juntas Comerciais ou órgãos equivalentes, mediante a aplicação de alíquotas, conforme a seguinte Tabela progressiva: *(Redação dada pela Lei n. 7.047, de 1º.12.1982)*

> Art. 587. O recolhimento da contribuição sindical dos empregadores efetuar-se-á no mês de janeiro de cada ano, ou, para os que venham a estabelecer-se após aquele mês, na ocasião em que requeiram às repartições o registro ou a licença para o exercício da respectiva atividade. *(Redação dada pela Lei n. 6.386, de 9.12.1976, DOU 10.12.1976) (Em vigor até que lei específica discipline a contribuição negocial — art. 7º da Lei n. 11.648, de 31.3.2008 — DOU 31.3.2008 — Edição Extra)*

109. O empregado João foi contratado para trabalhar como caixa de um supermercado. No ato de admissão, foi-lhe entregue o regulamento da empresa, onde constava a obrigatoriedade do uso do uniforme para o exercício do trabalho. Entretanto, cerca de cinco meses após a contratação, João compareceu para trabalhar sem o uniforme e, por isso, foi advertido. Um mês depois, o fato se repetiu e João foi suspenso por 3 dias. Passados mais 2 meses, João compareceu novamente sem uniforme, tendo sido suspenso por 30 dias. Ao retornar da suspensão foi encaminhado ao departamento de pessoal, onde tomou ciência da sua dispensa por justa causa (indisciplina — art. 482, *h* da CLT).

Diante deste caso concreto

A) está correta a aplicação da justa causa, uma vez que João descumpriu reiteradamente as ordens genéricas do empregador contidas no regulamento geral.

B) está incorreta a aplicação da justa causa, uma vez que João cometeu ato de insubordinação e não de indisciplina.

C) está incorreta a aplicação da justa causa, uma vez que João cometeu mau procedimento.

D) está incorreta a aplicação da justa causa, uma vez que o empregador praticou *bis in idem*, ao punir João duas vezes pelo mesmo fato.

A *alternativa correta é a "D"*.

A justa causa importa no ato faltoso, praticado com dolo ou culpa, considerado grave e que autoriza a resolução do contrato de trabalho.

Para que se configure a justa causa, há que se verificar a comprovação de elementos objetivos e subjetivos. São elementos objetivos: a) tipificação legal; b) gravidade do ato; c) nexo de causalidade entre a falta e a dispensa; d) imediatidade; e) singularidade. São elementos subjetivos: dolo ou culpa.

Na questão apresentada, a aplicação da justa causa não observou um dos requisitos, qual seja, singularidade, uma vez que não foi levado em consideração o fato de que para cada falta haverá de ser aplicada uma única penalidade.

Foi o empregado penalizado três vezes, duas pelo mesmo ato de indisciplina, em razão de descumprir ordens contidas no regulamento da empresa, recusando-se a usar o uniforme, cujo uso era obrigatório.

Não se pode despedir por justa causa, quando já ocorreu a punição com a pena de suspensão por duas vezes.

Assim, incorreta a alternativa "A". A alternativa "B" está incorreta porque o descumprimento do regulamento de empresa implica em indisciplina e não insubordinação, que é o descumprimento de ordem direta por superior hierárquico.

Também não se trata de mau procedimento, pois este significa conduta não aceita pelo senso comum. Ex.: o uso indevido do computador. Assim errada a alternativa "C".

A não observância das normas da empresa é o típico exemplo de indisciplina.

O art. 482 da CLT estabelece as hipóteses de rescisão por justa causa. Não é taxativo, pois existem outros dispositivos. Ex.: arts. 158 e 240 da CLT.

Cumpre destacar que a Lei n. 12.347/10 revogou o art. 508 da CLT que estabelecia outra hipótese de justa causa.

110. Com relação ao regime de férias, é correto afirmar que:

☐ A) as férias devem ser pagas ao empregado com adicional de 1/3 até 30 dias antes do início do seu gozo.

☐ B) salvo para as gestantes e os menores de 18 anos, as férias podem ser gozadas em dois períodos.

☐ C) o empregado que pede demissão antes de completado seu primeiro período aquisitivo faz jus a férias proporcionais.

☐ D) as férias podem ser convertidas integralmente em abono pecuniário, por opção do empregado.

A alternativa correta é a "C".

O empregado que tem menos de um ano de serviço, ou seja, que não completou o período aquisitivo, e pede a demissão, tem direito a férias proporcionais.

> Súmula n. 261 TST — FÉRIAS PROPORCIONAIS. PEDIDO DE DEMISSÃO. CONTRATO VIGENTE HÁ MENOS DE UM ANO (nova redação) — Res. 121/2003, DJ 19, 20 e 21.11.2003 O empregado que se demite antes de complementar 12 (doze) meses de serviço tem direito a férias proporcionais.

A Convenção n. 132 da OIT, introduzida no nosso ordenamento jurídico pelo Decreto n. 3.197, de 5.10.1999, prevê no art. 11 o direito às férias proporcionais, inclusive indenizadas em relação ao período não usufruído, condicionado apenas a que o empregado tenha cumprido o período aquisitivo e seis meses.

Incorreta a alternativa "A".

É obrigação do empregador, efetuar o pagamento das férias até dois dias antes do seu início.

> Art. 145. O pagamento da remuneração das férias e, se for o caso, o do abono referido no art. 143 serão efetuados até 2 (dois) dias antes do início do respectivo período. *(Redação dada pelo Decreto-lei n. 1.535, de 13.4.1977)*
> Parágrafo único. O empregado dará quitação do pagamento, com indicação do início e do termo das férias. *(Incluído pelo Decreto-lei n. 1.535, de 13.4.1977)*

Incorreta a alternativa "B".

As férias deverão ser concedidas em um único período (art. 134 CLT). Todavia, excepcionalmente poderá ser dividida em dois períodos, um dos quais não poderá ser inferior a 10 dias (§ 1º, do art. 134, CLT).

As férias não poderão ser fracionadas e terão de ser cumpridas de uma só vez, quando os empregados forem maiores de 50 anos e menores de 18.

> Art. 134. As férias serão concedidas por ato do empregador, em um só período, nos 12 (doze) meses subsequentes à data em que o empregado tiver adquirido o direito. *(Redação dada pelo Decreto-lei n. 1.535, de 13.4.1977)*
> § 1º Somente em casos excepcionais serão as férias concedidas em 2 (dois) períodos, um dos quais não poderá ser inferior a 10 (dez) dias corridos. *(Incluído pelo Decreto-lei n. 1.535, de 13.4.1977)*
> § 2º Aos menores de 18 (dezoito) anos e aos maiores de 50 (cinquenta) anos de idade, as férias serão sempre concedidas de uma só vez. *(Incluído pelo Decreto-lei n. 1.535, de 13.4.1977)*

Incorreta a alternativa "D".

Trata-se de uma faculdade concedida ao empregado de converter um terço do seu período de férias em dinheiro, correspondente à remuneração que lhe seria devida nos dias respectivos.

A venda de todo o período das férias não é permitido por lei.

111. Marcos foi contratado para o cargo de escriturário de um banco privado. Iniciada sua atividade, Marcos percebeu que o gerente lhe estava repassando tarefas alheias à sua função. A rigor, conforme constava do quadro de carreira da empresa devidamente registrado no Ministério do Trabalho e Emprego, as atribuições que lhe estavam sendo exigidas deveriam ser destinadas ao cargo de tesoureiro, cujo nível e cuja remuneração eram bem superiores. Esta situação perdurou por dois anos, ao fim dos quais Marcos decidiu ajuizar uma ação trabalhista em face do seu empregador. Nela, postulou uma obrigação de fazer — o seu reenquadramento para a função de tesoureiro — e o pagamento das diferenças salariais do período.

Diante desta situação jurídica, é correto afirmar que:

- [ ] A) o pedido está inepto, uma vez que este é um caso típico de equiparação salarial e não houve indicação de paradigma.

- [ ] B) o pedido deve ser julgado improcedente, uma vez que a determinação das atividades, para as quais o empregado está obrigado, encontra-se dentro do *jus variandi* do empregador.

- [ ] C) o pedido deve ser julgado procedente, se for demonstrado, pelo empregado, que as suas atividades correspondiam, de fato, àquelas previstas abstratamente na norma interna da empresa para o cargo de tesoureiro.

- [ ] D) o pedido deve ser julgado procedente em parte, uma vez que só a partir da decisão judicial que determine o reenquadramento é que o empregado fará jus ao aumento salarial.

A alternativa correta é a "C".

A alteração se deu tanto em relação à função efetivamente exercida, de escriturário para tesoureiro, quanto ao salário percebido, em prejuízo ao empregado. O art. 468 da CLT assim dispõe: "Nos contratos individuais de trabalho só é lícita a alteração das respectivas condições por mútuo consentimento, e, ainda assim, desde que não resultem, direta ou indiretamente, prejuízos ao empregado, sob pena de nulidade da cláusula infringente desta garantia".

> Súmula n. 19 do TST: A Justiça do Trabalho é competente para apreciar reclamação de empregado que tenha por objeto direito fundado em quadro de carreira.
> Súmula n. 127 do TST: Quadro de pessoal organizado em carreira, aprovado pelo órgão competente, excluída a hipótese de equiparação salarial, não obsta reclamação fundada em preterição, enquadramento ou reclassificação.

Estabelece o art. 461 da CLT: "Sendo idêntica a função, a todo o trabalho de igual valor, prestado em mesmo empregador, na mesma localidade, corresponderá igual salário, sem distinção de sexo, nacionalidade ou idade."

A alternativa "A" fala em equiparação salarial. O pedido de equiparação salarial, pressupõe a ocorrência de alguns requisitos, quais sejam: mesma função; trabalho de igual valor; mesmo empregador e localidade e contemporaneidade; haverá também a exigência da indicação de paradigma e do requerimento de equiparação salarial.

No presente caso, não se pode falar em equiparação salarial eis que a empresa possui quadro de carreira, conforme preceitua o § 2º do art. 461 da CLT. Cumpre destacar que o quadro de carreira só terá validade quando homologado pelo Ministério do Trabalho, conforme item I da Súmula n. 6 do

TST: "Para os fins previstos no § 2º do art. 461 da CLT, só é válido o quadro de pessoal organizado em carreira quando homologado pelo Ministério do Trabalho, excluindo-se, apenas, dessa exigência o quadro de carreira das entidades de direito público da administração direta, autárquica e fundacional aprovados por ato administrativo da autoridade competente."

A questão formulada apresenta um caso de reenquadramento, uma vez que a função exercida difere da contratada.

Havendo quadro de carreira, o empregado pode postular apenas eventual direito pertinente a preterição, enquadramento ou reclassificação no referido quadro.

Assim sendo, incorreta a alternativa "A".

A alternativa "B" fala no *jus variandi*, que é o poder do empregador de realizar alterações no contrato de trabalho. Todavia, este poder encontra limites, sendo vedado quando implicar em alteração substancial do contrato, como no caso apresentado, com manifesto prejuízo ao empregado. Incorreta, portanto.

Com relação à alternativa "D", devemos nos reportar a Súmula n. 378 do STJ que diz "reconhecido o desvio de função, o servidor faz jus às diferenças salariais decorrentes".

Ainda em relação ao desvio de função, a Orientação Jurisprudencial n. 125 da SBDI-1 do TST esclarece que o simples desvio funcional do empregado não gera direito a novo enquadramento, mas apenas às diferenças salariais respectivas.

Incorreta portanto a alternativa "D".

---

112. Joana foi contratada para trabalhar de segunda a sábado na residência do Sr. Demétrius, de 70 anos, como sua acompanhante, recebendo salário mensal. Ao exato término do terceiro mês de prestação de serviços, o Sr. Demétrius descobre que a Sra. Joana está grávida, rescindindo a prestação de serviços. Joana, inconformada, ajuíza ação trabalhista para que lhe seja reconhecida a condição de empregada doméstica e garantido o seu emprego mediante reconhecimento da estabilidade provisória pela gestação.

Levando-se em consideração a situação de Joana, assinale a alternativa correta.

☐ A) A função de acompanhante é incompatível com o reconhecimento de vínculo de emprego doméstico.

☐ B) Joana faz jus ao reconhecimento de vínculo de emprego como empregada doméstica.

☐ C) Joana não fará jus à estabilidade gestacional, pois este não é um direito garantido à categoria dos empregados domésticos.

☐ D) Joana não fará jus à estabilidade gestacional, pois o contrato de três meses é automaticamente considerado de experiência para o Direito do Trabalho e pode ser rescindido ao atingir o seu termo final.

A alternativa correta é a "B".

O empregado doméstico é aquele legalmente conceituado como o que presta serviços de natureza contínua, no âmbito residencial de pessoa ou família, razão pela qual, na questão formulada, deve ser considerada empregada.

Compreende-se no conceito de empregado doméstico, a acompanhante, a copeira, a babá, o mordomo, a governanta, o caseiro, o motorista, para citar alguns exemplos.

Assim, não há nenhuma incompatibilidade da função de acompanhante com o reconhecimento do vínculo de emprego, razão pela qual errada a alternativa "A".

Dentre os direitos do empregado doméstico está o da estabilidade provisória. A Lei n. 11.324 de 2006, alterou a Lei do doméstico (Lei n. 5.859/72) acrescentando o art. 4º-A que vedou a dispensa arbitrária ou sem justa causa da empregada doméstica gestante desde a confirmação da gravidez até 5 meses após o parto. Por esse motivo, resta excluída a alternativa "C".

Quanto a alternativa "D" é incorreta porque contrato à prazo deve ser feito por escrito. No presente caso, Joana foi contratada sem registro algum, razão pela qual não se pode admitir contrato por prazo tácito.

---

113. Paulo, empregado de uma empresa siderúrgica, sofreu acidente do trabalho, entrando em gozo de auxílio-doença acidentário, a partir do décimo sexto dia de seu afastamento. Durante este período de percepção do benefício previdenciário, ele foi dispensado sem justa causa por seu empregador.

Diante do exposto, assinale a alternativa correta.

☐ A) Paulo tem direito a ser reintegrado, com fundamento na garantia provisória de emprego assegurada ao empregado acidentado.

☐ B) Paulo tem direito a ser readmitido, com fundamento na garantia provisória de emprego assegurada ao empregado acidentado.

☐ C) Paulo tem direito a ser readmitido, em razão da interrupção do contrato de trabalho que se operou a partir do décimo sexto dia de afastamento.

☐ D) Paulo tem direito a ser reintegrado, em razão da suspensão do contrato de trabalho que se operou a partir do décimo sexto dia de afastamento.

A alternativa correta é a "D".

O acidente de trabalho ocorrido após o 15º dia é considerado suspensão do contrato de trabalho, em razão do empregado passar a receber auxílio-doença, pago pela previdência social, consoante art. 59, da Lei n. 8.213/1991, que assim dispõe:

> Art. 59. O auxílio-doença será devido ao segurado que, havendo cumprido, quando for o caso, o período de carência exigido nesta Lei, ficar incapacitado para o seu trabalho ou para a sua atividade habitual por mais de 15 (quinze) dias consecutivos.

A suspensão do contrato de trabalho não importa na ruptura do liame empregatício, mas sim em uma paralisação provisória do contrato. No caso de acidente de trabalho, o tempo de serviço continua sendo contado, sem solução de continuidade, devendo o empregador continuar a recolher o FGTS. Assim dispõe o § único do art. 4º, da CLT e o art. 15, § 5º, da Lei n. 8.036/90.

§ 4º, do art. 4º, da CLT:

> Computar-se-ão, na contagem de tempo de serviço, para efeito de indenização e estabilidade, os períodos em que o empregado estiver afastado do trabalho prestando serviço militar ... (VETADO) ... e por motivo de acidente do trabalho. *(Incluído pela Lei n. 4.072, de 16.6.1962)*

§ 5º, do art. 15, da Lei n. 8.036/90:

> Art. 15. Para os fins previstos nesta lei, todos os empregadores ficam obrigados a depositar, até o dia 7 (sete) de cada mês, em conta bancária vinculada, a importância correspondente a 8 (oito) por cento da remuneração paga ou devida, no mês anterior, a cada trabalhador, incluídas na remuneração as parcelas de que tratam os arts. 457 e 458 da CLT e a gratificação de Natal a que se refere a Lei n. 4.090, de 13 de julho de 1962, com as modificações da Lei n. 4.749, de 12 de agosto de 1965.
>
> § 5º O depósito de que trata o *caput* deste artigo é obrigatório nos casos de afastamento para prestação do serviço militar obrigatório e licença por acidente do trabalho. *(Incluído pela Lei n. 9.711, de 1998)*

O contrato individual de trabalho, no curso de auxílio-doença concedido pelo INSS, permanece suspenso. Via de consequência, não poderá haver a ruptura contratual por qualquer das partes no referido período. A reintegração, com o pagamento dos salários e demais consectários legais é medida que se impõe.

A alternativa "A" está incorreta. A estabilidade é adquirida nos 12 (doze) meses subsequentes ao retorno do empregado da licença. A garantia é inerente ao acidente e não ao recebimento do auxílio doença.

> Art. 118, da Lei n. 8.213/91 — "O segurado que sofreu acidente do trabalho tem garantida, pelo prazo mínimo de doze meses, a manutenção do seu contrato de trabalho na empresa, após a cessação do auxílio-doença acidentário, independentemente de percepção de auxílio-acidente".

A alternativa "B" está incorreta. A uma, porque a despedida se deu durante o período de percepção do benefício previdenciário, o que importa dizer que não tinha a estabilidade garantia, uma vez que a garantia é adquirida após o retorno do empregado da licença. A duas, porque não se trata de readmissão, mas de reintegração.

A alternativa "C" está incorreta. Trata-se de suspensão do contrato e não interrupção e de reintegração, conforme já analisado nas alternativas anteriores.

---

114. Com relação às provas no processo do trabalho, assinale a alternativa correta.

- ☐ A) As testemunhas devem ser necessariamente arroladas pelas partes dentro do prazo estabelecido pelo juiz, a fim de que sejam notificadas para comparecimento à audiência.
- ☐ B) Cada uma das partes não pode indicar mais de três testemunhas, inclusive nas causas sujeitas ao procedimento sumaríssimo, salvo quando se tratar de inquérito para apuração de falta grave, caso em que este número pode ser elevado a seis.
- ☐ C) Na hipótese de deferimento de prova técnica, é vedada às partes a apresentação de peritos assistentes.
- ☐ D) Nas causas sujeitas ao procedimento sumaríssimo, somente quando a prova do fato o exigir, ou for legalmente imposta, será deferida prova técnica, incumbindo ao juiz, desde logo, fixar o prazo, o objeto da perícia e nomear perito.

A alternativa correta é a "D".

A alternativa é exatamente a redação do art. 852-H, § 4º CLT.

> Art. 852-H, § 4º CLT — Somente quando a prova do fato o exigir, ou for legalmente imposta, será deferida prova técnica, incumbindo ao Juiz, desde logo, ficar o prazo, o objeto da perícia e nomear perito.

A prova pericial é perfeitamente válida não só no procedimento sumaríssimo mas também nos demais, sob pena de cerceamento de defesa, razão pela qual errada a alternativa "C".

Quanto as alternativas "A" e "B", o número máximo de testemunhas para cada parte é de 3 no rito ordinário e sumário, 2 no rito sumaríssimo e 6 no inquérito judicial para apuração de falta grave.

Em qualquer deles, não há necessidade de rol de testemunhas. As testemunhas comparecerão independentemente de intimação. No rito ordinário aplica-se o disposto no art. 825 da CLT, ou seja, o não comparecimento espontâneo, implicará em intimação judicial, sujeita à condução coercitiva e multa.

No rito sumaríssimo, o juiz só irá intimar a testemunha se a parte comprovar que a convidou. Neste caso, será expedida intimação com cominação de condução coercitiva e aplicação de multa (art. 852-H, §§ 2º e 3º CLT).

> Art. 825 CLT — As testemunhas comparecerão à audiência independentemente de notificação ou intimação.
> Parágrafo único. As que não comparecerem serão intimadas, ex officio, ou a requerimento da parte, ficando sujeita à condução coercitiva, além das penalidades do art. 730, caso, sem motivo justificado, não atendam à intimação.
> Art. 852-H. Todas as provas serão produzidas na audiência de instrução e julgamento, ainda que não requeridas previamente.

§ 1º Sobre os documentos apresentados por uma das partes manifestar-se-á imediatamente a parte contrária, sem interrupção da audiência, salvo absoluta impossibilidade, a critério do juiz.

§ 2º As testemunhas, até o máximo de duas para cada parte, comparecerão à audiência de instrução e julgamento independentemente de intimação.

§ 3º Só será deferida a intimação de testemunha que, comprovadamente convidada, deixar de comparecer. Não comparecendo a testemunha intimada, o juiz poderá determinar sua imediata condução coercitiva.

Por esse motivo, erradas as alternativas "A" e "B".

Quanto à prova testemunhal, não poderá depor como testemunha, aquele que for parente de até terceiro grau civil, amigo íntimo ou inimigo de qualquer das partes. Nestes casos o depoimento valerá como simples informação (art. 829 CLT).

> Art. 829 CLT — A testemunha que for parente até o terceiro grau civil, amigo íntimo ou inimigo de qualquer das partes, não prestará compromisso, e seu depoimento valerá como simples informação.
> Súmula n. 357 TST — TESTEMUNHA. AÇÃO CONTRA A MESMA RECLAMADA. SUSPEIÇÃO (mantida) — Res. 121/2003, DJ 19, 20 e 21.11.2003. Não torna suspeita a testemunha o simples fato de estar litigando ou de ter litigado contra o mesmo empregador.

---

115. Com relação às despesas processuais na Justiça do Trabalho, assinale a afirmativa correta.

☐ A) As entidades fiscalizadoras do exercício profissional, em face de sua natureza autárquica, são isentas do pagamento de custas.

☐ B) As custas devem ser pagas pelo vencido, após o trânsito em julgado da decisão. No caso de recurso, estas devem ser pagas e comprovado o recolhimento dentro do prazo recursal.

☐ C) O benefício da gratuidade de justiça não pode ser concedido de ofício pelo juiz, devendo ser necessariamente requerido pela parte interessada.

☐ D) A responsabilidade pelo pagamento dos honorários periciais é da parte sucumbente na pretensão objeto da perícia, ainda que beneficiária da gratuidade de justiça.

A alternativa "B" está correta. O art. 789, § 1º da CLT, assim estabelece:

§ 1º As custas serão pagas pelo vencido, após o trânsito em julgado da decisão. No caso de recurso, as custas serão pagas e comprovado o recolhimento dentro do prazo recursal.

O texto legal corresponde exatamente à assertiva da alternativa "B" da questão. Quando se fala em "vencido" na Justiça do Trabalho, há uma diferença em relação à justiça comum. Isto porque, na Justiça do Trabalho não existem partes reciprocamente vencidas para efeito de custas. Se a ação for procedente ou parcialmente procedente, a reclamada arcará com todas as custas, independentemente da proporção de procedência e improcedência da ação. Se a ação for improcedente, então as custas ficarão a cargo do reclamante, a menos que este seja beneficiário da justiça gratuita, caso em que ficará isento das custas.

A alternativa "A" está incorreta, pois a Lei n. 10.537/02 acrescentou o art. 790-A à CLT, que dispõe:

> Art. 790-A. São isentos do pagamento de custas, além dos beneficiários de justiça gratuita:
>
> I — a União, os Estados, o Distrito Federal, os Municípios e respectivas autarquias e fundações públicas federais, estaduais ou municipais que não explorem atividade econômica; *(Incluído pela Lei n. 10.537, de 27.8.2002)*
>
> II — o Ministério Público do Trabalho.
>
> Parágrafo único. **A isenção prevista neste artigo não alcança as entidades fiscalizadoras do exercício profissional**, nem exime as pessoas jurídicas referidas no inciso I da obrigação de reembolsar as despesas judiciais realizadas pela parte vencedora.

O parágrafo único do referido artigo é claro ao dispor que as entidades fiscalizadoras do exercício profissional não estão isentas do pagamento de custas na Justiça do Trabalho.

A alternativa "C" está incorreta. Isto porque, não há qualquer disposição legal que vede a concessão *ex officio* do benefício da justiça gratuita. Pelo contrário, o § 3º do art. 790 da CLT concede aos juízes, órgãos julgadores, e presidente dos tribunais do trabalho de qualquer instância a permissão de, a requerimento ou de ofício, conceder o benefício da justiça gratuita, observados os requisitos do referido artigo.

A alternativa "D" está incorreta. O art. 790-B da CLT dispõe:

> Art. 790-B. A responsabilidade pelo pagamento dos honorários periciais é da parte sucumbente na pretensão objeto da perícia, salvo se beneficiária de justiça gratuita.

E o art. 3º, V da Lei n. 1.060/50, assim dispõe:

> Art. 3º A assistência judiciária compreende as seguintes isenções:
>
> V — dos honorários de advogado e peritos.

Dessa forma, com fundamento em qualquer dos artigos, é possível afirmar que o beneficiário da justiça gratuita fica isento do pagamento de honorários periciais.

116. Com relação à execução trabalhista, assinale a afirmativa correta.

☐ A) A execução deve ser impulsionada pela parte interessada, sendo vedado ao juiz promovê-la de ofício.

☐ B) O termo de compromisso de ajustamento de conduta firmado perante o Ministério Público do Trabalho, para que possa ser executado no processo do trabalho, depende de prévia homologação pelo juiz que teria competência para o processo de conhecimento relativo à matéria.

☐ C) Conforme disposição expressa na Consolidação das Leis do Trabalho, considera-se inexigível o título judicial fundado em lei ou ato normativo declarados inconstitucionais pelo Supremo Tribunal Federal ou em aplicação ou interpretação tidas por incompatíveis com a Constituição Federal.

☐ D) Garantida a execução ou penhorados os bens, é de 10 (dez) dias o prazo para o executado apresentar embargos à execução, cabendo igual prazo ao exequente para impugnação.

A alternativa correta é a "C", que é exatamente o teor do § 5º do art. 884 da CLT.
Art. 884. Garantida a execução ou penhorados os bens, terá o executado 5 (cinco) dias para apresentar embargos, cabendo igual prazo ao exequente para impugnação.
§ 1º A matéria de defesa será restrita às alegações de cumprimento da decisão ou do acordo, quitação ou prescrição da dívida.
§ 2º Se na defesa tiverem sido arroladas testemunhas, poderá o Juiz ou o Presidente do Tribunal, caso julgue necessários seus depoimentos, marcar audiência para a produção das provas, a qual deverá realizar-se dentro de 5 (cinco) dias.
§ 3º Somente nos embargos à penhora poderá o executado impugnar a sentença de liquidação, cabendo ao exequente igual direito e no mesmo prazo. (Incluído pela Lei n. 2.244, de 23.6.1954)
§ 4º Julgar-se-ão na mesma sentença os embargos e as impugnações à liquidação apresentadas pelos credores trabalhista e previdenciário. (Redação dada pela Lei n. 10.035, de 25.10.2000)
§ 5º Considera-se inexigível o título judicial fundado em lei ou ato normativo declarados inconstitucionais pelo Supremo Tribunal Federal ou em aplicação ou interpretação tidas por incompatíveis com a Constituição Federal. (Incluído pela Medida provisória n. 2.180-35, de 2001)

A alternativa "A" é incorreta, pois no processo do trabalho a execução pode ser promovida de ofício pelo juiz (art. 878 da CLT)

> Art. 878. A execução poderá ser promovida por qualquer interessado, ou ex officio pelo próprio Juiz ou Presidente ou Tribunal competente, nos termos do artigo anterior.
> Parágrafo único. Quando se tratar de decisão dos Tribunais Regionais, a execução poderá ser promovida pela Procuradoria da Justiça do Trabalho.

A alternativa "B" é incorreta pois o TAC — Termo de Ajuste e Conduta é título executivo extrajudicial e não depende de homologação pelo juiz. (art. 876 da CLT)

> Art. 876. As decisões passadas em julgado ou das quais não tenha havido recurso com efeito suspensivo; os acordos, quando não cumpridos; os termos de ajuste de conduta firmados perante o Ministério Público do Trabalho e os termos de conciliação firmados perante as Comissões de Conciliação Prévia serão executada pela forma estabelecida neste Capítulo. (Redação dada pela Lei n. 9.958, de 12.1.2000)
> Parágrafo único. Serão executadas ex officio as contribuições sociais devidas em decorrência de decisão proferida pelos Juízes e Tribunais do Trabalho, resultantes de condenação ou homologação de acordo, inclusive sobre os salários pagos durante o período contratual reconhecido. (Redação dada pela Lei n. 11.457, de 2007)

Por fim, incorreta a alternativa "D" pois o prazo dos embargos é de 5 dias após a garantia do juízo ou penhora de bens, conforme dispõe o *caput* do art. 884 da CLT, acima transcrito.

117. Assinale a alternativa que apresente requisitos intrínsecos genéricos de admissibilidade recursal.

☐ A) Capacidade, legitimidade e interesse.

☐ B) Preparo, interesse e representação processual.

☐ C) Representação processual, preparo e tempestividade.

☐ D) Legitimidade, tempestividade e preparo.

A alternativa correta é a "A".

Pressupostos intrínsecos, também chamados de subjetivos, são a legitimidade, capacidade e o interesse.

1º) Legitimidade — art. 499 CPC.

— cumpre ao terceiro demonstrar o nexo de interdependência entre o seu interesse de intervir e a relação jurídica submetida à apreciação judicial.

— O Ministério Público tem interesse em recorrer nos processos em que for parte, ou naqueles em que oficiou como fiscal da lei.

OJ-SDI1-237 — MINISTÉRIO PÚBLICO DO TRABALHO. ILEGITIMIDADE PARA RECORRER (inserida em 20.6.2001)
O Ministério Público não tem legitimidade para recorrer na defesa de interesse patrimonial privado, inclusive de empresas públicas e sociedades de economia mista.

OJ-SDI1-338 — MINISTÉRIO PÚBLICO DO TRABALHO. LEGITIMIDADE PARA RECORRER. SOCIEDADE DE ECONOMIA MISTA E EMPRESA PÚBLICA. CONTRATO NULO (DJ 4.5.2004)
Há interesse do Ministério Público do Trabalho para recorrer contra decisão que declara a existência de vínculo empregatício com sociedade de economia mista ou empresa pública, após a CF/1988, sem a prévia aprovação em concurso público.

2º) Capacidade — é necessária a capacidade processual. Se for menor, há a necessidade de assistência (art. 793 CLT).

3º) Interesse — o interesse não pode ser visto pelo prisma econômico ou patrimonial. Há de ser visto pelo prisma jurídico, ou seja, toda e qualquer situação desfavorável que a sentença possa trazer ao recorrente.

Repousa no binômio "utilidade + necessidade". Utilidade da providência judicial pleiteada e necessidade da via que se escolhe para obter a providência. O interesse é a sucumbência.

As alternativas "B", "C" e "D" são incorretas, pois, preparo, representação processual e tempestividade são pressupostos extrínsecos ou objetivos.

118. Pedro ajuizou ação em face de seu empregador objetivando a satisfação dos pedidos de horas extraordinárias, suas integrações e consectárias. O seu pedido foi julgado improcedente. Recorre ordinariamente, pretendendo a substituição da decisão por outra de diverso teor, tempestivamente. Na análise da primeira admissibilidade recursal há um equívoco, e se nega seguimento ao recurso por intempestivo. Desta decisão, tempestivamente, se interpõe o recurso de agravo por instrumento, que tem seu conhecimento negado pelo Tribunal Regional, por ausência do depósito recursal referente à metade do valor do recurso principal que se pretendia destrancar, nos termos do art. 899, § 7º da Consolidação das Leis do Trabalho.

Quanto à conduta do Desembargador Relator, é correto afirmar que:

- A) ela está correta, uma vez que o referido artigo afirma que nos casos de interposição do recurso de agravo por instrumento é necessária a comprovação do depósito recursal de 50% do valor do depósito referente ao recurso que se pretende dar seguimento.

- B) ela está correta, uma vez que o preparo é requisito de admissibilidade recursal e, por isso, não pode estar ausente, sob pena de não conhecimento do recurso.

- C) ela está equivocada, pois em que pese haver a necessidade do preparo para a interposição do recurso de agravo por instrumento, no problema acima, o pedido foi julgado improcedente sendo recorrente o autor, portanto, dispensável o preparo no que se refere a depósito recursal.

- D) ela está equivocada, pois o recurso de agravo por instrumento, na esfera laboral é o único, juntamente com os embargos por declaração, que não necessita de preparo para a sua interposição.

A alternativa correta é a "C".

De fato a Lei n. 12.275/10 incluiu o § 7º no art. 899 da CLT, criando um novo pressuposto para o agravo de instrumento, qual seja, depósito recursal de 50% do valor do depósito do recurso denegado.

> § 7º No ato de interposição do agravo de instrumento, o depósito recursal corresponderá a 50% (cinquenta por cento) do valor do depósito do recurso ao qual se pretende destrancar. *(Incluído pela Lei n. 12.275, de 2010)*

Contudo, a natureza jurídica do depósito recursal é de garantia do juízo. E, no presente caso a ação foi julgada IMPROCEDENTE e o recurso interposto pelo reclamante. Neste caso, não há que se falar em depósito recursal.

Por esse motivo, incorretas as demais alternativas.

Sobre agravo de instrumento, seguem abaixo alguns entendimentos pacificados pelo Tribunal Superior do Trabalho:

Súmula n. 218 — RECURSO DE REVISTA. ACÓRDÃO PROFERIDO EM AGRAVO DE INSTRUMENTO (mantida) — Res. 121/2003, DJ 19, 20 e 21.11.2003. É incabível recurso de revista interposto de acórdão regional prolatado em agravo de instrumento.

Súmula n. 285 — RECURSO DE REVISTA. ADMISSIBILIDADE PARCIAL PELO JUIZ-PRESIDENTE DO TRIBUNAL REGIONAL DO TRABALHO. EFEITO (mantida) — Res. 121/2003, DJ 19, 20 e 21.11.2003. O fato de o juízo primeiro de admissibilidade do recurso de revista entendê-lo cabível apenas quanto a parte das matérias veiculadas não impede a apreciação integral pela Turma do Tribunal Superior do Trabalho, sendo imprópria a interposição de agravo de instrumento.

Súmula n. 353 — EMBARGOS. AGRAVO. CABIMENTO (incorporada a Orientação Jurisprudencial n. 293 da SBDI-1 com nova redação como letra f) — Res. 171/2010, DEJT divulgado em 19, 22 e 23.11.2010. Não cabem embargos para a Seção de Dissídios Individuais de decisão de Turma proferida em agravo, salvo: a) da decisão que não conhece de agravo de instrumento ou de agravo pela ausência de pressupostos extrínsecos; b) da decisão que nega provimento a agravo contra decisão monocrática do Relator, em que se proclamou a ausência de pressupostos extrínsecos de agravo de instrumento; c) para revisão dos pressupostos extrínsecos de admissibilidade do recurso de revista, cuja ausência haja sido declarada originariamente pela Turma no julgamento do agravo; d) para impugnar o conhecimento de agravo de instrumento; e) para impugnar a imposição de multas previstas no art. 538, parágrafo único, do CPC, ou no art. 557, § 2º, do CPC; f) contra decisão de Turma proferida em Agravo interposto de decisão monocrática do relator, baseada no art. 557, § 1º-A, do CPC. *(ex-OJ n. 293 da SBDI-1 com nova redação)*

OJ-SDI1-110 — REPRESENTAÇÃO IRREGULAR. PROCURAÇÃO APENAS NOS AUTOS DE AGRAVO DE INSTRUMENTO (inserido dispositivo) — DEJT divulgado em 16, 17 e 18.11.2010. A existência de instrumento de mandato apenas nos autos de agravo de instrumento, ainda que em apenso, não legitima a atuação de advogado nos processos de que se originou o agravo.

OJ-SDI1-217 — AGRAVO DE INSTRUMENTO. TRASLADO. LEI N. 9.756/1998. GUIAS DE CUSTAS E DE DEPÓSITO RECURSAL (inserida em 2.4.2001)

Para a formação do agravo de instrumento, não é necessária a juntada de comprovantes de recolhimento de custas e de depósito recursal relativamente ao recurso ordinário, desde que não seja objeto de controvérsia no recurso de revista a validade daqueles recolhimentos.

OJ-SDI1-260 — AGRAVO DE INSTRUMENTO. RECURSO DE REVISTA. PROCEDIMENTO SUMARÍSSIMO. LEI N. 9.957/00. PROCESSOS EM CURSO (inserida em 27.9.2002)
I — É inaplicável o rito sumaríssimo aos processos iniciados antes da vigência da Lei n. 9.957/00.
II — No caso de o despacho denegatório de recurso de revista invocar, em processo iniciado antes da Lei n. 9.957/00, o § 6º do art. 896 da CLT (rito sumaríssimo), como óbice ao trânsito do apelo calcado em divergência jurisprudencial ou violação de dispositivo infraconstitucional, o Tribunal superará o obstáculo, apreciando o recurso sob esses fundamentos.

OJ-SDI1-282 — AGRAVO DE INSTRUMENTO. JUÍZO DE ADMISSIBILIDADE "AD QUEM" (DJ 11.8.2003). No julgamento de Agravo de Instrumento, ao afastar o óbice apontado pelo TRT para o processamento do recurso de revista, pode o juízo "ad quem" prosseguir no exame dos demais pressupostos extrínsecos e intrínsecos do recurso de revista, mesmo que não apreciados pelo TRT.

OJ-SDI1-283 — AGRAVO DE INSTRUMENTO. PEÇAS ESSENCIAIS. TRASLADO REALIZADO PELO AGRAVADO. VALIDADE (DJ 11.08.2003). É válido o traslado de peças essenciais efetuado pelo agravado, pois a regular formação do agravo incumbe às partes e não somente ao agravante.

OJ-SDI1-284 — AGRAVO DE INSTRUMENTO. TRASLADO. AUSÊNCIA DE CERTIDÃO DE PUBLICAÇÃO. ETIQUETA ADESIVA IMPRESTÁVEL PARA AFERIÇÃO DA TEMPESTIVIDADE (DJ 11.8.2003). A etiqueta adesiva na qual consta a expressão "no prazo" não se presta à aferição de tempestividade do recurso, pois sua finalidade é tão-somente servir de controle processual interno do TRT e sequer contém a assinatura do funcionário responsável por sua elaboração.

OJ-SDI1-285 — AGRAVO DE INSTRUMENTO. TRASLADO. CARIMBO DO PROTOCOLO DO RECURSO ILEGÍVEL. INSERVÍVEL (DJ 11.8.2003). O carimbo do protocolo da petição recursal constitui elemento indispensável para aferição da tempestividade do apelo, razão pela qual deverá estar legível, pois um dado ilegível é o mesmo que a inexistência do dado.

OJ-SDI1-286 — AGRAVO DE INSTRUMENTO. TRASLADO. MANDATO TÁCITO. ATA DE AUDIÊNCIA. CONFIGURAÇÃO (alterada) — Res. 167/2010, DEJT divulgado em 30.4.2010 e 3 e 4.5.2010. I — A juntada da ata de audiência, em que consignada a presença do advogado, desde que não estivesse atuando com mandato expresso, torna dispensável a procuração deste, porque demonstrada a existência de mandato tácito.

OJ-SDI1T-16 — AGRAVO DE INSTRUMENTO INTERPOSTO NA VIGÊNCIA DA LEI N. 9.756/1998 E ANTERIORMENTE À EDIÇÃO DA INSTRUÇÃO NORMATIVA N. 16/99 DO TST. TRASLADO DE PEÇAS. OBRIGATORIEDADE (inserida em 13.2.2001) Não há como dizer que a exigência de traslado de peças necessárias ao julgamento de ambos os recursos (o agravo e o recurso principal) somente se tornou obrigatória após a edição da Instrução Normativa n. 16/99, pois trata-se apenas de meio destinado à interpretação acerca das novas exigências que se tornaram efetivas a partir da vigência da Lei n. 9.756/1998.

OJ-SDI1T-17 — AGRAVO DE INSTRUMENTO INTERPOSTO NA VIGÊNCIA DA LEI N. 9.756/1998. EMBARGOS DECLARATÓRIOS (inserida em 13.2.2001). Para comprovar a tempestividade do recurso de revista, basta a juntada da certidão de publicação do acórdão dos embargos declaratórios opostos perante o Regional, se conhecidos.

OJ-SDI1T-18 — AGRAVO DE INSTRUMENTO INTERPOSTO NA VIGÊNCIA DA LEI N. 9.756/1998. PEÇA INDISPENSÁVEL. CERTIDÃO DE PUBLICAÇÃO DO ACÓRDÃO REGIONAL. NECESSÁRIA A JUNTADA,

SALVO SE NOS AUTOS HOUVER ELEMENTOS QUE ATESTEM A TEMPESTIVIDADE DA REVISTA (inserida em 13.2.2001). A certidão de publicação do acórdão regional é peça essencial para a regularidade do traslado do agravo de instrumento, porque imprescindível para aferir a tempestividade do recurso de revista e para viabilizar, quando provido, seu imediato julgamento, salvo se nos autos houver elementos que atestem a tempestividade da revista.

OJ-SDI1T-19 — AGRAVO DE INSTRUMENTO. INTERPOSTO NA VIGÊNCIA DA LEI N. 9.756/1998. PEÇAS DISPENSÁVEIS À COMPREENSÃO DA CONTROVÉRSIA. DESNECESSÁRIA A JUNTADA (inserida em 13.2.2001). Mesmo na vigência da Lei n. 9.756/1998, a ausência de peças desnecessárias à compreensão da controvérsia, ainda que relacionadas no inciso I do § 5º do art. 897 da CLT, não implica o não-conhecimento do agravo. Orientação Jurisprudencial da SBDI-1 — Transitória D-6

OJ-SDI1T-20 — AGRAVO DE INSTRUMENTO. MINISTÉRIO PÚBLICO. PRESSUPOSTOS EXTRÍNSECOS (inserida em 13.2.2001). Para aferição da tempestividade do AI interposto pelo Ministério Público, desnecessário o traslado da certidão de publicação do despacho agravado, bastando a juntada da cópia da intimação pessoal na qual conste a respectiva data de recebimento (Lei Complementar n. 75/93, art. 84, IV).

OJ-SDI1T-21 — AGRAVO DE INSTRUMENTO. TRASLADO. CERTIDÃO. INSTRUÇÃO NORMATIVA N. 6/96 DO TST (inserida em 13.2.2001). Certidão do Regional afirmando que o AI está formado de acordo com IN n. 6/96 do TST não confere autenticidade às peças.

---

119. Segundo a legislação e a jurisprudência sobre a ação rescisória no Processo do Trabalho, assinale a afirmativa correta.

☐ A) A decisão que extingue o processo sem resolução de mérito, uma vez transitada em julgado, é passível de corte rescisório.

☐ B) É ajuizada independente de depósito prévio, em razão da previsão específica do Processo do Trabalho.

☐ C) Quando for de competência originária de Tribunal Regional do Trabalho, admitirá o recurso de revista para o Tribunal Superior do Trabalho.

☐ D) A sentença de mérito proferida por prevaricação, concussão ou corrupção do juiz, uma vez transitada em julgado, é passível de corte rescisório.

A alternativa correta é a "D".

No comentário da questão 56 nacional, há transcrição de todas as súmulas e orientações jurisprudenciais do TST sobre rescisória.

A ação rescisória está prevista no art. 836 da CLT, que determina a aplicação do art. 485 do CPC, onde estão arroladas as hipóteses de cabimento de ação rescisória.

> Art. 836. É vedado aos órgãos da Justiça do Trabalho conhecer de questões já decididas, excetuados os casos expressamente previstos neste Título e a ação rescisória, que será admitida na forma do disposto no Capítulo IV do Título IX da Lei n. 5.869, de 11 de janeiro de 1973 — Código de Processo Civil, sujeita ao depósito prévio de 20% (vinte por cento) do valor da causa, salvo prova de miserabilidade jurídica do autor. *(Redação dada pela Lei n. 11.495, de 2007)*
>
> Parágrafo único. A execução da decisão proferida em ação rescisória far-se-á nos próprios autos da ação que lhe deu origem, e será instruída com o acórdão da rescisória e a respectiva certidão de trânsito em julgado. *(Incluído pela Medida provisória n. 2.180-35, de 2001)*
>
> Art. 485 CPC — A sentença de mérito, transitada em julgado, pode ser rescindida quando:

I — se verificar que foi dada por prevaricação, concussão ou corrupção do juiz;

II — proferida por juiz impedido ou absolutamente incompetente;

III — resultar de dolo da parte vencedora em detrimento da parte vencida, ou de colusão entre as partes, a fim de fraudar a lei;

IV — ofender a coisa julgada;

V — violar literal disposição de lei;

VI — se fundar em prova, cuja falsidade tenha sido apurada em processo criminal ou seja provada na própria ação rescisória;

VII — depois da sentença, o autor obtiver documento novo, cuja existência ignorava, ou de que não pôde fazer uso, capaz, por si só, de lhe assegurar pronunciamento favorável;

VIII — houver fundamento para invalidar confissão, desistência ou transação, em que se baseou a sentença;

IX — fundada em erro de fato, resultante de atos ou de documentos da causa.

A alternativa correta é o teor do inciso I do art. 485 do CPC acima transcrito.

A alternativa "A" é incorreta, pois é passível de ação rescisória de decisão de mérito, transitada em julgado e não terminativa.

A alternativa "B" também incorreta eis que o art. 836 da CLT, acima transcrito, exige o depósito prévio de 20% (vinte por cento) do valor da causa, salvo prova de miserabilidade jurídica do autor.

A alternativa "C" é incorreta pois se a competência é originária do TRT, o recurso cabível é o Recurso Ordinário para o TST e não o de Revista (art. 895, inciso II da CLT).

Súmula n. 158 — AÇÃO RESCISÓRIA (mantida) — Res. 121/2003, DJ 19, 20 e 21.11.2003
Da decisão de Tribunal Regional do Trabalho, em ação rescisória, é cabível recurso ordinário para o Tribunal Superior do Trabalho, em face da organização judiciária trabalhista. *(ex-Prejulgado n. 35)*

---

120. No dia 23.5.2003, Paulo apresentou reclamação verbal perante o distribuidor do fórum trabalhista, o qual, após livre distribuição, o encaminhou para a 132ª Vara do Trabalho do Rio de Janeiro. Entretanto, Paulo mudou de ideia e não compareceu à secretaria da Vara para reduzi-la a termo. No dia 24.12.2003, Paulo retornou ao distribuidor da Justiça do Trabalho e, decidido, apresentou novamente a sua reclamação verbal, cuja livre distribuição o encaminhou para a 150ª Vara do Trabalho do Rio de Janeiro. Desta vez, o trabalhador se dirigiu à secretaria da Vara, reduziu a reclamação a termo e saiu de lá ciente de que a audiência inaugural seria no dia 1º.2.2004. Contudo, ao chegar o dia da audiência, Paulo mudou de ideia mais uma vez e não compareceu, gerando o arquivamento dos autos.

Diante desta situação concreta, é correto afirmar que:

☐ A) Paulo não poderá ajuizar uma nova reclamação verbal, uma vez que a CLT proíbe o ajuizamento sucessivo de três reclamações desta modalidade.

☐ B) Paulo poderá ajuizar uma nova reclamação verbal, uma vez que somente a segunda foi reduzida a termo, gerando apenas um arquivamento dos autos por ausência do autor na audiência inaugural.

☐ C) Paulo não poderá ajuizar uma nova reclamação verbal, uma vez que deu ensejo à perempção prevista no CPC, aplicável subsidiariamente ao processo do trabalho.

☐ D) Paulo poderá ajuizar nova reclamação trabalhista, mas apenas na forma escrita e assistido obrigatoriamente por advogado.

A *alternativa correta é a B.*

De acordo com o art. 731 da CLT "Aquele que, tenha apresentado ao distribuidor reclamação verbal, não se apresentar, no prazo estabelecido no parágrafo único do art. 786, à Junta ou Juízo para fazê-lo tomar por termo, incorrerá na pena de perda, pelo prazo de 6 (seis) meses, do direito de reclamar perante à Justiça do Trabalho."

Ainda, estabelece o art. 732 da CLT "Na mesma pena do artigo anterior incorrerá o reclamante que, por 2 (duas) vezes seguidas, der causa ao arquivamento de que trata o art. 844."

O art. 844 da CLT trata do não comparecimento à audiência — "art. 844 — O não comparecimento do reclamante à audiência importa o arquivamento da reclamação, e o não comparecimento do reclamado importa revelia, além de confissão quanto à matéria de fato."

Pois bem, os arts. 731 e 732 da CLT estabelecem a chamada perempção trabalhista que é a perda do prazo de ajuizar ação por 6 meses. Isso ocorrerá em duas hipóteses: 1ª — em caso de reclamação verbal, o reclamante não comparecer no fórum no prazo de 5 dias para reduzir a termo e; 2ª — quando deixar de comparecer à primeira audiência por duas vezes seguidas.

A primeira hipótese trata-se da reclamação verbal, onde a distribuição da reclamação ocorrerá antes da redução a termo. Ao comparecer ao fórum o reclamante será intimado a comparecer novamente, no prazo de 5 dias, à vara para qual sua reclamação foi distribuída, para reduzi-la a termo. O não comparecimento neste prazo importa na perda do direito de reclamar pelo prazo de 6 meses.

> Art. 786. A reclamação verbal será distribuída antes de sua redução a termo.
> Parágrafo único. Distribuída a reclamação verbal, o reclamante deverá, salvo motivo de força maior, apresentar-se no prazo de 5 (cinco) dias, ao cartório ou à secretaria, para reduzi-la a termo, sob a pena estabelecida no art. 731.

No caso apresentado, Paulo deixou de comparecer à audiência uma única vez, razão pela qual aplica-se o art. 844 da CLT, ou seja, o processo será arquivado, podendo ajuizar uma nova ação. Por esse motivo a alternativa "B" é a correta.

Cumpre destacar que o primeiro arquivamento se deu pelo não comparecimento à vara para redução a termo, o que já é causa de perempção. Passado mais de 6 meses, ajuizou nova ação e deixou de comparecer à audiência, ou seja, trata-se do primeiro arquivamento de que trata o art. 844 da CLT.

A alternativa "A" está errada, pois não há tal vedação na CLT.

Já a alternativa "C" trata da perempção prevista no art. 268 do Código de Processo Civil. Assim estabelece referido dispositivo: "Art. 268 — Salvo o disposto no art. 267, V, a extinção do processo não obsta a que o autor intente de novo a ação. A petição inicial, todavia, não será despachada sem a prova do pagamento ou do depósito das custas e dos honorários de advogado. Parágrafo único — Se o autor der causa, por três vezes, à extinção do processo pelo fundamento previsto no n. III do artigo anterior, não poderá intentar nova ação contra o réu com o mesmo objetivo, ficando-lhe ressalvada, entretanto, a possibilidade de alegar em defesa o seu direito." É muito discutível a aplicação do referido dispositivo no processo do trabalho. Entendemos não ser aplicável, por ser incompatível. Além do mais, a questão apresentada possui regra específica na CLT, razão pela qual inaplicável a regra do CPC.

A alternativa "D" também está errada, pois não há obrigatoriedade do ajuizamento de ação por escrito e com assistência obrigatória de advogado.

Alias, sobre o *jus postulandi*, que é o direito de ir a juízo sem advogado (art. 791 CLT), cumpre destacar o teor da Súmula n. 425 do TST: "*JUS POSTULANDI* NA JUSTIÇA DO TRABALHO. ALCANCE — Res. 165/2010, DEJT divulgado em 30.4.2010 e 3 e 4.5.2010. O *jus postulandi* das partes, estabelecido no art. 791 da CLT, limita-se às Varas do Trabalho e aos Tribunais Regionais do Trabalho, não alcançando a ação rescisória, a ação cautelar, o mandado de segurança e os recursos de competência do Tribunal Superior do Trabalho."

OAB/FGV NACIONAL
2010.3

121. Paulo possuía uma casa de campo, situada em região rural da cidade de Muzambinho — MG, onde costumava passar todos os finais de semana e as férias com a sua família. Contratou Francisco para cuidar de algumas cabeças de gado destinadas à venda de carne e de leite ao mercado local. Francisco trabalhava com pessoalidade e subordinação, de segunda a sábado, das 11h às 21h, recebendo um salário mínimo mensal. Dispensado sem justa causa, ajuizou reclamação trabalhista em face de Paulo, postulando o pagamento de horas extraordinárias, de adicional noturno e dos respectivos reflexos nas verbas decorrentes da execução e da ruptura do contrato de trabalho. Aduziu, ainda, que não era observada pelo empregador a redução da hora noturna.

Diante dessa situação hipotética e considerando que as verbas postuladas não foram efetivamente pagas pelo empregador, assinale a alternativa correta.

A) Francisco tem direito ao pagamento de horas extraordinárias e de adicional noturno, não lhe assistindo o direito à redução da hora noturna.

B) Francisco tem direito ao pagamento de horas extraordinárias, mas não lhe assiste o direito ao pagamento de adicional noturno, já que não houve prestação de serviços entre as 22h de um dia e as 5h do dia seguinte.

C) Francisco não tem direito ao pagamento de horas extraordinárias e de adicional noturno, por se tratar de empregado doméstico.

D) A redução da hora noturna deveria ter sido observada pelo empregador.

A *alternativa correta é a* "A".

No presente caso, Francisco é considerado trabalhador rural, regido pela Lei n. 5.889/73, regulamentada pelo Decreto n. 73.626/74. De acordo com referida Lei, empregado rural é toda pessoa física que, em propriedade rural ou prédio rústico, presta serviços de natureza não eventual a empregador rural, sob a dependência deste mediante salário.

A propriedade rural é a situada na zona rural.

Prédio rústico é aquele que, situado na zona rural ou mesmo em zona urbana, tem como destinação a exploração de **atividade agroeconômica**.

Empregador rural é a pessoa física ou jurídica, proprietária ou não, que explore atividade agroeconômica, em caráter permanente ou temporário, diretamente ou por meio de prepostos e com auxílio de empregados.

Por atividade agroeconômica entende-se as funções e tarefas agrícolas e pecuárias, no sentido estrito, que tenham destinação ao mercado.

Ainda, determina a lei que se qualifique como atividade agroeconômica, para fins trabalhistas, a exploração industrial em estabelecimento agrário (art. 3º, § 1º, Lei n. 5.889/73).

Essa exploração industrial se restringe "às atividades que compreendem o primeiro tratamento dos produtos agrários *in natura* sem transformá-lo em sua natureza." (art. 2º, § 4º, Decreto n. 73.626/74).

Pois bem, no presente caso, Francisco trabalha na zona rural, para empregador rural, explorando atividade agroeconômica.

Há uma diferença entre o trabalho noturno do rural que trabalha na agricultura e o que trabalha na pecuária. Para aqueles que trabalham na agricultura, será considerado trabalho rural das 21:00 às 05:00 e para os que trabalham na pecuária, será considerado trabalho noturno das 20:00 às 04:00. Em ambas as hipóteses, a hora será equivalente a 60 minutos, ou seja, não há a redução ficta do urbano (52'30") e o adicional é de 25%.

Por isso, Francisco terá direito às horas extras e adicional noturno sem a redução ficta, conforme disposto na alternativa "A".

A alternativa "B" é incorreta, pois como visto o horário noturno do rural é diferente do horário noturno do urbano. Para o urbano, aplica-se o disposto no art. 73 da CLT, ou seja, será considerado aquele prestado das 22:00 às 05:00, e será computada como 52 minutos e 30 segundos (redução ficta) e paga com adicional de 20%.

A alternativa "C" também é incorreta pois Francisco não pode ser considerado doméstico, eis que exerce atividade lucrativa. Um dos elementos fáticos-jurídicos da relação doméstica é a "finalidade não lucrativa", ou seja, o empregador não pode obter lucro com a atividade do empregado.

E, por fim, a alternativa "D" é incorreta pois como visto, para o rural não há redução da hora noturna.

---

122. Em se tratando de salário e remuneração, é correto afirmar que

☐ A) o salário-maternidade tem natureza salarial.

☐ B) as gorjetas integram a base de cálculo do aviso-prévio, das horas extraordinárias, do adicional noturno e do repouso semanal remunerado.

☐ C) o plano de saúde fornecido pelo empregador ao empregado, em razão de seu caráter contraprestativo, consiste em salário *in natura*.

☐ D) a parcela de participação nos lucros ou resultados, habitualmente paga, não integra a remuneração do empregado.

A *alternativa correta é a "D"*.

A Constituição Federal desvincula a participação nos lucros ou resultados da remuneração, o que resulta na desoneração das empresas de encargos trabalhista sobre essa verba.

O direito à participação nos lucros ou resultados, está assegurado na Constituição Federal de 1988, no art. 7º, inciso XI e assim dispõe:

> participação nos lucros, ou resultados, desvinculada da remuneração, e, excepcionalmente, participação na gestão da empresa, conforme definido em lei.

A Lei n. 10.101 de 19.12.2000, regulamentou a participação dos trabalhadores nos lucros e resultados da empresa como instrumento de integração entre o capital e o trabalho e como incentivo à produtividade, nos termos do art. 7º, inciso XI supra citado.

O art. 3º da referida lei, assim estabelece que:

> A participação de que trata o art. 2º não substitui ou complementa a remuneração devida a qualquer empregado, nem constitui base de incidência de qualquer encargo trabalhista, não se lhe aplicando com habitualidade.

O referido dispositivo legal é taxativo, na medida em que afirma que o benefício não substitui nem complementa o salário, não constituindo base de cálculo para quaisquer encargos sociais.

Assim, o valor pago a título de PLR não integra a remuneração, ainda que de forma habitual.

Salário-maternidade não tem natureza salarial, mas sim natureza previdenciária, razão pela qual incorreta a alternativa "A". O salário-maternidade é pago pelo empregador, salvo para o doméstico que deverá receber diretamente da previdência social.

Quanto as gorjetas, em que pese integrar a remuneração (art. 457 da CLT), nos termos da Súmula n. 354 do TST não integram a base de cálculo para as parcelas de aviso-prévio, adicional noturno, horas extras e repouso semanal remunerado.

> Súmula n. 354 — GORJETAS — NATUREZA JURÍDICA — REPERCUSSÕES — REVISÃO DA SÚMULA N. 290. As gorjetas, cobradas pelo empregador na nota de serviço ou oferecidas espontaneamente pelos clientes, integram a remuneração do empregado, não servindo de base de cálculo para as parcelas de aviso-prévio, adicional noturno, horas extras e repouso semanal remunerado.

> Art. 457, § 3º CLT — Considera-se gorjeta não só a importância espontaneamente dada pelo cliente ao empregado, como também aquela que for cobrada pela empresa ao cliente, como adicional nas contas, a qualquer título, e destinada à distribuição aos empregados.

Por tal motivo, incorreta a alternativa "B".

A alternativa "C" também é incorreta. O plano de saúde não é considerado salário *in natura*, eis que trata-se de uma das exceções previstas no § 2º do art. 458 da CLT.

Salário utilidade, também chamado de salário *in natura* ou salário indireto, ocorre quando o pagamento não é efetuado em dinheiro, mas sim em utilidades. Integrará o salário para os devidos fins. Poderá decorrer do contrato ou de costume.

Para a configuração da utilidade, é necessário dois elementos: 1) habitualidade — o que for eventual ou provisório não será considerado salário utilidade; 2) gratuidade — havendo cobrança do empregador pela utilidade, não será considerado salário.

Regra utilizada para se saber se a utilidade é considerada salário: o que for PARA o trabalho, não será considerado salário utilidade, mas sim ferramenta de trabalho; o que for PELO trabalho, será salário.

> Súmula n. 367 do TST. I — A habitação, a energia elétrica e veículo fornecidos pelo empregador ao empregado, quando indispensáveis para a realização do trabalho, não têm natureza salarial, ainda que, no caso do veículo, seja ele utilizado pelo empregado também em atividades particulares...;

Exceção: incisos II a VI do § 2º do art. 458 da CLT. Neste dispositivo, há uma relação de verbas que apesar de ser PELO trabalho NÃO será considerado salário utilidade, pois o legislador assim determinou como uma forma de incentivar os empregadores a conceder. Dentre elas, tem-se o plano de saúde, razão pela qual a alternativa "C" é incorreta.

Por aplicação do art. 82 da CLT entende-se que 30%, no mínimo, deve ser pago em dinheiro e 70% poderão ser pagos em utilidade.

É necessário verificar o valor real da utilidade.

Se o empregado recebe salário mínimo, o valor do salário utilidade será determinado pelo Estado. Súmula n. 258 TST

A habitação e a alimentação fornecidas como utilidades, não poderão exceder a 25% e 20% respectivamente.

> Art. 458 *caput* CLT — "... Em caso algum será permitido o pagamento com bebidas alcoólicas ou drogas nocivas."

> Súmula n. 367 do TST. ... II — o cigarro não se considera salário utilidade em face de sua nocividade à saúde.

123. Com relação às estabilidades e às garantias provisórias de emprego, é correto afirmar que

☐ A) o servidor público celetista da administração direta, autárquica ou fundacional não é beneficiário da estabilidade prevista na Constituição da República de 1988, que se restringe ao ocupante de cargo de provimento efetivo em virtude de concurso público.

☐ B) a empregada gestante tem direito à estabilidade provisória na hipótese de admissão mediante contrato de experiência, uma vez que se visa à proteção do instituto da maternidade.

☐ C) os membros do Conselho Curador do FGTS representantes dos trabalhadores, efetivos e suplentes, têm direito à estabilidade no emprego, da nomeação até um ano após o término do mandato de representação, somente podendo ser dispensados por motivo de falta grave, regularmente comprovada por processo sindical.

☐ D) o registro da candidatura do empregado a cargo de dirigente sindical durante o período de aviso-prévio não obsta a estabilidade sindical, porque ainda vigente o contrato de trabalho.

A alternativa correta é a "C".

O procedimento da dispensa pode ser *ope legis*, onde a dispensa pode ser promovida pelo próprio empregador ou *ope judicis*, que depende de declaração judicial.

Algumas situações a lei exige a ação de Inquérito para Apuração de Falta Grave. São elas: decenal, sindical, membro titular do Conselho Nacional da Previdência Social e Conselho de Cooperativas.

Para empregados públicos da administração direta, autárquica e fundacional, a estabilidade só é perdida em razão de sentença judicial transitada em julgado (§ 1º do art. 41 da CF/88).

HIPÓTESES DE ESTABILIDADE

1 — DECENAL

Decreto n. 4.682/23 (lei Eloy Chaves) — concedeu estabilidade aos ferroviários; posteriormente, a CLT estendeu tal direito a todos os demais empregados.

A Lei n. 5.107/66 do FGTS, permitiu ao empregado optar pelo sistema DECENAL ou do FGTS.

A CF de 1988 revogou os arts. 492 e seguintes da CLT, tornando único o regime do FGTS.

Para os empregados que contavam com mais de 10 anos e não tivessem optado pelo FGTS quando da promulgação da CF/88, foi ressalvado o direito adquirido à estabilidade e à indenização do art. 478 da CLT.

Súmula n. 98 TST. I — A equivalência entre os regimes do Fundo de Garantia do Tempo de Serviço e da estabilidade prevista na CLT é meramente jurídica e não econômica, sendo indevidos valores a título de reposição de diferenças; II — A estabilidade contratual ou a derivada de regulamento de empresa são compatíveis com o regime do FGTS. Diversamente ocorre com a estabilidade legal (decenal, art. 492 CLT), que é renunciada com a opção do FGTS.

2 — DIRIGENTES SINDICAIS

A estabilidade do dirigente sindical, titular ou suplente, será desde o registro da candidatura até um ano após o término do mandato, salvo se cometer falta grave (art. 543, § 3º CLT e art. 8º, inciso VIII da CF).

Referida estabilidade está em consonância com as Convenções ns. 98 e 135 da OIT.

A estabilidade só atinge os membros do conselho administrativo e não do conselho fiscal.

OJ n. 365 da SDI-I do TST — ESTABILIDADE PROVISÓRIA. MEMBRO DE CONSELHO FISCAL DE SINDICATO. INEXISTÊNCIA. DJ 20, 21 e 23.5.2008. Membro de conselho fiscal de sindicato não tem direito à estabilidade prevista nos arts. 543, § 3º, da CLT e 8º, VIII, da CF/1988, porquanto não representa ou atua na defesa de direitos da categoria respectiva, tendo sua competência limitada à fiscalização da gestão financeira do sindicato (art. 522, § 2º, da CLT).

OJ-SDI1-369 — ESTABILIDADE PROVISÓRIA. DELEGADO SINDICAL. INAPLICÁVEL. O delegado sindical não é beneficiário da estabilidade provisória prevista no art. 8º, VIII, da CF/1988, a qual é dirigida, exclusivamente, àqueles que exerçam ou ocupem cargos de direção nos sindicatos, submetidos a processo eletivo.

Súmula n. 369 TST — I — É indispensável a comunicação, pela entidade sindical, ao empregador, na forma do § 5º do art. 543 da CLT; II — O art. 522 da CLT, que limita a sete o número de dirigentes sindicais, foi recepcionado pela Constituição Federal de 1988; III — O empregado de categoria diferenciada eleito dirigente sindical só goza de estabilidade se exercer na empresa atividade pertinente à categoria profissional do sindicato para o qual foi eleito dirigente; IV — Havendo a extinção da atividade empresarial no âmbito da base territorial do sindicato, não há razão para subsistir a estabilidade; V — o registro da candidatura do empregado a cargo de dirigente sindical durante o período de aviso-prévio, ainda que indenizado, não lhe assegura a estabilidade, visto que inaplicável a regra do § 3º do art. 543 da CLT.

3 — GESTANTE — art. 10, II, b ADCT — desde a confirmação da gravidez até cinco meses após o parto.

Súmula n. 244 TST. I — O desconhecimento do estado gravídico pelo empregador não afasta o direito ao pagamento da indenização decorrente da estabilidade; II — a garantia de emprego à gestante só autoriza a reintegração se esta se der durante o período de estabilidade. Do contrário, a garantia restringe-se aos salários e demais direitos correspondentes ao período de estabilidade; III — Não há direito da empregada gestante à estabilidade provisória na hipótese de admissão mediante contrato de experiência, visto que a extinção da relação de emprego, em face do término do prazo, não constitui dispensa arbitrária ou sem justa causa.

A mãe adotiva, apesar de ter direito à licença-maternidade (art. 392-A CLT), não tem direito à estabilidade no emprego, pois a lei não lhe garante este direito.

OJ n. 30 da SDC TST — Estabilidade da gestante. Renúncia ou transação de direitos constitucionais. Impossibilidade. Nos termos do art. 10, II, a, do ADCT, a proteção à maternidade foi erigida à hierarquia constitucional, pois retirou do âmbito do direito potestativo do empregador a possibilidade de despedir arbitrariamente a empregada em estado gravídico. Portanto, a teor do art. 9º da CLT, torna-se nula de pleno direito a cláusula que estabelece a possibilidade de renúncia ou transação, pela gestante, das garantias referentes à manutenção do emprego e salário.

4 — DIRIGENTE DA CIPA (Comissão Interna de Prevenção de Acidentes) — um ano, desde a candidatura até o final do mandato, salvo a prática de falta grave.

Súmula n. 339 TST — I — O suplente da CIPA goza da garantia de emprego prevista no art. 10, II, a, do ADCT a partir da promulgação da Constituição Federal de 1988; II — A estabilidade provisória do cipeiro não constitui vantagem pessoal, mas garantia para as atividades dos membros da CIPA, que somente tem razão de ser quando em atividade a empresa. Extinto o estabelecimento, não se verifica a despedida arbitrária, sendo impossível a reintegração e indevida a indenização do período estabilitário.

5 — ACIDENTADO — art. 118 da Lei n. 8.213/91 — no mínimo 12 meses após o retorno ao trabalho.

Requisitos: 1 — ter ocorrido um acidente ou doença a ele equiparado; 2 — ter o empregado recebido auxílio-doença ou constada a doença após a despedida; 3 — ter obtido alta médica.

Súmula n. 378 TST. I — É constitucional o art. 118 da Lei n. 8.213/91 que assegura o direito à estabilidade provisória por período de 12 meses após a cessação do auxílio-doença ao empregado acidentado; II — São pressupostos para a concessão da estabilidade o afastamento superior a 15 dias e a consequente percepção do auxílio-doença acidentário, salvo se constatada, após a despedida, doença profissional que guarde relação de causalidade com a execução do contrato de emprego.

6 — REPRESENTANTE DOS EMPREGADOS NO CONSELHO CURADOR DO FGTS — Lei n. 8.036/90, art. 3º, § 9º — a partir da nomeação até um ano após o término do mandato, inclusive os suplentes.

Este conselho curador será composto por uma representação tripartite, com representante dos trabalhadores, empregadores e do Estado.

7 — REPRESENTANTES DOS TRABALHADORES NO CONSELHO NACIONAL DA PREVIDÊNCIA SOCIAL — art. 3º § 7º da Lei n. 8.213/91 — a partir da nomeação até um ano após o término do mandato. Haverá necessidade de inquérito judicial para apuração da falta grave.

A indicação dos representantes dos trabalhadores e dos empregadores é feita pelas centrais sindicais ou pelas confederações nacionais, e o mandato é de dois anos, sendo permitida uma recondução.

8 — EMPREGADOS ELEITOS DIRETORES DE SOCIEDADES COOPERATIVAS — art. 55 da Lei n. 5.764/71 — a partir do registro da sua candidatura, até um ano após o final do seu contrato, inclusive o suplente.

Os empregados de empresas eleitos diretores de cooperativas pelos mesmo criados gozarão de estabilidade igual a dos dirigentes sindicais. O mandato de diretor de cooperativa é definido por estatuto e não poderá ser superior a 4 anos (art. 21, V e 47 da Lei n. 5.764/71).

> OJ n. 253 da SDI-I do TST — O art. 55 da Lei n. 5.764/71 assegura a garantia de emprego apenas aos empregados eleitos diretores de Cooperativas, não abrangendo os membros suplentes.

9 — MEMBROS DA COMISSÃO DE CONCILIAÇÃO PRÉVIA — art. 625-B e § 1º da CLT — representantes dos empregados, titulares e suplentes, terá estabilidade desde a eleição até um ano após o término do mandato.

A estabilidade inicia-se com a eleição e não com a candidatura.

10 — ATO DISCRIMINATÓRIO

Lei n. 9.029/95, art. 1º — Fica proibido a adoção de qualquer prática discriminatória e limitativa para efeito de acesso à relação de emprego, ou sua manutenção, por motivo de sexo, origem, raça, cor, estado civil, situação familiar ou idade, ressalvadas, neste caso, as hipóteses de proteção ao menor previstas no inciso XXXIII do art. 7º da Constituição Federal.

A lei não foi taxativa, mas meramente exemplificativa.

Art. 4º, Lei n. 9.029/95 — faculta o empregado a optar: 1) reintegração com ressarcimento dos salários de todo o período de afastamento ou 2) percepção em dobro da remuneração do período de afastamento.

Art. 373-A CLT — apesar de direcionadas à mulher, também deve ser estendida aos homens, sob pena de inconstitucionalidade.

11 — DEFICIENTE FÍSICO

Art. 36 do Decreto n. 3.298/99 que regulamentou a Lei n. 7.853/89, estabelece que todas as empresas com 100 ou mais empregados devem cumprir a cota de 2% a 5% de seus cargos com empregados reabilitados ou portadores de deficiência física.

A alternativa "A" é incorreta pois, como visto, servidor público é detentor de estabilidade. A alternativa "B" também incorreta, conforme Súmula n. 244 do TST e a alternativa "D" incorreta pois não há que se falar em estabilidade após a concessão de aviso-prévio.

124. Relativamente à alteração do contrato de trabalho, é correto afirmar que

☐ A) é considerada alteração unilateral vedada em lei a determinação ao empregador para que o empregado com mais de dez anos na função reverta ao cargo efetivo.

☐ B) o empregador pode, sem a anuência do empregado exercente de cargo de confiança, transferi-lo, com mudança de domicílio, para localidade diversa da que resultar do contrato, independentemente de real necessidade do serviço.

☐ C) o empregador pode, sem a anuência do empregado cujo contrato tenha como condição, implícita ou explícita, transferi-lo, com mudança de domicílio, para localidade diversa da que resultar do contrato, no caso de real necessidade do serviço.

☐ D) o adicional de 25% é devido nas transferências provisórias e definitivas.

A *alternativa correta é a "C"*.

Em regra a alteração do local de trabalho é ilícita. Contudo, em algumas hipóteses, será considerada lícita, conforme dispõe o art. 469 da CLT.

> Art. 469 CLT — Ao empregador é vedado transferir o empregado, sem a sua anuência, para localidade diversa da que resultar do contrato, não se considerando transferência a que não acarretar necessariamente a mudança de seu domicílio.

De acordo com o art. 469 da CLT considera-se transferência quando o empregado passar a prestar serviços em local diverso do contratado e desde que acarrete a mudança de seu domicílio.

Entende-se domicílio como residência.

Em sendo ILÍCITA, o empregado poderá pleitear medida liminar, nos termos do art. 659, IX da CLT.

EXCEÇÕES:

1º) § 1º do art. 469 da CLT — Não estão compreendidos na proibição deste artigo os empregados que exerçam cargos de confiança e aqueles cujos contratos tenham como condição, implícita ou explícita, a transferência, quando esta decorra de real necessidade de serviços.

Duas são as hipóteses trazidas pelo dispositivo onde a transferência será lícita:

— os empregados que exerçam cargo de confiança e;

— os empregados cujos contratos tenham como condição, implícita ou explícita, a transferência, quando esta decorra de real necessidade de serviços.

Nestas hipóteses, é necessária "a real necessidade de serviços."

Será explícita quando inserida na cláusula do contrato de trabalho e; implícita quando a natureza da função exigir. Ex: aeroviários, vendedores e etc.

> Súmula n. 43 TST — Presume-se abusiva a transferência de que trata o § 1º do art. 469 da CLT, sem comprovação da necessidade de serviço.

2º) § 2º do art. 469 da CLT — É lícita a transferência quando ocorrer extinção do estabelecimento em que trabalhar o empregado.

Equipara-se a extinção de estabelecimento o término da obra de construção civil.

3º) § 3º do art. 469 da CLT — Em caso de necessidade de serviço o empregador poderá transferir o empregado para localidade diversa da qual resultar do contrato, não obstante as restrições do artigo anterior, mas, nesse caso, ficará obrigado a um pagamento suplementar, nunca inferior a 25% (vinte e cinco por cento) dos salários que o empregado percebia naquela localidade, enquanto durar essa situação.

Trata-se de uma transferência provisória que também exige a "necessidade de serviço".

Em havendo transferência provisória, deverá ser pago adicional de 25%, enquanto durar a transferência.

Nas hipóteses dos §§ 1º e 2º também entende-se devido o adicional, desde que a transferência seja provisória. *(OJ n. 113 da SDI-I do TST)*.

> OJ n. 113 da SDI-I do TST — Adicional de transferência. Cargo de confiança ou previsão contratual de transferência. Devido. Desde que a transferência seja provisória. O fato de o empregado exercer cargo de confiança ou a existência de previsão de transferência no contrato de trabalho não exclui o direito ao adicional. O pressuposto legal apto a legitimar a percepção do mencionado adicional é a transferência provisória.

Em se tratando de transferência solicitada pelo empregado ou ainda, por ele autorizada, não há que se falar no adicional, pois não se trata de transferência unilateral.

> Art. 470 CLT — As despesas resultantes da transferência correrão por conta do empregador.

A alternativa "A" trata do cargo de confiança. A reversão do cargo de confiança ao cargo anteriormente exercido é uma das hipóteses de alteração de função autorizada em lei. (art. 468, parágrafo único da CLT)

> Art. 468 — Parágrafo único CLT — Não se considera alteração unilateral a determinação do empregador para que o respectivo empregado reverta ao cargo efetivo, anteriormente ocupado, deixando o exercício de função de confiança.

Sobre esta questão, o TST editou a Súmula n. 372, abaixo transcrito:

> Súmula n. 372 do TST. I — percebia a gratificação de função por dez ou mais anos pelo empregado, se o empregador, sem justo motivo, revertê-lo a seu cargo efetivo, não poderá retirar-lhe a gratificação tendo em vista o princípio da estabilidade financeira; II — Mantido o empregado no exercício da função comissionada, não pode o empregador reduzir o valor da gratificação.

A alternativa "B" é incorreta pois, como visto acima, de acordo com o § 1º do art. 469 da CLT e da Súmula n. 43 do TST, presume-se abusiva quando não comprovada a real necessidade do serviço.

Por fim, a alternativa "D" é incorreta pois, o adicional de 25%, é devido tão somente em se tratando de transferência provisória.

125. João da Silva decidiu ampliar o seu consultório médico e, para isso, contratou o serviço do empreiteiro Vivaldo Fortuna. Ambos ajustaram o valor de R$ 5.000,00, cujo pagamento seria feito da seguinte maneira: metade de imediato e a outra metade quando do encerramento do serviço. Logo no início dos trabalhos, Vivaldo contratou os serventes Reginaldo Nonato e Simplício de Deus, prometendo-lhes o pagamento de um salário mínimo mensal. Ocorre que, passados três meses, Reginaldo e Simplício nada receberam. Tentaram entrar em contato com Vivaldo, mas este tinha desaparecido. Por conta disso, abandonaram a obra e ajuizaram uma ação trabalhista em face de João da Silva, pleiteando os três meses de salários atrasados, além das verbas resilitórias decorrentes da rescisão indireta provocada por Vivaldo.

Diante desse caso concreto, é correto afirmar que João da Silva

☐ A) deve ser condenado a pagar os salários atrasados e as verbas resilitórias decorrentes da rescisão indireta, uma vez que é o sucessor trabalhista de Vivaldo Fortuna.

☐ B) deve ser condenado a pagar apenas os salários atrasados, mas não as verbas resilitórias, uma vez que não foi ele quem deu causa à rescisão indireta.

☐ C) não deve ser condenado a pagar os salários atrasados e as verbas resilitórias decorrentes da rescisão indireta, uma vez que a obra não foi devidamente encerrada.

☐ D) não deve ser condenado a pagar os salários atrasados e as verbas resilitórias decorrentes da rescisão indireta, uma vez que é o dono da obra e não desenvolve atividade de construção ou incorporação.

A alternativa correta é a "D".

Trata-se da hipótese contemplada pela Orientação Jurisprudencial n. 191 da SDI-I do TST, onde o DONO DA OBRA não possui responsabilidade pelas dívidas trabalhistas contraídas pelo empreiteiro, salvo se o dono da obra for uma empresa construtora ou incorporadora.

OJ-SDI1-191 — CONTRATO DE EMPREITADA. DONO DA OBRA DE CONSTRUÇÃO CIVIL. RESPONSABILIDADE (nova redação) — Res. 175/2011, DEJT divulgado em 27, 30 e 31.5.2011. Diante da inexistência de previsão legal específica, o contrato de empreitada de construção civil entre o dono da obra e o empreiteiro não enseja responsabilidade solidária ou subsidiária nas obrigações trabalhistas contraídas pelo empreiteiro, salvo sendo o dono da obra uma empresa construtora ou incorporadora.

Não confunda a relação do DONO DA OBRA com a terceirização. Nesta hipótese, o tomador dos serviços terá responsabilidade subsidiária nos termos da Súmula 331 do TST.

SUM-331 — CONTRATO DE PRESTAÇÃO DE SERVIÇOS. LEGALIDADE (nova redação do item IV e inseridos os itens V e VI à redação) — Res. 174/2011, DEJT divulgado em 27, 30 e 31.5.2011.

I — A contratação de trabalhadores por empresa interposta é ilegal, formando-se o vínculo diretamente com o tomador dos serviços, salvo no caso de trabalho temporário (Lei n. 6.019, de 3.1.1974).

II — A contratação irregular de trabalhador, mediante empresa interposta, não gera vínculo de emprego com os órgãos da Administração Pública direta, indireta ou fundacional (art. 37, II, da CF/1988).

III — Não forma vínculo de emprego com o tomador a contratação de serviços de vigilância (Lei n. 7.102, de 20.6.1983) e de conservação e limpeza, bem como a de serviços especializados ligados à atividade-meio do tomador, desde que inexistente a pessoalidade e a subordinação direta.

IV — O inadimplemento das obrigações trabalhistas, por parte do empregador, implica a responsabilidade subsidiária do tomador dos serviços quanto àquelas obrigações, desde que haja participado da relação processual e conste também do título executivo judicial.

V — Os entes integrantes da Administração Pública direta e indireta respondem subsidiariamente, nas mesmas condições do item IV, caso evidenciada a sua conduta culposa no cumprimento das obrigações da Lei n. 8.666, de 21.6.1993, especialmente na fiscalização do cumprimento das obrigações contratuais e legais da prestadora de serviço como empregadora. A aludida responsabilidade não decorre de mero inadimplemento das obrigações trabalhistas assumidas pela empresa regularmente contratada.

VI — A responsabilidade subsidiária do tomador de serviços abrange todas as verbas decorrentes da condenação referentes ao período da prestação laboral.

A alternativa "A" é incorreta pois, como visto, não se trata de sucessão mas sim de contrato de empreitada. O instituto da sucessão trabalhista tem previsão nos arts. 10 e 448 da CLT.

A alternativa "B" e "C" estão incorretas pois, como visto, não há qualquer responsabilidade do dono da obra.

---

126. O empregado Vicente de Morais foi dispensado sem justa causa. Sete dias depois, requereu a liberação do cumprimento do aviso-prévio, pois já havia obtido um novo emprego. O antigo empregador concordou com o seu pedido, exigindo apenas que ele fosse feito por escrito, junto com a cópia da sua CTPS registrada pelo novo empregador, o que foi realizado por Vicente.

Diante dessa situação, o antigo empregador deverá

☐ A) integrar o aviso-prévio ao pagamento de todas as verbas rescisórias por ele devidas, uma vez que o aviso-prévio é irrenunciável.

☐ B) deduzir o aviso-prévio do pagamento de parte das verbas rescisórias devidas, uma vez que o empregado renunciou livremente a esse direito, mas o aviso-prévio continuará incidindo sobre as parcelas de natureza salarial.

☐ C) deduzir o aviso-prévio do pagamento de parte das verbas rescisórias devidas, uma vez que o empregado renunciou livremente a esse direito, mas o aviso-prévio continuará incidindo sobre as parcelas de natureza indenizatória.

☐ D) pagar as verbas rescisórias, excluindo o valor equivalente ao dos dias remanescentes do aviso-prévio.

A alternativa correta é a "D".

O aviso-prévio está previsto na Constituição Federal, em seu art. 7º inciso XXI, que assim estabelece:

Art. 7º São direitos dos trabalhadores urbanos e rurais, além de outros que visem à melhoria de sua condição social:

...

XXI — aviso-prévio proporcional ao tempo de serviço, sendo no mínimo de trinta dias, nos termos da lei.

A CLT trata do assunto nos arts. 487 e seguintes.

O aviso-prévio deve ser concedido tanto pelo empregado quanto pelo empregador. Em sendo concedido pelo empregador, poderá ser trabalhado ou indenizado. Em sendo trabalhado é faculdade do empregado de optar por trabalhar duas horas a menos durante todos os dias ou ausentar-se por 7 dias seguidos.

Art. 488 CLT — O horário normal de trabalho do empregado, durante o prazo do aviso, e se a rescisão tiver sido promovida pelo empregador, será reduzido de duas horas diárias, sem prejuízo do salário integral.

Parágrafo único. É facultado ao empregado trabalhar sem a redução das 2 (duas) horas diárias previstas neste artigo, caso em que poderá faltar ao serviço, sem prejuízo do salário integral, por 1 (um) dia, na hipótese do inciso I, e por 7 (sete) dias corridos, na hipótese do inciso II, do art. 487 desta Consolidação.

A não observância da redução da jornada ou da dispensa por 7 dias, torna inválido o aviso-prévio.

> SUM-230 — AVISO-PRÉVIO. SUBSTITUIÇÃO PELO PAGAMENTO DAS HORAS REDUZIDAS DA JORNADA DE TRABALHO (mantida) — Res. 121/2003, DJ 19, 20 e 21.11.2003
> É ilegal substituir o período que se reduz da jornada de trabalho, no aviso-prévio, pelo pagamento das horas correspondentes.

O prazo do aviso-prévio começa a fluir do dia seguinte a que foi concedido, se foi dia trabalhado.

> SUM-380 — AVISO-PRÉVIO. INÍCIO DA CONTAGEM. ART. 132 DO CÓDIGO CIVIL DE 2002 (conversão da Orientação Jurisprudencial n. 122 da SBDI-1) — Res. 129/2005, DJ 20, 22 e 25.4.2005

Aplica-se a regra prevista no *caput* do art. 132 do Código Civil de 2002 à contagem do prazo do aviso-prévio, excluindo-se o dia do começo e incluindo o do vencimento. *(ex-OJ n. 122 da SBDI-1 — inserida em 20.4.1998)*

A revogação é possível, sendo faculdade da outra parte em aceitar ou não, conforme dispõe o art. 489 da CLT.

> Art. 489. Dado o aviso-prévio, a rescisão torna-se efetiva depois de expirado o respectivo prazo, mas, se a parte notificante reconsiderar o ato, antes de seu termo, à outra parte é facultado aceitar ou não a reconsideração.
> Parágrafo único. Caso seja aceita a reconsideração ou continuando a prestação, depois de expirado o prazo, o contrato continuará a vigorar, como se o aviso-prévio não tivesse sido dado.

A falta de aviso-prévio pelo empregado, dá ao empregador o direito de descontar os salários correspondentes ao prazo respectivo.

A finalidade do aviso-prévio concedido ao empregado é de possibilitar a procura de uma nova colocação no mercado. Em razão disso, diante da questão colocada, onde o empregado adquiriu novo trabalho e sua dispensa foi aceita pelo empregador, deverá este tão somente descontar os dias do aviso-prévio não cumprido, conforme dispõe a alternativa "A".

O aviso-prévio é irrenunciável, só existindo uma hipótese em que o empregador poderá descontar o período, que é na hipótese do empregado ter obtido um novo emprego, conforme Súmula n. 276 do TST.

> SUM-276 — AVISO-PRÉVIO. RENÚNCIA PELO EMPREGADO (mantida) — Res. 121/2003, DJ 19, 20 e 21.11.2003
> O direito ao aviso-prévio é irrenunciável pelo empregado. O pedido de dispensa de cumprimento não exime o empregador de pagar o respectivo valor, salvo comprovação de haver o prestador dos serviços obtido novo emprego.

Por esse motivo, incorretas as demais alternativas.

Ainda sobre aviso-prévio, o TST editou as seguintes orientações jurisprudenciais e Súmulas:

> OJ-SDI1-14 — AVISO-PRÉVIO CUMPRIDO EM CASA. VERBAS RESCISÓRIAS. PRAZO PARA PAGAMENTO (título alterado e inserido dispositivo) — DJ 20.04.2005
> Em caso de aviso-prévio cumprido em casa, o prazo para pagamento das verbas rescisórias é até o décimo dia da notificação de despedida.

> OJ-SDI1-82 — AVISO-PRÉVIO. BAIXA NA CTPS (inserida em 28.4.1997)
> A data de saída a ser anotada na CTPS deve corresponder à do término do prazo do aviso-prévio, ainda que indenizado.

> OJ-SDI1-83 — AVISO-PRÉVIO. INDENIZADO. PRESCRIÇÃO (inserida em 28.4.1997) A prescrição começa a fluir no final da data do término do aviso-prévio. Art. 487, § 1º, CLT.

> OJ-SDI1-84 — AVISO-PRÉVIO. PROPORCIONALIDADE (inserida em 28.4.1997). A proporcionalidade do aviso-prévio, com base no tempo de serviço, depende da legislação regulamentadora, visto que o art. 7º, inc. XXI, da CF/1988 não é autoaplicável.

> OJ-SDI1-268 — INDENIZAÇÃO ADICIONAL. LEIS NS. 6.708/79 E 7.238/84. AVISO-PRÉVIO. PROJEÇÃO. ESTABILIDADE PROVISÓRIA (inserida em 27.9.2002)
> Somente após o término do período estabilitário é que se inicia a contagem do prazo do aviso-prévio para efeito das indenizações previstas nos arts. 9º da Lei n. 6.708/79 e 9º da Lei n. 7.238/84.

OJ-SDI1-367 — AVISO-PRÉVIO DE 60 DIAS. ELASTECIMENTO POR NORMA COLETIVA. PROJEÇÃO. REFLEXOS NAS PARCELAS TRABALHISTAS (DEJT divulgado em 3, 4 e 5.12.2008)
O prazo de aviso-prévio de 60 dias, concedido por meio de norma coletiva que silencia sobre alcance de seus efeitos jurídicos, computa-se integralmente como tempo de serviço, nos termos do § 1º do art. 487 da CLT, repercutindo nas verbas rescisórias.

SUM-14 — CULPA RECÍPROCA (nova redação) — Res. 121/2003, DJ 19, 20 e 21.11.2003
Reconhecida a culpa recíproca na rescisão do contrato de trabalho (art. 484 da CLT), o empregado tem direito a 50% (cinquenta por cento) do valor do aviso prévio, do décimo terceiro salário e das férias proporcionais.

SUM-44 — AVISO-PRÉVIO (mantida) — Res. 121/2003, DJ 19, 20 e 21.11.2003
A cessação da atividade da empresa, com o pagamento da indenização, simples ou em dobro, não exclui, por si só, o direito do empregado ao aviso-prévio.

SUM-73 — DESPEDIDA. JUSTA CAUSA (nova redação) — Res. 121/2003, DJ 19, 20 e 21.11.2003
A ocorrência de justa causa, salvo a de abandono de emprego, no decurso do prazo do aviso-prévio dado pelo empregador, retira do empregado qualquer direito às verbas rescisórias de natureza indenizatória.

SUM-163 — AVISO-PRÉVIO. CONTRATO DE EXPERIÊNCIA (mantida) — Res. 121/2003, DJ 19, 20 e 21.11.2003
Cabe aviso-prévio nas rescisões antecipadas dos contratos de experiência, na forma do art. 481 da CLT (ex-Prejulgado n. 42).

SUM-182 — AVISO-PRÉVIO. INDENIZAÇÃO COMPENSATÓRIA. LEI N. 6.708, DE 30.10.1979 (mantida) — Res. 121/2003, DJ 19, 20 e 21.11.2003
O tempo do aviso-prévio, mesmo indenizado, conta-se para efeito da indenização adicional prevista no art. 9º da Lei n. 6.708, de 30.10.1979.

SUM-348 — AVISO-PRÉVIO. CONCESSÃO NA FLUÊNCIA DA GARANTIA DE EMPREGO. INVALIDADE (mantida) — Res. 121/2003, DJ 19, 20 e 21.11.2003
É inválida a concessão do aviso-prévio na fluência da garantia de emprego, ante a incompatibilidade dos dois institutos.

SUM-371 — AVISO-PRÉVIO INDENIZADO. EFEITOS. SUPERVENIÊNCIA DE AUXÍLIO-DOENÇA NO CURSO DESTE (conversão das Orientações Jurisprudenciais ns. 40 e 135 da SBDI-1) — Res. 129/2005, DJ 20, 22 e 25.4.2005
A projeção do contrato de trabalho para o futuro, pela concessão do aviso-prévio indenizado, tem efeitos limitados às vantagens econômicas obtidas no período de pré-aviso, ou seja, salários, reflexos e verbas rescisórias. No caso de concessão de auxílio-doença no curso do aviso-prévio, todavia, só se concretizam os efeitos da dispensa depois de expirado o benefício previdenciário. (ex-OJs ns. 40 e 135 da SBDI-1 — inseridas, respectivamente, em 28.11.1995 e 27.11.1998)

127. Uma Fundação Municipal de Direito Público decidiu implementar uma reestruturação administrativa, a fim de produzir melhores resultados, com proveito para a sociedade como um todo, prestigiando a sua função social e o princípio da eficiência. Para tanto, desenvolveu um Plano de Incentivo à Demissão Voluntária (PIDV), por meio do qual o empregado que aderisse receberia as verbas resilitórias, acrescidas de um bônus de 80% sobre o seu valor. Ao ler atentamente os termos do PIDV, o empregado Josué de Souza constatou a existência de uma cláusula em que se previa a expressa e geral quitação das obrigações oriundas do contrato de trabalho, nada mais havendo a reclamar depois de efetuado o ajuste. Após refletir cuidadosamente sobre a questão, Josué resolveu aderir ao PIDV. Ocorre que, tão logo recebeu as verbas resilitórias e o bônus de 80%, Josué ajuizou uma ação trabalhista em face da Fundação, pleiteando o pagamento de horas extraordinárias e os reflexos delas decorrentes, sob o argumento de que essas parcelas não foram englobadas expressamente pelo PIDV. Em defesa, o antigo empregador reconheceu a existência de trabalho extraordinário, mas afirmou que as querelas oriundas do contrato de emprego já haviam sido definitivamente solucionadas pelo PIDV.

Diante dessa situação concreta, é correto afirmar que o pedido de pagamento de horas extraordinárias e reflexos deve ser julgado

- A) procedente, uma vez que o PIDV efetua a quitação exclusivamente das parcelas e valores dele constantes.
- B) improcedente, haja vista a cláusula de quitação geral prevista no PIDV.
- C) improcedente, haja vista a natureza jurídica de renúncia do PIDV.
- D) procedente, uma vez que Josué de Souza possui prazo de cinco anos após o término do contrato para pleitear tudo o que entender cabível.

A alternativa correta é a "A".

PDV, também chamado de plano de demissão voluntária não têm o condão de quitar o contrato de trabalho, em razão do princípio da irrenunciabilidade ou indisponibilidade das normas trabalhistas.

Por esse motivo, a ação deverá ser julgada procedente, pois a quitação é restrita as verbas expressamente recebidas. Neste sentido é a OJ n. 270 da SDI-I do TST, abaixo transcrita:

> OJ-SDI1-270 — PROGRAMA DE INCENTIVO À DEMISSÃO VOLUNTÁRIA. TRANSAÇÃO EXTRAJUDICIAL. PARCELAS ORIUNDAS DO EXTINTO CONTRATO DE TRABALHO. EFEITOS (inserida em 27.9.2002)
> A transação extrajudicial que importa rescisão do contrato de trabalho ante a adesão do empregado a plano de demissão voluntária implica quitação exclusivamente das parcelas e valores constantes do recibo.

Consequentemente, incorretas as alternativas "B" e "C", aliás, aqui cumpre uma observação. Se o candidato está com dúvida quanto a alternativa correta, por lógica, eliminaria as alternativas "B" e "C", pois se admitíssemos a validade do PDV, ambas estariam corretas.

A alternativa "D" também é incorreta, pois o prazo para pleitear direitos é de 2 anos após a extinção do contratado de trabalho (art. 7º inciso XXIX da Constituição Federal).

> Art. 7º São direitos dos trabalhadores urbanos e rurais, além de outros que visem à melhoria de sua condição social:
> ...
> XXIX — ação, quanto aos créditos resultantes das relações de trabalho, com prazo prescricional de cinco anos para os trabalhadores urbanos e rurais, até o limite de dois anos após a extinção do contrato de trabalho.

Sobre o PDV, o TST editou a OJ n. 207 da SDI-I pacificando entendimento de que não há incidência de imposto de renda.

OJ-SDI1-207 — PROGRAMA DE INCENTIVO À DEMISSÃO VOLUNTÁRIA. INDENIZAÇÃO. IMPOSTO DE RENDA. NÃO INCIDÊNCIA (inserido dispositivo) — DJ 20.4.2005

A indenização paga em virtude de adesão a programa de incentivo à demissão voluntária não está sujeita à incidência do imposto de renda.

---

128. Em relação aos embargos de terceiro na execução por carta precatória, é correto afirmar que

- A) devem ser oferecidos no juízo deprecante, exceto quando se tratar de vício ou irregularidade de penhora, avaliação ou alienação dos bens, praticados pelo juízo deprecado.

- B) devem ser oferecidos no juízo deprecado, que possui competência por delegação para a execução em outra localidade.

- C) devem ser oferecidos no juízo deprecante, pois a carta precatória se presta apenas para que se pratiquem atos em outra localidade, mantida a competência para atos decisórios no juízo principal da execução.

- D) podem ser oferecidos no juízo deprecante ou deprecado, sendo do juízo deprecante a competência para julgamento, exceto quando se tratar de vício ou irregularidade de penhora, avaliação ou alienação dos bens, praticados pelo juízo deprecado.

A *alternativa correta é a "D"*.

A alternativa correta é exatamente o teor da Súmula n. 419 do TST, abaixo transcrito:

Súmula n. 419 TST — execução por carta precatória, os embargos de terceiro serão oferecidos no juízo deprecante ou no juízo deprecado, mas a competência para julgá-los é do juízo deprecante, salvo se versarem, unicamente, sobre vícios ou irregularidades da penhora, avaliação ou alienação dos bens, praticados pelo Juízo deprecado, em que a competência será deste último.

Embargos de Terceiros está previsto no art. 1.046 do CPC, cabível para proteger terceiro contra turbação ou esbulho de seus bens em processo judicial.

Execução por carta precatória ocorre quando os bens do devedor encontram-se na jurisdição de juízo diverso daquele em que tramita a execução. O juiz da execução expedirá carta precatória para que os bens sejam penhorados ou para que o devedor seja citado.

Por esse motivo, incorretas as demais alternativas.

129. Tício, gerente de operações da empresa Metalúrgica Comercial, foi eleito dirigente sindical do Sindicato dos Metalúrgicos. Seis meses depois, juntamente com Mévio, empregado representante da CIPA (Comissão Interna para Prevenção de Acidentes) da empresa por parte dos empregados, arquitetaram um plano para descobrir determinado segredo industrial do seu empregador e repassá-lo ao concorrente mediante pagamento de numerário considerável. Contudo, o plano foi descoberto antes da venda, e a empresa, agora, pretende dispensar ambos por falta grave.

Você foi contratado como consultor jurídico para indicar a forma de fazê-lo. O que deve ser feito?

☐ A) Ajuizamento de inquérito para apuração de falta grave em face de Tício e Mévio, no prazo decadencial de 30 dias, caso tenha havido suspensão deles para apuração dos fatos.

☐ B) Simples dispensa por falta grave para ambos os empregados, pois o inquérito para apuração de falta grave serve apenas para a dispensa do empregado estável decenal.

☐ C) Ajuizamento de inquérito para apuração de falta grave em face de Tício, no prazo decadencial de 30 dias, caso tenha havido suspensão dele para apuração dos fatos; e simples dispensa por justa causa em relação a Mévio, independentemente de inquérito.

☐ D) Ajuizamento de inquérito para apuração de falta grave em face de Tício, no prazo decadencial de 30 dias, contados do conluio entre os empregados; e simples dispensa por justa causa em relação a Mévio, independentemente de inquérito.

A alternativa correta é a "C".

O procedimento da dispensa do empregado estável pode ser *ope legis*, onde a dispensa pode ser promovida pelo próprio empregador ou *ope judicis*, que depende de declaração judicial.

Algumas situações a lei exige a ação de Inquérito para Apuração de Falta Grave. São elas: decenal, sindical, membro titular do Conselho Nacional da Previdência Social e Conselho de Cooperativas.

Tício por ser dirigente sindical, é necessário o ajuizamento do Inquérito Judicial para Apuração de Falta Grave; já Mévio, por ser membro da CIPA é desnecessário o ajuizamento do Inquérito, bastando a dispensa pelo próprio empregador.

O Inquérito de Apuração de Falta Grave tem previsão legal no art. 494 da CLT, que assim dispõe:

Art. 494 CLT — O empregado acusado de falta grave poderá ser suspenso de suas funções, mas a sua despedida só se tornará efetiva após o inquérito em que se verifique a procedência da acusação.

Parágrafo único. A suspensão, no caso deste artigo, perdurará até o decisão final do processo.

O empregador deverá ajuizar ação, por escrito, dentro do prazo de 30 dias, contados da suspensão do empregado. Trata-se de prazo decadencial.

As custas serão pagas ao final.

Se for julgada IMPROCEDENTE fica o empregador (autor) obrigado a reintegrar o réu e a pagar-lhe os salários e demais vantagens do período de afastamento. Neste caso, o tempo de afastamento será considerado interrupção do contrato de trabalho.

No caso de impossibilidade de reintegração, poderá o juiz converter a obrigação de fazer em obrigação de indenizar.

130. Determinada turma do Tribunal Superior do Trabalho não conheceu de recurso de revista interposto pela empresa Alfa Empreendimentos Ltda. em razão de a decisão recorrida (proferida por Tribunal Regional do Trabalho em sede de recurso ordinário, em dissídio individual) estar em perfeita consonância com enunciado de súmula de direito material daquela Corte Superior. Transcorrido *in albis* o prazo recursal, essa decisão transitou em julgado.

Na condição de advogado contratado pela respectiva empresa, para ajuizamento de ação rescisória, é correto afirmar que a decisão rescindenda será a proferida pelo

☐ A) Tribunal Regional do Trabalho, em recurso ordinário, tendo competência originária para o seu julgamento o próprio Tribunal Regional do Trabalho.

☐ B) Tribunal Superior do Trabalho, que não conheceu do recurso de revista, tendo competência originária uma das turmas do próprio Tribunal Superior do Trabalho.

☐ C) Tribunal Regional do Trabalho, em recurso ordinário, tendo competência originária para o seu julgamento a Seção Especializada em Dissídios Individuais do Tribunal Superior do Trabalho.

☐ D) Tribunal Superior do Trabalho, que não conheceu do recurso de revista, tendo competência originária a Seção Especializada em Dissídios Individuais do próprio Tribunal Superior do Trabalho.

A alternativa correta é a "D".

Ação rescisória é a ação de competência originária dos tribunais por meio da qual se pede a anulação ou desconstituição de uma sentença ou acórdão transitado materialmente em julgado e a eventual reapreciação do seu mérito.

O que se rescinde é a última decisão de mérito. Se a última decisão de mérito for uma sentença ou acórdão do TRT, será competente o TRT. Se a última decisão de mérito for acórdão do TST, a competência será do TST.

Entretanto, há uma exceção. E é exatamente aquela contemplada na questão, prevista no item II da Súmula n. 192 do TST.

> Súmula 192 do TST. I — Se não houver o conhecimento de recurso de revista ou de embargos, a competência para julgar ação que vise a rescindir a decisão de mérito é do Tribunal Regional do Trabalho, ressalvando o disposto no item II.
> II — Acórdão rescindendo do Tribunal Superior do Trabalho que não conhece de recurso de embargos ou de revista, analisando arguição de violação de dispositivo de lei material ou decidindo em consonância com súmula de direito material com iterativa, notória ou atual jurisprudência de direito material da Seção de Dissídios Individuais (Súmula n. 333), examina o mérito da causa, cabendo ação rescisória da competência do Tribunal Superior do Trabalho.
> III — Em face do disposto no art. 512, do CPC, é juridicamente impossível o pedido explícito de desconstituição de sentença quando substituída por acórdão Regional.
> IV — É manifesta a impossibilidade jurídica do pedido de rescisão de julgado proferido em agravo de instrumento que, limitando-se a aferir o eventual desacerto do juízo negativo de admissibilidade do recurso de revista, não substitui o acórdão regional, na forma do art. 512 do CPC.
> V — A decisão proferida pela SDI, em sede de agravo regimental, calcada na Súmula n. 333, substitui acórdão de Turma do TST, porque emite juízo de mérito, comportando, em tese, o corte rescisório.

Ainda sobre a questão da competência, o TST editou a OJ n. 70 da SDI-II do TST, abaixo transcrita:

> OJ n. 70 da SDI-II do TST — O manifesto equívoco da parte em ajuizar ação rescisória no TST para desconstituir julgado proferido pelo TRT, ou vice-versa,

implica a extinção do processo sem julgamento do mérito por inépcia da petição inicial.

Trata-se de uma ação constitutivo-negativa, porquanto visa à desconstituição da *res judicata*.

Ao publicar a sentença, o juiz só poderá alterá-la em duas hipóteses: 1º) para corrigir de ofício ou a requerimento da parte, inexatidão materiais, ou lhe retificar erros de cálculo; 2º) por meio de embargos de declaração.

Um dos efeitos da sentença de mérito é a coisa julgada material. Coisa julgada material é a imutabilidade que reveste os efeitos naturais da sentença (o conjunto de efeitos que a sentença produz na condição de decisão final do litígio, como qualquer outro ato do Estado).

Apesar do art. 485 do CPC dizer que "a sentença de mérito transitada em julgado, pode ser rescindida....", a expressão sentença deve ser entendida em sentido amplo.

No processo do trabalho, além das decisões de mérito, também são rescindíveis a decisão que homologa os acordos, por ter força de decisão irrecorrível (art. 831, parágrafo único CLT).

> Súmula n. 259 TST — Só por ação rescisória é impugnável o termo de conciliação previsto no parágrafo único do art. 831 da CLT.

Por essa razão, as alternativas "A" e "C" estão incorretas. A alternativa "B" é incorreta, pois a competência será da Seção Especializada em Dissídios Individuais e não da Turma.

---

131. O sindicato representante de determinada categoria profissional ajuizou ação civil pública em face da Construtora Beta Ltda., postulando sua condenação na obrigação de se abster de coagir seus empregados a deixarem de se filiar ao respectivo ente sindical. A pretensão foi julgada procedente, tendo transitado em julgado a decisão condenatória.

Diante dessa situação hipotética, assinale a alternativa correta.

☐ A) Seria obrigatória a intervenção do Ministério Público do Trabalho como fiscal da lei nesse processo.

☐ B) O ajuizamento dessa ação civil pública visou à tutela de interesses ou direitos meramente individuais.

☐ C) A sentença fará coisa julgada às partes entre as quais é dada (*inter partes*), não beneficiando nem prejudicando terceiros.

☐ D) A competência funcional para julgamento dessa ação civil pública é do Tribunal Regional do Trabalho que tenha jurisdição no local onde se situa a sede da empresa.

A alternativa correta é a "A".

A Ação Civil Pública é regulada pela Lei n. 7.347/85 e, de acordo com o art. 5º, inciso II, § 1º, o Ministério Público atuará obrigatoriamente como fiscal da lei.

Portanto, correta a alternativa "A"

Assim estabelece o art. 129, inciso III da Constituição Federal:

> Art. 129. São funções institucionais do Ministério Público:
> ...
> III — promover o inquérito civil e a ação civil pública, para a proteção do patrimônio público e social, do meio ambiente e de outros interesses difusos e coletivos.

Ação Civil Pública é o meio pelo qual se tutela a defesa judicial dos direitos metaindividuais.

Assim estabelece o art. 81 do Código de Defesa do Consumidor:

> Art. 81. A defesa dos interesses e direitos dos consumidores e das vítimas poderá ser exercida em Juízo individualmente, ou a titulo coletivo.
> Parágrafo único. A defesa coletiva será exercida quando se tratar de:
> I — interesses ou direitos difusos, assim entendidos, para efeitos deste Código, os transindividuais, de natureza indivisível, de que seja titulares pessoas indeterminadas e ligadas por circunstâncias de fato;
> II — interesses ou direitos coletivos, assim entendidos, para efeitos deste Código, os transindividuais, de natureza indivisível de que seja titular grupo, categoria ou classe de pessoas ligadas entre si ou com a parte contrária por uma relação jurídica base;
> III — interesses ou direitos individuais homogêneos, assim entendidos os decorrentes de origem comum.

Por esse motivo, incorreta a alternativa "B".

De acordo com o art. 16 da Lei da ACP: "*A sentença civil fará coisa julgada* erga omnes, *nos limites da competência territorial do prolator, exceto se o pedido for julgado improcedente por insuficiência de provas, hipótese em que qualquer legitimado poderá intentar outra ação com idêntico fundamento, valendo-se de nova prova.*"

Apesar de a lei mencionar que fará coisa julgada sobre "nos limites da competência territorial", o art. 103 do Código de Defesa do Consumidor não faz tal ressalva, razão pela qual derrogado o art. 16 da LACP.

Em se tratando de Ação com fundamento em interesses difusos, a sentença terá eficácia *erga omnes*, salvo se improcedente por falta de provas.

Em se tratando de Ação com fundamento em interesses coletivos, a sentença terá eficácia *ultra partes*, mas limitadamente ao grupo, categoria ou classe, salvo improcedência foi insuficiência de provas.

Em se tratando de Ação com fundamento em direitos individuais homogêneos, a sentença terá eficácia *erga omnes* apenas no caso de procedência do pedido, para beneficiar todas as vítimas e seus sucessores.

Por este motivo, incorreta a alternativa "C".

A competência no âmbito trabalhista, será os órgão de primeiro grau, ou seja, as varas do trabalho, por aplicação analógica do art. 93 do CDC.

Neste sentido, o TST editou a OJ n. 130 da SDI-II, abaixo transcrito:

> OJ-SDI2-130 — AÇÃO CIVIL PÚBLICA. COMPETÊNCIA TERRITORIAL. EXTENSÃO DO DANO CAUSADO OU A SER REPARADO. APLICAÇÃO ANALÓGICA DO ART. 93 DO CÓDIGO DE DEFESA DO CONSUMIDOR (DJ 4.5.2004)
> Para a fixação da competência territorial em sede de ação civil pública, cumpre tomar em conta a extensão do dano causado ou a ser reparado, pautando-se pela incidência analógica do art. 93 do Código de Defesa do Consumidor. Assim, se a extensão do dano a ser reparado limitar-se ao âmbito regional, a competência é de uma das Varas do Trabalho da Capital do Estado; se for de âmbito suprarregional ou nacional, o foro é o do Distrito Federal.

Por essa razão, incorreta a alternativa "D".

132. Contratado para trabalhar no Município de Boa-Fé pela empresa X, Marcos da Silva, residente no Município de Última Instância, estava obrigado a utilizar duas linhas de ônibus para e ir e para voltar do trabalho para casa, ao custo de R$ 16,00 por dia. Em virtude dos gastos com as passagens, Marcos requereu ao seu empregador que lhe fornecesse vale-transporte, ao que lhe foi dito que seria providenciado. Passados oito meses, Marcos foi dispensado sem justa causa, recebendo as verbas resilitórias, sem qualquer menção ao vale-transporte. Inconformado, Marcos ajuizou ação trabalhista pleiteando o pagamento de vale-transporte, pois nunca recebeu essa prestação. Em contestação, o empregador alegou que Marcos nunca fez qualquer requerimento nesse sentido, apesar de morador de outro município da região metropolitana.

Em face dessa situação concreta, assinale a alternativa correta relativa à distribuição do ônus da prova.

A) Cabe ao empregador apresentar todos os requerimentos de vale-transporte feitos pelos seus empregados, a fim de comprovar que Marcos não efetuou o seu próprio requerimento.

B) Cabe a Marcos demonstrar que satisfez os requisitos indispensáveis à obtenção do vale-transporte.

C) Cabe ao Juiz determinar de ofício que o empregador apresente todos os requerimentos de vale-transporte feitos pelos seus empregados, a fim de comprovar que Marcos não o efetuou.

D) Não há mais provas a serem produzidas, devendo o juiz indeferir qualquer requerimento nesse sentido.

A alternativa correta é a "B".

O vale-transporte está previsto na Lei n. 7.418/85, que foi regulamentada pelo Decreto n. 98.247/87.

Terão direito ao vale-transporte todos aqueles que necessitam de transporte público para o deslocamento trabalho-residência e vice-versa.

O art. 7º do Decreto exige que o empregado comunique por escrito ao empregador seu endereço e os meios de transporte necessários para o descolamento. Esse dispositivo é muito criticado pela doutrina, pois o Decreto não poderia criar um requisito não estipulado pela Lei.

Sobre esta questão e contrariando a doutrina, o TST editou a OJ n. 215 da SDI-I, no sentido de que é ônus do empregado de comprovar a satisfação do requisito. Assim dispõe tal verbete:

OJ-SDI1-215 — VALE-TRANSPORTE. ÔNUS DA PROVA (inserida em 8.11.2000)
É do empregado o ônus de comprovar que satisfaz os requisitos indispensáveis à obtenção do vale-transporte.

Contudo, referida Orientação Jurisprudencial, após a realização desta prova, foi cancelada pelo TST, através da Resolução n. 175/11. Ou seja, a alternativa "B" retratava o entendimento pacificado pelo TST até maio de 2011, quando foi publicada referida resolução.

Além de ser um direito dos trabalhadores urbanos e rurais, o Decreto n. 95.247/87 o estendeu também aos domésticos.

Outra critica da doutrina quanto ao Decreto do vale transporte, é que o § 3º do art. 7º considera como justa causa o uso indevido do vale transporte ou declaração falsa de necessidade. A crítica se dá pelo fato de que a Lei não tipificou tal fato como falta grave, sendo defeso ao Decreto tipificá-lo.

O Decreto também veda o pagamento em dinheiro.

Por expressa determinação do art. 2º, alínea *a* da Lei do Vale-Transporte e do art. 6º, inciso I do Decreto, o Vale-Transporte NÃO TEM NATUREZA SALARIAL.

---

133. Segundo o texto da Consolidação das Leis do Trabalho, é correto afirmar que a lei de execução fiscal

☐ A) é fonte subsidiária para a aplicação das normas na execução trabalhista.

☐ B) somente é fonte subsidiária para aplicação das normas na execução trabalhista caso não exista regramento sobre o assunto no Código de Processo Civil, que é a primeira fonte subsidiária da legislação processual do trabalho.

☐ C) somente é fonte subsidiária do Processo do Trabalho na execução das contribuições previdenciárias.

☐ D) somente é fonte subsidiária do Processo do Trabalho na execução das contribuições previdenciárias e sindicais.

A alternativa correta é a "A".

A Lei n. 6.830/80, que dispõe sobre Execução Fiscal é aplicada subsidiariamente ao processo de execução trabalhista por força do disposto no art. 889 da CLT, que assim dispõe:

> Art. 889. Aos trâmites e incidentes do processo de execução são aplicáveis, naquilo em que não contravierem ao presente Título, os preceitos que regem o processo dos executivos fiscais para a cobrança judicial da dívida ativa da Fazenda Pública Federal.

Não confunda com fonte subsidiária na fase de conhecimento, onde se aplica o disposto no art. 769 da CLT.

> Art. 769. Nos casos omissos, o direito processual comum será fonte subsidiária do direito processual do trabalho, exceto naquilo em que for incompatível com as normas deste Título.

Na fase de conhecimento, em havendo omissão da CLT será aplicado o processo comum, desde que não seja incompatível com os princípios próprios do processo do trabalho. Veja que o dispositivo fala em "processo comum" e não em "CPC". Na prática, o que se aplica subsidiariamente é o CPC, que é o diploma que reune as regras do processo comum.

A alternativa "B" é incorreta, pois a execução civil será fonte subsidiária quando houver omissão na CLT e na Lei de Execução Fiscal.

Assim, na ausência de disposição na CLT sobre execução, aplica-se a Lei de Execução Fiscal, pouco importa a natureza da dívida. Por essa razão, incorretas as alternativas "C" e "D".

OAB/FGV NACIONAL
2011.1

134. João da Silva ajuizou reclamação trabalhista em face da empresa Alfa Empreendimentos Ltda., alegando ter sido dispensado sem justa causa. Postulou a condenação da reclamada no pagamento de aviso-prévio, décimo terceiro salário, férias proporcionais acrescidas do terço constitucional e indenização compensatória de 40% (quarenta por cento) sobre os depósitos do FGTS, bem como na obrigação de fornecimento das guias para levantamento dos depósitos do FGTS e obtenção do benefício do seguro-desemprego. Na peça de defesa, a empresa afirma que o reclamante foi dispensado motivamente, por desídia no desempenho de suas funções (art. 482, alínea e, da CLT), e que, por essa razão, não efetuou o pagamento das verbas postuladas e não forneceu as guias para movimentação dos depósitos do FGTS e percepção do seguro-desemprego.

Considerando que, após a instrução processual, o juiz se convenceu da configuração de culpa recíproca, assinale a alternativa correta.

- A) A culpa recíproca é modalidade de resilição unilateral do contrato de trabalho.
- B) O reclamante tem direito a 50% do valor do aviso-prévio, do décimo terceiro salário e das férias proporcionais.
- C) O reclamante não poderá movimentar a conta vinculada do FGTS.
- D) O reclamante não tem direito ao pagamento de indenização compensatória sobre os depósitos do FGTS.

A alternativa correta é a "B".

A culpa recíproca se caracteriza pelo ato faltoso do empregado e do empregador de forma simultânea e conexa.

Nesta hipótese, aplica-se o art. 484 da CLT que dispõe:

> Art. 484 CLT — Havendo culpa recíproca no ato que determinou a rescisão do contrato de trabalho, o Tribunal Regional do Trabalho reduzirá a indenização à que seria devida em caso de culpa exclusive do empregador por metade.

Sobre esta questão, o TST editou a Súmula n. 14, com a seguinte redação:

> Súmula n. 14 — Reconhecida a culpa recíproca na rescisão do contrato de trabalho (art. 484 da CLT), o empregado tem direito a 50% (cinquenta por cento) do valor do aviso-prévio, do décimo terceiro salário e das férias proporcionais.

A alternativa correta é exatamente a redação da Súmula n. 14 do TST, retro transcrita.

Não se trata de resilição unilateral do contrato, mas sim espécie de término contratual por determinação judicial. Por essa razão incorreta a alternativa "A".

O art. 18, § 2º da Lei n. 8.036/90 estabelece que, na hipótese de culpa recíproca, a multa do FGTS será devida pela metade, ou seja, 20%. Por essa razão incorreta a alternativa "D".

A alternativa "C" também incorreta pois não há na lei nenhuma vedação à movimentação da conta vinculada do FGTS. Ao contrário, conforme visto acima, é devida a multa de 20% sobre o montante.

É importante ressaltar que as hipóteses de rescisão do contrato por justa causa do empregado estão no art. 482 da CLT. Também são encontradas outras hipóteses no arts. 158 e 240 da CLT.

A falta grave do empregador enseja em rescisão indireta do contrato de trabalho e as hipóteses estão elencadas no art. 483 da CLT.

Na justa causa do empregado é devido tão somente saldo de salário e férias vencidas mais 1/3. NÃO SERÁ devido: férias proporcionais, aviso-prévio, guias para saque do FGTS e do seguro-desemprego e multa de 40% sobre os depósitos fundiários.

> Súmula n. 171 TST — Salvo na hipótese de dispensa do empregado por justa causa, a extinção do contrato de trabalho sujeita o empregador ao pagamento da remuneração das férias proporcionais, ainda que incomplete o período aquisitivo de 12 (doze) meses (art. 147 da CLT).
>
> Súmula n. 73 TST — A ocorrência de justa causa, salvo a de abandono de emprego, no decurso do prazo do aviso-prévio dado pelo empregador, retira do empregado qualquer direito às verbas rescisórias de natureza indenizatória.

Na hipótese de rescisão indireta do contrato de trabalho (justa causa do empregador), o empregado fará jus ao recebimento de todas as verbas decorrentes da rescisão imotivada, quais sejam: aviso-prévio indenizado, saldo de salário, férias vencidas mais 1/3, férias proporcionais mais 1/3, décimo terceiro salário proporcionais (também chamado de gratificação natalina), multa de 40% do FGTS e guias para saque do seguro-desemprego e FGTS.

Lembrar que o não fornecimento das guias para saque do seguro-desemprego dá direito ao empregado à indenização, nos termos da Súmula n. 389 do TST.

> Súmula n. 389 TST. I — Inscreve-se na competência material da Justiça do Trabalho a lide entre empregado e empregador tendo por objeto indenização pelo não-fornecimento das guias do seguro-desemprego;
> II — O não fornecimento pelo empregador da guia necessária para o recebimento do seguro-desemprego dá origem ao direito à indenização.

---

135. Assinale a alternativa correta em relação ao Fundo de Garantia do Tempo de Serviço — FGTS.

☐ A) Durante a prestação do serviço militar obrigatório pelo empregado, ainda que se trate de período de suspensão do contrato de trabalho, é devido o depósito em sua conta vinculada do FGTS.

☐ B) Na hipótese de falecimento do emprego, o saldo de sua conta vinculada do FGTS deve ser pago ao representante legal do espólio, a fim de que proceda à partilha entre todos os sucessores do trabalhador falecido.

☐ C) Não é devido o pagamento de indenização compensatória sobre os depósitos do FGTS quando o contrato de trabalho se extingue por força maior reconhecida pela Justiça do Trabalho.

☐ D) A prescrição da pretensão relativa às parcelas remuneratórias não alcança o respectivo recolhimento da contribuição para o FGTS, posto ser trintenária a prescrição para a cobrança deste último.

A alternativa correta é a "A".

Há controvérsias na doutrina se o tempo de serviço militar obrigatório é causa de suspensão ou interrupção do contrato de trabalho.

A diferença é que na suspensão não há pagamento de salários e na interrupção há. Via de regra, na suspensão o período de afastamento não é computado e também não é devida nenhuma contraprestação. Já no período de interrupção, o tempo é computado e é devida a remuneração.

Pois bem, o serviço militar obrigatório é causa de suspensão do contrato de trabalho, apesar de ser computado para todos os efeitos, inclusive para o recolhimento do FGTS. Aliás, em razão disso é que parte da doutrina entende se tratar de interrupção.

Estabelece o art. 472 da CLT que: não constituirá motivo para a alteração ou rescisão do contrato de trabalho por parte do empregador."

Ainda sobre esta questão, assim estabelece o art. 28 do Decreto n. 99.684/90:

> O depósito na conta vinculada no FGTS é obrigatório também nos casos de interrupção do contrato de trabalho prevsita em lei, tais como:
> I — prestação de serviço militar;
> II — licença para tratamento de saúde de até quinze dias;
> III — licença por acidente do trabalho;
> IV — licença-gestante; e
> V — licença-paternidade.
> Parágrafo único. Na hipótese deste artigo, a base de cálculo será revista sempre que ocorrer aumento geral na empresa ou na categoria professional a que pertencer o trabalhador.

Não se trata de suspensão e nem de interrupção se o empregado ingressou voluntariamente nas forças armadas.

A alternativa "B" é incorreta. Em caso de falecimento do trabalhador, os depósitos fundiários serão devidos a seus dependentes, para esse fim habilitados perante a Previdência Social, conforme inciso IV do art. 20 da Lei n. 8.036/90.

Referido artigo trata das hipóteses de saque do FGTS.

> Art. 20. A conta vinculada do trabalhador no FGTS poderá ser movimentada nas seguintes situações:
> I — despedida sem justa causa, inclusive a indireta, de culpa recíproca e de força maior;
> II — extinção total da empresa, fechamento de quaisquer de seus estabelecimentos, filiais ou agências, supressão de parte de suas atividades, declaração de nulidade do contrato de trabalho nas condições do art. 19-A, ou ainda falecimento do empregador individual sempre que qualquer dessas ocorrências implique rescisão do contrato de trabalho, comprovada por declaração escrita da empresa, suprida, quando for o caso, por decisão judicial transitada em julgado;
> III — aposentadoria concedida pela Previdência Social;
> IV — falecimento do trabalhador, sendo o saldo pago a seus dependentes, para esse fim habilitados perante a Previdência Social, segundo o critério adotado para a concessão de pensões por morte. Na falta de dependentes, farão jus ao recebimento do saldo da conta vinculada os seus sucessores previstos na lei civil, indicados em alvará judicial, expedido a requerimento do interessado, independentemente de inventário ou arrolamento;
> V — pagamento de parte das prestações decorrentes de financiamento habitacional concedido no âmbito do Sistema Financeiro de Habitação (SFH), desde que:
> a) o mutuário conte com o mínimo de 3 (três) anos de trabalho sob o regime do FGTS, na mesma empresa ou em empresas diferentes;
> b) o valor bloqueado seja utilizado, no mínimo, durante o prazo de 12 (doze) meses;
> c) o valor do abatimento atinja, no máximo, 80 (oitenta) por cento do montante da prestação;
> VI — liquidação ou amortização extraordinária do saldo devedor de financiamento imobiliário, observadas as condições estabelecidas pelo Conselho Curador, dentre elas a de que o financiamento seja concedido no âmbito do SFH e haja inerstício mínimo de 2 (dois) anos para cada movimentação.
> VII — pagamento total ou parcial do preço de aquisição de moradia própria, ou lote urbanizado de interesse social não construído, observadas as seguintes condições:
> a) o mutuário deverá contar com o mínimo de 3 (três) anos de trabalho sob o regime do FGTS, na mesma empresa ou empresas diferentes;
> b) seja a operação financiável nas condições vigentes para o SFH.
> VIII — quando o trabalhador permanecer três anos ininterruptos, a partir de 1º de junho de 1990, fora do regime do FGTS, podendo o saque, neste caso, ser efetuado a partir do mês de aniversário do titular da conta.
> IX — extinção normal do contrato a termo, inclusive o dos trabalhadores temporários regidos pela Lei n. 6.019, de 3 de janeiro de 1974;
> X — suspensão total do trabalho avulso por período igual ou superior a 90 (noventa) dias, comprovada

por declaração do sindicato representativo da categoria profissional.

XI — quando o trabalhador ou qualquer de seus dependentes for acometido de neoplastia maligna.

A alternativa "c" é incorreta. De acordo com o art. 10, inciso I do ADCT, a indenização do FGTS é de 40%. Em se tratando de força maior ou culpa recíproca será de 20%.

As hipóteses de saque estão previstas no art. 18 da Lei n. 8.036/90, abaixo transcrito:

> Art. 18. Ocorrendo rescisão do contrato de trabalho, por parte do empregador, ficará este obrigado a depositar na conta vinculada do trabalhador no FGTS os valores relativos aos depósitos referentes ao mês da rescisão e ao imediatamente anterior que ainda não houver sido recolhido, sem prejuízo das cominações legais.
> § 1º Na hipótese de despedida pelo empregador sem justa causa, depositará este, na conta vinculada do trabalhador no FGTS, importância igual a quarenta por cento do montante de todos os depósitos realizados na conta vinculada durante a vigência do contrato de trabalho, atualizados monetariamente e acrescidos dos respectivos juros.
> § 2º Quando ocorrer despedida por culpa recíproca ou força maior, reconhecida pela Justiça do Trabalho, o percentual de que trata o § 1º será de 20 (vinte) por cento.
> § 3º As importâncias de que trata este artigo deverão constar da documentação comprobatória do recolhimento dos valores devidos a título de rescisão do contrato de trabalho, observado o disposto no art. 477 da CLT, eximindo o empregador exclusivamente quanto aos valores discriminados.

Ainda sobre a indenização de 40% do FGTS, o TST editou a seguinte orientação jurisprudencial:

> OJ-SDI1-42 — FGTS. MULTA DE 40%. (nova redação em decorrência da incorporação das Orientações Jurisprudenciais ns. 107 e 254 da SBDI-1, DJ 20.4.2005)
> I — É devida a multa do FGTS sobre os saques corrigidos monetariamente ocorridos na vigência do contrato de trabalho. Art. 18, § 1º, da Lei n. 8.036/90 e art. 9º, § 1º, do Decreto n. 99.684/90. *(ex-OJ n. 107 da SBDI-1 — inserida em 1º.10.1997)*
> II — O cálculo da multa de 40% do FGTS deverá ser feito com base no saldo da conta vinculada na data do efetivo pagamento das verbas rescisórias, desconsiderada a projeção do aviso-prévio indenizado, por ausência de previsão legal. *(ex-OJ n. 254 da SBDI-1 — inserida em 13.3.2002)*

A alternativa "D" também é incorreta. De fato a prescrição parcial do FGTS é trintenária, conforme art. 23, § 5º da Lei n. 8.036/90 e Súmula n. 362 do TST.

> SUM-362 — FGTS. PRESCRIÇÃO (nova redação) — Res. n. 121/2003, DJ 19, 20 e 21.11.2003
> É trintenária a prescrição do direito de reclamar contra o não-recolhimento da contribuição para o FGTS, observado o prazo de 2 (dois) anos após o término do contrato de trabalho.

Entretanto, no que tange às verbas remuneratórias, a incidência sobre o FGTS é acessório, razão pela qual segue o principal. Ou seja, se prescrito o direito de cobrar horas extras, consequentemente prescrita a incidência de tal verba no FGTS.

Assim, ao contrário da afirmação contida no item "D", a prescrição da pretensão relativa às parcelas remuneratórios alcança o respectivo recolhimento do FGTS, razão pela qual incorreta a referida alternativa.

Ainda sobre a prescrição do FGTS, o TST editou a OJ n. 344 da SDI-I, no que tange aos reajustes oriundos da Lei Complementar n. 110/01.

> OJ-SDI1-344 — FGTS. MULTA DE 40%. DIFERENÇAS DECORRENTES DOS EXPURGOS INFLACIONÁRIOS. PRESCRIÇÃO. TERMO INICIAL (mantida) — Res. n. 175/2011, DEJT divulgado em 27, 30 e 31.5.2011
> O termo inicial do prazo prescricional para o empregado pleitear em juízo diferenças da multa do FGTS, decorrentes dos expurgos inflacionários, deu-se com a vigência da Lei Complementar n. 110, em 30.6.2001, salvo comprovado trânsito em julgado de decisão proferida em ação proposta anteriormente na Justiça Federal, que reconheça o direito à atualização do saldo da conta vinculada.

136. José Antônio de Souza, integrante da categoria profissional dos eletricitários, é empregado de uma empresa do setor elétrico, expondo-se, de forma intermitente, a condições de risco acentuado.

Diante dessa situação hipotética, e considerando que não há norma coletiva disciplinando as condições de trabalho, assinale a alternativa correta.

☐ A) José Antônio não tem direito ao pagamento de adicional de periculosidade, em razão da intermitência da exposição às condições de risco.

☐ B) José Antônio tem direito ao pagamento de adicional de periculosidade de 30% (trinta por cento) sobre o seu salário básico.

☐ C) José Antônio tem direito ao pagamento de adicional de periculosidade de 30% (trinta por cento) sobre a totalidade das parcelas salariais.

☐ D) José Antônio tem direito ao pagamento do adicional de periculosidade de forma proporcional ao tempo de exposição ao risco.

Alternativa correta é a "C".

Em se tratando de eletricitários não se aplica a CLT, mas sim a Lei n. 7.369/85, regulamentada pelo Decreto n. 93.412/86, que estabelece direito ao adicional de periculosidade aos empregados que exercem atividades no setor de energia elétrica. De acordo com referida lei, o adicional devido é de 30% sobre a totalidade das parcelas salariais e não apenas sobre o salário base.

Sobre esta questão, o TST editou a Súmula n. 191:

> Súmula n. 191 TST — O adicional de periculosidade incide apenas sobre o salário básico e não sobre este acrescido de outros adicionais. Em relação aos eletricitários, o cálculo do adicional de periculosidade deverá ser efetuado sobre a totalidade das parcelas de natureza salarial.

No mesmo sentido, também é a OJ n. 279 da SDI-I do TST:

> OJ-SDI1-279 — ADICIONAL DE PERICULOSIDADE. ELETRICITÁRIOS. BASE DE CÁLCULO. LEI N. 7.369/85, ART. 1º. INTERPRETAÇÃO. DJ 11.8.2003
> O adicional de periculosidade dos eletricitários deverá ser calculado sobre o conjunto de parcelas de natureza salarial.

Por essa razão incorreta a alternativa "B".

De acordo com a CLT, será considerado periculoso as atividades em contato com explosivos e inflamáveis, conforme art. 193. Nestas hipóteses o adicional é de 30% sobre o salário básico.

> Art. 193 CLT — São consideradas atividades ou operações perigosas, na forma da regulamentação aprovada pelo Ministério do Trabalho, aquelas que, por sua natureza ou métodos de trabalho, impliquem o contato permanente com inflamáveis ou explosivos em condições de risco acentuado.
> § 1º O trabalho em condições de periculosidade assegura ao empregado um adicional de 30% (trinta por cento) sobre o salário sem os acréscimos resultantes de gratificações, prêmios ou participações nos lucros da empresa.
> § 2º O empregado poderá optar pelo adicional de insalubridade que porventura lhe seja devido.

Ainda, de acordo com o TST também é devido adicional de periculosidade para aqueles que trabalho em contato com substâncias radioativas ou radiação ionizante, conforme Orientação Jurisprudencial n. 345 da SDI-I.

> OJ n. 345 da SDI-I do TST — Adicional de periculosidade. Radiação Ionizante ou substância radioativa. Devido. A exposição do empregado à radiação ionizante ou à substância radioativa enseja a percepção do adicional de periculosidade, pois a regulamentação

ministerial (Portarias do Ministério do Trabalho ns. 3.393, de 17.12.1987, e 518, de 7.4.2003), ao reputar perigosa a atividade, reveste-se de plena eficácia, porquanto expedida por força de declaração legislativa contida no art. 200, caput, e inciso VI, da CLT. No período de 12.12.2002 a 6.4.2003, enquanto vigeu a Portaria n. 496 do Ministério do Trabalho, o empregado faz jus ao adicional de insalubridade.

A alternativa "A" é incorreta, eis que o fato de ter contato de forma intermitente não retira do direito ao referido adicional. Só não será devido se o contato for eventual. Neste sentido, Súmula n. 364 do TST.

> SÚMULA N. 364 TST — Tem direito ao adicional de periculosidade o empregado exposto permanentemente ou que, de forma intermitente, sujeita-se a condições de risco. Indevido, apenas, quando o contato dá-se de forma eventual, assim considerado o fortuito, ou que, sendo habitual, dá-se por tempo extremamente reduzido.

A antiga redação da Súmula n. 364, alterada em 2011, também estabelecia que era lícito a redução do adicional de periculosidade por acordo ou convenção coletiva de trabalho. Entretanto, referido entendimento foi cancelado, ou seja, não se admite a redução do referido adicional.

Não há previsão legal para pagar adicional de periculosidade de forma proporcional ao tempo de exposição, razão pela qual incorreta a alternativa "D".

Sobre esta questão, o TST editou a Súmula n. 361.

> SÚMULA N. 361 TST — ADICIONAL DE PERICULOSIDADE — ELETRICITÁRIOS — EXPOSIÇÃO INTERMITENTE. O trabalho em condições perigosas, embora de forma intermitente, dá direito ao empregado a receber o adicional de periculosidade de forma integral, porque a Lei n. 7.369, de 20.9.1985, não estabeleceu nenhuma proporcionalidade em relação ao seu pagamento.

Ainda sobre periculosidade segue abaixo algumas súmulas e orientações jurisprudencias do TST:

> SÚMULA N. 39 TST — PERICULOSIDADE — EMPREGADOS EM BOMBA DE GASOLINA. Os empregados que operam em bomba de gasolina têm direito ao adicional de periculosidade (Lei n. 2.573, de 15.8.1955)

> SÚMULA N. 132 TST — ADICIONAL DE PERICULOSIDADE — INTEGRAÇÃO. I — O adicional de periculosidade, pago em caráter permanente, integra o cálculo de indenização e de horas extras; II — Durante as horas de sobreaviso, o empregado não se encontra em condições de risco, razão pela qual é incabível a integração do adicional de periculosidade sobre as mencionadas horas.

> SÚMULA N. 70 TST — ADICIONAL DE PERICULOSIDADE — TRIÊNIOS — PETROBRÁS. O adicional de periculosidade não incide sobre os triênios pagos pela Petrobrás.

> OJ-SDI1-324 — ADICIONAL DE PERICULOSIDADE. SISTEMA ELÉTRICO DE POTÊNCIA. DECRETO N. 93.412/86, ART. 2º, § 1º. DJ 9.12.2003
> É assegurado o adicional de periculosidade apenas aos empregados que trabalham em sistema elétrico de potência em condições de risco, ou que o façam com equipamentos e instalações elétricas similares, que ofereçam risco equivalente, ainda que em unidade consumidora de energia elétrica.

> OJ-SDI1-347 — ADICIONAL DE PERICULOSIDADE. SISTEMA ELÉTRICO DE POTÊNCIA. LEI N. 7.369, DE 20.9.1985, REGULAMENTADA PELO DECRETO N. 93.412, DE 14.10.1986. EXTENSÃO DO DIREITO AOS CABISTAS, INSTALADORES E REPARADORES DE LINHAS E APARELHOS EM EMPRESA DE TELEFONIA. DJ 25.4.2007
> É devido o adicional de periculosidade aos empregados cabistas, instaladores e reparadores de linhas e aparelhos de empresas de telefonia, desde que, no exercício de suas funções, fiquem expostos a condições de risco equivalente ao do trabalho exercido em contato com sistema elétrico de potência.

> OJ-SDI1-385 — ADICIONAL DE PERICULOSIDADE. DEVIDO. ARMAZENAMENTO DE LÍQUIDO INFLAMÁVEL NO PRÉDIO. CONSTRUÇÃO VERTICAL. (DEJT divulgado em 9, 10 e 11.6.2010)
> É devido o pagamento do adicional de periculosidade ao empregado que desenvolve suas atividades em edifício (construção vertical), seja em pavimento igual ou distinto daquele onde estão instalados tanques para armazenamento de líquido inflamável, em quantidade acima do limite legal, considerando-se como área de risco toda a área interna da construção vertical.

> OJ-SDI1-406 — ADICIONAL DE PERICULOSIDADE. PAGAMENTO ESPONTÂNEO. CARACTERIZAÇÃO DE FATO INCONTROVERSO. DESNECESSÁRIA A PERÍCIA DE QUE TRATA O ART. 195 DA CLT. (DEJT divulgado em 22, 25 e 26.10.2010)
> O pagamento de adicional de periculosidade efetuado por mera liberalidade da empresa, ainda que de forma proporcional ao tempo de exposição ao risco ou em percentual inferior ao máximo legalmente previsto, dispensa a realização da prova técnica exigida pelo art. 195 da CLT, pois torna incontroversa a existência do trabalho em condições perigosas.

137. Paulo, empregado da empresa Alegria Ltda., trabalha para a empresa Boa Sorte Ltda., em decorrência de contrato de prestação de serviços celebrado entre as respectivas empresas. As atribuições por ele exercidas inserem-se na atividade-meio da tomadora, a qual efetua o controle de sua jornada de trabalho e dirige a prestação pessoal dos serviços, emitindo ordens diretas ao trabalhador no desempenho de suas tarefas.

Diante dessa situação hipotética, assinale a alternativa correta.

☐ A) A terceirização é ilícita, acarretando a nulidade do vínculo de emprego com a empresa prestadora e o reconhecimento do vínculo de emprego diretamente com a empresa tomadora.

☐ B) A terceirização é ilícita, acarretando a responsabilidade subsidiária da empresa tomadora pelas obrigações trabalhistas inadimplidas pela empresa prestadora.

☐ C) A terceirização é lícita, acarretando a responsabilidade subsidiária da empresa tomadora pelas obrigações trabalhistas inadimplidas pela empresa prestadora.

☐ D) A terceirização é lícita, não acarretando a responsabilidade subsidiária da empresa tomadora pelas obrigações trabalhistas inadimplidas pela empresa prestadora.

A alternativa correta é a "A".

Não há legislação sobre a terceirização. A matéria é tratada pela Súmula n. 331 do TST.

SUM-331 — CONTRATO DE PRESTAÇÃO DE SERVIÇOS. LEGALIDADE (nova redação do item IV e inseridos os itens V e VI à redação) — Res. 174/2011, DEJT divulgado em 27, 30 e 31.5.2011
I — A contratação de trabalhadores por empresa interposta é ilegal, formando-se o vínculo diretamente com o tomador dos serviços, salvo no caso de trabalho temporário (Lei n. 6.019, de 3.1.1974).
II — A contratação irregular de trabalhador, mediante empresa interposta, não gera vínculo de emprego com os órgãos da Administração Pública direta, indireta ou fundacional (art. 37, II, da CF/1988).
III — Não forma vínculo de emprego com o tomador a contratação de serviços de vigilância (Lei n. 7.102, de 20.6.1983) e de conservação e limpeza, bem como a de serviços especializados ligados à atividade-meio do tomador, desde que inexistente a pessoalidade e a subordinação direta.
IV — O inadimplemento das obrigações trabalhistas, por parte do empregador, implica a responsabilidade subsidiária do tomador dos serviços quanto àquelas obrigações, desde que haja participado da relação processual e conste também do título executivo judicial.
V — Os entes integrantes da Administração Pública direta e indireta respondem subsidiariamente, nas mesmas condições do item IV, caso evidenciada a sua conduta culposa no cumprimento das obrigações da Lei n. 8.666, de 21.6.1993, especialmente na fiscalização do cumprimento das obrigações contratuais e legais da prestadora de serviço como empregadora. A aludida responsabilidade não decorre de mero inadimplemento das obrigações trabalhistas assumidas pela empresa regularmente contratada.
VI — A responsabilidade subsidiária do tomador de serviços abrange todas as verbas decorrentes da condenação referentes ao período da prestação laboral.

De acordo com o item III da referida súmula, atividade considerada "atividade-meio" não gera vínculo com o tomador de serviços desde que "desde que inexistente a pessoalidade e a subordinação direta".

No presente caso, o enunciado da questão é claro ao afirmar que o trabalhador estava subordinado ao tomador ao mencionar "efetua o controle de sua jornada de trabalho e dirige a prestação pessoal dos serviços, emitindo ordens diretas ao trabalhador no desempenho de suas tarefas", o que torna a terceirização ilícita.

E, em sendo ilícita, forma-se o vínculo empregatício diretamente com o tomador.

Em sendo lícita, a responsabilidade do tomador é tão somente subsidiária, nos termos do item IV da Súmula n. 331 do TST, retro transcrita, desde que conste do título executivo, ou seja, deverá participar do polo passivo da ação, desde a fase de conhecimento.

Assim, incorretas as demais alternativas.

Cumpre destacar as recentes alterações da súmula n. 331 do TST, introduzidas pela Resolução n. 174/05.

As alterações constam nos itens V e VI da súmula. A primeira, quanto a responsabilidade da administração pública em caso de terceirização lícita. Estas responderão subsidiariamente, desde que comprovada a culpa. Ou seja, para a administração pública, não basta o mero inadimplemento da prestadora, é preciso a prova da culpa. A segunda alteração diz respeito aos limites da responsabilidade. Deixou claro o TST, que a responsabilidade subsidiária, abrange todas as verbas da condenação.

Não confundir tomador de serviços com dono da obra. Este só terá responsabilidade se for construtora ou incorporadora, conforme OJ n. 191 da SDI-I do TST.

> OJ-SDI1-191 — CONTRATO DE EMPREITADA. DONO DA OBRA DE CONSTRUÇÃO CIVIL. RESPONSABILIDADE (nova redação) — Res. 175/2011, DEJT divulgado em 27, 30 e 31.5.2011
>
> Diante da inexistência de previsão legal específica, o contrato de empreitada de construção civil entre o dono da obra e o empreiteiro não enseja responsabilidade solidária ou subsidiária nas obrigações trabalhistas contraídas pelo empreiteiro, salvo sendo o dono da obra uma empresa construtora ou incorporadora.

---

138. Com relação ao contrato de aprendizagem, assinale a alternativa correta.

☐ A) É um contrato especial de trabalho que pode ser ajustado de forma expressa ou tácita.

☐ B) É um contrato por prazo determinado cuja duração jamais poderá ser superior a dois anos.

☐ C) Salvo condição mais favorável, ao menor aprendiz deve ser assegurado o salário mínimo hora.

☐ D) A duração do trabalho do aprendiz não pode exceder de quatro horas diárias, sendo vedada a prorrogação e a compensação de jornada.

A *alternativa correta é a* "C".

O contrato de aprendizagem tem previsão legal na CLT, arts. 424 e seguintes.

A alternativa correta é exatamente a redação do § 2º do art. 428, abaixo transcrito:

> Art. 428. Contrato de aprendizagem é o contrato de trabalho especial, ajustado por escrito e por prazo determinado, em que o empregador se compromete a assegurar ao maior de 14 (quatorze) e menor de 24 (vinte e quatro) anos inscrito em programa de aprendizagem formação técnico-profissional metódica, compatível com o seu desenvolvimento físico, moral e psicológico, e o aprendiz, a executar com zelo e diligência as tarefas necessárias a essa formação.
>
> § 1º A validade do contrato de aprendizagem pressupõe anotação na Carteira de Trabalho e Previdência Social, matrícula e frequência do aprendiz na escola, caso não haja concluído o ensino médio, e inscrição em programa de aprendizagem desenvolvido sob orientação de entidade qualificada em formação técnico-profissional metódica.

§ 2º Ao menor aprendiz, salvo condição mais favorável, será garantido o salário mínimo hora.

§ 3º O contrato de aprendizagem não poderá ser estipulado por mais de 2 (dois) anos, exceto quando se tratar de aprendiz portador de deficiência.

§ 4º A formação técnico-profissional a que se refere o *caput* deste artigo caracteriza-se por atividades teóricas e práticas, metodicamente organizadas em tarefas de complexidade progressiva desenvolvidas no ambiente de trabalho.

§ 5º A idade máxima prevista no *caput* deste artigo não se aplica a aprendizes portadores de deficiência.

§ 6º Para os fins do contrato de aprendizagem, a comprovação da escolaridade de aprendiz portador de deficiência mental deve considerar, sobretudo, as habilidades e competências relacionadas com a profissionalização.

§ 7º Nas localidades onde não houver oferta de ensino médio para o cumprimento do disposto no § 1º deste artigo, a contratação do aprendiz poderá ocorrer sem a frequência à escola, desde que ele já tenha concluído o ensino fundamental.

A alternativa "A" é incorreta pois de acordo com o *caput* do dispositivo retro transcrito é um contrato de trabalho especial, ajustado por escrito. Ou seja, não pode ser ajustado tacitamente.

A alternativa "B" também é incorreta pois de acordo com o § 3º do art. 428 da CLT, acima transcrito, o prazo máximo de 2 anos poderá ser ultrapassado quando se tratar de aprendiz portador de deficiência.

Por fim, a alternativa "D" é incorreta pois a jornada do aprendiz tem previsão no art. 432 da CLT que assim dispõe:

> Art. 432. A duração do trabalho do aprendiz não excederá de seis horas diárias, sendo vedadas a prorrogação e a compensação de jornada.

§ 1º O limite previsto neste artigo poderá ser de até oito horas diárias para os aprendizes que já tiverem completado o ensino fundamental, se nelas forem computadas as horas destinadas à aprendizagem teórica.

Ainda sobre o aprendiz, é importante saber:

1) A idade máxima de 24 anos não se aplica aos portadores de deficiência (§ 5º art. 428 CLT);

2) trata-se de contrato a termo que só poderá ser extinto antes do seu termo final quando (art. 433 CLT): a) o aprendiz completar 24 anos de idade; b) desempenho insuficiente ou inadaptação do aprendiz; c) falta disciplinar grave; d) ausência injustificada à escolha que implique perda do ano letivo ou; e) a pedido do aprendiz.

3) em caso de rescisão antecipada, não se aplica ao aprendiz o disposto nos arts. 479 e 480 da CLT (§ 2º art. 433 CLT).

4) O FGTS é de 2%, ao contrário dos demais empregados que é de 8% (art. 15, § 7º da Lei n. 8.036/90)

5) art. 429 CLT — número limite de contratação de aprendizes. Mínimo 5% e máximo de 15% dos trabalhadores existentes em cada estabelecimento, cujas funções demandem formação profissional. Este limite não se aplica quando o empregador for entidade sem fins lucrativos, que tenha por objetivo a educação profissional. (§ 1º art. 429 CLT).

6) É garantido ao aprendiz um salário mínimo (§ 2º art. 428 CLT).

139. Foi celebrada convenção coletiva que fixa jornada em sete horas diárias. Posteriormente, na mesma vigência dessa convenção, foi celebrado acordo coletivo prevendo redução da referida jornada em 30 minutos. Assim, os empregados das empresas que subscrevem o acordo coletivo e a convenção coletiva deverão trabalhar, por dia.

☐ A) 8 horas, pois a CRFB prevê jornada de 8 horas por dia e 44 horas semanais, não podendo ser derrogada por norma hierarquicamente inferior.

☐ B) 7 horas e 30 minutos, porque o acordo coletivo, por ser mais específico, prevalece sobre a convenção coletiva, sendo aplicada a redução de 30 minutos sobra a jornada de 8 horas por dia prevista na CRFB.

☐ C) 7 horas, pois as condições estabelecidas na convenção coletiva, por serem mais abrangentes, prevalecem sobre as estipuladas no acordo coletivo.

☐ D) 6 horas e 30 minutos, pela aplicação do princípio da prevalência da norma mais favorável ao trabalhador.

A *alternativa correta é a "D"*.

Trata-se do típico exemplo de aplicação do princípio da norma mais favorável.

Há duas normas coletivas. Uma estabelecendo jornada de 7 horas e outra reduzindo a jornada de 7 horas para 6 horas e 30 minutos.

Não se trata de uma convenção que estabeleceu 7 horas e de um acordo que estabeleceu 6 horas e 30 minutos, mas sim de um acordo, posterior à convenção, que reduziu a jornada ali estabelecida, razão pela qual aplica-se o acordo coletivo, e a jornada será de 6 horas e 30 minutos. Daí por que a alternativa correta é a "D".

É importante ressaltar que referido princípio deve ser aplicado à luz da teoria do conglobamento, que se contrapões à teoria da acumulação. De acordo com a primeira, os instrumentos devem ser analisados no todo, de forma que será aplicado aquele mais benéfico no conjunto. Já, de acordo com o segundo, a comparação será individualizada.

Segue abaixo duas súmulas do TST, que exemplificam tal princípio:

SUM-51 — NORMA REGULAMENTAR. VANTAGENS E OPÇÃO PELO NOVO REGULAMENTO. ART. 468 DA CLT (incorporada a Orientação Jurisprudencial n. 163 da SBDI-1) — Res. 129/2005, DJ 20, 22 e 25.4.2005

I — As cláusulas regulamentares, que revoguem ou alterem vantagens deferidas anteriormente, só atingirão os trabalhadores admitidos após a revogação ou alteração do regulamento. *(ex-Súmula n. 51 — RA 41/1973, DJ 14.06.1973)*

II — Havendo a coexistência de dois regulamentos da empresa, a opção do empregado por um deles tem efeito jurídico de renúncia às regras do sistema do outro. *(ex-OJ n. 163 da SBDI-1 — inserida em 26.3.1999)*

SUM-288 — COMPLEMENTAÇÃO DOS PROVENTOS DA APOSENTADORIA (mantida) — Res. 121/2003, DJ 19, 20 e 21.11.2003
A complementação dos proventos da aposentadoria é regida pelas normas em vigor na data da admissão do empregado, observando-se as alterações posteriores desde que mais favoráveis ao beneficiário do direito.

Outros princípios de direito individual do trabalho:

1 — princípio da irrenunciabilidade — chamado por alguns de indisponibilidade, onde os direitos trabalhistas são irrenunciáveis, passíveis de nulidade;

2 — princípio da continuidade da relação de emprego — por este princípio é que a regra no direito do trabalho é de contratos por prazo indeterminados.

SUM-212 — DESPEDIMENTO. ÔNUS DA PROVA (mantida) — Res. 121/2003, DJ 19, 20 e 21.11.2003
O ônus de provar o término do contrato de trabalho, quando negados a prestação de serviço e o despedimento, é do empregador, pois o princípio da continuidade da relação de emprego constitui presunção favorável ao empregado.

3 — princípio da primazia da realidade — também chamado de princípio do contrato realidade, que significa que a realidade prevalece sobre a forma.

4 — princípio da proteção — é o que rege todo o direito do trabalho.

140. A respeito do recurso de revista, é correto afirmar que

☐ A) é cabível para corrigir injustiças das decisões em recurso ordinário, havendo apreciação das provas produzidas nos autos do processo.

☐ B) é cabível nas causas sujeitas ao procedimento sumaríssimo, somente por contrariedade à súmula de jurisprudência uniforme do Tribunal Superior do Trabalho e violação direta à Constituição da República.

☐ C) é cabível em sede de execução, de decisão em embargos à execução, nas mesmas hipóteses de cabimento das decisões decorrentes de recurso ordinário.

☐ D) não é cabível para reforma de decisão visando à uniformização de jurisprudência e restabelecimento da lei federal violada.

A alternativa correta é a "B".

No procedimento sumaríssimo só será cabível recurso de revista em duas hipóteses (1) violação à Constituição Federal e; (2) contrariedade à súmula do TST, conforme § 6º do art. 896 da CLT.

No rito ordinário sera cabível em 3 hipóteses (*caput* do art. 896 CLT), quais sejam: (1) quando houver divergência jurisprudencial com outro TRT, em seu pleno ou turma, ou com a Seção de Dissídios Individuais (SDI) do TST, ou Súmula de Jurisprudência uniforme do TST; (2) por divergência de interpretação de lei estadual, convenção ou acordo coletivo de trabalho, sentença normativa ou regulamento de empresa de observância obrigatória em área territorial que exceda a jurisdição do TRT prolator do acórdão e; (3) quando proferida com violação literal de disposição de lei federal ou afronta direta e literal à Constituição Federal.

Na execução só será cabível por violação direta e literal à Constituição Federal (§ 2º art. 896 CLT). Sera cabível da decisão do TRT que julga agravo de petição, razão pela qual a alternativa "C" é incorreta. Da decisão que julga embargos à execução é cabível agravo de petição.

A alternativa "A" também é incorreta. Só cabe Recurso de Revista nas hipóteses acima referidas Recurso de natureza extraordinário não se presta a corrigir injustiças de decisões.

A finalidade do recurso de revista é a uniformização da jurisprudência e o controle da Lei Federal e da Constituição Federal, razão pela qual a alternativa "D" é incorreta.

141. Quanto ao cabimento do mandado de segurança na Justiça do Trabalho, assinale a alternativa correta.

☐ A) O mandado de segurança impetrado contra decisão liminar que concedeu a tutela antecipada perde o objeto quando da superveniência de sentença nos autos originários.

☐ B) É permitido o exercício do *jus postulandi* das partes quando da impetração do mandado de segurança na Justiça do Trabalho.

☐ C) Tratando-se de execução provisória, não fere direito líquido e certo do impetrante a determinação de penhora em dinheiro, ainda que nomeados outros bens à penhora, uma vez que obedece à gradação da lei processual.

☐ D) Cabe a impetração de mandado de segurança da decisão que indefere liminar ou homologação de acordo.

A *alternativa correta é a* "A".

A alternativa "B" é incorreta. *Jus postulandi* é o direito de estar em juízo sem a presença de advogado.

No processo do trabalho, é permitido o *jus postulandi*, nos termos do art. 791 da CLT.

> Art. 791. Os empregados e os empregadores poderão reclamar pessoalmente perante a Justiça do Trabalho e acompanhar as suas reclamações até o final.

Contudo, de acordo com a Súmula n. 425 do TST, não será premitido em se tratando de ação cautelar, rescisória, mandado de segurança e recursos de compentência do TST.

> SUM-425 — *JUS POSTULANDI* NA JUSTIÇA DO TRABALHO. ALCANCE — Res. 165/2010, DEJT divulgado em 30.4.2010 e 3 e 4.5.2010
> O *jus postulandi* das partes, estabelecido no art. 791 da CLT, limita-se às Varas do Trabalho e aos Tribunais Regionais do Trabalho, não alcançando a ação rescisória, a ação cautelar, o mandado de segurança e os recursos de competência do Tribunal Superior do Trabalho.

A alternativa "C" é incorreta. De acordo com o item III da Súmula n. 417 do TST, na execução provisória fere direito líquido e certo a penhora em dinheiro quando nomeados outros bens. Isso porque, apesar da execução provisória observar o mesmo procedimento da execução definitiva, fato é que a penhora em dinheiro, sem que haja o trânsito em julgado, é medida extremamente excessiva, o que contraria o disposto no art. 620 do CPC.

> SUM-417 — MANDADO DE SEGURANÇA. PENHORA EM DINHEIRO (conversão das Orientações Jurisprudenciais ns. 60, 61 e 62 da SBDI-2) — Res. 137/2005, DJ 22, 23 e 24.8.2005
> I — Não fere direito líquido e certo do impetrante o ato judicial que determina penhora em dinheiro do executado, em execução definitiva, para garantir crédito exeqüendo, uma vez que obedece à gradação prevista no art. 655 do CPC. *(ex-OJ n. 60 da SBDI-2 — inserida em 20.9.2000)*
> II — Havendo discordância do credor, em execução definitiva, não tem o executado direito líquido e certo a que os valores penhorados em dinheiro fiquem depositados no próprio banco, ainda que atenda aos requisitos do art. 666, I, do CPC. *(ex-OJ n. 61 da SBDI-2 — inserida em 20.9.2000)*
> III — Em se tratando de execução provisória, fere direito líquido e certo do impetrante a determinação de penhora em dinheiro, quando nomeados outros bens à penhora, pois o executado tem direito a que a execução se processe da forma que lhe seja menos gravosa, nos termos do art. 620 do CPC. *(ex-OJ n. 62 da SBDI-2 — inserida em 20.9.2000)*

Observe-se que o item III da Súmula n. 417 do TST, acima transcrito, não veda a penhora em dinheiro na execução provisória, mas tão somente quando nomeados outros bens.

Por fim, a alternativa "D" também é incorreta, pois de acordo com a Súmula n. 414 do TST da decisão que indefere liminar ou homologação de acordo não cabe Mandado de Segurança.

> SUM-414 — MANDADO DE SEGURANÇA. ANTECIPAÇÃO DE TUTELA (OU LIMINAR) CONCEDIDA ANTES OU NA SENTENÇA (conversão das Orientações Jurisprudenciais ns. 50, 51, 58, 86 e 139 da SBDI-2) — Res. 137/2005, DJ 22, 23 e 24.8.2005
> I — A antecipação da tutela concedida na sentença não comporta impugnação pela via do mandado de segurança, por ser impugnável mediante recurso ordinário. A ação cautelar é o meio próprio para se obter efeito suspensivo a recurso. *(ex-OJ n. 51 da SBDI-2 — inserida em 20.9.2000)*
> II — No caso da tutela antecipada (ou liminar) ser concedida antes da sentença, cabe a impetração do mandado de segurança, em face da inexistência de recurso próprio. *(ex-OJs ns. 50 e 58 da SBDI-2 — inseridas em 20.9.2000)*
> III — A superveniência da sentença, nos autos originários, faz perder o objeto do mandado de segurança que impugnava a concessão da tutela antecipada (ou liminar). *(ex-Ojs da SBDI-2 ns. 86 — inserida em 13.3.2002 — e 139 — DJ 4.5.2004)*

Quanto ao acordo, cumpre lembrar que a decisão que homologa acordo é irrecorrível, salvo para o INSS, nos termos do art. 831 da CLT.

> Art. 831. A decisão será proferida depois de rejeitada pelas partes a proposta de conciliação.
> Parágrafo único. No caso de conciliação, o termo que for lavrado valerá como decisão irrecorrível, salvo para a Previdência Social quanto às contribuições que lhe forem devidas.

Tal decisão só pode ser atacada pelas partes por Ação Rescisória, nos termos da Súmula n. 259 do TST.

> SUM-259 — TERMO DE CONCILIAÇÃO. AÇÃO RESCISÓRIA (mantida) — Res. 121/2003, DJ 19, 20 e 21.11.2003
> Só por ação rescisória é impugnável o termo de conciliação previsto no parágrafo único do art. 831 da CLT.

---

142. Assinale a alternativa correta no que diz respeito à execução trabalhista.

☐ A) As partes devem ser previamente intimadas para a apresentação do cálculo de liquidação, exceto da contribuição previdenciária incidente, que ficará a cargo da União.

☐ B) Tratando-se de prestações sucessivas, por tempo indeterminado, a execução compreenderá inicialmente as prestações devidas até a data do ingresso na execução.

☐ C) Na execução por carta precatória, os embargos de terceiro serão oferecidos no juízo deprecante ou no juízo deprecado, mas a competência para julgá-los será sempre do juízo deprecante.

☐ D) Em se tratando de execução provisória, não fere direito líquido e certo do impetrante a determinação de penhora em dinheiro, quando nomeados outros bens à penhora, uma vez que obedece à gradação prevista em lei.

A alternativa correta é a "B".

Trata-se do disposto no art. 892 da CLT.

> Art. 892. Tratando-se de prestações sucessivas por tempo indeterminado, a execução compreenderá inicialmente as prestações devidas até a data do ingresso na execução.

A alternativa "A" é incorreta pois a liquidação abrangerá não só o valor devido ao empregado, como também as contribuições previdenciárias e as partes deverão ser intimadas para apresentar cálculo de liquidação, inclusive da contribuição previdenciária incidente, conforme art. 879, § 1º-A e 1º-B.

> Art. 879. Sendo ilíquida a sentença exequenda, ordenar-se-á, previamente, a sua liquidação, que poderá ser feita por cálculo, por arbitramento ou por artigos. (Redação dada pela Lei n. 2.244, de 23.6.1954)

§ 1º Na liquidação, não se poderá modificar, ou inovar, a sentença liquidanda nem discutir matéria pertinente à causa principal. *(Incluído pela Lei n. 8.432, 11.6.1992)*

§ 1º-A. A liquidação abrangerá, também, o cálculo das contribuições previdenciárias devidas. *(Incluído pela Lei n. 10.035, de 25.10.2000)*

§ 1º-B. As partes deverão ser previamente intimadas para a apresentação do cálculo de liquidação, inclusive da contribuição previdenciária incidente. *(Incluído pela Lei n. 10.035, de 25.10.2000)*

§ 2º Elaborada a conta e tornada líquida, o Juiz poderá abrir às partes prazo sucessivo de 10 (dez) dias para impugnação fundamentada com a indicação dos itens e valores objeto da discordância, sob pena de preclusão. *(Incluído pela Lei n. 8.432, 11.6.1992)*

§ 3º Elaborada a conta pela parte ou pelos órgãos auxiliares da Justiça do Trabalho, o juiz procederá à intimação da União para manifestação, no prazo de 10 (dez) dias, sob pena de preclusão. *(Redação dada pela Lei n. 11.457, de 2007)*

§ 4º A atualização do crédito devido à Previdência Social observará os critérios estabelecidos na legislação previdenciária. *(Parágrafo incluído pela Lei n. 10.035, de 25.10.2000)*

§ 5º O Ministro de Estado da Fazenda poderá, mediante ato fundamentado, dispensar a manifestação da União quando o valor total das verbas que integram o salário-de-contribuição, na forma do art. 28 da Lei n. 8.212, de 24 de julho de 1991, ocasionar perda de escala decorrente da atuação do órgão jurídico. *(Incluído pela Lei n. 11.457, de 2007)*

§ 6º Tratando-se de cálculos de liquidação complexos, o juiz poderá nomear perito para a elaboração e fixará, depois da conclusão do trabalho, o valor dos respectivos honorários com observância, entre outros, dos critérios de razoabilidade e proporcionalidade. *(Incluído pela Lei n. 12.405, de 2011)*

A alternativa "C" é incorreta eis que em desacordo com a Súmula n. 419 do TST. A competência não "será sempre" do juízo deprecante. Em se tratando de ato praticado pelo juízo deprecado, será deste a competência.

SUM-419 — COMPETÊNCIA. EXECUÇÃO POR CARTA. EMBARGOS DE TERCEIRO. JUÍZO DEPRECANTE (conversão da Orientação Jurisprudencial n. 114 da SBDI-2) — Res. 137/2005, DJ 22, 23 e 24.8.2005

Na execução por carta precatória, os embargos de terceiro serão oferecidos no juízo deprecante ou no juízo deprecado, mas a competência para julgá-los é do juízo deprecante, salvo se versarem, unicamente, sobre vícios ou irregularidades da penhora, avaliação ou alienação dos bens, praticados pelo juízo deprecado, em que a competência será deste último. *(ex-OJ n. 114 da SBDI-2 — DJ 11.8.2003)*

A alternativa "D" é incorreta. De acordo com o item III da Súmula n. 417 do TST, na execução provisória fere direito líquido e certo a penhora em dinheiro quando nomeados outros bens. Isso porque, apesar da execução provisória observar o mesmo procedimento da execução definitiva, fato é que a penhora em dinheiro, sem que haja o trânsito em julgado, é medida extremamente excessiva, o que contraria o disposto no art. 620 do CPC.

SUM-417 — MANDADO DE SEGURANÇA. PENHORA EM DINHEIRO (conversão das Orientações Jurisprudenciais ns. 60, 61 e 62 da SBDI-2) — Res. 137/2005, DJ 22, 23 e 24.8.2005

I — Não fere direito líquido e certo do impetrante o ato judicial que determina penhora em dinheiro do executado, em execução definitiva, para garantir crédito exequendo, uma vez que obedece à gradação prevista no art. 655 do CPC. *(ex-OJ n. 60 da SBDI-2 — inserida em 20.9.2000)*

II — Havendo discordância do credor, em execução definitiva, não tem o executado direito líquido e certo a que os valores penhorados em dinheiro fiquem depositados no próprio banco, ainda que atenda aos requisitos do art. 666, I, do CPC. *(ex-OJ n. 61 da SBDI-2 — inserida em 20.9.2000)*

III — Em se tratando de execução provisória, fere direito líquido e certo do impetrante a determinação de penhora em dinheiro, quando nomeados outros bens à penhora, pois o executado tem direito a que a execução se processe da forma que lhe seja menos gravosa, nos termos do art. 620 do CPC. *(ex-OJ n. 62 da SBDI-2 — inserida em 20.9.2000)*

Observe-se que o item III da Súmula n. 417 do TST, acima transcrito, não veda a penhora em dinheiro na execução provisória, mas tão somente quando nomeados outros bens.

143. Em audiência de conciliação, instrução e julgamento, o reclamado não respondeu ao pregão, mas compareceu o seu advogado, munido de procuração e dos atos constitutivos da empresa. Dada a palavra ao reclamante, seu advogado requereu que a empresa fosse considerada revel e confessa, pelo que o juiz indeferiu a juntada da defesa escrita que o advogado da parte reclamada pretendia apresentar. Assinale a alternativa correta, indicando como deve o advogado da parte reclamada proceder.

☐ A) Deve lançar em ata o protesto, alegando que, no processo do trabalho, a revelia decorre da falta de apresentação de defesa, pelo que a presença do advogado, munido de procuração, supre a ausência da parte.

☐ B) Deve conformar-se, pois, no processo do trabalho, a revelia decorre da ausência da parte ré, importando em confissão quanto a qualquer matéria, pelo que a presença do advogado da parte ausente, munido de procuração e defesa, é irrelevante.

☐ C) Deve lançar em ata o protesto, alegando que, no processo do trabalho, a revelia decorre da ausência da parte ré, importando em confissão quanto à matéria de fato, pelo que o juiz deve receber a defesa apresentada pelo advogado da parte ausente, desde que munido de procuração, para o exame das questões de direito.

☐ D) Deve conformar-se, pois, no processo do trabalho, a revelia tanto pode decorrer da ausência da parte ré quanto da falta de apresentação da defesa, estando ou não presente o advogado da parte ausente (ainda que munido de procuração) e sempre importa em confissão quanto a qualquer matéria, de fato ou de direito.

A *alternativa correta é a "A"*.

A presente questão trata da revelia no processo do trabalho. De acordo com o art. 844 da CLT, revelia é a ausência da reclamada. Em razão de tal dispositivo, o TST editou a Súmula n. 122, no sentido de que no processo do trabalho ainda que presente o advogado, a ausência da reclamada importa em revelia. Ou seja, para o TST revelia no processo do trabalho é diferente de revelia no processo civil.

> Art. 844 CLT — O não comparecimento do reclamante à audiência importa o arquivamento da reclamação, e o não comparecimento do reclamado importa em revelia, além de confissão, quanto à matéria de fato.
> Parágrafo único. Ocorrendo, entretanto, motivo relevante, poderá o presidente suspender o julgamento, designando nova audiência.

> SUM-122 — REVELIA. ATESTADO MÉDICO (incorporada a Orientação Jurisprudencial n. 74 da SBDI-1) — Res. 129/2005, DJ 20, 22 e 25.4.2005
> A reclamada, ausente à audiência em que deveria apresentar defesa, é revel, ainda que presente seu advogado munido de procuração, podendo ser ilidida a revelia mediante a apresentação de atestado médico, que deverá declarar, expressamente, a impossibilidade de locomoção do empregador ou do seu preposto no dia da audiência. *(primeira parte — ex-OJ n. 74 da SBDI-1 — inserida em 25.11.1996; segunda parte — ex-Súmula n. 122 — alterada pela Res. 121/2003, DJ 21.11.2003)*

Ocorre que referida súmula é muito criticada pela doutrina razão pela qual, o advogado da reclamada não deve se conformar com a revelia, mas sim exigir que conste na ata da audiência seu inconformismo quanto ao indeferimento da juntada da defesa, para posteriormente arguir cerceamento de defesa.

Cumpre destacar que na presente questão não foi indagado sobre a posição do TST a respeito, mas sim a postura que o advogado da reclamada deveria adotar em uma audiência. E o melhor procedimento é aquele descrito na alternativa "A".

Com razão àqueles que criticam a Súmula 122 do TST, pois com a devida *venia*, o Tribunal Superior do Trabalho limitou-se a uma interpretação literal do art. 844 da CLT que menciona expressamente que "ausente a reclamada...". Contudo, utilizando-se de outros métodos de interpretação, em especial o histórico, a conclusão é diversa daquela proferida pelo TST. Isto porque, no processo do trabalho, quando da edição da CLT, a defesa era apresentada oralmente pela própria parte, razão pela qual não poderia o dispositivo estabelecer hipótese de defesa sem a presença da reclamada.

Por esse motivo a melhor interpretação para esse dispositivo é de ausente a reclamada, haverá confissão quanto a material de fato. Revelia é a ausência de defesa.

Por essa razão, as demais alternativas estão incorretas. A alternativa "C" é contraditória pois, os protestos lançados na ata da audiência é exatamente pelo fato de que a apenas a ausência da reclamada não importa em revelia.

Ainda, quanto a esta questão, cumpre destacar que o TST, na própria Súmula n. 122 comete, "data maxima venia", outro grande equívoco, pois na sua segunda parte estabelece apenas uma única hipótese para que a revelia seja elidida, qual seja, apresentação de atestado médico onde conste a impossibilidade de locomoção na data da audiência. Por que equívoco? Porque, ao assim estabelecer, o TST eliminou a possibilidade de qualquer outra justificativa para a ausência da reclamada, o que é temerário, pois existem situações tão graves quanto aquela contemplada pela súmula.

Cumpre lembrar ainda que a ausência do reclamante implica em arquivamento do feito (art. 844 CLT), que nada mais é do que a extinção sem resolução do mérito. Se o reclamante der causa a dois arquivamentos seguidos ocorrerá a perda do direito de ajuizar nova ação pela prazo de 6 meses. Trata-se do fenômeno da PEREMPÇÃO, prevista nos art. 732 da CLT.

Art. 732 CLT — Na mesma pena do artigo anterior incorrerá o reclamante que, por duas vezes seguidas, der causa ao arquivamento de que trata o art. 844.
O artigo anterior trata da outra hipótese de perempção e estabelece a pena a ser aplicada.

Art. 731 CLT — Aquele que tendo apresentado ao distribuidor reclamação verbal, não se apresentar, no prazo estabelecido no parágrafo único do art. 786, à Vara ou Juízo para fazê-lo tomar a termo, incorrerá na pena de perda, pelo prazo de seis meses, do direito de reclamar perante a Justiça do Trabalho.

Ou seja, duas são as hipóteses de perempção no processo do trabalho. A primeira, quando o reclamante der causa a dois arquivamentos seguidos pelo não comparecimento em primeira audiência. A segunda ocorre quando, na reclamação verbal, o reclamante não comparece no prazo de 5 dias da distribuição à vara do trabalho para reduzir a termo sua reclamação. (art. 731 CLT).

Se já contestado o feito, a ausência do reclamante na audiência de prosseguimento importa em confissão e não arquivamento, nos termos da Súmula n. 9 do TST, desde que intimado pessoalmente para comparecer, conforme item I da Súmula n. 74 do TST.

SUM-9 — AUSÊNCIA DO RECLAMANTE (mantida) — Res. 121/2003, DJ 19, 20 e 21.11.2003
A ausência do reclamante, quando adiada a instrução após contestada a ação em audiência, não importa arquivamento do processo.

SUM-74 — CONFISSÃO (nova redação do item I e inserido o item III à redação em decorrência do julgamento do processo TST-IUJEEDRR 801385-77.2001.5.02.0017) — Res. 174/2011, DEJT divulgado em 27, 30 e 31.5.2011
I — Aplica-se a confissão à parte que, expressamente intimada com aquela cominação, não comparecer à audiência em prosseguimento, na qual deveria depor. *(ex-Súmula n. 74 — RA 69/1978, DJ 26.9.1978)*
II — A prova pré-constituída nos autos pode ser levada em conta para confronto com a confissão ficta (art. 400, I, CPC), não implicando cerceamento de defesa o indeferimento de provas posteriores. *(ex-OJ n. 184 da SBDI-1 — inserida em 8.11.2000)*
III — A vedação à produção de prova posterior pela parte confessa somente a ela se aplica, não afetando o exercício, pelo magistrado, do poder/dever de conduzir o processo.

144. Lavrado auto de infração contra uma empresa por alegada violação às normas da CLT, o valor da multa importa em R$ 5.000,00. Pretendendo recorrer administrativamente da multa, a empresa

☐ A) deverá recolher o valor da multa, que ficará retida até o julgamento do recurso administrativo.

☐ B) não precisará recolher qualquer multa para ter apreciado o seu recurso administrativo.

☐ C) para ser isenta do depósito da multa, deverá valer-se de ação própria requerendo judicialmente a isenção até o julgamento do recurso administrativo.

☐ D) não precisará depositar a multa, pois isso somente será obrigatório se desejar ajuizar ação anulatória perante a Justiça do Trabalho.

Alternativa correta é a "B".

O processo de fiscalização e multas administrativas está previsto nos arts. 626 a 642 da CLT.

Em que pese o disposto no art. 636, § 2º da CLT, fato é que de acordo com a Súmula Vinculante n. 21 do STF é inconstitucional exigir depósito para recorrer.

> Súmula Vinculante n. 21 do STF que "é inconstitucional a exigência de depósito ou arrolamentos prévios de dinheiro ou bens para a admissibilidade de recurso administrativa."

Sobre fiscalização do trabalho, importante saber:

1 — Verificando o Auditor Fiscal alguma irregularidade na empresa, deverá proceder a sua autuação.

2 — O inspetor tem o direito de entrar nas dependências da empresa, no que diz respeito ao objeto da fiscalização. Havendo resistência, poderá o inspetor requisitar força policial (art. 630, § 8º CLT)

3 — O infrator terá, para apresentar defesa, o prazo de 10 dias do recebimento do auto. (§ 3º art. 629 CLT).

4 — a fiscalização deverá observar o critério da DUPLA VISITA nos seguintes casos (art. 627 CLT): 1º — quando ocorrer promulgação ou expedição de novas leis, regulamentos ou instruções ministeriais, sendo que, com relação exclusivamente a esses atos, será feita apenas a instrução dos responsáveis; 2º — em se realizando a primeira inspeção dos estabelecimentos ou dos locais de trabalho, recentemente inaugurados ou empreendidos.

5 — Da decisão que impuser multa, caberá recurso, que serão interpostos no prazo de 10 dias, contados do recebimento da notificação.

6 — Será interposto perante a autoridade que aplicou a multa, a qual, após prestar informações, encaminhará à autoridade competente.

7 — A multa será reduzida de 50% se o infrator renunciar ao recurso e recolher ao Tesouro Nacional dentro de 10 dias.

Verificando o Auditor Fiscal alguma irregularidade na empresa, deverá proceder a sua autuação.

O inspetor tem o direito de entrar nas dependências da empresa, no que diz respeito ao objeto da fiscalização. Havendo resistência, poderá o inspetor requisitar força policial (art. 630, § 8º CLT)

O infrator terá, para apresentar defesa, o prazo de 10 dias do recebimento do auto. (§ 3º art. 629 CLT).

— **art. 627 CLT** — a fiscalização deverá observar o critério da DUPLA VISITA nos seguintes casos:

1º — quando ocorrer promulgação ou expedição de novas leis, regulamentos ou instruções ministeriais, sendo que, com relação exclusivamente a esses atos, será feita apenas a instrução dos responsáveis;

2º — em se realizando a primeira inspeção dos estabelecimentos ou dos locais de trabalho, recentemente inaugurados ou empreendidos.

RECURSOS — art. 635 e seguintes CLT.

Da decisão que impuser multa, caberá recurso, que serão interpostos no prazo de 10 dias, contados do recebimento da notificação.

Será interposto perante a autoridade que aplicou a multa, a qual, após prestar informações, encaminhará à autoridade competente.

Para prosseguimento do recurso, haverá necessidade do recorrente comprovar o recolhimento da multa.

A multa será reduzida de 50% se o infrator renunciar ao recurso e recolher ao Tesouro Nacional dentro de 10 dias.

QUESTÕES
OAB/SP — OAB/MG

122º OAB/SP

1. Frauda a ação de execução o devedor que

- A) renite em não pagar a dívida exequenda, oferecendo embargos à penhora.
- B) oferece resistência à ação de execução, utilizando-se de todos os remédios legais.
- C) aliena ou onera bens, no curso da demanda capaz de reduzi-lo à insolvência.
- D) aliena ou onera bens que poderiam servir para satisfação do crédito exequendo.

A *alternativa correta é a "C"*.

Assim estabelece o art. 593 do CPC.

Art. 593. Considera-se em fraude de execução a alienação ou oneração de bens:

I — quando sobre eles pender ação fundada em direito real;

II — quando, ao tempo da alienação ou oneração, corria contra o devedor demanda capaz de reduzi-lo à insolvência;

III — nos demais casos expressos em lei.

Assim nos termos do inciso II do mencionado artigo, correta a alternativa "C".

A alternativa "A" é incorreta, pois a apresentação de embargos à penhora é direito do devedor previsto no art. 884 da CLT, como também incorreta a alternativa "B", pois, utilizar-se de todos os remédios legais é direito da parte. Se o fizer de má-fé, caberá a imposição de multa por ato atentatório à dignidade da justiça (art. 600 CPC).

E, por fim, a alternativa "D" é incorreta, pois o fato de alienar bens ou onerá-los não é fraude à execução. Para tanto é necessário que tais atos ocorram com o objetivo de reduzir o devedor à insolvência.

---

2. As nulidades no processo do trabalho

- A) devem ser arguidas pela parte, pena de perempção.
- B) são acolhíveis ex-ofício pelo juiz, tendo em vista o princípio de proteção ao hipossuficiente.
- C) devem ser arguidas na primeira vez que a parte tiver que se manifestar nos autos, pena de preclusão.
- D) somente podem ser controvertidas através da ação rescisória.

A *alternativa correta é a "C"*.

Dispõe o art. 795 da CLT que:

> Art. 795 CLT — As nulidades não serão declaradas senão mediante provocação das partes, as quais deverão argui-las à primeira vez em que tiverem de falar em audiência ou nos autos.

Trata-se do chamado princípio da preclusão ou da convalidação, onde as nulidades devem ser arguidas no primeiro momento que a parte deve falar nos autos, sob pena de preclusão.

A alternativa "A" está errada pois não se trata de "perempção", mas sim de "preclusão". Perempção do direito do trabalho é a perda do direito de ajuizar ação pelo prazo de 6 meses. Existem duas hipóteses de perempção que estão previstas nos arts. 731 e 732 da CLT, o que não se confunde com preclusão.

> Art. 731. Aquele que, tendo apresentado ao distribuidor reclamação verbal, não se apresentar, no prazo estabelecido no parágrafo único do art. 786, à Junta ou Juízo para fazê-lo tomar por termo, incorrerá na pena de perda, pelo prazo de 6 (seis) meses, do direito de reclamar perante a Justiça do Trabalho.

> Art. 732. Na mesma pena do artigo anterior incorrerá o reclamante que, por 2 (duas) vezes seguidas, der causa ao arquivamento de que trata o art. 844.

Existem 3 espécies de preclusão. 1º — Preclusão temporal — decurso do tempo. Ex.: protocolo fora do prazo; 2º — Preclusão lógica — prática de um ato incompatível com outro já praticado. Ex.: opor exceção de incompetência e, posteriormente suscitar conflito de competência e; 3º — Preclusão consumativa — já se praticou o ato, não se pode pretender praticá-lo novamente. Ex.: interpor recurso no segundo dia e novamente no oitavo.

A alternativa "B" também está incorreta, pois o art. 795 da CLT é claro ao dispor que "*As nulidades não serão declaradas senão mediante provocação das partes, ...*".

Por fim, também incorreta a alternativa "D" pois as nulidades podem ser declaradas pelo próprio juiz ou Tribunal, nos mesmos autos. Ação rescisória é aquela que visa combater a coisa julgada material. (art. 485 do CPC e 836 CLT).

---

3. Os incidentes do processo são resolvidos pelo próprio Juiz ou Tribunal. Das decisões resolvendo esses incidentes,

☐ A) cabe recurso, desde logo, para Tribunal imediatamente superior.

☐ B) cabe agravo de instrumento que poderá ficar retido nos autos ou subir para o Tribunal.

☐ C) não cabe recurso nenhum, porquanto opera-se, necessariamente, a preclusão.

☐ D) caberá revolvimento da matéria, em preliminar, quando do oferecimento do recurso contra decisão definitiva ou terminativa.

A alternativa correta é a "D".

Trata-se do princípio da irrecorribilidade imediata das decisões interlocutórias, prevista no art. 893, § 1º da CLT: "Os incidentes do processo serão resolvidos pelo próprio Juízo ou Tribunal, admitindo-se a apreciação do merecimento das decisões interlocutórias somente em recurso de decisão definitiva."

Apesar no dispositivo mencionar "decisão definitiva" entende-se definitiva e terminativa. Definitiva é a decisão que julga o mérito; terminativa é a que extingue sem julgamento do mérito.

A exceção a esta regra está na Súmula n. 214 do TST.

SÚMULA N. 214 — DECISÃO INTERLOCUTÓRIA. IRRECORRIBILIDADE (nova redação) — Res. 127/2005, DJ 14, 15 e 16.3.2005. Na Justiça do Trabalho, nos termos do art. 893, § 1º, da CLT, as decisões interlocutórias não ensejam recurso imediato, salvo nas hipóteses de decisão: a) de Tribunal Regional do Trabalho contrária à Súmula ou Orientação Jurisprudencial do Tribunal Superior do Trabalho; b) suscetível de impugnação mediante recurso para o mesmo Tribunal; c) que acolhe exceção de incompetência territorial, com a remessa dos autos para Tribunal Regional distinto daquele a que se vincula o juízo excepcionado, consoante o disposto no art. 799, § 2º, da CLT.

Assim, das decisões interlocutórias no processo do trabalho, em regra, não cabe recurso imediato. A alternativa "C" está errada, pois só irá ocorrer a preclusão se a parte não se manifestar no primeiro momento que tiver que falar nos autos (art. 795 CLT).

Aliás, muito se discute sobre o "primeiro momento". Com base neste dispositivo é que a praxe criou os chamados protestos em audiência. Entendemos que, neste caso, o primeiro momento que a parte deve se manifestar nos autos é em razões finais. Ou seja, não concordando a parte com alguma decisão do juiz ocorrida em audiência, como p. ex., indeferimento de oitiva de testemunhas, de perguntas e etc., deverá lançar mão das razões finais, sob pena de preclusão.

As alternativas "A" e "B" estão totalmente erradas, pois é exatamente o contrário do que preconiza o art. 893, § 1º da CLT. A alternativa "B" estabelece a solução em se tratando de processo civil e não de processo do trabalho.

---

4. Das decisões definitivas dos Tribunais Regionais, em processo de sua competência originária, quer nos dissídios individuais, quer nos dissídios coletivos, cabe

☐ A) recurso ordinário, no prazo de 8 dias.

☐ B) recurso ordinário, no prazo de 8 dias, salvo em decisão em mandado de segurança, quando o prazo é de 15 dias.

☐ C) agravo de petição, no prazo de 8 dias, quando se tratar de processo em fase de execução.

☐ D) recurso de revista, no prazo de 8 dias.

A alternativa correta é a "A".

O enunciado da questão é exatamente os termos do inciso II do art. 895 da CLT.

Art. 895. Cabe recurso ordinário para a instância superior:

I — das decisões definitivas ou terminativas das Varas e Juízos, no prazo de 8 (oito) dias; e *(Incluído pela Lei n. 11.925, de 2009)*

II — das decisões definitivas ou terminativas dos Tribunais Regionais, em processos de sua competência originária, no prazo de 8 (oito) dias, quer nos dissídios individuais, quer nos dissídios coletivos. *(Incluído pela Lei n. 11.925, de 2009)*

O Recurso ordinário é cabível em duas hipóteses: 1º — das decisões definitivas ou terminativas das varas ou juízos (inciso I do art. 895 da CLT) e; 2º — das decisões definitivas ou terminativas dos Tribunais Regionais, em processos de sua competência originária (inciso II do art. 895 da CLT).

Decisão terminativa é aquela que extingue o processo sem resolução do mérito. Decisão definitiva é aquela que julga o mérito.

Sobre a segunda hipótese de cabimento do recurso ordinário, o Tribunal Superior do Trabalho editou duas súmulas.

Súmula n. 158 — AÇÃO RESCISÓRIA (mantida) — Res. 121/2003, DJ 19, 20 e 21.11.2003. Da decisão de Tribunal Regional do Trabalho, em ação rescisória, é cabível recurso ordinário para o Tribunal Superior do Trabalho, em face da organização judiciária trabalhista *(ex-Prejulgado n. 35)*.

Súmula n. 201 — RECURSO ORDINÁRIO EM MANDADO DE SEGURANÇA (mantida) — Res. 121/2003, DJ 19, 20 e 21.11.2003. Da decisão de Tribunal Regional do Trabalho em mandado de segurança cabe recurso ordinário, no prazo de 8 (oito) dias, para o Tribunal Superior do Trabalho, e igual dilação para o recorrido e interessados apresentarem razões de contrariedade.

A parte final da alternativa "B" está errada, pois fala em prazo de 15 dias, sendo que o prazo do recurso ordinário será sempre de 8 dias.

A alternativa "C" é incorreta, pois agravo de petição é cabível ao Tribunal Regional do Trabalho contra decisões do juiz na execução (art. 897, alínea *a* CLT). Do acórdão que julga o agravo caberá Recurso de Revista ao TST em caso de violação à Constituição Federal (art. 896, § 2º CLT).

> Art. 897. Cabe agravo, no prazo de 8 (oito) dias: *(Redação dada pela Lei n. 8.432, 11.6.1992)*
>
> a) de petição, das decisões do Juiz ou Presidente, nas execuções; *(Redação dada pela Lei n. 8.432, 11.6.1992)*

> Art. 896. ...
>
> § 2º Das decisões proferidas pelos Tribunais Regionais do Trabalho ou por suas Turmas, em execução de sentença, inclusive em processo incidente de embargos de terceiro, não caberá Recurso de Revista, salvo na hipótese de ofensa direta e literal de norma da Constituição Federal. *(Redação dada pela Lei n. 9.756, de 17.12.1998)*

E, por fim, incorreta a alternativa "D", pois recurso de revista é cabível nas hipóteses do art. 896 da CLT.

> Art. 896. Cabe Recurso de Revista para Turma do Tribunal Superior do Trabalho das decisões proferidas em grau de recurso ordinário, em dissídio individual, pelos Tribunais Regionais do Trabalho, quando: *(Redação dada pela Lei n. 9.756, de 17.12.1998)*
>
> a) derem ao mesmo dispositivo de lei federal interpretação diversa da que lhe houver dado outro Tribunal Regional, no seu Pleno ou Turma, ou a Seção de Dissídios Individuais do Tribunal Superior do Trabalho, ou a Súmula de Jurisprudência Uniforme dessa Corte; *(Redação dada pela Lei n. 9.756, de 17.12.1998)*
>
> b) derem ao mesmo dispositivo de lei estadual, Convenção Coletiva de Trabalho, Acordo Coletivo, sentença normativa ou regulamento empresarial de observância obrigatória em área territorial que exceda a jurisdição do Tribunal Regional prolator da decisão recorrida, interpretação divergente, na forma da alínea *a*; *(Redação dada pela Lei n. 9.756, de 17.12.1998)*
>
> c) proferidas com violação literal de disposição de lei federal ou afronta direta e literal à Constituição Federal. *(Redação dada pela Lei n. 9.756, de 17.12.1998)*

Em se tratando de rito sumaríssimo será cabível apenas em duas hipóteses, conforme § 6º do art. 896 da CLT.

> § 6º Nas causas sujeitas ao procedimento sumaríssimo, somente será admitido recurso de revista por contrariedade a súmula de jurisprudência uniforme do Tribunal Superior do Trabalho e violação direta da Constituição da República. *(Incluído pela Lei n. 9.957, de 12.1.2000)*

5. Na justa causa para o rompimento do contrato de trabalho, por culpa do empregador, é correto afirmar que

- A) o empregado sempre deverá permanecer trabalhando, até decisão final do processo.

- B) o empregado somente deixará de prestar seus serviços se o mesmo correr perigo manifesto de mal considerável.

- C) não cumprindo o empregador as obrigações do contrato, poderá o empregado optar pela permanência ou não no serviço até final decisão do processo.

- D) no caso de morte do empregador constituído em empresa individual, o empregado é obrigado a rescindir o contrato de trabalho.

A alternativa correta é a "C". Estabelece o § 3º, do art. 483, da CLT:

Art. 483. O empregado poderá considerar rescindido o contrato e pleitear a devida indenização quando:

a) forem exigidos serviços superiores às suas forças, defesos em lei, contrários aos bons costumes, ou alheios ao contrato;

b) for tratado pelo empregador ou por seus superiores hierárquicos com rigor excessivo;

c) correr perigo manifesto de mal considerável.

d) não cumprir o empregador as obrigações do contrato;

e) praticar o empregador ou seus prepostos, contra ele ou pessoas de sua família, ato lesivo a honra e boa fama;

f) o empregador ou seus prepostos ofenderem-no fisicamente, salvo em caso de legítima defesa, própria ou de outrem;

g) o empregador reduzir o seu trabalho, sendo este por peça ou tarefa, de forma a afetar sensivelmente a importância dos salários;

§ 1º O empregado poderá suspender a prestação de serviços ou rescindir o contrato, quando tiver de desempenhar obrigações legais, incompatíveis com a continuação do serviço.

§ 2º No caso de morte do empregador constituído em empresa individual, é facultado ao empregado rescindir o contrato de trabalho.

§ 3º Nas hipóteses das letras "d" e "g", poderá o empregado pleitear a rescisão de seu contrato de trabalho e o pagamento das respectivas indenizações, permanecendo ou não no serviço até final decisão do processo. (Incluído pela Lei n. 4.825, de 5.11.1965)

Trata-se da rescisão indireta, resultante da falta grave cometida pelo empregador, competindo ao empregado decidir pela continuidade ou não da prestação laboral.

A faculdade em decidir pela continuidade ou não da prestação de serviços é do empregado apenas nas hipóteses das alíneas *d* e *g*. Nos demais casos, o reclamante deve deixar o trabalho e ajuizar ação pleiteando a rescisão indireta do contrato de trabalho.

A alternativa "A" está incorreta. É facultado ao empregado continuar a prestar serviços ao empregador, a teor do já mencionado § 3º, do art. 483, da CLT.

A alternativa "B" está incorreta. Com efeito, as situações previstas no art. 483, da CLT, que autorizam a rescisão indireta do contrato de trabalho, facultam ao empregado permanecer ou não prestando serviços até final do processo.

A alternativa "D" está incorreta. Assim estabelece o § 2º, do art. 483:

> § 2º No caso de morte do empregador constituído em empresa individual, é facultado ao empregado rescindir o contrato de trabalho.

Registre-se que a rescisão contratual será permitida, mesmo que a empresa continue a funcionar.

6. Quanto ao agravo de instrumento no processo do trabalho, pode afirmar que

☐ A) é o recurso adequado para impugnar despachos terminativos.

☐ B) somente é usado para pleitear seguimento de recurso.

☐ C) pode ser interposto para pedir seguimento a recurso e para postular justiça gratuita.

☐ D) somente pode ser indeferido seu processamento, quando não houver o depósito recursal.

A *alternativa correta é a "B"*.

Agravo de instrumento no processo do trabalho só é cabível em face de decisão que denega seguimento a outro recurso para instância superior. (art. 897, alínea *b* da CLT)

> Art. 897. Cabe agravo, no prazo de 8 (oito) dias: *(Redação dada pela Lei n. 8.432, 11.6.1992)*
> a) ...
> b) de instrumento, dos despachos que denegarem a interposição de recursos. *(Redação dada pela Lei n. 8.432, 11.6.1992)*

O agravo será julgado pelo Tribunal que seria competente para conhecer do recurso denegado (§ 4º do art. 896 CLT).

Sob pena de não conhecimento do agravo, o agravante deverá promover a formação do instrumento, conforme determina o § 5º do art. 897 da CLT.

> § 5º Sob pena de não conhecimento, as partes promoverão a formação do instrumento do agravo de modo a possibilitar, caso provido, o imediato julgamento do recurso denegado, instruindo a petição de interposição: *(Incluído pela Lei n. 9.756, de 17.12.1998)*
>
> I — obrigatoriamente, com cópias da decisão agravada, da certidão da respectiva intimação, das procurações outorgadas aos advogados do agravante e do agravado, da petição inicial, da contestação, da decisão originária, do depósito recursal referente ao recurso que se pretende destrancar, da comprovação do recolhimento das custas e do depósito recursal a que se refere o § 7º do art. 899 desta Consolidação; *(Redação dada pela Lei n. 12.275, de 2010)*
>
> II — facultativamente, com outras peças que o agravante reputar úteis ao deslinde da matéria de mérito controvertida. *(Incluído pela Lei n. 9.756, de 17.12.1998)*

A Lei n. 12.275/10 inseriu o § 7º no art. 899 da CLT estabelecendo um novo pressuposto para o processamento do agravo, qual seja: depósito recursal, no valor de 50% do depósito recursal do recurso denegado.

> § 7º No ato de interposição do agravo de instrumento, o depósito recursal corresponderá a 50% (cinquenta por cento) do valor do depósito do recurso ao qual se pretende destrancar. *(Incluído pela Lei n. 12.275, de 2010)*

7. No recurso adesivo temos que

☐ A) se houver desistência do recurso principal, fica prejudicada a análise do recurso adesivo.

☐ B) o recurso adesivo, uma vez interposto, sempre será analisado.

☐ C) só cabe em sede de recurso de revista.

☐ D) o prazo para sua interposição é de 8 dias após as contra-razões.

A alternativa correta é a "A".

Recurso adesivo está previsto no art. 500 do CPC.

Art. 500 CPC — Cada parte interporá o recurso, independentemente, no prazo e observadas as exigências legais. Sendo, porém, vencidos autor e réu, ao recurso interposto por qualquer deles poderá aderir a outra parte. O recurso adesivo fica subordinado ao recurso principal e se rege pelas disposições seguintes:
I — será interposto perante a autoridade competente para admitir o recurso principal, no prazo de que a parte dispõe para responder;
II — será admissível na apelação, nos embargos infringentes, no recurso extraordinário e no recurso especial;
III — não será conhecido, se houver desistência do recurso principal, ou se for ele declarado inadmissível ou deserto.
Parágrafo único. Ao recurso adesivo se aplicam as mesmas regras do recurso independente, quando às condições de admissibilidade, preparo e julgamento no tribunal superior.

Trata-se de um recurso sem autonomia e dependente do recurso principal. A interposição do adesivo ocorre no prazo das contrarrazões.

Cada parte interporá o recurso, independentemente, no prazo e observadas as exigências legais. Sendo, porém, vencidos autor e réu, ao recurso interposto por qualquer deles poderá aderir a outra parte.

Não será conhecido se houver desistência do recurso principal, ou se ele for declarado inadmissível ou deserto.

Não é cabível o recurso adesivo por parte do Ministério Público, na qualidade de fiscal da lei, e do terceiro prejudicado.

No caso de ser denegado seguimento ao recurso voluntário, pela inobservância dos seus pressupostos de admissibilidade, a parte não terá o direito quanto ao recurso adesivo, ante a ocorrência da preclusão

Se na utilização do recurso principal, a parte não abranger toda a matéria relativa a sua sucumbência, ficará vedada discuti-la em sede de recurso adesivo.

O recorrente adesivo tem o direito de desistir do apelo, independentemente da anuência do recorrido ou dos litisconsortes. No tribunal, o juiz relator deverá apreciar o recurso principal. Se não for conhecido, restará prejudicado o exame do adesivo. Se for conhecido, será apreciado o seu mérito, e na sequência, haverá o exame dos pressupostos de admissibilidade do adesivo e o respectivo mérito, se conhecido.

Súmula n. 283 — RECURSO ADESIVO. PERTINÊNCIA NO PROCESSO DO TRABALHO. CORRELAÇÃO DE MATÉRIAS (mantida) — Res. 121/2003, DJ 19, 20 e 21.11.2003. O recurso adesivo é compatível com o processo do trabalho e cabe, no prazo de 8 (oito) dias, nas hipóteses de interposição de recurso ordinário, de agravo de petição, de revista e de embargos, sendo desnecessário que a matéria nele veiculada esteja relacionada com a do recurso interposto pela parte contrária.

Não se trata de uma nova modalidade de recurso, mas tão somente a forma de como os recursos previstos no art. 893 da CLT serão interpostos.

A alternativa "B" é incorreta, pois a analise do recurso adesivo fica na dependência do recurso principal. A alternativa "C" também é incorreta, pois como visto, a Súmula n. 283 do TST pacificou entendimento de que é cabível em se tratando de recurso ordinário, agravo de petição, recurso de revista e embargos. Por fim, a alternativa "D" também incorreta, pois o prazo será o mesmo das contrarrazões e não após.

8. Analise as afirmações a seguir sobre Recurso Ordinário (processo do trabalho):

I. cabe recurso ordinário de decisões interlocutórias de caráter terminativo do processo;

II. do indeferimento da petição inicial, cabe recurso ordinário;

III. das decisões definitivas dos tribunais do trabalho, cabe recurso ordinário;

IV. nos dissídios coletivos, cabe recurso ordinário das decisões definitivas.

Pode-se dizer que

☐ A) I, II e III estão incorretas.

☐ B) somente II e III estão corretas.

☐ C) somente a IV está incorreta.

☐ D) todas estão corretas.

A alternativa "D" é a correta.

Todas as afirmativas estão corretas, senão vejamos:

O cabimento do Recurso Ordinário está previsto no art. 895 da CLT.

> Art. 895. Cabe recurso ordinário para a instância superior:
> I — das decisões definitivas ou terminativas das Varas e Juízos, no prazo de 8 (oito) dias; e *(Incluído pela Lei n. 11.925, de 2009)*
> II — das decisões definitivas ou terminativas dos Tribunais Regionais, em processos de sua competência originária, no prazo de 8 (oito) dias, quer nos dissídios individuais, quer nos dissídios coletivos. *(Incluído pela Lei n. 11.925, de 2009)*

I — o Recurso ordinário é cabível de toda decisão terminativa ou definitiva e não só de sentença. Assim, em se tratando de decisão interlocutória terminativa do feito, caberá recurso ordinário ao Tribunal.

II — indeferimento da petição inicial nada mais é do que uma decisão terminativa do feito, razão pela qual cabível o recurso ordinário.

III — apesar de incompleta, também correta tal afirmativa. Isto porque, é cabível recurso ordinário das decisões definitivas dos Tribunais Regionais do Trabalho, NAS AÇÕES DE SUA COMPETÊNCIA ORIGINÁRIA e não em todas as ações.

IV — correto, pois Dissídio Coletivo é ação de competência originária dos Tribunais. Portanto, à luz do art. 895, inciso II da CLT, cabível recurso ordinário ao TST das decisões definitivas e terminativas.

9. Considere as afirmativas e, ao final, marque a opção adequada.

I. A Carta Magna estabelece jornada de 6 horas para o trabalho realizado em turnos ininterruptos de revezamento, salvo negociação coletiva.

II. A ausência do intervalo intrajornada sem que a jornada diária seja ultrapassada, constitui irregularidade meramente administrativa, não gerando direito ao pagamento de indenização ou de horas extras.

III. Entre duas jornadas haverá um intervalo mínimo de 11 horas consecutivas para descanso, na forma prescrita na CLT.

IV. Nos serviços permanentes de mecanografia, a cada 90 minutos de trabalho consecutivo corresponderá um intervalo de 10 minutos não deduzidos da duração normal do trabalho.

☐ A) Há apenas uma assertiva correta.

☐ B) Há apenas três assertivas corretas.

☐ C) Há apenas duas assertivas corretas.

☐ D) Todas as assertivas estão corretas.

A alternativa "B" deverá se assinalada pelo candidato, vez que três assertivas estão corretas (I, III e IV).

Afirmativa I — Com relação aos trabalhadores que laboram em turnos de revezamento, o art. 7º, XIV da Constituição Federal de1988 estabelece que a jornada será de 6 horas salvo negociação coletiva.

Art. 7º XIV CF — jornada de seis horas para o trabalho realizado em turnos de revezamento, salvo negociação coletiva.

Sobre turnos ininterruptos de revezamento, assim se posicionou o TST:

SUM-360 — TURNOS ININTERRUPTOS DE REVEZAMENTO. INTERVALOS INTRAJORNADA E SEMANAL (mantida) — Res. 121/2003, DJ 19, 20 e 21.11.2003
A interrupção do trabalho destinada a repouso e alimentação, dentro de cada turno, ou o intervalo para repouso semanal, não descaracteriza o turno de revezamento com jornada de 6 (seis) horas previsto no art. 7º, XIV, da CF/1988.

SUM-423 — TURNO ININTERRUPTO DE REVEZAMENTO. FIXAÇÃO DE JORNADA DE TRABALHO MEDIANTE NEGOCIAÇÃO COLETIVA. VALIDADE. (conversão da Orientação Jurisprudencial n. 169 da SBDI-1) Res. 139/2006 — DJ 10, 11 e 13.10.2006).
Estabelecida jornada superior a seis horas e limitada a oito horas por meio de regular negociação coletiva, os empregados submetidos a turnos ininterruptos de revezamento não tem direito ao pagamento da 7ª e 8ª horas como extras.

OJ-SDI1-274 — TURNO ININTERRUPTO DE REVEZAMENTO. FERROVIÁRIO. HORAS EXTRAS. DEVIDAS (inserida em 27.9.2002)
O ferroviário submetido a escalas variadas, com alternância de turnos, faz jus à jornada especial prevista no art. 7º, XIV, da CF/1988.

OJ-SDI1-275 — TURNO ININTERRUPTO DE REVEZAMENTO. HORISTA. HORAS EXTRAS E ADICIONAL. DEVIDOS (inserida em 27.9.2002)
Inexistindo instrumento coletivo fixando jornada diversa, o empregado horista submetido a turno ininterrupto de revezamento faz jus ao pagamento das horas extraordinárias laboradas além da 6ª, bem como ao respectivo adicional.

III — A afirmativa contida no item III encontra previsão legal no art. 66 da CLT.

Art. 66 da CLT — Entre duas jornadas de trabalho haverá um período mínimo de 11 horas consecutivas para descanso.

Esse período é considerado como suspensão do contrato de trabalho e objetiva proporcionar ao empregado o descanso e a reposição de energias. Esse intervalo deve somar-se ao descanso semanal que é de 24 horas. Assim, uma vez por semana o intervalo entre duas jornadas deve ser no mínimo, de 35 horas.

IV — o item IV trata do intervalo do mecanógrafo. Trata-se de um intervalo intrajornada específico para esta categoria.

> Art. 72 CLT — Nos serviços permanentes de mecanografia (datilografia, escrituração ou cálculo), a cada período de 90 (noventa) minutos de trabalho consecutivo corresponderá um repouso de 10 (dez) minutos não deduzidos da duração normal de trabalho.

Esse intervalo é considerado tempo à disposição do empregador.

> Súmula n. 346 TST — Os digitadores, por aplicação analógica do art. 72 da CLT, equiparam-se aos trabalhadores nos serviços de mecanografia (datilografia, escrituração ou cálculo), razão pela qual tem direito a intervalos de descanso de dez (10) minutos a cada noventa (90) de trabalho consecutivo.

A assertiva II está incorreta, pois a ausência do intervalo intrajornada acarreta para o empregador, além da multa administrativa, a obrigação de remunerar o período correspondente, com o acréscimo de, no mínimo, 50% sobre o valor da remuneração da hora normal de trabalho.

> Art. 71, § 4º CLT — Quando o intervalo para repouso e alimentação, previsto neste artigo, não for concedido pelo empregador, este ficará obrigado a remunerar o período correspondente com um acréscimo de no mínimo 50% (cinquenta por cento) sobre o valor da remuneração da hora normal de trabalho.

Sobre intervalo intrajornada, assim se posicionou o Tribunal Superior do Trabalho:

> OJ-SDI1-307 — INTERVALO INTRAJORNADA (PARA REPOUSO E ALIMENTAÇÃO). NÃO CONCESSÃO OU CONCESSÃO PARCIAL. LEI N. 8.923/94 (DJ 11.8.2003)
>
> Após a edição da Lei n. 8.923/94, a não-concessão total ou parcial do intervalo intrajornada mínimo, para repouso e alimentação, implica o pagamento total do período correspondente, com acréscimo de, no mínimo, 50% sobre o valor da remuneração da hora normal de trabalho (art. 71 da CLT).

> OJ-SDI1-342 — INTERVALO INTRAJORNADA PARA REPOUSO E ALIMENTAÇÃO. NÃO CONCESSÃO OU REDUÇÃO. PREVISÃO EM NORMA COLETIVA. INVALIDADE. EXCEÇÃO AOS CONDUTORES DE VEÍCULOS RODOVIÁRIOS, EMPREGADOS EM EMPRESAS DE TRANSPORTE COLETIVO URBANO *(alterada em decorrência do julgamento do processo TST-IUJEEDEDRR 1226/2005-005-24-00.1)* — Res. 159/2009, DEJT divulgado em 23, 24 e 25.11.2009)
>
> I — É inválida cláusula de acordo ou convenção coletiva de trabalho contemplando a supressão ou redução do intervalo intrajornada porque este constitui medida de higiene, saúde e segurança do trabalho, garantido por norma de ordem pública (art. 71 da CLT e art. 7º, XXII, da CF/1988), infenso à negociação coletiva.
>
> II — Ante a natureza do serviço e em virtude das condições especiais de trabalho a que são submetidos estritamente os condutores e cobradores de veículos rodoviários, empregados em empresas de transporte público coletivo urbano, é válida cláusula de acordo ou convenção coletiva de trabalho contemplando a redução do intervalo intrajornada, desde que garantida a redução da jornada para, no mínimo, sete horas diárias ou quarenta e duas semanais, não prorrogada, mantida a mesma remuneração e concedidos intervalos para descanso menores e fracionados ao final de cada viagem, não descontados da jornada.

> OJ-SDI1-354 — INTERVALO INTRAJORNADA. ART. 71, § 4º, DA CLT. NÃO CONCESSÃO OU REDUÇÃO. NATUREZA JURÍDICA SALARIAL (DJ 14.3.2008)
>
> Possui natureza salarial a parcela prevista no art. 71, § 4º, da CLT, com redação introduzida pela Lei n. 8.923, de 27 de julho de 1994, quando não concedido ou reduzido pelo empregador o intervalo mínimo intrajornada para repouso e alimentação, repercutindo, assim, no cálculo de outras parcelas salariais.

10. Relativamente à equiparação salarial, analise as afirmativas a seguir e, ao final, marque a opção adequada.

I. Trabalho de igual valor na definição legal será o que for realizado na mesma jornada, independentemente da produtividade e da perfeição técnica.

II. Havendo pessoal organizado em quadro de carreira, inviável é a equiparação salarial.

III. Não servirá de paradigma para fins de equiparação salarial o trabalhador readaptado em nova função por motivo de deficiência física ou mental atestada pelo órgão competente da Previdência Social.

IV. O tempo de serviço do paradigma superior a 2 anos em relação ao requerente da equiparação salarial não constitui óbice à igualdade requerida.

V. Na falta de estipulação do salário ou não havendo prova sobre a importância ajustada, o empregado terá direito a perceber o salário igual ao daquele que, na empresa empregadora, fizer serviço equivalente, ou do que for habitualmente pago para serviço semelhante.

A) Apenas uma assertiva está correta.

B) Estão corretas todas as assertivas.

C) Estão corretas apenas três assertivas.

D) Estão corretas apenas quatro assertivas.

A alternativa correta é a "D".

Estão corretas quatro assertivas. Apenas a assertiva I está incorreta.

A definição legal de equiparação salarial, prevista no art. 461 da CLT, assim dispõe: "Sendo idêntica a função, a todo o trabalho de igual valor, prestado ao mesmo empregador, na mesma localidade, corresponderá igual salário, sem distinção de sexo, nacionalidade ou idade".

O § 1º do mesmo dispositivo legal define o que seja trabalho de igual valor: "Trabalho de igual valor, para fins deste Capítulo, será o que for feito com igual produtividade e com a mesma perfeição técnica, entre pessoas cuja diferença de tempo de serviço não for superior a 2 (dois) anos".

Portanto, para se deferir equiparação salarial, é necessário a reunião dos seguintes requisitos: idêntica função; prestado ao mesmo empregador; na mesma localidade; igual produtividade e perfeição técnica, simultaneidade, importando na diferença de tempo de serviço inferior a dois anos.

O item II corresponde ao § 2º do art. 461 transcrito acima, do seguinte teor: "Os dispositivos deste artigo não prevalecerão quando o empregador tiver pessoal organizado em quadro de carreira, hipótese em que as promoções deverão obedecer aos critérios de antiguidade e merecimento".

Súmula n. 127. Quadro de Carreira — Quadro de pessoal organizado em carreira, aprovado pelo órgão competente, excluída a hipótese de equiparação salarial, não obsta reclamação fundada em preterição, enquadramento ou reclassificação.

O item III trata do trabalhador readaptado. Estabelece o § 4º do art. 461: "O trabalhador readaptado em nova função por motivo de deficiência física ou mental atestada pelo órgão da Previdência Social não servirá de paradigma para fins de equiparação salarial."

O item IV está previsto no § 1º do art. 461 e define o que deva ser entendido por trabalho igual, ou seja, aquele executado com a mesma produtividade e a mesma perfeição técnica, entre as pessoas cuja diferença de tempo não seja superior a dois anos. Aqui devemos entende que a diferença mínima de dois anos deve ser no exercício da função e não no tempo de serviço na empresa. Assim está correta referida afirmação, pois o "tempo de serviço" superior a dois anos não é óbice para se deferir equiparação, mas sim o "tempo na função" superior a dois anos.

123º
OAB/SP

11. O adicional de transferência, segundo o entendimento dominante na jurisprudência trabalhista, é devido

- A) na transferência provisória, salvo no exercício de cargo de confiança ou na existência de previsão contratual.

- B) na transferência definitiva, salvo no exercício de cargo de confiança ou na existência de previsão contratual.

- C) na transferência provisória, mas não na definitiva, mesmo em caso de exercício de cargo de confiança ou havendo previsão contratual.

- D) na transferência provisória ou definitiva, mesmo em caso de exercício de cargo de confiança ou havendo previsão contratual.

A alternativa correta é a "C".

Assim estabelece o art. 469 da CLT:

Art. 469, da CLT — Ao empregador é vedado transferir o empregado, sem a sua anuência, para localidade diversa da que resultar do contrato, não se considerando transferência a que não acarretar necessariamente a mudança do seu domicílio.
§ 1º Não estão compreendidos na proibição deste artigo os empregados que exerçam cargos de confiança e aqueles cujos contratos tenham como condição, implícita ou explícita, a transferência, quando esta decorra de real necessidade de serviço.
§ 2º É lícito a transferência quando ocorrer extinção do estabelecimento em que trabalhar o empregado.
§ 3º Em caso de necessidade de serviço o empregador poderá transferir o empregado para localidade diversa da que resultar do contrato, não obstante as restrições do artigo anterior, mas, nesse caso, ficará obrigado a um pagamento suplementar, nunca inferior a 25% (vinte e cinco) dos salários que o empregado percebia naquela localidade, enquanto durar essa situação.

Ou seja, considera-se transferência aquela que acarrete a mudança de domicílio. A regra é de que a transferência é vedada. Será permitida apenas nas hipóteses previstas nos parágrafos do art. 469 da CLT.

Trata-se de transferência provisória. Nestes casos será devido adicional de 25%.

OJ. N. 113. Adicional de transferência. Cargo de confiança ou previsão contratual de transferência. Devido. Desde que a transferência seja provisória. O fato de o empregado exercer cargo de confiança ou a existência de previsão de transferência no contrato de trabalho não exclui o direito ao adicional. O pressuposto legal apto a legitimar a percepção do mencionado adicional é a transferência provisória.

A transferência do empregado importa em alteração do contrato de trabalho e regra geral, depende de sua concordância. (*caput*, art. 469, CLT). Atinge a todos os empregados da empresa.

As exceções à regra estão contidas nos §§ 1º, 2º e 3º do art. 469, da CLT e autorizam o empregador a transferir o empregado, independentemente de sua anuência, tendo por condição a necessidade de serviço. (§ 3º, art. 469).

As alternativas "A" está errada, pois como visto ainda que se trate de cargo de confiança é devido o adicional.

A alternativa "D" está errada pois para fazer jus ao adicional de transferência, é necessário que seja provisória e não definitiva.

A alternativa "B" também fala da transferência definitiva, o que a torna incorreta.

Súmula n. 43, do TST — Presume-se abusiva a transferência de que trata o § 1º do art. 469 da CLT, sem comprovação da necessidade de serviço.

12. A prestação de serviço durante a mesma jornada de trabalho, a diferentes empresas do mesmo grupo econômico,

☐ A) caracteriza a coexistência de mais de um contrato de trabalho, salvo ajuste em contrário.

☐ B) não caracteriza a coexistência de mais de um contrato de trabalho, salvo ajuste em contrário.

☐ C) não é possível, por conta da necessidade de exclusividade para configuração de contrato de trabalho.

☐ D) depende de prévia autorização da autoridade competente.

A alternativa correta é a "B".

Tratando-se de grupo econômico, cuja responsabilidade passiva é solidária quanto ao adimplemento das obrigações trabalhistas, prevalecendo a teoria do empregador único, é certo que, salvo disposição em contrário, poderá ser exigido do empregado, no horário de trabalho a prestação dos serviços a qualquer uma das empresas do grupo, sem que fique configurado a existência de mais de um contrato de trabalho.

Assim dispõe a Súmula n. 129 do CTST: "A prestação de serviços a mais de uma empresa do mesmo grupo econômico, durante a mesma jornada de trabalho, não caracteriza a coexistência de mais de um contrato de trabalho, salvo ajuste em contrário".

O teor da Súmula n. 129 do TST é exatamente a alternativa correta.

Por exclusão, o candidato que conhece os requisitos do vínculo de emprego já eliminaria a alternativa "C" pois exclusividade NÃO É elemento fático jurídico. Para haver relação de emprego é necessário: pessoalidade, não-eventualidade, subordinação, onerosidade e alteridade.

A alternativa "A" está errado porque é exatamente o contrário do teor da súmula e a alternativa "D" não tem qualquer fundamento, pois a caracterização de contrato de trabalho independe de "prévia autorização", basta a presença dos elementos fáticos-jurídicos.

13. As gorjetas constituem

☐ A) salário direto.

☐ B) salário indireto.

☐ C) salário *in natura*.

☐ D) remuneração.

A alternativa correta é a "D".

O art. 457 da CLT nos dá a distinção entre remuneração e salário ao dispor:

> Compreendem-se na remuneração do empregado, para todos os efeitos legais, além do salário devido e pago diretamente pelo empregador, como contraprestação do serviço, as gorjetas que receber.
> § 1º Integram o salário não só a importância fixa estipulada, como também as comissões, percentagens, gratificações ajustadas, diárias para viagens e abonos pagos pelo empregador.
> § 2º Não se incluem nos salários as ajudas de custo, assim como as diárias para viagem que não excedam de cinquenta por cento do salário percebido pelo empregado.
> § 3º Considera-se gorjeta não só a importância espontaneamente dada pelo cliente ao empregado, como também aquela que for cobrada pela empresa ao cliente, como adicional nas contas, a qualquer título, e destinada à distribuição aos empregados.

Portanto, a gorjeta integra a remuneração.

A remuneração deverá ser constituída do salário mínimo ou do piso da categoria, acrescida das gorjetas, não sendo permitido o recebimento apenas de gorjetas, o que implicaria na desoneração do pagamento pelo empregador.

Assim dispõe o art. 76, da CLT — "Salário mínimo é a contraprestação mínima devida e paga diretamente pelo empregador, inclusive ao trabalhador rural, sem distinção de sexo, por dia normal de serviço, e capaz de satisfazer, em determinada época e região do País, as suas necessidades normais de alimentação, habitação, vestuário, higiene e transporte".

> Súmula n. 354 do TST: As gorjetas, cobradas pelo empregador na nota de serviço ou oferecidas espontaneamente pelos clientes, integram a remuneração do empregado, não servindo de base de cálculo para as parcelas de aviso prévio, adicional noturno, horas extras e repouso semanal remunerado.

14. Para os efeitos legais, as seguintes utilidades concedidas pelo empregador são consideradas salário:

☐ A) vestuários, equipamentos e outros acessórios fornecidos aos empregados e utilizados no local de trabalho, para a prestação do serviço.

☐ B) educação, em estabelecimento de ensino próprio ou de terceiros, compreendendo os valores relativos a matrícula, mensalidade, anuidade, livros e material didático.

☐ C) assistência médica, hospitalar e odontológica, prestada diretamente ou mediante seguro-saúde.

☐ D) a alimentação, habitação e o vestuário que a empresa, por força do contrato ou do costume, fornecer habitualmente ao empregado.

A *alternativa correta é a "D"*.

A questão se refere às parcelas que integram o salário.

O salário é definido como a contraprestação paga pelo empregador ao obreiro em função do serviço prestado. O salário é composto pela importância fixa, estipulada pelas partes, acrescido das utilidades, também chamado salário *in natura*, que se traduz no fornecimento de produtos e serviços (alimentação, habitação, vestuário etc.), importando que tenham valor econômico.

Assim dispõe o art. 458, da CLT: "Além do pagamento em dinheiro, compreende-se no salário, para todos os efeitos legais, a alimentação, habitação, vestuário ou outras prestações *in natura* que a empresa, por força do contrato ou do costume, fornecer habitualmente ao empregado. Em caso algum será permitido o pagamento com bebidas alcoólicas ou drogas nocivas".

Se extrai do dispositivo em comento que o salário *in natura*, também chamado salário-utilidade, por força do contrato, para integrar o salário, deve preencher os requisitos da habitualidade e da gratuidade.

Estabelece o art. 82, § único da CLT: "Quando o empregador fornecer, *in natura*, uma ou mais parcelas do salário mínimo, o salário em dinheiro será determinado pela fórmula $Sd=Sm-P$, em que Sd representa o salário em dinheiro, Sm o salário mínimo e P a soma dos valores daquelas parcelas na região."

Estes percentuais são fixados e devem ser observados na hipótese em que o empregado recebe o salário mínimo. Assim a Súmula n. 258, do TST — "Os percentuais fixados em lei relativos ao salário *in natura* apenas se referem às hipóteses em que o empregado percebe salário mínimo, apurando-se, nas demais, o real valor da utilidade".

Assim sendo, devemos entender que o empregado que recebe acima do salário mínimo, terá a utilidade apurada de conformidade com o seu real valor.

As alternativas "A", "B" e "C" tratam das parcelas pagas pelo empregador e que não configuram salário-utilidade.

O art. 458, § 2º da CLT assim dispõe:

Para os efeitos previstos neste artigo, não serão consideradas como salário as seguintes utilidade concedidas pelo empregador:
I — vestuários, equipamentos e outros acessórios fornecidos aos empregados e utilizados no local de trabalho, para a prestação do serviço;
II — educação, em estabelecimento de ensino próprio ou de terceiros, compreendendo os valores relativos a matrícula, mensalidade, anuidade, livros e material didático;
IV — assistência médica, hospitalar e odontológica, prestada diretamente ou mediante seguro-saúde.

Assim é que para se aferir se a utilidade fornecida é salário ou não, deve ficar evidenciada a sua destinação, ou seja, se a concessão é para o serviço ou pelo serviço. Exemplificando, se a utilidade for fornecida para a execução dos serviços, não terá natureza salarial; ao contrário se fornecida como vantagem terá natureza salarial. Exceção feita às hipóteses dos incisos II ao VI do § 2º do art. 458 da CLT que tratam de verbas pagas PELO trabalho mas sem natureza salarial.

---

15. No direito coletivo do trabalho brasileiro, a categoria diferenciada é aquela

☐ A) formada de empregados que exercem profissões ou funções diferenciadas por força de estatuto profissional especial ou de condições de vida singulares.

☐ B) formada de empregadores que exercem atividades diferenciadas por força de estatuto especial ou de condições de vida singulares.

☐ C) formada de empregados e de empregadores que exercem profissões ou atividades diferenciadas por força de estatuto especial ou de condições de vida singulares.

☐ D) formada por meio de deliberação de empregados e empregadores desejosos de se organizarem autonomamente.

A alternativa correta é a "A".

A organização sindical brasileira se estrutura através do sistema de categorias. Categoria é uma criação do direito coletivo do trabalho e decorre da noção de identidade de interesses comuns de um grupo de empregados e empregadores.

A Constituição Federal no art. 8º, II, manteve a organização sindical, representada por categorias, ao dispor: "é vedada a criação de mais e uma organização sindical, em qualquer grau, representativa de categoria profissional ou econômica, na mesma base territorial, que será definida pelos trabalhadores ou empregadores interessados, não podendo ser inferior à área de um Município".

O art. 511 e parágrafos, da CLT, define as categorias econômica, profissional e diferenciada as quais servem de critério para a constituição de sindicatos, que as representa.

A categoria profissional diferenciada está conceituada no § 3º, do mencionado dispositivo legal, que assim dispõe: "Categoria profissional diferenciada é a que se forma dos empregados que exerçam profissões ou funções diferenciadas por força de estatuto profissional especial ou em consequência de condições de vida singulares".

São pessoas que estão submetidas a estatuto próprio e que realizam dentro da empresa trabalho diferenciado dos demais funcionários, ou seja, executam atividades-meio, consideradas as que não estão diretamente ligadas a atividade principal, da empresa. Podemos citar como exemplos, os engenheiros, advogados, contadores, profissionais liberais, professores, motoristas, secretárias, entre outros.

A alternativa "B" está incorreta, uma vez que somente os empregados exercem uma profissão, não havendo se falar em categoria diferenciada para empregadores.

A alternativa "C" também está incorreta, pelas razões já mencionadas, acrescentando que o enquadramento do empregado e do empregador não é espontâneo e decorre da atividade econômica preponderante exercida pelo empregador. Exemplo — se o empregado é contratado para trabalhar em um banco, passa a pertencer à categoria dos bancários. Se este mesmo trabalhador sair para trabalhar no comércio, passa a pertencer ao sindicato do comércio.

A alternativa "D" está incorreta. O critério de representação sindical se dá a partir da categoria. O enquadramento sindical, que corresponde ao quadro de atividades e profissões, distribuídas em categorias compõem a estrutura sindical, o que importa dizer que não é estipulada pela vontade das partes. Para o enquadramento, toma-se por referência o ramo de atividade exercida pelo empregador. Portanto, as categorias não surgem de modo espontâneo. Registre-se, por oportuno, que a sindicalização por profissão, como na formação da categoria profissional diferenciada é exceção.

> Súmula n. 117 TST — BANCÁRIO. CATEGORIA DIFERENCIADA (mantida) — Res. 121/2003, DJ 19, 20 e 21.11.2003. Não se beneficiam do regime legal relativo aos bancários os empregados de estabelecimento de crédito pertencentes a categorias profissionais diferenciadas.

> Súmula n. 239 TST — BANCÁRIO. EMPREGADO DE EMPRESA DE PROCESSAMENTO DE DADOS (incorporadas as Orientações Jurisprudenciais ns. 64 e 126 da SBDI-1) — Res. 129/2005, DJ 20, 22 e 25.4.2005. É bancário o empregado de empresa de processamento de dados que presta serviço a banco integrante do mesmo grupo econômico, exceto quando a empresa de processamento de dados presta serviços a banco e a empresas não bancárias do mesmo grupo econômico ou a terceiros. *(primeira parte — ex-Súmula n. 239 — Res. 15/1985, DJ 9.12.1985; segunda parte — ex-OJs ns. 64 e 126 da SBDI-1 — inseridas, respectivamente, em 13.9.1994 e 20.4.1998)*

> Súmula n. 374 TST — NORMA COLETIVA. CATEGORIA DIFERENCIADA. ABRANGÊNCIA (conversão da Orientação Jurisprudencial n. 55 da SBDI-1) — Res. 129/2005, DJ 20, 22 e 25.4.2005. Empregado integrante de categoria profissional diferenciada não tem o direito de haver de seu empregador vantagens previstas em instrumento coletivo no qual a empresa não foi representada por órgão de classe de sua categoria. *(ex-OJ n. 55 da SBDI-1 — inserida em 25.11.1996)*

> OJ-SDC-9 — ENQUADRAMENTO SINDICAL. INCOMPETÊNCIA MATERIAL DA JUSTIÇA DO TRABALHO. Inserida em 27.3.1998. O dissídio coletivo não é meio próprio para o Sindicato vir a obter o reconhecimento de que a categoria que representa é diferenciada, pois esta matéria — enquadramento sindical — envolve a interpretação de norma genérica, notadamente do art. 577 da CLT.

---

16. A deflagração de greve, no caso de atividades essenciais

☐ A) depende de prévia aprovação da autoridade competente.

☐ B) depende de manutenção dos serviços indispensáveis.

☐ C) é abusiva.

☐ D) constitui crime.

A alternativa correta é a "B".

A greve nas atividades consideradas essenciais, depende da garantia da prestação dos serviços considerados indispensáveis. Assim dispõe o art. 11 e respectivo parágrafo, da Lei n. 7.783, de 1989.

> Art. 11. Nos serviços ou atividades essenciais, os sindicatos, os empregadores e os trabalhadores ficam obrigados, de comum acordo, a garantir, durante a greve, a prestação dos serviços indispensáveis ao atendimento das necessidades inadiáveis da comunidade.

> Parágrafo único. São necessidades inadiáveis, da comunidade aquelas que, não atendidas, coloquem em perigo iminente a sobrevivência, a saúde ou a segurança da população.

A alternativa "A" está incorreta. O direito de greve está assegurado na Constituição Federal de 1988, no seu art. 9º e pelo art. 1º da Lei n. 7.783/1989, a qual dispõe sobre o seu exercício. A greve independe de autorização de autoridade competente, sendo considerada pela Constituição, um direito social do trabalhador.

Art. 9º § 1º, da CF-1988 — "É assegurado o direito de greve, competindo aos trabalhadores decidir sobre a oportunidade de exercê-lo e sobre os interesses que devam por meio dele defender.

§ 1º A lei definirá os serviços ou atividades essenciais e disporá sobre o atendimento das necessidades inadiáveis da comunidade.

Art. 1º, da Lei n. 7.783/89 — "É assegurado o direito de greve, competindo aos trabalhadores decidir sobre a oportunidade de exercê-lo e sobre os interesses que devam por meio dele defender.

Parágrafo único. O direito de greve será exercido na forma estabelecida nesta Lei.

A alternativa "C" está incorreta. Como vimos na análise das alternativas anteriores, a greve é um direito garantido ao trabalhador, não sendo considerado um movimento abusivo. Todavia, o seu exercício sofre limitações, podendo ser considerada abusiva na inobservância das normas legais. Assim dispõe o § 2º, do art. 9º, da Constituição Federal de 1988:

> Os abusos cometidos sujeitam os responsáveis às penas da lei.

O art. 14, da Lei 7.783/89 declara:

> Constitui abuso do direito de greve a inobservância das normas contidas na presente Lei, bem como a manutenção da paralisação após a celebração de acordo, convenção ou decisão da Justiça do Trabalho.

> Parágrafo único. Na vigência de acordo, convenção ou sentença normativa não constitui abuso do exercício do direito de greve a paralisação que:
> I — tenha por objetivo exigir o cumprimento de cláusula ou condição;
> II — seja motivada pela superveniência de fatos novo ou acontecimento imprevisto que modifique substancialmente a relação de trabalho.

Como exemplo de greve abusiva podemos citar a iniciada na vigência de acordo, convenção coletiva ou sentença normativa.

A alternativa "D" está incorreta. A greve é um direito garantido pela Constituição Federal, não obstante, no Brasil, tenha no passado sido tipificada como crime, como ocorreu em 1890, pelo art. 11, do Código Penal. De lá para cá, passamos por várias situações, ou seja, liberdade, proibição e reconhecimento como direito.

> OJ SDC n. 38 — Greve. Serviços essenciais. Garantia das necessidades inadiáveis da população usuária. Fator determinante da qualificação jurídica do movimento. *(Inserida em 7.12.1998)*

É abusiva a greve que se realiza em setores que a lei define como sendo essenciais à comunidade, se não é assegurado o atendimento básico das necessidades inadiáveis dos usuários do serviço, na forma prevista na Lei n. 7.783/89.

---

17. Convenção coletiva de trabalho é:

☐ A) acordo de caráter normativo, celebrado entre sindicatos representativos de categoria econômica e de categoria profissional.

☐ B) acordo de caráter normativo, celebrado entre empresa ou empresas e sindicato representativo de categoria profissional.

☐ C) ato de caráter normativo, editado pela Delegacia Regional do Trabalho.

☐ D) decisão de caráter normativo, proferida pela Justiça do Trabalho.

A *alternativa correta é a "A"*.

A definição de convenção coletiva de trabalho está descrita no *caput* do art. 611, da CLT, que assim dispõe:

> Convenção Coletiva de Trabalho é o acordo de caráter normativo, pelo qual dois ou mais Sindicatos representativos de categorias econômicas e profissionais estipulam condições de trabalho aplicáveis, no âmbito das respectivas representações, às relações individuais de trabalho.

A convenção coletiva de trabalho, portanto, é celebrada entre o sindicato dos empregados e o respectivo sindicato de empregadores de categoria econômica.

A alternativa "B" está incorreta. A descrição refere-se ao acordo coletivo de trabalho, definido no § 1º, do art. 611, do seguinte teor: "É facultado aos Sindicatos representativos de categorias profissionais celebrar Acordos Coletivos com uma ou mais empresas da correspondente categoria econômica, que estipulem condições de trabalho, aplicáveis no âmbito da empresa ou das empresas acordantes às respectivas relações de trabalho".

A alternativa "C" está incorreta. A uma, porque como vimos, a Convenção Coletiva de Trabalho é um ato de caráter normativo que expressa a liberdade sindical, na medida em que oriunda de uma negociação em que participam trabalhadores representados por seus sindicatos e sindicatos representativos de categoria econômica que fixam as normas e condições de trabalho, aplicáveis no âmbito das respectivas representações. A duas, porque quer quanto a sua constituição, quer quanto às suas atribuições, o Sindicato não mais se submete ao Estado.

A alternativa "D" está incorreta, pelas razões já apresentadas, acrescentando que a sentença normativa proferida nos autos de dissídio coletivo econômico ou de interesses, surte os mesmos efeitos dos acordos e convenções coletivos de trabalho.

---

18. Os juros, no processo do trabalho, a partir da Lei n. 8.177/91, são devidos no importe de

☐ A) 0,5% ao mês, a partir do inadimplemento da obrigação.

☐ B) 0,5% ao mês, a partir do ajuizamento da reclamação.

☐ C) 1,0% ao mês, a partir do inadimplemento da obrigação.

☐ D) 1,0% ao mês, a partir do ajuizamento da reclamação.

A *alternativa correta é a "D".*

Assim dispõe o art. 39, § 1º da Lei n. 8.177/91:

> § 1º Aos débitos trabalhistas constantes de **condenação pela Justiça do Trabalho** ou decorrentes dos acordos feitos em reclamatória trabalhista, quando não cumpridos nas condições homologadas ou constantes do termo de conciliação, serão acrescidos, nos juros de mora previstos no *caput* **juros de um por cento ao mês, contados do ajuizamento da reclamatória** e aplicados *pro rata die*, ainda que não explicitados na sentença ou no termo de conciliação.

Assim, os juros decorrentes de condenações na Justiça do Trabalho são de 1% ao mês, contados a partir do ajuizamento da ação.

A alternativa "A" está incorreta, por duas razões: (a) a porcentagem correta é de 1% ao mês; (b) a contagem correta se inicia a partir do ajuizamento da ação trabalhista.

Há que se observar que os juros contam-se do inadimplemento da obrigação (como sugerem as alternativas "A" e "C") apenas no caso de não ter sido instaurada a Reclamação Trabalhista, ou se se tratar de obrigações que se venceram após o ajuizamento da ação. Assim é o disposto no *caput* do art. 39 da Lei n. 8.177/91:

> Art. 39. Os débitos trabalhistas de qualquer natureza, **quando não satisfeitos pelo empregador nas épocas próprias** assim definidas em **lei, acordo ou convenção coletiva, sentença normativa ou cláusula contratual sofrerão juros de mora** equivalentes à TRD acumulada no período compreendido entre a **data de vencimento da obrigação** e o seu efetivo pagamento.

Portanto, se o empregador pretende pagar salários atrasados ao empregado, incidirão juros a partir do vencimento da obrigação. Mas, não é o caso contemplado pela questão em comento, pois, na questão, questiona-se o termo inicial dos juros no processo, o que se encaixa no § 1º do artigo já comentado.

A alternativa "B" está incorreta. Pois, como já demonstrado, a lei fala em porcentagem de 1% ao mês, e não 0,5% ao mês, como trouxe a alternativa.

Ressalte-se que o índice de 0,5% ao mês era utilizado na Justiça do Trabalho até 1987, aplicando-se o Código Civil de 1916, art. 1.062. Posteriormente foi alterado pelo Decreto-lei n. 2.322/87 e Súmula n. 307 do TST. E, finalmente, pelo art. 39 § 1º da Lei n. 8.177/91, que vigora até hoje.

A alternativa "C" está incorreta. Pois, como já comentado, no processo trabalhista, os juros contam-se a partir do ajuizamento da ação.

---

19. A decisão que indefere liminarmente o processamento de embargos à execução, por intempestividade, comporta impugnação por meio de

☐ A) agravo de instrumento.

☐ B) agravo de petição.

☐ C) agravo regimental.

☐ D) recurso ordinário.

A alternativa correta é a "B".

Em face de decisões do juiz na execução o recurso cabível é o agravo de petição, nos termos do art. 897, alínea *a* da CLT.

> Art. 897. Cabe agravo, no prazo de 8 (oito) dias: *(Redação dada pela Lei n. 8.432, 11.6.1992)*
> a) de petição, das decisões do Juiz ou Presidente, nas execuções; *(Redação dada pela Lei n. 8.432, 11.6.1992)*

20. Nas reclamações sujeitas ao procedimento sumaríssimo,

☐ A) o valor não pode exceder a quarenta vezes o salário do reclamante.

☐ B) a citação é feita por edital caso o reclamado esteja em local incerto e não sabido.

☐ C) a sua apreciação deve ocorrer no prazo máximo de quinze dias do seu ajuizamento.

☐ D) o comparecimento das testemunhas, até o máximo de duas para cada parte, faz-se mediante simples referência em rol depositado na Secretaria da Vara até a véspera da audiência.

A alternativa correta é a "C".

O procedimento sumaríssimo foi instituído pela Lei n. 99.857/00, que acrescentou à CLT os arts. 852-A a 852-I.

Uma das características do procedimento sumaríssimo é que sua apreciação deve ocorrer no prazo máximo de 15 (dias) do ajuizamento. Ou seja, da data do ajuizamento deverá o juiz designar audiência para o prazo máximo de 15 dias.

> Art. 852-B. Nas reclamações enquadradas no procedimento sumaríssimo:
> III — a apreciação da reclamação deverá ocorrer no prazo máximo de quinze dias do seu ajuizamento, podendo constar de pauta especial, se necessário, de acordo com o movimento judiciário da Vara do Trabalho.

Outras características do rito sumaríssimo:

1º) O procedimento sumaríssimo será observado nos dissídios individuais cujo valor não exceda a 40 vezes o salário mínimo, exceto nas ações em que é parte a Administração Pública direta, autárquica e fundacional. (art. 852-A CLT).

A alternativa "A" está errada, pois não é 40 vezes o salário do reclamante, mas sim do salário mínimo.

2º) o pedido será certo ou determinado e indicará o valor correspondente, sob pena de arquivamento (art. 852-B, inciso I da CLT);

3º) máximo de duas testemunhas para cada parte (art. 852-H, § 2º CLT). Necessidade da comprovação do convite para ser deferida a intimação da audiência (art. 852-H, § 3º CLT).

A alternativa "D" está errada.

4º) É dever da parte e dos advogados comunicar ao juízo as mudanças de endereço ocorridas durante o processo, reputando-se válidas as enviadas ao endereço antigo, na ausência de comunicação (art. 852-B, § 2º CLT);

5º) Prova técnica — manifestação das partes no prazo comum de 5 dias (art. 852-H, § 6º CLT);

6º) Em caso de necessidade do adiamento da audiência o prosseguimento deverá ocorrer no prazo máximo de 30 dias, salvo motivo relevante (art. 852-H, § 7º CLT);

7º) É dispensado o relatório da sentença e as partes serão intimadas na própria audiência (art. 852-I CLT);

8º) Não se fará citação por edital, incumbindo o autor a correta indicação do nome e endereço do reclamado, sob pena de arquivamento (art. 852-B, II CLT). Por essa razão incorreta a alternativa "B".

9º) O recurso de revista fica limitado a duas hipóteses, quais sejam: 1º) violação à Constituição Federal e; 2º) contrariedade à Súmula do TST. (art. 896, § 6º CLT.)

21. A existência de relação de emprego supõe que

- [ ] A) se observe a solenidade prevista em lei para admissão do empregado.
- [ ] B) haja impessoalidade na prestação de serviço.
- [ ] C) haja pessoalidade na prestação de serviço.
- [ ] D) os serviços sejam prestados com exclusividade.

A *alternativa correta é a* "C".

Por exclusão se chega à alternativa correta. A alternativa "B" e "C" se excluem, razão pela qual uma das duas é a correta. E, o contrato de emprego tem como elemento fático-jurídico a pessoalidade ou caráter *intuito personae*, onde o empregado não pode fazer-se substituir por outra pessoa.

O que é personalíssimo é o contrato em si e não o trabalho em si que pode ser executado por outras pessoas.

A alternativa "A" está errada porque o contrato de trabalho pode ser por escrito ou verbal. É admitido de forma expressa ou tácita. Assim, não se exige nenhuma solenidade para sua existência. O início da relação se dá com a prestação dos serviços. Definição legal: "Art. 442 CLT — Contrato individual de trabalho é o acordo tácito ou expresso, correspondente à relação de emprego."

A celebração do contrato de emprego é, portanto, um negócio jurídico sem as formalidades próprias de outros contratos, podendo ser tácito ou expresso, pressupondo para a sua validade a livre manifestação de vontade das partes.

A exclusividade não consta como requisito da relação empregatícia, podendo o empregado prestar serviços a diversos empregadores.

---

22. O contrato de trabalho com prazo determinado

- [ ] A) não pode ser prorrogado, sob pena de transformar-se em contrato sem prazo.
- [ ] B) não pode ser prorrogado, sob pena de autuação do empregador por infração administrativa.
- [ ] C) pode ser prorrogado apenas uma vez, sob pena de transformar-se em contrato sem prazo.
- [ ] D) pode ser prorrogado apenas uma vez, sob pena de autuação do empregador por infração administrativa.

A *alternativa correta é a* "C".

O contrato de trabalho por prazo determinado, também denominado contrato a termo, consagra a possibilidade de se estabelecer um prazo com previsão de término ou mesmo com data certa fixada antecipadamente para o seu fim.

Com relação à prorrogação do contrato por prazo determinado, o art. 445 da CLT estabelece: "O contrato por prazo determinado não poderá ser estipulado por mais de 2 (dois) anos, observada a regra do art. 451."

> Art. 451. O contrato de trabalho por prazo determinado que, tácita ou expressamente, for prorrogado mais de uma vez passará a vigorar sem determinação de prazo.

Deve-se entender, portanto, que a prorrogação é permitida, limitado ao prazo fixado no art. 445, § único da CLT, ou seja, dentro do prazo máximo de validade, o que significa dizer, que o tempo do contrato somado ao da prorrogação não poderá ultrapassar os dois anos.

Quanto à modalidade contrato de experiência, a prorrogação deverá obedecer o limite máximo de 90 dias. Súmula n. 188 do TST.

A alternativa correta está, portanto, expressamente consignada no art. 451 da CLT.

O candidato, tendo conhecimento quanto a possibilidade e prorrogação, elimina as alternativas "A" e "B". A alternativa "D" também é eliminada pois a penalidade não é autuação por infração administrativa, mas sim a transformação automática em contrato por prazo indeterminado, que é a regra no direito do trabalho.

---

23. Como regra geral, o contrato de trabalho pode ser alterado

☐ A) bilateralmente, salvo se houver prejuízo para o empregado.

☐ B) bilateralmente, salvo se houver prejuízo para qualquer das partes.

☐ C) unilateralmente, salvo se houver prejuízo para o empregado.

☐ D) unilateralmente, salvo se houver prejuízo para qualquer das partes.

A alternativa correta é a "A".

Durante o pacto laboral poderão ocorrer alterações das condições estabelecidas por ocasião da contratação. Todavia, o contrato de trabalho, de trato sucessivo que é, se prolonga no tempo e pode sofrer alterações ao longo de sua vigência.

O art. 468 da CLT prestigia o princípio da inalterabilidade do contrato de trabalho quando prejudicial ao empregado, ainda que haja a concordância do obreiro.

Assim dispõe o art. 468 da CLT: "Nos contratos individuais de trabalho só é lícita a alteração das respectivas condições por mútuo consentimento, e ainda assim desde que não resultem, direta ou indiretamente, prejuízos ao empregado, sob pena de nulidade da cláusula infringente desta garantia."

Assim sendo, como regra geral o contrato de trabalho só pode ser alterado por mútuo consentimento e desde que inexista prejuízo ao empregado, razão pela qual a alternativa "A" é a correta.

Cumpre destacar que a alteração unilateral não é vedada, mas não é a regra. Exemplos de alteração unilateral permitidas: 1) reversão em caso de cargo de confiança (parágrafo único do art. 468 da CLT); 2) reversão em caso de substituição, comissionamento ou interinidade (art. 450 da CLT); 3) readaptação do empregado a nova função, em vista da redução de sua capacidade de trabalho por motivo de deficiência física ou mental (arts. 300 e 461, § 4º CLT); 4) readaptação da empregada gestante durante a gravidez, quando as condições de saúde exigirem (art. 392, § 4º, inciso I da CLT); 5) mudança de regime de turnos do petroleiro (art. 9º *caput* e parágrafo único, e art. 10 da Lei n. 5.811/72); 6) a redução da carga horária do professor em decorrência da diminuição de alunos (OJ n. 244 da SDI-I do TST e Precedente Normativo n. 78 da SDC do TST); 7) alteração da data de pagamento do salário (OJ n. 159 da SDI-I do TST); 8) mudança do local de trabalho para a mesma localidade (Súmula n. 29 do TST) e etc.

Decorre do *jus variandi* que é a prerrogativa do empregador de alterar as cláusulas contratuais, em casos excepcionais. Decorre do seu PODER DE DIREÇÃO. Este poder encontra limites — o limite está no próprio contrato de trabalho e nas normas de ordem pública.

---

24. A duração normal do trabalho pode ser prorrogada

☐ A) em caso de força maior, sem limite pré-determinado.

☐ B) em, no máximo, mais 4 horas por dia, mediante acordo escrito entre empregado e empregador.

☐ C) em, no máximo, mais 4 horas por dia, mediante prévia autorização da Delegacia Regional do Trabalho.

☐ D) em, no máximo, mais 2 horas por dia, mediante comunicação à Delegacia Regional do Trabalho, no prazo de 60 dias.

A *alternativa correta é a "A"*.

No caso de força maior, a prorrogação é permitida sem a limitação de horas, estendendo-se a jornada pelo tempo que for necessário.

> Art. 61 CLT — Ocorrendo necessidade imperiosa, poderá a duração do trabalho exceder do limite legal ou convencionado, seja para fazer face a motivo de força maior, seja para atender à realização ou conclusão de serviços inadiáveis ou cuja inexecução possa acarretar prejuízo manifesto.
> § 1º O excesso, nos casos deste artigo, poderá ser exigido independentemente de acordo ou contrato coletivo e deverá ser comunicado, dentro de dez dias, à autoridade competente em matéria de trabalho, ou antes desse prazo, justificado no momento da fiscalização sem prejuízo dessa comunicação.
> § 2º Nos casos de excesso de horário por motivo de força maior, a remuneração da hora excedente não será inferior à da hora normal. Nos demais casos de excesso previsto neste artigo, a remuneração será, pelo menos, 50% (cinquenta por cento) superior à da hora normal, e o trabalho não poderá exceder de doze horas, desde que a lei não fixe expressamente outro limite.
> § 3º Sempre que ocorrer interrupção do trabalho, resultante de causas acidentais, ou de força maior, que determinem a impossibilidade de sua realização, a duração do trabalho poderá ser prorrogada pelo tempo necessário até o máximo de duas horas, durante o número de dias indispensáveis à recuperação do tempo perdido, desde que não exceda de dez horas diárias, em período não superior a quarenta e cinco dias por ano, sujeita essa recuperação à prévia autorização da autoridade competente.

O *caput* dispositivo em comento, indica duas hipóteses de prorrogação por necessidade imperiosa — força maior e a necessidade do cumprimento de serviços inadiáveis.

O art. 501, da CLT, define força maior como "todo o acontecimento inevitável, em relação à vontade do empregador, e para a realização do qual este não concorreu, direta ou indiretamente".

Incorreta a alternativa "B" — mediante acordo escrito entre empregado e empregador só é possível a compensação semanal da jornada, desde que não ultrapasse a 44 horas na semana, limitando a duas horas a mais por dia.

Art. 59 CLT — A duração normal de trabalho poderá ser acrescida de horas suplementares, em número não excedente de duas, mediante acordo escrito entre empregador e empregado, ou mediante contrato coletivo de trabalho.

Súmula n. 85 do TST — COMPENSAÇÃO DE JORNADA *(incorporadas as Orientações Jurisprudenciais ns. 182, 220 e 223 da SBDI-1) — Res. 129/2005, DJ 20, 22 e 25.4.2005.*
I. A compensação de jornada de trabalho deve ser ajustada por acordo individual escrito, acordo coletivo ou convenção coletiva. *(ex-Súmula n. 85 — primeira parte — alterada pela Res. 121/2003, DJ 21.11.2003)*

II. O acordo individual para compensação de horas é válido, salvo se houver norma coletiva em sentido contrário. *(ex-OJ n. 182 da SBDI-1 — inserida em 8.11.2000)*

Incorreta a alternativa "C" — a única hipótese que é necessário a autorização do Ministério do Trabalho é aquela prevista no § 3º do art. 61 da CLT. Em nenhuma outra hipótese a jornada pode ser prorrogada por autorização da Delegacia Regional do Trabalho.

O dispositivo trata da reposição das horas do período em que houve a paralisação das atividades da empresa, por motivo de força maior ou de causas acidentais, ou seja, houve a interrupção do serviço.

Incorreta a alternativa "D" — a única hipótese em que é necessário a comunicação da Delegacia Regional do Trabalho é a hipótese do art. 61 da CLT, acima transcrito, onde a comunicação deverá ser efetuado em 10 dias. Não se trata de autorização, mas sim de comunicação.

25. O grupo de empresas, conforme a legislação trabalhista brasileira, configura-se quando

- A) dois ou mais empregadores atuam em regime de comunhão, parceria ou associação.
- B) duas ou mais empresas associam-se, em caráter definitivo ou transitório, para a realização de atividade econômica, social ou filantrópica comum.
- C) duas ou mais empresas, com personalidade jurídica própria, ficam sob a direção, controle ou administração de outra.
- D) pelo menos três empresas reúnem-se, em regime consorcial, sob gestão compartilhada.

A alternativa correta é a "C".

O grupo econômico ou grupo de empresas depende, para a sua formação, da união de duas ou mais empresas, no mínimo, que estejam sob direção única, que controla as demais. A atividade exercida pelas empresas deverá ser econômica, independentemente de sua finalidade (padaria, açougue, farmácia, posto de gasolina), desde que, repito, haja uma relação de dominação por meio da direção de uma empresa principal sobre as demais (grupo econômico por subordinação).

Assim dispõe o § 2º, do art. 2º da CLT: "Sempre que uma ou mais empresas, tendo, embora, cada uma delas, personalidade jurídica própria, estiverem sob a direção, controle ou administração de outra, constituindo grupo industrial, comercial ou de qualquer outra atividade econômica, serão, para os efeitos da relação de emprego, solidariamente responsáveis a empresa principal e cada uma das subordinadas".

Ou seja, de acordo com a lei basta a existência de DIREÇÃO, CONTROLE OU ADMINISTRAÇÃO de uma empresa sobre a outra para ser caracterizado grupo econômico para fins trabalhistas.

A doutrina e a jurisprudência também admitem a caracterização do grupo quando a DIREÇÃO, CONTROLE ou ADMINISTRAÇÃO de mais de uma empresa estiver nas mãos da mesma pessoa física.

---

26. A fundação de sindicato depende

☐ A) de autorização concedida pelo órgão competente do Ministério do Trabalho.

☐ B) de autorização concedida pela Federação sindical correspondente.

☐ C) de autorização concedida pelo Ministério Público do Trabalho e registro no Ministério do Trabalho.

☐ D) de registro no órgão competente.

A alternativa correta é a "D".

O art. 8º, inciso I, da Constituição Federal consagra a liberdade de associação. Todavia esta liberdade é relativizada, na medida em que só pode ser constituída organização sindical, se esta integrar o sistema confederativo, ou seja, o sindicato, a federação e a confederação. Outra exigência é que deverá ser respeitado a unicidade sindical, a base territorial mínima e a sindicalização por categoria.

Além disso, criado por deliberação de assembleia, o registro da entidade é condição indispensável para aquisição da personalidade jurídica, pelo sindicato. O órgão competente é o Ministério do Trabalho e Emprego, a quem cabe controlar as restrições à livre organização sindical.

A alternativa "A" está incorreta.

Anteriormente a Constituição de 1988, a criação do sindicato era precedida pela existência de uma associação que representasse o interesse da categoria. Após decorridos dois anos de funcionamento, poder-se-ia requerer a sua conversão em sindicato, cujo reconhecimento ocorria com a outorga da carta sindical.

Esse procedimento foi revogado pela Constituição de 1988, não havendo a necessidade de uma associação que o preceda, permitindo que a criação de entidades sindicais ocorra por iniciativa de empregados e empregadores. Portanto, não há a que se falar em autorização para a criação do sindicato. O que se exige é o registro para a obtenção da personalidade jurídica sindical, cujo pedido deverá ser endereçado ao Ministério do Trabalho e Emprego.

Incorretas as alternativas "B" e "C", pelas razões já expostas.

27. A estabilidade do dirigente sindical

☐ A) começa a partir do registro da candidatura e se estende por até 2 anos após o término do mandato.

☐ B) começa a partir do registro da candidatura e se estende por até 1 ano após o término do mandato.

☐ C) começa a partir da posse e se estende por até 1 ano após o término do mandato.

☐ D) começa a partir da posse e se estende por até 2 anos após o término do mandato.

A *alternativa correta é a "B".*

Por dirigentes sindicais devemos entender como os trabalhadores, que escolhidos por seus pares em Assembleia Geral, irão se encarregar da gestão e direção das associações sindicais. Para bem desempenharem o seu papel, necessitam de garantias, em razão da relação, muitas vezes, conflituosa com os empregadores. Dentre as garantias, está a que proíbe sua dispensa, desde o registro da candidatura até um ano após o final do mandato.

A proteção ao Dirigente Sindical está garantida pelo art. 8º, VIII, da Constituição Federal de 1988, que assim dispõe — "é vedada a dispensa do empregado sindicalizado a partir do registro da candidatura a cargo de direção ou representação sindical e, se eleito, ainda que suplente, até um ano após o final do mandato, salvo se cometer falta grave nos termos da lei".

Assim também o § 3º, do art. 543, da CLT: — Fica vedada a dispensa do empregado sindicalizado ou associado, a partir do momento do registro de sua candidatura a cargo de direção ou representação de entidade sindical ou de associação profissional, até 1 (um) ano após o final do seu mandato, caso seja eleito, inclusive como suplente, salvo se cometer falta grave devidamente apurada nos termos desta Consolidação.

SUM-369 — DIRIGENTE SINDICAL. ESTABILIDADE PROVISÓRIA (nova redação dada ao item II) — Res. 174/2011, DEJT divulgado em 27, 30 e 31.5.2011
I — É indispensável a comunicação, pela entidade sindical, ao empregador, na forma do § 5º do art. 543 da CLT. *(ex-OJ n. 34 da SBDI-1 — inserida em 29.4.1994)*

II — O art. 522 da CLT foi recepcionado pela Constituição Federal de 1988. Fica limitada, assim, a estabilidade a que alude o art. 543, § 3º, da CLT a sete dirigentes sindicais e igual número de suplentes.
III — O empregado de categoria diferenciada eleito dirigente sindical só goza de estabilidade se exercer na empresa atividade pertinente à categoria profissional do sindicato para o qual foi eleito dirigente. *(ex-OJ n. 145 da SBDI-1 — inserida em 27.11.1998)*
IV — Havendo extinção da atividade empresarial no âmbito da base territorial do sindicato, não há razão para subsistir a estabilidade. *(ex-OJ n. 86 da SBDI-1 — inserida em 28.4.1997)*
V — O registro da candidatura do empregado a cargo de dirigente sindical durante o período de aviso prévio, ainda que indenizado, não lhe assegura a estabilidade, visto que inaplicável a regra do § 3o do art. 543 da Consolidação das Leis do Trabalho. *(ex-OJ n. 35 da SBDI-1 — inserida em 14.3.1994)*

Súmula n. 379 — Dirigente sindical. Despedida. Falta grave. Inquérito judicial. Necessidade. *(Conversão da Orientação Jurisprudencial n. 114 da SDI-1 — Res. 129/2005, DJ 20.4.2005)*
O dirigente sindical somente poderá ser dispensado por falta grave mediante a apuração em inquérito judicial, inteligência dos arts. 494 e 543, § 3º, da CLT. *(ex-OJ n. 114 — Inserida em 20.11.1997)*

OJ SDI n. 1 — 399. Estabilidade provisória. Ação trabalhista ajuizada após o término do período de garantia no emprego. Abuso do exercício do direito de ação. Não configuração. Indenização devida. *(DeJT 2.8.2010)*

OJ SDI n. 2 — 65. Mandado de segurança. Reintegração liminarmente concedida. Dirigente sindical. *(Inserida em 20.9.2000)*

Ressalvada a hipótese do art. 494 da CLT, não fere direito líquido e certo a determinação liminar de reintegração no emprego de dirigente sindical, em face da previsão do inciso X do art. 659 da CLT.

> OJ SDI n. 2 — 137. Mandado de segurança. Dirigente sindical. Art. 494 da CLT. Aplicável. (DJ 4.5.2004)
> Constitui direito líquido e certo do empregador a suspensão do empregado, ainda que a ele imputada, na forma do art. 494, *caput* e parágrafo único, da CLT.
>
> OJ SDI2 — 142. Mandado de segurança. Reintegração liminarmente concedida. (DJ 4.5.2004)
> Inexiste direito líquido e certo a ser oposto contra ato de juiz que, antecipando a tutela jurisdicional, determina a reintegração do empregado até a decisão final do processo, quando demonstrada a razoabilidade do direito subjetivo material, como nos casos de anistiado pela da Lei n. 8.878/94, aposentado, integrante de comissão de fábrica, dirigente sindical, portador de doença profissional, portador de vírus HIV ou detentor de estabilidade provisória prevista em norma coletiva. *(Legislação: CLT, art. 659, inciso X)*

As alternativas "A", "C" e "D" estão incorretas, reafirmando que a garantia da estabilidade se dá a partir do registro da candidatura até 01 (um) ano após o término do mandato.

O § 5º, do art. 543, da CLT, com respeito à garantia da estabilidade, assim dispõe:

> Para os fins deste artigo, a entidade sindical comunicará por escrito à empresa, dentro de 24 (vinte e quatro) horas, o dia e a hora do registro da candidatura do seu empregado e, em igual prazo, sua eleição e posse, fornecendo, outrossim, a este, comprovante no mesmo sentido. O Ministério do Trabalho fará no mesmo prazo a comunicação no caso da designação referida no final do § 4º. *(Parágrafo incluído pelo Decreto-lei n. 229, de 28.2.1967, DOU 28.2.1967).*

Em relação aos dirigentes sindicais importante consignar, que as entidades sindicais podem indicar o número de dirigentes que achar necessário. Todavia, só terá estabilidade o número fixado pela CLT.

É o que estabelece o art. 522 — A administração do Sindicato será exercida por uma diretoria constituída, no máximo, de 7 (sete) e, no mínimo, de 3 (três) membros e de um Conselho Fiscal composto de 3 (três) membros, eleitos esses órgãos pela Assembleia Geral.

---

28. Os honorários advocatícios, no processo do trabalho, segundo o entendimento dominante,

- A) não são devidos como mero resultado da sucumbência, devendo a parte estar assistida por sindicato e comprovar percepção de salário inferior ao dobro do salário mínimo ou encontrar-se em situação econômica que não lhe permita demandar sem prejuízo do próprio sustento ou da respectiva família.

- B) são devidos como resultado da sucumbência, salvo concessão do benefício da justiça gratuita.

- C) são devidos sempre que concedido o benefício da justiça gratuita.

- D) são devidos quando representada a parte por advogado, não quando exerça ela o *jus postulandi*.

A alternativa "A" está correta, por se tratar do entendimento consagrado na Súmula n. 219 do TST, que assim dispõe:
SUM-219 — HONORÁRIOS ADVOCATÍCIOS. HIPÓTESE DE CABIMENTO *(nova redação do item II e inserido o item III à redação) — Res. 174/2011, DEJT divulgado em 27, 30 e 31.5.2011 I — Na Justiça do Trabalho, a condenação ao pagamento de honorários advocatícios, nunca superiores a 15% (quinze por cento), não decorre pura e simplesmente da sucumbência, devendo a parte estar assistida por sindicato da categoria profissional e comprovar a percepção de salário inferior ao dobro do salário mínimo ou encontrar-se em situação econômica que não lhe permita demandar sem prejuízo do próprio sustento ou da respectiva família. (ex-Súmula n. 219 — Res. 14/1985, DJ 26.9.1985)*
II — É cabível a condenação ao pagamento de honorários advocatícios em ação rescisória no processo trabalhista.

Após a promulgação da Constituição Federal de 1988, muito se falou sobre a inconstitucionalidade da Súmula n. 219 do TST, isto porque o art. 133 da CF/88 traz em seu bojo:

> Art. 133. O advogado é indispensável à administração da justiça, sendo inviolável por seus atos e manifestações no exercício da profissão, nos limites da lei.

Assim, muitos passaram a defender que "se o advogado é indispensável, os honorários advocatícios são devidos, sendo inconstitucional a Súmula n. 219 do TST". O TST se manifestou acerca deste entendimento, editando a Súmula n. 329, que assim dispõe:

> SUM-329 — HONORÁRIOS ADVOCATÍCIOS. ART. 133 DA CF/1988
> Mesmo após a promulgação da CF/1988, permanece válido o entendimento consubstanciado na Súmula n. 219 do Tribunal Superior do Trabalho.

Dessa forma, não há que se falar na condenação a honorários advocatícios decorrentes da simples sucumbência. Portanto, ainda devem ser observados os requisitos constantes da Súmula n. 219 do TST, razão pela qual correta a alternativa "A".

A alternativa "B" está incorreta, por afirmar exatamente o contrário da Súmula n. 219 do TST, já comentada.

A alternativa "C" está incorreta, pois além de perceber as benesses da justiça gratuita — que tem em comum parte dos requisitos para a concessão dos honorários advocatícios — é também necessário a assistência pelo sindicato da categoria.

A alternativa "D" está incorreta, pois são indevidos tanto a parte representada por advogado quando pela parte que exerce o *ius postulandi*. Para serem devidos honorários advocatícios na Justiça do Trabalho há a necessidade de concomitância entre dois requisitos, quais sejam: (i) a assistência por sindicato e (ii) percepção de salário inferior ao dobro do salário mínimo ou encontrar-se em situação econômica que não lhe permita demandar sem prejuízo do próprio sustento ou da respectiva família.

---

29. No processo do trabalho, o agravo de petição cabe para impugnar

☐ A) decisão proferida em processo cautelar ou de execução.

☐ B) decisão proferida em processo de execução.

☐ C) decisão proferida em processo de conhecimento, cautelar ou de execução, desde que terminativa.

☐ D) decisão proferida em processo de conhecimento, cautelar ou de execução, desde que definitiva.

A alternativa correta é a "B".

Agravo de petição é o recurso cabível contra decisão do juiz na execução (art. 897, alínea *a* da CLT).

> Art. 897. Cabe agravo, no prazo de 8 (oito) dias: *(Redação dada pela Lei n. 8.432, 11.6.1992)*
>
> a) de petição, das decisões do Juiz ou Presidente, nas execuções; *(Redação dada pela Lei n. 8.432, 11.6.1992)*

É cabível no prazo de 8 dias e a parte deverá delimitar, justificadamente, as matérias e valores impugnados, de forma que, quanto a parte incontroversa, a execução será definitiva (§ 1º art. 897 CLT)

§ 1º O agravo de petição só será recebido quando o agravante delimitar, justificadamente, as matérias e os valores impugnados, permitida a execução imediata da parte remanescente até o final, nos próprios autos ou por carta de sentença. *(Redação dada pela Lei n. 8.432, 11.6.1992)*

As custas serão pagas ao final pelo executado, independentemente de quem seja o agravante.

---

30. O procedimento de alçada, previsto na Lei n. 5.584, aplica-se aos litígios em que

- [ ] A) esteja envolvido menor.
- [ ] B) seja reduzido o valor da causa.
- [ ] C) haja necessidade de urgência na prestação da tutela, a critério do juiz.
- [ ] D) a competência seja originariamente dos Tribunais.

A alternativa correta é a "B".

Procedimento de alçada, também chamado de procedimento sumário. É aquele previsto na Lei n. 5.584/70, para os dissídios individuais de até 2 salários mínimos.

No processo do trabalho o que irá determinar o procedimento é o valor da causa: rito sumário — até 2 salários mínimos; rito sumaríssimo — até 40 salários mínimos, exceto ações em que é parte a Administração Pública direta, autárquica e fundacional; e rito ordinário — mais de 40 salários mínimos.

Por esse motivo, incorreta as demais alternativas.

Outras características: máximo de 3 testemunhas; a ata da audiência é mais simplificada; não é admitida a apresentação de reconvenção e intervenção de terceiros; só é cabível recurso discutindo matéria constitucional.

Súmula n. 356 TST — o art. 2º, § 4º, da Lei n. 5.584/70 foi recepcionado pela CF/1988, sendo lícita a fixação do valor da alçada com base no salário mínimo.

31. Imediatidade é expressão associada à existência de

- [ ] A) relação de emprego.
- [ ] B) cargo de confiança.
- [ ] C) justa causa.
- [ ] D) contrato internacional de trabalho.

A *alternativa correta é a "C"*.

Trata-se de um dos elementos objetivos da rescisão contratual por justa causa.

Após tomar conhecimento da falta grave cometida, deve o empregador imediatamente dispensar o empregado, sob pena de se configurar o perdão tácito. A atualidade da punição impede a descaracterização da falta cometida.

Os demais elementos objetivos da justa causa são: 1) tipificação legal — o fato deve estar previsto em lei como ensejador de falta grave; 2) gravidade do ato — que deve ser grave o suficiente para se impor a rescisão contratual; 3) singularidade — cada ato só pode ser punido uma única vez; e 4) nexo de causalidade entre a falta e a dispensa.

Além dos elementos objetivos, é necessário a presença de um dos elementos subjetivos, quais sejam: culpa ou dolo.

As alternativas "A", "B" e "D" estão incorretas e nenhuma relação guardam com o requisito da imediação, fundamental na aplicação da justa causa.

---

32. Havendo, durante a vigência do contrato de trabalho, saque dos depósitos existentes na conta vinculada do empregado no FGTS, para aquisição de casa própria, a multa decorrente de dispensa imotivada

- [ ] A) incide sobre a totalidade dos valores sacados.
- [ ] B) incide sobre 40% do valor sacado.
- [ ] C) não incide sobre os valores sacados.
- [ ] D) não incide sobre os valores sacados, salvo comprovada má-fé do empregador.

A *alternativa correta é a "A"*.

A multa de 40% do FGTS incide sobre a totalidade dos depósitos realizados na conta vinculada durante a vigência do contrato de trabalho, conforme estabelece o § 1º do art. 18 da Lei n. 8.036/90, abaixo transcrito:

> Na hipótese de despedida pelo empregador sem justa causa, depositará este, na conta vinculada do trabalhador no FGTS, importância igual a quarenta por cento do montante de todos os depósitos realizados na conta vinculada durante a vigência do contrato de trabalho, atualizados monetariamente e acrescidos dos respectivos juros.

Assim é que ocorrendo a despedida sem justa causa nos contratos por prazo indeterminado ou mesmo rescisão indireta do contrato de trabalho, a lei obriga o empregador ao depósito na conta vinculada do FGTS, de 40% sobre todos os depósitos efetuados ao longo da relação empregatícia, já acrescidos de juros e correção monetária, ainda que tenham sido levantados. A exigência do depósito visa a dificultar a ocorrência de fraudes e simulações, desestimulando saques não autorizados do FGTS.

OJ n. 341 da SD1-I-TST — É de responsabilidade do empregador o pagamento da diferença da multa de 40% sobre os depósitos do FGTS, decorrentes da atualização monetária em face dos expurgos inflacionários.

Incorretas as alternativas "B", "C" e "D", pelas razões expendidas no comentário da alternativa "A", acrescentando que em caso de rescisão do contrato de trabalho por prazo indeterminado por motivo de força maior ou culpa recíproca, desde que reconhecida judicialmente, o percentual é reduzido para 20% (art. 18, § 2º, da Lei n. 8.036/1990).

---

33. Sobreaviso é o período de tempo em que o empregado permanece

- [ ] A) à disposição do empregador, no local de trabalho.

- [ ] B) à disposição do empregador, no local de trabalho, por tempo superior ao que estaria contratualmente obrigado.

- [ ] C) à disposição do empregador, no local de trabalho e durante o horário de trabalho, sem executar, porém, nenhuma atividade.

- [ ] D) em sua residência, aguardando a qualquer momento o chamado para o serviço.

A alternativa correta é a "D".

O regime do sobreaviso foi previsto na CLT para os ferroviários e sua definição consta do § 2º do art. 244, que assim dispõe: "Considera-se de "sobreaviso" o empregado efetivo, que permanecer em sua própria casa, aguardando a qualquer momento o chamado para o serviço. Cada escala de "sobreaviso" será, no máximo, de 24 (vinte e quatro) horas. As horas de "sobreaviso", para todos os efeitos, serão contadas à razão de 1/3 (um terço) do salário normal".

Incorreta a alternativa "A", porquanto o empregado em sobreaviso permanece em sua residência, aguardando ser chamado.

Incorreta a alternativa "B" — o empregado fica à disposição do empregador em sua residência, como já vimos, obedecendo a uma escala que será de no máximo 24 horas, sendo remuneradas as horas de sobreaviso à razão de 1/3 (um terço) do salário/hora normal.

Incorreta a alternativa "C" — O empregado fica à disposição do empregador, em sua residência, aguardando ser chamado para a execução de serviços ou mesmo para substituir outro empregado. O art. 4º da CLT considera como serviço efetivo, o tempo em que o empregado permanece à disposição do empregador, ao dispor: "Considera-se como de serviço efetivo o período em que o empregado esteja à disposição do empregador, aguardando ou executando ordens, salvo disposição especial expressamente consignada".

Ainda sobre o tema:

> Súmula n. 229 do TST — SOBREAVISO. ELETRICITÁRIOS (nova redação) — Res. 121/2003, DJ 19, 20 e 21.11.2003. Por aplicação analógica do art. 244, § 2º, da CLT, as horas de sobreaviso dos eletricitários são remuneradas à base de 1/3 sobre a totalidade das parcelas de natureza salarial.
>
> SUM-132 — ADICIONAL DE PERICULOSIDADE. INTEGRAÇÃO I — ... II — Durante as horas de sobreaviso, o empregado não se encontra em condições de risco, razão pela qual é incabível a integração do adicional de periculosidade sobre as mencionadas horas.
>
> OJ-SDI1-49 — HORAS EXTRAS. USO DO BIP. NÃO CARACTERIZADO O "SOBREAVISO" (inserido dispositivo) — DJ 20.4.2005 . O uso do aparelho BIP pelo empregado, por si só, não caracteriza o regime de sobreaviso, uma vez que o empregado não permanece em sua residência aguardando, a qualquer momento, convocação para o serviço.

Não confundir SOBREAVISO com PRONTIDÃO. Esta última encontra previsão no § 3º do art. 244 da CLT.

> Art. 244, § 3º CLT — Considera-se "prontidão" o empregado que ficar nas dependências da Estrada, aguardando ordens. A escala de prontidão será, no máximo, de doze horas. As horas de prontidão serão, para todos os efeitos, contadas à razão de 2/3 (dois terços) do salário-hora normal.

---

34. O exame de gravidez da empregada

☐ A) deve ser realizado anualmente.

☐ B) pode ser exigido a qualquer tempo pelo empregador, para avaliar a possibilidade de realizar dispensa imotivada.

☐ C) não pode ser exigido pelo empregador.

☐ D) não pode ser exigido pelo empregador, salvo no momento da admissão.

A alternativa correta é a "C".

A vedação quanto à exigência de exame de gravidez encontra-se expressamente previsto no inciso IV do art. 373-A da CLT, abaixo transcrito:

> Art. 373-A. Ressalvada as disposições legais destinadas a corrigir as distorções que afetam o acesso da mulher no mercado de trabalho e certas especificidades estabelecidas nos acordos trabalhistas, é vedado:
> I — publicar ou fazer publicar anúncio de emprego no qual haja referência ao sexo, à idade, à cor ou situação familiar, salvo quando a natureza da atividade a ser exercida, pública e notoriamente, assim o exigir;
> II — recusar emprego, promoção ou motivar a dispensa do trabalho em razão de sexo, idade, cor, situação familiar ou estado de gravidez, salvo quando a natureza da atividade seja notória e publicamente incompatível;
> III — considerar o sexo, a idade, a cor ou situação familiar como variável determinante para fins de remuneração, formação profissional e oportunidade de ascensão profissional;

IV — exigir atestado ou exame, de qualquer natureza, para comprovação de esterilidade ou gravidez, na admissão ou permanência no emprego;

V — impedir o acesso ou adotar critérios subjetivos para deferimento de inscrição ou aprovação em concursos, em empresas privadas, em razão de sexo, idade, cor, situação familiar ou estado de gravidez;

VI — proceder o empregador ou preposto a revistas íntimas nas empregadas ou funcionárias.

Parágrafo único. O disposto neste artigo não obsta a adoção de medidas temporárias que visem ao estabelecimento das políticas de igualdade entre homens e mulheres, em particular as que se destinam a corrigir as distorções que afetam a formação profissional, o acesso ao emprego e as condições gerais de trabalho da mulher.

Por esse motivo, incorretas as demais.

---

35. A decisão sobre a celebração de convenção coletiva de trabalho é tomada

- A) por todos os integrantes da categoria.
- B) pelos associados do sindicato.
- C) pela diretoria do sindicato.
- D) pelo presidente do sindicato.

A alternativa correta é a "B".

As condições e requisitos para a celebração de convenção coletiva de trabalho estão previstos no art. 612, da CLT ao dispor: "Os Sindicatos só poderão celebrar Convenções ou Acordos Coletivos de Trabalho, por deliberação de Assembleia Geral especialmente convocada para esse fim, consoante o disposto nos respectivos Estatutos, dependendo a validade da mesma do comparecimento e votação, em primeira convocação, de 2/3 (dois terços) dos associados da entidade, se se tratar de Convenção, e dos interessados, no caso de Acordo e, em segunda, de 1/3 (um terço) dos membros".

Com efeito, as decisões da Assembleia Geral deverão refletir o interesse da maioria dos representados pelo sindicato, ou dos associados, salvo se os Estatutos Sociais deliberarem quórum mais elevado.

OJ-SDC-35 — EDITAL DE CONVOCAÇÃO DA AGT. DISPOSIÇÃO ESTATUTÁRIA ESPECÍFICA. PRAZO MÍNIMO ENTRE A PUBLICAÇÃO E A REALIZAÇÃO DA ASSEMBLEIA. OBSERVÂNCIA OBRIGATÓRIA. Inserida em 7.12.1998. Se os estatutos da entidade sindical contam com norma específica que estabeleça prazo mínimo entre a data de publicação do edital convocatório e a realização da assembleia correspondente, então a validade desta última depende da observância desse interregno.

A alternativa "A" está incorreta. Seria o ideal, já que as decisões das assembleias devem espelhar o interesse de toda a categoria ou dos associados, quando a matéria só a eles interessar. Não obstante, se os estatutos estipularem quórum mais elevado, este deverá ser observado.

A alternativa "C" está incorreta. Como vimos a quórum necessário para celebração de acordo ou convenção coletiva está estabelecido no art. 612, da CLT, acima transcrito. A vontade da categoria é expressa através da Assembleia Geral, a qual concederá à Diretoria do sindicato poderes para negociar e firmar acordo e convenção coletiva de trabalho.

A alternativa "D" está incorreta. O Presidente do Sindicato deverá atuar de conformidade com os parâmetros constantes dos estatutos que estabelecerá as atividades a serem exercidas, bem como o limite de discricionariedade, uma vez que grande parte de sua atividade está vinculada às decisões tomadas pela Assembleia Geral.

36. O acordo coletivo de trabalho vigora por

☐ A) dois anos, no máximo, podendo ser renovado.

☐ B) um ano, no máximo, podendo ser renovado.

☐ C) quatro anos, no máximo, vedada renovação.

☐ D) prazo indeterminado, podendo ser denunciado a qualquer tempo, mediante aviso com trinta dias de antecedência.

A *alternativa correta é a "A"*.

O prazo de vigência das normas coletivas deverá constar dos acordos e das convenções, não podendo ultrapassar a dois anos. É o que estabelece o art. 614, § 3º, da CLT, que assim dispõe: "Não será permitido estipular duração de Convenção ou Acordo superior a 2 (dois) anos".

OJ-SDI1-322 — ACORDO COLETIVO DE TRABALHO. CLÁUSULA DE TERMO ADITIVO PRORROGANDO O ACORDO PARA PRAZO INDETERMINADO. INVÁLIDA. DJ 9.12.2003
Nos termos do art. 614, § 3º, da CLT, é de 2 anos o prazo máximo de vigência dos acordos e das convenções coletivas. Assim sendo, é inválida, naquilo que ultrapassa o prazo total de 2 anos, a cláusula de termo aditivo que prorroga a vigência do instrumento coletivo originário por prazo indeterminado.

Quanto a poderem ser prorrogados, estabelece o art. 615, da CLT: "O processo de prorrogação, revisão, denúncia ou revogação total ou parcial de Convenção ou Acordo ficará subordinado, em qualquer caso, à aprovação de Assembleia Geral dos Sindicatos convenentes ou partes acordantes, com observância no art. 612".

Incorretas as alternativas "B", "C" e "D", eis que indicam prazos que contrariam o dispositivo legal.

---

37. Os dissídios coletivos são julgados

☐ A) pela Vara do Trabalho da localidade em que verificado o conflito.

☐ B) pela Vara do Trabalho em que estabelecido o sindicato suscitante.

☐ C) por Tribunal Regional do Trabalho ou pelo Tribunal Superior do Trabalho, conforme a abrangência territorial do conflito.

☐ D) pelo Tribunal Superior do Trabalho.

A *alternativa correta é a "C"*.

A competência originária dos Dissídios Coletivos é dos Tribunais Regionais do Trabalho e do Tribunal Superior do Trabalho.

Assim prescreve o § 2º, do art. 114, da Constituição Federal:

Art. 114. Compete à Justiça do Trabalho processar e julgar: *(Artigo alterado pela Emenda Constitucional n. 45, de 8.12.2004)*

§ 2º Recusando-se qualquer das partes à negociação coletiva ou à arbitragem, é facultado às mesmas, de comum acordo, ajuizar dissídio coletivo de natureza econômica, podendo a Justiça do Trabalho decidir o conflito, respeitadas as disposições mínimas legais de proteção ao trabalho, bem como as convencionadas anteriormente. *(Inciso alterado pela Emenda Constitucional n. 45, de 8.12.2004).*

O dissídio coletivo é o instrumento mediante o qual a Justiça do Trabalho exerce o seu poder normativo, que consiste na criação de normas e de condições de trabalho.

Para suscitar dissídio coletivo, a lei exige o esgotamento das tentativas de conciliação; a demonstração da inexistência de norma coletiva em vigor, a inexecução pelo empregador da norma coletiva anterior; e a comprovação da época própria para a instauração do dissídio.

> Art. 856. A instância será instaurada mediante representação escrita ao Presidente do Tribunal. Poderá ser também instaurada por iniciativa do presidente, ou, ainda, a requerimento da Procuradoria da Justiça do Trabalho, sempre que ocorrer suspensão do trabalho.

Pode ser dividido em dissídio coletivo de natureza econômica, jurídica ou mista. Natureza econômica — trata-se de ação constitutiva, pois visa a prolação de sentença normativa que criará normas e condições de trabalho.

Esses dissídios podem ser subdivididos em: (a) originário ou inaugural — quando não há norma coletiva anterior; (b) revisional — que visa à revisão da norma coletiva anterior; (c) de extensão — visa estender a toda categoria normas ou condições estabelecidas para parte dela.

Natureza jurídica — trata-se de ação declaratória que visa interpretar normas jurídica já existentes.

> OJ n. 7 SDC — TST — Dissídio coletivo. Natureza Jurídica. Interpretação de norma de caráter genérico. Inviabilidade. Não se presta o dissídio coletivo de natureza jurídica à interpretação de normas de caráter genérico, a teor do disposto no art. 313 do RITST.

Natureza mista — ocorre no dissídio coletivo de greve, onde o Tribunal além de declarar a abusividade da greve, poderá, a um só tempo, proferir sentença normativa constituindo novas relações coletivas de trabalho.

Pressupostos para o cabimento: (a) negociação coletiva prévia — a parte deverá comprovar o exaurimento das tentativas de conciliação; (b) inexistência de norma coletiva em vigor — durante a vigência de CCT e ACT não é possível o ajuizamento de dissídio coletivo, exceto o de greve; (c) comum acordo — a Constituição Federal, no art. 114 exige o comum acordo.

Documentos imprescindíveis que devem acompanhar a petição inicial: edital da convocação da assembleia geral; ata da assembleia geral; lista de presença da assembleia geral; registro da frustração da negociação coletiva; norma anterior; instrumento de mandato; comprovação do mútuo consentimento.

Da sentença normativa é cabível RECURSO ORDINÁRIO para o TST. Em caso de acordo no dissídio coletivo, só caberá recurso pelo MPT.

As alternativas "A" e "B" estão incorretas. O dissídio coletivo é de competência originária dos Tribunais Regionais do Trabalho, na região de sua competência e do Tribunal Superior do Trabalho, se a base territorial for superior à jurisdição do Tribunal Regional.

A alternativa "D" está incorreta, já que o poder normativo é assegurado pela Constituição Federal aos Tribunais do Trabalho (TRT e TST), no âmbito de suas competências.

38. No processo do trabalho, o recurso ordinário (ANULADA)

☐ A) tem efeito suspensivo.

☐ B) tem efeito suspensivo, salvo no procedimento de alçada e no procedimento sumaríssimo.

☐ C) não tem efeito suspensivo, mas, a critério do juiz, poderá ser recebido com esse efeito, em caso de risco de dano ao reclamado.

☐ D) não tem efeito suspensivo.

A presente questão foi anulada.
Isso porque, todas as alternativas estão erradas.

Os recursos trabalhistas serão recebidos apenas no efeito devolutivo (art. 899 CLT).

> Art. 899. Os recursos serão interpostos por simples petição e terão efeito meramente devolutivo, salvo as exceções previstas neste Título, permitida a execução provisória até a penhora. *(Redação dada pela Lei n. 5.442, de 24.5.1968)*

O efeito devolutivo é inerente a todo e qualquer recurso, pois significa que o recurso devolve toda a matéria impugnada ao juízo *ad quem*. Efeito suspensivo serve para evitar a execução provisória do que foi decidido.

Para se obter efeito suspensivo a recurso, o remédio processual é a ação cautelar, conforme dispõe o item I da Súmula n. 414 do TST.

> Súmula n. 414 — MANDADO DE SEGURANÇA. ANTECIPAÇÃO DE TUTELA (OU LIMINAR) CONCEDIDA ANTES OU NA SENTENÇA (conversão das Orientações Jurisprudenciais ns. 50, 51, 58, 86 e 139 da SBDI-2) — Res. 137/2005, DJ 22, 23 e 24.8.2005
> I — A antecipação da tutela concedida na sentença não comporta impugnação pela via do mandado de segurança, por ser impugnável mediante recurso ordinário. A ação cautelar é o meio próprio para se obter efeito suspensivo a recurso. *(ex-OJ n. 51 da SBDI-2 — inserida em 20.9.2000)*
> II — No caso da tutela antecipada (ou liminar) ser concedida antes da sentença, cabe a impetração do mandado de segurança, em face da inexistência de recurso próprio. *(ex-OJs ns. 50 e 58 da SBDI-2 — inseridas em 20.9.2000)*
> III — A superveniência da sentença, nos autos originários, faz perder o objeto do mandado de segurança que impugnava a concessão da tutela antecipada (ou liminar). *(ex-OJs da SBDI-2 ns. 86 — inserida em 13.3.2002 — e 139 — DJ 4.5.2004)*

> OJ-SDI2-113 — AÇÃO CAUTELAR. EFEITO SUSPENSIVO AO RECURSO ORDINÁRIO EM MANDADO DE SEGURANÇA. INCABÍVEL. AUSÊNCIA DE INTERESSE. EXTINÇÃO (DJ 11.8.2003)
> É incabível medida cautelar para imprimir efeito suspensivo a recurso interposto contra decisão proferida em mandado de segurança, pois ambos visam, em última análise, à sustação do ato atacado. Extingue-se, pois, o processo, sem julgamento do mérito, por ausência de interesse de agir, para evitar que decisões judiciais conflitantes e inconciliáveis passem a reger idêntica situação jurídica.

Além desses efeitos, possuem os recursos efeitos: **translativos**, em razão de questões que o juízo *ad quem* pode conhecer sem que tenha sido objeto do recurso interposto; **substitutivo**, o julgamento do Tribunal substituirá a decisão recorrida; **extensivo**, o recurso interposto por um dos litisconsortes a todos aproveita, salvo se distintos ou opostos os seus interesses (art. 509, *caput*, CPC).

39. O reclamante pode questionar a sentença de liquidação que reduz o valor da execução por meio de

- A) recurso ordinário, no prazo de oito dias da ciência da decisão.
- B) impugnação, no prazo de cinco dias da ciência da penhora.
- C) embargos, no prazo de cinco dias da ciência da decisão.
- D) agravo de petição, no prazo de oito dias da ciência da decisão.

A alternativa correta é a "B".

A sentença de liquidação ou decisão homologatória é impugnável pelo devedor, por meio de Embargos à Execução e, pelos credores (reclamante e INSS), por meio de impugnação, conforme dispõe o art. 884 da CLT.

> Art. 884. Garantida a execução ou penhorados os bens, terá o executado 5 (cinco) dias para apresentar embargos, cabendo igual prazo ao exequente para impugnação.

Ou seja, a peça do devedor é os Embargos à Execução e, a peça dos credores é a Impugnação à sentença de liquidação.

Ambas devem ser apresentadas no prazo de 5 dias da garantia do juízo ou da penhora de bens, razão pela qual a alternativa "B" é a correta.

A alternativa "C" menciona Embargos, o que seria correto se fosse o questionamento fosse pelo devedor. Como se trata do credor (reclamante), como visto, o meio correto é a impugnação.

A alternativa "D" fala do agravo de petição. Este será cabível da decisão que julgar a impugnação.

A alternativa "A" não enseja dúvidas, pois Recurso Ordinário é recurso da fase de conhecimento, cabível em duas hipóteses (art. 895 CLT).

> Art. 895. Cabe recurso ordinário para a instância superior:
> I — das decisões definitivas ou terminativas das Varas e Juízos, no prazo de 8 (oito) dias; e *(Incluído pela Lei n. 11.925, de 2009)*
> II — das decisões definitivas ou terminativas dos Tribunais Regionais, em processos de sua competência originária, no prazo de 8 (oito) dias, quer nos dissídios individuais, quer nos dissídios coletivos. *(Incluído pela Lei n. 11.925, de 2009)*

---

40. Segundo o entendimento dominante, o preposto, designado pelo reclamado para representá-lo em audiência,

- A) precisa ser empregado do reclamado e deve ter conhecimento dos fatos.
- B) precisa ser empregado do reclamado e deve ter presenciado os fatos.
- C) não precisa ser empregado do reclamado, mas deve ter conhecimento dos fatos.
- D) não precisa ser empregado do reclamado, desde que tenha presenciado os fatos.

A alternativa correta é a "A".

O entendimento dominante está na Súmula n. 377 do TST, que assim dispõe: "PREPOSTO. EXIGÊNCIA DA CONDIÇÃO DE EMPREGADO (nova redação) — Res. 146/2008, DJ 28.4.2008, 2 e 5.5.2008. Exceto quanto à reclamação de empregado doméstico, ou contra micro ou pequeno empresário, o preposto deve ser necessariamente empregado do reclamado. Inteligência do art. 843, § 1º, da CLT e do art. 54 da Lei Complementar n. 123, de 14 de dezembro de 2006."

Ou seja, exceto em duas hipóteses o empregado deve ser necessariamente empregado, quais sejam: 1) empregador doméstico e; 2) micro ou pequeno empresário.

Nas demais hipóteses, o preposto deve ser necessariamente empregado.

A ausência do preposto implica em revelia ainda que presente o advogado com defesa e procuração. Sobre esta questão, o TST editou a Súmula n. 122: "REVELIA. ATESTADO MÉDICO (incorporada a Orientação Jurisprudencial n. 74 da SBDI-1) — Res. 129/2005, DJ 20, 22 e 25.4.2005. A reclamada, ausente à audiência em que deveria apresentar defesa, é revel, ainda que presente seu advogado munido de procuração, podendo ser ilidida a revelia mediante a apresentação de atestado médico, que deverá declarar, expressamente, a impossibilidade de locomoção do empregador ou do seu preposto no dia da audiência. *(primeira parte — ex-OJ n. 74 da SBDI-1 — inserida em 25.11.1996; segunda parte — ex-Súmula n. 122 — alterada pela Res. 121/2003, DJ 21.11.2003)*".

Não há necessidade que seja gerente ou cargo de confiança. Pode ser qualquer empregado que tenha conhecimento dos fatos.

A alternativa "B" começa certa e termina errada, pois não há necessidade que tenha presenciado os fatos, mas apenas conhecimento. As demais alternativas já começam erradas ao afirmar que "não precisa ser empregado".

126º OAB/SP

41. A suspensão disciplinar do empregado, por falta praticada na execução das obrigações decorrentes do contrato de trabalho,

- A) não tem limite máximo fixado em lei, devendo adequar-se à gravidade da falta.
- B) não pode superar sete dias consecutivos, sob pena de considerar-se o empregado dispensado sem justa causa.
- C) não pode superar quinze dias consecutivos, sob pena de considerar-se o empregado dispensado sem justa causa.
- D) não pode superar trinta dias consecutivos, sob pena de considerar-se o empregado dispensado sem justa causa.

A alternativa correta é a "D". Assim dispõe o art. 474, da CLT:

Art. 474. A suspensão do empregado por mais de 30 (trinta) dias consecutivos importa na rescisão injusta do contrato de trabalho.

A suspensão decorre do poder disciplinar do empregador, que lhe permite suspender o empregado na ocorrência do cometimento de ato faltoso. Todavia, o número de dias de suspensão não pode ultrapassar de 30. O período de suspensão depende da gravidade do ato praticado pelo empregado, ficando a critério do empregador decidir sobre o tempo de suspensão.

Consigne-se, por oportuno, que a suspensão disciplinar prevista no art. 474, acima transcrito, não se confunde com a suspensão constante do art. 494, que ocorre em razão da acusação de falta grave cometida pelo empregado e que se tornará efetiva após a conclusão do inquérito que perdurará até o final do processo.

A alternativa "A", está incorreta, uma vez que o art. 474 da CLT, acima transcrito estabelece o limite máximo de 30 dias.

A alternativa "B" está incorreta, o número de dias é fixado pelo empregador e deve ser proporcional a gravidade do ato faltoso.

A alternativa "C" está incorreta, porque contraria o disposto no art. 474 da CLT.

---

42. O tempo gasto pelo empregado, deslocando-se para o local de trabalho, situado em local de difícil acesso, não servido por transporte público regular,

☐ A) não é computado na jornada de trabalho.

☐ B) pode ou não ser computado na jornada de trabalho, conforme o teor do contrato individual de trabalho.

☐ C) é computado na jornada se o transporte for fornecido pelo empregador.

☐ D) é computado na jornada de trabalho mesmo se o transporte não for fornecido pelo empregador.

A *alternativa correta é a "C"*.

O deslocamento do empregado para o local de trabalho, bem como o seu retorno, será computado na jornada de trabalho, se o transporte for fornecido pelo empregador e o local for de difícil acesso ou não servido por transporte público regular.

Art. 58, § 2º CLT — O tempo despendido pelo empregado até o local de trabalho e para o seu retorno, por qualquer meio de transporte, não será computado na jornada de trabalho, salvo quando, tratando-se de local de difícil acesso ou não servido por transporte público, o empregador fornecer a condução.

Súmula n. 90 TST — HORAS *IN ITINERE*. TEMPO DE SERVIÇO (incorporadas as Súmulas ns. 324 e 325 e as Orientações Jurisprudenciais ns. 50 e 236 da SBDI-1) — Res. 129/2005, DJ 20, 22 e 25.4.2005.

I — O tempo despendido pelo empregado, em condução fornecida pelo empregador, até o local de trabalho de difícil acesso, ou não servido por transporte público regular, e para o seu retorno é computável na jornada de trabalho. *(ex-Súmula n. 90 — RA 80/1978, DJ 10.11.1978)*

II — A incompatibilidade entre os horários de início e término da jornada do empregado e os do transporte público regular é circunstância que também gera o direito às horas *in itinere*. *(ex-OJ n. 50 da SBDI-1 — inserida em 1º.2.1995)*

III — A mera insuficiência de transporte público não enseja o pagamento de horas *in itinere*. *(ex-Súmula n. 324 — Res. 16/1993, DJ 21.12.1993)*

IV — Se houver transporte público regular em parte do trajeto percorrido em condução da empresa, as horas *in itinere* remuneradas limitam-se ao trecho não alcançado pelo transporte público. *(ex-Súmula n. 325 — Res. 17/1993, DJ 21.12.1993)*

V — Considerando que as horas *in itinere* são computáveis na jornada de trabalho, o tempo que extrapola a jornada legal é considerado como extraordinário e sobre ele deve incidir o adicional respectivo. *(ex-OJ n. 236 da SBDI-1 — inserida em 20.6.2001)*

Incorreta a alternativa "A" — A hora *in itinere* será computada na jornada mesmo que a condução seja cobrada. O que é indispensável é que seja fornecida pelo empregador e que o local seja de difícil acesso.

Súmula n. 320 TST — HORAS *IN ITINERE*. OBRIGATORIEDADE DE CÔMPUTO NA JORNADA DE TRABALHO (mantida) — Res. 121/2003, DJ 19, 20 e 21.11.2003.

O fato de o empregador cobrar, parcialmente ou não, importância pelo transporte fornecido, para local de difícil acesso ou não servido por transporte regular, não afasta o direito à percepção das horas *in itinere*.

Incorreta a alternativa "B" — Não importa o tipo de contrato. É imprescindível que o empregador forneça a condução, em razão do local ser de difícil acesso, não servido por transporte público regular.

Incorreta a alternativa "D" — Um dos requisitos para ser computado na jornada é que o transporte seja fornecido pelo empregador.

---

43. A redução do salário, no direito brasileiro, é

☐ A) possível em caso de acordo entre empregado e empregador, desde que tenha por finalidade evitar a dispensa do empregado.

☐ B) possível mediante convenção ou acordo coletivo de trabalho.

☐ C) possível mediante autorização da Delegacia Regional do Trabalho.

☐ D) impossível.

A *alternativa correta é a "B"*.

A regra geral de proteção do salário é o da irredutibilidade, ou seja, não é permitida a redução salarial. Trata-se de regra de proteção.

O art. 468 da CLT proíbe a alteração contratual, mormente na ocorrência de prejuízo ao empregado. Assim dispõe: "Nos contratos individuais de trabalho só é lícita a alteração das respectivas condições por mútuo consentimento, e ainda assim desde que não resultem, direta ou indiretamente, prejuízos ao empregado, sob pena de nulidade da cláusula infringente desta garantia".

A alteração salarial afeta substancialmente o contrato e só será admitida por mútuo consentimento e se prevista em lei.

Todavia e não obstante o regramento, excepcionalmente a redução salarial é admitida, quando ficar comprovado que a medida é necessária para preservar um bem maior que é o próprio emprego.

A autorização é dada pela Constituição Federal de 1988 ao dispor no seu art. 7º, VI: "São direitos dos trabalhadores urbanos e rurais, além de outros que visem à melhoria de sua condição social: ... VI — irredutibilidade do salário, salvo o disposto em convenção ou acordo coletivo; ...".

A convenção e o acordo coletivo de trabalho são formas de solução de conflito coletivo. Somente por meio desses instrumentos é que a redução poderá ser viabilizada.

Tal permissivo se deu visando a preservação do emprego, reconhecendo as convenções e acordos coletivos não só como um direito dos trabalhadores, mais como instrumento de proteção do salário, na medida em que submete ao Sindicato a verificação da pertinência da redução, em razão de dificuldades temporárias da empresa.

---

44. A legislação brasileira, no tocante à revista de empregados,

☐ A) é omissa.

☐ B) proíbe qualquer forma de revista, salvo mediante prévia autorização judicial.

☐ C) permite qualquer forma de revista, desde que realizada por pessoa do mesmo sexo.

☐ D) proíbe a revista íntima de empregadas.

A alternativa correta é a "D".

A revista íntima não é admitida em nosso ordenamento jurídico. Não obstante a igualdade de condições entre homens e mulheres, consagrado na Constituição Federal de 1988, não se admite qualquer espécie de discriminação. Assim dispõe o inciso VI, do art. 373-A, da CLT, o qual impõe limitações ao empregador com relação ao trabalho da mulher.

Art. 373-A. Ressalvadas as disposições legais destinadas a corrigir as distorções que afetam o acesso da mulher ao mercado de trabalho e certas especificidades estabelecidas nos acordos trabalhistas, é vedado: *(Incluído pela Lei n. 9.799, de 26.5.1999)*

VI — proceder o empregador ou preposto a revistas íntimas nas empregadas ou funcionárias. *(Incluído pela Lei n. 9.799, de 26.5.1999).*

LEI N. 9.799, DE 26 DE MAIO DE 1999.
Art. 1º A Consolidação das Leis do Trabalho, aprovada pelo Decreto-Lei n 5.452, de 1º de maio de 1943, passa a vigorar com as seguintes alterações:
"SEÇÃO I
Da Duração, Condições do Trabalho e da Discriminação contra a Mulher
...
Art. 373A. Ressalvadas as disposições legais destinadas a corrigir as distorções que afetam o acesso da mulher ao mercado de trabalho e certas especificidades estabelecidas nos acordos trabalhistas, é vedado:
I — publicar ou fazer publicar anúncio de emprego no qual haja referência ao sexo, à idade, à cor ou situação familiar, salvo quando a natureza da atividade a ser exercida, pública e notoriamente, assim o exigir;
II — recusar emprego, promoção ou motivar a dispensa do trabalho em razão de sexo, idade, cor, situação familiar ou estado de gravidez, salvo quando a natureza da atividade seja notória e publicamente incompatível;
III — considerar o sexo, a idade, a cor ou situação familiar como variável determinante para fins de remuneração, formação profissional e oportunidades de ascensão profissional;
IV — exigir atestado ou exame, de qualquer natureza, para comprovação de esterilidade ou gravidez, na admissão ou permanência no emprego;
V — impedir o acesso ou adotar critérios subjetivos para deferimento de inscrição ou aprovação em concursos, em empresas privadas, em razão de sexo, idade, cor, situação familiar ou estado de gravidez;
VI — proceder o empregador ou preposto a revistas íntimas nas empregadas ou funcionárias.
Parágrafo único. O disposto neste artigo não obsta a adoção de medidas temporárias que visem ao estabelecimento das políticas de igualdade entre homens e mulheres, em particular as que se destinam a corrigir as distorções que afetam a formação profissional, o acesso ao emprego e as condições gerais de trabalho da mulher.

A alternativa "A" está incorreta, em razão da existência de previsão legal.

A alternativa "B" está incorreta, porquanto a Constituição Federal proíbe qualquer critério que importe em diferença de tratamento entre homens e mulheres.

Atendendo ao comando da Constituição Federal, várias leis surgiram no sentido de disciplinar o trabalho da mulher, algumas impondo limitações ao poder do empregador, outras revogando artigos da CLT considerados discriminatórios. (Lei n. 9.029/1995, proibiu a exigência de atestado de gravidez; Lei n. 9.054/1997, que determina a reserva de percentual para a candidatura da mulher)

A alternativa "C" está incorreta porque contraria dispositivo legal que proíbe a revista íntima, a qual não prevê nenhuma exceção.

---

45. Se o empregado com jornada normal de trabalho das 8:00 às 17:00 horas, com intervalo de 1:00 hora, entre 12:00 e 13:00 horas, em determinado dia prestar serviços das 8:00 às 16:00 horas, sem intervalo,

☐ A) não será devida hora extra e não estará configurada infração administrativa.

☐ B) será devida hora extra, mas não estará configurada infração administrativa.

☐ C) será devida hora extra e estará configurada infração administrativa.

☐ D) não será devida hora extra, mas estará configurada infração administrativa.

A *alternativa correta é a "C", porquanto o intervalo intrajornada é destinado ao descanso e alimentação do empregado. A supressão importa em infração administrativa, além do pagamento como hora extra.*

Art. 71 CLT. Em qualquer trabalho contínuo, cuja duração exceda de 6 (seis) horas, é obrigatória a concessão de um intervalo para repouso ou alimentação, o qual será, no mínimo, de 1 (uma) hora e, salvo acordo escrito ou contrato coletivo em contrário, não poderá exceder de 2 (duas) horas.
§ 1º Não excedendo de 6 (seis) horas o trabalho, será, entretanto, obrigatório um intervalo de 15 (quinze) minutos quando a duração ultrapassar 4 (quatro) horas.
§ 2º Os intervalos de descanso não serão computados na duração de trabalho.
§ 3º O limite mínimo de 1 (uma hora para repouso ou refeição poderá ser reduzido por ato do Ministério do Trabalho, Indústria e Comércio, quando, ouvido o Departamento Nacional de Higiene e Segurança do Trabalho — DNHST, se verificar que o estabelecimento atende integralmente às exigências concernentes à organização dos refeitórios e quando os respectivos empregados não estiverem sob regime de trabalho prorrogado a horas suplementares.
§ 4º Quando o intervalo para repouso e alimentação, previstos neste artigo, não for concedido pelo empregador, este ficará obrigado a remunerar o período correspondente com um acréscimo de no mínimo 50% (cinquenta por cento) sobre o valor da remuneração da hora normal de trabalho.

O § 4º do dispositivo legal supra mencionado, foi inserido pela Lei n. 8.923/94, e dispõe que a não concessão do intervalo intrajornada ensejará remuneração do período correspondente, com acréscimo de, no mínimo, 50% sobre o valor da hora normal de trabalho. Anteriormente a essa lei, a não concessão ensejava apenas multa administrativa.

No mesmo sentido, a OJSDI-1-307:

OJ-SDI1-307 — INTERVALO INTRAJORNADA (PARA REPOUSO E ALIMENTAÇÃO). NÃO CONCESSÃO OU CONCESSÃO PARCIAL. LEI N. 8.923/1994. DJ 11.8.2003. Após a edição da Lei n. 8.923/1994, a não-concessão total ou parcial do intervalo intrajornada mínimo, para repouso e alimentação, implica o pagamento total do período correspondente, com acréscimo de, no mínimo, 50% sobre o valor da remuneração da hora normal de trabalho (art. 71 da CLT).

Incorreta a alternativa "A" porque contraria dispositivo legal retro transcrito.

Incorreta a alternativa "B" — Anteriormente a Lei n. 8.923/94 a qual inseriu ao art. 71 da CLT o § 4º, a não concessão do intervalo importava apenas em multa administrativa. Com a alteração a não concessão do intervalo intrajornada ensejará remuneração do período correspondente, com acréscimo de 50%, além da multa administrativa.

Pela mesma razão, incorreta a alternativa "D".

---

46. Os sindicatos podem ser

☐ A) distritais, municipais, intermunicipais, estaduais, interestaduais e nacionais.

☐ B) municipais, intermunicipais, estaduais, interestaduais e nacionais.

☐ C) municipais, estaduais, nacionais e trasnacionais.

☐ D) distritais, municipais, estaduais e nacionais.

A *alternativa correta é a "B"*.

Trata-se do princípio da unicidade sindical consagrado no art. 8º, II da Constituição Federal, que assim dispõe: "É livre a associação profissional ou sindical, observado o seguinte: ... II — é vedada a criação de mais de uma organização sindical, em qualquer grau, representativa de categoria profissional ou econômica, na mesma base territorial, que será definida pelos trabalhadores ou empregadores interessados, não podendo ser inferior à área de um Município".

O que devemos entender por base territorial?

Devemos compreendê-la como o limite de espaço de atuação da entidade sindical. A lei proíbe que este limite seja inferior a um município, o que importa dizer que não poderá haver sindicatos organizados por bairro, distritos ou empresas.

Representa os empregados e empregadores das localidades que compõem sua base — em mais de um município, um, dois ou mais Estados ou em todo o Brasil, o que corresponde respectivamente a um sindicato com base territorial intermunicipal, estadual, interestadual e nacional.

A extensão ou ampliação da base é admitida, nos termos do disposto no já mencionado dispositivo constitucional, observando que em uma base só pode haver uma entidade sindical da categoria representada.

Devemos entender que o sindicato pode representar uma ou mais categorias similares em um ou mais municípios, o que não pode é em área inferior a um município.

Incorretas as alternativas "A", "C" e "D" diante dos comentários referentes à alternativa correta.

47. Os empregados integrantes de categoria profissional

☐ A) não se beneficiam das vantagens previstas no instrumento normativo da respectiva categoria, quando o empregador não tiver sido representado pelo órgão de classe respectivo.

☐ B) beneficiam-se das vantagens previstas no instrumento normativo da própria categoria, salvo se menos favoráveis do que as vantagens previstas no instrumento normativo da categoria preponderante.

☐ C) beneficiam-se das vantagens previstas no instrumento normativo da categoria preponderante da empresa, salvo se menos favoráveis do que as vantagens previstas no instrumento normativo da própria categoria.

☐ D) beneficiam-se das vantagens previstas no instrumento normativo da respectiva categoria, independentemente da representação do empregador pelo órgão de classe respectivo.

A alternativa correta é a "A".

A categoria profissional vem definida no § 2º, do art. 511, da CLT, que assim dispõe:

> A similitude de condições de vida oriunda da profissão ou trabalho em comum, em situação de emprego na mesma atividade econômica ou em atividades econômicas similares ou conexas, compõem a expressão social elementar compreendida como categoria profissional.

As empresas só se obrigam a atender as convenções de que participam, não importando se o sindicato é ou não de categoria profissional diferenciada, o que significa dizer que a(s) empresa(s) ou o(s) respectivo(s) sindicato(s) patronais deverão subscrever os instrumentos normativos para que os empregados se beneficiem dos mesmos.

Súmula n. 374 TST — NORMA COLETIVA. CATEGORIA DIFERENCIADA. ABRANGÊNCIA (conversão da Orientação Jurisprudencial n. 55 da SBDI-1) — Res. 129/2005, DJ 20, 22 e 25.4.2005. Empregado integrante de categoria profissional diferenciada não tem o direito de haver de seu empregador vantagens previstas em instrumento coletivo no qual a empresa não foi representada por órgão de classe de sua categoria. *(ex-OJ n. 55 da SBDI-1 — inserida em 25.11.1996)*

As alternativas "B", "C" e "D", estão incorretas, eis que há a necessidade da participação dos sindicatos patronais nos instrumentos coletivos (acordo coletivo ou convenção coletiva de trabalho), sob pena de suas normas não se aplicarem aos empregados. Assim também, no caso de dissídio coletivo.

48. Compete à Justiça do Trabalho julgar as ações

- A) relativas às penalidades administrativas impostas aos empregadores, aos tomadores de serviço de trabalhadores autônomos e as que são aplicadas pelos órgãos de fiscalização profissional aos que exercem atividades profissionais liberais.

- B) oriundas da relação de emprego ou da relação estatutária de trabalho, salvo no tocante aos ocupantes de cargo em comissão, de livre provimento e exoneração.

- C) relativas às penalidades administrativas impostas aos empregadores pelos órgãos de fiscalização das relações de trabalho.

- D) oriundas da relação de emprego ou da relação estatutária de trabalho, inclusive no tocante aos ocupantes de cargo em comissão, de livre provimento e exoneração.

A *alternativa correta é a* "C".

As regras de competência em razão da matéria estão no art. 114 da CF, que foi alterado substancialmente com o advento da Emenda Constitucional n. 45/04.

Assim estabelece o art. 114:

Art. 114. Compete à Justiça do Trabalho processar e julgar:
I — as ações oriundas da relação de trabalho, abrangidos os entes de direito público externo e da administração pública direta e indireta da União, dos Estados, do Distrito Federal e dos Municípios;
II — as ações que envolvam o direito de greve;
III — as ações de representação sindical, entre sindicatos, entre sindicatos e trabalhadores e entre sindicatos e empregadores;
IV — os mandados de segurança, *habeas corpus* e *habeas data*, quando o ato questionado envolver matéria sujeita à sua jurisdição;
V — os conflitos de competência entre órgãos com jurisdição trabalhista, ressalvado disposto no art. 102, I, *o*;
VI — as ações de indenização por dano moral ou patrimonial, decorrentes da relação de trabalho;
VII — as ações relativas às penalidades administrativas impostas aos empregadores pelos órgãos de fiscalização das relações de trabalho;
VIII — a execução, de ofício, das contribuições sociais previstas no art. 195, I, *a*, II, e seus acréscimos legais, decorrentes das sentenças que proferir;
IX — outras controvérsias decorrentes da relação de trabalho, na forma da lei.

A alternativa C é exatamente o inciso VII do art. 114 da CF, que se trata de inovação trazida pela EC n. 45, onde passou a ser de competência da justiça do trabalho o julgamento das penalidades impostas pelos órgãos de fiscalização do trabalho aos empregadores, o que antes era de competência da Justiça Federal. Entretanto, não só as penalidades, mas também todos os atos praticados pelo fiscal do trabalho, a competência é da Justiça do Trabalho.

Assim, a Justiça do Trabalho é competente para processar, p. ex., ação anulatória de ato jurídico, em razão de multa imposta pela fiscalização do trabalho; ação de execução de multa imposta pelo fiscal do trabalho, dentre outras.

A alternativa "A" está errada pois a competência é para julgar as penalidades impostas "por órgão de fiscalização do trabalho" aos "empregadores".

As alternativas "B" e "C" também estão erradas. Primeiro porque falam em "relação de emprego" e o inciso I do art. 114 menciona "relação de trabalho", segundo porque as alternativas incluem a relação estatutária, sendo que por força de decisão concedida pelo Supremo Tribunal Federal, nos autos da ADIn n. 3.395-6, restou suspensa a segunda parte do referido inciso de forma a excluir da competência da Justiça do Trabalho as ações envolvendo estatutário.

49. A União, os Estados, o Distrito Federal e os Municípios têm, no processo do trabalho, o privilégio de contar com prazo em

- A) dobro para a designação de audiência e para a apresentação de recurso.
- B) quádruplo para a designação de audiência e para a apresentação de recurso.
- C) dobro para a designação de audiência e em quádruplo para a apresentação de recurso.
- D) quádruplo para a designação de audiência e em dobro para a apresentação de recurso.

A alternativa correta é a "D".

O Decreto-lei n. 779/69 estabelece que as pessoas jurídicas de direito público terão prazo em dobro para recorrer e em quádruplo para apresentar defesa.

No processo do trabalho a defesa é apresentada em audiência e de acordo com o art. 841 da CLT o prazo mínimo é de 5 dias entre a notificação e a audiência.

Art. 841. Recebida e protocolada a reclamação, o escrivão ou secretário, dentro de 48 (quarenta e oito) horas, remeterá a segunda via da petição, ou do termo, ao reclamado, notificando-o ao mesmo tempo, para comparecer à audiência do julgamento, que será a primeira desimpedida, depois de 5 (cinco) dias.

Ou seja, para pessoas jurídicas de direito público o prazo da audiência será de, no mínimo, 20 dias.

Esse privilégio não se aplica a empresas públicas e sociedades de economia mista.

---

50. Em se tratando de empresa que promova realização das atividades fora do lugar da celebração do contrato de trabalho, a competência para julgamento da causa é do lugar da

- A) prestação de serviço ou da celebração do contrato, a critério do empregado.
- B) prestação de serviço ou do estabelecimento principal, a critério do empregado.
- C) prestação de serviço.
- D) celebração do contrato de trabalho.

A alternativa correta é a "A".

Trata-se de competência em razão do lugar, com previsão legal no art. 651 da CLT.

De acordo com referido dispositivo, a regra para fixação da competência é o local da prestação de serviços, ainda que tenha sido contratado em outro local ou no estrangeiro.

O próprio dispositivo traz exceções: 1ª) viajantes e agentes — quando o empregado for viajante ou agente a competência será a vara da localidade em que a empresa tenha agência ou filial e a esta o empregado esteja subordinado. Na falta, será competente a vara da localização em que o empregado tenha domicílio ou a localidade mais próxima; 2º) empresas que promovam atividades fora do local do contrato — na segunda exceção, a empresa é que realiza atividade em diversos locais, de forma itinerante. Neste caso a competência será no foro da celebração do contrato ou no da prestação dos respectivos serviços. Ex.: o circo.

O enunciado da questão trata da segunda exceção prevista no § 3º do art. 651 CLT onde o empregado poderá escolher entre o foro da celebração do contrato ou o da prestação de serviços.

Os brasileiros que prestaram serviços no exterior podem ajuizar a ação no Brasil, desde que não haja convenção internacional dizendo o contrário. (§ 2º art. 651 CLT)

A incompetência em razão do lugar, por ser relativa se alega por meio de EXCEÇÃO DE INCOMPETÊNCIA. A incompetência absoluta se alega por meio de preliminar de CONTESTAÇÃO (art. 301, II, CPC).

A competência relativa se não for arguida, ocorrerá preclusão e consequentemente a sua prorrogação. A decisão do juiz que acolhe exceção de incompetência em razão do lugar, é decisão interlocutória e, portanto, não comporta recurso imediato (art. 893, § 1º CLT, salvo na hipótese da Súmula n. 214 do TST).

> **Súmula n. 214 do TST** — Na Justiça do Trabalho, nos termos do art. 893, § 1º, da CLT, as decisões interlocutórias não ensejam recurso imediato, salvo nas hipóteses de decisão: .....; c) que acolhe exceção de incompetência territorial, com a remessa dos autos para Tribunal Regional distinto daquele a que se vincula o juízo excepcionado, consoante o disposto no art. 799, § 2º da CLT.

Apresentada exceção de incompetência, a parte contrária terá prazo de 24 horas para se manifestar. Em se tratando de exceção de suspeição o prazo será de 48 horas.

> **Art. 800 CLT** — Apresentada a exceção de incompetência, abrir-se-á vista dos autos ao exceto, por 24 (vinte e quatro) horas improrrogáveis, devendo a decisão ser proferida na primeira audiência ou sessão que se seguir.

> **Art. 802 CLT** — Apresentada a exceção de suspeição, o juiz ou Tribunal designará audiência dentro de 48 (quarenta e oito) horas, para instrução e julgamento da exceção.

A alternativa "B" está errada pois, a opção é entre o local da prestação de serviços ou da celebração do contrato e não do "estabelecimento principal". A alternativa "C" trata da regra prevista no *caput* do art. 651 da CLT, sendo que a questão mencionou a exceção e, a alternativa "D" coloca como única opção o local da celebração do contrato, razão pela qual ambas também estão erradas.

Cumpre destacar que a CLT autoriza uma hipótese de ajuizamento de ação no domicílio do autor. Trata-se da primeira exceção, onde o empregado é agente ou viajante. Neste caso, conforme dito acima a competência será da vara em que a empresa tenha agência ou filial e a esta o empregado estiver subordinado e, na falta, será competente o vara da localização do seu domicílio.

51. NÃO está incluída entre as fontes supletivas ou subsidiárias mencionadas pelo art. 8º, da CLT:

☐ A) a analogia.

☐ B) o direito comparado.

☐ C) a jurisprudência.

☐ D) o acordo coletivo de trabalho.

A alternativa correta é a "D".

O art. 8º da CLT fornece uma orientação quanto às fontes do Direito do Trabalho ao estabelecer "As autoridades administrativas e a Justiça do Trabalho, na falta de disposições legais ou contratuais, decidirão, conforme o caso, pela jurisprudência, por analogia, por equidade e outros princípios e normas gerais de direito, principalmente do direito do trabalho, e, ainda, de acordo com os usos e costumes, o direito comparado, mas sempre de maneira que nenhum interesse de classe ou particular prevaleça sobre o interesse público."

Vejamos. O mencionado dispositivo legal estabelece que "nenhum interesse de classe ou particular prevaleça sobre o interesse público".

Pois bem, o acordo coletivo de trabalho é um instrumento normativo celebrado entre o sindicato da categoria profissional e uma ou mais empresas, tendo por objetivo estipular condições de trabalho aplicáveis às relações de trabalho, cujas regras serão observadas pelas categorias pactuantes. Não há a interferência do Estado. As regras pactuadas atuam no vazio normativo, eis que não previstas em lei.

A analogia, o direito comparado e a jurisprudência estão expressamente dispostos como fontes subsidiárias do Direito do Trabalho no mencionado dispositivo legal, não obstante muitos doutrinadores afirmem que se constituem em métodos de integração da norma jurídica para aplicação ao caso concreto.

O referido dispositivo de lei faz referência expressa também a equidade, princípios e normas gerais de direito e aos usos e costumes.

Assim, são fontes subsidiárias: 1 — jurisprudência; 2 — analogia; 3 — equidade; 4 — princípios gerais de direito; 5 — princípios de direito do trabalho; 6 — usos e costumes e; 7 — direito comparado.

52. É empregado doméstico:

☐ A) copeira de escritório de arquitetura.

☐ B) cozinheiro de pensão de terceira classe.

☐ C) vigia contratado por diretor de empresa multinacional para tomar conta de sua residência.

☐ D) caseiro de sítio que se dedica à criação de galinhas, destinadas à venda em mercado.

A alternativa correta é a "C".

O empregado doméstico é toda pessoa física que trabalha de forma pessoal de forma contínua e com subordinação para outra pessoa física ou família, no âmbito residencial e desde que não explore atividade econômica. (art. 1º da Lei n. 5.859/72).

Com base na definição de empregado doméstico, exclui-se as alternativas "A", "B" e "D", pois copeira de escritório de arquitetura não trabalha no âmbito residencial para pessoa física ou família. As atividades de "cozinheiro de pensão" (alternativa "B") e "caseiro de sítio" que se dedica a veda de galinhas (alternativa "D") ensejam em lucro para o empregador, razão pela qual há exploração de atividade lucrativa.

Na hipótese de o empregador explorar qualquer atividade lucrativa, não importando seja na sua residência urbana ou rural, o trabalhador que prestar serviços, será considerado celetista e perderá a sua condição de doméstico.

A finalidade "não lucrativa" é sob a ótica do tomador. Para ser caracterizada relação de doméstico, o tomador não pode ter lucro com a atividade do empregado.

Há uma discussão na doutrina sobre as hipóteses do empregado que exerce uma atividade econômica sem fins lucrativos. Ex.: empregado que trabalha em uma casa de família e cozinha marmitas que serão doadas pelo empregador. Neste caso, trata-se de empregado doméstico ou não? A doutrina se divide. A CLT, no art. 7, alínea *a*, define empregado doméstico como aquele que exerce "atividade não econômica" e a lei do doméstico fala em "atividade não lucrativa". Para uns, prevalece o art. 7º, alínea *a*, ou seja, qualquer atividade econômica, mesmo sem fins lucrativos, descaracteriza o vínculo de doméstico. Para outros, dentre os quais nos incluímos, é perfeitamente possível a utilização da mão de obra doméstica para exercer atividade econômica, sem fins lucrativos.

53. Segundo a nova lei de recuperação judicial, o crédito derivado da legislação do trabalho é

- A) o mais privilegiado de todos, em sua totalidade.
- B) o mais privilegiado de todos, até o limite de 150 (cento e cinquenta) salários mínimos.
- C) privilegiado em sua totalidade, sendo satisfeito imediatamente após os créditos tributários.
- D) privilegiado até o limite de 150 (cento e cinquenta) salários mínimos, sendo satisfeito imediatamente após os créditos tributários.

A alternativa correta é a "B".

Nos termos do que dispõe o art. 83, I, da Lei n. 11.101/2005, os créditos trabalhistas, até o limite de 150 salários mínimos, devem ser habilitados perante o juízo universal da falência, tendo prevalência sobre quaisquer outros.

Art. 83. A classificação dos créditos na falência obedece à seguinte ordem:
I — os créditos derivados da legislação do trabalho, limitados a 150 (cento e cinquenta) salários mínimos por credor, e os decorrentes de acidentes de trabalho;
II — créditos com garantia real até o limite do valor do bem gravado;
III — créditos tributários, independentemente da sua natureza e tempo de constituição, excetuadas as multas tributárias;
IV — créditos com privilégio especial, a saber:
a) os previstos no art. 964 da Lei n. 10.406, de 10 de janeiro de 2002;
b) os assim definidos em outras leis civis e comerciais, salvo disposição contrária desta Lei;
c) aqueles a cujos titulares a lei confira o direito de retenção sobre a coisa dada em garantia;
V — créditos com privilégio geral, a saber:
a) os previstos no art. 965 da Lei n. 10.406, de 10 de janeiro de 2002;
b) os previstos no parágrafo único do art. 67 desta Lei;
c) os assim definidos em outras leis civis e comerciais, salvo disposição contrária desta Lei;
VI — créditos quirografários, a saber:
a) aqueles não previstos nos demais incisos deste artigo;
b) os saldos dos créditos não cobertos pelo produto da alienação dos bens vinculados ao seu pagamento;
c) os saldos dos créditos derivados da legislação do trabalho que excederem o limite estabelecido no inciso I do *caput* deste artigo;
VII — as multas contratuais e as penas pecuniárias por infração das leis penais ou administrativas, inclusive as multas tributárias;
VIII — créditos subordinados, a saber:
a) os assim previstos em lei ou em contrato;
b) os créditos dos sócios e dos administradores sem vínculo empregatício.
§ 1º Para os fins do inciso II do *caput* deste artigo, será considerado como valor do bem objeto de garantia real a importância efetivamente arrecadada com sua venda, ou, no caso de alienação em bloco, o valor de avaliação do bem individualmente considerado.
§ 2º Não são oponíveis à massa os valores decorrentes de direito de sócio ao recebimento de sua parcela do capital social na liquidação da sociedade.
§ 3º As cláusulas penais dos contratos unilaterais não serão atendidas se as obrigações neles estipuladas se vencerem em virtude da falência.
§ 4º Os créditos trabalhistas cedidos a terceiros serão considerados quirografários.

A alternativa "A" está incorreta.

O § 1º do art. 449 da CLT o qual prescrevia que na falência, a totalidade dos créditos era considerado crédito privilegiado, foi tacitamente revogado pela Lei n. 11.101/2005, a qual prevê que os salários até o limite de cinco salários mínimos, vencidos três meses antes da decretação serão pagos, desde que haja disponibilidade de caixa e os demais créditos, até o limite se 150 salários mínimos devem ser habilitados, com prevalência sobre quaisquer outros.

A alternativa "C" está incorreta. Os créditos tributários se encontram em terceiro lugar na ordem estabelecida pelo art. 83, da Lei n. 11.101/2005.

A alternativa "D" está incorreta, porquanto os créditos trabalhistas tem prevalência sobre quaisquer outros créditos.

54. O salário, no direito brasileiro, é

☐ A) absolutamente impenhorável. (ANULADA)

☐ B) impenhorável, salvo excepcionalmente.

☐ C) absolutamente impenhorável até o valor de dois salários mínimos.

☐ D) absolutamente impenhorável até o valor de dez salários mínimos.

Esta questão foi anulada.

Vejamos:

O salário é protegido pela impenhorabilidade. Todavia, esta regra não é absoluta.

Os salários são impenhoráveis, salvo para pagamento de prestação alimentícia.

Estabelece o art. 649, IV do CPC — "São absolutamente impenhoráveis: ... IV — os vencimentos, subsídios, soldos, salários, remunerações, proventos de aposentadoria, pensões, pecúlios e montepios; as quantias recebidas por liberalidade de terceiro e destinadas ao sustento do devedor e sua família, os ganhos do trabalhador autônomo e os honorários de profissional liberal, observado o disposto no § 3º deste artigo;"

A comissão do concurso considerou correta a alternativa "A".

Todavia, como vimos, a impenhorabilidade comporta exceção, qual seja, quando se tratar de pensão alimentícia, o que torna correta também a alternativa "B".

Ou seja, a questão apresentada comporta mais de uma resposta correta, as alternativas "A" e "B", o que acabou por acarretar na sua anulação.

Sobre penhora de salário, o Tribunal Superior do Trabalho editou a orientação jurisprudencial n. 153 da SDI-II.

OJ n. 153 SDI-II do TST — MANDADO DE SEGURANÇA. EXECUÇÃO. ORDEM DE PENHORA SOBRE VALORES EXISTENTES EM CONTA SALÁRIO. ART. 649, IV, DO CPC. ILEGALIDADE. Ofende direito líquido e certo decisão que determina o bloqueio de numerário existente em conta salário, para satisfação de crédito trabalhista, ainda que seja limitado a determinado percentual dos valores recebidos ou a valor revertido para fundo de aplicação ou poupança, visto que o art. 649, IV, do CPC contém norma imperativa que não admite interpretação ampliativa, sendo a execução prevista no art. 649, § 2º, do CPC espécie e não gênero de crédito de natureza alimentícia, não englobando o crédito trabalhista.

---

55. As centrais sindicais, no direito vigente, são

☐ A) entidades sindicais de superposição, formadas pela reunião de diferentes sindicatos, federações e confederações.

☐ B) entidades sindicais de primeiro grau.

☐ C) entidades sindicais de segundo grau.

☐ D) associações civis, sem personalidade sindical.

A alternativa correta é a "D".

As Centrais Sindicais enquanto pessoa jurídica de direito privado, constituídas como associação civil, não compõem o sistema confederativo. A sua função é de coordenação política dos entes sindicais e de representação dos trabalhadores nos fóruns tripartites. Não atua em nome de categorias profissionais como ocorre com os Sindicatos, Federações e Confederações. São associações civis, e não sindicais.

A personalidade sindical, se adquire através do registro no órgão competente, no caso o Ministério do Trabalho e Emprego. Aqui cabe diferenciar personalidade jurídica de personalidade sindical. A primeira se dá com o registro dos atos constitutivos da entidade no Cartório do Registro Civil das Pessoas Jurídicas (art. 45, do CC) é o que ocorre com as Centrais Sindicais. A segunda se dá com o registro no Ministério do Trabalho e Emprego.

Incorreta a alternativa "A". As Centrais Sindicais se constituem em uma entidade que engloba distintas categorias, atuando e influenciando toda a pirâmide sindical, sem contudo representar ofensa ao princípio da unicidade sindical. Todavia, não há que se falar em sobreposição em relação a forma de organização sindical, ou seja, sobre as confederações, federações e sindicatos. Os requisitos para a sua existência estão previstos no art. 2º da Lei n. 11.648/2008 e dizem respeito ao número de entidades sindicais que deverão ser filiadas. O reconhecimento, portanto, passa pelo requisito da representatividade. Uma vez reconhecidas, passam as centrais a adquirir duas prerrogativas, que são a de coordenar a representação dos trabalhadores por meio das organizações sindicais filiadas e participar de negociações em fóruns, colegiados de órgãos públicos e demais espaços de diálogo social, nos quais se discutam questões afetas aos interesses gerais dos trabalhadores.

Incorreta a alternativa "B", porquanto as centrais não têm a mesma atribuição dos sindicatos, das federações e confederações. A negociação coletiva continua sendo dos

Incorreta a alternativas "C", pelas razões já expostas, acrescentando que as federações, na condição de entidades de segundo grau, são constituídas em cada Estado e representam um grupo de atividades ou profissões conexas, similares e idênticas e coordenam, entre outras atribuições os interesses dos sindicatos a ele filiados.

---

56. Empregado dirigente sindical, acusado de haver praticado furto,

☐ A) deve ser dispensado logo que, após a instauração de inquérito policial, houver seu indiciamento formal.

☐ B) deve ser suspenso, para ajuizamento de inquérito judicial para apuração de falta grave e posterior rescisão de seu contrato de trabalho.

☐ C) deve ser dispensado de pronto, a fim de que não se configure perdão tácito.

☐ D) deve ser primeiramente suspenso e, verificada nova falta, dispensado sumariamente.

A *alternativa correta é a "B"*.

O dirigente sindical acusado de ter praticado furto, deverá ser suspenso de suas atividades até conclusão do inquérito judicial.

Assim dispõe o art. 494, da CLT — "O empregado acusado de falta grave poderá ser suspenso de suas funções, mas a sua despedida só se tornará efetiva após o inquérito e que se verifique a procedência da acusação.

No mesmo sentido, as Súmulas e Orientações Jurisprudenciais.

> Sumula n. 379 — Dirigente sindical. Despedida. Falta grave. Inquérito judicial. Necessidade. *(Conversão da Orientação Jurisprudencial n. 114 da SDI-1 — Res. 129/2005, DJ 20.4.2005)*
> O dirigente sindical somente poderá ser dispensado por falta grave mediante a apuração em inquérito judicial, inteligência dos arts. 494 e 543, § 3º, da CLT. *(ex-OJ n. 114 — Inserida em 20.11.1997)*
>
> OJ SDI n. 2 — 137. Mandado de segurança. Dirigente sindical. Art. 494 da CLT. Aplicável. *(DJ 4.5.2004)*
> Constitui direito líquido e certo do empregador a suspensão do empregado, ainda que detentor de estabilidade sindical, até a decisão final do inquérito em que se apure a falta grave a ele imputada, na forma do art. 494, *caput* e parágrafo único, da CLT.
>
> Súmula n. 197, do STF — O empregado com representação sindical só pode ser despedido mediante inquérito em que se apure falta grave. *(Aprovada na Sessão Plenária de 13.12.1963).*

A alternativa "A" está incorreta. Com efeito, a apuração da falta grave, dar-se-á por meio de inquérito, nos termos do que dispõe o § 3º, do art. 543, da CLT:

> Fica vedada a dispensa do empregado sindicalizado ou associado, a partir do momento do registro de sua candidatura a cargo de direção ou representação de entidade sindical ou de associação profissional, até 1 (um) ano após o final do seu mandato, caso seja eleito, inclusive como suplente, salvo se cometer falta grave devidamente apurada nos termos desta Consolidação. *(Redação dada pela Lei n. 7.543, de 2.10.1986, DOU 3.10.1986)*

A alternativa "C" está incorreta, ante a necessidade de inquérito para a apuração da falta grave em relação ao dirigente sindical.

A alternativa "D" está incorreta. A alegação de falta grave, impõe a suspensão, para apuração mediante inquérito para apuração de falta grave. Difere a suspensão disciplinar, prevista no art. 474, da CLT, mas esta não poderá exceder de 30 dias, sob pena de caracterizar dispensa injusta.

---

57. No direito brasileiro, a dispensa coletiva

☐ A) não é regulada por lei.

☐ B) somente se verifica quando dispensados pelo menos 10 (dez) empregados.

☐ C) somente se verifica quando dispensados pelo menos 50 (cinquenta) empregados.

☐ D) depende não do número de empregados dispensados, mas do motivo determinante das dispensas.

A *alternativa correta é a "A".*

A nossa legislação não prevê a dispensa coletiva. Também não estabelece conceitos ou critérios para o caso de haver a dispensa em massa de trabalhadores.

Em que pese a ausência de dispositivo legal, os Tribunais Trabalhista vêm declarando nula as dispensas coletivas, com base nos princípios gerais de direito e no direito comparado, conforme autoriza o art. 8º da CLT, abaixo transcrito:

> Art. 8º CLT — As autoridades administrativas e a Justiça do Trabalho, na falta de disposições legais ou contratuais, decidirão, conforme o caso, pela jurisprudência, por analogia, por equidade e outros princípios e normas gerais de direito, principalmente do direito do trabalho, e, ainda, de acordo com os usos e costumes, o direito comparado, mas sempre de

maneira que nenhum interesse de classe ou particular, prevaleça sobre o interesse público.

Entretanto, trata-se de construção jurisprudencial, não pacifica. Assim correta a alternativa que afirma não ser regulada por lei.

Poderá ter previsão em convenção, acordo ou dissídio coletivo.

As alternativas "B", "C" e "D" estão incorretas, pelas razões já expendidas.

---

58. Na reclamação ajuizada pelo trabalhador, para a cobrança de direito irrenunciável, correspondente a salário mínimo não pago, ausentes ambas as partes à única audiência designada,

- A) deve designar-se nova audiência, com condução coercitiva das partes.
- B) o reclamado é considerado revel.
- C) o processo é arquivado.
- D) encerra-se a instrução, julgando o feito no estado em que se encontra.

A alternativa correta é a "C".

O não comparecimento do reclamante implica em arquivamento e o não comparecimento da reclamada implica em revelia.

Assim estabelece o art. 844 da CLT:

> O não comparecimento do reclamante à audiência importa o arquivamento da reclamação, e o não comparecimento do reclamado importa em revelia, além de confissão, quanto à matéria de fato.
> PARÁGRAFO ÚNICO — Ocorrendo, entretanto, motivo relevante, poderá o presidente suspender o julgamento, designando nova audiência."

Para que seja aplicada revelia à reclamada mister se faz a presença do reclamante, caso contrário será arquivado o feito.

O reclamante deve comparecer pessoalmente, podendo fazer-se substituir em casos de doença ou por motivo ponderoso, conforme estabelece o § 2º do art. 843 da CLT, que assim dispõe: "§ 2º — Se por doença ou qualquer outro motivo ponderoso, devidamente comprovado, não for possível ao empregado comparecer pessoalmente, poderá fazer-se representar por outro empregado que pertença à mesma profissão, ou pelo seu sindicato."

Em se tratando de audiência de instrução, o não comparecimento do reclamante implica em confissão. Neste sentido é o teor da Súmula n. 9 do TST: "AUSÊNCIA DO RECLAMANTE (mantida) — Res. 121/2003, DJ 19, 20 e 21.11.2003. A ausência do reclamante, quando adiada a instrução após contestada a ação em audiência, não importa arquivamento do processo."

Entretanto, em se tratando de audiência de instrução ou de prosseguimento, a pena de confissão só será aplicada se o reclamante foi intimado expressamente com essa cominação, conforme dispõe o item I da Súmula n. 74 do TST:

> CONFISSÃO. I — Aplica-se a pena de confissão à parte que, expressamente intimada com aquela cominação, não comparecer à audiência em prosseguimento, na qual deveria depor. *(ex-Súmula n. 74 — RA 69/1978, DJ 26.9.1978)*

59. No processo do trabalho, a apresentação de rol de testemunhas

☐ A) não é exigível, salvo em procedimento sumaríssimo.

☐ B) é sempre exigível, no prazo de dez dias antes da audiência.

☐ C) é sempre exigível, até a véspera da audiência.

☐ D) não é exigível.

A alternativa correta é a "D".

No processo do trabalho, seja rito ordinário, seja sumário, seja sumaríssimo, não se exige rol de testemunhas.

No processo do trabalho as testemunhas comparecerão independentemente de intimação. A diferença é que no rito sumaríssimo, é necessário comprovar o convite formulado à testemunha para que o juiz adie a audiência.

No rito ordinário basta requerer o adiamento e intimação da testemunha. Se deixar de comparecer, após intimação judicial, será aplicada multa e determinada a condução coercitiva.

A previsão legal, para o rito ordinário, é o art. 825 da CLT. Para o rito sumaríssimo é o art. 852-H, § 3º da CLT.

> Art. 825. As testemunhas comparecerão à audiência independentemente de notificação ou intimação.
> Parágrafo único. As que não comparecerem serão intimadas, *ex officio,* ou a requerimento da parte, ficando sujeitas à condução coercitiva, além das penalidades do art. 730, caso, sem motivo justificado, não atendam à intimação.
>
> Art. 852-H. Todas as provas serão produzidas na audiência de instrução e julgamento, ainda que não requeridas previamente.
> § 1º Sobre os documentos apresentados por uma das partes manifestar-se-á imediatamente a parte contrária, sem interrupção da audiência, salvo absoluta impossibilidade, a critério do juiz.
> § 2º As testemunhas, até o máximo de duas para cada parte, comparecerão à audiência de instrução e julgamento independentemente de intimação.
> § 3º Só será deferida intimação de testemunha que, comprovadamente convidada, deixar de comparecer. Não comparecendo a testemunha intimada, o juiz poderá determinar sua imediata condução coercitiva.
> § 4º Somente quando a prova do fato o exigir, ou for legalmente imposta, será deferida prova técnica, incumbindo ao Juiz, desde logo, fixar o prazo, o objeto da perícia e nomear perito.
> § 5º (vetado)
> § 6º As partes serão intimadas a manifestar-se sobre o laudo, no prazo comum de cinco dias.
> § 7º Interrompida a audiência, o seu prosseguimento e a solução do processo dar-se-ão no prazo máximo de trinta dias, salvo motivo relevante justificado nos autos pelo juiz da causa.

A alternativa "A" está errada, pois não é exigida apresentação em qualquer procedimento. Errada também as alternativas "B" e "C" que estabelecem que seja "sempre exigível".

60. No processo do trabalho, a penhora *on line*

- A) tem expressa previsão na CLT e pode ser usada apenas em favor do empregado.
- B) não tem expressa previsão legal na CLT e pode ser usada em favor do empregado ou do empregador.
- C) não tem expressa previsão legal na CLT mas só pode ser usada em favor do empregado.
- D) tem expressa previsão na CLT e pode ser usada em favor do empregado ou do empregador.

A alternativa correta é a "B".

A CLT não tem previsão legal sobre a penhora *on line*, mas é admitida por meio de um convênio firmado entre o TST e o Banco Central.

Após este convênio foi incluído no Código de Processo Civil o art. 655-A permitindo expressamente a penhora *on line*.

Art. 655-A. Para possibilitar a penhora de dinheiro em depósito ou aplicação financeira, o juiz, a requerimento do exequente, requisitará à autoridade supervisora do sistema bancário, preferencialmente por meio eletrônico, informações sobre a existência de ativos em nome do executado, podendo no mesmo ato determinar sua indisponibilidade, até o valor indicado na execução.

Ou seja, não tendo previsão na CLT, eliminam-se as alternativas "A" e "D". A alternativa "C" é incorreta, pois tal mecanismo pode ser utilizado em favor de qualquer uma das partes e não apenas em favor do empregado.

128º
OAB/SP

61. Como regra geral, ao processo de execução trabalhista aplicam-se, em primeiro lugar, naquilo em que não houver contraste com os dispositivos relativos ao processo do trabalho, as normas

- A) do Código de Processo Civil.
- B) do Código Civil.
- C) da Lei de Execuções Fiscais.
- D) da Lei de Recuperação Judicial

A alternativa correta é a "C".

Essa questão muitos erraram, pois há uma falsa ideia de que em primeiro lugar utiliza-se o CPC. Isso pode ocorrer na prática, mas o art. 889 da CLT estabelece de forma diversa, ou seja, será aplicado em primeiro lugar a Lei de Execução Fiscal.

> Art. 889. Aos trâmites e incidentes do processo da execução são aplicáveis, naquilo em que não contravierem ao presente Título, os preceitos que regem o processo dos executivos fiscais para a cobrança judicial da dívida ativa da Fazenda Pública Federal.

A Lei de Execução Fiscal é a 6.830/80.

Assim incorretas as demais alternativas.

---

62. A jurisprudência do Tribunal Superior do Trabalho, compendiada em verbetes, suficiente para provar dissídio interpretativo, denomina-se, atualmente,

- A) Enunciado.
- B) Súmula.
- C) Orientação Sumular.
- D) Orientação Judicial.

A *alternativa correta é a* "B".

Os verbetes do TST dividem-se em súmulas e orientações jurisprudenciais. (art. 896, alínea *a* da CLT)

> Art. 896. Cabe Recurso de Revista para Turma do Tribunal Superior do Trabalho das decisões proferidas em grau de recurso ordinário, em dissídio individual, pelos Tribunais Regionais do Trabalho, quando: *(Redação dada pela Lei n. 9.756, de 17.12.1998)*
> a) derem ao mesmo dispositivo de lei federal interpretação diversa da que lhe houver dado outro Tribunal Regional, no seu Pleno ou Turma, ou a Seção de Dissídios Individuais do Tribunal Superior do Trabalho, ou a Súmula de Jurisprudência Uniforme dessa Corte; *(Redação dada pela Lei n. 9.756, de 17.12.1998)*

---

63. O meio para impugnar decisão que, em ação civil pública, defere liminar de antecipação de tutela, sem oitiva da parte contrária, é

- A) agravo de instrumento.
- B) pedido de efeito suspensivo.
- C) ação cautelar.
- D) mandado de segurança.

A *alternativa correta é a* "D".

No processo do trabalho decisão interlocutória é irrecorrível de imediato. Por esse motivo, decisão que concede liminar, seja em ação civil pública, seja em qualquer outra ação, só poderá ser impugnada por meio de Mandado de Segurança. Neste sentido é o item II da Súmula n. 414 do TST.

> Súmula n. 414 — MANDADO DE SEGURANÇA. ANTECIPAÇÃO DE TUTELA (OU LIMINAR) CONCEDIDA ANTES OU NA SENTENÇA *(conversão das Orientações Jurisprudenciais ns. 50, 51, 58, 86 e 139 da SBDI-2) — Res. 137/2005, DJ 22, 23 e 24.8.2005)*
> I — A antecipação da tutela concedida na sentença não comporta impugnação pela via do mandado de segurança, por ser impugnável mediante recurso ordinário. A ação cautelar é o meio próprio para se obter efeito suspensivo a recurso. *(ex-OJ n. 51 da SBDI-2 — inserida em 20.9.2000)*
> II — No caso da tutela antecipada (ou liminar) ser concedida antes da sentença, cabe a impetração do mandado de segurança, em face da inexistência de recurso próprio. *(ex-OJs ns. 50 e 58 da SBDI-2 — inseridas em 20.9.2000)*
> III — A superveniência da sentença, nos autos originários, faz perder o objeto do mandado de segurança que impugnava a concessão da tutela antecipada (ou liminar). *(ex-OJs da SBDI-2 ns. 86 — inserida em 13.3.2002 — e 139 — DJ 4.5.2004)*

Por esse motivo, incorretas as demais alternativas.

Quanto a alternativa "A" cumpre lembrar que agravo de instrumento só é cabível contra decisões que denegam seguimento a outro recurso para instância superior (art. 897, alínea *b* CLT)

> Art. 897 — Cabe agravo, no prazo de 8 (oito) dias: *(Redação dada pela Lei n. 8.432, 11.6.1992)*
> ...
> b) de instrumento, dos despachos que denegarem a interposição de recursos. *(Redação dada pela Lei n. 8.432, 11.6.1992)*

---

64. A fim de que sejam respeitados os períodos de repouso mínimos exigidos por lei, o empregado com regime normal de trabalho, que encerra a prestação de serviço no sábado, às 22:00 horas, pode voltar a trabalhar, na segunda-feira, a partir

- ☐ A) de qualquer horário.
- ☐ B) das 5:00 horas.
- ☐ C) das 9:00 horas.
- ☐ D) das 14:00 horas.

A *alternativa correta é a "C"*.

Com efeito, o art. 66 da CLT assegura ao empregado entre uma jornada diária e trabalho e outra, um período de descanso de, no mínimo, 11 horas consecutivas.

> Art. 66 CLT — Entre 2 (duas) jornadas de trabalho haverá um período mínimo de 11 (onze) horas consecutivas para descanso.

Além do intervalo entre uma jornada e outra, também é assegurado um descanso semanal remunerado que será de 24 horas.

> Art. 67 CLT — Será assegurado a todo empregado um descanso semanal de vinte e quatro horas consecutivas, o qual, salvo motivo de conveniência pública ou necessidade imperiosa do serviço, deverá coincidir com o domingo, no todo ou em parte.

O descanso semanal remunerado também encontra previsão na Constituição Federal, no art. 7º inciso XV.

> Art. 7º XV CF — repouso semanal remunerado, preferencialmente aos domingos.

Portanto, o repouso semanal remunerado importa na interrupção do trabalho pelo prazo de 24 horas, que somados ao intervalo interjornada resultarão em no mínimo, 35 horas. (24 + 11 = 35).

Na questão apresentada a contagem inicia-se às 22 horas do sábado. Assim, a partir desse horário, o empregado terá um descanso de 35 horas (24 + 11), razão pela qual seu retorno só poderá ocorrer às 9:00 da segunda-feira.

> Súmula n. 110 TST — JORNADA DE TRABALHO. INTERVALO (mantida) — Res. 121/2003, DJ 19, 20 e 21.11.2003. No regime de revezamento, as horas trabalhadas em seguida ao repouso semanal de 24 horas, com prejuízo do intervalo mínimo de 11 horas consecutivas para descanso entre jornadas, devem ser remuneradas como extraordinárias, inclusive com o respectivo adicional.

Incorretas portanto as alternativas "A", "B" e "D".

Aqui reforçando o entendimento, o TST editou a Orientação Jurisprudencial da SDI-I n. 355, cujo inteiro teor segue transcrito:

> OJ-SDI1-355 — INTERVALO INTERJORNADAS. INOBSERVÂNCIA. HORAS EXTRAS. PERÍODO PAGO COMO SOBREJORNADA. ART. 66 DA CLT. APLICAÇÃO ANALÓGICA DO § 4º DO ART. 71 DA CLT. DJ 14.3.2008. O desrespeito ao intervalo mínimo interjornadas previsto no art. 66 da CLT.

Acarreta, por analogia, os mesmos efeitos previstos no § 4º do art. 71 da CLT e na Súmula n. 110 do TST, devendo-se pagar a integralidade das horas que foram subtraídas do intervalo, acrescidas do respectivo adicional.

65. O critério da dupla visita deve ser observado

☐ A) pela fiscalização do trabalho, na primeira inspeção em locais recentemente inaugurados.

☐ B) pelos sindicatos, durante o processo de arregimentação de associados.

☐ C) pelos dirigentes das empresas, após a abertura de novos estabelecimentos, a fim de apurar a adequação do local de trabalho.

☐ D) pela fiscalização do trabalho, em empresas que tenham sido reiteradamente autuadas.

A alternativa correta é a "A".

A fiscalização das empresas é atribuição do Ministério do Trabalho e Emprego, por meio de seus inspetores que exercem as funções externas na Delegacia Regional do Trabalho.

Em algumas hipóteses, o fiscal só poderá autuar após a segunda visita. Trata-se do critério da dupla visita. As hipóteses estão no art. 627 da CLT, abaixo transcrito:

> Art. 627 da CLT — A fim de promover a instrução dos responsáveis no cumprimento das leis de proteção do trabalho, a fiscalização deverá observar o critério de dupla visita nos seguintes casos:
>
> a) quando ocorrer promulgação ou expedição de novas leis, regulamentos ou instruções ministeriais, sendo que, com relação exclusivamente a esses atos, será feita apenas a instrução dos responsáveis;
>
> b) em se realizando a primeira inspeção dos estabelecimentos ou dos locais de trabalho, recentemente inaugurados ou empreendidos.

A alternativa "B" está incorreta. A fiscalização do trabalho é de competência do Ministério do Trabalho e Emprego e é exercida pelos Inspetores do Trabalho, também chamados Auditor Fiscal, Agente Fiscal, e Auditor Fiscal do Trabalho.

A fiscalização também pode ser exercida pelos fiscais do Instituto Nacional de Seguridade Social e pelas entidades paraestatais ligadas ao Ministério do Trabalho e Emprego.

É o que dispõe o art. 626, da CLT:

> Incumbe às autoridades competentes do Ministério do Trabalho, ou àquelas que exerçam funções delegadas, a fiscalização do fiel cumprimento das normas de proteção ao trabalho.
>
> Parágrafo único. Os fiscais do Instituto Nacional de Seguridade Social e das entidades paraestatais em geral, dependentes do Ministério do Trabalho, serão competentes para a fiscalização a que se refere o presente artigo, na forma das instruções que forem expedidas pelo Ministro do Trabalho.

A alternativa "C" está incorreta. A fiscalização é atribuição do Ministério do Trabalho e Emprego.

Estabelece a Constituição Federal de 1988, no seu art. 21, XXIV — que compete à União organizar, manter e executar a inspeção do trabalho.

O art. 626, da CLT, já mencionado e transcrito, atribui ao Ministério do Trabalho e Emprego a fiscalização, a competência para fiscalizar, permitindo a lei a delegação a médicos, engenheiros, entre outros.

Assim dispõe o art. 21, da Constituição Federal de 1988:

> Art. 21. Compete à União:
> ...
> XXIV — organizar, manter e executar a inspeção do trabalho;

A alternativa "D" está incorreta, conforme dispõe o mencionado e transcrito art. 627 da CLT.

O inspetor tem o direito de entrar nas dependências da empresa, no que diz respeito ao objeto da fiscalização. Havendo resistência, poderá o inspetor requisitar força policial (art. 630, § 8º CLT).

O infrator terá, para apresentar defesa, o prazo de 10 dias do recebimento do auto (§ 3º art. 629 CLT).

RECURSOS — art. 635 e seguintes CLT

Da decisão que impuser multa, caberá recurso, que serão interpostos no prazo de 10 dias, contados do recebimento da notificação.

Será interposto perante a autoridade que aplicou a multa, a qual, após prestar informações, encaminhará à autoridade competente.

Para prosseguimento do recurso, haverá necessidade de o recorrente comprovar o recolhimento da multa.

A multa será reduzida de 50% se o infrator renunciar ao recurso e recolher ao Tesouro Nacional dentro de 10 dias.

---

66. Salário e remuneração são expressões

☐ A) sinônimas, que designam o mesmo objeto, correspondente ao que o empregado recebe do empregador pelos serviços prestados.

☐ B) sinônimas, que designam o mesmo objeto, correspondente ao que o empregado recebe do empregador ou de terceiros pelos serviços prestados.

☐ C) que designam objetos diferentes, sendo que salário designa as vantagens recebidas pelo empregado diretamente do empregador, enquanto remuneração compreende também as vantagens provenientes de terceiros.

☐ D) que designam objetos diferentes, sendo a expressão salário mais abrangente do que a expressão remuneração.

A *alternativa correta é a "C"*.

O art. 457 da CLT define e diferencia salário e remuneração, ao dispor:

> Compreende-se na remuneração do empregado, para os efeitos legais, além do salário devido e pago diretamente pelo empregador, como contraprestação do serviço, as gorjetas que receber.

Do cotejo do presente dispositivo legal, conclui-se que a remuneração abrange o salário, entendido este como o valor pago diretamente pelo empregador ao empregado acrescido das gorjetas, parcela paga por terceiros, mais as comissões, percentagens, gratificações etc.

Exemplificando, remuneração consiste no somatório de todas as parcelas pagas habitualmente ao empregado, dela incluindo o salário, adicionais, prêmios, gratificações, importâncias recebidas de terceiros, como as gorjetas.

O salário difere da remuneração e se constitui na parcela paga pelo empregador como contraprestação do trabalho realizado.

Portanto, o salário, é parcela da remuneração.

Há que se observar que nem todas as parcelas que integram a remuneração têm natureza salarial.

Incorretas as alternativas "A", "B" e "D", uma vez que salário e remuneração não são expressões sinônimas, mas designam objetos diferentes, sendo a remuneração mais abrangente, na medida em que integra o salário e as gorjetas, tendo por característica a onerosidade, entendido este como o direito do empregado de receber salário em decorrência do trabalho prestado.

A alternativa "C" assevera que são objetos diferentes, mas que ambas as expressões se constituem em vantagens recebidas pelo empregado diretamente do empregador e de terceiros. As quantias recebidas pelo empregado não se constitui somente em vantagens pagas pelo empregador. O salário é calculado em função do trabalho realizado. Portanto, terá natureza salarial quando for resultado do trabalho e indenizatória se paga para compensar o trabalho.

---

67. As horas extras prestadas habitualmente

☐ A) não podem ser suprimidas.

☐ B) podem ser suprimidas, mas permanece a obrigação do empregador de remunerar o valor respectivo.

☐ C) podem ser suprimidas, apenas a pedido do empregado.

☐ D) podem ser suprimidas, mediante indenização.

A alternativa correta é a "D".

A indenização não é prevista em lei. Todavia a supressão das horas extras, integralmente, garante ao empregado uma indenização, nos termos da Súmula n. 291 do TST.

> SUM-291 — HORAS EXTRAS. HABITUALIDADE. SUPRESSÃO. INDENIZAÇÃO (nova redação em decorrência do julgamento do processo TST-IUJERR 10700-45.2007.5.22.0101) — Res. 174/2011, DEJT divulgado em 27, 30 e 31.5.2011
>
> A supressão total ou parcial, pelo empregador, de serviço suplementar prestado com habitualidade, durante pelo menos 1 (um) ano, assegura ao empregado o direito à indenização correspondente ao valor de 1 (um) mês das horas suprimidas, total ou parcialmente, para cada ano ou fração igual ou superior a seis meses de prestação de serviço acima da jornada normal. O cálculo observará a média das horas suplementares nos últimos 12 (doze) meses anteriores à mudança, multiplicada pelo valor da hora extra do dia da supressão.

Incorretas as alternativas "A", "B" e"C", uma vez que, como vimos do teor da Súmula n. 291 do TST, não se admite a incorporação das horas extras prestadas habitualmente, o que significa dizer que podem ser suprimidas pelo empregador, mediante o pagamento de uma indenização. Portanto, as horas extras prestadas com habitualidade poderão ser suprimidas, mas o empregador terá que pagar um mês de salário para cada ano ou fração de ano igual ou superior a seis meses de horas extras suprimidas.

68. Da decisão proferida por Turma do Tribunal Regional do Trabalho, no julgamento de agravo de petição, cabe recurso

☐ A) extraordinário, para o Supremo Tribunal Federal, em caso de ofensa direta e literal à Constituição.

☐ B) de revista, para o Tribunal Superior do Trabalho, em caso de ofensa direta e literal à Constituição.

☐ C) de revista, para o Tribunal Superior do Trabalho, em caso de ofensa à Constituição, à lei ou divergência jurisprudencial.

☐ D) de embargos, para o plenário ou Seção Especializada do Tribunal Regional do Trabalho.

A alternativa correta é a "B".

Da decisão do TRT que julga agravo de petição caberá recurso de revista em uma única hipótese: por violação à Constituição Federal. (art. 896, § 2º CLT).

§ 2º Das decisões proferidas pelos Tribunais Regionais do Trabalho ou por suas Turmas, em execução de sentença, inclusive em processo incidente de embargos de terceiro, não caberá Recurso de Revista, salvo na hipótese de ofensa direta e literal de norma da Constituição Federal. *(Redação dada pela Lei n. 9.756, de 17.12.1998)*

Súmula n. 266 — RECURSO DE REVISTA. ADMISSIBILIDADE. EXECUÇÃO DE SENTENÇA (mantida) — Res. 121/2003, DJ 19, 20 e 21.11.2003

A admissibilidade do recurso de revista interposto de acórdão proferido em agravo de petição, na liquidação de sentença ou em processo incidente na execução, inclusive os embargos de terceiro, depende de demonstração inequívoca de violência direta à Constituição Federal.

Por tal motivo, incorretas as demais alternativas.

69. São órgãos internos dos sindicatos, previstos em lei:

☐ A) diretoria, conselho fiscal e assembleia geral.

☐ B) diretoria, conselho de administração e assembleia geral.

☐ C) presidência, conselho de administração e assembleia geral.

☐ D) presidência, colégio de representantes e assembleia geral.

A alternativa correta é a "A".

Compete às entidades sindicais definir a forma de organização interna por meio de seu estatuto.

Não obstante, a administração dos sindicatos será exercida por uma diretoria, por um Conselho Fiscal, todos eleitos pela Assembleia Geral. (art. 522, da CLT).

A diretoria é o órgão administrativo da entidade sindical. Atua em conformidade com o que for deliberado pela assembleia geral e, nesse caso, suas atividades terão caráter vinculado. Terá, todavia, maior liberdade de atuação, maior discricionariedade, quando cuidar de matérias alusivas ao funcionamento da entidade, como, por exemplo, se tratar de aquisição e manutenção dos bens móveis e imóveis da entidade. A diretoria é composta da presidência, vice-presidência e de outros cargos criados pelos seus estatutos.

O conselho fiscal é o órgão incumbido de fiscalizar as contas da diretoria, além de outras atribuições previstas nos estatutos. Compete-lhe também, prestar as informações à assembleia geral, além de, juntamente com a diretoria, cuidar do patrimônio da entidade, sob pena de responsabilidade civil e criminal.

A assembleia geral é o órgão soberano das entidades sindicais. É o foco das deliberações. A assembleia geral é composta de membros da categoria, que elaboram os estatutos, as pautas de discussões e reivindicações; as regras para a convocação da categoria, autorizam a instauração de dissídio coletivo, a aquisição de imóveis, aprovam as contas, deliberam sobre a criação, extinção, fusão, desmembramento, e demais assuntos de interesse da categoria.

OJ-SDC-19 — DISSÍDIO COLETIVO CONTRA EMPRESA. LEGITIMAÇÃO DA ENTIDADE SINDICAL. AUTORIZAÇÃO DOS TRABALHADORES DIRETAMENTE ENVOLVIDOS NO CONFLITO (inserido dispositivo) — DEJT divulgado em 16, 17 e 18.11.2010. A legitimidade da entidade sindical para a instauração da instância contra determinada empresa está condicionada à prévia autorização dos trabalhadores da suscitada diretamente envolvidos no conflito.

OJ-SDC-28 — EDITAL DE CONVOCAÇÃO DA AGT. PUBLICAÇÃO. BASE TERRITORIAL. VALIDADE. Inserida em 19.8.1998. O edital de convocação para a AGT deve ser publicado em jornal que circule em cada um dos municípios componentes da base territorial.

OJ-SDC-35 — EDITAL DE CONVOCAÇÃO DA AGT. DISPOSIÇÃO ESTATUTÁRIA ESPECÍFICA. PRAZO MÍNIMO ENTRE A PUBLICAÇÃO E A REALIZAÇÃO DA ASSEMBLEIA. OBSERVÂNCIA OBRIGATÓRIA. Inserida em 7.12.1998.
Se os estatutos da entidade sindical contam com norma específica que estabeleça prazo mínimo entre a data de publicação do edital convocatório e a realização da assembleia correspondente, então a validade desta última depende da observância desse interregno.

Incorretas as alternativas "B", "C" e "D", porquanto a administração do sindicato competirá a uma diretoria, ao Conselho Fiscal e pela sua Assembleia Geral.

Assim dispõe o art. 522, da CLT:

Art. 522. A administração do sindicato será exercida por uma diretoria constituída no máximo de sete e no mínimo de três membros e de um Conselho Fiscal composto de três membros, eleitos esses órgãos pela Assembleia Geral.

§ 1º A diretoria elegerá, dentre os seus membros, o presidente do sindicato.

§ 2º A competência do Conselho Fiscal é limitada à fiscalização da gestão financeira do sindicato.

§ 3º Constituirão atribuição exclusiva da Diretoria do Sindicato e dos Delegados Sindicais, a que se refere o art. 523, a representação e a defesa dos interesses da entidade perante os poderes públicos e as empresas, salvo mandatário com poderes outorgados por procuração da Diretoria, ou associado investido em representação prevista em lei. *(Incluído pelo Decreto-lei n. 9.502, de 23.7.1946)*

---

70. O *lockout*, segundo a legislação brasileira, é

☐ A) permitido.

☐ B) permitido, salvo nos casos expressamente previstos em lei.

☐ C) vedado, salvo em situação de urgência ou de necessidade imperiosa.

☐ D) vedado.

A *alternativa correta é a "D"*.

O *lockout* é a expressão usada pela legislação pátria, e que corresponde a paralisação das atividades pela empresa, imposta aos trabalhadores, com o objetivo de frustrar as negociações. Está definido no art. 17, da Lei de Greve — 7.783/89:

> Art. 17. Fica vedada a paralisação das atividades, por iniciativa do empregador, com o objetivo de frustrar negociação ou dificultar o atendimento de reivindicações dos respectivos empregados (*lockout*).
>
> Parágrafo único. A prática referida no *caput* assegura aos trabalhadores o direito à percepção dos salários durante o período de paralisação.

Quando configurada, é tida como ato ilícito, sujeitando-se a(s) empresa(s) a reparar os prejuízos causados aos empregados.

A alternativa "A" está incorreta. Como vimos, o *lockout* é proibido expressamente no Brasil, pela Lei de Greve, já mencionada e descrita, e importa na paralisação das atividades pelo empregador.

A alternativa "B" está incorreta. A Lei n. 7.738/89 não prevê nenhuma exceção, já que, para a lei, o *lockout* importa na paralisação da atividade pelo empregador, com o objetivo de frustrar as negociações. No período de fechamento da empresa, ocorre a interrupção do contrato de trabalho. A alternativa "C" está incorreta. O *lockout* também é vedado na CLT, nos arts. 722, que assim dispõe:

> Os empregadores que, individual ou coletivamente, suspenderem os trabalhos dos seus estabelecimentos, sem prévia autorização do Tribunal competente, ou que violarem, ou se recusarem a cumprir decisão proferida em dissídio coletivo, incorrerão nas seguintes penalidades.

Sobre a matéria, algumas súmulas e OJs.

Súmula n. 189 — Greve. Competência da Justiça do Trabalho. Abusividade *(Res. 11/1983, DJ 9.11.1983. Nova redação — Res. 121/2003, DJ 19.11.2003)*
A Justiça do Trabalho é competente para declarar a abusividade, ou não, da greve.

OJ SDC n. 10 — Greve abusiva não gera efeitos. *(Inserida em 27.3.1998)*
É incompatível com a declaração de abusividade de movimento grevista o estabelecimento de quaisquer vantagens ou garantias a seus partícipes, que assumiram os riscos inerentes à utilização do instrumento de pressão máximo.

OJ SDC n. 11 — Greve. Imprescindibilidade de tentativa direta e pacífica da solução do conflito. Etapa negocial prévia. *(Inserida em 27.3.1998)*
É abusiva a greve levada a efeito sem que as partes hajam tentado, direta e pacificamente, solucionar o conflito que lhe constitui o objeto.

71. O valor corretamente pago ao empregado como participação nos lucros

☐ A) constitui base de incidência de FGTS e de contribuição ao INSS.

☐ B) não constitui base de incidência de FGTS nem de contribuição ao INSS.

☐ C) constitui base de incidência de FGTS, mas não de contribuição ao INSS.

☐ D) não constitui base de incidência de FGTS, mas sim de contribuição ao INSS.

A participação nos lucros e resultados não constitui base de incidência de FGTS nem de contribuição ao INSS.

A Constituição Federal desvincula a participação nos lucros ou resultados da remuneração, o que resulta na desoneração das empresas de encargos trabalhista sobre essa verba.

O direito a participação nos lucros, ou resultados está assegurado na Constituição Federal de 1988, no art. 7º, inciso XI e assim dispõe:

> participação nos lucros, ou resultados, desvinculada da remuneração, e, excepcionalmente, participação na gestão da empresa, conforme definido em lei.

A Lei n. 10.101 de 19.12.2000, regulamentou a participação dos trabalhadores nos lucros e resultados da empresa como instrumento de integração entre o capital e o trabalho e como incentivo à produtividade, nos termos do art. 7º, inciso XI supra citado.

A alternativa correta é a "B".

O art. 3º da referida lei, assim estabelece que:

> A participação de que trata o art. 2º não substitui ou complementa a remuneração devida a qualquer empregado, nem constitui base de incidência de qualquer encargo trabalhista, não se lhe aplicando com habitualidade.

O referido dispositivo legal é taxativo, na medida em que afirma que o benefício não substitui nem complementa o salário, não constituindo base de cálculo para quaisquer encargos sociais.

Desse modo, incorretas as alternativas "A", "C" e "D", em função do já exposto, acrescentando que a participação nos lucros ou resultados não importa em aumento de remuneração, estando deste desvinculado. A sua instituição visou a integração entre o capital e o trabalho, bem como o incentivo à produtividade.

72. A conversão das férias em dinheiro é

- A) proibida.
- B) permitida, mediante autorização da Delegacia Regional do Trabalho.
- C) permitida, mediante negociação com o sindicato.
- D) permitida em parte, até o limite de 1/3, independentemente de autorização da Delegacia Regional do Trabalho ou de negociação com o sindicato.

A *alternativa correta é a "D"*.

É permitida em parte, já que a lei limita a conversão a 1/3 do período de férias. Trata-se de um direito do empregado, contra o qual não poderá se opor o empregador.

> Art. 143. É facultado ao empregado converter 1/3 (um terço) do período de férias a que tiver direito em abono pecuniário, no valor da remuneração que lhe seria devida nos dias correspondentes. *(Redação dada pelo Decreto-lei n. 1.535, de 13.4.1977)*
>
> § 1º O abono de férias deverá ser requerido até 15 (quinze) dias antes do término do período aquisitivo. *(Incluído pelo Decreto-lei n. 1.535, de 13.4.1977)*
>
> § 2º Tratando-se de férias coletivas, a conversão a que se refere este artigo deverá ser objeto de acordo coletivo entre o empregador e o sindicato representativo da respectiva categoria profissional, independendo de requerimento individual a concessão do abono. *(Incluído pelo Decreto-lei n. 1.535, de 13.4.1977)*
>
> § 3º O disposto neste artigo não se aplica aos empregados sob o regime de tempo parcial. *(Incluído pela Medida Provisória n. 2.164-41, de 2001)*

Somente se permite a conversão de parte das férias (1/3), as quais não podem ser vendidas em sua totalidade.

Incorreta a alternativa "A", porquanto, como vimos, trata-se de uma faculdade concedida ao empregado, permitida por lei, consoante dispositivo legal supra mencionado.

Incorretas as alternativas "B" e "C", uma vez que a única condição imposta ao empregado é que apresente o requerimento ao seu empregador até quinze dias antes do término do período aquisitivo.

Se o requerimento não for apresentado no prazo de 15 dias, a conversão ficará condicionada à concordância do empregador.

---

73. A Comissão Interna de Prevenção de Acidentes é composta de representantes

- A) do Ministério do Trabalho e Emprego, dos empregados e dos empregadores.
- B) dos empregados e dos empregadores.
- C) dos sindicatos de empregados e dos sindicatos de empregadores.
- D) do Ministério do Trabalho e Emprego, dos sindicatos de empregados e dos sindicatos de empregadores.

A *alternativa correta é a "B"*.

A Comissão Interna de Prevenção de Acidentes é composta por empregados e empregadores.

Assim dispõe o art. 164, *caput*, da CLT:

> Cada CIPA será composta de representantes da empresa e dos empregados, de acordo com os critérios que vierem a ser adotados na regulamentação de que trata o parágrafo único do artigo anterior.

A alternativa "A" está incorreta. Como vimos na análise da alternativa anterior, a CIPA é composta por representantes dos empregados e dos empregados. O Ministério do Trabalho tem a função de regulamentar as atribuições, composição e funcionamento das CIPAS.

Assim dispõe o § único, do art. 163, da CLT:

> Parágrafo único. O Ministério do Trabalho regulamentará as atribuições, a composição e o funcionamento das CIPAs.

A alternativa "C" está incorreta.

A Comissão Interna de Prevenção de Acidentes, se constitui em uma forma de representação dos trabalhadores no local de trabalho, sendo obrigatória a sua instituição nas empresas com mais de 20 empregados. O Sindicato não participa de sua formação.

> Art. 164, da CLT — Cada CIPA será composta de representantes da empresa e dos empregados, de acordo com os critérios que vierem a ser adotados na regulamentação de que trata o parágrafo único do art. 163, acima transcrito.

A alternativa "D" está incorreta, pelas razões já explicitadas.

---

74. São consideradas atividades perigosas, em linhas gerais, aquelas que impliquem

- [ ] A) exposição a risco de grave dano à saúde ou integridade física.
- [ ] B) contato com inflamáveis, explosivos, rede elétrica de potência ou radiações ionizantes.
- [ ] C) contato com inflamáveis ou explosivos.
- [ ] D) contato com explosivos.

A alternativa correta é a "B".

Art. 193 CLT — São consideradas atividades ou operações perigosas, na forma da regulamentação aprovada pelo Ministério do Trabalho, aquelas que, por sua natureza ou métodos de trabalho, impliquem o contato permanente com inflamáveis ou explosivos em condições de risco acentuado.

Além de inflamáveis e explosivos, também será considerada atividade perigosa o contato com rede elétrica de potência, conforme dispõe a Lei n. 7.369/85, regulamentada pelo Decreto n. 93.412/86.

O art. 7º da CF/88 garante o direito ao adicional ao estabelecer: "São direitos dos trabalhadores.....além de outros......XXIII — adicional de remuneração para as atividades penosas, insalubres ou perigosas, na forma da lei".

A alternativa "B" indica as fontes juridicamente reconhecidas como produtoras de periculosidade (inflamáveis, explosivos e elétricos). Ou seja, as duas hipóteses da CLT e a hipótese da Lei n. 7.369/85, razão pela qual é a alternativa correta.

OJ SDI-I do TST 324 — Adicional de periculosidade. Sistema elétrico de potência. Decreto n. 93.412/1986. Art. 2º, § 1º. É assegurado o adicional de periculosidade apenas aos empregados que trabalhem em sistema elétrico de potência em condições de risco, ou que o façam com equipamentos e instalações elétricas similares, que ofereçam risco equivalente, ainda que em unidade consumidora de energia elétrica.

Súmula n. 191, do TST — O adicional de periculosidade incide apenas sobre o salário básico e não sobre este acrescido de outros adicionais. Em relação aos eletricitários, o cálculo do adicional de periculosidade deverá ser efetuado sobre a totalidade das parcelas de natureza salarial.

Incorretas as demais alternativas.

A alternativa "A" porque não é qualquer risco à saúde ou integridade física que autoriza o pagamento do adicional de periculosidade.

A alternativa "C" porque omite o setor de energia elétrica, e a alternativa "D" se limita a mencionar uma das hipóteses.

Outra situação que também dá ensejo ao adicional de periculosidade é o trabalho com radiação ionizante, conforme OJ n. 345 da SDI-I do TST.

OJ-SDI1-345 — ADICIONAL DE PERICULOSIDADE. RADIAÇÃO IONIZANTE OU SUBSTÂNCIA RADIOATIVA. DEVIDO (DJ 22.6.2005). A exposição do empregado à radiação ionizante ou à substância radioativa enseja a percepção do adicional de periculosidade, pois a regulamentação ministerial (Portarias do Ministério do Trabalho ns. 3.393, de 17.12.1987, e 518, de 7.4.2003), ao reputar perigosa a atividade, reveste-se de plena eficácia, porquanto expedida por força de delegação legislativa contida no art. 200, *caput*, e inciso VI, da CLT. No período de 12.12.2002 a 6.4.2003, enquanto vigeu a Portaria n. 496 do Ministério do Trabalho, o empregado faz jus ao adicional de insalubridade.

Outros entendimentos do TST sobre o assunto:

Súmula n. 39 TST — PERICULOSIDADE (mantida) — Res. 121/2003, DJ 19, 20 e 21.11.2003. Os empregados que operam em bomba de gasolina têm direito ao adicional de periculosidade *(Lei n. 2.573, de 15.8.1955).*

Súmula n. 70 TST — ADICIONAL DE PERICULOSIDADE (mantida) — Res. 121/2003, DJ 19, 20 e 21.11.2003. O adicional de periculosidade não incide sobre os triênios pagos pela Petrobras.

Súmula n. 132 TST — ADICIONAL DE PERICULOSIDADE. INTEGRAÇÃO (incorporadas as Orientações Jurisprudenciais ns. 174 e 267 da SBDI-1) — Res. 129/2005, DJ 20, 22 e 25.4.2005.

I — O adicional de periculosidade, pago em caráter permanente, integra o cálculo de indenização e de horas extras (ex-Prejulgado n. 3). *(ex-Súmula n. 132 — RA 102/1982, DJ 11.10.1982/ DJ 15.10.1982 — e ex-OJ n. 267 da SBDI-1 — inserida em 27.9.2002)*

II — Durante as horas de sobreaviso, o empregado não se encontra em condições de risco, razão pela qual é incabível a integração do adicional de periculosidade sobre as mencionadas horas. *(ex-OJ n. 174 da SBDI-1 — inserida em 8.11.2000)*

SUM-364 — ADICIONAL DE PERICULOSIDADE. EXPOSIÇÃO EVENTUAL, PERMANENTE E INTERMITENTE (cancelado o item II e dada nova redação ao item I) — Res. 174/2011, DEJT divulgado em 27, 30 e 31.5.2011

Tem direito ao adicional de periculosidade o empregado exposto permanentemente ou que, de forma intermitente, sujeita-se a condições de risco. Indevido, apenas, quando o contato dá-se de forma eventual, assim considerado o fortuito, ou o que, sendo habitual, dá-se por tempo extremamente reduzido. *(ex-Ojs da SBDI-1 ns. 5 — inserida em 14.3.1994 — e 280 — DJ 11.8.2003)*

OJ-SDI1-259 — ADICIONAL NOTURNO. BASE DE CÁLCULO. ADICIONAL DE PERICULOSIDADE. INTEGRAÇÃO (inserida em 27.9.2002). O adicional de periculosidade deve compor a base de cálculo do adicional noturno, já que também neste horário o trabalhador permanece sob as condições de risco.

OJ-SDI1-324 — ADICIONAL DE PERICULOSIDADE. SISTEMA ELÉTRICO DE POTÊNCIA. DECRETO N. 93.412/86, ART. 2º, § 1º (DJ 9.12.2003)

É assegurado o adicional de periculosidade apenas aos empregados que trabalham em sistema elétrico de potência em condições de risco, ou que o façam com equipamentos e instalações elétricas similares, que ofereçam risco equivalente, ainda que em unidade consumidora de energia elétrica.

OJ-SDI1-347 — ADICIONAL DE PERICULOSIDADE. SISTEMA ELÉTRICO DE POTÊNCIA. LEI N. 7.369, DE 20.9.1985, REGULAMENTADA PELO DECRETO N. 93.412, DE 14.10.1986. EXTENSÃO DO DIREITO AOS CABISTAS, INSTALADORES E REPARADORES DE LINHAS E APARELHOS EM EMPRESA DE TELEFONIA (DJ 25.4.2007)

É devido o adicional de periculosidade aos empregados cabistas, instaladores e reparadores de linhas e aparelhos de empresas de telefonia, desde que, no exercício de suas funções, fiquem expostos a condições de risco equivalente ao do trabalho exercido em contato com sistema elétrico de potência.

75. Verificando o Auditor Fiscal do Trabalho prática contrária a preceito de lei, deve, em situações normais,

☐ A) notificar o empregador, para que apresente defesa, no prazo de 10 dias, sob pena de autuação.

☐ B) notificar o Delegado Regional do Trabalho, para instauração de procedimento administrativo.

☐ C) lavrar auto de infração.

☐ D) fixar prazo razoável, não superior a 30 dias, para correção da irregularidade, sob pena de autuação.

A *alternativa correta é a* "C".

O dispositivo legal impõe ao Fiscal do Trabalho, por dever de ofício, lavrar auto de infração, sempre que constatar a violação à lei trabalhista, sob pena de responsabilidade funcional.

Assim prescreve o art. 628, da CLT:

> Salvo o disposto nos arts. 627 e 627-A, a toda verificação em que o Auditor-Fiscal do Trabalho concluir pela existência de violação de preceito legal deve corresponder, sob pena de responsabilidade administrativa, a lavratura de auto de infração. (Redação dada pelo Decreto-lei n. 229, de 28.2.1967, DOU 28.2.1967, alterado pela MP n. 2.164-41, de 24.8.2001, DOU 27.8.2001).

A alternativa "A" está incorreta. O Fiscal tem ampla liberdade de ação. Todavia, se constatar a existência e violação de preceito legal, deve, de imediato, lavrar o auto de infração, sem conceder prazo para defesa.

A alternativa "B" está incorreta. O Fiscal do Trabalho tem plena liberdade de ação, podendo, inclusive, aplicar multas, não dependendo de autorização ou mesmo de comunicar antecipadamente o Delegado do Trabalho para tomar as providências que se fizerem necessárias.

A alternativa "D" está incorreta. A lei não prevê prazo para a correção de irregularidades que importem em violação da lei.

---

76. A Comissão de Enquadramento Sindical, prevista no art. 576, da CLT,

☐ A) não mais funciona.

☐ B) atua apenas de forma consultiva, sem que suas decisões tenham força vinculante.

☐ C) profere decisões sujeitas a recurso administrativo, no âmbito do Ministério do Trabalho e Emprego.

☐ D) profere decisões sujeitas a reexame pelo Poder Judiciário.

A *alternativa correta é a* "A".

A comissão de Enquadramento Sindical não mais funciona.

O enquadramento sindical importava na existência de uma comissão, ligada ao Ministério do Trabalho, que tinha por missão determinar o sindicato que representaria determinada categoria profissional ou econômica.

Com efeito, foram revogados os dispositivos que tratavam do enquadramento sindical, inclusive o art. 576, da CLT, eis que suas regras foram consideradas restritivas à liberdade sindical inscuplido no art. 8º, da Constituição Federal, além de caracterizarem interferência na vida sindical.

No entanto, no que se refere ao enquadramento, temos que o mesmo não é feito por vontade das partes. Empregado e empregador não são livres para escolher suas respectivas categorias.

O enquadramento, em regra na categoria profissional, toma por referência a atividade exercida pelo empregador.

Por conseguinte, todos os empregados de um banco são bancários, independentemente da atividade desenvolvida, exceção aos integrantes da categoria profissional diferenciada, que possui regulamentação específica de trabalho diferente da dos demais empregados da empresa

Súmula n. 374 TST — NORMA COLETIVA. CATEGORIA DIFERENCIADA. ABRANGÊNCIA (conversão da Orientação Jurisprudencial n. 55 da SBDI-1) — Res. 129/2005, DJ 20, 22 e 25.4.2005. Empregado integrante de categoria profissional diferenciada não tem o direito de haver de seu empregador vantagens previstas em instrumento coletivo no qual a empresa não foi representada por órgão de classe de sua categoria. *(ex-OJ n. 55 da SBDI-1 — inserida em 25.11.1996)*

Súmula n. 117 TST — BANCÁRIO. CATEGORIA DIFERENCIADA (mantida) — Res. 121/2003, DJ 19, 20 e 21.11.2003. Não se beneficiam do regime legal relativo aos bancários os empregados de estabelecimento de crédito pertencentes a categorias profissionais diferenciadas.

Súmula n. 239 — BANCÁRIO. EMPREGADO DE EMPRESA DE PROCESSAMENTO DE DADOS (incorporadas as Orientações Jurisprudenciais ns. 64 e 126 da SBDI-1) — Res. 129/2005, DJ 20, 22 e 25.4.2005
É bancário o empregado de empresa de processamento de dados que presta serviço a banco integrante do mesmo grupo econômico, exceto quando a empresa de processamento de dados presta serviços a banco e a empresas não bancárias do mesmo grupo econômico ou a terceiros. *(primeira parte — ex-Súmula n. 239 — Res. 15/1985, DJ 9.12.1985; segunda parte — ex-OJs ns. 64 e 126 da SBDI-1 — inseridas, respectivamente, em 13.9.1994 e 20.4.1998)*

O princípio da liberdade sindical importa na não intervenção estatal nas questões sindicais e o da unicidade, na permissão de criação de apenas um sindicato representativo de categoria profissional ou econômica, em determinada base territorial, ambos os princípios impostos pela Carta de 1988. Assim é que, deixando o Estado de proceder ao enquadramento sindical, transferiu para os trabalhadores e para as empresas a difícil tarefa de fazê-lo.

Incorretas as alternativas "B", "C" e "D", eis que todas partem da existência da Comissão de Enquadramento.

77. As custas, no processo de execução,

- A) não são devidas.
- B) são devidas, a cargo do executado, no importe de 2% do valor do crédito exequendo, para pagamento ao final.
- C) são devidas, no importe de 2% do valor do crédito exequendo, e devem ser pagas pela parte sucumbente, como condição para admissibilidade do recurso, salvo concessão do benefício da justiça gratuita.
- D) são devidas, em valores variáveis, para pagamento ao final, pelo executado.

A alternativa correta é a "D".

Na execução as custas serão pagas ao final, em valores variáveis, nos termos do art. 789-A da CLT.

Art. 789-A. No processo de execução são devidas custas, sempre de responsabilidade do executado e pagas ao final, de conformidade com a seguinte tabela: *(Incluído pela Lei n. 10.537, de 27.8.2002)*

I — autos de arrematação, de adjudicação e de remição: 5% (cinco por cento) sobre o respectivo valor, até o máximo de R$ 1.915,38 (um mil, novecentos e quinze reais e trinta e oito centavos); *(Incluído pela Lei n. 10.537, de 27.8.2002)*

II — atos dos oficiais de justiça, por diligência certificada: *(Incluído pela Lei n. 10.537, de 27.8.2002)*

a. em zona urbana: R$ 11,06 (onze reais e seis centavos); *(Incluído pela Lei n. 10.537, de 27.8.2002)*

b. em zona rural: R$ 22,13 (vinte e dois reais e treze centavos); *(Incluído pela Lei n. 10.537, de 27.8.2*III — agravo de instrumento: R$ 44,26 (quarenta e quatro reais e vinte e seis centavos); *(Incluído pela Lei n. 10.537, de 27.8.2002)*

IV — agravo de petição: R$ 44,26 (quarenta e quatro reais e vinte e seis centavos); *(Incluído pela Lei n. 10.537, de 27.8.2002)*

V — embargos à execução, embargos de terceiro e embargos à arrematação: R$ 44,26 (quarenta e quatro reais e vinte e seis centavos); *(Incluído pela Lei n. 10.537, de 27.8.2002)*

VI — recurso de revista: R$ 55,35 (cinquenta e cinco reais e trinta e cinco centavos); *(Incluído pela Lei n. 10.537, de 27.8.2002)*

VII — impugnação à sentença de liquidação: R$ 55,35 (cinquenta e cinco reais e trinta e cinco centavos); *(Incluído pela Lei n. 10.537, de 27.8.2002)*

VIII — despesa de armazenagem em depósito judicial — por dia: 0,1% (um décimo por cento) do valor da avaliação; *(Incluído pela Lei n. 10.537, de 27.8.2002)*

IX — cálculos de liquidação realizados pelo contador do juízo — sobre o valor liquidado: 0,5% (cinco décimos por cento) até o limite de R$ 638,46 (seiscentos e trinta e oito reais e quarenta e seis centavos). *(Incluído pela Lei n. 10.537, de 27.8.2002)*

Assim incorretas as demais alternativas.

78. A decisão de Turma do Tribunal Regional do Trabalho que, em julgamento de recurso ordinário, anula sentença, por cerceamento de defesa, determinando a realização, em primeiro grau, da diligência indeferida,

- A) comporta recurso de revista, para o Tribunal Superior do Trabalho.
- B) comporta recurso de embargos, para o Pleno ou Seção Especializada, do próprio Tribunal Regional do Trabalho.
- C) comporta recurso de agravo, sob a forma retida.
- D) não comporta, de imediato, recurso.

A alternativa correta é a "D".

Apesar de ser um acórdão, essa decisão é considerada decisão interlocutória, portanto, irrecorrível de imediato. (art. 893, § 1º CLT)

Contudo, há uma única exceção onde será cabível recurso imediato, que é a hipótese do item a da Súmula n. 214 do TST.

Súmula n. 214 — DECISÃO INTERLOCUTÓRIA. IRRECORRIBILIDADE (nova redação) — Res. 127/2005, DJ 14, 15 e 16.3.2005
Na Justiça do Trabalho, nos termos do art. 893, § 1º, da CLT, as decisões interlocutórias não ensejam recurso imediato, salvo nas hipóteses de decisão: a) de Tribunal Regional do Trabalho contrária à Súmula ou Orientação Jurisprudencial do Tribunal Superior do Trabalho; b) suscetível de impugnação mediante recurso para o mesmo Tribunal; c) que acolhe exceção de incompetência territorial, com a remessa dos autos para Tribunal Regional distinto daquele a que se vincula o juízo excepcionado, consoante o disposto no art. 799, § 2º, da CLT.

Neste caso o recurso cabível será o de Revista ao TST por contrariedade à Súmula ou Orientação Jurisprudencial do TST.

Assim incorreta as demais alternativas.

---

79. Na audiência designada logo após a distribuição da reclamação, o reclamado, estando ausente, embora presente o seu advogado, com procuração, é considerado

- A) revel, mas não confesso.
- B) confesso, mas não revel.
- C) não é considerado nem confesso nem revel.
- D) é considerado revel e confesso.

A alternativa correta é a "D".

Referida questão encontra-se na Súmula n. 122 do TST que assim dispõe: SUM-122 REVELIA. ATESTADO MÉDICO (incorporada a Orientação Jurisprudencial n. 74 da SBDI-1) — Res. 129/2005, DJ 20, 22 e 25.4.2005. A reclamada, ausente à audiência em que deveria apresentar defesa, é revel, ainda que presente seu advogado munido de procuração, podendo ser ilidida a revelia mediante a apresentação de atestado médico, que deverá declarar, expressamente, a impossibilidade de locomoção do empregador ou do seu preposto no dia da audiência. (*primeira parte — ex-OJ n. 74 da SBDI-1 — inserida em 25.11.1996; segunda parte — ex-Súmula n. 122 — alterada pela Res. 121/2003, DJ 21.11.2003*)

Referida súmula teve como base o disposto no art. 844 da CLT que estabelece: "O não comparecimento do reclamante à audiência importa o arquivamento da reclamação, e o não comparecimento do reclamado importa revelia, além de confissão, quanto à matéria de fato."

Cumpre aqui criticar o disposto na referida súmula, pois levou em consideração a literalidade da lei. O art. 844 da CLT levou em consideração o fato de que a defesa é apresentada oralmente pelo próprio reclamado, sem a presença de advogado. Nos dias de hoje sabemos que essa não é mais a realidade, razão pela qual a melhor interpretação é a de que a ausência do reclamado implica em confissão. O que implica em revelia é a ausência de defesa.

Contudo, reitero que em prova de múltipla escolha o que deve prevalecer é a letra da lei, súmula ou orientação jurisprudencial dos Tribunais, razão pela qual a alternativa "D" é a correta.

---

80. No processo do trabalho são recebidas, com suspensão do feito, as exceções de

☐ A) incompetência, impedimento, litispendência, coisa julgada e suspeição.

☐ B) incompetência, coisa julgada e suspeição.

☐ C) incompetência e suspeição.

☐ D) suspeição.

A alternativa correta é a "C".

Estabelece o art. 799 da CLT:

Art. 799. Nas causas da jurisdição da Justiça do Trabalho, somente podem ser opostas, com suspensão do feito, as exceções de suspeição ou incompetência.
§ 1º As demais exceções serão alegadas como matéria de defesa.
§ 2º Das decisões sobre exceções de suspeição e incompetência, salvo, quando a estas, se terminativas do feito, não caberá recurso, podendo, no entanto, as partes alega-las novamente no recurso que couber da decisão final.

Apesar da CLT não mencionar exceção de impedimento também é causa de suspensão do feito.

A exceção de litispendência e coisa julgada são alegas em preliminar de defesa, conforme incisos V e VI do art. 301 do CPC, o que torna incorretas as alternativas "A" e "B".

A alternativa "D" não está errada mas incompleta, pois a exceção de incompetência também causa suspensão do feito, conforme dispõe o mencionado e transcrito artigo da CLT.

Cumpre destacar ainda quanto a esta questão que apresentada exceção de incompetência será concedido prazo para o exceto se manifestar pelo prazo de 24 horas (art. 800 CLT); em sendo exceção de suspeição o prazo será de 48 horas (art. 802 CLT).

Por fim, no que tange ao disposto no § 2º do art. 799 da CLT, acima transcrito, que ressalta o princípio da irrecorribilidade imediata das decisões interlocutórias previsto no art. 893, § 1º da CLT, há uma exceção prevista na Súmula n. 214 do TST, mais precisamente no item c: DECISÃO INTER-

LOCUTÓRIA. IRRECORRIBILIDADE. Na Justiça do Trabalho, nos termos do art. 893, § 1º, da CLT, as decisões interlocutórias não ensejam recurso imediato, salvo nas hipóteses de decisão: ..... c) que acolhe exceção de incompetência territorial, com a remessa dos autos para Tribunal Regional distinto daquele a que se vincula o juízo excepcionado, consoante o disposto no art. 799, § 2º, da CLT.

130º
OAB/SP

81. Sobre o depósito recursal, exigível no processo do trabalho, é correto dizer:

☐ A) deve ser feito no montante correspondente ao valor da causa, observado o limite previsto em lei, reajustado periodicamente, por ato do Tribunal Superior do Trabalho.

☐ B) deve ser feito no montante correspondente ao valor da causa, sem limite pré-determinado, ressalvada a concessão de benefício da justiça gratuita ao empregado, que torna dispensável a exigência.

☐ C) deve ser feito no montante correspondente ao arbitrado para a condenação, sem limite pré-determinado, ressalvada a concessão de benefício da justiça gratuita ao empregado que torna dispensável a exigência.

☐ D) deve ser feito no montante correspondente ao arbitrado para a condenação, observado o limite previsto em lei, reajustado periodicamente, por ato do Tribunal Superior do Trabalho, não sendo exigível do empregado sucumbente.

A alternativa correta é a "D".

O valor do depósito recursal será o valor da condenação, desde que não ultrapasse o teto fixado pelo TST. Neste caso o valor se limitará ao teto. Tem natureza jurídica de garantia do juízo, razão pela qual não será exigido do empregado, mas tão somente do empregador.

Deverá ser efetuado no prazo alusivo ao recurso e o depósito efetuado em conta vinculada do reclamante.

Súmula n. 245 — DEPÓSITO RECURSAL. PRAZO (mantida) — Res. 121/2003, DJ 19, 20 e 21.11.2003
O depósito recursal deve ser feito e comprovado no prazo alusivo ao recurso. A interposição antecipada deste não prejudica a dilação legal.

Súmula n. 128 — DEPÓSITO RECURSAL (incorporadas as Orientações Jurisprudenciais ns. 139, 189 e 190 da SBDI-1) — Res. 129/2005, DJ 20, 22 e 25.4.2005
I — É ônus da parte recorrente efetuar o depósito legal, integralmente, em relação a cada novo recurso interposto, sob pena de deserção. Atingido o valor da condenação, nenhum depósito mais é exigido para qualquer recurso. *(ex-Súmula n. 128 — alterada pela Res. 121/2003, DJ 21.11.2003, que incorporou a OJ n. 139 da SBDI-1 — inserida em 27.11.1998)*
II — Garantido o juízo, na fase executória, a exigência de depósito para recorrer de qualquer decisão viola os incisos II e LV do art. 5º da CF/1988. Havendo, porém, elevação do valor do débito, exige-se a complementação da garantia do juízo. *(ex-OJ n. 189 da SBDI-1 — inserida em 8.11.2000)*

III — Havendo condenação solidária de duas ou mais empresas, o depósito recursal efetuado por uma delas aproveita as demais, quando a empresa que efetuou o depósito não pleiteia sua exclusão da lide. *(ex-OJ n. 190 da SBDI-1 — inserida em 8.11.2000)*

Sobre depósito recursal, segue abaixo outros entendimentos pacificados pelo Tribunal Superior do Trabalho.

Súmula n. 86 — DESERÇÃO. MASSA FALIDA. EMPRESA EM LIQUIDAÇÃO EX-TRAJUDICIAL (incorporada a Orientação Jurisprudencial n. 31 da SBDI-1) — Res. 129/2005, DJ 20, 22 e 25.4.2005
Não ocorre deserção de recurso da massa falida por falta de pagamento de custas ou de depósito do valor da condenação. Esse privilégio, todavia, não se aplica à empresa em liquidação extrajudicial. *(primeira parte — ex-Súmula n. 86 — RA 69/78, DJ 26.9.1978; segunda parte — ex-OJ n. 31 da SBDI-1 — inserida em 14.3.1994)*

Súmula n. 99 — AÇÃO RESCISÓRIA. DESERÇÃO. PRAZO (incorporada a Orientação Jurisprudencial n. 117 da SBDI-2) — Res. 137/2005, DJ 22, 23 e 24.8.2005
Havendo recurso ordinário em sede de rescisória, o depósito recursal só é exigível quando for julgado procedente o pedido e imposta condenação em pecúnia, devendo este ser efetuado no prazo recursal, no limite e nos termos da legislação vigente, sob pena de deserção. *(ex-Súmula n. 99 — alterada pela Res. 110/2002, DJ 15.4.2002 — e ex-OJ n. 117 da SBDI-2 — DJ 11.8.2003)*

Súmula n. 161 — DEPÓSITO. CONDENAÇÃO A PAGAMENTO EM PECÚNIA (mantida) — Res. 121/2003, DJ 19, 20 e 21.11.2003. Se não há condenação a pagamento em pecúnia, descabe o depósito de que tratam os §§ 1º e 2º do art. 899 da CLT *(ex-Prejulgado n. 39)*.

Súmula n. 217 — DEPÓSITO RECURSAL. CREDENCIAMENTO BANCÁRIO. PROVA DISPENSÁVEL (mantida) — Res. 121/2003, DJ 19, 20 e 21.11.2003
O credenciamento dos bancos para o fim de recebimento do depósito recursal é fato notório, independendo da prova.

OJ-SDI1-140 — DEPÓSITO RECURSAL E CUSTAS. DIFERENÇA ÍNFIMA. DESERÇÃO. OCORRÊNCIA (nova redação) — DJ 20.4.2005
Ocorre deserção do recurso pelo recolhimento insuficiente das custas e do depósito recursal, ainda que a diferença em relação ao *quantum* devido seja ínfima, referente a centavos.

OJ-SDI1-264 — DEPÓSITO RECURSAL. PIS/PASEP. AUSÊNCIA DE INDICAÇÃO NA GUIA DE DEPÓSITO RECURSAL. VALIDADE (inserida em 27.9.2002)
Não é essencial para a validade da comprovação do depósito recursal a indicação do número do PIS/PASEP na guia respectiva.

SUM-426 — DEPÓSITO RECURSAL. UTILIZAÇÃO DA GUIA GFIP. OBRIGATORIEDADE (editada em decorrência do julgamento do processo TST- IUJEEDRR 91700-09.2006.5.18.0006) — Res. 174/2011, DEJT divulgado em 27, 30 e 31.5.2011
Nos dissídios individuais o depósito recursal será efetivado mediante a utilização da Guia de Recolhimento do FGTS e Informações à Previdência Social — GFIP, nos termos dos § § 4º e 5º do art. 899 da CLT, admitido o depósito judicial, realizado na sede do juízo e à disposição deste, na hipótese de relação de trabalho não submetida ao regime do FGTS.

---

82. O prazo para preparação da defesa escrita, no procedimento trabalhista ordinário, em regra,

- A) não fica sujeito a lapso fixo de tempo, assegurado, todavia, o mínimo de 5 dias.

- B) é de 15 dias, a contar da juntada, aos autos, do comprovante de recebimento da notificação inicial.

- C) é de 15 dias, a contar do recebimento da notificação inicial.

- D) é de 5 dias, a contar da juntada, aos autos, do comprovante de recebimento da notificação inicial.

A alternativa correta é a "A".

No processo do trabalho a defesa é apresentada em audiência, que deverá ser realizada em um prazo mínimo de 5 dias da notificação, conforme estabelece o art. 841 da CLT.

> Art. 841. Recebida e protocolada a reclamação, o escrivão ou secretário, dentro de 48 (quarenta e oito) horas, remeterá a segunda via da petição, ou do termo, ao reclamado, notificando-o ao mesmo tempo, para comparecer à audiência do julgamento, que será a primeira desimpedida, depois de 5 (cinco) dias.

A alternativa "D" menciona corretamente o prazo de 5 dias, mas torna incorreta quando estabelece que o prazo conta-se da juntada do aviso de recebimento nos autos. No processo do trabalho o prazo conta-se 48 horas da data da expedição, conforme determina a Súmula n. 16 do TST.

> Súmula n. 16 NOTIFICAÇÃO (nova redação) — Res. 121/2003, DJ 19, 20 e 21.11.2003
> Presume-se recebida a notificação 48 (quarenta e oito) horas depois de sua postagem. O seu não-recebimento ou a entrega após o decurso desse prazo constitui ônus de prova do destinatário.

---

83. O Tribunal Superior do Trabalho divide-se em

☐ A) Câmaras, Turmas e Tribunal Pleno.

☐ B) Turmas, Seções e Tribunal Pleno.

☐ C) Câmaras, Seções e Conselho Pleno.

☐ D) Câmaras, Grupos de Câmaras e Tribunal Pleno.

A *alternativa correta é a "B"*.

De acordo com a Lei n. 7.701/88 e com os arts. 690 e seguintes da CLT, além do Tribunal Pleno, também é órgão do TST: as seções, que se dividem em SDI-I, SDI-II e SDC e as turmas.

Ainda sobre o TST, é importante saber:

Será composto por 27 ministros, escolhidos entre brasileiros com mais de 35 anos e menos de 65 anos de idade, nomeados pelo Presidente da República, após aprovação pela maioria absoluta do Senado Federal, sendo:

I — 1/5 formado por advogados com mais de 10 anos de carreira, e que tenha notório saber jurídico e reputação ilibada, e 1/5 formado por membros do Ministério Público do Trabalho, com mais de 10 anos de carreira;

II — demais, será formado por juízes de carreiras oriundos dos Tribunais Regionais do Trabalho.

A finalidade do TST é a uniformização do entendimento dos Tribunais Regionais.

Funcionará junto ao TST (§ 2º, I e II, art. 111-A CLT):

1 — A Escola Nacional de Formação e Aperfeiçoamento de Magistrados do Trabalho — dentre as funções, cabe à Escola regulamentar os cursos oficiais para ingresso e promoção na carreira;

2 — o Conselho Superior da Justiça do Trabalho, cabendo-lhe, na forma da lei, a supervisão administrativa, orçamentária, financeira e patrimonial da Justiça do Trabalho de 1º e 2º graus, como órgão central do sistema, cujas decisões terão efeito vinculante.

84. Relativamente ao trabalho do menor, é correto dizer:

- A) é vedada a prestação de horas extras pelo menor.
- B) a jornada máxima de trabalho permitida ao menor é de 6 horas.
- C) é proibido o trabalho do menor de 14 anos, salvo na condição de aprendiz, a partir de 21 anos.
- D) contra o menor não corre nenhum prazo de prescrição.

A *alternativa correta é a "D"*.

Em face do menor de 18 anos não corre nenhum prazo prescricional, consoante dispõe o art. 440, da CLT, abaixo transcrito:

> Contra os menores de 18 (dezoito) anos não corre nenhum prazo de prescrição.

A prescrição importa na perda do direito de agir, em função da inércia. A Constituição Federal de 1988, prevê no art. 7º, inciso XXIX dois prazos de prescrição trabalhista ao estabelecer:

> São direitos dos trabalhadores urbanos e rurais, além de outros que visem à melhoria de sua condição social:
>
> ...
>
> XXIX — ação, quanto aos créditos resultantes das relações de trabalho, com prazo prescricional de 5 (cinco) anos para os trabalhadores urbanos e rurais, até o limite de 2 (dois) anos após a extinção do contrato de trabalho.

Temos, portanto, dois tipos de prescrição, quais sejam, a parcial ou quinquenal, de cinco anos referentes aos créditos havidos da relação laboral e, a total ou bienal, de dois anos a contar da extinção do contrato.

Incorreta a alternativa "A". É permitido ao menor laborar em jornada extraordinária, desde que sejam preenchidos dois requisitos, a saber: a) existência de motivo de força maior; b) que o trabalho seja imprescindível para o funcionamento da empresa. Ainda assim, haverá de ser respeitado o limite de 12 horas de trabalho.

Assim dispõe o art. 413 da CLT:

> É vedado prorrogar a duração normal diária do trabalho do menor, salvo:
> I — até mais de 2 (duas) horas, independentemente do acréscimo salarial, mediante convenção ou acordo coletivo nos termos do Título VI desta Consolidação, desde que o excesso de horas de um dia seja compensado pela diminuição em outro, de modo a ser observado o limite máximo de 48 (quarenta e oito) horas semanais ou outro inferior legalmente fixado;
> II — excepcionalmente, por motivo de força maior, até o máximo de 12 (doze) horas, com acréscimo salarial de pelo menos 25% (vinte e cinco por cento) sobre a hora normal e desde que o trabalho do menor seja imprescindível ao funcionamento do estabelecimento.

Incorreta a alternativa "B".

Com efeito, a jornada de trabalho do menor será igual a dos demais trabalhadores, ou seja, 8 horas diárias e 44 horas semanais, consoante dispõe o art. 411, da CLT, que estabelece:

> A duração do trabalho do menor regular-se-á pelas disposições legais relativas à duração do trabalho em geral, com as restrições estabelecidas neste Capítulo.

Entende-se por jornada o tempo diário em que o empregado está à disposição de seu empregador; por horário, o tempo de início e de término do trabalho prestado e por duração, um tempo mais abrangente, como por exemplo, as férias.

Se o menor trabalhar em mais de um emprego, as horas de trabalho serão somadas até o limite permitido por lei, ou seja, 8 horas diárias e 44 semanais.

Incorreta a alternativa "C"

Assim dispõe a norma consolidada, no art. 402, *in verbis*:

> Considera-se menor para os efeitos desta Consolidação o trabalhador de 14 (quatorze) até 18 (dezoito) anos". Nessa fase da vida, a pessoa com idade entre

14 e 18 anos, se encontra em plena formação moral, intelectual, social, psicológica e por esta razão necessita da proteção do Estado.

Em relação ao trabalhador aprendiz, a Lei n. 11.180/2005, alterou a idade entre 14 e 24 anos. Assim sendo, todos os trabalhadores, sejam os menores (de 14 a 18), os aprendizes (14 a 24) e os maiores (18 a 24 — idade máxima permitida para o contrato de aprendiz, exceção aos deficientes), podem celebrar contrato de aprendizagem.

Portanto, o trabalhador aprendiz é o que tem a idade compreendida entre 14 e 24 anos.

---

85. A contratação de emprego mediante pagamento apenas de comissão, sem garantia de valor mensal fixo,

☐ A) é ilegal.

☐ B) só é permitida se o valor das comissões for superior ao salário mínimo mensal.

☐ C) é permitida, mas, caso o valor das comissões não alcance o montante do salário mínimo, fica o empregador obrigado a completar o pagamento até esse montante, vedada a compensação nos meses subsequentes.

☐ D) é permitida, mas, caso o valor das comissões não alcance o montante do salário mínimo, fica o empregador obrigado a completar o pagamento até esse montante, admitida a compensação apenas no mês imediatamente subsequente, não nos seguintes.

A alternativa correta é a "C".

O salário, a princípio, deve ser estipulado pelas partes. A sua fixação deverá garantir o valor do salário mínimo; do salário normativo ou piso salarial, do salário profissional, quando oriundos de negociação coletiva ou da lei.

Em nenhuma hipótese o empregado poderá receber salário inferior ao mínimo, ao normativo e ao profissional.

O empregado que recebe salário variável, mediante comissões, deve ter assegurado o salário mínimo.

A Constituição Federal, em seu art. 7º, inciso VII, garante salário mínimo aos que percebem salário variável — "São direitos dos trabalhadores urbanos e rurais, além de outros que visem à melhoria de sua condição social:...VII — garantia de salário, nunca inferior ao mínimo, para os que percebem remuneração variável."

No mesmo sentido, dispõe o art. 78 da CLT: "Quando o salário ajustado por empreitada, ou convencionado por tarefa ou peça, será garantida ao trabalhador uma remuneração diária nunca inferior à do salário mínimo por dia normal".

A mesma garantia é dada pela Lei n. 8.716/73 que estabelece no seu art. 1º: "Aos trabalhadores que perceberem remuneração variável, fixada por comissão, peça, tarefa ou outras modalidades, será garantida um salário mensal nunca inferior ao salário mínimo".

As comissões se constituem em uma das formas de pagamento.

Art. 457, da CLT:

Compreende-se na remuneração do empregado, para os efeitos legais, além do salário devido e pago diretamente pelo empregador, como contraprestação do serviço, as gorjetas que receber.

§ 1º Integram o salário não só a importância fixa estipulada, como também as comissões, percentagens, gratificações ajustadas, diárias para viagens e abonos pagos pelo empregador.

As comissões, portanto, integram o salário e podem se constituir na única forma de pagamento, desde que garantido o salário mínimo legal ou o previsto para a categoria, como já vimos.

O art. 466 da CLT estabelece: "O pagamento de comissões e percentagens só é exigível depois de ultimada a transação a que se referem".

O pagamento das comissões aos vendedores, pracistas ou viajantes está disciplinado pela Lei n. 3.207/57 e estabelece, entre outras regras, que deverá se efetuado mensalmente, não podendo exceder a um trimestre.

Exemplificando: a comissão se constitui no percentual incidente sobre o valor do negócio ou da transação pago aos vendedores, pracistas ou viajantes.

Não há qualquer impeditivo para o recebimento pelo empregado de comissões somente. Todavia, se não alcançarem um salário mínimo ou o previsto para a categoria, deverá o empregador efetuar a complementação, sendo proibido qualquer desconto no dia seguinte.

Incorretas as alternativas "A", porque previsto em lei; a "B" porque o valor das comissões pode ser inferior ao salário mínimo que será complementado pelo empregador quando não atingido o seu valor; e a "C" uma vez que a compensação não é admitida, sendo proibido qualquer tipo de desconto no salário do trabalhador no mês subsequente.

---

86. Sobre a justa causa para dispensa de empregado, é correto dizer:

☐ A) todas as hipóteses estão tipificadas, de modo taxativo, no art. 482, da CLT.

☐ B) as hipóteses estão mencionadas no art. 482, da CLT, sendo o rol, todavia, exemplificativo.

☐ C) além das hipóteses referidas no art. 482, da CLT, existem outras hipóteses, em diferentes dispositivos da mesma CLT.

☐ D) trata-se de conceito jurídico indeterminado, sem previsão de hipóteses na CLT, cabendo ao juiz determinar as situações que caracterizam tal conceito.

A alternativa correta é a "C".

O art. 482, da CLT, elenca as hipóteses de justa causa que ensejam a ruptura do contrato de trabalho. Todavia, há outras situações que também justificam a rescisão por justa causa. Assim temos que as hipóteses descritas no art. 482, da CLT não são taxativas.

SUM-73 — DESPEDIDA. JUSTA CAUSA (nova redação) — Res. 121/2003, DJ 19, 20 e 21.11.2003. A ocorrência de justa causa, salvo a de abandono de emprego, no decurso do prazo do aviso-prévio dado pelo empregador, retira do empregado qualquer direito às verbas rescisórias de natureza indenizatória.

SUM-32 — ABANDONO DE EMPREGO (nova redação) — Res. 121/2003, DJ 19, 20 e 21.11.2003
Presume-se o abandono de emprego se o trabalhador não retornar ao serviço no prazo de 30 (trinta) dias após a cessação do benefício previdenciário nem justificar o motivo de não o fazer.

Art. 482. Constituem justa causa para rescisão do contrato de trabalho pelo empregador:

a) ato de improbidade;

b) incontinência de conduta ou mau procedimento;

c) negociação habitual por conta própria ou alheia sem permissão do empregador, e quando constituir

> ato de concorrência à empresa para a qual trabalha o empregado, ou for prejudicial ao serviço;
> d) condenação criminal do empregado, passada em julgado, caso não tenha havido suspensão da execução da pena;
> e) desídia no desempenho das respectivas funções;
> f) embriaguez habitual ou em serviço;
> g) violação de segredo da empresa;
> h) ato de indisciplina ou de insubordinação;
> i) abandono de emprego;
> j) ato lesivo da honra ou da boa fama praticado no serviço contra qualquer pessoa, ou ofensas físicas, nas mesmas condições, salvo em caso de legítima defesa, própria ou de outrem;
> k) ato lesivo da honra ou da boa fama ou ofensas físicas praticadas contra o empregador e superiores hierárquicos, salvo em caso de legítima defesa, própria ou de outrem;
> l) prática constante de jogos de azar.
> Parágrafo único. Constitui igualmente justa causa para dispensa de empregado a prática, devidamente comprovada em inquérito administrativo, de atos atentatórios à segurança nacional. *(Incluído pelo Decreto-lei n. 3, de 27.1.1966)*

A alternativa "A" está incorreta, uma vez que as hipóteses elencadas no art. 482 da CLT, não prevêem todas as hipóteses que dariam ensejo à rescisão.

A alternativa "B" está incorreta, porquanto outros dispositivos resultam na resolução do contrato por justa causa.

Outros atos faltosos que ensejam justa causa:

Do empregado que se recusa a cumprir instruções de segurança e a usar os equipamentos de proteção individual (IPIs)

> Art. 158. Cabe aos empregados: *(Redação dada pela Lei n. 6.514, de 22.12.1977)*
> I — observar as normas de segurança e medicina do trabalho, inclusive as instruções de que trata o item II do artigo anterior; *(Redação dada pela Lei n. 6.514, de 22.12.1977)*
> II — colaborar com a empresa na aplicação dos dispositivos deste Capítulo. *(Redação dada pela Lei n. 6.514, de 22.12.1977)*
> Parágrafo único. Constitui ato faltoso do empregado a recusa injustificada: *(Incluído pela Lei n. 6.514, de 22.12.1977)*
> a) à observância das instruções expedidas pelo empregador na forma do item II do artigo anterior; *(Incluída pela Lei n. 6.514, de 22.12.1977)*
> b) ao uso dos equipamentos de proteção individual fornecidos pela empresa. *(Incluída pela Lei n. 6.514, de 22.12.1977)*

Recusa injustificada do empregado em executar serviço extraordinário, em casos de urgência e de acidentes

> Art. 240. Nos casos de urgência ou de acidente, capazes de afetar a segurança ou regularidade do serviço, poderá a duração do trabalho ser excepcionalmente elevada a qualquer número de horas, incumbindo à Estrada zelar pela incolumidade dos seus empregados e pela possibilidade de revezamento de turmas, assegurando ao pessoal um repouso correspondente e comunicando a ocorrência ao Ministério do Trabalho, Industria e Comercio, dentro de 10 (dez) dias da sua verificação.
> Parágrafo único. Nos casos previstos neste artigo, a recusa, sem causa justificada, por parte de qualquer empregado, à execução de serviço extraordinário será considerada falta grave.

Desempenho insuficiente do aprendiz

> Art. 433. O contrato de aprendizagem extinguir-se-á no seu termo ou quando o aprendiz completar 24 (vinte e quatro) anos, ressalvada a hipótese prevista no § 5º do art. 428 desta Consolidação, ou ainda antecipadamente nas seguintes hipóteses: *(Redação dada pela Lei n. 11.180, de 2005)*
> a) revogada; *(Redação dada pela Lei n. 10.097, de 19.12.2000)*
> b) revogada. *(Redação dada pela Lei n. 10.097, de 19.12.2000)*
> I — desempenho insuficiente ou inadaptação do aprendiz; (AC) *(Redação dada pela Lei n. 10.097, de 19.12.2000)*
> II — falta disciplinar grave; (AC) *(Redação dada pela Lei n. 10.097, de 19.12.2000)*

Excessos praticados por grevistas

> LEI N. 7.783, DE 28 DE JUNHO DE 1989
> Art. 14. Constitui abuso do direito de greve a inobservância das normas contidas na presente Lei, bem como a manutenção da paralisação após a celebração de acordo, convenção ou decisão da Justiça do Trabalho.
> Parágrafo único. Na vigência de acordo, convenção ou sentença normativa não constitui abuso do exercício do direito de greve a paralisação que:
> I — tenha por objetivo exigir o cumprimento de cláusula ou condição;
> II — seja motivada pela superveniência de fatos novo ou acontecimento imprevisto que modifique substancialmente a relação de trabalho.
> Art. 15. A responsabilidade pelos atos praticados, ilícitos ou crimes cometidos, no curso da greve, será

apurada, conforme o caso, segundo a legislação trabalhista, civil ou penal.

Parágrafo único. Deverá o Ministério Público, de ofício, requisitar a abertura do competente inquérito e oferecer denúncia quando houver indício da prática de delito.

A alternativa "D" está incorreta. A justa causa deve estar prevista em lei. A sua previsão legal, está disciplinada na Consolidação das Leis do Trabalho e importa na quebra de confiança que deve existir na relação jurídica que se estabelece entre empregado e empregador.

A lei prevê as hipóteses de justa causa que justificam a ruptura do contrato pelo empregador (art. 482, CLT) e as faltas praticadas pelo empregador e que ensejam a ruptura do contrato de trabalho, pelo empregado, por justa causa.

SUM-13 — MORA (mantida) — Res. 121/2003, DJ 19, 20 e 21.11.2003
O só pagamento dos salários atrasados em audiência não ilide a mora capaz de determinar a rescisão do contrato de trabalho.

Há também a culpa recíproca, quando empregado e empregador cometem falta grave. Assim dispõe o art. 484, da CLT:

Art. 484. Havendo culpa recíproca no ato que determinou a rescisão do contrato de trabalho, o tribunal de trabalho reduzirá a indenização à que seria devida em caso de culpa exclusiva do empregador, por metade.

SUM-14 — CULPA RECÍPROCA (nova redação) — Res. 121/2003, DJ 19, 20 e 21.11.2003
Reconhecida a culpa recíproca na rescisão do contrato de trabalho (art. 484 da CLT), o empregado tem direito a 50% (cinquenta por cento) do valor do aviso prévio, do décimo terceiro salário e das férias proporcionais.

---

87. O desconto de dano causado pelo empregado a equipamento do empregador é

☐ A) proibido por lei.

☐ B) proibido, salvo disposição em contrário no contrato de trabalho.

☐ C) permitido em caso de dolo, independentemente de previsão contratual.

☐ D) permitido, em regra, salvo previsão contratual em sentido contrário.

A alternativa correta é a "C".

Os descontos efetuados pelo empregador encontram limites no princípio da intangibilidade salarial, que visa proteger o salário do empregado contra descontos abusivos efetuados pelo empregador. O princípio está previsto no art. 462 da CLT: "Ao empregador é vedado efetuar qualquer desconto nos salários do empregado, salvo quando este resultar de adiantamentos, de dispositivos de lei ou de contrato coletivo." Esta a regra geral.

Todavia, quando o dano é causado por dolo permite-se a dedução.

Assim o § 1º, do art. 462, da CLT — "Em caso de dano causado pelo empregado, o desconto será lícito, desde que esta possibilidade tenha sido acordada ou na ocorrência de dolo do empregado".

O dolo importa na intenção do empregado de produzir o dano, razão porque não necessita de previsão contratual, sendo permitido o desconto no salário do empregado.

O mesmo não ocorre no caso de culpa, quando o empregado causa o dano por negligência, imprudência ou imperícia, sendo necessário a expressa concordância do empregado e, portanto, deverá constar de cláusula do contrato. Ex: o motorista que recebe multa de trânsito por dirigir com imprudência.

Se houver cláusula no contrato de trabalho, o desconto da multa será legal.

Os riscos da atividade econômica devem ser assumidos pelo empregador, sendo vedada a sua transferência para o empregado pura e simplesmente. Assim sendo, na ocorrência de dano deverá a empresa provar a responsabilidade efetiva do empregado.

Incorretas as alternativas "A", "B" e "D". A uma porque é permitido o desconto observadas as limitações legais; a duas, porque com a dedução deverá concordar o empregado.

> OJ n. 18 da SDC — Descontos autorizados no salário pelo trabalhador. Limitação máxima de 70% do salário-base. Os descontos efetuados com base em cláusula de acordo firmado entre as partes não podem ser superiores a 70% do salário-base percebido pelo empregador, pois deve-se assegurar um mínimo de salário em espécie do trabalhador.
>
> OJ n. 251 da SDI-I — Descontos. Frentista. Cheques sem fundos. É lícito o desconto salarial referente à devolução de cheques sem fundos, quando o frentista não observar as recomendações previstas em instrumento coletivo.

Súmula n. 342 do TST — Descontos salariais efetuados pelo empregador, com a autorização prévia e por escrito do empregado, para ser integrado em planos de assistência odontológica, médico-hospitalar, de seguro, de previdência privada, ou de entidade cooperativa, cultural ou recreativo-associativa de seus trabalhadores, em seu benefício e de seus dependentes, não afrontam o disposto no art. 462 da CLT, salvo se ficar demonstrada a existência de coação ou de outro defeito que vicie o ato jurídico.

Art. 462, § 2º — É vedado à empresa que mantiver armazém para venda de mercadorias aos empregados ou serviços destinados a proporcionar-lhes prestação in natura exercer qualquer coação ou induzimento no sentido de que os empregados se utilizem do armazém ou dos serviços.

§ 3º Sempre que não for possível o acesso dos empregados a armazéns ou serviços não mantidos pela empresa, é lícito à autoridade competente determinar a adoção de medidas adequadas, visando a que as mercadorias sejam vendidas e os serviços prestados a preços razoáveis, sem intuito de lucro e sempre em benefício dos empregados.

§ 4º Observado o disposto neste Capítulo, é vedado às empresas limitar, por qualquer forma, a liberdade dos empregados de dispor de seu salário.

---

88. A contribuição sindical do empregado corresponde

☐ A) à remuneração de um dia de trabalho.

☐ B) a 1% do salário anual, excluídas as parcelas variáveis.

☐ C) a 1% do salário semestral, incluídas, pela média, as parcelas variáveis.

☐ D) ao valor fixado pelo sindicato, observado o limite máximo de 1/100 do salário anual do empregado.

A *alternativa correta é a "A"*.

A contribuição sindical, no caso dos empregados, é equivalente a um dia de trabalho. Assim estabelece o art. 580, da CLT:

> Art. 580. A contribuição sindical será recolhida, de uma só vez, anualmente, e consistirá: *(Redação dada pela Lei n. 6.386, de 9.12.1976, DOU 10.12.1976) (Em vigor até que lei específica discipline a contribuição negocial — art. 7º da Lei n. 11.648, de 31.3.2008 — DOU 31.3.2008 — Edição Extra)*
>
> I — na importância correspondente à remuneração de 1 (um) dia de trabalho, para os empregados, qual-

quer que seja a forma da referida remuneração; *(Redação dada pela Lei n. 6.386, de 9.12.1976, DOU 10.12.1976)*

Não há como parcelar ou deixar de proceder ao recolhimento da contribuição sindical.

Art. 601. No ato da admissão de qualquer empregado, dele exigirá o empregador a apresentação da prova de quitação da contribuição sindical. *(Em vigor até que lei específica discipline a contribuição negocial — art. 7º da Lei n. 11.648, de 31.3.2008 — DOU 31.3.2008 — Edição Extra)*

Art. 602. Os empregados que não estiverem trabalhando no mês destinado ao desconto da contribuição sindical serão descontados no primeiro mês subsequente ao do reinício do trabalho. *(Em vigor até que lei específica discipline a contribuição negocial — art. 7º da Lei n. 11.648, de 31.3.2008 — DOU 31.3.2008 — Edição Extra)*

Parágrafo único. De igual forma se procederá com os empregados que forem admitidos depois daquela data e que não tenham trabalhado anteriormente nem apresentado a respectiva quitação.

As alternativas "B", "C" e "D" estão incorretas, tendo em vista que, como vimos, os descontos são compulsórios, na medida em que obriga o desconto na folha de pagamento dos empregados, no valor correspondente a um dia de trabalho;

Precedente Normativo n. 41 — Relação nominal de empregados. (positivo). (DJ 8.9.1992)
As empresas encaminharão à entidade profissional cópia das guias de contribuição sindical e assistencial, com a relação nominal dos respectivos salários, no prazo máximo de 30 dias após o desconto. *(Ex-PN n. 60)*

O art. 582, da CLT informa o que deve ser considerado um dia de trabalho, tendo em conta as diversas formas de pagamento.

Art. 582. Os empregadores são obrigados a descontar, da folha de pagamento de seus empregados relativa ao mês de março de cada ano, a contribuição sindical por estes devida aos respectivos Sindicatos. *(Redação dada pela Lei n. 6.386, de 9.12.1976, DOU 10.12.1976) (Em vigor até que lei específica discipline a contribuição negocial — art. 7º da Lei n. 11.648, de 31.3.2008 — DOU 31.3.2008 — Edição Extra)*

§ 1º Considera-se 1 (um) dia de trabalho para efeito de determinação da importância a que alude o item I do art. 580 o equivalente: *(Redação dada pela Lei n. 6.386, de 9.12.1976, DOU 10.12.1976)*

a) a 1 (uma) jornada normal de trabalho, se o pagamento ao empregado for feito por unidade de tempo; *(Redação dada pela Lei n. 6.386, de 9.12.1976, DOU 10.12.1976)*

b) a 1/30 (um trinta avos) da quantia percebida no mês anterior, se a remuneração for paga por tarefa, empreitada ou comissão. *(Redação dada pela Lei n. 6.386, de 9.12.1976, DOU 10.12.1976)*

§ 2º Quando o salário for pago em utilidades, ou nos casos em que o empregado receba, habitualmente, gorjetas, a contribuição sindical corresponderá a 1/30 (um trinta avos) da importância que tiver servido de base, no mês de janeiro, para a contribuição do empregado à Previdência Social. *(Redação dada pela Lei n. 6.386, de 9.12.1976, DOU 10.12.1976)*

---

89. A diretoria dos sindicatos é composta de

☐ A) diretores eleitos pela assembleia geral, em número fixado pela assembleia geral, tendo estabilidade no emprego apenas os titulares.

☐ B) diretores eleitos pela assembleia geral, no máximo sete e no mínimo três, todos com estabilidade no emprego, inclusive os suplentes.

☐ C) diretores eleitos pela assembleia geral e nomeados pelo conselho fiscal, até o limite de cinco em cada caso, tendo estabilidade no emprego apenas os primeiros, inclusive seus suplentes.

☐ D) diretores eleitos pela assembleia geral e nomeados pelo conselho fiscal, até o limite de cinco em cada caso, tendo estabilidade no emprego apenas os primeiros, desde que titulares.

A alternativa correta é a "B".

Estabelece o art. 522, da CLT: "A administração do Sindicato será exercida por uma diretoria constituída, no máximo, de 7 (sete) e, no mínimo, de 3 (três) membros e de um Conselho Fiscal composto de 3 (três) membros, eleitos esses órgãos pela Assembleia Geral".

Muito se discute quanto à vigência do dispositivo em comento, em face da autonomia conquistada pela Constituição de 1988, a qual deixou para os trabalhadores e empregadores disporem coletivamente sobre a administração do sindicato. Assim é que a assembleia geral, que é o órgão deliberativo das entidades sindicais e que manifesta a vontade da categoria, é que escolhe a diretoria e esta, uma vez composta, escolhe, dentre os seus membros, o presidente, vice-presidente e outros cargos previstos no estatuto.

A diretoria terá liberdade de atuação limitada aos poderes atribuídos pela assembleia geral e pelo estatuto, na medida em que representa a vontade de seus representados. Com relação ao número de dirigentes, a definição compete aos estatutos. Todavia, os sindicatos poderão definir o número de dirigentes que entender necessários, mas só terão estabilidade aqueles membros definidos pelo art. 522, ou seja, no máximo 7 (sete) e no mínimo 3 (três).

SUM-369 — DIRIGENTE SINDICAL. ESTABILIDADE PROVISÓRIA (nova redação dada ao item II) — Res. 174/2011, DEJT divulgado em 27, 30 e 31.5.2011
I — É indispensável a comunicação, pela entidade sindical, ao empregador, na forma do § 5º do art. 543 da CLT. *(ex-OJ n. 34 da SBDI-1 — inserida em 29.4.1994)*
II — O art. 522 da CLT foi recepcionado pela Constituição Federal de 1988. Fica limitada, assim, a estabilidade a que alude o art. 543, § 3º, da CLT a sete dirigentes sindicais e igual número de suplentes.
III — O empregado de categoria diferenciada eleito dirigente sindical só goza de estabilidade se exercer na empresa atividade pertinente à categoria profissional do sindicato para o qual foi eleito dirigente. *(ex-OJ n. 145 da SBDI-1 — inserida em 27.11.1998)*
IV — Havendo extinção da atividade empresarial no âmbito da base territorial do sindicato, não há razão para subsistir a estabilidade. *(ex-OJ n. 86 da SBDI-1 — inserida em 28.4.1997)*
V — O registro da candidatura do empregado a cargo de dirigente sindical durante o período de aviso prévio, ainda que indenizado, não lhe assegura a estabilidade, visto que inaplicável a regra do § 3º do art. 543 da Consolidação das Leis do Trabalho. *(ex-OJ n. 35 da SBDI-1 — inserida em 14.3.1994)*

A alternativa "A" está incorreta. A Constituição Federal de 1988, no art. 8º, VIII assim dispõe: "É livre a associação profissional ou sindical, observado o seguinte: VIII — é vedada a dispensa do empregado sindicalizado a partir do registro da candidatura a cargo de direção ou representação sindical e, se eleito, ainda que suplente, até um ano após o final do mandato, salvo se cometer falta grave nos termos da lei".

É certo que a assembleia geral poderá ampliar o número de dirigentes além do previsto dos arts. 522 (número de dirigentes nos sindicatos) e 538 (número de dirigentes nas federações e confederações), da CLT. Todavia, só terão estabilidade os dirigentes até o limite fixado nos mencionados dispositivos legais. Com relação aos dispositivos em comento, consigne-se que a estipulação em número maior do que o previsto poderá ser caracterizado como abuso de direito. A diretoria do sindicato é exercida pelo presidente, vice-presidente e outros cargos previstos nos estatutos. Ademais a estabilidade é garantia da categoria que o elegeu e não uma garantia pessoal do dirigente sindical.

A alternativa "C" está incorreta, uma vez que diretoria e conselho fiscal são indicados pela assembleia geral. O Sindicato é constituído de uma diretoria, composta de no mínimo 3 e no máximo de 7 diretores, além do conselho fiscal, composto de 3 membros. Tanto os membros da diretoria quanto do conselho fiscal terão suplentes em igual número. O conselho fiscal não tem poder de direção, cabendo-lhe apenas fiscalizar as contas do sindicato.

A alternativa "D" está incorreta, pelas razões já expendidas quando da análise das alternativas anteriores, acrescentando que os membros do conselho fiscal não tem estabilidade, pois que não atuam na defesa da categoria.

90. São órgãos do Ministério Público do Trabalho:

☐ A) Promotores do Trabalho, Procuradores do Trabalho e Procurador Geral da Justiça do Trabalho.

☐ B) Procuradores do Trabalho, Procuradores Regionais do Trabalho e Procurador Geral do Trabalho.

☐ C) Procuradores do Trabalho, Procuradores Nacionais do Trabalho e Procurador Geral da Justiça do Trabalho.

☐ D) Promotores da Justiça do Trabalho, Procuradores da Justiça do Trabalho e Procurador Geral da Justiça do Trabalho.

A *alternativa* "B" está correta. Dentre os órgãos que compõem o Ministério Público do Trabalho, encontramos os Procuradores do Trabalho, os Procuradores Regionais do Trabalho e o Procurador-Geral do Trabalho.

Os termos da Lei Complementar n. 75, de 20 de maio de 1993, que dispõe sobre a organização, atribuições e o estatuto do Ministério Público da União, trata no Capítulo II, do Ministério Público do Trabalho.

No art. 85, da referida lei, encontramos a indicação dos órgãos que compõem o Ministério Público do Trabalho. São eles:

I — Procurador-Geral do Trabalho;
II — o Colégio de Procuradores do Trabalho;
III — o Conselho Superior do Ministério Público do Trabalho;
IV — a Câmara de Coordenação e Revisão do Ministério Público do Trabalho;
V — a Corregedoria do Ministério Público do Trabalho;
VI — os Subprocuradores-Gerais do Trabalho;
VII — os Procuradores Regionais do Trabalho;
VIII — os Procuradores do Trabalho;

Prossegue o art. 86, do mesmo dispositivo legal:

A carreira do Ministério Público do Trabalho será constituída pelos cargos de Subprocurador-Geral do Trabalho, Procurador Regional do Trabalho e Procurador do Trabalho.
Parágrafo único. O cargo inicial da carreira é o de Procurador do Trabalho e o do último nível o de Subprocurador-Geral do Trabalho.

As alternativas "A", "C" e "D" estão incorretas, eis que indicam como órgãos do Ministério Público do Trabalho, nomenclaturas que não constam da Lei, como: Promotores do Trabalho, Procuradores Nacionais do Trabalho, Promotores da Justiça do Trabalho e Procuradores da Justiça do Trabalho.

91. O prazo legal para a compensação de horas excedentes, no sistema do banco de horas, corresponde a

- A) uma semana.
- B) um mês.
- C) um mês, salvo diversamente disposto em convenção ou acordo coletivo de trabalho, observado o limite máximo de seis meses.
- D) um ano.

A alternativa correta é a "D".

O banco de horas está previsto no art. 59, § 2º da CLT, que estabelece:

> Art. 59, § 2º da CLT — Poderá ser dispensado o acréscimo de salário se, por força de acordo ou convenção coletiva de trabalho, o excesso de horas em um dia for compensado pela correspondente diminuição em outro dia, de maneira que não exceda, no período máximo de 1 (um) ano, à soma das jornadas semanais de trabalho previstas, nem seja ultrapassado o limite máximo de 10 (dez) horas diárias.

A implantação do banco de horas depende de acordo ou convenção coletiva de trabalho, não podendo a jornada diária ultrapassar o limite de dez horas.

Registre-se, por oportuno, que uma vez celebrada por convenção ou coletivo de trabalho, a compensação de jornada, as horas extras suplementares eventualmente laboradas, não serão remuneradas, uma vez que são compensadas no prazo máximo de 1 (um) ano.

Incorretas as alternativas "A", "B" e "C", pois a lei determina o prazo máximo de 1 (um) ano, para a compensação das horas. Não obstante, a norma coletiva poderá estabelecer prazo inferior, como ocorre muito na prática.

---

92. Sobre o quadro de atividades insalubres, é correto dizer que

- A) está indicado na CLT.
- B) é definido por meio de ato do Ministério do Trabalho.
- C) é definido por meio de ato do Ministério da Saúde.
- D) é definido por meio de perícia judicial.

A alternativa correta é a "B".

Art. 190 CLT — O Ministério do Trabalho aprovará o quadro das atividades e operações insalubres e adotará normas sobre os critérios de caracterização da insalubridade, os limites de tolerância aos agentes agressivos, meios de proteção e o tempo máximo de exposição do empregado a esses agentes.

Parágrafo único. As normas referidas neste artigo incluirão medidas de proteção do organismo do trabalhador nas operações que produzem aerodispersóides tóxicos, irritantes, alergênicos ou incômodos.

Súmula n. 194 STF — É competente o ministro do trabalho para a especificação das atividades insalubres.

A atividade só será considerada insalubre se estiver contida no quadro de atividades definidas pelo Ministério do Trabalho.

Incorretas as demais alternativas "A", "C" e "D". A uma, porque a CLT transfere para o Ministério do Trabalho o enquadramento das atividades consideradas insalubres (art. 190); a duas, porque a perícia judicial, não dispensa o enquadramento das atividades entre as insalubres.

Súmula n. 460 STF — para efeito de adicional de insalubridade, a perícia judicial, em reclamação trabalhista, não dispensa o enquadramento da atividade entre as insalubres, que é ato da competência do Ministério do Trabalho e Previdência Social.

93. Sobre as férias coletivas, é correto dizer que abrangem

- A) pelo menos, dez empregados.
- B) pelo menos, cem empregados.
- C) uma empresa, determinados estabelecimentos da empresa ou, pelo menos, setores da empresa.
- D) a totalidade dos empregados de um estabelecimento da empresa.

A *alternativa correta é a alternativa "C"*.

Art. 139. Poderão ser concedidas férias coletivas a todos os empregados de uma empresa ou de determinados estabelecimentos ou setores da empresa. *(Redação dada pelo Decreto-lei n. 1.535, de 13.4.1977)*

Com permissivo no dispositivo mencionado, ao empregador é permitido conceder férias coletivas a um setor da empresa ou a todos os empregados da empresa, independentemente de terem cumprido ou não o período aquisitivo.

Note-se que a lei fala em "todos os empregados". Assim sendo, serão todos os empregados da empresa ou de determinados estabelecimentos ou setores da empresa.

Permite a lei, no caso de férias coletivas a possibilidade de fracionamento das férias em dois períodos, desde que nenhum período seja inferior a 10 dias, consoante dispõe a regra do art. 139, § 1º da CLT.

Incorretas as alternativas "A", "B" e "D", porquanto a lei não se refere a números de empregados. As férias coletivas deverão alcançar a todos os empregados da unidade, seja de um setor ou de toda a empresa.

94. Sobre a regulamentação legal do trabalho noturno, é CORRETO dizer que

☐ A) em se tratando de empregado urbano, são devidos adicional e hora fictamente reduzida.

☐ B) embora compreenda o mesmo horário para trabalhadores urbanos e rurais, confere apenas aos primeiros o direito à hora fictamente reduzida, atribuindo aos últimos tão somente o direito a adicional remuneratório.

☐ C) confere os mesmos direitos a trabalhadores urbanos e rurais.

☐ D) não abrange o trabalho realizado em regime de revezamento que ultrapassa o período de uma semana.

A alternativa correta é a "A".

O art. 73 da CLT dispõe que o horário noturno dos trabalhadores urbanos será o compreendido entre 22 h de um dia à 5 h do dia seguinte, e estabelece no § 1º, do mesmo dispositivo legal, que a hora noturna será computada como 52 minutos e 30 segundos.

> Art. 73, da CLT — Salvo nos casos de revezamento semanal ou quinzenal, o trabalho noturno terá remuneração superior à do diurno e, para esse efeito, sua remuneração terá um acréscimo de 20% (vinte por cento), pelo menos, sobre a hora diurna.
> § 1º — A hora do trabalho noturno será computada como de 52 (cinquenta e dois) minutos e 30 (trinta) segundos.

A hora noturna é uma ficção da lei, pela qual uma hora equivale a 52 minutos e 30 segundos. O trabalho durante sete horas noturnas equivale a oito diurnas. As horas trabalhadas acima da sétima noturna equivalem a hora extra, devendo ser pagas com adicional de 20% mais o adicional de hora extra.

Ou seja, o empregado trabalha efetivamente 7 horas e recebe por 8 horas.

1ª hora — 22:00 às 22h 52min e 30 seg.

2ª hora — 22h 52 min e 30 seg às 23h e 45 min.

3ª hora — 23h e 45 min às 0h, 37min e 30 seg.

4ª hora — 0h, 37 min e 30 seg à 1h 30 min.

5ª hora — 1h 30 min às 2h, 22 min e 30 seg.

6ª hora — 2h, 22 min e 30 seg às 3h e 15 min.

7ª hora — 3h e 15 min às 4h, 7 min e 30 seg.

8ª hora — 4h, 7 min e 30 seg. às 5h.

Incorretas as alternativas "B" e "C" — Para os trabalhadores rurais, nem o horário e nem o adicional é o mesmo que dos urbanos.

A Lei n. 5.889/73 que trata do trabalho rural, estabelece no art. 7º e § 1º: "Para feitos desta lei, considera-se trabalho noturno o executado entre as 21 horas de um dia e 5 horas do dias seguinte, na lavoura, e entre 20 de um dia e as 4 horas do dia seguinte, na atividade pecuária.

Parágrafo único: Todo trabalho noturno será acrescido de 25% (vinte e cinco por cento) sobre a remuneração normal".

Não se fala em redução da hora noturna, sendo a hora de 60 minutos. O adicional noturno também difere, sendo para o trabalhador rural de 25%.

Incorreta a alternativa "D". Com efeito, o adicional noturno é devido, ainda que o empregado esteja sujeito ao regime de revezamento.

> Súmula n. 213 do STF — É devido o adicional de serviço noturno, ainda que sujeito o empregado ao regime de revezamento.

95. Dispõe o art. 525, da CLT:

Art. 525. É vedada a pessoas físicas ou jurídicas, estranhas ao Sindicato, qualquer interferência na sua administração ou nos seus serviços.

Parágrafo único. Estão excluídos dessa proibição: os delegados do Ministério do Trabalho, Indústria e Comércio, especialmente designados pelo Ministro ou por quem o represente;

Pode-se afirmar que

☐ A) não mais está em vigor a regra do art. 525, parágrafo único, alínea *a*, da CLT, ainda que não tenha sido ela expressamente revogada.

☐ B) não mais existe a possibilidade de delegação, pelo Ministério do Trabalho, da atribuição que lhe cabe, de interferir na administração do sindicato, por se tratar de competência exclusiva do próprio Ministro.

☐ C) atualmente compete apenas ao Presidente da República o exercício da competência prevista no art. 525, parágrafo único, alínea *a*, da CLT.

☐ D) permanece em vigor a prerrogativa prevista no art. 525, parágrafo único, alínea *a*, da CLT, observada, todavia, a necessidade de prévia aprovação da interferência pelo Ministério Público do Trabalho, a quem cabe designar o interventor.

A *alternativa correta é a* "A".

Na realidade ocorreu a revogação tácita do mencionado dispositivo legal, em face do que preceitua o art. 8º, da Constituição Federal, que assegura a liberdade sindical, o que importa dizer que não se admite qualquer tipo de interferência ou intervenção na organização interna dos sindicatos. As regras de organização devem estar previstas nos estatutos e não na lei.

Art. 8º, I, da Constituição Federal — "É livre a associação profissional ou sindical, observado o seguinte: I — a lei não poderá exigir autorização do Estado para a fundação de sindicato, ressalvado o registro no órgão competente, vedadas ao Poder Público a interferência e a intervenção na organização sindical".

A alternativa "B" está incorreta. A atividade sindical não pode sofrer nenhum tipo de interferência.

Os arts. 5º, II, e 8º, I, da Constituição Federal, devem ser analisados conjuntamente, sendo certo que não pode o Estado, quer o Executivo, quer o Legislativo interferir na organização ou funcionamento dos sindicatos.

Art. 5º, II, da CF — "ninguém será obrigado a fazer ou deixar de fazer alguma coisa senão em virtude de lei".

A alternativa "C" está incorreta, pois que a regra constante do dispositivo em comento deverá ser prevista em estatuto.

A alternativa "D" está incorreta, pelas razões já expendida quando da análise das alternativas anteriores, não sendo possível a interferência do Estado, via Ministério do Trabalho e Emprego, ante a proibição do art. 8º, I, da Constituição Federal.

96. São categorias referidas em lei, no âmbito da organização sindical brasileira:

- A) as categorias econômicas, homogêneas e heterogêneas, e as categorias profissionais, homogêneas e heterogêneas.

- B) as categorias econômicas, as categorias profissionais e as categorias profissionais diferenciadas.

- C) as categorias econômicas, as categorias profissionais e as categorias socioprofissionais.

- D) as categorias econômicas, as categorias sociais e as categorias socioeconômicas.

A alternativa correta é a "B".

Não obstante as modificações introduzidas pela Constituição Federal de 1988, no que se refere à organização sindical no Brasil, o que culminou com a revogação ou derrogação de alguns dispositivos da Consolidação das Leis do Trabalho, garantindo a liberdade de criação de sindicato, manteve o requisito da sindicalização por categoria. O Sindicato tem a prerrogativa de representar as categorias (art. 513, *a*, da CLT — "São prerrogativas dos sindicatos: a) representar, perante as autoridades administrativas e judiciárias os interesses gerais da respectiva categoria ou profissão liberal ou interesses individuais dos associados relativos à atividade ou profissão exercida;"

O art. 511 e §§ apresentam a definição de categoria econômica, profissional e diferenciada ao dispor:

Categoria Econômica — § 1º "A solidariedade de interesses econômicos dos que empreendem atividades idênticas, similares ou conexas constitui o vínculo social básico que se denomina categoria econômica".

São atividades que guardam semelhança — exemplo — bares e restaurantes e conexidade, ou seja, não são idênticas, nem semelhantes, mas se completam, se integram — exemplo — construção civil, onde há atividades de marcenaria, pintura, entre outros.

Categoria profissional — § 2º "A similitude de condições de vida oriunda da profissão ou trabalho em comum, em situação de emprego na mesma atividade econômica ou em atividades econômicas similares ou conexas, compõe a expressão social elementar compreendida como categoria profissional".

São atividades que se vinculam ao empregador (similitude laborativa), ou seja, o que enseja a formação da categoria profissional é a atividade econômica desenvolvida pela empresa em que o empregado presta serviço:

Categoria profissional diferenciada — § 3º "Categoria profissional diferenciada é a que se forma dos empregados que exerçam profissões ou funções diferenciadas por força de estatuto profissional especial ou em consequência de condições de vida singulares".

São empregados que estão submetidos a estatuto próprio e que realizam o trabalho diferente dos demais empregados que trabalham na mesma empresa.

Incorretas as alternativas "A", "C" e "D", pelas razões acima, acrescentando que os arts. 7º, § único e 8º, incisos II, III e IV mencionam o sistema adotado pelo Brasil, qual seja o de categorias, o que significa que as disposições constantes do art. 570, da CLT foram recepcionadas pela Carta de 1988.

Art. 7º, § único, da CF/88

As disposições deste artigo aplicam-se à organização de sindicatos rurais e de colônias de pescadores, atendidas as condições que a lei estabelecer.

Art. 8º, incisos II

É vedada a criação de mais de uma organização sindical, em qualquer grau, representativa de categoria profissional ou econômica, na mesma base territorial, que será definida pelos trabalhadores ou empregadores interessados, não podendo ser inferior a um Município.

Art. 8º, inciso III, da CF/88

Ao sindicato cabe a defesa dos direitos e interesses coletivos e individuais da categoria, inclusive em questões judiciais e administrativas;

Art. 8º, inciso IV, da CF/88

A assembleia geral fixará a contribuição que, em se tratando de categoria profissional, será descontada em folha, para custeio do sistema confederativo da representação sindical respectiva, independentemente da contribuição prevista em lei.

---

97. Em reclamação ajuizada por empregado em face de seu empregador, na audiência, o Juiz acolhe contradita e indefere a oitiva de testemunha trazida por uma das partes. Contra tal decisão cabe, de imediato,

- A) agravo de instrumento.
- B) agravo retido.
- C) carta testemunhável.
- D) nenhum recurso.

A alternativa correta é a "D".

Não caberá nenhum recurso, porque no processo do trabalho vigora o princípio da irrecorribilidade imediata das decisões interlocutórias (art. 893, § 1º CLT)

§ 1º Os incidentes do processo são resolvidos pelo próprio Juízo ou Tribunal, admitindo-se a apreciação do merecimento das decisões interlocutórias somente em recursos da decisão definitiva. *(Parágrafo único renumerado pelo Decreto-lei n. 8.737, de 19.1.1946)*

Neste caso, deverá a parte lançar seu inconformismo no primeiro momento que tiver que falar em audiência, para evitar a preclusão (art. 795 CLT) e, após a sentença, em sede de preliminar de recurso ordinário, devolver a questão ao Tribunal.

Art. 795. As nulidades não serão declaradas senão mediante provocação das partes, as quais deverão argui-las à primeira vez em que tiverem de falar em audiência ou nos autos.

Por tais motivos, incorretas as demais alternativas. Cumpre destacar que agravo retido não é cabível no processo do trabalho e agravo de instrumento é cabível apenas contra decisões que denegarem seguimento a outro recurso para instância superior.

98. A reclamação, oferecida contra ato atentatório à boa ordem processual, praticado por Juiz de Tribunal Regional do Trabalho,

☐ A) deve ser apresentada perante o Presidente do Tribunal Regional correspondente, que a encaminhará, para julgamento, ao Presidente do Tribunal Superior do Trabalho.

☐ B) deve ser apresentada diretamente ao Presidente do Tribunal Superior do Trabalho, que a decidirá.

☐ C) deve ser apresentada perante o Juiz que praticou o ato, para que o reconsidere ou encaminhe o expediente ao Tribunal Superior do Trabalho, para distribuição e julgamento.

☐ D) deve ser apresentada diretamente perante o Corregedor Geral da Justiça do Trabalho, que a decidirá.

A alternativa correta é a "D".

Reclamação contra ato atentatório à boa ordem processual também é chamado de CORREIÇÃO PARCIAL, que será julgada pelo corregedor do Tribunal.

Em se tratando de ato praticado por juiz do Tribunal, a competência será do corregedor do Tribunal Superior do Trabalho, conforme art. 709 inciso II da CLT.

> Art. 709. Compete ao Corregedor, eleito dentre os Ministros togados do Tribunal Superior do Trabalho: *(Redação dada pelo Decreto-lei n. 229, de 28.2.1967)*
> I — Exercer funções de inspeção e correição permanente com relação aos Tribunais Regionais e seus presidentes; *(Redação dada pelo Decreto-lei n. 229, de 28.2.1967)*
> II — Decidir reclamações contra os atos atentatórios da boa ordem processual praticados pelos Tribunais Regionais e seus presidentes, quando inexistir recurso específico; *(Redação dada pelo Decreto-lei n. 229, de 28.2.1967)*
> § 1º Das decisões proferidas pelo Corregedor, nos casos do artigo, caberá o agravo regimental, para o Tribunal Pleno. *(Incluído pelo Decreto-lei n. 229, de 28.2.1967)*
> § 2º O Corregedor não integrará as Turmas do Tribunal, mas participará, com voto, das sessões do Tribunal Pleno, quando não se encontrar em correição ou em férias, embora não relate nem revise processos, cabendo-lhe, outrossim, votar em incidente de inconstitucionalidade, nos processos administrativos e nos feitos em que estiver vinculado por visto anterior à sua posse na Corregedoria. *(Redação dada pela Lei n. 7.121, de 8.9.1983)*

99. Deve ser ouvida como informante, segundo a lei, a pessoa que for

- A) parente até o terceiro grau civil, amiga íntima ou inimiga de qualquer das partes.
- B) ascendente, descendente ou colateral, até o segundo grau civil, de qualquer das partes, amiga íntima ou inimiga de qualquer das partes.
- C) ascendente, descendente ou colateral, até o segundo grau civil, de qualquer das partes, credor ou devedor de qualquer das partes, ou, ainda, amiga íntima, ou inimiga de qualquer das partes.
- D) amiga íntima ou inimiga de qualquer das partes.

A alternativa correta é a "A".

Testemunha que não possui imparcialidade será ouvida apenas como informante. Estabelece o art. 829 da CLT que:

> Art. 829. A testemunha que for parente até o terceiro grau civil, amigo íntimo ou inimigo de qualquer das partes não prestará compromisso, e seu depoimento valerá como simples informação.

A parte contrária, após a qualificação da testemunha e antes de prestar compromisso deverá contraditá-la. A contradita poderá ser provada.

> Art. 414 CPC — Antes de depor, a testemunha será qualificada, declarando o nome por inteiro, a profissão, a residência e o estado civil, bem como se tem relações de parentesco com a parte, ou interesse no objeto do processo.
> § 1º É lícito à parte contraditar a testemunha, arguindo-lhe a incapacidade, o impedimento ou a suspeição. Se a testemunha negar os fatos que lhe são imputados, a parte poderá provar a contradita com documentos ou com testemunhas, até três, apresentadas no ato e inquiridas em separado. Sendo provado ou confessados os fatos, o juiz dispensará a testemunha, ou lhe tomará o depoimento, observando o disposto no art. 405, § 4º.

> Art. 405, § 4º CPC — Sendo estritamente necessário, o juiz ouvirá testemunhas impedidas ou suspeitas; mas o seus depoimentos serão prestados independentemente de compromisso (art. 415) e o juiz lhes atribuirá o valor que possam merecer.

A resposta correta é exatamente o disposto no art. 829 da CLT. A alternativa "B" está errada pois menciona que o parentesco será de até segundo grau. A alternativa "C" contem o mesmo erro, além de inserir o devedor e credor, o que não é motivo de contradita. Por fim, a última alternativa deixa de fora o parentesco de até 3º grau, o que a torna também errada.

Ainda sobre a imparcialidade da testemunha, o Tribunal Superior do Trabalho editou a Súmula n. 357:

> Não torna suspeita a testemunha o simples fato de estar litigando ou ter litigado contra o mesmo empregador.

100. Da decisão que, em processo administrativo, decorrente de fiscalização do trabalho, impõe multa ao empregador,

☐ A) não cabe recurso, admitido o reexame do pronunciamento pelo Poder Judiciário, mediante ação anulatória ou mandado de segurança.

☐ B) cabe recurso, dirigido à Vara do Trabalho, que funciona como instância revisora da autuação.

☐ C) cabe recurso, no âmbito do Ministério do Trabalho, ficando o valor da multa reduzido a 50%, caso a parte renuncie ao direito de recorrer e pague a cominação.

☐ D) cabe recurso, dobrando-se o valor da multa, todavia, quando declarado o seu caráter meramente protelatório.

A alternativa correta é a "C" está correta. Estabelece o § 6º, do art. 636, da CLT:

A multa será reduzida de 50% (cinquenta por cento) se o infrator, renunciando ao recurso, a recolher ao Tesouro Nacional dentro do prazo de 10 (dez) dias contados do recebimento da notificação ou da publicação do edital. (Parágrafo incluído pelo Decreto-lei n. 229, de 28.2.1967, DOU 28.2.1967)".

Para se beneficiar da redução, o recolhimento da multa deverá ocorrer, em 10 dias, contados do recebimento da notificação ou da publicação do edital, bem como manifestar a renúncia ao recurso.

A alternativa "A" está incorreta. Toda a decisão que resultar na imposição de multa resultante de auto por infração às disposições das leis reguladoras do trabalho, caberá recurso para o Diretor-Geral do Departamento ou Serviço do Ministério do Trabalho. A defesa administrativa, decorrente da lavratura de auto de infração, será dirigida à Secretaria das relações do Trabalho.

Assim dispõe o art. 635

De toda decisão que impuser multa por infração das leis e disposições reguladoras do trabalho, e não havendo forma especial de processo, caberá recurso para o Diretor-Geral do Departamento ou Serviço do Ministério do Trabalho que for competente na matéria. (Redação dada pelo Decreto-lei n. 229, de 28.2.1967, DOU 28.2.1967)

Parágrafo único. As decisões serão sempre fundamentadas.

A alternativa "B" está incorreta. Como vimos, a defesa é administrativa e dirigida à Secretaria das relações do Trabalho.

A alternativa "D" está incorreta. O recurso é medida concedida à parte, tendo por pressuposto de admissibilidade o pagamento da multa.

Assim dispõe o art. 636, § 1º, da CLT:

Art. 636. Os recursos devem ser interpostos no prazo de 10 (dez) dias, contados do recebimento da notificação, perante a autoridade que houver imposto a multa, a qual, depois de os informar, encaminhá-los-á à autoridade de instância superior. (Redação dada pelo Decreto-lei n. 229, de 28.2.1967, DOU 28.2.1967)

§ 1º O recurso só terá seguimento se o interessado o instruir com a prova do depósito da multa. (Parágrafo incluído pelo Decreto-lei n. 229, de 28.2.1967, DOU 28.2.1967)

Súmula n. 424 — TST. Recurso administrativo. Pressuposto de admissibilidade. Depósito prévio da multa administrativa. Não recepção pela Constituição Federal do § 1º do art. 636 da CLT. (Res. 160/2009 — DeJT 20.11.2009)

O § 1º do art. 636 da CLT, que estabelece a exigência de prova do depósito prévio do valor da multa cominada em razão de autuação administrativa como pressuposto de admissibilidade de recurso administrativo, não foi recepcionado pela Constituição Federal de 1988, ante a sua incompatibilidade com o inciso LV do art. 5º.

Súmula n. 373, do STJ — É ilegítima a exigência de depósito prévio para admissibilidade de recurso administrativo. (DJEletrônico 30.3.2009)

132º OAB/SP

101. Tendo em vista o princípio da primazia da realidade, é correto afirmar que

☐ A) simples documento firmado por pessoa alfabetizada, por ocasião da admissão no emprego, renunciando aos direitos trabalhistas, tem plena validade.

☐ B) para o Direito do Trabalho, a verdade real deve prevalecer sobre a forma.

☐ C) simples documento firmado por pessoa alfabetizada, por ocasião da admissão no emprego, renunciando aos direitos trabalhistas, tem plena validade, desde que em presença de duas testemunhas.

☐ D) toda prestação de serviços configura relação de emprego.

A alternativa correta é a "B".

O princípio da primazia da realidade ou também chamado de contrato realidade é característica peculiar do direito do trabalho, onde a verdade real prevalece sobre a forma.

Ex.: cartões de ponto, quando não retratam a realidade da jornada de trabalho são desconsiderados pelo julgador. Outro exemplo: indivíduo contratado como pessoa jurídica. Se, ao verificar a realidade dos fatos, concluir-se que na verdade trata-se de empregado-empregador, o juiz descaracteriza o contrato de autônomo firmado entre as partes e reconhece o vínculo de emprego, em prol do princípio da primazia da realidade. Ou seja, os documentos são presunções relativas quando se trata de direito do trabalho.

Quanto aos itens "A" e "C" dizem respeito ao princípio da irrenunciabilidade de direitos, também chamado de princípio da indisponibilidade ou inderrogabilidade. A teor do art. 9º da CLT qualquer ato praticado com a finalidade de fraudar a legislação trabalhista é nulo de pleno direito. Assim estabelece referido dispositivo: "Serão nulos de pleno direito os atos praticados com o objetivo de desvirtuar, impedir ou fraudar a aplicação dos preceitos contidos na presente consolidação."

Esse princípio visa a proteger o empregado de atos praticados pelo empregador, dada a sua condição de hipossuficiente.

O item "D" não guarda nenhuma relação com a questão.

Todavia, cumpre consignar que nem toda a prestação de serviço configura relação de emprego. Para ser caracterizada relação de emprego é preciso observar os requisitos do art. 3º da CLT.

102. Ante os princípios que regem o Poder Diretivo do empregador, pode o Regulamento da Empresa dispor sobre

- A) exigência do uso de uniformes não convencionais, em caráter punitivo, para empregados que tiverem faltas não justificadas.
- B) exigência de presença semanal do empregado a culto religioso.
- C) horário do início da jornada, quer para o setor administrativo, quer para o setor da produção.
- D) origem social, raça e sexo do candidato a emprego.

A *alternativa correta é a "C"*.

Os poderes do empregador se dividem em: poder de DIREÇÃO, ORGANIZAÇÃO, CONTROLE e DISCIPLINAR.

Poder de direção — é a faculdade atribuída ao empregador de determinar o modo como a atividade do empregado deverá ser exercida.

O poder de direção do empregador corresponde ao dever de subordinação do empregado.

Também é encontrado na doutrina como poder hierárquico.

Poder de organização — é ínsito na atividade empresarial, onde o empregador poderá escolher a atividade a ser desenvolvida; fixar cargos e funções e exercer o chamado poder regulamentar.

Poder de controle — resulta na possibilidade de fiscalizar as atividades profissionais de seus empregados. Ex.: cartão de frequência, revista e etc.

Poder disciplinar — corresponde ao direito do empregador de punir seus empregados.

São permitidas a advertência e a suspensão. A suspensão está prevista no art. 474 da CLT. Para a advertência não há previsão legal, mas decorre do princípio de que "quem pode o mais, pode o menos".

Pois bem, é certo que as condições contratuais não podem ser alteradas unilateralmente pelo empregador.

Todavia, o poder diretivo deve ser exercido dentro da razoabilidade, de modo a não violar a intimidade do empregado e com limites à legislação trabalhista, que estabelece as garantias mínimas ao trabalhador.

Diante disso, tem-se que, em regra, a alteração de início e término da jornada decorre do poder diretivo do empregador.

A alternativa correta desta questão é de fácil constatação pela eliminação das erradas, pois a obrigatoriedade da utilização de uniformes não convencionais viola o direito à intimidade do empregado, razão pela qual a alternativa "A" está incorreta. A exigência a cultos religiosos também viola o direito à liberdade religiosa consagrada pela Constituição Federal e sua exigência caracteriza ato de discriminação (art. 5º, Inciso VI CF "é inviolável a liberdade de consciência e de crença, sendo assegurado o livre exercício dos cultos religiosos e garantida, no forma da lei, a proteção aos locais de culto e as liturgias), razão pela qual a alternativa "B" está incorreta. A alternativa "D" também é incorreta pois também se traduz em ato discriminatório.

103. Para a consideração da relação de emprego do trabalhador tido como empregado doméstico, a seguinte característica é a mais relevante:

☐ A) o grau de instrução do trabalhador.

☐ B) o valor da remuneração paga, em relação ao mercado de trabalho.

☐ C) a jornada diária de trabalho não exceder de 08 (oito) horas.

☐ D) que os serviços sejam prestados de natureza contínua e de finalidade não lucrativa à pessoa ou entidade familiar, no âmbito residencial destas.

A alternativa correta é a "D".

Trata-se de mais uma questão envolvendo a definição legal de empregado doméstico. Assim estabelece o art. 1º da Lei n. 5.859/72: "Ao empregado doméstico, assim considerado aquele que presta serviços de natureza contínua e de finalidade não lucrativa à pessoa ou à família no âmbito residencial destas, aplica-se o disposto nesta Lei."

A característica mais relevante é que o empregado doméstico deverá prestar os serviços no âmbito residencial de pessoa ou entidade familiar, de forma contínua, sem finalidade lucrativa. O grau de instrução é totalmente irrelevante, o que torna errada a alternativa "A". O valor da remuneração deve observar o salário mínimo e não o "mercado de trabalho", conforme menciona a alternativa "B", também incorreta.

Com relação à jornada, não há limitação imposta por lei. Ao contrário, o art. 7º alínea *a* da CLT exclui a aplicação da CLT aos domésticos. "Art. 7º Os preceitos constantes da presente Consolidação salvo quando for em cada caso, expressamente determinado em contrário, não se aplicam: a) aos empregados domésticos, assim considerados, de um modo geral, os que prestam serviços de natureza não econômica à pessoa ou à família, no âmbito residencial destas;"

Assim, a limitação da jornada prevista na CLT não se aplica aos domésticos. A Constituição Federal ao estabelecer os direitos dos domésticos não fez referência à limitação da jornada. Art. 7º, parágrafo único, CF: "São assegurados à categoria dos trabalhadores domésticos os direitos previstos nos incisos IV, VI, VIII, XV, XVII, XVIII, XIX, XXI e XXIV."

São direitos assegurados aos domésticos: 1) anotação do contrato na CTPS; 2) inscrição na previdência social e aposentadoria; 3) vale-transporte; 4) salário mínimo; 5) irredutibilidade do salário; 6) 13º salário; 7) repouso semanal remunerado; 8) férias anuais de 30 dias, acrescidas de 1/3 (um terço); 9) licença-gestante; 10) licença-paternidade; 11) aviso-prévio; 12) FGTS, por ato voluntário do empregador. Em sendo recolhido, fará jus ao seguro-desemprego; 13) estabilidade gestante.

Quanto aos direitos dos domésticos, cumpre destacar importante alteração trazida pela Lei n. 11.324/06, acrescentou os arts. 2-A, §§ 1º e 2º, alterou a redação do art. 3º e, acrescentou o art. 4º-A na Lei n. 5.859/72.

Art. 2º-A. É vedado ao empregador doméstico efetuar descontos no salário do empregado por fornecimento de alimentação, vestuário, higiene ou moradia.
§ 1º Poderão ser descontadas as despesas com moradia de que trata o *caput* deste artigo quando essa se referir a local diverso da residência em que ocorrer a prestação de serviço, e desde que essa possibilidade tenha sido expressamente acordada entre as partes.
§ 2º As despesas referidas no *caput* deste artigo não têm natureza salarial nem se incorporam à remuneração para quaisquer efeitos.

Art. 3º O empregado doméstico terá direito a férias anuais remuneradas de 30 (trinta) dias com, pelo menos, 1/3 (um terço) a mais que o salário normal, após cada período de 12 (doze) meses de trabalho, prestado à mesma pessoa ou família.

Art. 4º-A. É vedada a dispensa arbitrária ou sem justa causa da empregada doméstica gestante desde a confirmação da gravidez até 5 (cinco) meses após o parto.

104. Muito embora a prestação de serviços a título oneroso seja realizada fora do estabelecimento, ficará caracterizada a relação de emprego se o trabalho for

- A) externo, mas não eventual, e ostentando as características da subordinação e da pessoalidade.

- B) externo e não exclusivo, mas o prestador comunicar-se por meio eletrônico, mensalmente, com o tomador dos serviços.

- C) externo e não exclusivo, mas o prestador comunicar-se por meio eletrônico, a cada 15 (quinze) dias, com o tomador dos serviços.

- D) executado no domicílio do trabalhador, embora de forma eventual, mas podendo ser substituído por outras pessoas da família.

A alternativa correta é a "A".

O que caracteriza a relação de emprego é o trabalho prestado por pessoa física, não eventualidade, subordinação jurídica e onerosidade.

Não importa o local da prestação dos serviços, bastando a identificação dos requisitos supra-mencionados.

A relação de emprego, cujo contrato é *intuitu personae* em relação ao empregado, reveste-se do caráter de infungibilidade, ou seja, o trabalho há que ser executado pessoalmente, não podendo ser substituído por outra pessoa.

Frise-se que os requisitos da relação de emprego, constantes dos arts. 2º e 3º da Consolidação das Leis do Trabalho não são aplicados somente aos empregados por ela regidos, mas também se estendem àqueles regidos por leis especiais, tais como o trabalhador temporário, rural, atleta profissional etc.

A própria CLT tratar de trabalho externo no art. 62, inciso I. De acordo com o referido dispositivo, não são abrangidos pelo capítulo II do título II da CLT, que é aquele que trata da duração do trabalho, "os empregados que exercem atividade externa incompatível com a fixação de horário de trabalho, devendo tal condição ser anotada na Carteira de Trabalho e Previdência Social e no registro de empregados."

As alternativas "B" e "C" não traz nenhuma característica da relação de emprego. O fato de se comunicar com o tomador a cada 15 dias ou mensalmente por meio eletrônico é insuficiente para se concluir pela presença da subordinação, inerente à relação de emprego. Ainda, o requisito "exclusividade" não é requisito da relação empregatícia. Pouco importa se o trabalho é prestado com ou sem exclusividade.

Já a alternativa "D" também é incorreta porque trabalhar "de forma eventual" já é suficiente para descaracterizar a relação de emprego. Mais ainda, a alternativa fala em poder fazer-se substituir por outra pessoa, o que significa ausência de pessoalidade. Logo afastada a relação de emprego.

105. Entre os contratos de trabalho, inexiste regramento na lei brasileira para a hipótese

☐ A) de trabalho da chamada mãe social.

☐ B) de trabalho avulso do portuário.

☐ C) de contrato de safra.

☐ D) do contrato de equipe.

A alternativa correta é a "D".

Contrato de equipe — A CLT silencia quanto a esta modalidade de contratação, considerada como um conjunto de contratos individuais. A equipe é contratada pelo tomador dos serviços com a pessoa física ou jurídica que representa o grupo de trabalhadores.

Exemplo de contrato de equipe é o realizado por uma orquestra de músicos, citado pela maioria dos doutrinadores.

A atividade da mãe-social, alternativa "A" foi criada pela Lei n. 7.644/87. Mãe-social é aquela que se dedica à assistência do menor abandonado, exerça o encargo em nível social, dentro do sistema de casas-lares. (art. 2º)

São direitos das mães-sociais: 1) anotação na CTPS; 2) remuneração, não inferior ao salário mínimo; 3) repouso semanal remunerado de 24 horas consecutivos; 4) apoio técnico, administrativo e financeiro no desempenho de suas funções; 5) 30 dias de férias anuais remuneradas nos termos da CLT; 6) benefícios e serviços previdenciários, inclusive em caso de acidente do trabalho, na qualidade de segurada obrigatória; 7) décimo terceiro salário; 8) FGTS.

São condições para a admissão como mãe-social: 1) idade mínima de 25 (vinte e cinco) anos; 2) boa sanidade física e mental; 3) curso de primeiro grau, ou equivalente; 4) ter sido aprovada em treinamento de estágio; 5) boa conduta social; 6) aprovação em teste psicológico específico.

O trabalho avulso do portuário, alternativa "B", é regido pela Lei n. 8.630/93. É aquele que presta serviços, sem vínculo de emprego, a diversos tomadores, por intermédio obrigatório do Órgão Gestor de Mão de Obra (OGMO) ou do sindicato.

Contrato de safra (alternativa "C") é uma espécie de contrato por prazo determinado, previsto no art. 14 da Lei n. 5.889/73. Considera-se como safra o período compreendido entre o preparo do solo para o cultivo e a colheita (art. 19 do Decreto n. 73.626/74).

Outros contratos com regramento em lei:

1) Artista — Lei n. 6.533/78; 2) Técnico estrangeiro — Decreto-Lei n. 691/69; 3) Atleta Profissional — Lei n. 9.615/98; 4) Contrato temporário — Lei n. 6.019/74; 5) Estagiário — Lei n. 11.788/08; 6) Doméstico — Lei n. 5.859/72; 7) Rural — Lei n. 5.889/73 e etc.

106. Com respeito ao trabalho do menor, é correta a seguinte afirmação:

☐ A) a homologação da rescisão contratual com o pagamento das verbas rescisórias devidas exige a presença dos responsáveis e acompanhamento de um membro do Ministério Público do Trabalho, sob pena de nulidade.

☐ B) não pode firmar quaisquer recibos de pagamentos, sequer dos próprios salários, sem a assistência dos responsáveis legais.

☐ C) é lícito ao menor firmar individualmente recibo de pagamento de seu salário.

☐ D) a homologação da rescisão contratual, com o pagamento das verbas rescisórias devidas, exige a presença dos responsáveis e, ainda assim, somente terá validade se efetuada perante a Justiça do Trabalho.

A alternativa correta é a "C".

A Consolidação da Leis do Trabalho trata de maneira específica a questão da capacidade e considera menor o trabalhador de 14 (quatorze) até 18 (dezoito) anos (art. 402), sendo absolutamente incapaz o menor de 16 anos, cujo trabalho é permitido na condição de aprendiz.

A Emenda Constitucional n. 20, de 15.12.1998, alterou a idade mínima para o registro na condição de empregado de 14 para 16 anos. O menor aprendiz deverá ter a idade de mínima de 14 anos.

O trabalho, portanto, é permitido ao maior de 16 anos e menor de 18. A capacidade do menor de idade no Direito do Trabalho difere do Direito Civil e é relativa, o que limita a sua manifestação de vontade, impedindo de firmar e rescindir contratos e dar quitação geral.

Assim dispõe o art. 439, da CLT:

> É lícito ao menor firmar recibo pelo pagamento dos salários. Tratando-se, porém, de rescisão do contato de trabalho, é vedado ao menor de 18 (dezoito) anos dar, se assistência dos seus responsáveis legais, quitação ao empregador pelo recebimento da indenização que lhe for devida.

A alternativa "A" está incorreta. Na rescisão do contrato de trabalho do menor, basta a assistência dos seus responsáveis legais, a teor do que dispõe o já mencionado art. 439.

A alternativa "B" está incorreta. É permitido ao menor assinar recibos pelo pagamento de salários, sendo vedado, dar quitação ao empregador por ocasião da rescisão do contrato, caso em que ficará condicionado a assistência de seus responsáveis legais.

A alternativa "D" está incorreta, pelas razões já expostas, acrescentando que na rescisão do contrato com mais de um ano de serviço deverá ser feita com a assistência do Sindicato ou perante o Ministério do Trabalho e Emprego.

107. Tendo em vista a alteração da competência da Justiça do Trabalho (Emenda Constitucional de n. 45), é correto afirmar que o Representante Comercial pessoa natural e inscrito no Conselho Regional respectivo

- A) deve reclamar na Justiça Comum todos os direitos decorrentes daquela relação de trabalho.
- B) pode reclamar na Justiça do Trabalho apenas o pagamento das comissões.
- C) pode optar livremente por reclamar, tanto na Justiça do Trabalho quanto na Justiça Comum, todos os direitos decorrentes daquela relação de trabalho.
- D) deve reclamar na Justiça do Trabalho todos os direitos decorrentes daquela relação de trabalho.

A *alternativa correta é a "D"*.

Uma das principais alterações trazidas pela EC n. 45 foi a alteração do termo "relação de emprego" para "relação de trabalho". Ou seja, a partir da EC n. 45 a Justiça do Trabalho passou a ser competente não só para aquelas questões envolvendo empregado e empregador, mas também as questões envolvendo qualquer outra relação de trabalho, desde que se trate de pessoa natural, conforme mencionado na questão.

Art. 114. Compete à Justiça do Trabalho processar e julgar:
I — **as ações oriundas da relação de trabalho**, abrangidos os entes de direito público externo e da administração pública direta e indireta da União, dos Estados, do Distrito Federal e dos Municípios;

Assim o representante comercial, pessoa física (pessoa natural) poderá pleitear todos os direitos decorrentes da relação de trabalho existente na Justiça do Trabalho.

Por eliminação, ficam afastadas as alternativas "A" e "C", que falam em Justiça Comum. Esta última menciona a possibilidade de opção pelo representante, o que é um verdadeiro absurdo, pois trata-se de regra de competência absoluta. A alternativa "B" menciona que a competência é da Justiça do Trabalho, mas tão somente para pagamento de comissões. Tal restrição não existe, razão pela qual também está errada referida alternativa.

O termo "relação de trabalho" ensejou diversas discussões na doutrina e jurisprudência. Podemos dividir em três correntes. A primeira no sentido de que a competência permaneceu sendo para as relações de emprego, em face do que dispõe o inciso IX do art. 114 que estabelece; para a segunda, a alteração foi substancial, pois antes da EC n. 45, a Justiça do Trabalho tinha competência apenas para relação de empregado-empregador e após passou a ter competência para toda e qualquer relação de trabalho. Neste sentido foi editado o Enunciado n. 64 da 1ª Jornada de Direito Material e Processual na Justiça do Trabalho *"Havendo prestação de serviços por pessoa física a outrem, seja a que título for, há relação de trabalho incidindo a competência da Justiça do Trabalho para os litígios dela oriundos (CF, art. 114, I), não importando qual o direito material que será utilizado na solução da lide (CLT, CDC, CC etc.)"*. Por fim, para uma terceira corrente, a competência da Justiça do Trabalho é para toda e qualquer relação de trabalho, que não seja relação de consumo.

108. Julgada procedente a ação em primeiro grau, a empresa apresenta Recurso Ordinário, no último dia do prazo, anexando declaração ao Juízo, informando não possuir disponibilidade para efetuar o depósito recursal, solicitando 30 (trinta) dias de prazo para fazê-lo. O Juiz deverá

- A) conceder o prazo suplementar e improrrogável de 05 (cinco) dias para o depósito.
- B) declarar deserto e indeferir o processamento do recurso.
- C) determinar que a empresa ofereça bem em garantia.
- D) acolher o pedido de 30 (trinta) dias para o depósito.

A *alternativa correta é a "B"*.

O depósito recursal deve ser efetuado no prazo alusivo ao recurso. E, prazos processuais são peremptórios, ou seja, não permitem a dilação.

Súmula n. 245 — DEPÓSITO RECURSAL. PRAZO (mantida) — Res. 121/2003, DJ 19, 20 e 21.11.2003

O depósito recursal deve ser feito e comprovado no prazo alusivo ao recurso. A interposição antecipada deste não prejudica a dilação legal.

Por tal motivo, a não apresentação no prazo do recurso implica em deserção.

---

109. Empresa, alegando ser credora do Reclamante por dívida de natureza trabalhista, apresenta, apenas por ocasião da execução definitiva, pedido de compensação. O pedido deve ser

- A) indeferido, pois deveria ter sido formulado, no máximo, até o prazo de interposição de Recurso de Revista.
- B) acolhido, evitando-se o locupletamento ilícito do devedor.
- C) indeferido, pois deveria ter sido formulado em Recurso Ordinário.
- D) indeferido, pois a compensação deveria ter sido arguida na Contestação como matéria de defesa.

A *alternativa correta é a "D"*.

A compensação é matéria de defesa, conforme dispõe o art. 767 da CLT: "A compensação, ou retenção, só poderá ser arguida como matéria de defesa."

Assim, trata-se de matéria de defesa, conforme também estabelece a Súmula n. 48 do TST.

Súmula n. 48 — COMPENSAÇÃO (mantida) — Res. 121/2003, DJ 19, 20 e 21.11.2003. A compensação só poderá ser arguida com a contestação.

À teor da Súmula n. 18 do TST só poderão ser compensadas dívidas de natureza trabalhista:

Súmula n. 18 — COMPENSAÇÃO (mantida) — Res. 121/2003, DJ 19, 20 e 21.11.2003. A compensação, na Justiça do Trabalho, está restrita a dívidas de natureza trabalhista.

Por fim, quanto a compensação destaca-se o teor da Orientação Jurisprudencial n. 356 da SDI-I do TST.

OJ-SDI1-356 — PROGRAMA DE INCENTIVO À DEMISSÃO VOLUNTÁRIA (PDV). CRÉDITOS TRABALHISTAS RECONHECIDOS EM JUÍZO. COMPENSAÇÃO. IMPOSSIBILIDADE (DJ 14.3.2008)

Os créditos tipicamente trabalhistas reconhecidos em juízo não são suscetíveis de compensação com a indenização paga em decorrência de adesão do trabalhador a Programa de Incentivo à Demissão Voluntária (PDV).

---

110. As nulidades processuais em matéria trabalhista devem ser arguidas

- A) na primeira vez em que o interessado tiver de falar em audiência ou nos autos, e ainda assim, desde que os atos inquinados acarretem manifesto prejuízo à parte que os argúi.

- B) a qualquer tempo, solicitando-se reabertura da instrução para ampla prova da nulidade suscitada.

- C) apenas por ocasião da execução definitiva, mesmo que tenha ocorrido durante a instrução processual.

- D) na primeira vez em que o interessado tiver de falar em audiência ou nos autos, pouco importando que os atos inquinados acarretem ou não prejuízo ao requerente, tendo em vista a primazia do rigorismo formal que deve nortear o processo trabalhista.

A alternativa correta é a "A".

Assim estabelecem os arts. 794 e 795 da CLT:

Art. 794. Nos processos sujeitos à apreciação da Justiça do Trabalho só haverá nulidade quando resultar dos atos inquinados manifesto prejuízo às partes litigantes.

Art. 795. As nulidades não serão declaradas senão mediante provocação das partes, as quais deverão argui-las à primeira vez em que tiverem de falar em audiência ou nos autos.

O art. 794 consagra o princípio do prejuízo ou da transcendência onde não haverá nulidade sem prejuízo e o art. 795 consagra o princípio da convalidação ou da preclusão, onde as nulidades devem ser arguidas no primeiro momento que a parte deve falar nos autos.

A alternativa "B" contraria o princípio da preclusão, pois se não arguida a nulidade no momento oportuno, a parte perde o direito de alegá-la posteriormente, razão pela qual incorreta.

A alternativa "C" além de contrariar o princípio da preclusão, contraria também a coisa julgada, pois se já transitada em julgada, só por ação rescisória.

A alternativa "D" está correta apenas até a primeira vírgula, pois no mais contraria o disposto no art. 794 da CLT.

111. Tendo em vista o princípio da irrenunciabilidade de direitos trabalhistas, é correto afirmar que se

- A) veda a renúncia, mas aceita-se a transação sobre determinados direitos quando houver expressa previsão legal para tanto.
- B) veda tanto a renúncia quanto a transação.
- C) aceita a renúncia se formalizada por escrito, por ocasião da admissão.
- D) aceita a renúncia se o empregado for maior e capaz.

A *alternativa correta é a "A".*

Renúncia é a declaração de vontade unilateral que atinge direito certo e determinado, que lhe acarreta a extinção. Transação é ato bilateral e recai sobre direito duvidoso. Neste pressupõe concessões recíprocas.

O princípio da irrenunciabilidade de direitos trabalhistas, consagrado pelo art. 9º da CLT, dispõe que "Serão nulos de pleno direito os atos praticados com o objetivo de desvirtuar, impedir ou fraudar a aplicação dos preceitos contidos na presente consolidação".

Seguindo o princípio da proteção, o qual assegura ao trabalhador regras protetivas, o princípio da irrenunciabilidade, também chamado de princípio da indisponibilidade ou inderrogabilidade, procura garantir ao mais fraco na relação laboral, direitos mínimos, encontrados na Carta Constitucional, arts. 6º a 11, estabelecendo normas imperativas e que deverão ser obrigatoriamente observadas pelas partes.

Assim sendo, ainda que o empregado abra mão de seus direitos, renunciando, o Estado por meio de mecanismos e regras de que dispõe deve verificar se não ocorreu vício de consentimento, pressão ou mesmo coação por parte do empregador.

Registre-se, todavia, que não obstante as normas que possuem força cogente, indisponíveis portanto, há no contrato de trabalho direitos que podem ser objeto de estipulação, sendo disponíveis, desde que não haja prejuízo para o empregado, consoante estabelece o art. 468 da CLT, ao dispor — "Nos contratos individuais de trabalho só é lícita a alteração das respectivas condições por mútuo consentimento, e ainda assim desde que não resultem, direita ou indiretamente, prejuízos ao empregado, sob pena de nulidade da cláusula infringente desta garantia".

Em suma, a transação será admitida em algumas hipóteses, mas a renúncia nunca.

112. Com respeito ao contrato de experiência, é lícito afirmar que

☐ A) poderá ser contratado por 90 (noventa) dias e prorrogado por mais 90 (noventa).

☐ B) não poderá exceder o prazo de 90 (noventa) dias.

☐ C) poderá ser firmado por prazo não superior a 02 (dois) anos, autorizada a prorrogação por mais 02 (dois) anos.

☐ D) poderá ser firmado por prazo não superior a 02 (dois) anos, vedada a prorrogação.

A alternativa correta é a "B".

O contrato de experiência é uma modalidade de contrato por prazo determinado, que tem por finalidade a avaliação da capacidade do empregado para ocupar o cargo que pleiteia.

O prazo máximo admitido para a sua duração é de 90 dias.

Não obstante a prefixação do prazo, o fato é que pode ocorrer a aprovação do empregado e consequentemente a continuidade do pacto.

Estabelece o art. 451 da CLT — "O contrato de trabalho por prazo determinado que, tácita ou expressamente, for prorrogado mais de uma vez, passará a vigorar sem a determinação de prazo."

A resposta da questão está no art. 445 da CLT que estabelece: "O contrato de trabalho por prazo determinado não poderá ser estipulado por mais de 2 (dois) anos, observada a regra do art. 451. PARÁGRAFO ÚNICO. O contrato de experiência não poderá exceder de 90 (noventa) dias.

Assim sendo, poderá ser dividido o período de experiência em dois períodos, por exemplo. O primeiro de 30 dias e o segundo por 60 dias.

A alternativa "A" é contrária ao que estabelece a Súmula n. 188 do TST: "CONTRATO DE TRABALHO — EXPERIÊNCIA — PRORROGAÇÃO. O contrato de experiência pode ser prorrogado, respeitado o limite máximo de 90 (noventa) dias."

Já as alternativas "C" e "D" estão erradas porque, primeiro, contrato de experiência não pode ser firmado por dois anos; segundo, nos contratos à prazo por dois anos, só é permitida a prorrogação desde que o tempo total não ultrapasse dois anos e, terceiro, porque é permitida a prorrogação.

113. No conceito de remuneração, é correto afirmar que

☐ A) as gorjetas pagas por terceiros não compõem a remuneração.

☐ B) o transporte fornecido pelo empregador, destinado ao deslocamento para o trabalho e retorno, em percurso servido ou não por transporte público, é considerado salário.

☐ C) a assistência médica, fornecida pelo empregador prestada diretamente ou mediante seguro-saúde, é considerada salário.

☐ D) não se incluem nos salários as ajudas de custo, assim como as diárias para viagem que não excedam 50% (cinquenta por cento) do salário percebido pelo empregado.

A alternativa correta é a "D".

Assim dispõe o § 2º do art. 457 — "Não se incluem nos salários as ajudas de custo, assim como as diárias para viagem que não excedam de 50% (cinquenta por cento) do salário percebido pelo empregado".

Devemos entender portanto que, em regra, as ajudas de custo e as diárias são consideradas salário se o seu valor for superior ao salário do empregado.

Assim a Súmula n. 101 do TST: "Integram o salário, pelo seu valor total e para efeitos indenizatórios, as diárias de viagem que excedam a 50% (cinquenta por cento) do salário do empregado, enquanto perdurarem as viagens".

As diárias importam no pagamento efetuado ao empregado para ressarcir despesas com hospedagem, deslocamentos, alimentação.

A ajuda de custo importa no reembolso ou adiantamento de despesas efetuadas pelo empregado na execução do seu trabalho realizado em local diverso do seu domicílio.

As diárias e ajuda de custo, portanto, visam ressarcir despesas efetuadas pelo empregado e não retribuir o serviço prestado.

O disposto no § 2º do art. 457 da CLT trata de presunção relativa. Ou seja, se as diárias e ajudas de custo forem superiores a 50% do salário, caberá ao empregador provar a destinação para o trabalho; se forem inferiores, caberá ao empregado provar que não se destinam ao trabalho.

O que vai definir é a finalidade. Na ausência de prova, a lei traçou uma presunção.

A Súmula n. 318 do TST estabelece como devem ser calculados os 50%: "Tratando-se de empregado mensalista, a integração das diárias ao salário deve ser feita tomando-se por base o salário mensal por ele percebido, e não o salário-dia, somente sendo devida a referida integração quando o valor das diárias, no mês, for superior à metade do salário mensal".

Incorreta a alternativa "A", uma vez que as gorjetas pagas por terceiros integram a remuneração. Assim estatui o art. 457: "Compreende-se na remuneração do empregado, para os efeitos legais, além do salário devido e pago diretamente pelo empregador, como contraprestação do serviço, as gorjetas que receber".

Incorretas também as alternativas "B" e "C". Com efeito, de conformidade com o art. 458, § 2º, III e IV, da CLT, não serão consideradas como salário — "transporte destinado ao deslocamento para o trabalho e retorno, em percurso servido ou não por transporte público" e "assistências médica, hospitalar e odontológica, prestadas diretamente ou mediante seguro-saúde".

114. Em se tratando de aplicação da justa causa, é correto afirmar que:

☐ A) em nenhuma hipótese será concedido o aviso-prévio.

☐ B) quando decorrente de ato de improbidade, é válida desde que seja concedido o aviso-prévio.

☐ C) quando decorrente de ato de indisciplina, é válida desde que seja concedido o aviso-prévio.

☐ D) quando decorrente de ato de desídia no desempenho das respectivas funções, é válida desde que seja concedido o aviso-prévio.

A alternativa correta é a "A".

A dispensa por justa causa importa na quebra de confiança, em razão de ato faltoso grave, praticado pelo empregado e que inviabiliza a continuidade da relação jurídica.

Assim sendo, configurada a justa causa, em nenhuma hipótese, o empregado terá direito a receber o aviso-prévio. Fará jus ao saldo de salário, às férias, simples ou em dobro, conforme o caso, e ao terço constitucional.

SUM-73 — DESPEDIDA. JUSTA CAUSA (nova redação) — Res. 121/2003, DJ 19, 20 e 21.11.2003. A ocorrência de justa causa, salvo a de abandono de emprego, no decurso do prazo do aviso-prévio dado pelo empregador, retira do empregado qualquer direito às verbas rescisórias de natureza indenizatória.

A alternativa "B" está incorreta. O aviso-prévio é incabível, como vimos, na ocorrência de falta grave. A improbidade é uma das hipóteses de justa causa e importa em atos que revelam desvio de conduta, tais como a desonestidade, a violação do dever moral, a falsidade, a perversidade, a má-fé, a fraude, a ação ou a omissão com dolo, visando vantagem para si ou para outrem.

A alternativa "C" está incorreta, pelas razões já declinadas, acrescentando que a indisciplina corresponde ao não atendimento das ordens gerais de serviço e a insubordinação, na desobediência de ordens diretas dadas pelo empregador.

A alternativa "D" está incorreta. A desídia se revela pelo desinteresse do empregado no desempenho de suas funções, que inviabilize a continuidade do vínculo laboral. Incabível o aviso-prévio.

115. No que se refere ao sistema de organização sindical brasileiro, é correto afirmar que

- A) o sistema é o da unicidade sindical, sendo vedada a criação de mais de uma organização sindical na mesma base territorial, que não poderá ser inferior à área de um Estado.

- B) o sistema vigente é o da pluralidade sindical.

- C) o sistema é o da unicidade sindical, sendo vedada a criação de mais de uma organização sindical na mesma base territorial, que não poderá ser inferior à área de um Município.

- D) o sistema vigente é misto, sendo facultada a unicidade ou a pluralidade.

A alternativa correta é a "C".

O sistema de organização sindical vigente deve, obrigatoriamente observar o princípio da unicidade sindical, segundo o qual em uma base territorial (determinado espaço geográfico), só pode haver uma entidade sindical representativa de determinada categoria.

> Art. 8º, II, da Constituição Federal — "É vedada a criação de mais de uma organização sindical, em qualquer grau, representativa de categoria profissional ou econômica, na mesma base territorial, que será definida pelos trabalhadores ou empregados interessados, não podendo ser inferior à área de um Município".

A alternativa "A" está incorreta, porquanto o sistema vigente é o da unicidade sindical, que importa na existência de uma única entidade sindical em determinada base territorial, por imposição legal, que não pode ser inferior a um município e não a um estado.

A alternativa "B" está incorreta. Com efeito, o sistema vigente é o da unicidade sindical, como já mencionado. O sistema oposto é o da pluralidade sindical, que importa na existência de duas ou mais entidades representativas do mesmo grupo e na mesma base territorial. Não há interferência do Estado e as organizações são criadas por vontade dos interessados.

A alternativa "D" está incorreta. O nosso sistema é o da unicidade sindical, identificado como o que, por imposição legal, permite a existência de uma única entidade sindical, representativa do mesmo grupo, em uma única base territorial. Há outros sistemas como o da unidade sindical que se caracteriza pela existência de um único sindicato não imposto por lei e decorre da vontade de empregados e empregadores e o da pluralidade sindical, segundo o qual, pode haver mais de um sindicato na mesma base territorial. O sistema misto seria a coexistência dos dois sistemas, ou seja, a pluralidade em um nível e a unicidade em outro. Nosso sistema é confederativo e a unicidade é adotada em todos os níveis, do sindicato às confederações.

116. A assistência judiciária que será prestada obrigatoriamente pelo Sindicato Profissional dirige-se, por força de lei,

☐ A) a qualquer do povo, independentemente de sua condição financeira.

☐ B) a ninguém, pois não há obrigatoriedade de atender qualquer pessoa, seja da categoria ou não.

☐ C) a todo aquele que perceber salário igual ou inferior ao dobro do mínimo legal, assegurado igual benefício ao trabalhador de maior salário, mas que comprove situação econômica que não lhe permita demandar, sem prejuízo do sustento próprio ou da família.

☐ D) a ninguém, pois não há obrigatoriedade de atender qualquer pessoa, salvo se tiver sido Diretor do Sindicato.

A *alternativa correta é a "C".*

A Lei n. 5.584/70, estabelece no seu art. 14 — "Na Justiça do Trabalho, assistência judiciária a que se refere a Lei n. 1.060, de 5 de fevereiro de 1950, será prestada pelo sindicato da categoria profissional a que pertencer o trabalhador.

§ 1º A assistência é devida a todo aquele que perceber salário igual ou inferior ao dobro do mínimo legal, ficando assegurado igual benefício ao trabalhador de maior salário, uma vez provado que sua situação econômica não lhe permite demandar, sem prejuízo do sustento ou da família.

Constitui obrigação do Sindicato manter serviços de assistência judiciária para os associados e não associados.

Assim dispõe o art. 592, da CLT, que trata da aplicação da contribuição sindical: "A contribuição sindical, além das despesas vinculadas à sua arrecadação, recolhimento e controle, será aplicada pelos Sindicatos, na conformidade dos respectivos estatutos, visando aos seguintes objetivos: .... II — Sindicato de empregados — a) assistência judiciária; ...".

Sobre o tema destacam-se as Súmulas ns. 219 e 329, a seguir transcritas:

Súmula n. 219 — HONORÁRIOS ADVOCATÍCIOS. HIPÓTESE DE CABIMENTO *(nova redação do item II e inserido o item III à redação)* — Res. 174/2011, DEJT divulgado em 27, 30 e 31.5.2011

I — Na Justiça do Trabalho, a condenação ao pagamento de honorários advocatícios, nunca superiores a 15% (quinze por cento), não decorre pura e simplesmente da sucumbência, devendo a parte estar assistida por sindicato da categoria profissional e comprovar a percepção de salário inferior ao dobro do salário mínimo ou encontrar-se em situação econômica que não lhe permita demandar sem prejuízo do próprio sustento ou da respectiva família. *(ex-Súmula n. 219 — Res. 14/1985, DJ 26.9.1985)*

II — É cabível a condenação ao pagamento de honorários advocatícios em ação rescisória no processo trabalhista.

Súmula n. 329 — HONORÁRIOS ADVOCATÍCIOS. ART. 133 DA CF/1988 (mantida) — Res. 121/2003, DJ 19, 20 e 21.11.2003

Mesmo após a promulgação da CF/1988, permanece válido o entendimento consubstanciado na Súmula n. 219 do Tribunal Superior do Trabalho.

A alternativa "A" está incorreta. A assistência judiciária é um benefício concedido pelo Sindicato aos associados ou não. Todavia, os beneficiários deverão pertencer à categoria representada pela entidade. Como vimos da análise da alternativa correta, a contribuição sindical consiste em uma contribuição compulsória, ou seja, que independe da vontade do trabalhador e destina-se, entre outras aplicações ao custeio das despesas processuais até final do processo.

A alternativa "B" está incorreta. O Sindicato é obrigado a prestar assistência a seus filiados ou não, desde que pertencentes a mesma categoria. A Constituição Federal, no art. 8º, III, estabelece: "ao sindicato cabe a defesa dos direitos e interesses coletivos ou individuais da categoria, inclusive em questões judiciais ou administrativas" — VI — é obrigatória a participação dos sindicatos nas negociações coletivas de trabalho ...".

Sobre a obrigatoriedade do sindicato, assim dispõe o art. 513 do Diploma Consolidado: "São prerrogativas do Sindicato: a) representar, perante as autoridades administrativas e judiciárias, os interesses gerais da respectiva categoria ou profissão liberal ou os interesses individuais dos associados relativos à atividade ou profissão exercida;". No art. 14, do mesmo dispositivo legal, dispõe sobre os deveres dos sindicatos, dentre eles o constante da alínea b, qual seja — "manter serviços de assistência judiciária para os associados".

Incorreta a alternativa "D", pelas razões já mencionadas.

---

117. Serão submetidos ao procedimento sumaríssimo os dissídios individuais em que, na data do ajuizamento, o respectivo valor não exceda a

☐ A) 60 (sessenta) vezes o salário mínimo.

☐ B) 40 (quarenta) vezes o salário mínimo.

☐ C) 30 (trinta) vezes o salário mínimo.

☐ D) 02 (dois) salários mínimos.

A alternativa correta é a "B".

Art. 852-A CLT — Os dissídios individuais cujo valor não exceda a quarenta vezes o salário mínimo vigente na data do ajuizamento da reclamação ficam submetidos ao procedimento sumaríssimo.
Parágrafo único. Estão excluídas do procedimento sumaríssimo as demandas em que é parte a Administração Pública direta, autárquica e fundacional.

No processo do trabalho o que irá determinar o procedimento é o valor da causa: rito sumário — até 2 salários mínimos; rito sumaríssimo — até 40 salários mínimos, exceto ações em que é parte a Administração Pública direta, autárquica e fundacional e; rito ordinário — mais de 40 salários mínimos.

118. No procedimento sumaríssimo, o limite de testemunhas a serem ouvidas, como expressamente previsto em lei, será

☐ A) decidido pelo Juízo, que poderá autorizar a oitiva de até 5 (cinco) para cada parte, pois não há limite estabelecido.

☐ B) até 03 (três) para cada parte.

☐ C) 01 (uma) para cada parte.

☐ D) até 02 (duas) para cada parte.

A alternativa correta é a "D".

Art. 852-H. Todas as provas serão produzidas na audiência de instrução e julgamento, ainda que não requeridas previamente.
...
§ 2º As testemunhas, até o máximo de duas para cada parte, comparecerão à audiência de instrução e julgamento independentemente de intimação.
§ 3º Só será deferida intimação de testemunha que, comprovadamente convidada, deixar de comparecer. Não comparecendo a testemunha intimada, o juiz poderá determinar sua imediata condução coercitiva.

Tanto no procedimento ordinário quanto no sumaríssimo as testemunhas comparecerão independentemente de intimação. Entretanto, no sumaríssimo, só será deferida a intimação com a prova do convite, o que não se exige no rito ordinário.

No rito ordinário e sumário, cada parte poderá ouvir até 3 testemunhas. No rito sumaríssimo, até duas para cada parte e no inquérito judicial para apuração de falta grave, até 6 testemunhas para cada parte.

Incorretas, portanto, as alternativas "A", "B" e "C".

119. A estabilidade da empregada gestante está assegurada

☐ A) desde a confirmação da gravidez até 05 (cinco) meses após o parto.

☐ B) desde a confirmação da gravidez e enquanto perdurar a licença-maternidade, com duração de 120 (cento e vinte) dias.

☐ C) desde a confirmação da gravidez até 12 (doze) meses após o parto.

☐ D) desde a confirmação da gravidez até 06 (seis) meses após o parto.

A alternativa correta é a "A".

A estabilidade da gestante encontra previsão legal no art. 10, inciso II, alínea *b* do ADCT (Ato das Disposições Constitucionais Transitórias):

Art. 10. Até que seja promulgada a lei complementar a que se refere o art. 7º, I, da Constituição:
...

II — fica vedada a dispensa arbitrária ou sem justa causa:
...
b) da empregada gestante, desde a confirmação da gravidez até cinco meses após o parto.

Por tal motivo, incorreta as demais.

---

120. A estabilidade dos membros da CIPA atinge

☐ A) a todos os membros, tanto os representantes dos empregados quanto os dos empregadores.

☐ B) apenas membros titulares e suplentes que tenham sido eleitos pelos empregados, sendo que não poderão sofrer despedida arbitrária, entendendo-se como tal a que não se fundar em motivo disciplinar, técnico, econômico ou financeiro.

☐ C) apenas o Presidente e o Vice-Presidente da CIPA.

☐ D) apenas membros titulares, pouco importando sejam representantes do empregador ou eleitos pelos empregados.

A alternativa correta é a "B".

Apenas os titulares e suplentes gozam de estabilidade.

Assim dispõe o art. 165, da CLT:

Art. 165. Os titulares da representação dos empregados nas CIPAs não poderão sofrer despedida arbitrária, entendendo-se como tal a que não se fundar em motivo disciplinar, técnico, econômico ou financeiro

Súmula n. 339 — CIPA. Suplente. Garantia de emprego. CF/1988. *(Res. 39/1994, DJ 20.12.1994. Nova redação em decorrência da incorporação das Orientações Jurisprudenciais ns. 25 e 329 da SDI-1 — Res. 129/2005, DJ. 20.4.2005)*

I — O suplente da CIPA goza da garantia de emprego prevista no art. 10, II, "a", do ADCT a partir da promulgação da Constituição Federal de 1988. *(ex-Súmula n. 339 — Res 39/1994, DJ 20.12.1994 e ex-OJ n. 25 — Inserida em 29.3.1996)*

II — A estabilidade provisória do cipeiro não constitui vantagem pessoal, mas garantia para as atividades dos membros da CIPA, que somente tem razão de ser quando em atividade a empresa. Extinto o estabelecimento, não se verifica a despedida arbitrária, sendo impossível a reintegração e indevida a indenização do período estabilitário. *(ex-OJ n. 329 — DJ 9.12.2003)*

OJ SDI2 n. 6 — *Ação rescisória. Cipeiro suplente. Estabilidade. ADCT da CF/88, art. 10, II, "a". Súmula n. 83 do TST.* *(Inserida em 20.9.2000. Nova redação — Res. 137/2005, DJ 22.8.2005)*

A alternativa "A" está incorreta. A estabilidade como vimos, alcança somente os membros da CIPA que exerçam cargo de direção, estendo-se a garantia ao suplente.

A alternativa "C" está incorreta. A estabilidade, ou seja, a proteção contra a despedida arbitrária alcança somente o vice-presidente, o qual é escolhido dentre os trabalhadores.

Assim estabelece o § 5º, do art. 164, da CLT:

> O empregador designará, anualmente, dentre os seus representantes, o Presidente da CIPA, e os empregados elegerão, dentre eles, o Vice-Presidente.

A alternativa "D" está incorreta. Apenas os representantes dos empregados e seus respectivos suplentes detém a proteção contra a despedida arbitrária.

134º
OAB/SP

121. Nos dissídios de alçada exclusiva da vara do trabalho, apenas cabe recurso no caso de a questão decidida

☐ A) limitar-se a matéria de fato.

☐ B) versar sobre legislação ordinária federal.

☐ C) versar sobre matéria constitucional.

☐ D) versar sobre interpretação de cláusula de convenção coletiva.

A alternativa correta é a "C".

Dissídio de alçada é o procedimento sumário, previsto na Lei n. 5.584/70. Por tal procedimento tramitarão as ações de até 2 salários mínimos.

Uma das características deste procedimento é que da decisão do juiz só caberá recurso para o Tribunal se versar sobre matéria constitucional.

Outras características: máximo de 3 testemunhas; a ata da audiência é mais simplificada; não é admitida a apresentação de reconvenção e intervenção de terceiros.

> Súmula n. 356 TST — o art. 2º, § 4º, da Lei n. 5.584/70 foi recepcionado pela CF/1988, sendo lícita a fixação do valor da alçada com base no salário mínimo.

Por tal motivo, incorretas as alternativas "A", "B" e "D".

122. Com referência à Carteira de Trabalho e Previdência Social, assinale a opção correta.

- A) Tal documento é desnecessário para os trabalhadores em domicílio, mesmo que a relação jurídica implique vínculo de emprego.

- B) Tal documento é desnecessário para o trabalhador rural, mesmo que a relação jurídica implique vínculo de emprego.

- C) Esse documento é desnecessário para os trabalhadores domésticos, mesmo que a relação jurídica implique vínculo de emprego.

- D) Nas localidades onde tal documento não seja emitido, o empregado que não o possua poderá ser admitido até o limite de 30 dias, ficando a empresa, em tal período, obrigada a permitir o comparecimento do trabalhador ao posto de emissão mais próximo.

A alternativa "D" está correta e traduz o que dispõem os §§ 3º e 4º, do art. 13, da CLT.

Art. 13. A Carteira de Trabalho e Previdência Social é obrigatória para o exercício de qualquer emprego, inclusive de natureza rural, ainda que em caráter temporário, e para o exercício por conta própria de atividade profissional remunerada. (Redação dada pelo Decreto-lei n. 926, de 10.10.1969)

...

§ 3º Nas localidades onde não for emitida a Carteira de Trabalho e Previdência Social poderá ser admitido, até 30 (trinta) dias, o exercício de emprego ou atividade remunerada por quem não a possua, ficando a empresa obrigada a permitir o comparecimento do empregado ao posto de emissão mais próximo. (Redação dada pela Lei n. 5.686, de 3.8.1971)

§ 4º Na hipótese do § 3º: (Incluído pelo Decreto-lei n. 926, de 10.10.1969)

I — o empregador fornecerá ao empregado, no ato da admissão, documento do qual constem a data da admissão, a natureza do trabalho, o salário e a forma de seu pagamento; (Incluído pelo Decreto-lei n. 926, de 10.10.1969)

II — se o empregado ainda não possuir a carteira na data em que for dispensado, o empregador lhe fornecerá atestado de que conste o histórico da relação empregatícia. (Incluído pelo Decreto-lei n. 926, de 10.10.1969)

A alternativa "A" está incorreta. Estabelece o art. 6º da CLT:

Art. 6º Não se distingue entre o trabalho realizado no estabelecimento do empregador e o executado no domicílio do empregado, desde que esteja caracterizada a relação de emprego.

Este dispositivo diz respeito aos empregados que prestam serviços no seu domicílio. Não importa o local da prestação de serviço, sendo necessário para a caracterização da relação de emprego, ou seja, pessoalidade, não eventualidade, onerosidade, subordinação e alteridade. Consigne-se que no trabalho realizado no domicílio o controle é baseado no resultado, sendo obrigatória a anotação do contrato na CTPS do empregado.

A alternativa "B" está incorreta. Os trabalhadores rurais, regidos pela Lei n. 5.889/73, passaram a ter os mesmos direitos dos trabalhadores urbanos. (art. 7º, da CF de 1988), sendo portanto obrigatória a anotação do seu contrato de trabalho. A exclusão constante na alínea b do art. 7º, da CLT encontra-se derrogada tacitamente.

A alternativa "C" está incorreta. O empregado doméstico deve ter anotado o seu contrato de trabalho na CTPS.

Art. 7º São direitos dos trabalhadores urbanos e rurais, além de outros que visem à melhoria de sua condição social:

Parágrafo único. São assegurados à categoria dos trabalhadores domésticos os direitos previstos nos incisos IV, VI, VIII, XV, XVII, XVIII, XIX, XXI e XXIV, bem como a sua integração à previdência social.

123. O contrato de trabalho por prazo determinado, em nenhuma hipótese, poderá ser estipulado por prazo superior a

- A) 120 dias.
- B) 180 dias.
- C) 2 anos.
- D) 3 anos.

A alternativa correta é a "C".

Estabelece o art. 445 da CLT: "O contrato de trabalho por prazo determinado não poderá ser estipulado por mais de 2 (dois) anos, observada a regra do art. 451...".

Art. 451. O contrato de trabalho por prazo determinado que, tácita ou expressamente, for prorrogado mais de uma vez, passará a vigorar sem a determinação de prazo.

Esta é a regra geral dos contratos a termo, previsto na CLT.

É certo que leis esparsas estabelecem prazos superiores de vigência.

Todavia, o espírito é o mesmo — a soma dos contratos não poderá ultrapassar o limite previsto em lei, em havendo prorrogação.

Na hipótese de sucessão de contratos à prazo, aplica-se o disposto no art. 452 da CLT:

Art. 452 CLT — Prazo entre dois contratos por prazo determinado é de seis meses, salvo se a expiração do prazo dependeu da execução de serviços especializados ou da realização de certos acontecimentos.

---

124. Para os trabalhadores maiores de 18 anos, considerando-se contrato de trabalho que perdurar por mais de 3 anos, a prescrição do direito de reclamar a concessão das férias ou o pagamento da respectiva remuneração é

- A) contada do término do prazo do período concessivo, ou, se for o caso, da cessação do contrato de trabalho.
- B) contada do término do prazo do período aquisitivo.
- C) contada a partir da data em que o trabalhador completar 19 anos.
- D) inexistente, visto que tal direito é imprescritível.

A alternativa correta é a "A".

O empregado deve reclamar a não concessão das férias ou o não recebimento da remuneração das mesmas, a partir do término do período concessivo ou da cessação do contrato de trabalho, se for o caso, sob pena de prescrição.

Assim dispõe o art. 149, da CLT:

> Art. 149. A prescrição do direito de reclamar a concessão das férias ou o pagamento da respectiva remuneração é contada do término do prazo mencionado no art. 134 ou, se for o caso, da cessação do contrato de trabalho. *(Redação dada pelo Decreto-lei n. 1.535, de 13.4.1977)*

O "término do prazo mencionado no art. 134" é o chamado período concessivo.

Período aquisitivo são os primeiros 12 meses do contrato de trabalho. Período concessivo são os 12 meses subsequentes.

> Art. 134. As férias serão concedidas por ato do empregador, em um só período, nos 12 (doze) meses subsequentes à data em que o empregado tiver adquirido o direito. *(Redação dada pelo Decreto-lei n. 1.535, de 13.4.1977)*
> § 1º Somente em casos excepcionais serão as férias concedidas em 2 (dois) períodos, um dos quais não poderá ser inferior a 10 (dez) dias corridos. *(Incluído pelo Decreto-lei n. 1.535, de 13.4.1977)*
> § 2º Aos menores de 18 (dezoito) anos e aos maiores de 50 (cinquenta) anos de idade, as férias serão sempre concedidas de uma só vez. *(Incluído pelo Decreto-lei n. 1.535, de 13.4.1977)*

A alternativa "B" está incorreta. Consoante dispõe o art. 149, já mencionado e transcrito, o prazo de prescrição começa a correr do término do período concessivo das férias. Se a ação for ajuizada nesse prazo, poderá pleitear as férias dos últimos cinco anos a contar do período concessivo correspondente.

A alternativa "C" está incorreta. O prazo de prescrição não corre contra os empregados menores de 18 anos, iniciando a sua contagem quando completarem 18 anos.

A alternativa "D" está incorreta. Os créditos trabalhistas são prescritíveis. A inércia do titular em manejar uma ação importa na prescrição do direito de exercê-lo, se não exercitar o direito no prazo que a lei estabelece. Portanto, a prescrição é decorrente da inércia de quem detém o direito.

---

125. Assinale a opção correta quanto à composição da Comissão Interna de Prevenção de Acidentes (CIPA).

- [ ] A) O presidente da CIPA será, sempre, o empregado que obtiver maior número de votos, e o vice-presidente, o segundo candidato mais votado.

- [ ] B) O empregador designará, anualmente, entre os seus representantes, o presidente da CIPA, e os empregados elegerão, entre eles, o vice-presidente da comissão.

- [ ] C) O presidente da CIPA será, sempre, o empregado que obtiver maior número de votos, e o vice-presidente, eleito por votação indireta entre os membros da comissão.

- [ ] D) Tanto o presidente quanto o vice-presidente serão livremente designados pelo empregador, sendo os demais cargos preenchidos por votação indireta entre os membros eleitos da CIPA.

A alternativa correta é a "B".

Na composição da CIPA, anualmente, o empregador indicará o representante que irá ocupar o cargo de Presidente. A vice-presidência, será indicada pelos empregados e terá como incumbência a direção da Comissão.

Nesse sentido, dispõe o § 5º do art. 163, da CLT:

> O empregador designará, anualmente, dentre os seus representantes, o Presidente da CIPA, e os empregados elegerão, dentre eles, o Vice-Presidente.

A alternativa "A" está incorreta. Com efeito, o presidente da CIPA será indicado pelo empregador e o vice-presidente eleito pelos empregados.

A alternativa "C" está incorreta, porquanto o Presidente da CIPA será sempre o representante do empregador, o qual será designado anualmente.

A alternativa "D" está incorreta. Como vimos a CIPA conta com representantes dos empregados e dos empregadores. Os representantes são escolhidos pelos empregados interessados, independentemente de serem sindicalizados ou não.

---

126. Assinale a opção correta quanto à dispensa arbitrária ou sem justa causa de empregada doméstica gestante.

☐ A) É vedada a dispensa arbitrária ou sem justa causa da empregada doméstica gestante desde a confirmação da gravidez até 5 meses após o parto.

☐ B) É vedada a dispensa arbitrária ou sem justa causa da empregada doméstica gestante desde a confirmação da gravidez até 90 dias após o parto.

☐ C) É vedada a dispensa arbitrária ou sem justa causa da empregada doméstica gestante desde a confirmação da gravidez até 120 dias após o parto.

☐ D) Inexiste, no ordenamento jurídico brasileiro, qualquer vedação para a dispensa arbitrária ou sem justa causa da empregada doméstica gestante.

A alternativa "A" está correta. A estabilidade da gestante está garantida pelo que estabelece o art. 10, II. B, da Constituição Federal de 1988:

Art. 10. Até que seja promulgada a lei complementar a que se refere o art. 7º, I, da Constituição: ... II — fica vedada a dispensa arbitrária ou sem justa causa: ... b) da empregada gestante, desde a confirmação da gravidez até cinco meses após o parto.

O parágrafo único do art. 7º da Constituição Federal assegurou aos domésticos os direitos previstos aos trabalhadores urbanos e rurais, dentre os quais — "a licença à gestante, sem prejuízo do emprego e do salário, com a duração de cento e vinte dias".

> Parágrafo único. São assegurados à categoria dos trabalhadores domésticos os direitos previstos nos incisos IV, VI, VIII, XV, XVII, XVIII, XIX, XXI e XXIV, bem como a sua integração à previdência social.

Atendendo ao comando constitucional, o art. 4º-A da Lei n. 5.859/72 foi acrescentado pela Lei n. 11.324 de 2006, proibindo a dispensa arbitrária ou sem justa causa da empregada doméstica gestante.

> Art. 4º-A. É vedada a dispensa arbitrária ou sem justa causa da empregada doméstica gestante desde a confirmação da gravidez até 5 (cinco) meses após o parto. (Incluído pela Lei n. 11.324, de 2006)

A alternativa "B" está incorreta. A lei estabelece a licença-maternidade de 120 dias.

> Art. 392. A empregada gestante tem direito à licença-maternidade de 120 (cento e vinte) dias, sem prejuízo do emprego e do salário. (Redação dada pela Lei n. 10.421, 15.4.2002)

O benefício, como já vimos, foi consagrado às empregadas domésticas e corresponde ao salário integral da empregada, consoante dispõe o art. 72, da Lei n. 8.213/91.

> Art. 72. O salário-maternidade para a segurada empregada ou trabalhadora avulsa consistirá numa renda mensal igual a sua remuneração integral. *(Redação dada pela Lei n. 9.876, de 26.11.99)*

A alternativa "C" está incorreta. Com efeito, a estabilidade está garantida desde a confirmação da gravidez. E não somente após o parto. A empregada tem a faculdade de trabalhar até às vésperas do parto. Poderá também afastar-se, mediante notificação ao empregador entre o 28º dia antes do parto. Assim dispõe o § 1º, do art. 392, da CLT:

> § 1º A empregada deve, mediante atestado médico, notificar o seu empregador da data do início do afastamento do emprego, que poderá ocorrer entre o 28º (vigésimo oitavo) dia antes do parto e ocorrência deste. *(Redação dada pela Lei n. 10.421, 15.4.2002)*

A alternativa "D" está incorreta, pelas razões já explicitadas na análise das alternativas anteriores.

---

127. O contrato de aprendizagem deve ser celebrado com indivíduo

☐ A) maior de 14 anos e menor de 24 anos, exceto com relação aos portadores de deficiência, caso em que a idade máxima não se aplica.

☐ B) maior de 12 anos e menor de 16 anos.

☐ C) maior de 12 anos e menor de 18 anos.

☐ D) maior de 15 anos de idade, sem limite máximo de idade, desde que comprovado que o trabalhador esteja recebendo treinamento em ofício ou profissão.

A alternativa correta é a "A".

Trata-se de um contrato especial, devendo ser sempre ajustado por escrito e por prazo não superior a dois anos.

Assim dispõe o art. 428 da CLT, com redação dada pela Lei n. 11.180/2005: "Contrato de aprendizagem é o contrato especial, ajustado por escrito e por prazo determinado, em que o empregador se compromete a assegurar ao maior de 14 (quatorze) e menor de 24 (vinte e quatro) anos, inscrito em programa de aprendizagem, formação técnico-profissional metódica, compatível com o seu desenvolvimento físico, moral e psicológico, e o aprendiz, a executar, com zelo e diligência, as tarefas necessárias a essa formação".

Registre-se que a idade máxima de 24 anos não se aplica aos portadores de necessidades especiais (art. 428, § 5º, da CLT).

Como condição de validade, se exige a anotação na CTPS, a frequência à escola, caso não tenha concluído o ensino fundamental e a inscrição no programa de formação técnico-profissional, desenvolvido pelas escolas, tais como SENAI, SENAC, entre outras.

A jornada não poderá exceder a seis horas diárias, não sendo permitida a prorrogação e compensação de jornada, exceção ao aprendiz que já tenha completado o ensino fundamental, caso em que poderá trabalhar até oito horas.

O contrato de aprendizagem se extingue no final do prazo estipulado; quando o aprendiz completar 24 anos e antecipadamente, na eventualidade de apresentar desempenho insuficiente, quando não se adaptar, na ocorrência da prática de falta grave, perda do ano letivo, ocasionado pela falta às aulas e a pedido do próprio aprendiz (art. 433 CLT).

128. Assinale a opção correta no que diz respeito a recurso de revista na justiça do trabalho.

☐ A) Das decisões proferidas pelos tribunais regionais ou por suas turmas, na fase executória, em nenhuma hipótese cabe recurso de revista.

☐ B) Das decisões proferidas pelos tribunais regionais ou por suas turmas, na fase executória, não cabe recurso de revista, salvo na hipótese de ofensa direta e literal de norma da Constituição Federal.

☐ C) Das decisões proferidas pelo juízo de primeiro grau na fase executória, não cabe recurso de revista, salvo na hipótese de dúvida de interpretação de lei federal.

☐ D) Das decisões proferidas pelo juízo de primeiro grau na fase executória, não cabe recurso de revista, salvo na hipótese de violação de súmula do próprio tribunal regional a cuja jurisdição esteja ele subordinado.

A alternativa correta é a "B".

Recurso de Revista é cabível em 3 hipóteses em se tratando de rito ordinário (art. 896, alíneas *a*, *b* e *c* da CLT). Em se tratando de rito sumaríssimo é cabível em duas hipóteses (art. 896, § 6º da CLT). E, em se tratando de execução será cabível em apenas uma hipótese (art. 896, § 2º da CLT).

Art. 896. Cabe Recurso de Revista para Turma do Tribunal Superior do Trabalho das decisões proferidas em grau de recurso ordinário, em dissídio individual, pelos Tribunais Regionais do Trabalho, quando: *(Redação dada pela Lei n. 9.756, de 17.12.1998)*

a) derem ao mesmo dispositivo de lei federal interpretação diversa da que lhe houver dado outro Tribunal Regional, no seu Pleno ou Turma, ou a Seção de Dissídios Individuais do Tribunal Superior do Trabalho, ou a Súmula de Jurisprudência Uniforme dessa Corte; *(Redação dada pela Lei n. 9.756, de 17.12.1998)*

b) derem ao mesmo dispositivo de lei estadual, Convenção Coletiva de Trabalho, Acordo Coletivo, sentença normativa ou regulamento empresarial de observância obrigatória em área territorial que exceda a jurisdição do Tribunal Regional prolator da decisão recorrida, interpretação divergente, na forma da alínea *a*; *(Redação dada pela Lei n. 9.756, de 17.12.1998)*

c) proferidas com violação literal de disposição de lei federal ou afronta direta e literal à Constituição Federal. *(Redação dada pela Lei n. 9.756, de 17.12.1998)*

§ 1º O Recurso de Revista, dotado de efeito apenas devolutivo, será apresentado ao Presidente do Tribunal recorrido, que poderá recebê-lo ou denegá-lo, fundamentando, em qualquer caso, a decisão. *(Redação dada pela Lei n. 9.756, de 17.12.1998)*

§ 2º Das decisões proferidas pelos Tribunais Regionais do Trabalho ou por suas Turmas, em execução de sentença, inclusive em processo incidente de embargos de terceiro, não caberá Recurso de Revista, salvo na hipótese de ofensa direta e literal de norma da Constituição Federal. *(Redação dada pela Lei n. 9.756, de 17.12.1998)*

§ 3º Os Tribunais Regionais do Trabalho procederão, obrigatoriamente, à uniformização de sua jurisprudência, nos termos do Livro I, Título IX, Capítulo I do CPC, não servindo a súmula respectiva para ensejar a admissibilidade do Recurso de Revista quando contrariar Súmula da Jurisprudência Uniforme do Tribunal Superior do Trabalho. *(Redação dada pela Lei n. 9.756, de 17.12.1998)*

§ 4º A divergência apta a ensejar o Recurso de Revista deve ser atual, não se considerando como tal a ultrapassada por súmula, ou superada por iterativa e notória jurisprudência do Tribunal Superior do Trabalho. *(Alterado pela Lei n. 9.756, de 17.12.1998)*

§ 5º Estando a decisão recorrida em consonância com enunciado da Súmula da Jurisprudência do Tribunal Superior do Trabalho, poderá o Ministro Relator, indicando-o, negar seguimento ao Recurso de Revista, aos Embargos, ou ao Agravo de Instrumento. Será denegado seguimento ao Recurso nas hipóteses de intempestividade, deserção, falta de alçada e ilegitimidade de representação, cabendo a interposição de Agravo. *(Redação dada pela Lei n. 7.701, de 21.12.1988)*

§ 6º Nas causas sujeitas ao procedimento sumaríssimo, somente será admitido recurso de revista por contrariedade a súmula de jurisprudência uniforme do Tribunal Superior do Trabalho e violação direta da Constituição da República. *(Incluído pela Lei n. 9.957, de 12.1.2000)*

1) Alínea *a* do art. 896 da CLT — divergência jurisprudencial com outro TRT, em seu pleno ou turma, ou com a Seção de Dissídios Individuais (SDI) do TST, ou Súmula de Jurisprudência uniforme do TST.

Não é possível a indicação de divergência jurisprudencial do mesmo Tribunal, seja por meio de suas turmas ou do pleno.

Quando se fala em cabimento por divergência, exige-se dois requisitos: atualidade e especificidade.

O § 4º do art. 896 da CLT teve redação dada pela Lei n. 9.756/98, onde dispõe que a divergência a ensejar recurso de revista deve ser atual. Referida disposição legal já era entendimento pretoriano, conforme Súmula n. 333 do TST.

> Súmula n. 296 do TST. I — A divergência jurisprudencial ensejadora da admissibilidade, do prosseguimento e do conhecimento do recurso há de ser específica, revelando a existência de teses diversas na interpretação de um mesmo dispositivo legal, embora idênticos os fatos que a ensejam; II — Não ofende o art. 896 da CLT decisão de Turma que, examinando premissas concretas de especificidade da divergência colacionada no apelo revisional, conclui pelo conhecimento ou desconhecimento do recurso.

> Súmula n. 23 do TST — Não se conhece da revista ou dos embargos, quando a decisão recorrida resolver determinado item do pedido por diversos fundamentos, e a jurisprudência transcrita não abranger a todos.

> Súmula n. 337 — COMPROVAÇÃO DE DIVERGÊNCIA JURISPRUDENCIAL. RECURSOS DE REVISTA E DE EMBARGOS (redação alterada pelo Tribunal Pleno em sessão realizada em 16.11.2010, em decorrência da inclusão dos itens III e IV) — Res. 173/2010, DEJT divulgado em 19, 22 e 23.11.2010
> I — Para comprovação da divergência justificadora do recurso, é necessário que o recorrente:
> a) Junte certidão ou cópia autenticada do acórdão paradigma ou cite a fonte oficial ou o repositório autorizado em que foi publicado; e
> b) Transcreva, nas razões recursais, as ementas e/ou trechos dos acórdãos trazidos à configuração do dissídio, demonstrando o conflito de teses que justifique o conhecimento do recurso, ainda que os acórdãos já se encontrem nos autos ou venham a ser juntados com o recurso. *(ex-Súmula n. 337 — alterada pela Res. 121/2003, DJ 21.11.2003)*
> II — A concessão de registro de publicação como repositório autorizado de jurisprudência do TST torna válidas todas as suas edições anteriores. *(ex-OJ n. 317 da SBDI-1 — DJ 11.8.2003)*;
> III — A mera indicação da data de publicação, em fonte oficial, de aresto paradigma é inválida para comprovação de divergência jurisprudencial, nos termos do item I, *a*, desta súmula, quando a parte pretende demonstrar o conflito de teses mediante a transcrição de trechos que integram a fundamentação do acórdão divergente, uma vez que só se publicam o dispositivo e a ementa dos acórdãos;
> IV — É válida para a comprovação da divergência jurisprudencial justificadora do recurso a indicação de aresto extraído de repositório oficial na internet, sendo necessário que o recorrente transcreva o trecho divergente e aponte o sítio de onde foi extraído com a devida indicação do endereço do respectivo conteúdo na rede (URL — Universal Resource Locator).

> Súmula n. 333 do TST — Não ensejam recursos de revista ou de embargos decisões superadas por interativa, notória e atual jurisprudência da Seção Especializada em Dissídios Individuais.

Caberá também de decisões que violar orientação jurisprudencial do TST.

> OJ n. 219 da SDI-I do TST — RECURSO DE REVISTA OU DE EMBARGOS FUNDAMENTADO EM ORIENTAÇÃO JURISPRUDENCIAL DO TST. É válida, para efeito de conhecimento do recurso de revista ou de embargos, a invocação de orientação jurisprudencial do Tribunal Superior do Trabalho, desde que, das razões recursais, conste o seu número ou conteúdo.

2) Alínea *b* do art. 896 da CLT — Divergência de interpretação de lei estadual, convenção ou acordo coletivo do trabalho, sentença normativa ou regulamento de empresa de observância obrigatória em área territorial que exceda a jurisdição do TRT prolator do acórdão.

— Lei estadual — na prática, a divergência de lei estadual só poderá ocorrer no Estado de São Paulo que possui dois Tribunais Regionais;

— Convenção Coletiva de Trabalho — CLT, art. 611;

— Acordo coletivo de trabalho — CLT, art. 611, § 1º;

— Sentença normativa — CF, art. 114, § 2º;

— Regulamento empresarial — Súmula n. 51 do TST.

Esta alínea ao ser inserida no texto legal, através da Lei n. 7.701/88, foi ajuizada ADIN pela procuradoria do trabalho, devido ao entendimento de que por esta alínea haveria julgamento de fatos e provas. Foi julgado improcedente a ADIN, dando ensejo à Súmula n. 312 do TST.

> Súmula n. 312 do TST — É constitucional a alínea *b* do art. 896 da CLT, com redação dada pela Lei n. 7.701, de 21 de dezembro de 1988.
>
> OJ n. 147 SDI-I TST — Lei estadual, norma coletiva ou norma regulamentar. Conhecimento indevido do recurso de revista por divergência jurisprudencial. I — É inadmissível o recurso de revista fundado tão-somente em divergência jurisprudencial, se a parte não comprovar que a lei estadual, a norma coletiva ou o regulamento da empresa extrapolam o âmbito do TRT prolator da decisão recorrida; II — É imprescindível a arguição de afronta ao art. 896 da CLT para o conhecimento de embargos interpostos em face de acórdão de Turma que conhece indevidamente de recurso de revista, por divergência jurisprudencial, quanto a tema regulado por lei estadual, norma coletiva ou norma regulamentar de âmbito restrito ao Regional prolator da decisão.

3) Alínea *c* do art. 896 da CLT — quando proferida com violação literal de disposição de lei federal ou afronta direta e literal à Constituição Federal.

Não poderá ser uma afronta indireta, reflexa ou disfarçada, como da violação genérica ao inciso II do art. 5º da Constituição, com o argumento de violação à lei federal, pois nesse caso não estaria sendo violada a Constituição, mas a norma federal. A afronta deve ser à letra da disposição constitucional.

O acórdão regional deve analisar a questão, indicando o artigo da norma violada.

> Súmula n. 221 do TST. I — A admissibilidade do recurso de revista e de embargos por violação tem como pressuposto a indicação expressa do dispositivo de lei ou da Constituição tido como violado; II — Interpretação razoável de preceito de lei, ainda que não seja a melhor, não dá ensejo à admissibilidade ou ao conhecimento de recurso de revista ou de embargos com base, respectivamente, na alínea *c* do art. 896 e na alínea *b* do art. 894 da CLT. A violação há que estar ligada à literalidade do preceito.
>
> OJ n. 335 da SDI-I do TST. Contrato nulo. Administração pública. Efeitos. Conhecimento do recurso por violação do art. 37, II e § 2º, da CF/1988. A nulidade da contratação sem concurso público, após a CF/1988, bem como a limitação de seus efeitos, somente poderá ser declarada por ofensa ao art. 37, II, se invocado concomitantemente o seu § 2º, todos da CF/1988.
>
> OJ n. 257 da SDI-I do TST. Recurso. Fundamentação. Violação legal. Vocábulo Violação. Desnecessidade. A invocação expressa, quer na Revista, quer nos Embargos, dos preceitos legais ou constitucionais tidos como violados não significa exigir da parte a utilização das expressões "contrariar", "ferir", "violar", etc.
>
> OJ n. 115 da SDI-I do TST. RECURSO DE REVISTA OU DE EMBARGOS. NULIDADE POR NEGATIVA DE PRESTAÇÃO JURISDICIONAL. O conhecimento do recurso de revista ou de embargos, quanto à preliminar de nulidade por negativa de prestação jurisdicional, supõe indicação de violação do art. 832 da CLT, do art. 458 do CPC ou do art. 93, IX da CF/1988.

Em se tratando de rito sumaríssimo será cabível apenas por violação à Constituição Federal ou violação à súmula do TST (§ 6º do art. 896 da CLT).

> OJ-SDI1-352 — PROCEDIMENTO SUMARÍSSIMO. RECURSO DE REVISTA FUNDAMENTADO EM CONTRARIEDADE A ORIENTAÇÃO JURISPRUDENCIAL. INADMISSIBILIDADE. ART. 896, § 6º, DA CLT, ACRESCENTADO PELA LEI N. 9.957, DE 12.1.2000 (DJ 25.4.2007)
>
> Nas causas sujeitas ao procedimento sumaríssimo, não se admite recurso de revista por contrariedade à Orientação Jurisprudencial do Tribunal Superior do Trabalho (Livro II, Título II, Capítulo III, do RITST), por ausência de previsão no art. 896, § 6º, da CLT.

Na execução só caberá por violação à Constituição Federal (§ 2º do art. 896 da CLT).

> Súmula n. 266 — RECURSO DE REVISTA. ADMISSIBILIDADE. EXECUÇÃO DE SENTENÇA (mantida) — Res. 121/2003, DJ 19, 20 e 21.11.2003
>
> A admissibilidade do recurso de revista interposto de acórdão proferido em agravo de petição, na liquidação de sentença ou em processo incidente na execução, inclusive os embargos de terceiro, depende de demonstração inequívoca de violência direta à Constituição Federal.

129. Assinale a opção correta em relação ao direito processual.

☐ A) Ainda que a competência em razão da matéria seja trabalhista, em se tratando de "relação de emprego" em que se discutam danos morais imputados ao empregador em prejuízo do empregado, as normas processuais que devem ser aplicadas são exclusivamente as do direito processual civil.

☐ B) Em nenhuma hipótese deve-se aplicar norma do direito processual civil em ações trabalhistas.

☐ C) Mesmo que a competência em razão da matéria seja trabalhista, em se tratando de mera "relação de trabalho" e não de "relação de emprego", as normas processuais que devem ser aplicadas são as do direito processual civil.

☐ D) Nos casos omissos, o direito processual comum será fonte subsidiária do direito processual do trabalho, exceto naquilo em que for incompatível com as normas deste.

A *alternativa correta é a "D"*.

Trata-se da regra prevista no art. 769 da CLT, também chamada de princípio da subsidiariedade.

> Art. 769. Nos casos omissos, o direito processual comum será fonte subsidiária do direito processual do trabalho, exceto naquilo que for incompatível com as normas deste Título.

É importante destacar que o dispositivo legal fala em "direito processual comum" e não em Código de Processo Civil.

Ainda no que tange à subsidiariedade, em se tratando de execução aplica-se a regra do art. 889 da CLT que dispõe: "Art. 899 — Aos trâmites e incidentes do processo da execução são aplicáveis, naquilo em que não contravierem ao presente Título, os preceitos que regem o processo dos executivos fiscais para a cobrança judicial da dívida ativa da Fazenda Pública Federal."

As alternativa "A" e "C" estão erradas pois nas matérias de competência trabalhista aplicam-se às normas processuais trabalhistas, salvo expressa autorização em sentido contrário.

A alternativa "B" é exatamente o contrário da alternativa correta. Nos termos do art. 769 da CLT é perfeitamente possível aplicar-se o processo comum.

130. Na forma da legislação processual trabalhista, os laudos periciais dos assistentes técnicos indicados pelas partes devem ser juntados aos autos

- A) no prazo comum de 10 dias, após as partes serem intimadas da apresentação do laudo do perito do juízo.

- B) no prazo comum de 30 dias, após as partes serem intimadas da apresentação do laudo do perito do juízo.

- C) no prazo comum de 20 dias, após as partes serem intimadas da apresentação do laudo do perito do juízo.

- D) no mesmo prazo assinalado para o perito do juízo, sob pena de serem desentranhados dos autos.

A *alternativa correta é a* "D".

Estabelece o art. 3º da Lei n. 5.584/70:

Art. 3º Os exames periciais serão realizados por perito único, designado pelo Juiz, que fixará prazo para entrega do laudo.

Parágrafo único. Permitir-se-á a cada parte a indicação de um assistente, cujo laudo terá que ser apresentado no mesmo prazo assinado para o perito, sob pena de ser desentranhado dos autos.

Quanto ao assistente técnico, o TST editou a Súmula n. 341 tratando dos honorários, abaixo transcrita:

Súmula n. 341 — HONORÁRIOS DO ASSISTENTE TÉCNICO (mantida) — Res. 121/2003, DJ 19, 20 e 21.11.2003
A indicação do perito assistente é faculdade da parte, a qual deve responder pelos respectivos honorários, ainda que vencedora no objeto da perícia.

135º OAB/SP

131. Não dizem respeito à competência da justiça do trabalho as ações

- A) que tratem de representação sindical entre sindicatos.

- B) de natureza penal.

- C) que envolvam direito de greve.

- D) decorrentes da relação do trabalho.

A *alternativa correta é a* "B".

Trata-se de competência em razão da matéria. As hipóteses estão previstas no art. 114 da CF, que não inclui questões penais, razão pela qual a alternativa correta é a "B".

A alternativa "A" está no inciso III do art. 114; a alternativa "C" no inciso II e; a alternativa "D" no inciso I.

Art. 114. Compete à Justiça do Trabalho processar e julgar:
I — as ações oriundas da relação de trabalho, abrangidos os entes de direito público externo e da administração pública direta e indireta da União, dos Estados, do Distrito Federal e dos Municípios;
II — as ações que envolvam o direito de greve;
III — as ações de representação sindical, entre sindicatos, entre sindicatos e trabalhadores e entre sindicatos e empregadores;

---

132. No Tribunal Superior do Trabalho (TST), cabem embargos de decisões de turmas

☐ A) que divergirem entre si.

☐ B) contrárias à letra da lei federal.

☐ C) divergentes da decisão proferida pelo Tribunal Pleno.

☐ D) contrárias entre si quando a decisão recorrida estiver deacordo com súmula ou orientação jurisprudencial do TST.

A alternativa correta é a "A".

A Lei n. 11.496, de 22.6.07, modificou o cabimento dos embargos no TST, alterando o art. 894 da CLT e a alínea *b* do inciso III do art. 3º da Lei n. 7.701/88.

A grande alteração foi a extinção do recurso de embargos de nulidade.

Para o dissídio individual havia a previsão legal para dois embargos. EMBARGOS DE NULIDADE e EMBARGOS DE DIVERGÊNCIA. Como visto, os primeiros foram extintos, permanecendo apenas os embargos de divergência, que serão cabíveis para a SDI-I do TST, contra decisões divergentes de turmas em dissídios individuais, ou destas com decisão da SDI, ou com súmula. (art. 3º, III, *b*, da Lei n. 7.701/88).

Ou seja, das decisões das turmas que divergirem entre si, caberão embargos, razão pela qual correta a alternativa "A".

A alternativa "B" é incorreta pois em caso de violação de Lei Federal ou da Constituição Federal cabiam os extintos Embargos de Nulidade. Hoje, da decisão da turma que viola a Lei Federal não caberá recurso. Se for violação à Constituição Federal, caberá recurso extraordinário.

Errada também a alternativa "D", pois se a decisão recorrida estiver em consonância com Súmula ou OJ do TST não caberá o recurso de Embargos.

Súmula n. 401 do STF — Não se conhece do recurso de revista, nem dos embargos de divergência, do processo trabalhista, quando houver jurisprudência firme do Tribunal Superior do Trabalho no mesmo sentido da decisão impugnada, salvo se houver colisão com a jurisprudência do Supremo Tribunal Federal.

133. Acerca dos prazos recursais, assinale a opção incorreta.

- A) É de cinco dias o prazo dos embargos de declaração.
- B) É de oito dias o prazo do recurso de revista.
- C) É de quinze dias o prazo do recurso ordinário.
- D) É de oito dias o prazo do agravo de petição.

A alternativa correta é a "C".

Os prazos dos recursos trabalhistas são unificados. Todos são de 8 dias (art. 6º da Lei n. 5.584/70), exceto os embargos de declaração que o prazo é de 5 dias (art. 897-A da CLT).

Assim, as afirmativas contidas nas alternativas "A", "B" e "D" estão corretas, razão pela qual a opção incorreta é a "C".

A alternativa "A" fala em embargos de declaração — Embargos de Declaração são cabíveis em face de sentença ou acórdão em casos de omissão, contradição, obscuridade, erro material e manifesto equívoco da análise dos pressupostos extrínsecos dos recursos, no prazo de 5 dias (art. 897-A CLT e 535 e seguintes do CPC).

A alternativa "B" trata do Recurso de Revista, que é o recurso cabível de decisões dos Tribunais Regionais do Trabalho que julgam Recurso Ordinário ou Agravo de Petição. Hipóteses de cabimento — art. 896 CLT.

A alternativa "C" trata do Recurso Ordinário, que é cabível em duas hipóteses: 1º — de decisões definitivas ou terminativas das varas ou juízos; e 2º — de decisões definitivas ou terminativas dos Tribunais Regionais, em processos de sua competência originária (art. 895 CLT).

Por fim, a alternativa "D" trata do agravo de petição que é o recurso cabível das decisões do juiz na execução (art. 897, *a* CLT).

---

134. No que se refere a instrução e julgamento na justiça do trabalho, assinale a opção incorreta.

- A) No procedimento ordinário, cada parte indica, no máximo, três testemunhas.
- B) No procedimento sumaríssimo, a instrução e o julgamento ocorrem em audiência única.
- C) No procedimento sumaríssimo, o número máximo de testemunhas é de duas por parte.
- D) A conciliação no processo trabalhista só é obrigatória antes da apresentação da contestação.

A alternativa correta é a "D".

Questões como essa o candidato deve ter muita atenção. A pergunta é para localizar a afirmativa INCORRETA.

As três primeiras estão corretas.

Quanto a alternativa "A" de fato no rito ordinário cada parte poderá indicar no máximo 3 testemunhas conforme disposto no art. 821 da CLT "Cada uma das partes não poderá indicar mais de três testemunhas, salvo quando se tratar de inquérito, caso em que esse número poderá ser elevado a seis."

A alternativa "B" é exatamente a redação do art. 852-C da CLT "As demandas sujeitas ao rito sumaríssimo serão instruídas e julgadas em audiência única, sob a direção de juiz presidente ou substituto, que poderá ser convocado para atuar simultaneamente com o titular."

Também correta a alternativa "C", pois no procedimento sumaríssimo o número máximo de testemunhas é de duas para cada parte.

> Art. 852-H. Todas as provas serão produzidas em audiência de instrução e julgamento, ainda que não requeridas previamente.
> § 2º As testemunhas, até o máximo de duas para cada parte, comparecerão à audiência de instrução e julgamento independentemente de intimação.

A alternativa a ser assinalada é a "D", pois errada a afirmação nela contida. No processo do trabalho a conciliação é obrigatória em dois momentos. A primeira é logo após a abertura da audiência ou antes da apresentação da defesa (art. 846 CLT) e a segunda é após as razões finais e antes da sentença (art. 850 CLT).

> Art. 846 CLT — Aberta a audiência, o juiz ou presidente proporá a conciliação.
>
> Art. 850 CLT — Terminada a instrução, poderão as partes aduzir razões finais, em prazo não excedente de 10 (dez) minutos para cada uma. Em seguida, o juiz ou presidente renovará a proposta de conciliação, e, não se realizando esta, será proferida a sentença.

A conciliação é possível em qualquer fase processual. Contudo nestes dois momentos é obrigatório o juiz tentar conciliar. A homologação do acordo é faculdade do juiz e não obrigação, ou seja, pode o juiz não aceitar a proposta formulada pelas partes. Neste sentido é o teor da Súmula n. 418 do TST:

> ...
> Da decisão que homologa acordo é irrecorrível, salvo para o INSS.
> Art. 831 CLT — A decisão será proferida depois de rejeitada pelas partes a proposta de conciliação.
> Parágrafo único. No caso de conciliação, o termo que for lavrado valerá como decisão irrecorrível, salvo para a Previdência Social quanto às contribuições que lhe forem devidas.

---

135. Assinale a opção correta com relação à reclamação trabalhista.

☐ A) É necessário que a petição inicial esteja assinada por advogado.

☐ B) A reclamação só pode ser apresentada de modo escrito, não sendo admitida na forma verbal.

☐ C) O empregador pode ser substituído em audiência por preposto.

☐ D) A ausência do reclamante na audiência designada acarreta o arquivamento da reclamação, o que impede o ajuizamento de nova ação.

A alternativa correta é a "C".

De acordo com o art. 844 da CLT "O não-comparecimento do reclamante à audiência importa o arquivamento da reclamação, e o não-comparecimento do reclamado importa em revelia, além de confissão quanto à matéria de fato." Ou seja, é obrigatório o comparecimento das partes em audiência.

Estabelece o § 1º do art. 843 da CLT que "É facultado ao empregador fazer-se substituir pelo gerente, ou qualquer outro preposto que tenha conhecimento do fato, e cujas declarações obrigarão o proponente."

O que se discute é se o preposto deve ou não ser empregado. Sobre esta questão, o TST editou a Súmula n. 377 do TST: "Exceto quanto à reclamação de empregado doméstico, ou contra micro ou pequeno empresário, o preposto deve ser necessariamente empregado do reclamado. Inteligência do art. 843, § 1º, da CLT e do art. 54 da Lei Complementar n. 123, de 14 de dezembro de 2006."

O art. 3º da Lei n. 8.906/94 estabelece que "é defeso ao advogado funcionar no mesmo processo, simultaneamente, como patrono e preposto de empregador ou cliente."

O art. 792 da CLT estabelece que os menores de 21 e maiores de 18 e as mulheres casadas poderão pleitear em juízo sem a presença de seus pais, tutores ou maridos. Quanto a mulher casada, a Constituição Federal de 1988 afastou qualquer desigualdade ou submissão da mulher ao marido.

Já o menor de idade, a CLT, no art. 793, não faz a distinção entre menores de 16 e de 18 anos, motivo pelo qual, no processo do trabalho, o menor de 18 anos será sempre assistido, por seus representantes legais e, na falta deles, pela Procuradoria da Justiça do Trabalho, pelo sindicato, pelo Ministério Público estadual ou curador nomeado em juízo.

Quanto a representação do condomínio residencial não é necessária a aplicação do CPC, em razão da previsão na Lei n. 2.757/56, que dispõe sobre a situação dos empregados porteiros, zeladores, faxineiros e serventes de prédios de apartamentos residenciais. Diz o art. 2º da referida lei que os empregadores serão representados pelo síndico eleito.

Já ao condomínio não residencial, em razão da omissão de norma específica, aplica-se o disposto no art. 12, inc. VII do CPC, que determina que o condomínio será representado pelo administrador ou síndico.

Quanto ao reclamante, este deverá comparecer pessoalmente, sendo lícita a substituição em duas hipóteses: 1) por motivo de doença; 2) qualquer outro motivo ponderoso, conforme estabelece o § 2º do art. 843 da CLT: "Se por motivo de doença ou qualquer outro motivo ponderoso, devidamente comprovado, não for possível ao empregado comparecer pessoalmente, poderá fazer-se representar por outro empregado que pertença à mesma profissão, ou pelo seu sindicato." Motivo ponderoso significa algo razoável.

A alternativa "A" está errado porque no processo do trabalho vigora o *jus postulandi*, conforme art. 791 da CLT: "Os empregados e os empregadores poderão reclamar pessoalmente perante a Justiça do Trabalho e acompanhar as suas reclamações até o final."

Ainda sobre *jus postulandi* cumpre observar a Súmula n. 425 do TST que dispõe: *JUS POSTULANDI* NA JUSTIÇA DO TRABALHO. ALCANCE — Res. 165/2010, DEJT divulgado em 30.4.2010 e 3 e 4.5.2010

O *jus postulandi* das partes, estabelecido no art. 791 da CLT, limita-se às Varas do Trabalho e aos Tribunais Regionais do Trabalho, não alcançando a ação rescisória, a ação cautelar, o mandado de segurança e os recursos de competência do Tribunal Superior do Trabalho.

A alternativa "B" também está errada pois o art. 840 da CLT estabelece que a reclamação poderá ser escrita ou verbal.

> Art. 840. A reclamação poderá ser escrita ou verbal.
> § 1º Sendo escrita, a reclamação deverá conter a designação do Presidente da Junta, ou do juiz de direito a quem for dirigida, a qualificação do reclamante e do reclamado, uma breve exposição dos fatos de que resulte o dissídio, o pedido, a data e a assinatura do reclamante ou de seu representante.
> § 2º Se verbal, a reclamação será reduzida a termo, em 2 (duas) vias datadas e assinadas pelo escrivão ou chefe de secretaria, observado, no que couber, o disposto no parágrafo anterior.

Sobre reclamação verbal, ainda cumpre destacar o art. 786 da CLT.

> Art. 786. A reclamação verbal será distribuída antes de sua redução a termo.
> Parágrafo único. Distribuída a reclamação verbal, o reclamante deverá, salvo motivo de força maior,

apresentar-se no prazo de 5 (cinco) dias, ao cartório ou à secretaria, para reduzi-la a termo, sob a pena estabelecida no art. 731.

Por fim, a alternativa "D" também está errada, pois a ausência do reclamante importa em arquivamento, mas não há restrição ao ajuizamento de nova ação. Dois arquivamentos seguidos ensejará na perda do prazo para reclamar por 6 meses, também chamada de perempção trabalhista (art. 732 CLT).

---

136. Segundo o posicionamento atual da jurisprudência, os sindicatos atuam na forma de

☐ A) substituição processual com ampla legitimidade ativa *ad causam*.

☐ B) substituição processual no processo de conhecimento, apenas.

☐ C) representação processual com ampla legitimidade ativa *ad causam*.

☐ D) representação processual no processo de conhecimento, apenas.

A alternativa correta é a "A".

A substituição processual ocorre quando a parte, em nome próprio, pleiteia direito alheio, desde que autorizado por lei. Assim dispõe o CPC, no seu art. 6º: "Ninguém poderá pleitear, em nome próprio, direito alheio, salvo quando autorizado por lei".

Anteriormente à Constituição Federal de 1988, o TST reconhecia por meio da Súmula n. 271, a legitimidade dos sindicatos de substituírem os empregados associados em ações trabalhistas cujo objeto fosse adicional de insalubridade ou periculosidade. A CLT também já admitia algumas ações coletivas, tais como a ação de cumprimento (art. 872, parágrafo único) e para a cobrança do pagamento de adicional de insalubridade e periculosidade (art. 195, § 2º).

Autorizava, também, a substituição em reclamações trabalhistas em que se objetivava o cumprimento de leis salariais específicas. Assim é que os sindicatos apenas poderiam atuar, na condição de substitutos, quando autorizados por lei, não obstante o disposto no art. 8º, III, da Constituição Federal de 1988, que assim dispõe: "ao sindicato cabe a defesa dos direitos e interesses coletivos ou individuais da categoria, inclusive em questões judiciais ou administrativas".

Em 1993 foi editada a Súmula n. 310 que restringiu o poder da substituição processual, cancelada dez anos depois pela Resolução n. 119/2003, diante da decisão do Supremo Tribunal Federal, ao apreciar Incidente de Uniformização de Jurisprudência, que decidiu contra referida súmula do TST, assegurando a substituição ampla e irrestrita. Assim sendo, a revogação da súmula permitiu aos sindicatos a defesa dos interesses individuais homogêneos e coletivos de suas categorias.

> Súmula n. 286 TST — SINDICATO. SUBSTITUIÇÃO PROCESSUAL. CONVENÇÃO E ACORDO COLETIVOS (mantida) — Res. 121/2003, DJ 19, 20 e 21.11.2003
> A legitimidade do sindicato para propor ação de cumprimento estende-se também à observância de acordo ou de convenção coletivos.

A alternativa "B" está incorreta porquanto a substituição processual é ampla para atuar na defesa dos direitos e interesses coletivos ou individuais dos seus associados, não se restringindo apenas a fase de conhecimento.

A alternativa "C" está incorreta. A representação processual é autorizada por alguém, por meio de mandato. Atua em nome do representado, não sendo parte no processo. O art. 5º, XXI da Constituição Federal legitima as associações a representarem seus filiados judicial e administrativamente quando autorizados expressamente, mediante de mandato.

Difere da substituição processual, só admitida e possível quando autorizada por lei.

A alternativa "D" está incorreta pelas razões e argumentos apresentados na análise das demais alternativas.

---

137. Segundo posicionamento atual da jurisprudência, as ações decorrentes de acidente do trabalho propostas por empregado contra empregador devem ser da competência da

☐ A) justiça comum estadual, se ajuizadas após a Emenda Constitucional n. 45/2004.

☐ B) justiça federal.

☐ C) justiça do trabalho.

☐ D) justiça do trabalho, desde que participe do feito também a instituição previdenciária.

A alternativa correta é a "C".

Antes da EC n. 45/04 a competência era da Justiça Comum. Com a alteração do texto constitucional, a competência passou a ser da Justiça do Trabalho.

> Art. 114. Compete à Justiça do Trabalho processar e julgar:
> VI — as ações de indenização por dano moral ou patrimonial, decorrentes da relação de trabalho;

Cumpre destacar que regra de competência absoluta possui aplicabilidade imediata, razão pela qual após a entrada em vigor da EC n. 45, as ações passaram a ser de competência da Justiça do Trabalho, independentemente do ajuizamento ter ocorrido antes da emenda, o que torna completamente equivocada a alternativa "A".

A alternativa "B" está completamente errada, pois a Justiça Federal é competente tão somente para as ações acidentárias movidas em face do INSS e não de ações em face dos empregadores onde se discute a responsabilidade civil. A alternativa "C" também está errada porque não há que se falar em participação do INSS. Não se confunde ação acidentária com ação de indenização por acidente do trabalho. A primeira é na Justiça Federal (art. 109, I CF) e a segunda é na Justiça do Trabalho (art. 114, VI CF).

138. Acerca da jornada de trabalho, assinale a opção correta.

☐ A) Se o empregador fornecer transporte ao empregado, no início ou no fim da jornada de trabalho, o tempo do percurso deve ser contado como hora *in itinere*, se o local de trabalho for de difícil acesso ou se não for servido por transporte público regular.

☐ B) O adicional de horas extras deve ser, no máximo, 50% superior à hora normal.

☐ C) O repouso semanal de 24 horas consecutivas deverá ser obrigatoriamente aos domingos.

☐ D) Os intervalos de descanso intrajornada devem ser, em qualquer caso, de duas horas.

A alternativa correta é a "A".

Tratam-se das denominadas horas *in itinere* previstas no § 2º do art. 58 da CLT que assim dispõe: "O tempo despendido pelo empregado até o local de trabalho e para o seu retorno, por qualquer meio de transporte, não será computado na jornada de trabalho, salvo quando, tratando-se de local de difícil acesso ou não servido por transporte público, o empregador fornecer a condução".

Sobre esta questão, o Tribunal Superior do Trabalho editou as Súmulas ns. 90 e 320 abaixo transcritas:

Súmula n. 90 TST — HORAS *"IN ITINERE"*. TEMPO DE SERVIÇO (incorporadas as Súmulas ns. 324 e 325 e as Orientações Jurisprudenciais ns. 50 e 236 da SBDI-1) — Res. 129/2005, DJ 20, 22 e 25.4.2005.
I — O tempo despendido pelo empregado, em condução fornecida pelo empregador, até o local de trabalho de difícil acesso, ou não servido por transporte público regular, e para o seu retorno é computável na jornada de trabalho. *(ex-Súmula n. 90 — RA 80/1978, DJ 10.11.1978)*
II — A incompatibilidade entre os horários de início e término da jornada do empregado e os do transporte público regular é circunstância que também gera o direito às horas *"in itinere"*. *(ex-OJ n. 50 da SBDI-1 — inserida em 1.2.1995)*
III — A mera insuficiência de transporte público não enseja o pagamento de horas *"in itinere"*. *(ex-Súmula n. 324 — Res. 16/1993, DJ 21.12.1993)*
IV — Se houver transporte público regular em parte do trajeto percorrido em condução da empresa, as horas *"in itinere"* remuneradas limitam-se ao trecho não alcançado pelo transporte público. *(ex-Súmula n. 325 — Res. 17/1993, DJ 21.12.1993)*
V — Considerando que as horas *"in itinere"* são computáveis na jornada de trabalho, o tempo que extrapola a jornada legal é considerado como extraordinário e sobre ele deve incidir o adicional respectivo. *(ex-OJ n. 236 da SBDI-1 — inserida em 20.6.2001)*

Súmula n. 320 TST — HORAS *"IN ITINERE"*. OBRIGATORIEDADE DE CÔMPUTO NA JORNADA DE TRABALHO (mantida) — Res. 121/2003, DJ 19, 20 e 21.11.2003.
O fato de o empregador cobrar, parcialmente ou não, importância pelo transporte fornecido, para local de difícil acesso ou não servido por transporte regular, não afasta o direito à percepção das horas *"in itinere"*.

Incorreta a alternativa "B", que trata do adicional de horas extras. Com efeito, o trabalho extraordinário deverá ser remunerado com o adicional de, no mínimo, 50% superior ao da hora normal.

Art. 7º, XVI CF — remuneração do serviço extraordinário superior, no mínimo, em cinquenta por cento à do normal.

Incorreta a alternativa "C". O repouso semanal remunerado deverá ser exercido preferencialmente aos domingos e não obrigatoriamente como descrito.

Art. 7º, XV CF — repouso semanal remunerado, preferencialmente aos domingos.

Incorreta a alternativa "D". A afirmativa contraria o disposto no art. 71 da CLT: "Em qualquer trabalho contínuo, cuja duração exceda de 6 (seis) horas, é obrigatória a concessão de um intervalo para repouso ou alimentação, o qual será, no mínimo, de 1 (uma) hora e, salvo acordo escrito ou contrato coletivo em contrário, não poderá exceder de 2 (duas) horas".

139. Quanto ao salário *in natura*, assinale a opção correta.

☐ A) Devem ser considerados como salário pago os equipamentos fornecidos aos empregados e utilizados no local de trabalho.

☐ B) O transporte de ida e volta para o trabalho bem como o vale-transporte têm natureza salarial.

☐ C) Compreendem-se no salário as prestações *in natura* que a empresa, por força do contrato ou do costume, fornecer habitualmente ao empregado.

☐ D) É permitido o pagamento do salário por meio de alimentação, habitação, vestuário e bebidas alcoólicas.

A alternativa correta é a "C".

De fato, o salário *in natura* ou salário-utilidade compreende-se no salário.

Assim estabelece o art. 458, *caput*, da CLT: "Além do pagamento em dinheiro, compreende-se no salário, para todos os efeitos legais, a alimentação, habitação, vestuário ou outras prestações *in natura* que a empresa, por força do contrato ou do costume, fornecer habitualmente ao empregado. Em caso algum será permitido o pagamento com bebidas alcoólicas ou drogas nocivas".

Dois portanto, são os requisitos para que seja considerado salário *in natura*, quais sejam, a habitualidade e a gratuidade, previstos no referido artigo.

Outra premissa, é que o salário *in natura* decorre do contrato ou do costume.

A alternativa "A" está incorreta. Vejamos: os equipamentos fornecidos aos empregados podem ou não ser considerados salário. Se os equipamentos forem fornecidos pela prestação dos serviços, terá natureza salarial. Se, todavia, forem os equipamentos fornecidos para a prestação dos serviços não terá natureza salarial.

A alternativa fala no fornecimento da utilidade no local de trabalho, não constituindo salário, vez que fornecida para a prestação do serviço.

Assim dispõe o inciso I do § 2º do art. 458 da CLT — "Para os efeitos previstos neste artigo, não serão consideradas como salário as seguintes utilidades concedidas pelo empregador: I — vestuários, equipamentos e outros acessórios fornecidos aos empregados e utilizados no local de trabalho, para a prestação dos serviços;"

A alternativa "B", também incorreta, trata do fornecimento do transporte de ida e volta do trabalho e do vale transporte.

Não representa salário-utilidade o fornecimento de vale-transporte fornecido pelo empregador, consoante dispõe o art. 2º, *a*, da Lei n. 7.418/1985: "O vale-transporte, concedido nas condições e limites definidos nesta lei, no que se refere à contribuição do empregador: a) não tem natureza salarial, nem se incorpora à remuneração para quaisquer efeitos;"

O mesmo ocorre com relação ao fornecimento de transporte.

Estabelece a Súmula n. 367 do TST: "I — A habitação, a energia elétrica e o veículo fornecidos pelo empregador ao empregado, quando indispensáveis para a realização do trabalho, não têm natureza salarial, ainda que, no caso de veículo, seja ele utilizado pelo empregado também em atividades particulares".

O inciso III do § 2º art. 458, supra mencionado, é claro ao dispor que não serão considerados como salário, "transporte destinado ao deslocamento para o trabalho e retorno, em percurso servido ou não por transporte público;".

A alternativa "D" enumera como salário-utilidade o pagamento com bebidas alcoólicas. Pois bem, versa o art. 458 da CLT, já mencionado e descrito acima, que "em caso algum será permitido o pagamento com bebidas alcoólicas ou drogas nocivas".

Convém consignar, por oportuno, que a Lei n. 10.243, de 19.6.2001 que acrescentou o § 2º ao art. 458, da CLT reduziu a atuação do salário-utilidade, enumerando as utilidades que não configuram salário, a saber: a) vestuário, equipamentos e outros acessórios fornecidos aos empregados e utilizados no local de trabalho, para a prestação dos serviços; b) educação em estabelecimento próprio ou de terceiros, incluindo taxas de matrícula, mensalidades, anuidades, livros e material didático; transporte destinado ao deslocamento para o trabalho e retorno, independentemente da existência de transporte público; d) assistência médica, hospitalar e odontológica, prestada diretamente ou mediante seguro-saúde; e) seguros de vidas e de acidentes pessoais; f) planos de previdência privada.

140. Com relação ao entendimento jurisprudencial dominante sobre a aposentadoria espontânea do empregado, assinale a opção correta.

☐ A) A aposentadoria espontânea extingue o contrato de trabalho, desobrigando para sempre o empregador do pagamento da multa de 40% sobre os depósitos do FGTS do período anterior à aposentadoria.

☐ B) A aposentadoria voluntária extingue o contrato de trabalho, ainda que o empregado continue a trabalhar na empresa após a concessão do benefício previdenciário.

☐ C) A aposentadoria espontânea extingue o contrato de trabalho, salvo se o empregado voltar a trabalhar em outra empresa.

☐ D) A concessão da aposentadoria voluntária ao trabalhador não extingue, instantânea e automaticamente, o vínculo de emprego, não ficando o empregador desonerado de indenizar o empregado, arbitrariamente despedido, da multa de 40% sobre depósitos de FGTS anteriores à aposentadoria.

A alternativa correta é a "D", eis que em consonância com a Orientação Jurisprudencial n. 361 da SDI-I do TST.
OJ-SDI1-361 — APOSENTADORIA ESPONTÂNEA. UNICIDADE DO CONTRATO DE TRABALHO. MULTA DE 40% DO FGTS SOBRE TODO O PERÍODO. DJ 20, 21 e 23.5.2008.
A aposentadoria espontânea não é causa de extinção do contrato de trabalho se o empregado permanece prestando serviços ao empregador após a jubilação.

Assim, por ocasião da sua dispensa imotivada, o empregado tem direito à multa de 40% do FGTS sobre a totalidade dos depósitos efetuados no curso do pacto laboral.

A alternativa "A" está incorreta.

O desligamento deixou de ser requisito para a obtenção da aposentadoria. A Súmula n. 295, do TST que previa a extinção do contrato de trabalho na aposentadoria espontânea foi cancelada em 17.11.2008.

A alternativa "B" está incorreta, eis que o entendimento jurisprudencial atual não considera extinto o contrato de trabalho com o pedido da aposentadoria, entendendo que há a unicidade contratual, razão do cancelamento, pelo TST da OJ n. 177 e da Súmula n. 295, que previam a extinção do contato de trabalho. Os princípios da proteção, da primazia, da realidade e da continuidade, justificam a posição dos que defendem a unicidade contratual.

A alternativa "C" está incorreta, em razão de a aposentadoria voluntária ou espontânea não importar na extinção do contrato de trabalho. Todavia, se o aposentado solicitar a rescisão do contrato, por vontade própria, para prestar serviços a outra empresa o contrato será extinto, mas não em decorrência do pedido de aposentadoria. O que a lei protege é o emprego.

141. A configuração de equiparação salarial por identidade entre dois empregados não ocorre na hipótese de

- A) empregado e paradigma trabalharem para empregadores distintos.
- B) empregado e paradigma trabalharem na mesma localidade.
- C) inexistência de quadro de carreira na empresa.
- D) a diferença de tempo de serviço entre os empregados não ser superior a dois anos.

A alternativa correta é a "A".

O direito a equiparação salarial expressa o princípio da igualdade salarial, previsto na Constituição Federal de 1988:

> Art. 7º São direitos dos trabalhadores urbanos e rurais, além de outros que visem à melhoria de sua condição social:
> ...
> XXX — proibição de diferença de salários, de exercício de funções e de critério de admissão por motivo de sexo, idade, cor ou estado civil;
> XXXI — proibição de qualquer discriminação no tocante a salário e critérios de admissão do trabalhador portador de deficiência;

A regra da equiparação salarial por identidade está prevista no art. 461, da CLT ao dispor: "Sendo idêntica a função, a todo trabalho de igual valor, prestado ao mesmo empregador, na mesma localidade, corresponderá igual salário, sem distinção de sexo, nacionalidade ou idade."

Do dispositivo em comento se extrai os requisitos da equiparação salarial, quais sejam: 1) identidade de função; 2) trabalho de igual valor; 3) trabalho prestado ao mesmo empregador e; 4) prestado na mesma localidade.

Portanto, a alternativa "A" não atende ao requisito de que o empregador deverá ser o mesmo.

A alternativa "B" trata do requisito da localidade, para configuração da equiparação salarial do empregado e paradigma.

O conceito é tratado na Súmula n. 6, X, do TST — "O conceito de 'mesma localidade' de que trata o art. 461 da CLT refere-se, em princípio, ao mesmo município, ou a municípios distintos que, comprovadamente, pertençam à mesma região metropolitana" (ex-OJ n.252 — Inserida em 13.3.2002).

A alternativa "C" se refere a quadro de carreira. O § 2º do art. 461 assevera: "Os dispositivos deste artigo não prevalecerão quando o empregador tiver pessoal organizado em quadro de carreira, hipótese em que as promoções deverão obedecer aos critérios de antiguidade e merecimento".

A Súmula n. 6, I, do TST fixou o seguinte entendimento: "Para fins previstos no § 2º do art. 461 da CLT, só é válido o quadro de pessoal organizado em carreira quando homologado pelo Ministério do Trabalho, excluindo-se, apenas, dessa exigência o quadro de carreira das entidades de direito público da administração direta, autárquica e fundacional aprovado por ato administrativo da autoridade competente".

> Súmula n. 127 do TST — Quadro de pessoal organizado em carreira, aprovado pelo órgão competente, excluída a hipótese de equiparação salarial, não obsta reclamação fundada em preterição, enquadramento ou reclassificação.

Assim, o quadro organizado de carreira devidamente homologado no Ministério do Trabalho inviabiliza o pedido de equiparação salarial.

Finalmente a alternativa "D" diz respeito a diferença de tempo na função. Trata-se do requisito trabalho de igual valor, definido pelo art. 461, § 1º da CLT. Assim dispõe referido dispositivo: "Trabalho de igual valor, para os fins deste Capítulo, será o que for feito com igual produtividade e com a mesma perfeição técnica, entre pessoas cuja diferença de tempo de serviço não for superior a 2 (dois) anos."

> Súmula n. 6, II — Para efeito de equiparação de salários em caso de trabalho igual, conta-se o tempo de serviço na função e não no emprego.

142. Desde que haja autorização prévia e por escrito do empregado, é lícito ao empregador efetuar desconto ou reter parte do salário no que se refere

- A) às horas em que este falta ao serviço para comparecimento necessário, como parte, à justiça do trabalho.

- B) aos valores relativos a planos de assistência odontológica e médico-hospitalar.

- C) à contribuição sindical obrigatória.

- D) aos salários correspondentes ao prazo do aviso-prévio quando o empregado pede demissão e não paga ao empregador o respectivo aviso.

A *alternativa correta é a "B"*.

Assim estabelece a Súmula n. 342 do TST: "Descontos salariais efetuados pelo empregador, com a autorização prévia e por escrito do empregado, para ser integrado em planos de assistência odontológica, médico-hospitalar, de seguro, de previdência privada, ou de entidade cooperativa, cultural ou recreativa associativa dos seus trabalhadores, em seu benefício e dos seus dependentes, não afrontam o disposto no art. 462 da CLT, salvo se ficar demonstrada a existência de coação ou de outro defeito que vicie o ato jurídico".

O art. 462 da CLT consagra o princípio da intangibilidade salarial, segundo o qual os descontos no salário serão os previstos em lei, em norma coletiva ou decorrentes de adiantamentos.

Assim prescreve o mencionado dispositivo legal:

...
Ao empregador é vedado efetuar qualquer desconto nos salários do empregado, salvo quando este resultar de adiantamentos, de dispositivos de lei ou de contrato coletivo.
§ 1º Em caso de dano causado pelo empregado, o desconto será lícito, desde que esta possibilidade tenha sido acordada ou na ocorrência de dolo do empregado.
§ 2º É vedado à empresa que mantiver armazém para venda de mercadorias aos empregados ou serviços destinados a proporcionar-lhes prestações *in natura* exercer qualquer coação ou induzimento no sentido de que os empregados se utilizem do armazém ou dos serviços.
§ 3º Sempre que não for possível o acesso dos empregados a armazéns ou serviços não mantidos pela empresa, é lícito à autoridade competente determinar a adoção de medidas adequadas, visando a que as mercadorias sejam vendidas e os serviços prestados a preços razoáveis, sem intuito de lucro e sempre em benefício dos empregados.
§ 4º Observado o disposto neste Capítulo, é vedado às empresas limitar, por qualquer forma, a liberdade dos empregados de dispor do seu salário.

Com relação a alternativa "A" incorreta a assertiva.

A Súmula n. 155 do TST estabelece: "As horas em que o empregado falta ao serviço para comparecimento necessário, como parte, à Justiça do Trabalho, não serão descontadas de seus salários.

O art. 473 da CLT, arrola as ausências que são justificadas e, portanto, que não implicam em prejuízo no salário. No inciso VIII, prescreve — "pelo tempo que se fizer necessário, quando tiver que comparecer a Juízo".

A alternativa "C" está incorreta. Fala na contribuição sindical obrigatória.

O art. 545 da CLT prescreve: "Os empregadores ficam obrigados a descontar na folha de pagamento dos seus empregados, desde que por eles devidamente autorizados, as contribuições devidas ao Sindicato, quando por este notificados, salvo quanto à contribuição sindical, cujo desconto independe dessas formalidades".

A contribuição sindical decorre da lei e, portanto, prescinde de autorização.

Com relação a alternativa "D", a mesma está incorreta em relação ao enunciado.

O art. 487 da CLT trata do aviso-prévio. No inciso II, § 2º dispõe — "A falta de aviso-prévio por parte do empregado, dá ao empregador o direito de descontar os salários correspondentes ao prazo respectivo". Portanto, o desconto é legal e não depende de autorização prévia do empregado.

143. O empregado eleito para cargo de direção da Comissão Interna de Prevenção de Acidentes (CIPA)

☐ A) tem estabilidade no emprego garantida desde o registro da candidatura até um ano após o final de seu mandato.

☐ B) tem estabilidade no emprego garantida desde a eleição até um ano após o final de seu mandato.

☐ C) tem estabilidade no emprego garantida desde o início de sua atuação no cargo até o final de seu mandato.

☐ D) não conta com estabilidade no emprego, podendo ser despedido, a qualquer tempo, sem justa causa.

A *alternativa correta é a "A"*.

O empregado elcito para o cargo de direção na CIPA tem a garantia de emprego assegurada desde o registro da candidatura até um ano após o final do mandato. Assim dispõe o art. 10. II, *a*, do ADCT:

Art. 10, da ADCT — "Até que seja promulgada a lei complementar a que se refere o art. 7º, I, da Constituição:
I — ...
II — fica vedada a dispensa arbitrária ou sem justa causa:
a) do empregado eleito para cargo de direção de comissões internas de prevenção de acidentes, desde o registro de sua candidatura até um ano após o final de seu mandato;"

A Súmula n. 339, do TST, estende a garantia ao suplente do empregado eleito para o cargo de direção.

Súmula n. 339 — CIPA. Suplente. Garantia de emprego. CF/1988. *(Res 39/1994, DJ 20.12.1994. Nova redação em decorrência da incorporação das Orientações Jurisprudenciais ns. 25 e 329 da SDI-1 — Res. 129/2005, DJ. 20.4.2005)*

I — O suplente da CIPA goza da garantia de emprego prevista no art. 10, II, "a", do ADCT a partir da promulgação da Constituição Federal de 1988. *(ex-Súmula n. 339 — Res 39/1994, DJ 20.12.1994 e ex-OJ n. 25 — Inserida em 29.3.1996)*

II — A estabilidade provisória do cipeiro não constitui vantagem pessoal, mas garantia para as atividades dos membros da CIPA, que somente tem razão de ser quando em atividade a empresa. Extinto o estabelecimento, não se verifica a despedida arbitrária, sendo impossível a reintegração e indevida a indenização do período estabilitário. *(ex-OJ n. 329 — DJ 9.12.2003)*

As alternativas "B", "C" e "D" estão incorretas, uma vez que a estabilidade se dará a partir do registro da candidatura até um ano após o final do mandato, sendo permitida a reeleição.

144. É assegurado ao empregado doméstico

- A) adicional noturno.
- B) recebimento de horas extras.
- C) repouso semanal remunerado.
- D) jornada de trabalho não superior a oito horas diárias.

A alternativa correta é a "C".

Os direitos assegurados aos empregados domésticos estão expressamente contidos no art. 7º, parágrafo único, da Constituição Federal, quais sejam: anotação do contrato em CTPS; salário mínimo; irredutibilidade de salário; 13º salário; repouso semanal remunerado; gozo de férias anuais remuneradas com pelo menos um terço a mais do que o salário normal; aviso-prévio; licença-maternidade de 120 dias e licença-paternidade de cinco dias; aposentadoria e vale-transporte.

Outros direitos foram acrescentados pela Lei n. 11.324, de 19 de julho de 2006, que alterou a Lei n. 5.859/72, tais como o direito à estabilidade, a impossibilidade de descontos no salário em razão do fornecimento de alimentação, vestuário, higiene e moradia, férias de 30 dias e por fim a garantia do pagamento do repouso semanal remunerado de 24 horas consecutivas, preferencialmente aos domingos.

Além de tais direitos previstos na lei específica, também faz jus o doméstico ao vale-transporte (Decreto n. 95.247/87, que regulamentou as Leis n. 7.418/85 e 7.619/87) e ao Fundo de Garantia por Tempo de Serviço, por ato voluntário do empregador (Lei n. 10.208/01).

Por força do art. 7º alínea *a* da CLT, os preceitos contidos na CLT não se aplicam aos domésticos. Assim, limitação da jornada de trabalho e adicional noturno, são direitos não assegurados a tal categoria, razão pela qual incorretas as alternativa "A", "B" e "C".

---

145. De acordo com o que dispõe a Consolidação das Leis do Trabalho, o intervalo mínimo para descanso entre uma jornada de trabalho e outra deve ser de

- A) 10 horas.
- B) 11 horas.
- C) 12 horas.
- D) 13 horas.

A alternativa correta é a "B".

Trata-se do intervalo interjornada, assegurado pelo art. 66 da CLT.

Art. 66 CLT — Entre 2 (duas) jornadas de trabalho haverá um período mínimo de 11 (onze) horas consecutivas para descanso.

Esse intervalo também foi estendido aos trabalhadores portuários e rurais e é considerado como suspensão do contrato de trabalho.

Incorretas as alternativas "A", "B" e "C". Como vimos, a CLT estabelece o intervalo mínimo de 11 horas. Esta a regra geral.

Todavia, há intervalos especiais como, por exemplo, o referente aos jornalistas, cujo intervalo interjornada é de 10 horas, conforme assegurado no art. 308, da CLT — "Em seguida a cada período diário de trabalho haverá um intervalo mínimo de dez horas, destinado ao repouso"; o do operador cinematográfico, de doze horas, assegurado pelo § 2º do art. 235 — "Em seguida a cada período de trabalho haverá um intervalo de repouso no mínimo de doze horas"; cabineiros, cujo intervalo é de 14 horas, entre outros.

O desrespeito ao intervalo mínimo de 11 horas possibilita a aplicação da Súmula n. 110, do TST.

Súmula n. 110 TST — JORNADA DE TRABALHO. INTERVALO (mantida) — Res. 121/2003, DJ 19, 20 e 21.11.2003. No regime de revezamento, as horas trabalhadas em seguida ao repouso semanal de 24 horas, com prejuízo do intervalo mínimo de 11 horas consecutivas para descanso entre jornadas, devem ser remuneradas como extraordinárias, inclusive com o respectivo adicional.

---

146. Conforme a legislação trabalhista, a redução salarial é

☐ A) vedada em qualquer hipótese.

☐ B) permitida, desde que prevista em convenção coletiva, apenas.

☐ C) permitida, desde que autorizada pelo empregado por escrito.

☐ D) vedada, salvo quando determinada em convenção ou acordo coletivo de trabalho.

A alternativa correta é a "D".

Trata-se a irredutibilidade salarial de regra de proteção, somente admitida mediante acordo ou convenção coletiva.

O art. 7º da Constituição Federal de 1988 só permite a redução em convenção ou acordo coletivo.

Assim dispõe o mencionado dispositivo constitucional: "São direitos dos trabalhadores...além de outros... VI — irredutibilidade do salário, salvo o disposto em convenção ou acordo coletivo....; X — proteção do salário na forma da lei, constituindo crime sua retenção dolosa."

Incorretas as alternativas "A", "B" e "C" eis que contrariam o dispositivo constitucional.

Consigne-se, por oportuno, que não obstante deva o salário ser pago em sua integralidade, a lei permite alguns descontos.

Art. 462 da CLT. Ao empregador é vedado efetuar qualquer desconto nos salários do empregado, salvo quando este resultar de adiantamentos, de dispositivos de lei ou de contrato coletivo.

§ 1º Em caso de dano causado pelo empregado, o desconto será lícito, desde que esta possibilidade tenha sido acordada ou na ocorrência de dolo do empregado.

§ 2º É vedado à empresa que mantiver armazém para venda de mercadorias aos empregados ou serviços destinados a proporcionar-lhes prestação *in natura* exercer qualquer coação ou induzimento no sentido de que os empregados se utilizem do armazém ou dos serviços.

§ 3º Sempre que não for possível o acesso dos empregados a armazéns ou serviços não mantidos pela empresa, é lícito à autoridade competente determinar a adoção de medidas adequadas, visando a que as mercadorias sejam vendidas e os serviços prestados a preços razoáveis, sem intuito de lucro e sempre em benefício dos empregados.

§ 4º Observado o disposto neste Capítulo, é vedado às empresas limitar, por qualquer forma, a liberdade dos empregados de dispor de seu salário.

Mesmo autorizado em cláusula de convenção ou acordo coletivo, possui limites.

Orientação Jurisprudencial n. 18 da SDC do TST: "Os descontos efetuados com base em cláusula de acordo firmado entre as partes não podem ser superiores a 70% do salário-base percebido pelo empregado, pois deve-se assegurar um mínimo de salário em espécie ao trabalhador".

Orientação Jurisprudencial n. 251 da SDI-I do TST: "Descontos. Frentista. Cheques sem fundos. É lícito o desconto salarial referente à devolução de cheques sem fundos, quando o frentista não observar as recomendações previstas em instrumento coletivo."

Súmula n. 342 do TST — Descontos salariais efetuados pelo empregador, com a autorização prévia e por escrito do empregado, para ser integrado em planos de assistência odontológica, médico-hospitalar, de seguro, de previdência privada, ou de entidade cooperativa, cultural ou recreativo-associativa de seus trabalhadores, em seu benefício e de seus dependentes, não afrontam o disposto no art. 462 da CLT, salvo se ficar demonstrada a existência de coação ou de outro defeito que vicie o ato jurídico.

147. Assinale a opção correta com relação à rescisão do contrato de trabalho.

☐ A) No caso de morte do empregador constituído em empresa individual, é facultado ao empregado rescindir o contrato de trabalho.

☐ B) A rescisão que ocorra até trinta dias antes da data-base da categoria profissional não autoriza o pagamento das verbas rescisórias com o salário já corrigido.

☐ C) As verbas rescisórias incontroversas, devidas pelas pessoas jurídicas de direito público, deverão ser pagas na data da primeira audiência designada pelo juiz, sob pena de o empregador pagá-las com multa de 50% sobre o valor original.

☐ D) É válido, no contrato de trabalho que supere um ano de vigência, o pedido de demissão que, feito pelo empregado, não seja realizado no Ministério do Trabalho e Emprego nem tenha assistência de sindicato.

A alternativa correta é a "A". Ao empregado é facultado rescindir o contrato de trabalho, no caso de morte do empregador, ainda que a empresa continue a funcionar com os herdeiros. Assim estabelece o § 2º, do art. 483, da CLT:
Art. 483. O empregado poderá considerar rescindido o contrato e pleitear a devida indenização quando:
...
§ 2º No caso de morte do empregador constituído em empresa individual, é facultado ao empregado rescindir o contrato de trabalho.

A alternativa "B" está incorreta. A medida visa proteger o empregado despedido nas vésperas do reajuste do salário. De acordo com o art. 9º da Lei n. 7.238/84 é devido o pagamento de indenização adicional na hipótese de dispensa injusta do empregado, ocorrida no trintídio que antecede a data base.

SUM-182 — AVISO-PRÉVIO. INDENIZAÇÃO COMPENSATÓRIA. LEI N. 6.708, DE 30.10.1979 (mantida) — Res. 121/2003, DJ 19, 20 e 21.11.2003

O tempo do aviso-prévio, mesmo indenizado, conta-se para efeito da indenização adicional prevista no art. 9º da Lei n. 6.708, de 30.10.1979.

A alternativa "C" está incorreta. Mesmo reconhecimento a dívida, as pessoas jurídicas de direito público não são obrigadas ao pagamento das verbas incontroversas.

Assim dispõe o parágrafo único do art. 467, da CLT:

Art. 467. Em caso de rescisão de contrato de trabalho, havendo controvérsia sobre o montante das verbas rescisórias, o empregador é obrigado a pagar ao trabalhador, à data do comparecimento à Justiça do Trabalho, a parte incontroversa dessas verbas, sob pena de pagá-las acrescidas de cinquenta por cento". *(Redação dada pela Lei n. 10.272, de 5.9.2001)*

Parágrafo único. O disposto no *caput* não se aplica à União, aos Estados, ao Distrito Federal, aos Municípios e as suas autarquias e fundações públicas. *(Incluído pela Medida provisória n. 2.180-35, de 2001)*

A alternativa "D" está incorreta, uma vez que contraria o disposto no art. 477, § 1º, da CLT:

§ 1º O pedido de demissão ou recibo de quitação de rescisão, do contrato de trabalho, firmado por empregado com mais de 1 (um) ano de serviço, só será válido quando feito com a assistência do respectivo Sindicato ou perante a autoridade do Ministério do Trabalho e Previdência Social. *(Redação dada pela Lei n. 5.584, de 26.6.1970)*

148. Com relação ao trabalho da mulher, a lei permite ao empregador

- A) recusar emprego em razão de situação familiar da mulher trabalhadora.
- B) exigir atestado de gravidez, para fins de admissão ou permanência no emprego.
- C) considerar o sexo como variável determinante para fins de ascensão profissional.
- D) publicar anúncio de emprego em que haja referência a determinado sexo para o desempenho de atividade que sabidamente assim o exija.

A *alternativa correta é a "D"*.

O art. 373-A, I, da CLT, visando impedir práticas discriminatórias ao acesso da mulher no mercado de trabalho, assim dispõe:

Ressalvadas as disposições legais destinadas a corrigir as distorções que afetam o acesso da mulher ao mercado de trabalho e certas especificidades estabelecidas nos acordo trabalhistas, é vedado:
I — publicar ou fazer publicar anúncio de emprego no qual haja referência ao sexo, à idade, à cor ou situação familiar, salvo quando a natureza da atividade a ser exercida, pública e notoriamente, assim o exigir.

A alternativa "A" está errada. O trabalho da mulher encontra proteção na Constituição Federal — art. 7º, XX ao assegurar "proteção do mercado e trabalho da mulher, mediante incentivos específicos, nos termos da lei".

O art. 5º, inciso I, da Carta de 1988 dispõe que homens e mulheres são iguais perante a lei, o que importa em proteção ao trabalho da mulher.

O mencionado art. 373-A, foi acrescentado à CLT, pela Lei n. 9.799/99, visando proibir critérios de admissão que importem em discriminação ao trabalho da mulher e no seu inciso I, acima transcrito, deixa claro que é vedado ao empregador recusar emprego em razão da situação familiar.

A alternativa "B" está errada. Ao empregador não é permitido exigir atestado ou exame, de qualquer natureza, para comprovação de esterilidade ou gravidez, na admissão ou permanência do emprego. (inciso IV, do art. 373-A).

A Lei n. 9.029, de 13 de abril de 1995, que trata da discriminação no emprego — Exames, proíbe a adoção de qualquer prática discriminatória e limitativa para fins de acesso ao emprego e estabelece no seu art. 2º, dentre outras práticas, que constitui crime a exigência de teste, exame, perícia, laudo, atestado, declaração ou qualquer outro procedimento relativo à esterilização ou a estado de gravidez.

A alternativa "C" está errada. A prática discriminatória está mencionada no inciso III, do art. 373-A, da CLT, que assim dispõe: "considerar o sexo, a idade, a cor ou situação familiar como variável determinante para fins de remuneração, formação profissional e oportunidades de ascensão profissional".

---

149. A oposição dos embargos de declaração

☐ A) suspende o prazo para a interposição do recurso ordinário.

☐ B) interrompe o prazo para a interposição do recurso ordinário.

☐ C) impede a contagem do prazo para a interposição do recurso ordinário.

☐ D) não afeta a contagem do prazo para a interposição do recurso ordinário.

A alternativa correta é a "B".

Embargos de declaração é causa de interrupção do prazo do recurso principal, ou seja, quando da decisão dos embargos as partes terão novamente a totalidade do prazo para interpor o recurso principal.

> Art. 538 do CPC — Os embargos de declaração interrompem o prazo para a interposição de outros recursos, por qualquer das partes.

Se a parte apresentar embargos tão somente para interromper o prazo recursal, será considerado pelo juiz como protelatórios e será aplicada multa de 1% sobre o valor da causa, conforme parágrafo único do art. 538 do CPC.

> Parágrafo único. Quando manifestamente protelatórios os embargos, o juiz ou o tribunal, declarando que o são, condenará o embargante a pagar ao embargado multa não excedente de 1% (um por cento) sobre o valor da causa. Na reiteração de embargos protelatórios, a multa é elevada a até 10% (dez por cento), ficando condicionada a interposição de qualquer outro recurso ao depósito do valor respectivo.

150. Quanto à competência, é correto afirmar que a justiça do trabalho é competente para julgar

- ☐ A) as ações de indenização por dano moral ou patrimonial, decorrentes ou não de relação de trabalho.
- ☐ B) os crimes contra a organização do trabalho e, nos casos determinados por lei, contra o sistema financeiro e a ordem econômico-financeira.
- ☐ C) as causas em que forem parte a instituição de previdência social e segurado.
- ☐ D) as ações oriundas da relação de trabalho, abrangidos os entes de direito público externo e da administração pública direta e indireta.

A *alternativa correta é a "D"*.

Trata-se de competência em razão da matéria, com previsão legal no art. 114 da CF.

Art. 114. Compete à Justiça do Trabalho processar e julgar:
I — as ações oriundas da relação de trabalho, abrangidos os entes de direito público externo e da administração pública direta e indireta da União, dos Estados, do Distrito Federal e dos Municípios;
II — as ações que envolvam o direito de greve;
III — as ações de representação sindical, entre sindicatos, entre sindicatos e trabalhadores e entre sindicatos e empregadores;
IV — os mandados de segurança, *habeas corpus* e *habeas data*, quando o ato questionado envolver matéria sujeita à sua jurisdição;
V — os conflitos de competência entre órgãos com jurisdição trabalhista, ressalvado disposto no art. 102, I, *o*;
VI — as ações de indenização por dano moral ou patrimonial, decorrentes da relação de trabalho;
VII — as ações relativas às penalidades administrativas impostas aos empregadores pelos órgãos de fiscalização das relações de trabalho;
VIII — a execução, de ofício, das contribuições sociais previstas no art. 195, I, *a*, II, e seus acréscimos legais, decorrentes das sentenças que proferir;
IX — outras controvérsias decorrentes da relação de trabalho, na forma da lei.

A alternativa "D" é a correta porque é exatamente a redação do inciso I do art. 114 da CF. Entretanto, cumpre destacar que a segunda parte do referido dispositivo restou suspenso por força de decisão concedida pelo Supremo Tribunal Federal, nos autos da ADIn n. 3.395-6, de forma a excluir da competência da Justiça do Trabalho as ações envolvendo estatutário.

A alternativa "A" está errada porque menciona "ou não de relação de trabalho", sendo que a competência para as ações de indenização por dano moral ou patrimonial se limita a questões decorrentes da relação de trabalho (inciso VI do art. 114 da CF).

A alternativa "B" trata dos crimes contra a organização do trabalho, que é de competência da Justiça Federal (art. 109, VI da CF), e não da Justiça do Trabalho e, finalmente, a alternativa "C" também está errada porque a competência para as ações do segurado em face do INSS é da Justiça Federal (art. 109, I da CF). Não se pode confundir ação de indenização por acidente do trabalho em face do empregador e ação acidentária em face do INSS. A primeira é de competência da Justiça do Trabalho a segunda é da Justiça Federal.

151. Quanto à remuneração a ser paga no período de férias, assinale a opção correta de acordo com o previsto na Consolidação das Leis do Trabalho (CLT).

☐ A) O empregado não receberá salário, pois nesse período houve o afastamento do exercício de sua atividade laboral.

☐ B) No salário pago por tarefa, para fins de apuração do valor do salário, toma-se a média da produção no período aquisitivo, aplicando-se o valor da tarefa do mês imediatamente anterior à concessão das férias.

☐ C) Para o salário pago por porcentagem, apura-se a média do que foi percebido nos doze meses que precederem à concessão das férias, sendo esta a remuneração do período de descanso.

☐ D) No salário pago por hora cujas jornadas sejam variáveis, a remuneração das férias será a média dos últimos seis meses, pagando-se a esse título o valor do salário vigente na data da sua apuração.

A alternativa correta é a "C".

Estabelece o § 3º, do art. 142, da CLT — "Quando o salário for pago por percentagem, comissão ou viagem, apurar-se-á a média percebida pelo empregado nos 12 (doze) meses que precederem à concessão das férias".

A alternativa "A" está em total desacordo com a natureza jurídica das férias, ou seja, é o período onde há a interrupção da prestação laboral, sem prejuízo do salário, sendo computado como tempo de serviço.

Assim dispõe o arts. 129 da CLT: "Todo o empregado terá direito anualmente ao gozo de um período de férias, sem prejuízo da remuneração".

A Constituição Federal de 1988 também a prevê no art. 7º, XVII — "gozo de férias anuais remuneradas com, pelo menos, um terço a mais do que o salário normal;"

A alternativa "B" é confusa. Trata do salário pago por tarefa. Nesse caso, toma-se por base a média da produção no período aquisitivo do direito às férias, aplicando-se o valor da remuneração da tarefa na data da sua concessão.

O § 2º do art. 142 assim prescreve: "Quando o salário for pago por tarefa tomar-se-á por base a média da produção no período aquisitivo do direito a férias, aplicando-se o valor da remuneração da tarefa na data da concessão das férias".

No mesmo sentido a Súmula n. 149 do TST — "A remuneração das férias do tarefeiro deve ser calculada com base na média da produção do período aquisitivo, aplicando-se-lhe a tarifa da data da concessão".

A alternativa "D" contraria dispositivo legal — § 1º, do art. 142, da CLT: "Quando o salário for pago por hora com jornadas variáveis, apurar-se-á a média do período aquisitivo, aplicando-se o valor do salário na data da concessão das férias".

152. Assinale a opção correta acerca da suspensão do contrato de trabalho para que o empregado participe de curso ou programa de qualificação profissional.

☐ A) A suspensão do contrato para tal fim poderá ocorrer por um período mínimo de um e de, no máximo, seis meses.

☐ B) O empregado, mesmo não prestando serviços, continua a receber salário por ser tal suspensão considerada benefício que visa ao aprimoramento do profissional em favor do empregador.

☐ C) Se o empregado for dispensado durante a suspensão do contrato ou nos três meses subsequentes ao seu retorno ao trabalho, terá direito ao percebimento de multa convencional cujo valor será, no mínimo, igual ao montante da última remuneração mensal anterior à suspensão.

☐ D) Não se exige previsão em acordo ou convenção coletiva para a realização de curso de qualificação profissional.

A alternativa correta é a "C".

A alternativa "C" está correta e se traduz em uma estabilidade especial, na medida em que proíbe a dispensa injusta do empregado no transcurso do período de suspensão ou nos três meses que seguem ao seu término.

Encontra previsão no § 5º, do art. 476-A da CLT, que assim dispõe: "Se ocorrer a dispensa do emprego no transcurso do período de suspensão contratual ou nos 3 (três) meses subsequentes ao seu retorno ao trabalho, o empregador pagará ao empregado, além das parcelas indenizatórias previstas na legislação em vigor, multa a ser estabelecida em convenção ou acordo coletivo, sendo de, no mínimo, 100% (cem por cento) sobre o valor da última remuneração mensal anterior à suspensão do contrato."

Trata-se de um dos casos de suspensão do contrato de trabalho, previsto no art. 476-A, da CLT, que assim dispõe: "O contrato de trabalho poderá ser suspenso, por um período de 2 (dois) a 5 (cinco) meses, para participação do empregado em curso ou programa de qualificação profissional oferecido pelo empregador, com duração equivalente à suspensão contratual, mediante previsão em convenção ou acordo coletivo de trabalho e aquiescência formal do empregado, observado o disposto no art. 471 desta Consolidação".

Assim, no período do curso de qualificação, as obrigações das partes ficam suspensas, ou seja, o empregado deixa de prestar os serviços e o empregador de proceder ao pagamento. Não há a ruptura do contrato de trabalho, o vínculo é preservado. Durante o curso, o empregado fará jus a bolsa de qualificação, proveniente do FAT — Fundo de Amparo ao Trabalhador, sem prejuízo de ajuda compensatória, que poderá ser concedida pelo empregador, uma vez que não se trata de obrigação, mas de faculdade do empregador.

A suspensão do contrato para qualificação profissional será de 2 e 5 meses.

Haverá de ser previsto em convenção ou acordo coletivo e contar com a anuência do empregado, já que o curso é oferecido pelo empregador.

Incorretas, portanto, as alternativas "A", "B" e "D".

153. Segundo a CLT, não representa hipótese de rescisão indireta

☐ A) a falta grave praticada pelo empregador contra o empregado, mesmo quando inexistente o requisito da imediatidade e da causalidade.

☐ B) a ofensa que o empregador dirija ao empregado, inclusive quando se tratar de hipótese de legítima defesa.

☐ C) o fato de empregador exigir serviços estranhos àquele para o qual o empregado foi contratado.

☐ D) o rigor excessivo no tratamento dispensado pelo superior hierárquico ao empregado.

A alternativa "B" deve ser anotada pelo candidato, uma vez que não representa hipótese de rescisão indireta. Não pode ser considerada falta grave a ofensa praticada pelo empregador em legítima defesa.

Assim estabelece a letra f, do art. 483, da CLT:

f) o empregador ou seus prepostos ofenderem-no fisicamente, **salvo em caso de legítima defesa, própria ou de outrem;**

Art. 25, do Código Penal — Entende-se em legítima defesa quem, usando moderadamente dos meios necessários, repele injusta agressão, atual ou iminente, a direito seu ou de outrem. (Redação dada pela Lei n. 7.209, de 11.7.1984).

As demais alternativas representam hipóteses de rescisão indireta.

A alternativa "A" — os requisitos da imediatidade e da causalidade são exigidos para a configuração da justa causa praticada pelo empregado.

A alternativa "C" — a rescisão indireta configura-se quando for exigido do empregado serviço que não corresponda ao contrato.

Art. 483. O empregado poderá considerar rescindido o contrato e pleitear a devida indenização quando:

a) forem exigidos serviços superiores às suas forças, defesos por lei, contrários aos bons costumes, ou alheios ao contrato;

A alternativa "D" — o rigor excessivo pode ser representado por punições desmedidas, perseguições, comportamento que foge a normalidade nas relações laborais.

Art. 483. O empregado poderá considerar rescindido o contrato e pleitear a devida indenização quando:

a) for tratado pelo empregador ou por seus superiores hierárquicos com rigor excessivo

---

154. Com relação ao descanso intrajornada, assinale a opção correta.

☐ A) O acordo ou convenção coletiva de trabalho pode conter cláusula que reduza o intervalo intrajornada, visto que constitui matéria passível de negociação coletiva.

☐ B) O trabalho contínuo cuja duração seja de cinco horas diárias terá intervalo de 15 minutos para repouso ou alimentação.

☐ C) Os intervalos de descanso são computados na duração do trabalho prestado pelo empregado.

☐ D) Considera-se simples infração administrativa, sem qualquer outra consequência jurídica, a não concessão, pelo empregador, do período de descanso do empregado.

A alternativa correta é a "A".

O intervalo intrajornada está previsto no art. 71 da CLT. Para jornadas de 4 a 6 horas, o intervalo será de 15 minutos; mais de 6 horas, será de no mínimo uma hora e no máximo duas.

> Art. 71 CLT — Em qualquer trabalho contínuo, cuja duração exceda de seis horas, é obrigatória a concessão de um intervalo para repouso ou alimentação, o qual será, no mínimo, de uma hora e, salvo acordo escrito ou contrato coletivo em contrário, não poderá exceder de duas horas.

A alternativa "A" é incorreta, pois a redução do intervalo só é lícita por autorização do Ministério do Trabalho, conforme dispõe o § 3º do art. 71 da CLT.

> Art. 71, § 3º CLT — O limite mínimo de uma hora para repouso ou refeição poderá ser reduzido por ato do Ministro do Trabalho, quando, ouvido o Departamento Nacional de Higiene e Segurança do Trabalho (DNHST) (atualmente Secretaria de Segurança do Trabalho — SSMT), se verificar que o estabelecimento atende integralmente às exigências concernentes à organização dos refeitórios e quando os respectivos empregados não estiverem sob regime de trabalho prorrogado a horas suplementares.

Quanto a possibilidade da redução por acordo ou convenção coletiva de trabalho, o TST pacificou entendimento de que não é possível, salvo uma única exceção, conforme OJ n. 342 da SDI-I, abaixo transcrita:

> OJ-SDI1-342 — INTERVALO INTRAJORNADA PARA REPOUSO E ALIMENTAÇÃO. NÃO CONCESSÃO OU REDUÇÃO. PREVISÃO EM NORMA COLETIVA. INVALIDADE. EXCEÇÃO AOS CONDUTORES DE VEÍCULOS RODOVIÁRIOS, EMPREGADOS EM EMPRESAS DE TRANSPORTE COLETIVO URBANO (alterada em decorrência do julgamento do processo TST-IUJEEDEDRR 1226/2005-005-24-00.1) — Res. 159/2009, DEJT divulgado em 23, 24 e 25.11.2009
> I — É inválida cláusula de acordo ou convenção coletiva de trabalho contemplando a supressão ou redução do intervalo intrajornada porque este constitui medida de higiene, saúde e segurança do trabalho, garantido por norma de ordem pública (art. 71 da CLT e art. 7º, XXII, da CF/1988), infenso à negociação coletiva.
> II — Ante a natureza do serviço e em virtude das condições especiais de trabalho a que são submetidos estritamente os condutores e cobradores de veículos rodoviários, empregados em empresas de transporte público coletivo urbano, é válida cláusula de acordo ou convenção coletiva de trabalho contemplando a redução do intervalo intrajornada, desde que garantida a redução da jornada para, no mínimo, sete horas diárias ou quarenta e duas semanais, não prorrogada, mantida a mesma remuneração e concedidos intervalos para descanso menores e fracionados ao final de cada viagem, não descontados da jornada.

A alternativa "C" também é incorreta, pois o período de intervalo é causa de suspensão do contrato de trabalho e, portanto, não são computados na jornada, conforme dispõe o § 2º do art. 71 da CLT.

> Art. 71, § 2º CLT — Os intervalos de descanso não serão computados na duração do trabalho.

Por fim, a alternativa "D" também é incorreta, pois a inobservância do intervalo mínimo acarreta em pagamento do período correspondente mais multa administrativa, conforme preceitua o § 4º do art. 71 da CLT.

> Art. 71, § 4º CLT — Quando o intervalo para repouso e alimentação, previsto neste artigo, não for concedido pelo empregador, este ficará obrigado a remunerar o período correspondente com um acréscimo de no mínimo cinquenta por cento sobre o valor da remuneração da hora normal de trabalho.

Sobre esta questão do TST editou a OJ n. 307 da SDI-I, pacificando entendimento de que será devido a hora inteira, sem dedução o período usufruído.

> OJ-SDI1-307 — INTERVALO INTRAJORNADA (PARA REPOUSO E ALIMENTAÇÃO). NÃO CONCESSÃO OU CONCESSÃO PARCIAL. LEI N. 8.923/94 (DJ 11.8.2003)
> Após a edição da Lei n. 8.923/94, a não-concessão total ou parcial do intervalo intrajornada mínimo, para repouso e alimentação, implica o pagamento total do período correspondente, com acréscimo de, no mínimo, 50% sobre o valor da remuneração da hora normal de trabalho (art. 71 da CLT).

155. Assinale a opção correta no que se refere ao trabalhador avulso.

☐ A) Será enquadrado como trabalhador avulso aquele que prestar serviço sem vínculo de emprego, a diversas pessoas, em atividade de natureza urbana ou rural com a intermediação obrigatória do gestor de mão de obra ou do sindicato da categoria, como, por exemplo, o amarrador de embarcação.

☐ B) Exige-se a intermediação do sindicato na colocação do trabalhador avulso na prestação do serviço, razão pela qual deve esse trabalhador ser sindicalizado.

☐ C) O trabalhador avulso não é amparado pelos direitos previstos na legislação trabalhista, só tendo direito ao preço acordado no contrato e à multa pelo inadimplemento do pacto, quando for o caso.

☐ D) O trabalho avulso caracteriza-se pela pessoalidade na prestação do serviço, pois a relação é *intuitu personae*.

A alternativa correta é a "A".

Avulso é aquele que "presta, a diversas empresas, sem vínculo empregatício, serviços de natureza urbana ou rural definidos no regulamento."

O regulamento, que é o atual Decreto n. 3.048/99 esclarece que o trabalhador avulso é "aquele que, sindicalizado ou não, presta serviços de natureza urbana ou rural, sem vínculo empregatício, a diversas empresas, com intermediação obrigatória do sindicato da categoria ou do órgão gestor de mão de obra." (art. 9º, VI)

O avulso não possui subordinação, seja com o sindicato seja como tomador e nem pessoalidade.

São características do avulso: 1) liberdade na prestação dos serviços; 2) possibilidade da prestação de serviços a mais de uma empresa; 3) intermediação obrigatória da mão de obra pelo sindicato ou pelo órgão gestor de mão de obra; 4) o curto período da prestação de serviços.

A Constituição Federal estabeleceu igualdade de direitos entre o avulso e o empregado (art. 7º, XXXIV).

O OGMO ou o sindicato é quem paga o trabalhador. O tomador dos serviços e o OGMO são solidariamente solidários pelo pagamento das verbas trabalhistas, sendo vedada a invocação de benefício de ordem.

A alternativa "B" está incorreta pois apesar da exigência da intermediação obrigatória do sindicato ou do OGMO, não é exigido que o empregado seja sindicalizado. Até porque a Constituição Federal de 1988 consagrou o princípio da liberdade sindical.

A alternativa "C" também é incorreta eis que o art. 7º inciso XXXIV da Constituição Federal tratou de igualar os direitos do avulso com aqueles que possuem vínculo empregatício.

Por fim, a alternativa "D" é incorreta, pois pessoalidade é requisito da relação empregatícia e não do trabalhador avulso.

156. O motorista que trabalha em uma empresa cuja atividade seja preponderantemente rural é enquadrado como trabalhador

☐ A) urbano, pois faz parte de categoria diferenciada.

☐ B) urbano, visto que não atua diretamente no campo na atividade-fim da empresa.

☐ C) doméstico, porque, como motorista, não explora atividade lucrativa.

☐ D) rural, pois, embora não atue em funções típicas de lavoura e pecuária, presta serviços voltados à atividade-fim da empresa e, de modo geral, trafega no campo e não em estradas e cidades.

A *alternativa correta é a "D"*.

O art. 2º da Lei n. 5.889 de 1973 assim define empregado rural: "Empregado rural é toda pessoa física que, em propriedade rural ou prédio rústico, presta serviços de natureza não eventual a empregador rural, sob a dependência deste e mediante salário".

Portanto, sujeitos aos requisitos da relação de emprego — pessoalidade, habitualidade, subordinação e onerosidade, o que os distingue do empregado, segundo art. 3º da CLT, é o fato de que a prestação de serviços dá-se em propriedade rural ou prédio rústico para empregador rural, considerado aquele que explora atividade agroeconômica, agroindustrial.

O que importa é o tipo de empreendimento, ou seja, considera-se empregado rural, o motorista, o tratorista, o colono, o que reside e trabalha na propriedade, desde que prestem serviços para empregador rural.

A caracterização do trabalhador rural dá-se em razão da atividade exercida pelo empregador.

Para que seja considerado empregado rural, portanto, é necessário que o trabalho seja prestado observando-se os requisitos da pessoalidade, subordinação, não eventualidade, onerosidade, alteridade e que seja prestado por pessoa física à empregador rural em propriedade rural ou prédio rústico.

Os motoristas que trabalham na empresa cuja atividade é preponderantemente rural são trabalhadores rurais.

Assim a inteligência da Orientação Jurisprudencial n. 315 da SDI-TST: "É considerado trabalhador rural o motorista que trabalha no âmbito de empresa cuja atividade é preponderantemente rural, considerando que, de modo geral, não enfrenta o trânsito das estradas e cidades".

Com base na parte final da referida orientação poderia ser questionada a possibilidade de optar por uma das alternativas que fala em empregado urbano. Contudo, as justificativas de ambas as alternativas ("A" e "B") estão completamente equivocadas. Além disso, a questão deve ser analisada restritivamente. Se o enunciado não contemplou a exceção da orientação, não cabe o candidato assim o fazer.

Cumpre destacar que "prédio rústico" é aquele que, localizado na zona rural ou urbana, tem como destinação a exploração de atividade agroeconômica.

Empregador rural é a pessoa física ou jurídica, proprietária ou não, que explore atividade agroeconômica, em caráter permanente ou temporário, diretamente ou por meio de prepostos e com auxílio de empregados.

Por atividade agroeconômica entende-se as funções e tarefas agrícolas e pecuárias, no sentido estrito, que tenham destinação ao mercado.

Ainda, determina a lei que se qualifique como atividade agroeconômica, para fins trabalhistas, a exploração industrial em estabelecimento agrário (art. 3º, § 1º, Lei n. 5.889/73).

Essa exploração industrial se restringe "às atividades que compreendem o primeiro tratamento dos produtos agrários *in natura* sem transformá-lo em sua natureza" (art. 2º, § 4º, Decreto n. 73.626/74).

Empresas de florestamento ou reflorestamento, em que pese ser tidas como empresas urbanas, serão tidos como rurícolas seus empregados que exerçam, no campo, atividades efetivamente rurais. OJ n. 38 da SDI-I do TST.

157. No que se refere à culpa recíproca como causa de extinção do contrato de trabalho por tempo indeterminado, prevista no art. 484 da CLT, assinale a opção correta.

☐ A) O empregado não terá direito ao percebimento do aviso-prévio, das férias proporcionais e da gratificação natalina referente ao ano em que ocorrer a rescisão do pacto laboral.

☐ B) Caracterizada a culpa recíproca, possibilita-se o pagamento ao empregado, pelo empregador, de metade do aviso-prévio, do 13º salário e das férias proporcionais.

☐ C) Tal instituto decorre de duas ações capazes de provocar, cada uma delas *de per si*, a dissolução do contrato de trabalho, sendo uma praticada pelo empregador e outra do empregado, sendo ambos os atos, ao menos, de natureza leve.

☐ D) A conduta do empregado que retruca a ofensa a ele dirigida pelo empregador não precisa ser grave nem guardar relação direta com a conduta ofensiva anterior.

A alternativa correta é a "B". Incorrem em culpa recíproca quando empregado e empregador concorrem para a configuração da falta que resulta no término da relação de trabalho.

Art. 484. Havendo culpa recíproca no ato que determinou a rescisão do contrato de trabalho, o tribunal de trabalho reduzirá a indenização à que seria devida em caso de culpa exclusiva do empregador, por metade.

SUM-14 — CULPA RECÍPROCA (nova redação) — Res. 121/2003, DJ 19, 20 e 21.11.2003
Reconhecida a culpa recíproca na rescisão do contrato de trabalho (art. 484 da CLT), o empregado tem direito a 50% (cinquenta por cento) do valor do aviso-prévio, do décimo terceiro salário e das férias proporcionais.

A alternativa "A" está incorreta. Este era o entendimento do TST que o empregado não tinha direito ao aviso-prévio, férias proporcionais e 13º salário. A Resolução n. 121/2003 do TST, deu nova redação à Sumula n. 14 reconhecendo o direito a estas parcelas.

A alternativa "C" está incorreta. A culpa recíproca deve decorrer de fatos concomitantes e graves, que ensejam a ruptura do contrato por justa causa.

A alternativa "D" está incorreta. Para a caracterização da culpa recíproca há que haver conexão entre as faltas e que sejam graves.

158. Assinale a opção correta acerca da equiparação salarial de acordo com o previsto no art. 461 da CLT.

☐ A) No trabalho de igual natureza, observa-se a denominação do cargo ocupado, independentemente da função exercida pelo empregado.

☐ B) É imprescindível que, quando proposta a reclamação em que se busque a equiparação salarial, o reclamante e o paradigma permaneçam como empregados do estabelecimento, ainda que o pedido diga respeito a situação pretérita.

☐ C) Cabe ao empregador provar a ocorrência de fato impeditivo, modificativo ou extintivo do pedido de equiparação salarial.

☐ D) Para fins de equiparação, o empregado e o paradigma podem desempenhar suas atividades em municípios ou estados diversos.

A alternativa correta é a "C".

Assim dispõe a Súmula n. 6, VIII, do TST — "É do empregador o ônus da prova do fato impeditivo, modificativo ou extintivo da equiparação salarial".

Ao empregado cabe a prova do exercício na mesma função do paradigma.

Contestado pelo empregador, a ele incumbe a prova do fato impeditivo, modificativo ou extintivo da equiparação salarial. A regra de quem alega prova (art. 818, CLT), deve ser complementada pelo art. 333, II, do CPC.

> Art. 818, CLT — "A prova das alegações incumbe à parte que as fizer".
>
> Art. 333, do CPC — "O ônus da prova incumbe: ... II — ao réu, quanto à existência de fato impeditivo, modificativo ou extintivo do direito do autor".

A alternativa "A" está totalmente errada. Para efeito de equiparação é necessário que empregado e paradigma tenham igualdade de funções, ou seja, devem trabalhar na mesma função.

Súmula n. 6 III do TST — "A equiparação salarial só é possível se o empregado e o paradigma exercerem a mesma função, desempenhando as mesmas tarefas, não importando se os cargos têm, ou não, a mesma denominação".

Com relação à alternativa "B", ao contrário do que está afirmado, é desnecessário que reclamante e paradigma estejam trabalhando quando proposta a reclamação, desde que o pedido se relacione com situação pretérita. É o chamado requisito implícito, ou seja, que tenha ocorrido simultaneidade na prestação de serviços.

> Súmula n. 6, IV do TST — "É desnecessário que, ao tempo da reclamação sobre equiparação salarial, reclamante e paradigma estejam a serviço do estabelecimento, desde que o pedido se relacione com situação pretérita".

A alternativa "D" também está incorreta. Com efeito, empregado e paradigma devem laborar no mesmo Município, podendo ser distintos, se pertencerem à mesma região metropolitana. Assim se posiciona o TST — Súmula n. 6, X — "O conceito de "mesma localidade" de que trata o art. 461 da CLT refere-se, em princípio, ao mesmo município, ou a municípios distintos que, comprovadamente, pertençam à mesma região metropolitana". Sobre região metropolitana, assim estabelece o § 3º do art. 25 da Constituição Federal: "Os Estados poderão, mediante lei complementar, instituir regiões metropolitanas, aglomerações urbanas e microrregiões, constituídas por agrupamentos de Municípios limítrofes, para integrar a organização, o planejamento e a execução de funções públicas de interesse comum."

159. Segundo a CLT, as federações

☐ A) são entidades sindicais de grau superior que atuam em âmbito nacional.

☐ B) são entidades sindicais compostas de, ao menos, cinco sindicatos que representem a maioria absoluta de um grupo de atividades ou profissões idênticas, sejam elas similares ou conexas.

☐ C) têm como órgãos internos a diretoria e o conselho de representantes, apenas.

☐ D) têm o seu presidente escolhido entre os seus membros, sendo ele eleito pelo conselho de representantes.

A alternativa correta é a "B". As federações compõem a estrutura sindical brasileira e se constituem em associações sindicais de segundo grau. Para que sejam constituídas devem congregar no mínimo 5 (cinco) sindicatos, representando a maioria absoluta de um grupo de atividades ou profissões idênticas, similares ou conexas.

Art. 534, da CLT — É facultado aos Sindicatos, quando em número não inferior a 5 (cinco), desde que representem a maioria absoluta de um grupo de atividades ou profissões idênticas, similares ou conexas, organizarem-se em federação.

A alternativa "A" está incorreta. As federações atuam normalmente na base territorial de um Estado, uma vez que a Constituição Federal de 1988, prevê que caberá aos interessados estabelecer a base territorial que não poderá ser inferior a um município.

A alternativa "C" está incorreta. São órgãos internos da federação — A diretoria, o conselho de representantes e o conselho fiscal.

Art. 538, da CLT — A administração das federações e confederações será exercida pelos seguintes órgãos: a) Diretoria; b) Conselho de Representantes; c) Conselho Fiscal ...".

A alternativa "D" está incorreta. O Presidente da Federação será escolhido dentre os seus membros, pela Diretoria.

Art. 538, § 3º, d CLT — O Presidente da federação ou confederação será escolhido dentre os seus membros, pela Diretoria.

160. Com relação à audiência de julgamento, assinale a opção correta de acordo com a CLT.

☐ A) O não comparecimento do reclamante à audiência de instrução importa o arquivamento da reclamação.

☐ B) Após a apresentação da defesa pelo reclamado, o juiz deverá propor a conciliação, conforme o disposto nessa legislação.

☐ C) O não comparecimento do reclamado à audiência importa revelia, além da confissão quanto à matéria de fato e de direito.

☐ D) Não havendo acordo, o reclamado terá vinte minutos para aduzir sua defesa.

A alternativa correta é a "D". De acordo com a CLT, não havendo acordo, a reclamada terá vinte minutos para aduzir sua defesa. É o que consta do art. 847 da CLT: "Não havendo acordo, o reclamado terá 20 (vinte) minutos para aduzir sua defesa, após a leitura da reclamação, quando esta não for dispensada por ambas as partes."

A alternativa "A" está errada, pois em se tratando de audiência de instrução não se aplica o art. 844 da CLT, mas sim a Súmula n. 9 do TST: "AUSÊNCIA DO RECLAMANTE (mantida) — Res. 121/2003, DJ 19, 20 e 21.11.2003. A ausência do reclamante, quando adiada a instrução após contestada a ação em audiência, não importa arquivamento do processo."

O art. 844 da CLT que determina o arquivamento trata da hipótese de audiência UNA, ou da primeira audiência. Após contestada a ação, não há que se falar em arquivamento.

> Art. 844 CLT — O não-comparecimento do reclamante à audiência importa o arquivamento da reclamação, e o não-comparecimento do reclamado importa revelia, além de confissão quanto à matéria de fato.

A alternativa "C" está errada porque menciona confissão quanto a matéria de fato e de direito, enquanto que o art. 844 da CLT faz menção tão somente a matéria de fato.

A confissão de que trata o art. 844 da CLT é a confissão ficta, também chamada de confissão presumida ou tática, que difere da real.

A alternativa "B" também está errada, pois a tentativa de conciliação se dará antes da apresentação da defesa, conforme disposto no art. 846 da CLT.

> Art. 846. Aberta a audiência, o juiz ou presidente proporá a conciliação.

Além desse momento processual, o juiz também deverá tentar conciliar após as razões finais e antes da sentença.

> Art. 850 CLT — Terminada a instrução, poderão as partes aduzir razões finais, em prazo não excedente de 10 (dez) minutos para cada uma. Em seguida, o juiz ou presidente renovará a proposta de conciliação, e, não se realizando esta, será proferida a decisão.

OAB/MG 2008.1

1. Assinale a opção INCORRETA:

☐ A) Os sindicatos só podem celebrar convenção coletiva por deliberação de assembleia geral, especialmente convocada para esse fim.

☐ B) Havendo conflito entre normas de acordo coletivo e convenção coletiva, prevalecem as primeiras, tendo em vista a aplicação do princípio segundo o qual a norma especial revoga a geral.

☐ C) As federações representativas de categorias econômicas ou profissionais poderão celebrar convenções coletivas de trabalho para reger as relações das categorias a elas vinculadas, inorganizadas em sindicatos, no âmbito de suas representações.

☐ D) A participação do sindicato representativo da categoria profissional dos trabalhadores é sempre obrigatória nas negociações coletivas.

A alternativa "B" deverá ser assinalada pelo candidato, eis que INCORRETA.

Ao contrário do que dispõe, em havendo conflito entre as normas coletivas, estabelece o art. 620 da CLT que: "As condições estabelecidas em Convenção, quando mais favoráveis, prevalecerão sobre as estipuladas no acordo".

Não há hierarquia entre as convenções coletivas de trabalho e os acordos coletivos de trabalho. Todavia, na hipótese de conflito será utilizada a norma mais favorável ao trabalhador.

A alternativa "A" está correta e em conformidade com o que estabelece o art. 612, da CLT, que assim dispõe: "Os Sindicatos só poderão celebrar Convenções ou Acordos Coletivos de Trabalho, por deliberação de Assembléia Geral especialmente convocada para esse fim, consoante o disposto nos respectivos Estatutos, dependendo a validade da mesma do comparecimento e votação, em primeira convocação, de 2/3 (dois terços) dos associados da entidade, se se tratar de Convenção, e dos interessados, no caso de Acordo e, em segunda, de 1/3 (um terço) dos membros".

OJ-SDC-35 — EDITAL DE CONVOCAÇÃO DA AGT. DISPOSIÇÃO ESTATUTÁRIA ESPECÍFICA. PRAZO MÍNIMO ENTRE A PUBLICAÇÃO E A REALIZAÇÃO DA ASSEMBLEIA. OBSERVÂNCIA OBRIGATÓRIA. Inserida em 7.12.1998. Se os estatutos da entidade sindical contam com norma específica que estabeleça prazo mínimo entre a data de publicação do edital convocatório e a realização da assembléia correspondente, então a validade desta última depende da observância desse interregno.

A alternativa "C" está correta. Às federações cabe a coordenação dos sindicatos a ela filiados, objetivando a unidade de procedimentos. Mas não é só. O art. 611, § 2º, da CLT, estabelece que na inexistência de sindicato representativo da categoria, as federações e na falta destas, as confederações, poderão celebrar as convenções e acordo coletivos de trabalho. Não se trata de atividade substitutiva, apenas residual, uma vez que a Constituição Federal, em seu art. 8º, VI estabelece a obrigatoriedade da participação dos sindicatos nas negociações coletivas.

Art. 611, § 2º, da CLT: "As Federações e, na falta destas, as Confederações representativas de categorias econômicas ou profissionais poderão celebrar convenções coletivas de trabalho para reger as relações das categorias a elas vinculadas, inorganizadas em Sindicatos, no âmbito de suas representações"

Art. 8º, VI, da CF-88 — "É obrigatória a participação dos Sindicatos nas negociações coletivas de trabalho".

A alternativa "D" está correta. A atividade preponderante dos sindicatos profissionais é a negocial, sendo que sua participação é obrigatória, não obstante possa a negociação ser feita, pela federação, na falta de sindicato na base territorial, ou pela confederação, na hipótese de inexistência de federação. Além da negociação coletiva, há outras práticas relativas à defesa dos direitos e interesses da categoria, tendo também como funções a política, a assistencial, a postulatória e a de substituto processual.

2. Sobre o contrato a tempo determinado, marque a opção CORRETA:

- A) Caso não satisfeitos seus requisitos de validade, é nulo de pleno direito.
- B) Se extinto por cumprimento do prazo prefixado, serão devidas as seguintes verbas rescisórias: 13º salário proporcional, férias proporcionais com 1/3, liberação do FGTS com a indenização de 40%.
- C) Não poderá exceder de dois anos, e está sujeito a uma única prorrogação.
- D) Caso contenha cláusula assecuratória do direito recíproco de rescisão antes de expirado o prazo ajustado, e sendo tal direito exercido pelo empregador, deverá ele pagar ao empregado, a título de indenização, a remuneração a que teria direito até o termo do contrato.

A alternativa correta é a "C".

Regra geral, o contrato de trabalho é celebrado por prazo indeterminado.

Contudo, a CLT prevê a possibilidade de que seja pactuado por tempo certo e determinado.

Assim o art. 443, da CLT:

> O contrato individual de trabalho poderá ser acordado tácita ou expressamente, verbalmente ou por escrito e por prazo determinado ou indeterminado.

Há quatro modalidades de contrato por prazo determinado, a saber: (a) o regido pela CLT — art. 443 e parágrafos, que estabelece as condições para a sua validade, quais sejam: serviços cuja natureza justifiquem a transitoriedade e a predeterminação do prazo; as atividades empresariais de caráter transitório e o contrato de experiência; (b) pela Lei n. 9.601/1998, permitindo a contratação de trabalhadores, sem a observância das restrições do § 2º do art. 443 da CLT, condicionada a prévia negociação coletiva; (c) pela Lei n. 6.019/1974, que disciplina o trabalho temporário e; (d) pela Lei n. 2.959/1956 que trata do contrato por obra certa.

Estabelece o art. 445, da CLT, que o contrato por prazo determinado não poderá ser estipulado por período superior a dois anos, mesmo no caso de prorrogação.

Incorreta a alternativa "A", senão vejamos:

Caso não sejam atendidas as condições para a validade do contrato por prazo determinado, passará a ser considerado como se indeterminado fosse, não se tratando de nulidade de pleno direito, na medida em que continuará vigorando.

Incorreta a alternativa "B", porquanto, no término do contrato a termo, o trabalhador terá direito ao saldo salarial, 13º, férias, mais o terço constitucional e FGTS, sem a indenização de 40%.

Por fim, incorreta a alternativa "D", uma vez que, havendo cláusula assecuratória do direito recíproco de rescisão, no caso de rompimento do contrato, aplicam-se os princípios que regem a rescisão por prazo indeterminado, acarretando no pagamento das verbas a que teria direito se o contrato fosse por prazo indeterminado.

3. Sobre equiparação salarial é CORRETO afirmar:

- A) Paradigma e paragonado devem ter diferença no emprego superior a dois anos.

- B) O desnível salarial com origem em decisão judicial que beneficiou o paradigma afasta a equiparação de salário, tendo em vista decorrer de vantagem pessoal.

- C) É possível a equiparação salarial em empresa com pessoal organizado em quadro de carreira, desde que seja indicado um paradigma.

- D) Atendidos os requisitos exigidos pelo art. 461, CLT, é possível a equiparação de salarial de trabalho intelectual, podendo ser avaliado por sua perfeição técnica, cuja aferição terá critérios objetivos.

Correta a alternativa "D", a qual transcreve o inteiro teor do inciso VII, da Súmula n. 6, do TST.

Com efeito, igual produtividade e perfeição técnica são exigências que devem ser analisadas com objetividade, ou seja, devem ser reconhecidos de plano por qualquer pessoa, afastando avaliações subjetivas. É verdade que a avaliação do trabalho intelectual é mais difícil, mas esta prova cabe ao empregador.

Incorretas as alternativas "A", "B" e "C".

Com relação à alternativa "A", cumpre informar que paragonado é o requerente da equiparação e paradigma é o modelo. O § 1º do art. 461, da CLT assim preceitua: "Trabalho de igual valor, para fins deste Capítulo, será o que for feito com igual produtividade e com a mesma perfeição técnica, entre pessoas cuja diferença de tempo de serviço não for superior a 2 (dois)anos".

Aqui, o elemento quantitativo é medido pela produtividade e o qualitativo pela perfeição técnica, mas a diferença de tempo não poderá ser superior a dois anos.

A alternativa "B" fala do desnível salarial existente entre o paragonado e paradigma. A Súmula n. 6, VI assim versa: "Presentes os pressupostos do art. 461 da CLT, é irrelevante a circunstância de que o desnível salarial tenha origem em decisão judicial que beneficiou o paradigma, exceto se decorrente de vantagem pessoal, de tese jurídica superada pela jurisprudência de Corte Superior ou, na hipótese de equiparação salarial em cadeia, se não demonstrada a presença dos requisitos da equiparação em relação ao paradigma que deu origem à pretensão, caso arguida a objeção pelo reclamado".

Nesse caso a equiparação salarial é cabível, desde que a função exercida por ambos seja a mesma. É claro que a equiparação diz respeito aos salários percebidos, sem considerar as vantagens pessoais tais como adicional tempo de serviço, gratificações, horas extras etc.

Com relação a alternativa "C" que se refere a quadro de carreira, registre-se que a questão é tratada pelo § 2º do art. 461 que assevera: "Os dispositivos deste artigo não prevalecerão quando o empregador tiver pessoal organizado em quadro de carreira, hipótese em que as promoções deverão obedecer aos critérios de antiguidade e merecimento".

A Súmula n. 6, I do TST fixou o seguinte entendimento: "Para fins previstos no § 2º do art. 461 da CLT, só é válido o quadro de pessoal organizado em carreira quando homologado pelo Ministério do Trabalho, excluindo-se, apenas, dessa exigência o quadro de carreira das entidades de direito público da administração direta, autárquica e fundacional aprovado por ato administrativo da autoridade competente".

> Súmula n. 127 do TST — Quadro de pessoal organizado em carreira, aprovado pelo órgão competente, excluída a hipótese de equiparação salarial, não obsta reclamação fundada em preterição, enquadramento ou reclassificação.

Assim é que o quadro organizado de carreira devidamente homologado pelo Ministério do Trabalho inviabiliza o pedido de equiparação salarial.

4. Joana foi admitida há mais de cinco anos, como cozinheira, pela empresa Solanche Ltda. Trabalhava dentro da siderúrgica Soaço S.A., três dias por semana (segunda, quarta e sexta-feira), preparando e servindo refeições para seus empregados. O vínculo entre Joana e a siderúrgica é de:

☐ A) prestação de serviço, tendo em vista a licitude da terceirização.

☐ B) trabalho autônomo, tendo em vista a eventualidade do serviço (três dias por semana).

☐ C) relação de emprego, tendo em vista a ilicitude da terceirização.

☐ D) trabalho doméstico, regulado pela Lei n. 5.859 de 11.12.1972.

A alternativa correta é a "A".

Trata-se de caso típico de terceirização, que se traduz na entrega a terceiros de atividades da empresa, consideradas não essenciais, ditas atividade-meio e que não dizem respeito a sua atividade principal. O que ocorre é a descentralização das atividades da empresa. Objetiva a diminuição de custos e melhoria na qualidade dos serviços; não forma vínculo de emprego com o tomador. Esse tipo de contratação pode compreender a produção de bens e de serviços, como no caso examinado. Aqui o serviço é prestado na preparação dos alimentos, o que não se constitui a atividade-fim do tomador, redundando em uma relação triangular, onde a empresa siderúrgica celebra contrato de natureza civil com a empresa prestadora de serviços. Lícita a prestação de serviços.

Incorreta a alternativa "B", porquanto não se trata de trabalho autônomo, na medida em que este é prestado por pessoa física que exerce a atividade econômica por conta própria, ou seja, presta serviços sem vínculo empregatício, faltando-lhe o requisito da subordinação. No presente caso o trabalhador é empregado da empresa prestadora que fornece mão de obra à tomadora.

Com respeito a alternativa "C", não há falar-se em ilicitude da contratação, já que a relação havida era de prestação de serviços e não de relação de emprego. Na terceirização a relação que se estabelece é entre o terceirizante e seu cliente (empresa prestadora de serviços). Incorreta, portanto.

Incorreta a alternativa "D", porquanto não se trata também de trabalho doméstico, já que este é prestado para pessoa ou entidade familiar, de forma subordinada e no âmbito da residência. Quando a prestação de serviços se dá em atividades comerciais deixa de ser considerado trabalho doméstico.

Sobre terceirização, cumpre destacar ainda o teor da Súmula n. 331 do TST:

Súmula-331 — CONTRATO DE PRESTAÇÃO DE SERVIÇOS. LEGALIDADE (nova redação do item IV e inseridos os itens V e VI à redação) — Res. 174/2011, DEJT divulgado em 27, 30 e 31.5.2011

I — A contratação de trabalhadores por empresa interposta é ilegal, formando-se o vínculo diretamente com o tomador dos serviços, salvo no caso de trabalho temporário (Lei n. 6.019, de 3.1.1974).

II — A contratação irregular de trabalhador, mediante empresa interposta, não gera vínculo de emprego com os órgãos da Administração Pública direta, indireta ou fundacional (art. 37, II, da CF/1988).

III — Não forma vínculo de emprego com o tomador a contratação de serviços de vigilância (Lei n. 7.102, de 20.6.1983) e de conservação e limpeza, bem como a de serviços especializados ligados à atividade-meio do tomador, desde que inexistente a pessoalidade e a subordinação direta.

IV — O inadimplemento das obrigações trabalhistas, por parte do empregador, implica a responsabilidade subsidiária do tomador dos serviços quanto àquelas obrigações, desde que haja participado da relação processual e conste também do título executivo judicial.

V — Os entes integrantes da Administração Pública direta e indireta respondem subsidiariamente, nas mesmas condições do item IV, caso evidenciada a sua conduta culposa no cumprimento das obrigações da Lei n. 8.666, de 21.6.1993, especialmente na fiscalização do cumprimento das obrigações contratuais e legais da prestadora de serviço como empregadora. A aludida responsabilidade não decorre de mero inadimplemento das obrigações trabalhistas assumidas pela empresa regularmente contratada.

VI — A responsabilidade subsidiária do tomador de serviços abrange todas as verbas decorrentes da condenação referentes ao período da prestação laboral.

5. Sobre o instituto das férias, marque a opção INCORRETA.

☐ A) Não terá direito a férias o empregado que, no curso do período aquisitivo, deixar de trabalhar, com percepção do salário, por mais de trinta dias, em virtude de paralisação parcial ou total dos serviços da empresa.

☐ B) Vencido o período concessivo sem que o empregador tenha concedido as férias, o empregado poderá ajuizar ação pedindo a fixação, por sentença, da época do gozo das mesmas, devendo a decisão cominar pena diária de 5% do salário mínimo, até que seja cumprida.

☐ C) Durante o período de férias, o empregado não poderá prestar serviços a outro empregador, tendo em vista tratar-se de norma afeta à medicina e segurança do trabalho.

☐ D) O empregado, se desejar, pode converter 1/3 do período de férias a que tem direito em abono pecuniário, exceção feita àqueles que trabalham sob regime de tempo parcial.

A questão que deverá ser assinalada é a "C", por estar incorreta.

As férias são concebidas para que o empregado possa descansar, repor suas energias. Tanto assim, que se trata de uma obrigação do empregador e de um direito do empregado. No período das férias, o empregador não deve exigir do empregado a prestação de serviço e o empregado não deve prestar serviços a outro empregador.

Não obstante, a lei abre uma exceção no caso em que o empregado preste serviço a mais de um empregador.

Art. 138. Durante as férias, o empregado não poderá prestar serviços a outro empregador, salvo se estiver obrigado a fazê-lo em virtude de contrato de trabalho regularmente mantido com aquele. *(Redação dada pelo Decreto-lei n. 1.535, de 13.4.1977)*

Assim sendo, o trabalho em férias é admitido quando o empregado exercer cumulativamente outra atividade remunerada. A alternativa "C" não contemplou a exceção, razão pela qual incorreta.

Com relação às demais alternativas, estão corretas. Vejamos:

Alternativa "A" — O art. 133 da CLT apresenta as hipóteses que, ocorridas no período aquisitivo, ocasionam a perda do direito às férias, dentre as quais, se o empregado deixar de trabalhar, com o recebimento do salário, por mais de 30 dias, em virtude de paralisação parcial ou total dos serviços da empresa.

Art. 133. Não terá direito a férias o empregado que, no curso do período aquisitivo: *(Redação dada pelo Decreto-lei n. 1.535, de 13.4.1977)*

I — deixar o emprego e não for readmitido dentro de 60 (sessenta) dias subsequentes à sua saída; *(Incluído pelo Decreto-lei n. 1.535, de 13.4.1977)*

II — permanecer em gozo de licença, com percepção de salários, por mais de 30 (trinta) dias; *(Incluído pelo Decreto-lei n. 1.535, de 13.4.1977)*

III — deixar de trabalhar, com percepção do salário, por mais de 30 (trinta) dias, em virtude de paralisação parcial ou total dos serviços da empresa; e *(Incluído pelo Decreto-lei n. 1.535, de 13.4.1977)*

IV — tiver percebido da Previdência Social prestações de acidente de trabalho ou de auxílio-doença por mais de 6 (seis) meses, embora descontínuos. *(Incluído pelo Decreto-lei n. 1.535, de 13.4.1977)*

Alternativa "B" — As férias devem ser concedidas nos doze meses subsequentes a data em que o empregado tiver adquirido o direito (art. 136,CLT). Se o prazo for vencido sem que o empregador tenha concedido as férias, a lei autoriza o empregado a ajuizar reclamação pedindo a fixação, por sentença, da época para gozo das férias. A sentença, além de fixar a data para o gozo das férias, também imporá uma pena diária de 5% do salário mínimo até que a decisão seja cumprida.

Art. 137. Sempre que as férias forem concedidas após o prazo de que trata o art. 134, o empregador pagará em dobro a respectiva remuneração. *(Redação dada pelo Decreto-lei n. 1.535, de 13.4.1977)*

§ 1º Vencido o mencionado prazo sem que o empregador tenha concedido as férias, o empregado poderá ajuizar reclamação pedindo a fixação, por sentença, da época de gozo das mesmas. *(Incluído pelo Decreto-lei n. 1.535, de 13.4.1977)*

§ 2º A sentença dominará pena diária de 5% (cinco por cento) do salário mínimo da região, devida ao empregado até que seja cumprida. *(Incluído pelo Decreto-lei n. 1.535, de 13.4.1977)*

§ 3º Cópia da decisão judicial transitada em julgado será remetida ao órgão local do Ministério do Trabalho, para fins de aplicação da multa de caráter administrativo. *(Incluído pelo Decreto-lei n. 1.535, de 13.4.1977)*

Alternativa "D" — O trabalho realizado em regime de tempo parcial é aquele em que a sua duração não pode ser superior a 25 horas semanais. Está previsto no art. 58-A, da CLT que assim o define: "Considera-se trabalho em regime de tempo parcial aquele cuja duração não exceda a 25 (vinte e cinco) horas semanais".

O art. 130-A da CLT apresenta a proporcionalidade dos períodos de férias, considerando-se os dias de trabalho.

> Art. 130-A. Na modalidade do regime de tempo parcial, após cada período de doze meses de vigência do contrato de trabalho, o empregado terá direito a férias, na seguinte proporção: *(Incluído pela Medida Provisória n. 2.164-41, de 2001)*
>
> I — dezoito dias, para a duração do trabalho semanal superior a vinte e duas horas, até vinte e cinco horas; *(Incluído pela Medida Provisória n. 2.164-41, de 2001)*
>
> II — dezesseis dias, para a duração do trabalho semanal superior a vinte horas, até vinte e duas horas; *(Incluído pela Medida Provisória n. 2.164-41, de 2001)*
>
> III — quatorze dias, para a duração do trabalho semanal superior a quinze horas, até vinte horas; *(Incluído pela Medida Provisória n. 2.164-41, de 2001)*
>
> IV — doze dias, para a duração do trabalho semanal superior a dez horas, até quinze horas; *(Incluído pela Medida Provisória n. 2.164-41, de 2001)*
>
> V — dez dias, para a duração do trabalho semanal superior a cinco horas, até dez horas; *(Incluído pela Medida Provisória n. 2.164-41, de 2001)*
>
> VI — oito dias, para a duração do trabalho semanal igual ou inferior a cinco horas. *(Incluído pela Medida Provisória n. 2.164-41, de 2001)*
>
> Parágrafo único. O empregado contratado sob o regime de tempo parcial que tiver mais de sete faltas injustificadas ao longo do período aquisitivo terá o seu período de férias reduzido à metade. *(Incluído pela Medida Provisória n. 2.164-41, de 2001)*

As férias concedidas no regime de tempo parcial devem ser cumpridas de uma só vez, ou seja em um único período, não sendo facultado ao empregado converter 1/3 do período em abono pecuniário. (art. 143, § 3º CLT).

6. Determinado empregado ajuíza ação trabalhista em face de seu ex-empregador, requerendo o pagamento de adicional de insalubridade. O laudo pericial, que concluiu pela caracterização da insalubridade no local de trabalho do autor setor de mecânica, foi impugnado pelo réu. No dia da audiência de instrução, a empresa requereu a inquirição de três testemunhas com o intuito de provar que o autor não trabalhava no setor de mecânica, citado pelo perito. O juiz indeferiu a inquirição das testemunhas, por considerá-la desnecessária, proferindo sua decisão.

O Tribunal, ao julgar o recurso apresentado pelo réu:

☐ A) não poderá acolher o pedido de nulidade da sentença, tendo em vista o princípio do livre convencimento do juiz.

☐ B) não poderá acolher o pedido de nulidade da sentença, tendo em vista que a verificação da insalubridade somente se dá por meio de prova pericial, não sendo permitida prova testemunhal.

☐ C) poderá declarar a nulidade da sentença, de ofício, tendo em vista que o reexame pela instância ad quem devolve a apreciação de todas as questões processuais relacionadas à decisão do juízo *a quo*.

☐ D) poderá declarar a nulidade da sentença, desde que a parte assim tenha requerido e, também, manifestado sua contrariedade em relação ao ato judicial, na primeira oportunidade em que pôde falar em audiência ou nos autos.

A alternativa correta é a "D".

Cada parte tem o direito de ouvir três testemunhas, no rito ordinário, e duas testemunhas, no rito sumaríssimo.

O indeferimento da oitiva de testemunhas é causa de cerceamento de defesa e, portanto, de nulidade. Entretanto, só será declarada se a parte tiver arguido no primeiro momento que pôde falar em audiência e, desde que tenha causado prejuízo.

É o que se extrai dos arts. 794 e 795 da CLT.

> Art. 794. Nos processos sujeitos à apreciação da Justiça do Trabalho só haverá nulidade quando resultar dos atos inquinados manifesto prejuízo às partes litigantes.
>
> Art. 795. As nulidades não serão declaradas senão mediante provocação das partes, as quais deverão argui-las à primeira vez em que tiverem de falar em audiência ou nos autos.

A alternativa "A" é incorreta eis que não se pode confundir livre convencimento do juízo com cerceamento de defesa. As partes têm o direito de provar suas alegações nos termos da lei e, após a colheita de todas as provas, o juiz terá liberdade para decidir.

A alternativa "B" traz uma afirmação correta, o que provavelmente levou muitos candidatos a erro. Isso porque, de fato, a insalubridade se prova por perícia, contudo, no problema apresentado, a empresa pretendia provar que o reclamante não trabalhava em um determinado setor, o que é perfeitamente possível por testemunhas. Não se trata de provar a ausência de insalubridade, mas sim de ausência de labor no local.

A alternativa "C" está incorreta pois as nulidades deverão ser declaradas mediante provocação da parte, conforme disposto no art. 795 da CLT, alhures transcrito.

7. O recurso de revista

☐ A) é cabível para uma das Turmas do Tribunal Superior do Trabalho, das decisões proferidas em recurso ordinário, apenas em dissídios individuais.

☐ B) é cabível das decisões proferidas pelas Seções de Dissídios Individuais do Tribunal Regional, em execução de sentença.

☐ C) nas causas sujeitas ao procedimento sumaríssimo, somente é cabível por contrariedade à Constituição da república.

☐ D) é dotado de efeito apenas devolutivo, e será apresentado ao juiz relator do acórdão recorrido, no prazo de oito dias.

A alternativa correta é a "A".

De acordo com o *caput* do art. 896 da CLT, o recurso de revista será cabível, em dissídio individual, contra decisão do Tribunal Regional do Trabalho que julga Recurso Ordinário.

> Art. 896. Cabe Recurso de Revista para Turma do Tribunal Superior do Trabalho das decisões proferidas em grau de recurso ordinário, em dissídio individual, pelos Tribunais Regionais do Trabalho, quando: *(Redação dada pela Lei n. 9.756, de 17.12.1998)*
>
> Súmula n. 218 — RECURSO DE REVISTA. ACÓRDÃO PROFERIDO EM AGRAVO DE INSTRUMENTO (mantida) — Res. 121/2003, DJ 19, 20 e 21.11.2003. É incabível recurso de revista interposto de acórdão regional prolatado em agravo de instrumento.

A alternativa "B" está completamente errada pois, em execução, o recurso de revista será cabível contra decisão das Turma que julgam agravo de petição, desde que haja violação à Constituição Federal (art. 896, § 2º CLT).

> § 2º Das decisões proferidas pelos Tribunais Regionais do Trabalho ou por suas Turmas, em execução de sentença, inclusive em processo incidente de embargos de terceiro, não caberá Recurso de Revista, salvo na hipótese de ofensa direta e literal de norma da Constituição Federal. *(Redação dada pela Lei n. 9.756, de 17.12.1998)*

A alternativa "C" também está errada pois, o procedimento sumaríssimo, é cabível em duas hipóteses: 1ª — violação à Constituição Federal; 2ª — contrariedade à Súmula do TST. (art. 896, § 6º da CLT).

> § 6º Nas causas sujeitas ao procedimento sumaríssimo, somente será admitido recurso de revista por contrariedade a súmula de jurisprudência uniforme do Tribunal Superior do Trabalho e violação direta da Constituição da República. *(Incluído pela Lei n. 9.957, de 12.1.2000)*
>
> OJ-SDI1-352 — PROCEDIMENTO SUMARÍSSIMO. RECURSO DE REVISTA FUNDAMENTADO EM CONTRARIEDADE À ORIENTAÇÃO JURISPRUDENCIAL. INADMISSIBILIDADE. ART. 896, § 6º, DA CLT, ACRESCENTADO PELA LEI N. 9.957, DE 12.1.2000 (DJ 25.4.2007)
> Nas causas sujeitas ao procedimento sumaríssimo, não se admite recurso de revista por contrariedade à Orientação Jurisprudencial do Tribunal Superior do Trabalho (Livro II, Título II, Capítulo III, do RITST), por ausência de previsão no art. 896, § 6º, da CLT.

A alternativa "D" começa correta e termina incorreta. De fato terá apenas efeito devolutivo, entretanto, será endereçada ao Presidente do Tribunal que exercerá o primeiro juízo de admissibilidade.

8. José, residente em Montes Claros, foi admitido em Belo Horizonte, para trabalhar em Nova Lima, na empresa Fazponte Construções S.A., empresa que realiza atividades (construção de pontes) em todo o território nacional. Após dois anos e três meses de prestação de serviço, José foi dispensado sem justa causa, nada recebendo.

Segundo a lei, a competência para conhecer e julgar a ação trabalhista proposta por José será de:

☐ A) Montes Claros, Belo Horizonte ou Nova Lima.

☐ B) Nova Lima.

☐ C) Belo Horizonte ou Nova Lima.

☐ D) Montes Claros ou Nova Lima.

A *alternativa correta é a "C"*.

Contudo, entendemos que a questão é confusa, o que a torna passível de nulidade, pois é baseada em entendimento doutrinário e jurisprudencial, o que não é de boa técnica em se tratando de questão de múltipla escolha.

Isto porque, a regra de competência em razão do lugar está prevista no art. 651 da CLT, que traz como regra o local da prestação de serviços em seu *caput*.

Entretanto, há algumas exceções, sendo uma delas a possibilidade do empregado de optar pelo local da contratação ou da prestação de serviços, contemplado no § 3º do referido dispositivo, a seguir transcrito: "§ 3º Em se tratando de empregado que promova realização de atividades fora do lugar do contrato de trabalho, é assegurado ao empregado apresentar reclamação no foro da celebração do contrato ou no da prestação dos respectivos serviços."

Entretanto, o enunciado deixa claro que o empregado José foi contratado para trabalhar em Nova Lima, razão pela qual entendemos que é a hipótese da regra prevista no *caput* e não da exceção do § 3º, pois referido parágrafo deve ser interpretado em harmonia com o *caput*, sob pena de revogá-lo. Assim permitir, que o empregado opte pelo local da prestação de serviços ou da contratação quando a prestação de serviços ocorreu em um determinado local, nada mais é do que negar vigência ao *caput* do art. 651 da CLT.

A exceção não pode revogar a regra. Em sentido contrário é a posição de Carlos Henrique Bezerra Leite (*Curso de direito processual do trabalho*, Editora LTr), o que torna correta a alternativa "C".

Por esse motivo, entendemos que a alternativa "B" seria a mais correta.

A alternativa "A" e "D" estão incorretas porque inclui o município do domicílio do empregado. A competência em razão do lugar só será do domicílio do empregado na hipótese do § 1º do art. 651 da CLT: "§ 1º Quando for parte no dissídio agente ou viajante comercial, a competência será da Vara da localidade em que a empresa tenha agência ou filial e a esta o empregado esteja subordinado e, na falta, será competente a Vara da localização em que o empregado tenha domicílio ou a localidade mais próxima."

9. Marque a opção INCORRETA: (ANULADA)

☐ A) Os embargos de declaração são cabíveis, no prazo de cinco dias, da sentença ou acórdão, nos casos de omissão, contradição e obscuridade no julgado, e suspendem o prazo para interposição do recurso.

☐ B) agravo de instrumento interposto contra decisão que não receber agravo de petição não suspende a execução da sentença.

☐ C) agravo de petição só será recebido quando o agravante delimitar, justificadamente, as matérias e os valores impugnados.

☐ D) O agravo de instrumento deve ser julgado pelo Tribunal que seria competente para conhecer o recurso cuja interposição foi designada.

Essa questão foi anulada pela banca examinadora.

Entretanto a alternativa a ser assinalada é a "A".

A questão pede para marcar a opção INCORRETA. E a afirmativa contida na alternativa "A" está incorreta porque a apresentação de embargos de declaração é causa de interrupção do prazo recursal e não suspensão.

> Art. 538 do CPC — Os embargos de declaração interrompem o prazo para a interposição de outros recursos, por qualquer das partes.

A afirmativa contida na alternativa "B" é correta pois corresponde ao § 2º do art. 897 da CLT.

> § 2º O agravo de instrumento interposto contra o despacho que não receber agravo de petição não suspende a execução da sentença. *(Redação dada pela Lei n. 8.432, 11.6.1992)*

A afirmativa contida na alternativa "C" também é correta pois corresponde ao § 1º do art. 897 da CLT.

> § 1º O agravo de petição só será recebido quando o agravante delimitar, justificadamente, as matérias e os valores impugnados, permitida a execução imediata da parte remanescente até o final, nos próprios autos ou por carta de sentença. *(Redação dada pela Lei n. 8.432, 11.6.1992)*

Por fim, a afirmativa contida na alternativa "D" também é correta pois corresponde ao § 4º do art. 897 da CLT.

> § 4º Na hipótese da alínea b deste artigo, o agravo será julgado pelo Tribunal que seria competente para conhecer o recurso cuja interposição foi denegada. *(Incluído pela Lei n. 8.432, 11.6.1992)*

10. Sobre a decisão no processo do trabalho, marque a opção INCORRETA:

☐ A) A decisão mencionará sempre às custas que devam ser pagas pela parte vencida.

☐ B) O INSS deve ser intimado, por via postal, das decisões homologatórias de acordos que contenham parcela salarial.

☐ C) Nos dissídios de alçada nenhum recurso caberá das sentenças, salvo se versarem sobre matéria constitucional.

☐ D) O termo de conciliação vale como decisão irrecorrível, salvo para a Previdência Social, quanto as contribuições que forem devidas.

A alternativa "B" é a resposta adequada, pois sua assertiva está incorreta.

A redação da alternativa "B" muito se aproxima da primeira parte do antigo e já revogado § 4º do art. 832 da CLT, que segue:

> § 4º O INSS será intimado, por via postal, das decisões homologatórias de acordos que contenham parcela indenizatória (...)

Ou seja, a única diferença encontra-se na natureza jurídica da parcela, que consta na questão "salarial", quando o correto seria "indenizatória".

No entanto, o referido parágrafo foi alterado pela Lei n. 11.457/07 e passou a ter a seguinte redação:

> § 4º A União será intimada das decisões homologatórias de acordos que contenham parcela indenizatória, na forma do art. 20 da Lei n. 11.033, de 21 de dezembro de 2004, facultada a interposição de recurso relativo aos tributos que lhe forem devidos.

Assim, de acordo com a redação que se encontra em vigor, incorreta a alternativa "B".

A alternativa "A" não é a resposta adequada, pois sua afirmação está correta. Na decisão deve constar as custas a serem pagas pela parte vencida. Assim é o disposto no art. 832, § 2º da CLT:

> § 2º A decisão mencionará sempre as custas que devam ser pagas pela parte vencida.

Vale lembrar que o valor das custas na Justiça do Trabalho é de 2% sobre o valor da causa, em caso de improcedência da ação, e de 2% sobre o valor da condenação, em caso de procedência parcial ou total da ação.

A alternativa "C" não é a resposta adequada, pois sua afirmação está correta. O rito de alçada, também conhecido como rito sumário na Justiça do Trabalho, é o rito percebido pelos processos que tenham valor da causa inferior a 2 salários mínimos, na data de seu ajuizamento.

Só é cabível recurso das decisões em rito de alçada, caso haja violação à Constituição Federal. Assim é o disposto no art. 2º, § 4º da Lei n. 5.584/70:

> § 4º Salvo se versarem sobre matéria constitucional, nenhum recurso caberá das sentenças proferidas nos dissídios da alçada a que se refere o parágrafo anterior, considerado, para esse fim, o valor do salário mínimo à data do ajuizamento da ação.

A alternativa "D" não é a resposta adequada, pois sua assertiva está correta. Trata-se da hipótese contemplada pelo parágrafo único do art. 831 da CLT.

> Art. 831. A decisão será proferida depois de rejeitada pelas partes a proposta de conciliação.
> Parágrafo único. No caso de conciliação, o termo que for lavrado valerá como decisão irrecorrível, salvo para a Previdência Social quanto às contribuições que lhe forem devidas. *(Redação dada pela Lei n. 10.035, de 25.10.2000)*

11. Assinale a alternativa CORRETA, quanto ao instituto da preclusão no Direito do Trabalho brasileiro:

☐ A) Não se aplica a preclusão consumativa, em face a incompatibilidade com a dinâmica desse ramo especial.

☐ B) A preclusão tipicamente trabalhista ocorre pelo transcurso do tempo para interposição de recurso que se dá, no prazo de 10 dias, no caso de Agravo de Instrumento.

☐ C) A preclusão temporal tem o mesmo efeito da prescrição trabalhista, ou seja, extingue o processo sem resolução de mérito.

☐ D) O acolhimento da preclusão pode resultar, indiretamente, no trânsito em julgado da decisão judicial em torno da matéria de mérito.

A alternativa correta é a "D".

Preclusão é o que impulsiona o processo para seu fim. Existem 3 espécies, a saber: preclusão temporal, que é o decurso do tempo. Ex.: protocolo fora do prazo; preclusão lógica, que é a prática de um ato incompatível com outro já praticado. Ex.: opor exceção de incompetência e, posteriormente suscitar conflito de competência e; preclusão consumativa, quando já se praticou o ato, não se pode pretender praticá-lo novamente. Ex.: interpor recurso no segundo dia e novamente no oitavo.

Após o prazo de 8 dias da publicação de uma sentença ocorre a chamada preclusão temporal, o que traz como consequência o trânsito em julgado da decisão, conforme disposto na alternativa "D".

O fenômeno da preclusão aplica-se a todo e qualquer processo, pois, caso contrário, não se chegaria ao fim. Por esse motivo, incorreta a alternativa "A".

A alternativa "B" trata apenas de uma das espécies de preclusão, que é a temporal e, o prazo do agravo de instrumento no processo do trabalho é de 8 dias e não de 10. Portanto, incorreta.

A alternativa "C" também é incorreta. Primeiro, preclusão não se confunde com prescrição, que é a perda do direito de ação. O acolhimento da prescrição é causa de extinção com resolução do mérito (art. 269 CPC). A preclusão não implica em extinção do processo.

12. Analise as proposições a seguir e assinale a alternativa CORRETA:

I. A Consolidação das Leis do Trabalho é fonte material do Direito do Trabalho;
II. O Acordo Coletivo do Trabalho é fonte formal do Direito do Trabalho;
III. A doutrina é fonte formal do Direito do Trabalho;
IV. A Revolução Industrial e a concentração do proletariado em torno das fábricas são fontes materiais do Direito do Trabalho.

A) Apenas III e IV estão incorretas.

B) II e IV estão corretas.

C) I, II e III estão corretas.

D) Apenas I e III estão corretas

A alternativa correta é a "B"

Fontes formais são as formas de expressão do direito. Podem ser oriundas do Estado (Constituição Federal, Leis ordinárias e complementares, Decretos-leis e costumes) ou das próprias partes (Convenções e Acordos Coletivos de Trabalho). As fontes materiais antecedem o surgimento da norma e podem se exteriorizar por meio de manifestações de ordem social, histórica, econômica.

Assim sendo, exclui-se a afirmativa I, já que a CLT é fonte formal. Com tal exclusão, já se chega a alternativa correta, pois com isso resta eliminada a alternativa "A", "C" E "D". A doutrina tem o papel de auxiliar na aplicação concreta da norma e se constitui em importante instrumento para análise do Direito do Trabalho. Funciona como fonte material do direito.

Atente-se que a doutrina não está inserida no rol das fontes normativas subsidiárias, constantes do art. 8º do Diploma Consolidado.

De fato, o Acordo Coletivo de Trabalho é fonte formal autônoma do Direito do Trabalho e que se caracteriza pela participação dos seus destinatários e correspondem a exteriorização do que foi pactuado pelas partes. Assim também a Revolução Industrial, que introduziu a máquina em substituição à mão de obra, ao trabalho artesanal, fazendo surgir o assalariado e as manifestações de trabalhadores por meio da greve e por consequência o Direito do Trabalho.

Alguns preferem dividir as fontes em fontes formais diretas e fontes formais indiretas.

As primeiras são aquelas que possuem "força" de norma jurídica. As segundas são aquelas que não possuem tal força, mas a longo prazo levam ao surgimento da norma (ex.: jurisprudência e doutrina).

Cumpre destacar que a Emenda Constitucional n. 45 criou as chamadas Súmulas Vinculantes, por meio do art. 103/A "*caput*"), o que também é fonte formal do direito. Assim estabelece referido dispositivo: "Art. 103-A — O Supremo Tribunal Federal poderá, de ofício ou por provocação, mediante decisão de dois terços dos seus membros, após reiteradas decisões sobre matéria constitucional, aprovar súmula que, a partir de sua publicação na imprensa oficial, terá efeito vinculante em relação aos demais órgãos do Poder Judiciário e à administração pública direta e indireta, nas esferas federal, estadual e municipal, bem como proceder à sua revisão ou cancelamento, na forma estabelecida em lei."

Apenas o Supremo Tribunal Federal pode editar súmulas vinculantes.

Contudo, na Justiça do Trabalho, a mesma Emenda Constitucional n. 45, criou o Conselho Superior da Justiça do Trabalho e conferiu efeito vinculante às suas decisões.

Assim estabelece o § 2º, inciso II do art. 111-A: "Funcionarão junto ao Tribunal Superior do Trabalho: I — ...; II — O Conselho Superior da Justiça do Trabalho, cabendo-lhe exercer, na forma da lei, a supervisão administrativa, orçamentária, financeira e patrimonial da Justiça do Trabalho de primeiro e segundo graus, como órgão central do sistema, cujas decisões terão efeito vinculante."

Trata-se de decisões administrativas e não judiciais, porém, por força de determinação expressa do texto constitucional, também terão efeito vinculante.

---

13. Acorde o entendimento jurisprudencial consolidado do Tribunal Superior do Trabalho, relativamente ao instituto da equiparação salarial, é CORRETO afirmar: (ANULADA)

☐ A) Não é possível a equiparação salarial de trabalho intelectual.

☐ B) O conceito de mesma localidade de que trata o art. 461 da CLT não inclui municípios distintos da mesma região metropolitana.

☐ C) É do empregador o ônus probatório do fato impeditivo, extintivo ou impeditivo de direito à equiparação salarial.

☐ D) Para fins e efeitos isonômicos, empregado e paradigma devem exercer os mesmos cargos, inclusive, com a mesma denominação.

A questão foi anulada, porque TODAS AS ALTERNATIVAS ESTÃO INCORRETAS.

A equiparação salarial de que trata o art. 461 da CLT, resultou na Súmula n. 6 do TST, que assim dispõe quanto as questões apresentadas.

Vejamos:

Alternativa "A" — A equiparação salarial do trabalho intelectual é possível. "Item VII da Súmula n. 6 — Desde que atendidos os requisitos do art. 461 da CLT, é possível a equiparação salarial de trabalho intelectual, que pode ser avaliado por sua perfeição técnica, cuja aferição terá critérios objetivos".

Alternativa "B" — O conceito de mesma localidade inclui municípios distintos que pertençam à mesma região metropolitana. "Item X da Súmula n. 6 — O conceito de "mesma localidade" de que trata o art. 461 da CLT refere-se, em princípio, ao mesmo município, ou a municípios distintos que, comprovadamente, pertençam à mesma região metropolitana".

Alternativa "C" — O item VIII da Súmula n. 6 do TST foi transcrito com erro repetindo por duas vezes o fato impeditivo e omitindo o extintivo. Assim a redação correta — "É do empregador o ônus da prova do fato impeditivo, modificativo ou extintivo da equiparação salarial".

Alternativa "D" — Segundo a Súmula n. 6, item III, ao contrário do que afirmado, a equiparação salarial é possível quando do desempenho da mesma função e não do mesmo cargo — "A equiparação salarial só é possível se o empregado e o paradigma exercerem a mesma função, desempenhando as mesmas tarefas, não importando se os cargos têm, ou não, a mesma denominação".

Desta forma, todas as alternativas estão incorretas, daí porque da anulação da questão.

14. Constituem causas de suspensão do Contrato de Trabalho, EXCETO:

☐ A) Afastamento previdenciário por motivo de acidente de trabalho, a partir do 10º (décimo) dia.

☐ B) Prestação de serviço militar.

☐ C) Eleição para cargo de direção sindical.

☐ D) Suspensão disciplinar.

A alternativa "A" deve ser assinalada pelo candidato, eis que a afirmativa está incorreta.

Trata-se de interrupção do contrato de trabalho e não de suspensão, uma vez que os primeiros 15 dias a contar do dia do acidente, são remunerados pelo empregador, sendo devido o auxílio doença pela Previdência Social a partir do 16º dia. O tempo de serviço continua a ser considerado para fins de indenização e estabilidade, FGTS e férias. Difere da suspensão que importa na sustação temporária de todas as cláusulas do contrato, mantendo-se apenas o vínculo empregatício (Ex.: prestação de serviço militar, aposentadoria provisória, entre outros).

> Art. 4º CLT — Considera-se como de serviço efetivo o período em que o empregado esteja à disposição do empregador, aguardando ou executando ordens, salvo disposição especial expressamente consignada. Parágrafo único. Computar-se-ão, na contagem de tempo de serviço, para efeito de indenização e estabilidade, os períodos em que o empregado estiver afastado do trabalho prestando serviço militar ... (VETADO) ... e por motivo de acidente do trabalho. *(Incluído pela Lei n. 4.072, de 16.6.1962)*
>
> Art. 131 CLT — Não será considerada falta ao serviço, para os efeitos do artigo anterior, a ausência do empregado: *(Redação dada pelo Decreto-lei n. 1.535, de 13.4.1977)*
>
> ...
>
> III — por motivo de acidente do trabalho ou enfermidade atestada pelo Instituto Nacional do Seguro Social — INSS, excetuada a hipótese do inciso IV do art. 133; *(Redação dada pela Lei n. 8.726, de 5.11.1993)*
>
> Art. 15 CLT — Para os fins previstos nesta lei, todos os empregadores ficam obrigados a depositar, até o dia 7 (sete) de cada mês, em conta bancária vinculada, a importância correspondente a 8 (oito) por cento da remuneração paga ou devida, no mês anterior, a cada trabalhador, incluídas na remuneração as parcelas de que tratam os arts. 457 e 458 da CLT e a gratificação de Natal a que se refere a Lei n. 4.090, de 13 de julho de 1962, com as modificações da Lei n. 4.749, de 12 de agosto de 1965.
>
> § 5º O depósito de que trata o *caput* deste artigo é obrigatório nos casos de afastamento para prestação do serviço militar obrigatório e licença por acidente do trabalho. *(Incluído pela Lei n. 9.711, de 1998)*
>
> Art. 133 CLT — Não terá direito a férias o empregado que, no curso do período aquisitivo: *(Redação dada pelo Decreto-lei n. 1.535, de 13.4.1977)*
>
> IV — tiver percebido da Previdência Social prestações de acidente de trabalho ou de auxílio-doença por mais de 6 (seis) meses, embora descontínuos. *(Incluído pelo Decreto-lei n. 1.535, de 13.4.1977)*

As alternativas "B", "C" e "D", tratam de casos de suspensão do contrato de trabalho, cujo efeito importa na sustação de todas as obrigações por parte do empregado e do empregador. Cessada a causa que determinou a suspensão do contrato, o empregado retoma a continuidade do trabalho em sua plenitude.

> Art. 471 CLT — Ao empregado afastado do emprego, são asseguradas, por ocasião de sua volta, todas as

vantagens que, em sua ausência, tenham sido atribuídas à categoria a que pertencia na empresa.

Alternativa "B" — prestação de serviço militar no período de afastamento há a contagem do tempo de serviço e a obrigação do recolhimento do FGTS.

Art. 472 CLT — O afastamento do empregado em virtude das exigências do serviço militar, ou de outro encargo público, não constituirá motivo para alteração ou rescisão do contrato de trabalho por parte do empregador.
§ 1º Para que o empregado tenha direito a voltar a exercer o cargo do qual se afastou em virtude de exigências do serviço militar ou de encargo público, é indispensável que notifique o empregador dessa intenção, por telegrama ou carta registrada, dentro do prazo máximo de 30 (trinta) dias, contados da data em que se verificar a respectiva baixa ou a terminação do encargo a que estava obrigado.

Alternativa "C" — Eleição para cargo de direção sindical.

Art. 543 CLT — O empregado eleito para cargo de administração sindical ou representação profissional, inclusive junto a órgão de deliberação coletiva, não poderá ser impedido do exercício de suas funções, nem transferido para lugar ou mister que lhe dificulte ou torne impossível o desempenho das suas atribuições sindicais. (Redação dada pelo Decreto-lei n. 229, de 28.2.1967)

Exceção — se a remuneração for garantia em acordo ou convenção coletiva.

Alternativa "D" — Suspensão disciplinar. Todavia, não poderá a suspensão ser superior a 30 dias, sob pena de ser considerada despedida injusta e arbitrária.

Art. 474 CLT — A suspensão do empregado por mais de 30 (trinta) dias consecutivos importa na rescisão injusta do contrato de trabalho.

15. Assinale a alternativa CORRETA:

☐ A) Nos processos sujeitos à apreciação da Justiça do Trabalho só haverá nulidade quando resultar dos atos inquinados manifesto prejuízo às partes litigantes.

☐ B) Nas causas da jurisdição da Justiça do Trabalho, somente pode ser oposta, com suspensão do feito, a exceção de impedimento.

☐ C) A incompetência em razão do lugar poderá ser alegada em qualquer fase processual, inclusive no recurso ordinário.

☐ D) Apresentada a exceção de incompetência territorial, abrir-se-á vista ao exceto, por 5 dias, para manifestação impugnativa do feito apresentado.

A *alternativa correta é a "A"*.

Dispõe o art. 794 da CLT:

Art. 794. Nos processos sujeitos à apreciação da Justiça do Trabalho só haverá nulidade quando resultar dos atos inquinados manifesto prejuízo às partes litigantes.

Trata-se da previsão legal do princípio do prejuízo ou da transcendência, onde não haverá nulidade sem prejuízo.

A alternativa "B" está incorreta, pois na Justiça do Trabalho, as exceções de suspeição e incompetência são causas de suspensão do feito (art. 799 da CLT)

Art. 799. Nas causas da jurisdição da Justiça do Trabalho, somente podem ser opostas, com suspensão do feito, as exceções de suspeição ou incompetência. (Redação dada pelo Decreto-lei n. 8.737, de 19.1.1946)
§ 1º As demais exceções serão alegadas como matéria de defesa. (Redação dada pelo Decreto-lei n. 8.737, de 19.1.1946)
§ 2º Das decisões sobre exceções de suspeição e incompetência, salvo, quanto a estas, se terminativas do feito, não caberá recurso, podendo, no entanto, as partes alegá-las novamente no recurso que couber da decisão final. (Redação dada pelo Decreto-lei n. 8.737, de 19.1.1946)

Art. 800. Apresentada a exceção de incompetência, abrir-se-á vista dos autos ao exceto, por 24 (vinte e quatro) horas improrrogáveis, devendo a decisão ser proferida na primeira audiência ou sessão que se seguir.

Art. 801. O juiz, presidente ou vogal, é obrigado a dar-se por suspeito, e pode ser recusado, por algum dos seguintes motivos, em relação à pessoa dos litigantes:

a) inimizade pessoal;

b) amizade íntima;

c) parentesco por consanguinidade ou afinidade até o terceiro grau civil;

d) interesse particular na causa.

Parágrafo único. Se o recusante houver praticado algum ato pelo qual haja consentido na pessoa do juiz, não mais poderá alegar exceção de suspeição, salvo sobrevindo novo motivo. A suspeição não será também admitida, se do processo constar que o recusante deixou de alegá-la anteriormente, quando já a conhecia, ou que, depois de conhecida, aceitou o juiz recusado ou, finalmente, se procurou de propósito o motivo de que ela se originou.

Art. 802. Apresentada a exceção de suspeição, o juiz ou Tribunal designará audiência dentro de 48 (quarenta e oito) horas, para instrução e julgamento da exceção.

§ 1º Nas Juntas de Conciliação e Julgamento e nos Tribunais Regionais, julgada procedente a exceção de suspeição, será logo convocado para a mesma audiência ou sessão, ou para a seguinte, o suplente do membro suspeito, o qual continuará a funcionar no feito até decisão final. Proceder-se-á da mesma maneira quando algum dos membros se declarar suspeito.

§ 2º Se se tratar de suspeição de Juiz de Direito, será este substituído na forma da organização judiciária local.

Competência em razão do lugar é relativa, ou seja, se não arguida no momento oportuno, prorroga-se a competência do juízo. E, o momento oportuno é na primeira audiência. A decisão do juiz que acolhe ou rejeita é decisão interlocutória, portanto irrecorrível de imediato, salvo na hipótese do item "c" da Súmula n. 214 do TST.

Súmula n. 214 TST — DECISÃO INTERLOCUTÓRIA. IRRECORRIBILIDADE (nova redação) — Res. 127/2005, DJ 14, 15 e 16.3.2005. Na Justiça do Trabalho, nos termos do art. 893, § 1º, da CLT, as decisões interlocutórias não ensejam recurso imediato, salvo nas hipóteses de decisão: ... c) que acolhe exceção de incompetência territorial, com a remessa dos autos para Tribunal Regional distinto daquele a que se vincula o juízo excepcionado, consoante o disposto no art. 799, § 2º, da CLT.

Por esse motivo, errada a alternativa "C".

Por fim, quanto a alternativa "D", também incorreta, eis que, de acordo com o art. 800 da CLT acima transcrito, o prazo para a parte se manifestar sobre a exceção de incompetência é de 24 horas. Em se tratando de exceção de suspeição será de 48 horas.

---

16. O prazo de vigência da denominada Sentença Normativa, não pode ser:

☐ A) superior a 1 (um) ano.

☐ B) inferior a 1 (um) ano.

☐ C) superior a 2 (dois) anos.

☐ D) superior a 4 (quatro) anos.

A alternativa correta é a "D".

O prazo de vigência das sentenças normativas, previsto pela legislação é de 4 anos, não obstante na prática isso não ocorra.

Art. 868. Em caso de dissídio coletivo que tenha por motivo novas condições de trabalho e no qual figure como parte apenas uma fração de empregados de uma empresa, poderá o Tribunal competente, na própria decisão, estender tais condições de trabalho, se julgar justo e conveniente, aos demais empregados da empresa que forem da mesma profissão dos dissidentes.

Parágrafo único. O Tribunal fixará a data em que a decisão deve entrar em execução, bem como o prazo de sua vigência, o qual não poderá ser superior a 4 (quatro) anos.

Súmula n. 277 — Sentença normativa, convenção ou acordo coletivos. Vigência. Repercussão nos contratos de trabalho. *(Res. 10/1988, DJ 1º.3.1988) (Redação alterada na sessão do Tribunal Pleno em 16.11.2009 — Res. 161/2009)*

I — As condições de trabalho alcançadas por força de sentença normativa, convenção ou acordo coletivos vigoram no prazo assinado, não integrando, de forma definitiva, os contratos individuais de trabalho.

II — Ressalva-se da regra enunciada no item I o período compreendido entre 23.12.1992 e 28.7.1995, em que vigorou a Lei n. 8.542, revogada pela Medida Provisória n. 1.709, convertida na Lei n. 10.192, de 14.2.2001.

As alternativas "A", "B" e "C" estão incorretas. Importante registrar, que na prática, os tribunais estabelecem o prazo de 01 (um) ano para a vigência das sentenças normativas.

17. Acorde o direito constitucional trabalhista, assinale a alternativa INCORRETA:

☐ A) Ao sindicato cabe a defesa dos direitos e interesses coletivos ou individuais da categoria em questões judiciais ou administrativas.

☐ B) O aposentado filiado tem direito a votar e ser votado nas organizações sindicais.

☐ C) Ninguém será obrigado a filiar-se ou manter-se filiado a sindicato.

☐ D) É vedada a dispensa do empregado sindicalizado, candidato a cargo de direção ou representação sindical, a partir do êxito no processo eletivo e, se homologada a eleição, ainda que suplente, até um ano após o final do mandato, salvo se cometer falta grave nos termos da lei.

A alternativa a ser assinalada pelo candidato é a "D". Com efeito, a Constituição Federal de 1988 garantiu estabilidade ao dirigente sindical ao dispor:
Art. 8º É livre a associação profissional ou sindical, observado o seguinte: ...
VIII — é vedada a dispensa do empregado sindicalizado a partir do registro da candidatura a cargo de direção ou representação sindical e, se eleito, ainda que suplente, até um ano após o final do mandato, salvo se cometer falta grave nos termos da lei.

Registre-se, por oportuno, que a mesma garantia é estendida ao dirigente de categoria diferenciada, desde que exerça na empresa a atividade da categoria profissional a qual representa.

A alternativa "A" está correta e transcreve na íntegra o disposto no art. 8º, III, da Constituição Federal de 1988 e que diz respeito à possibilidade de substituição processual judicial e administrativa outorgada ao sindicato.

A alternativa "C" também transcreve na íntegra o disposto no inciso V da Constituição Federal e revela o princípio da liberdade sindical de o empregado ou empregador se filiar e se desfiliar dos seus respectivos sindicatos.

OJ-SDC-20 — EMPREGADOS SINDICALIZADOS. ADMISSÃO PREFERENCIAL. CONDIÇÃO VIOLADORA DO ART. 8º, V, DA CF/88 (inserido dispositivo) — DEJT divulgado em 16, 17 e 18.11.2010
Viola o art. 8º, V, da CF/1988 cláusula de instrumento normativo que estabelece a preferência, na contratação de mão de obra, do trabalhador sindicalizado sobre os demais.

18. A partir da Emenda Constitucional n. 45, pode-se afirmar que compete à Justiça do Trabalho processar e julgar:

- ☐ A) exclusivamente os conflitos oriundos da relação de emprego.
- ☐ B) a execução de ofício das contribuições previdenciárias e seus acréscimos legais, decorrente das sentenças que proferir.
- ☐ C) as ações relativas às penalidades administrativas impostas aos empregadores pelos órgãos de fiscalização das relações de trabalho.
- ☐ D) as ações acidentárias em desfavor do INSS.

A alternativa dada como correta é a "C". Entretanto, ficamos na dúvida em relação à alternativa "B". Essa questão é o exemplo típico de que o candidato deve ter cautela para assinalar a resposta correta.

A regra de competência material da Justiça do Trabalho está prevista no art. 114 da Constituição Federal que estabelece:

> Art. 114. Compete à Justiça do Trabalho processar e julgar:
> I — as ações oriundas da relação de trabalho, abrangidos os entes de direito público externo e da administração pública direta e indireta da União, dos Estados, do Distrito Federal e dos MunicípII — as ações que envolvam o direito de greve;
> III — as ações de representação sindical, entre sindicatos, entre sindicatos e trabalhadores e entre sindicatos e empregadores;
> IV — os mandados de segurança, *habeas corpus* e *habeas data*, quando o ato questionado envolver matéria sujeita à sua jurisdição;
> V — os conflitos de competência entre órgãos com jurisdição trabalhista, ressalvado disposto no art. 102, I, *o*;
> VI — as ações de indenização por dano moral ou patrimonial, decorrentes da relação de trabalho;
> VII — as ações relativas às penalidades administrativas impostas aos empregadores pelos órgãos de fiscalização das relações de trabalho;
> VIII — a execução, de ofício, das contribuições sociais previstas no art. 195, I, *a*, II, e seus acréscimos legais, decorrentes das sentenças que proferir;
> IX — outras controvérsias decorrentes da relação de trabalho, na forma da lei.

A alternativa "C" é exatamente o inciso VII do art. 114 da CF, que trata de inovação trazida pela EC n. 45, onde passou a ser de competência da justiça do trabalho o julgamento das penalidades impostas pelos órgãos de fiscalização do trabalho aos empregadores, o que antes era de competência da Justiça Federal. Entretanto, não só as penalidades, mas também todos os atos praticados pelo fiscal do trabalho, a competência é da Justiça do Trabalho.

Assim, a Justiça do Trabalho é competente para processar, p. ex., ação anulatória de ato jurídico, em razão de multa imposta pela fiscalização do trabalho, ação de execução de multa imposta pelo fiscal do trabalho, dentre outras.

A alternativa "A" está errada pois o inciso I do art. 114 da CF, também alterado pela EC/45 estabelece como competência da Justiça do Trabalho "relação de trabalho", que é mais abrangente que "relação de emprego".

Conforme dito no início, eliminamos a alternativa "B" por exclusão, pois de acordo com o inciso VIII do art. 114 da CF, a Justiça do Trabalho é competente para a execução de ofício das contribuições previdenciárias decorrentes das sentenças que proferir.

Referida competência foi instituída pela EC n. 20/98, por meio do § 3º do art. 114 da CF. A EC n. 45/04 manteve tal competência, apenas alterando seu conteúdo do § 3º para o inciso VIII do mesmo artigo.

Porém, o TST limitou a competência às sentenças condenatórias que proferir. Daí porque, poderíamos excluir tal questão, pois não é qualquer sentença que proferir, mas apenas as condenatórias.

Sobre esse inciso, o Tribunal Superior do Trabalho editou a Súmula n. 268, com a seguinte redação:

> DESCONTOS PREVIDENCIÁRIOS E FISCAIS. COMPETÊNCIA. RESPONSABILIDADE PELO PAGAMENTO. FORMA DE CÁLCULO (inciso I alterado) — Res. 138/2005, DJ 23, 24 e 25.11.2005
>
> I. A Justiça do Trabalho é competente para determinar o recolhimento das contribuições fiscais. A competência da Justiça do Trabalho, quanto à execução das contribuições previdenciárias, limita-se às sentenças condenatórias em pecúnia que proferir e aos valores, objeto de acordo homologado, que integrem o salário de contribuição. *(ex-OJ n. 141 da SBDI-1 — inserida em 27.11.1998)*
>
> II. É do empregador a responsabilidade pelo recolhimento das contribuições previdenciárias e fiscais, resultante de crédito do empregado oriundo de condenação judicial, devendo incidir, em relação aos descontos fiscais, sobre o valor total da condenação, referente às parcelas tributáveis, calculado ao final, nos termos da Lei n. 8.541, de 23.12.1992, art. 46 e Provimento da CGJT n. 1/1996. *(ex-OJs ns. 32 e 228 da SBDI-1 — inseridas, respectivamente, em 14.3.1994 e 20.6.2001)*
>
> III. Em se tratando de descontos previdenciários, o critério de apuração encontra-se disciplinado no art. 276, § 4º, do Decreto n. 3.048/1999 que regulamentou a Lei n. 8.212/1991 e determina que a contribuição do empregado, no caso de ações trabalhistas, seja calculada mês a mês, aplicando-se as alíquotas previstas no art. 198, observado o limite máximo do salário de contribuição. *(ex-OJs ns. 32 e 228 da SBDI-1 — inseridas, respectivamente, em 14.3.1994 e 20.6.2001)*

---

19. O conflito de jurisdição entre a Vara do Trabalho de Belo Horizonte/MG e a Vara Cível de Belo Horizonte/MG é dirimido pelo:

☐ A) STF.

☐ B) STJ.

☐ C) TRT-MG.

☐ D) Tribunal de Justiça de MG.

A alternativa correta é a "B".

De acordo com o art. 105, inciso I, alínea *d* da Constituição Federal, será competente o STJ para dirimir "os conflitos de competência entre quaisquer tribunais, ressalvado o disposto no art. 102, I, *o*, bem como entre tribunal e juízes a ele não vinculados e entre juízes vinculados a tribunais diversos."

Ou seja, conflito entre juízes vinculados a tribunais diversos, como ocorre no presente caso, é de competência do STJ.

O Supremo Tribunal Federal terá competência para "os conflitos de competência entre o Superior Tribunal de Justiça e quaisquer tribunais, entre Tribunais Superiores, ou entre estes e qualquer outro tribunal." (art. 102, inciso I, alínea *o* da Constituição Federal)

Sobre o conflito de jurisdição (denominação utilizada pela CLT), assim estabelece a consolidação:

Art. 803. Os conflitos de jurisdição podem ocorrer entre:

a) Varas do Trabalho e Juízes de Direito investidos na administração da Justiça do Trabalho;

b) Tribunais Regionais do Trabalho;

c) Juízos e Tribunais do Trabalho e órgãos da Justiça Ordinária.

Art. 804. Dá-se o conflito de jurisdição:

a) quando ambas as autoridades se considerarem competentes;

b) quando ambas as autoridades se considerarem incompetentes.

Art. 805. Os conflitos de jurisdição podem ser suscitados:

a) pelos juízes e Tribunais do Trabalho;

b) pelo procurador-geral e pelos procuradores regionais da Justiça do Trabalho;

c) pela parte interessada, ou o seu representante.

A parte que opôs exceção de incompetência ou arguiu como matéria de defesa não poderá suscitar conflito de jurisdição (art. 806 CLT).

A competência para dirimir conflito de competência entre órgãos com jurisdição trabalhista é da própria Justiça do Trabalho, conforme preceitua o art. 114, inciso V da Constituição Federal:

"art. 114 — Compete à Justiça do Trabalho processar e julgar... V — os conflitos de competência entre órgãos com jurisdição trabalhista, ressalvado o disposto no art. 102, I, *o*;"

E, de acordo com o art. 808 da CLT os conflitos de jurisdição que trata o art. 803 da CLT serão resolvidos: a) pelos Tribunais Regionais, os suscitados entre Varas e entre Juízes de Direito, investidos de jurisdição trabalhista, ou entre umas e outras, nas respectivas regiões e; b) pelo Tribunal Superior do Trabalho, os suscitados entre Tribunais Regionais, ou entre Varas do Trabalho e Juízos de Direito, investidos de jurisdição trabalhista, sujeitos à jurisdição de Tribunais Regionais diferentes.

---

20. São trabalhadores regidos pela CLT, EXCETO:

☐ A) bancários.

☐ B) cooperados.

☐ C) ferroviários.

☐ D) químicos.

A alternativa que deve ser anotada pelo candidato é a "B".

Parágrafo único, do art. 442, da CLT — Qualquer que seja o ramo de atividade da sociedade cooperativa, não existe vínculo empregatício entre ela e seus associados, nem entre estes e os tomadores de serviços daquela. *(Incluído pela Lei n. 8.949, de 9.12.1994)*

O dispositivo em comento foi inserido na CLT com o objetivo de deixar claro que pedidos de vínculo de trabalhadores cooperados não encontrará reconhecimento na Justiça do Trabalho.

O cooperado é um trabalhador autônomo, ou seja, "é a pessoa física que exerce, por conta própria, atividade econômica de natureza urbana, com fins lucrativos ou não".

O cooperado é aquele que participa de uma sociedade cooperativa, a qual se encontra disciplinada nos arts. 1.093 a 1096, do Código Civil.

Art. 1.093. A sociedade cooperativa reger-se-á pelo disposto no presente Capítulo, ressalvada a legislação especial.

Art. 1.094. São características da sociedade cooperativa:

I — variabilidade, ou dispensa do capital social;

II — concurso de sócios em número mínimo necessário a compor a administração da sociedade, sem limitação de número máximo;

III — limitação do valor da soma de quotas do capital social que cada sócio poderá tomar;

IV — intransferibilidade das quotas do capital a terceiros estranhos à sociedade, ainda que por herança;

V — *quorum*, para a assembleia geral funcionar e deliberar, fundado no número de sócios presentes à reunião, e não no capital social representado;

VI — direito de cada sócio a um só voto nas deliberações, tenha ou não capital a sociedade, e qualquer que seja o valor de sua participação;

VII — distribuição dos resultados, proporcionalmente ao valor das operações efetuadas pelo sócio com a sociedade, podendo ser atribuído juro fixo ao capital realizado;

VIII — indivisibilidade do fundo de reserva entre os sócios, ainda que em caso de dissolução da sociedade.

Art. 1.095. Na sociedade cooperativa, a responsabilidade dos sócios pode ser limitada ou ilimitada.

§ 1º É limitada a responsabilidade na cooperativa em que o sócio responde somente pelo valor de suas quotas e pelo prejuízo verificado nas operações sociais, guardada a proporção de sua participação nas mesmas operações.

§ 2º É ilimitada a responsabilidade na cooperativa em que o sócio responde solidária e ilimitadamente pelas obrigações sociais.

Art. 1.096. No que a lei for omissa, aplicam-se as disposições referentes à sociedade simples, resguardadas as características estabelecidas no art. 1.094.

A alternativa "A" refere-se ao bancário, cujas disposições encontram-se disciplinadas na CLT, nos arts. 224 a 226, da CLT.

Art. 224. A duração normal do trabalho dos empregados em bancos, casas bancárias e Caixa Econômica Federal será de 6 (seis) horas continuas nos dias úteis, com exceção dos sábados, perfazendo um total de 30 (trinta) horas de trabalho por semana. *(Redação dada pela Lei n. 7.430, de 17.12.1985)*

§ 1º A duração normal do trabalho estabelecida neste artigo ficará compreendida entre 7 (sete) e 22 (vinte e duas) horas, assegurando-se ao empregado, no horário diário, um intervalo de 15 (quinze) minutos para alimentação. *(Redação dada pelo Decreto-lei n. 229, de 28.2.1967)*

§ 2º As disposições deste artigo não se aplicam aos que exercem funções de direção, gerência, fiscalização, chefia e equivalentes, ou que desempenhem outros cargos de confiança, desde que o valor da gratificação não seja inferior a 1/3 (um terço) do salário do cargo efetivo. *(Redação dada pelo Decreto-lei n. 754, de 11.8.1969)*

Art. 225. A duração normal de trabalho dos bancários poderá ser excepcionalmente prorrogada até 8 (oito) horas diárias, não excedendo de 40 (quarenta) horas semanais, observados os preceitos gerais sobre a duração do trabalho. *(Redação dada pela Lei n. 6.637, de 8.5.1979)*

Art. 226. O regime especial de 6 (seis) horas de trabalho também se aplica aos empregados de portaria e de limpeza, tais como porteiros, telefonistas de mesa, contínuos e serventes, empregados em bancos e casas bancárias. *(Redação dada pela Lei n. 3.488, de 12.12.1958)*

Parágrafo único. A direção de cada banco organizará a escala de serviço do estabelecimento de maneira a haver empregados do quadro da portaria em função, meia hora antes e até meia hora após o encerramento dos trabalhos, respeitado o limite de 6 (seis) horas diárias. *(Incluído pela Lei n. 3.488, de 12.12.1958)*

A alternativa "C" refere-se aos ferroviários, cuja profissão está disciplinada nos arts. 236 a 247, da CLT

Art. 236. No serviço ferroviário — considerado este o de transporte em estradas de ferro abertas ao tráfego público, compreendendo a administração, construção, conservação e remoção das vias férreas e seus edifícios, obras-de-arte, material rodante, instalações complementares e acessórias, bem como o serviço de tráfego, de telegrafia, telefonia e funcionamento de todas as instalações ferroviárias — aplicam-se os preceitos especiais constantes desta Seção.

Art. 237. O pessoal a que se refere o artigo antecedente fica dividido nas seguintes categorias:

a) funcionários de alta administração, chefes e ajudantes de departamentos e seções, engenheiros residentes, chefes de depósitos, inspetores e demais empregados que exercem funções administrativas ou fiscalizadoras;

b) pessoal que trabalhe em lugares ou trechos determinados e cujas tarefas requeiram atenção constante; pessoal de escritório, turmas de conservação e construção da via permanente, oficinas e estações principais, inclusive os respectivos telegrafistas; pessoal de tração, lastro e revistadores;

c) das equipagens de trens em geral;

d) pessoal cujo serviço é de natureza intermitente ou de pouca intensidade, embora com permanência prolongada nos locais de trabalho; vigias e pessoal das estações do interior, inclusive os respectivos telegrafistas.

Art. 238. Será computado como de trabalho efetivo todo o tempo, em que o empregado estiver à disposição da estrada. *(Restaurado pelo Decreto-lei n. 5, de 4.4.1966)*

§ 1º Nos serviços efetuados pelo pessoal da categoria c, não será considerado como de trabalho efetivo o tempo gasto em viagens do local ou para o local de terminação e início dos mesmos serviços. *(Restaurado pelo Decreto-lei n. 5, de 4.4.1966)*

§ 2º Ao pessoal removido ou comissionado fora da sede será contado como de trabalho normal e efetivo o tempo gasto em viagens, sem direito à percepção de horas extraordinárias. *(Restaurado pelo Decreto-lei n. 5, de 4.4.1966)*

§ 3º No caso das turmas de conservação da via permanente, o tempo efetivo do trabalho será contado desde a hora da saída da casa da turma até a hora em que cessar o serviço em qualquer ponto compreendido centro dos limites da respectiva turma. Quando o empregado trabalhar fora dos limites da sua turma, ser-lhe-á também computado como de trabalho efetivo o tempo gasto no percurso da volta a esses limites. *(Restaurado pelo Decreto-lei n. 5, de 4.4.1966)*

§ 4º Para o pessoal da equipagem de trens, só será considerado esse trabalho efetivo, depois de chegado ao destino, o tempo em que o ferroviário estiver ocupado ou retido à disposição da Estrada. Quando, entre dois períodos de trabalho, não mediar intervalo superior a uma hora, será essa intervalo computado como de trabalho efetivo. *(Restaurado pelo Decreto-lei n. 5, de 4.4.1966)*

§ 5º O tempo concedido para refeição não se computa como de trabalho efetivo, então para o pessoal da categoria c, quando as refeições forem tomadas em viagem ou nas estações durante as paradas. Esse tempo não será inferior a uma hora, exceto para o pessoal da referida categoria em serviço de trens. *(Restaurado pelo Decreto-lei n. 5, de 4.4.1966)*

§ 6º No trabalho das turmas encarregadas da conservação de obras de arte, linhas telegráficas ou telefônicas e edifícios, não será contado, como de trabalho efetivo, o tempo de viagem para o local do serviço, sempre que não exceder de uma hora, seja para ida ou para volta, e a Estrada fornecer os meios de locomoção, computando-se, sempre o tempo excedente a esse limite. *(Restaurado pelo Decreto-lei n. 5, de 4.4.1966)*

Art. 239. Para o pessoal da categoria "c", a prorrogação do trabalho independe de acordo ou contrato coletivo, não podendo, entretanto, exceder de 12 (doze) horas, pelo que as empresas organizarão, sempre que possível, os serviços de equipagens de trens com destacamentos nos trechos das linhas de modo a ser observada a duração normal de oito horas de trabalho. *(Vide Decreto-Lei n. 6.361, de 1944)*

§ 1º Para o pessoal sujeito ao regime do presente artigo, depois de cada jornada de trabalho haverá um repouso de 10 (dez) horas contínuas, no mínimo, observando-se, outrossim, o descanso semanal.

§ 2º Para o pessoal da equipagem de trens, a que se refere o presente artigo, quando a empresa não fornecer alimentação, em viagem, e hospedagem, no destino, concederá uma ajuda de custo para atender a tais despesas.

§ 3º As escalas do pessoal abrangido pelo presente artigo serão organizadas de modo que não caiba a qualquer empregado, quinzenalmente, um total de horas de serviço noturno superior às de serviço diurno.

§ 4º Os períodos de trabalho do pessoal a que alude o presente artigo serão registrados em cadernetas especiais, que ficarão sempre em poder do empregado, de acordo com o modelo aprovado pelo Ministro do Trabalho, Indústria e Comércio.

Art. 240. Nos casos de urgência ou de acidente, capazes de afetar a segurança ou regularidade do serviço, poderá a duração do trabalho ser excepcionalmente elevada a qualquer número de horas, incumbindo à Estrada zelar pela incolumidade dos seus empregados e pela possibilidade de revezamento de turmas, assegurando ao pessoal um repouso correspondente e comunicando a ocorrência ao Ministério do Trabalho, Indústria e Comércio, dentro de 10 (dez) dias da sua verificação.

Parágrafo único. Nos casos previstos neste artigo, a recusa, sem causa justificada, por parte de qualquer empregado, à execução de serviço extraordinário será considerada falta grave.

Art. 241. As horas excedentes das do horário normal de oito horas serão pagas como serviço extraordinário na seguinte base: as duas primeiras com o acréscimo de 25% (vinte e cinco por cento) sobre o salário-hora normal; as duas subsequentes com um adicional de 50% (cinquenta por cento) e as restantes com um adicional de 75% (setenta e cinco por cento). *(Vide Decreto-Lei n. 6.361, de 1944)*

Parágrafo único. Para o pessoal da categoria "c", a primeira hora será majorada de 25% (vinte e cinco por cento), a segunda hora será paga com o acréscimo de 50% (cinquenta por cento) e as duas subsequentes com o de 60% (sessenta por cento), salvo caso de negligência comprovada.

Art. 242. As frações de meia hora superiores a 10 (dez) minutos serão computadas como meia hora.

Art. 243. Para os empregados de estações do interior, cujo serviço for de natureza intermitente ou de pouca intensidade, não se aplicam os preceitos gerais sobre duração do trabalho, sendo-lhes, entretanto, assegurado o repouso contínuo de dez horas, no mínimo, entre dois períodos de trabalho e descanso semanal.

Art. 244. As estradas de ferro poderão ter empregados extranumerários, de sobre-aviso e de prontidão, para executarem serviços imprevistos ou para substituições de outros empregados que faltem à escala organizada. *(Restaurado pelo Decreto-lei n. 5, de 4.4.1966)*

§ 1º Considera-se "extranumerário" o empregado não efetivo, candidato efetivação, que normalmente ao serviço, embora só trabalhe quando for necessário. O extranumerário só receberá os dias de trabalho efetivo. *(Restaurado pelo Decreto-lei n. 5, de 4.4.1966)*

§ 2º Considera-se de "sobre-aviso" o empregado efetivo, que permanecer em sua própria casa, aguardando a qualquer momento o chamado para o serviço. Cada escala de "sobre-aviso" será, no máximo, de vinte e quatro horas, As horas de "sobre-aviso", para todos os efeitos, serão contadas à razão de 1/3 (um terço) do salário normal. *(Restaurado pelo Decreto-lei n. 5, de 4.4.1966).*

§ 3º Considera-se de "prontidão" o empregado que ficar nas dependências da estrada, aguardando ordens. A escala de prontidão será, no máximo, de doze horas. As horas de prontidão serão, para todos os efeitos, contadas à razão de 2/3 (dois terços) do salário-hora normal. *(Restaurado pelo Decreto-lei n. 5, de 4.4.1966)*

§ 4º Quando, no estabelecimento ou dependência em que se achar o empregado, houver facilidade de alimentação, as doze horas do prontidão, a que se refere o parágrafo anterior, poderão ser contínuas. Quando não existir essa facilidade, depois de seis horas de prontidão, haverá sempre um intervalo de uma hora para cada refeição, que não será, nesse caso, computada como de serviço. *(Restaurado pelo Decreto-lei n. 5, de 4.4.1966)*

Art. 245. O horário normal de trabalho dos cabineiros nas estações de tráfego intenso não excederá de 8 (oito) horas e deverá ser dividido em 2 (dois) turnos com intervalo não inferior a 1 (uma) hora de repouso, não podendo nenhum turno ter duração superior a 5 (cinco) horas, com um período de descanso entre 2 (duas) jornadas de trabalho de 14 (quatorze) horas consecutivas.

Art. 246. O horário de trabalho dos operadores telegrafistas nas estações de tráfego intenso não excederá de 6 (seis) horas diárias.

Art. 247. As estações principais, estações de tráfego intenso e estações do interior serão classificadas para cada empresa pelo Departamento Nacional da Estradas de Ferro.

A alternativa "D" refere-se aos químicos, disciplinados nos arts. 325 a 350, da CLT.

Art. 325. É livre o exercício da profissão de químico em todo o território da República, observadas as condições de capacidade técnica e outras exigências previstas na presente Seção:

a) aos possuidores de diploma de químico, químico industrial, químico industrial agrícola ou engenheiro químico, concedido, no Brasil, por escola oficial ou oficialmente reconhecida;

b) aos diplomados em química por instituto estrangeiro de ensino superior, que tenham, de acordo com a lei e a partir de 14 de julho de 1934, revalidado os seus diplomas;

c) aos que, ao tempo da publicação do Decreto n. 24.693 de 12 de julho de 1934, se achavam no exercício efetivo de função pública ou particular, para a qual seja exigida a qualidade de químico, e que tenham requerido o respectivo registro até a extinção do prazo fixado pelo Decreto-Lei n. 2.298, de 10 de junho de 1940.

§ 1º Aos profissionais incluídos na alínea *c* deste artigo, se dará, para os efeitos da presente Seção, a denominação de "licenciados".

§ 2º O livre exercício da profissão de que trata o presente artigo só é permitido a estrangeiros, quando compreendidos:

a) nas alíneas *a* e *b*, independentemente de revalidação do diploma, se exerciam, legitimamente, na República, a profissão de químico em a data da promulgação da Constituição de 1934;

b) na alínea *b*, se a seu favor militar a existência de reciprocidade internacional, admitida em lei, para o reconhecimento dos respectivos diplomas;

c) na alínea *c*, satisfeitas as condições nela estabelecidas.

§ 3º O livre exercício da profissão a brasileiros naturalizados está subordinado à prévia prestação do serviço militar, no Brasil.

§ 4º Só aos brasileiros natos é permitida a revalidação dos diplomas de químicos, expedidos por institutos estrangeiros de ensino superior.

Art. 326. Todo aquele que exercer ou pretender exercer as funções de químico é obrigado ao uso de Carteira de Trabalho e Previdência Social, devendo os profissionais que se encontrarem nas condições das alíneas *a* e *b* do art. 325, registrar os seus diplomas de acordo com a legislação vigente.

§ 1º A requisição de Carteira de Trabalho e Previdência Social para uso dos químicos, além do disposto no capítulo "Da Identificação Profissional", somente será processada mediante apresentação dos seguintes documentos que provem:

a) ser o requerente brasileiro, nato ou naturalizado, ou estrangeiro;

b) estar, se for brasileiro, de posse dos direitos civis e políticos;

c) ter diploma de químico, químico industrial, químico industrial agrícola ou engenheiro químico, expedida por escola superior oficial ou oficializada;

d) ter se diplomado no estrangeiro, o respectivo diploma revalidado nos termos da lei;

e) haver, o que for brasileiro naturalizado, prestado serviço militar no Brasil;

f) achar-se o estrangeiro, ao ser promulgada a Constituição de 1934, exercendo legitimamente, na República, a profissão de químico, ou concorrer a seu favor a existência de reciprocidade internacional, admitida em lei, para o reconhecimento dos diplomas dessa especialidade.

§ 2º A requisição de que trata o parágrafo anterior deve ser acompanhada:

a) do diploma devidamente autenticado no caso da alínea *b* do artigo precedente, e com as firmas reconhecidas no país de origem e na Secretaria de Estado das Relações Exteriores, ou da respectiva certidão, bem como do título de revalidação, ou certidão respectiva, de acordo com a legislação em vigor;

b) do certificado ou atestado comprobatório de se achar o requerente na hipótese da alínea *c* do referido artigo, ao tempo da publicação do Decreto n. 24.693 de 12 de julho de 1934, no exercício efetivo de função pública, ou particular, para a qual seja exigida a qualidade de químico, devendo esses documentos ser autenticados pelo Delegado Regional do Trabalho, quando se referirem a requerentes moradores nas capitais dos Estados, ou coletor federal, no caso de residirem os interessados nos municípios do interior;

c) de 3 (três) exemplares de fotografia exigida pelo art. 329 e de 1 (uma) folha com as declarações que devem ser lançadas na Carteira de Trabalho e Previdência Social de conformidade com o disposto nas alíneas do mesmo artigo e seu parágrafo único.

§ 3º Reconhecida a validade dos documentos apresentados, o Serviço de Identificação Profissional do Departamento Nacional do Trabalho, no Distrito Federal, ou os órgãos regionais do Ministério do Trabalho, Indústria e Comércio, nos Estados e no Território do Acre, registrarão, em livros próprios, os documentos a que se refere a alínea c do § 1º e, juntamente com a Carteira de Trabalho e Previdência Social emitida, os devolverão ao interessado.

Art. 327. Além dos emolumentos fixados no Capítulo "Da Identificação Profissional", o registro do diploma fica sujeito à taxa de Cr$ 30,00 (trinta cruzeiros).

Art. 328. Só poderão ser admitidos a registro os diplomas, certificados de diplomas, cartas e outros títulos, bem como atestados e certificados que estiverem na devida forma e cujas firmas hajam sido regularmente reconhecidas por tabelião público e, sendo estrangeiros, pela Secretaria do Estado das Relações Exteriores, companhados estes últimos da respectiva tradução, feita por intérprete comercial brasileiro.

Parágrafo único. O Departamento Nacional do Trabalho e as Delegacias Regionais do Ministério do Trabalho, Indústria e Comércio, nos Estados, publicarão, periodicamente, a lista dos químicos registrados na forma desta Seção.

Art. 329. A cada inscrito, e como documento comprobatório do registro, será fornecida pelo Departamento Nacional do Trabalho, no Distrito Federal, ou pelas Delegacias Regionais, nos Estados e no Território do Acre, uma Carteira de Trabalho e Previdência Social numerada, que, além da fotografia, medindo 3 (três) por 4 (quatro) centímetros, tirada de frente, com a cabeça descoberta, e das impressões do polegar, conterá as declarações seguintes:

a) o nome por extenso;

b) a nacionalidade e, se estrangeiro, a circunstância de ser ou não naturalizado;

c) a data e lugar do nascimento;

d) a denominação da escola em que houver feito o curso;

e) a data da expedição do diploma e o número do registro no Ministério do Trabalho, Indústria e Comércio;

f) a data da revalidação do diploma, se de instituto estrangeiro;

g) a especificação, inclusive data, de outro título ou títulos de habilitação;

h) a assinatura do inscrito.

Parágrafo único. A carteira destinada aos profissionais a que se refere o § 1º do art. 325 deverá, em vez das declarações indicadas nas alíneas d, e e f deste artigo, e além do título — licenciado — posto em destaque, conter a menção do título de nomeação ou admissão e respectiva data, se funcionário público, ou do atestado relativo ao exercício, na qualidade de químico, de um cargo em empresa particular, com designação desta e da data inicial do exercício.

Art. 330. A carteira profissional, expedida nos termos deste secção, é obrigatória para o exercício da profissão, substitui em todos os casos o diploma ou título e servirá de carteira de identidade. *(Redação dada pelo Decreto-Lei n. 5.922, de 1943)*

Art. 331. Nenhuma autoridade poderá receber impostos relativos ao exercício profissional de químico, senão à vista da prova de que o interessado se acha registrado de acordo com a presente Seção, e essa prova será também exigida para a realização de concursos periciais e todos os outros atos oficiais que exijam capacidade técnica de químico.

Art. 332. Quem, mediante anúncios, placas, cartões comerciais ou outros meios capazes de ser identificados, se propuser ao exercício da química, em qualquer dos seus ramos, sem que esteja devidamente registrado, fica sujeito às penalidades aplicáveis ao exercício ilegal da profissão.

Art. 333. Os profissionais a que se referem os dispositivos anteriores só poderão exercer legalmente as funções de químicos depois de satisfazerem as obrigações constantes do art. 330 desta Seção.

Art. 334. O exercício da profissão de químico compreende:

a) a fabricação de produtos e subprodutos químicos em seus diversos graus de pureza;

b) a análise química, a elaboração de pareceres, atestados e projetos de especialidade e sua execução, perícia civil ou judiciária sobre essa matéria, a direção e a responsabilidade de laboratórios ou departamentos químicos, de indústria e empresas comerciais;

c) o magistério nas cadeiras de química dos cursos superiores especializados em química;

d) a engenharia química.

§ 1º Aos químicos, químicos industriais e químicos industriais agrícolas que estejam nas condições estabelecidas no art. 325, alíneas a e b, compete o exercício das atividades definidas nos itens "a", "b" e "c" deste artigo, sendo privativa dos engenheiros químicos a do item "d".

§ 2º Aos que estiverem nas condições do art. 325, alíneas *a* e *b*, compete, como aos diplomados em medicina ou farmácia, as atividades definidas no art. 2º, alíneas *d*, *e* e *f* do Decreto n. 20.377, de 8 de setembro de 1931, cabendo aos agrônomos e engenheiros agrônomos as que se acham especificadas no art. 6º, alínea *h*, do Decreto n. 23.196, de 12 de outubro de 1933.

Art. 335. É obrigatória a admissão de químicos nos seguintes tipos de indústria:
a) de fabricação de produtos químicos;
b) que mantenham laboratório de controle químico;
c) de fabricação de produtos industriais que são obtidos por meio de reações químicas dirigidas, tais como: cimento, açúcar e álcool, vidro, curtume, massas plásticas artificiais, explosivos, derivados de carvão ou de petróleo, refinação de óleos vegetais ou minerais, sabão, celulose e derivados.

Art. 336. No preenchimento de cargos públicos, para os quais se faz mister a qualidade de químico, ressalvadas as especializações referidas no § 2º do art. 334, a partir da data da publicação do Decreto n. 24.693, de 12 de julho de 1934, requer-se, como condição essencial, que os candidatos previamente hajam satisfeito as exigências do art. 333 desta Seção.

Art. 337. Fazem fé pública os certificados de análises químicas, pareceres, atestados, laudos de perícias e projetos relativos a essa especialidade, assinados por profissionais que satisfaçam as condições estabelecidas nas alíneas *a* e *b* do art. 325.

Art. 338. É facultado aos químicos que satisfizerem as condições constantes do art. 325, alíneas *a* e *b*, o ensino da especialidade a que se dedicarem, nas escolas superiores, oficiais ou oficializadas.
Parágrafo único. Na hipótese de concurso para o provimento de cargo ou emprego público, os químicos a que este artigo se refere terão preferência, em igualdade de condições.

Art. 339. O nome do químico responsável pela fabricação dos produtos de uma fábrica, usina ou laboratório deverá figurar nos respectivos rótulos, faturas e anúncios, compreendida entre estes últimos a legenda impressa em cartas e sobrecartas.

Art. 340. Somente os químicos habilitados, nos termos do art. 325, alíneas *a* e *b*, poderão ser nomeados *ex officio* para os exames periciais de fábricas, laboratórios e usinas e de produtos aí fabricados.
Parágrafo único. Não se acham compreendidos no artigo anterior os produtos farmacêuticos e os laboratórios de produtos farmacêuticos.

Art. 341. Cabe aos químicos habilitados, conforme estabelece o art. 325, alíneas *a* e *b*, a execução de todos os serviços que, não especificados no presente regulamento, exijam por sua natureza o conhecimento de química.

Art. 342. A fiscalização do exercício da profissão de químico incumbe ao Departamento Nacional do Trabalho no Distrito Federal e às autoridades regionais do Ministério do Trabalho, Indústria e Comércio, nos Estados e Território do Acre.

Art. 343. São atribuições dos órgãos de fiscalização:
a) examinar os documentos exigidos para o registro profissional de que trata o art. 326 e seus §§ 1º e 2º e o art. 327, proceder à respectiva inscrição e indeferir o pedido dos interessados que não satisfizerem as exigências desta Seção;
b) registrar as comunicações e contratos, a que aludem o art. 350 e seus parágrafos, e dar as respectivas baixas;
c) verificar o exato cumprimento das disposições desta Seção, realizando as investigações que forem necessárias, bem como o exame dos arquivos, livros de escrituração, folhas de pagamento, contratos e outros documentos de uso de firmas ou empresas industriais ou comerciais, em cujos serviços tome parte 1 (um) ou mais profissionais que desempenhem função para a qual se deva exigir a qualidade de químico.

Art. 344. Aos sindicatos de químicos devidamente reconhecidos é facultado auxiliar a fiscalização, no tocante à observação da alínea *c* do artigo anterior.

Art. 345. Verificando-se, pelo Ministério do Trabalho, Indústria e Comércio, serem falsos os diplomas ou outros títulos dessa natureza, atestados, certificados e quaisquer documentos exibidos para os fins de que trata esta Seção, incorrerão os seus autores e cúmplices nas penalidades estabelecidas em lei.
Parágrafo único. A falsificação de diploma ou outros quaisquer títulos, uma vez verificada, será imediatamente comunicada ao Serviço de Identificação Profissional, do Departamento Nacional do Trabalho, remetendo-se-lhe os documentos falsificados, para instauração do processo que no caso couber.

Art. 346. Será suspenso do exercício de suas funções, independentemente de outras penas em que possa incorrer, o químico, inclusive o licenciado, que incidir em alguma das seguintes faltas:
a) revelar improbidade profissional, dar falso testemunho, quebrar o sigilo profissional e promover falsificações, referentes à prática de atos de que trata esta Seção;
b) concorrer com seus conhecimentos científicos para a prática de crime ou atentado contra a pátria, a ordem social ou a saúde pública;
c) deixar, no prazo marcado nesta Seção, de requerer a revalidação e registro do diploma estrangeiro, ou o seu registro profissional no Ministério do Trabalho, Indústria e Comércio.
Parágrafo único. O tempo de suspensão a que alude este artigo variará entre 1 (um) mês e 1 (um) ano, a critério do Departamento Nacional do Trabalho, após processo regular, ressalvada a ação da justiça pública.

Art. 347. Aqueles que exercerem a profissão de químico sem ter preenchido as condições do art. 325 e suas alíneas, nem promovido o seu registro, nos termos do art. 326, incorrerão na multa de 200 cruzeiros a 5.000 cruzeiros, que será elevada ao dobro, no caso de reincidência.

Art. 348. Aos licenciados a que alude o § 1º do art. 325 poderão, por ato do Departamento Nacional do Trabalho, sujeito à aprovação do Ministro, ser cassadas as garantias asseguradas por esta Seção, desde que interrompam, por motivo de falta prevista no art. 346, a função pública ou particular em que se encontravam por ocasião da publicação do Decreto n. 24.693, de 12 de julho de 1934.

Art. 349. O número de químicos estrangeiros a serviço de particulares, empresas ou companhias não poderá exceder de 1/3 (um terço) aos dos profissionais brasileiros compreendidos nos respectivos quadros.

Art. 350. O químico que assumir a direção técnica ou cargo de químico de qualquer usina, fábrica, ou laboratório industrial ou de análise deverá, dentro de 24 (vinte e quatro) horas e por escrito, comunicar essa ocorrência ao órgão fiscalizador, contraindo, desde essa data, a responsabilidade da parte técnica referente à sua profissão, assim como a responsabilidade técnica dos produtos manufaturados.

§ 1º Firmando-se contrato entre o químico e o proprietário da usina fábrica, ou laboratório, será esse documento apresentado, dentro do prazo de 30 (trinta) dias, para registro, ao órgão fiscalizador.

§ 2º Comunicação idêntica à de que trata a primeira parte deste artigo fará o químico quando deixar a direção técnica ou o cargo de químico, em cujo exercício se encontrava, a fim de ressalvar a sua responsabilidade e fazer-se o cancelamento do contrato. Em caso de falência do estabelecimento, a comunicação será feita pela firma proprietária.

OAB/MG
2008.3

21. São corretas as afirmativas abaixo, EXCETO:

☐ A) O empregador que, durante o prazo do aviso-prévio dado ao empregado, praticar ato que justifique a rescisão imediata do contrato, sujeita-se ao pagamento da remuneração correspondente ao prazo do referido aviso, sem prejuízo da indenização que for devida.

☐ B) Dado o aviso-prévio pelo empregador, a rescisão torna-se efetiva depois de expirado o respectivo prazo, mas, se este reconsiderar o ato, antes de seu termo, ao empregado é facultado aceitar ou não a reconsideração.

☐ C) O empregado que, durante o prazo do aviso-prévio, cometer qualquer das faltas consideradas como justas para a rescisão, perde o direito ao restante do respectivo prazo.

☐ D) O aviso-prévio não poderá ter duração superior a trinta dias.

A *alternativa "D" deverá ser a anotada pelo candidato.*

O aviso-prévio é utilizado pelas partes quando pretendem romper, imotivadamente, o contrato de trabalho, por prazo indeterminado, não obstante possa incidir nos contratos por prazo determinado, se constar do contrato, cláusula assecuratória do direito recíproco de rescisão.

Assim dispõe o art. 481, da CLT — "Aos contratos por prazo determinado, que contiverem cláusula assecuratória do direito recíproco de rescisão antes de expirado o termo ajustado, aplicam-se, caso seja exercido tal direito por qualquer das partes, os princípios que regem a rescisão dos contratos por prazo indeterminado".

> SUM-163 — AVISO-PRÉVIO. CONTRATO DE EXPERIÊNCIA (mantida) — Res. 121/2003, DJ 19, 20 e 21.11.2003
> Cabe aviso-prévio nas rescisões antecipadas dos contratos de experiência, na forma do art. 481 da CLT *(ex-Prejulgado n. 42)*.

Com relação ao prazo, estabelece a Constituição Federal de 1988, no art. 7º, XXI, o prazo de, no mínimo 30 dias.

> Art. 7º São direitos dos trabalhadores urbanos e rurais, além de outros que visem à melhoria de sua condição social:
> ...
> XXI — aviso-prévio proporcional ao tempo de serviço, sendo no mínimo de trinta dias, nos termos da lei;

O aviso-prévio proporcional ao tempo de serviço, portanto não foi regulamentado e será de, no mínimo, 30 dias.

Não obstante, por se tratar de disposição de eficácia limitada, ou seja, que depende de regulamentação por meio de lei ordinária, o prazo de aviso poderá ser ampliado por mais tempo, mediante Convenção Coletiva ou Acordo Coletivo de Trabalho, sendo também permitido no contrato de trabalho.

> OJ-SDI1-367 — AVISO-PRÉVIO DE 60 DIAS. ELASTECIMENTO POR NORMA COLETIVA. PROJEÇÃO. REFLEXOS NAS PARCELAS TRABALHISTAS. DEJT divulgado em 3, 4 e 5.12.2008
> O prazo de aviso-prévio de 60 dias, concedido por meio de norma coletiva que silencia sobre alcance de seus efeitos jurídicos, computa-se integralmente como tempo de serviço, nos termos do § 1º do art. 487 da CLT, repercutindo nas verbas rescisórias.

A alternativa "A" traduz o que dispõe o art. 490, da CLT:

> Art. 490. O empregador que, durante o prazo do aviso-prévio dado ao empregado, praticar ato que justifique a rescisão imediata do contrato, sujeita-se ao pagamento da remuneração correspondente ao prazo do referido aviso, sem prejuízo da indenização que for devida.

A ocorrência de falta grave cometida pelo empregador no curso do aviso-prévio, resulta na liberação do empregado, do cumprimento do aviso prévio, sem prejuízo da remuneração dos dias faltantes e da indenização devida.

> Art. 487. Não havendo prazo estipulado, a parte que, sem justo motivo, quiser rescindir o contrato deverá avisar a outra da sua resolução com a antecedência mínima de:
> ...
> § 4º — É devido o aviso-prévio na despedida indireta. *(Parágrafo incluído pela Lei n. 7.108, de 5.7.1983)*

A alternativa "B" corresponde ao que dispõe o art. 489, parágrafo único da CLT:

> Art. 489. Dado o aviso-prévio, a rescisão torna-se efetiva depois de expirado o respectivo prazo, mas, se a parte notificante reconsiderar o ato, antes de seu termo, à outra parte é facultado aceitar ou não a reconsideração.
> Parágrafo único. Caso seja aceita a reconsideração ou continuando a prestação depois de expirado o prazo, o contrato continuará a vigorar, como se o aviso-prévio não tivesse sido dado.

O aviso-prévio indica a intenção das partes de que romper o contrato de trabalho, ou seja, o aviso não extingue de imediato o contrato. O dispositivo em comento, permite a reconsideração, mediante a aceitação da parte que recebeu o aviso.

A alternativa "C" trata da ocorrência de justa causa ocorrida no curso do aviso-prévio, o que implica na transformação da dispensa sem justa causa em dispensa por justa causa.

Assim dispõem os arts. 490 e 491, do Diploma Consolidado:

> Art. 490. O empregador que, durante o prazo do aviso-prévio dado ao empregado, praticar ato que justifique a rescisão imediata do contrato, sujeita-se ao pagamento da remuneração correspondente ao prazo do referido aviso, sem prejuízo da indenização que for devida.
>
> Art. 491. O empregado que, durante o prazo do aviso-prévio, cometer qualquer das faltas consideradas pela lei como justas para a rescisão, perde o direito ao restante do respectivo prazo.

22. A lei trabalhista exclui a natureza salarial das seguintes parcelas, EXCETO:

☐ A) Vestuários fornecidos aos empregados e utilizados no local de trabalho.

☐ B) Transporte fornecido pelo empregador destinado ao deslocamento para o trabalho e retorno, em percurso servido ou não por transporte coletivo.

☐ C) Educação, em estabelecimento próprio ou de terceiros, compreendendo os valores relativos a matrícula, mensalidade, anuidade, livros e material didático.

☐ D) A habitação coletiva, vedada, em qualquer hipótese, a utilização da mesma unidade residencial por mais de uma família.

A alternativa correta é a "D".

A habitação coletiva tem natureza de salário.

O § 4º do art. 458 da CLT estabelece: "Tratando-se de habitação coletiva, o valor do salário-utilidade a ela correspondente será obtido mediante a divisão do justo valor da habitação pelo número de co-ocupantes, vedada, em qualquer hipótese, a utilização da mesma unidade residencial por mais de uma família".

As alternativas "A", "B" e "C" apresentam parcelas que não são consideradas salário, conforme disposto no § 2º do art. 458 da CLT, abaixo transcrito:

> Para os efeitos previstos neste artigo, não são consideradas como salário as seguintes utilidades concedidas pelo empregador:
> I — vestuários, equipamentos e outros acessórios fornecidos aos empregados e utilizados no local de trabalho, para a prestação do serviço;
> II — educação, em estabelecimento de ensino próprio ou de terceiros, compreendendo os valores relativos a matrícula, mensalidade, anuidade, livros e material didático;
> III — transporte destinado ao deslocamento para o trabalho e retorno, em percurso servido ou não por transporte público.

Assim também estabelece a Súmula n. 367 do TST: "UTILIDADES *IN NATURA*". HABITAÇÃO. ENERGIA ELÉTRICA. VEÍCULO. CIGARRO. NÃO INTEGRARÃO AO SALÁRIO.
I — A habitação, a energia elétrica e veículo fornecidos pelo empregador ao empregado, quando indispensáveis para a realização do trabalho, não têm natureza salarial, ainda que, no caso de veículo, seja ele utilizado pelo empregado também em atividades particulares....".

23. Não é hipótese de perda do direito a férias pelo empregado quando, no curso do período aquisitivo:

☐ A) Tiver percebido da Previdência Social prestações de acidente do trabalho ou de auxílio-doença por mais de 3 (três) meses, embora descontínuos.

☐ B) Permanecer em gozo de licença, com percepção de salários, por mais de 30 (trinta) dias.

☐ C) Deixar o emprego e não for readmitido dentro de 60 (sessenta) dias subsequentes à sua saída.

☐ D) Deixar de trabalhar, com percepção de salário, por mais de 30 (trinta) dias, em virtude de paralisação parcial ou total dos serviços da empresa.

A alternativa que deverá ser anotada pelo candidato é a "A", porquanto a perda do direito às férias, quando do recebimento pela Previdência Social em virtude de acidente de trabalho ou de auxílio-doença, se dará após decorridos 6 meses, ainda que descontínuos, conforme disposto no inciso IV do art. 133 da CLT.

> Art. 133. Não terá direito a férias o empregado que, no curso do período aquisitivo: *(Redação dada pelo Decreto-lei n. 1.535, de 13.4.1977)*
> I — deixar o emprego e não for readmitido dentro de 60 (sessenta) dias subsequentes à sua saída; *(Incluído pelo Decreto-lei n. 1.535, de 13.4.1977)*
> II — permanecer em gozo de licença, com percepção de salários, por mais de 30 (trinta) dias; *(Incluído pelo Decreto-lei n. 1.535, de 13.4.1977)*
> III — deixar de trabalhar, com percepção do salário, por mais de 30 (trinta) dias, em virtude de paralisação parcial ou total dos serviços da empresa; e *(Incluído pelo Decreto-lei n. 1.535, de 13.4.1977)*
> IV — tiver percebido da Previdência Social prestações de acidente de trabalho ou de auxílio-doença por mais de 6 (seis) meses, embora descontínuos. *(Incluído pelo Decreto-lei n. 1.535, de 13.4.1977)*

As demais alternativas "B", "C" e "D", constituem-se em três, das quatro hipóteses de perda das férias dispostas no art. 133 da CLT.

24. Em relação à jornada de trabalho é CORRETO afirmar: (ANULADA)

- A) Poderá ser dispensado o acréscimo de salário se, por força de acordo ou convenção coletiva de trabalho, o excesso de horas em um dia for compensado pela correspondente diminuição em outro dia, de maneira que não exceda, no período máximo de 1 (um) ano, à soma das cargas semanais de trabalho previstas, nem seja ultrapassado o limite máximo de 10 (dez) horas diárias.

- B) O empregado submetido à carga mensal máxima de trabalho, que recebe parte do salário de forma fixa e parte variável — comissionista misto — terá a hora extra remunerada pelo valor equivalente ao salário total (fixo e variável) dividido por 220, com acréscimo do adicional de horas extras.

- C) O empregado remunerado por produção, se extrapolada a jornada legal de trabalho, terá direito ainda ao recebimento do valor das horas de trabalho extrapoladas com o acréscimo do adicional a ser apurado em procedimento de liquidação de sentença.

- D) Os minutos excedentes anotados nos controles de jornada, antes e após o horário fixado para início e encerramento das atividades não dão direito a horas extras se o excesso diário não exceder a 5 (cinco) minutos antes e após o horário normal e a 10 (minutos) ao dia.

Questão anulada.

---

25. Em relação à utilização da força de trabalho de empregados de terceiros é correto afirmar, EXCETO:

- A) A contratação irregular de mão de obra, mediante empresa interposta, não gera vínculo de emprego com a Administração Pública.

- B) É legal a utilização de mão de obra de terceiros para substituir temporariamente empregado próprio, em atividade-fim da empresa tomadora de serviços, respeitados os limites e forma previstos na Lei n. 6.019/74.

- C) O entendimento jurisprudencial predominante do Tribunal Superior do Trabalho é de que o inadimplemento das obrigações trabalhistas por parte da empresa prestadora de serviços, quando lícita a terceirização, gera a responsabilidade subsidiária da empresa tomadora dos serviços.

- D) Nos contratos de subempreitada prevê a CLT que, verificado o inadimplemento das obrigações trabalhistas pela subempreiteira, responde o dono da obra e subsidiariamente o empreiteiro principal.

A alternativa correta é a "D".

Estabelece o art. 455 da CLT:

> Nos contratos de subempreitada responderá o subempreiteiro pelas obrigações derivadas do contrato de trabalho que celebrar, cabendo, todavia, aos empregados, o direito de reclamação contra o empreiteiro principal pelo inadimplemento daquelas obrigações por parte do primeiro.

O empreiteiro, ao repassar os serviços ao subempreiteiro, assume a responsabilidade pelos pagamentos dos empregados.

Devemos entender a subempreitada como a terceirização efetuada pelo empreiteiro para cumprimento das obrigações por ele contraídas, oriundas do contrato de empreitada, celebrado para a realização de serviços ou de uma obra.

Analisando o dispositivo em comento, verificamos que o dono da obra, aquele que celebrou o contrato de empreitada, não responde e não possui qualquer responsabilidade, seja subsidiária ou solidária.

Assim dispõe a Orientação Jurisprudencial n. 191-SDI-I do TST:

> CONTRATO DE EMPREITADA. DONO DA OBRA DE CONSTRUÇÃO CIVIL. RESPONSABILIDADE (nova redação) — Res. 175/2011, DEJT divulgado em 27, 30 e 31.5.2011 Diante da inexistência de previsão legal específica, o contrato de empreitada de construção civil entre o dono da obra e o empreiteiro não enseja responsabilidade solidária ou subsidiária nas obrigações trabalhistas contraídas pelo empreiteiro, salvo sendo o dono da obra uma empresa construtora ou incorporadora.

Aqui o candidato deverá atentar ao fato de que a questão formulada fala em "dono da obra" e não em "empresa", uma vez que nesse caso, em razão da atividade econômica exercida, a responsabilidade subsidiária é patente.

Corretas as alternativas "A", "B" e "C", já que refletem o que expressa a Súmula a 331, I, II e IV, do TST, que assim dispõe:

> I — A contratação de trabalhadores por empresa interposta é ilegal, formando-se o vínculo diretamente com o tomador dos serviços, salvo no caso de trabalho temporário *(Lei n. 6.019, de 3.1.1974).*
>
> II — A contratação irregular de trabalhador, mediante empresa interposta, não gera vínculo de emprego com os órgãos da Administração Pública direta, indireta ou fundacional *(art. 37, II, da CF/1988).*
>
> III — Não forma vínculo de emprego com o tomador a contratação de serviços de vigilância *(Lei n. 7.102, de 20.6.1983)* e de conservação e limpeza, bem como a de serviços especializados ligados à atividade-meio do tomador, desde que inexistente a pessoalidade e a subordinação direta.
>
> IV — O inadimplemento das obrigações trabalhistas, por parte do empregador, implica a responsabilidade subsidiária do tomador dos serviços quanto àquelas obrigações, desde que haja participado da relação processual e conste também do título executivo judicial.

26. Quanto às horas *in itinere*, consoante o entendimento jurisprudencial predominante do Tribunal Superior do Trabalho é correto afirmar, EXCETO:

- A) A mera insuficiência de transporte público não enseja o pagamento de horas *in itinere*.

- B) Considerando que as horas in itinere são computáveis na jornada de trabalho, o tempo assim despendido será sempre considerado como extraordinário e sobre ele deve incidir o adicional respectivo.

- C) O tempo despendido pelo empregado, em condução fornecida pelo empregador, até o local de trabalho de difícil acesso ou não servido por transporte público regular, e para seu retorno deve ser computado na jornada de trabalho.

- D) A incompatibilidade entre os horários de início e término da jornada do empregado e os do transporte público regular é circunstância que gera o direito às horas *in itinere*.

A alternativa que está em desconformidade com o entendimento jurisprudencial e deve ser assinalada pelo candidato é a "B".

Vejamos, será considerado como extraordinário não o tempo do trajeto, mas sim o tempo que extrapolar a jornada legal, conforme item V da Súmula n. 90 do TST.

A alternativa "A" encontra-se no item III da Súmula n. 90 do TST. A alternativa "C", no item I da mesma súmula e, por fim, o item "D" no item II da Súmula n. 90.

Súmula n. 90 TST — HORAS *"IN ITINERE"*. TEMPO DE SERVIÇO (incorporadas as Súmulas ns. 324 e 325 e as Orientações Jurisprudenciais ns. 50 e 236 da SBDI-1) — Res. 129/2005, DJ 20, 22 e 25.4.2005

I — O tempo despendido pelo empregado, em condução fornecida pelo empregador, até o local de trabalho de difícil acesso, ou não servido por transporte público regular, e para o seu retorno é computável na jornada de trabalho. *(ex-Súmula n. 90 — RA 80/1978, DJ 10.11.1978)*;

II — A incompatibilidade entre os horários de início e término da jornada do empregado e os do transporte público regular é circunstância que também gera o direito às horas *"in itinere"*. *(ex-OJ n. 50 da SBDI-1 — inserida em 1º.2.1995)*

III — A mera insuficiência de transporte público não enseja o pagamento de horas *"in itinere"*. *(ex-Súmula n. 324 — Res. 16/1993, DJ 21.12.1993)*

IV — Se houver transporte público regular em parte do trajeto percorrido em condução da empresa, as horas *"in itinere"* remuneradas limitam-se ao trecho não alcançado pelo transporte público. *(ex-Súmula n. 325 — Res. 17/1993, DJ 21.12.1993)*

V — Considerando que as horas *"in itinere"* são computáveis na jornada de trabalho, o tempo que extrapola a jornada legal é considerado como extraordinário e sobre ele deve incidir o adicional respectivo. *(ex-OJ n. 236 da SBDI-1 — inserida em 20.6.2001)*

Ainda sobre horas *in itinere*, o TST editou a Súmula n. 320, com a seguinte redação:

Súmula n. 320 TST — HORAS *"IN ITINERE"*. OBRIGATORIEDADE DE CÔMPUTO NA JORNADA DE TRABALHO (mantida) — Res. 121/2003, DJ 19, 20 e 21.11.2003

O fato de o empregador cobrar, parcialmente ou não, importância pelo transporte fornecido, para local de difícil acesso ou não servido por transporte regular, não afasta o direito à percepção das horas *"in itinere"*.

27. Os juros, no processo do trabalho, são devidos:

☐ A) No percentual de 1% ao mês, a partir da verificação da mora quanto às obrigações com termo determinado, incidente sobre o valor atualizado.

☐ B) No percentual de 1% ao mês a partir do ajuizamento da ação e aplicados *pro rata die*, para qualquer obrigação vencida antes do ajuizamento, incidente sobre o valor atualizado.

☐ C) No percentual de 0,5% ao mês para as obrigações anteriores à vigência do Código Civil, e 1% a partir de então, incidente a partir de quando verificada a mora do empregador.

☐ D) Nenhuma das respostas está correta.

A alternativa "B" corresponde à resposta correta. A Lei n. 8.177/91 em seu art. 39, § 1º assim dispõe:

§ 1º Aos débitos trabalhistas constantes de **condenação pela Justiça do Trabalho** ou decorrentes dos acordos feitos em reclamatória trabalhista, quando não cumpridos nas condições homologadas ou constantes do termo de conciliação, serão acrescidos, nos juros de mora previstos no caput juros de um por cento ao mês, contados do ajuizamento da reclamatória e aplicados *pro rata die*, ainda que não explicitados na sentença ou no termo de conciliação.

O referido artigo confirma a primeira parte da afirmação contida na alternativa "B". Assim, é aplicável na justiça do trabalho os juros de 1% ao mês, contados a partir do ajuizamento da ação e aplicados *pro rata die*.

Pro rata die é a mesma coisa que em proporção ao dia.

A segunda afirmação da alternativa "B" fala que só se aplica a obrigações vencidas antes do ajuizamento da ação, o que também se mostra correto. Pois, as obrigações que se vencerem após o ajuizamento da ação só terão juros contados a partir do momento do vencimento da obrigação, e não do ajuizamento da ação.

Assim dispõe o art. 39, *caput*, da Lei n. 8.177/91, que segue:

Art. 39. Os débitos trabalhistas de qualquer natureza, **quando não satisfeitos pelo empregador nas épocas próprias** assim definidas em **lei, acordo ou convenção coletiva, sentença normativa ou cláusula contratual sofrerão juros de mora** equivalentes à TRD acumulada no período compreendido entre a **data de vencimento da obrigação** e o seu efetivo pagamento.

Por fim, a terceira afirmação da alternativa "B" assevera que os juros incidirão sobre o valor atualizado, o que também se mostra correto.

O entendimento consubstanciado na Súmula n. 200 do TST é o seguinte:

Súmula n. 200 — JUROS DE MORA. INCIDÊNCIA. Os juros de mora incidem sobre a importância da condenação já corrigida monetariamente.

Portanto, os juros de mora devem incidir sobre o valor já atualizado. Assim, correta também a terceira afirmação da alternativa "B".

A alternativa "A" está incorreta, pois apesar de os juros serem de 1% ao mês e incidirem sobre o valor atualizado, não está correto contar os juros a partir do vencimento da obrigação, mas do ajuizamento da ação (excepcionada a hipótese comentada na alternativa acima).

A alternativa "C" está incorreta, pois os juros na justiça do trabalho são regulados atualmente pela Lei n. 8.177/91 e não pelo Código Civil. Anteriormente era de 0,5% ao mês de forma simples, conforme art. 1.062 do CC/1916, e de 1% ao mês de forma capitalizada de março de 1987 até fevereiro de 1991, de acordo com o Decreto-lei n. 2.322/87 e Súmula n. 307 do TST.

Além disso, não deve se observar a mora do empregador para ajustar o termo inicial de incidência dos juros, mas o ajuizamento da ação (novamente, excepcionado a hipótese comentada na alternativa "B").

A alternativa "D" está incorreta, pois afirma que não há respostas corretas, quando a resposta consubstanciada na alternativa "B" encontra-se perfeitamente correta.

28. Quanto aos recursos no processo do trabalho, é CORRETO afirmar:

☐ A) O depósito recursal é devido tanto pelo empregado como pelo empregador, em caso de sucumbência.

☐ B) Ajuizada uma demanda onde o empregado pretende o recebimento de 10 horas extras por semana, reconhecendo o Juiz que seriam devidas apenas 3 horas extras por semana, responderão as partes, proporcionalmente, pelas custas processuais.

☐ C) O recurso de agravo de petição destina-se à reforma de decisão terminativas que não enfrentaram o mérito da lide na fase cognitiva.

☐ D) Nenhuma das resposta está correta.

A alternativa correta é a "D".

Isto porque as afirmativas contidas nas demais alternativas estão todas incorretas, senão vejamos:

Alternativa "A" — o depósito recursal será devido tão somente pelo empregador, pois visa garantir a futura execução do julgado. Por tal motivo, o reclamante, ainda que sucumbente, não terá que efetuar depósito recursal para recorrer.

Não se confunde com custas, pois estas são devidas pelo empregado quando a ação for julgada totalmente improcedente e não for beneficiário da justiça gratuita.

Alternativa "B" — não existe no processo do trabalho sucumbência parcial. As custas serão pagas integralmente pelo vencido, ainda que parcial.

Alternativa "C" — agravo de petição é o recurso cabível na fase de execução. Contra decisão terminativa na fase de conhecimento, caberá recurso ordinário (art. 895, inciso I da CLT).

---

29. Sobre a audiência trabalhista, é INCORRETO dizer:

☐ A) Apesar de as audiências serem públicas, o juiz manterá a ordem nas audiências, podendo mandar retirar do recinto os assistentes que a perturbarem.

☐ B) De acordo com a jurisprudência sumulada do Tribunal Superior do Trabalho, é facultado ao empregador fazer-se substituir pelo gerente ou qualquer preposto que tenha conhecimento dos fatos, desde que seja empregado do réu, salvo em se tratando de ação de empregado doméstico ou se o réu for micro empresa ou empresa de pequeno porte.

☐ C) Existe previsão legal tolerando atraso de até 15 (quinze) minutos no horário de comparecimento do juiz à audiência, garantido o mesmo direito às partes em face do princípio da isonomia entre juiz e jurisdicionados.

☐ D) O réu, por si ou por seu advogado, tem o prazo de vinte minutos para apresentar a defesa oral.

A alternativa correta é a "C".

Esta incorreta a afirmativa contida na alternativa "C", pois de fato há previsão legal tolerando o atraso de até 15 minutos para comparecimento do juiz, mas não das partes.

> Art. 815 CLT — À hora marcada, o juiz presidente declarará aberta a audiência, sendo feita pelo chefe de Secretaria ou escrivão a chamada das partes, testemunhas e demais pessoas que devam comparecer.
> Parágrafo único. Se, até 15 minutos após a hora marcada, o juiz ou presidente não houver comparecido, os presentes poderão retirar-se, devendo o ocorrido constar do livro de registro das audiências.

Sobre o atraso das partes, a SDI-I do Tribunal Superior do Trabalho editou a orientação jurisprudencial n. 245 com a seguinte redação:

> OJ-SDI1-245 — REVELIA. ATRASO. AUDIÊNCIA (inserida em 20.6.2001). Inexiste previsão legal tolerando atraso no horário de comparecimento da parte na audiência.

A afirmativa contida na alternativa "A" está correta. Trata-se do poder de polícia do juiz, previsto no art. 816 da CLT.

> Art. 816. O juiz ou presidente manterá a ordem nas audiências, podendo mandar retirar do recinto os assistentes que a perturbarem.

O poder de polícia também encontra previsão legal no art. 446 do CPC.

> Art. 446. Compete ao juiz em especial:
> I — dirigir os trabalhos da audiência;
> II — proceder direta e pessoalmente à colheita das provas;
> III — exortar os advogados e o órgão do Ministério Público a que discutam a causa com elevação e urbanidade.
> Parágrafo único. Enquanto depuserem as partes, o perito, os assistentes técnicos e as testemunhas, os advogados não podem intervir ou apartear, sem licença do juiz.

A afirmativa contida na alternativa "B" está correta pois é o teor da Súmula n. 377 do TST.

> Súmula n. 377 — PREPOSTO. EXIGÊNCIA DA CONDIÇÃO DE EMPREGADO (nova redação) — Res. 146/2008, DJ 28.4.2008, 2 e 5.5.2008. Exceto quanto à reclamação de empregado doméstico, ou contra micro ou pequeno empresário, o preposto deve ser necessariamente empregado do reclamado. Inteligência do art. 843, § 1º, da CLT e do art. 54 da Lei Complementar n. 123, de 14 de dezembro de 2006.

> Art. 843 CLT — Na audiência de julgamento deverão estar presentes o reclamante e o reclamado, independentemente do comparecimento de seus representantes, salvo nos caso de Reclamatórias Plúrimas ou Ações de Cumprimento, quando os empregados poderão fazer-se representar pelo Sindicato de sua categoria.
> § 1º É facultado ao empregador fazer-se substituir pelo gerente, ou qualquer outro preposto que tenha conhecimento do fato, e cujas declarações obrigarão o preponente.
> § 2º Se por doença ou qualquer outro motivo ponderoso, devidamente comprovado, não for possível ao empregado comparecer pessoalmente, poderá fazer-se representar por outro empregado que pertença à mesma profissão, ou pelo seu sindicato.

Por fim, a afirmativa contida na alternativa "D". De acordo com o art. 847 da CLT o réu terá prazo de 20 minutos para aduzir sua defesa.

> Art. 847. Não havendo acordo, o reclamado terá vinte minutos para aduzir sua defesa, após a leitura da reclamação, quando esta não for dispensada por ambas as partes.

A defesa pode ser apresentada por advogado ou pela própria parte, em razão do chamado *jus postulandi* prevista no art. 791 da CLT.

> Art. 791. Os empregados e os empregadores poderão reclamar pessoalmente perante a Justiça do Trabalho e acompanhar as suas reclamações até o final.
> § 1º Nos dissídios individuais os empregados e empregadores poderão fazer-se representar por intermédio do sindicato, advogado, solicitador, ou provisionado, inscrito na Ordem dos Advogados do Brasil.
> § 2º Nos dissídios coletivos é facultada aos interessados a assistência por advogado.

Sobre o *jus postulandi*, o Tribunal Superior do Trabalho editou a Súmula n. 425, abaixo transcrita:

> Súmula n. 425 — *JUS POSTULANDI* NA JUSTIÇA DO TRABALHO. ALCANCE — Res. 165/2010, DEJT divulgado em 30.4.2010 e 3 e 4.5.2010. O *jus postulandi* das partes, estabelecido no art. 791 da CLT, limita-se às Varas do Trabalho e aos Tribunais Regionais do Trabalho, não alcançando a ação rescisória, a ação cautelar, o mandado de segurança e os recursos de competência do Tribunal Superior do Trabalho."

30. Sobre a competência da Justiça do Trabalho são corretas as afirmações abaixo, EXCETO:

☐ A) Compete à Justiça do Trabalho processar e julgar as ações relativas às penalidades administrativas impostas aos empregadores pelos órgãos de fiscalização das relações de trabalho.

☐ B) Compete à Justiça do Trabalho processar e julgar os dissídios resultantes de contratos de empreitadas em que o empreiteiro seja operário ou artífice.

☐ C) É competente a Justiça do Trabalho para processar e julgar as ações de trabalhador avulso em face do tomador dos serviços.

☐ D) É incompetente a Justiça do Trabalho para processar e julgar as ações fundadas em relação de trabalho não qualificadas como empregatícias.

A alternativa correta é a D.

O correto é exatamente o contrário, ou seja, é competente a Justiça do Trabalho para processar e julgar as ações oriundas da relação de trabalho (inciso I do art. 114 da CF/88).

A afirmativa contida na alternativa "A" é correta, pois se trata do inciso VII do art. 114 da CF/88.

As alternativas "B" e "C" encontram previsão legal no arts. 652 e 643 da CLT.

Art. 652. Compete às Varas do Trabalho:
a) Conciliar e julgar:
I — os dissídios em que se pretenda o reconhecimento da estabilidade de empregado;
II — os dissídios concernentes à remuneração, férias e indenização por motivo de rescisão do contrato individual de trabalho;
III — os dissídios resultantes de contratos de empreitadas em que o empreiteiro seja operário ou artífice;
IV — os demais dissídios concernentes ao contrato individual de trabalho;
V — as ações entre trabalhadores portuários e os operadores portuários ou Órgão Gestor de Mão de Obra — OGMO decorrentes da relação de trabalho.

Art. 643. Os dissídios oriundos das relações entre empregados e empregadores, bem como de trabalhadores avulsos e seus tomadores de serviços, em atividade reguladas na legislação social, serão dirimidos pela Justiça do Trabalho, de acordo com o presente título e na forma estabelecida pelo processo judiciário do trabalho.

31. Assinale a alternativa INCORRETA quanto ao trabalho temporário regido pela Lei n. 6.019/74:

☐ A) São hipóteses de cabimento a contratação temporária para atender à necessidade transitória de substituição de seu pessoal regular e permanente ou a acréscimo extraordinário de serviços.

☐ B) O contrato de trabalho celebrado entre empresa de trabalho temporário e cada um dos assalariados colocados à disposição de uma empresa tomadora ou cliente será, obrigatoriamente, escrito e dele deverão constar, expressamente, os direitos conferidos aos trabalhadores por esta Lei.

☐ C) Fica assegurada ao trabalhador temporário remuneração equivalente à percebida pelos empregados de mesma categoria da empresa tomadora ou cliente calculados à base horária, garantida, em qualquer hipótese, a percepção do salário mínimo regional, ou seja, aplicar-se-á o denominado salário equitativo.

☐ D) O contrato entre a empresa de trabalho temporário e a empresa tomadora ou cliente, com relação a um mesmo empregado, não poderá exceder de seis meses, salvo autorização conferida pelo órgão local do Ministério do Trabalho e Previdência Social, segundo instruções normativas do órgão competente.

A alternativa incorreta é a "D".

A Lei n. 6.019, de 3 de janeiro de 1974, regulamenta o trabalho temporário urbano e assim o define no art. 2º — "Trabalho temporário é aquele prestado por pessoa física a uma empresa, para atender à necessidade transitória de substituição de seu pessoal regular e permanente ou a acréscimo extraordinário de serviços".

O contrato de trabalho temporário instituído pela referida lei, é firmado entre a empresa tomadora de serviços e a empresa de trabalho temporário, mediante acordo ou convenção coletiva.

O contrato de trabalho instituído pela referida Lei, difere do contato de trabalho por prazo determinado no aspecto da contratação, uma vez que não se submete às restrições do art. 443, § 2º, da CLT, quais sejam: — serviço cuja natureza ou transitoriedade justifique a predeterminação do prazo; — atividades empresariais de caráter transitório; — de contrato de experiência.

As alternativas "A", "B" e "C", informam as características do contrato temporário, quais sejam:

— o de ser utilizado em épocas especiais, onde o aumento da demanda impõe a necessidade de contratação de pessoal.

— a obrigatoriamente de ser celebrado por escrito, como preceitua o art. 11 da referida lei, cujo teor está literalmente transcrito na alternativa "B", devendo constar o motivo que justifica a contratação, consignando ainda a forma de pagamento.

— a garantia do recebimento de remuneração equivalente à percebida pelos empregados da mesma categoria da empresa tomadora de serviços e o salário mínimo regional, (art. 12, *a*, da referida Lei).

Com relação à alternativa "D", a mesma não corresponde ao que disciplina a Lei n. 6.019/74, no que se refere ao período de duração do contrato, o qual não poderá exceder a 3 meses, salvo autorização do Ministério do trabalho e Emprego.

Assim o art. 10; "O contrato entre a empresa de trabalho temporário e a empresa tomadora ou cliente, com relação a um mesmo empregado, não poderá exceder de 3 meses, salvo autorização conferida pelo órgão local do Ministério do Trabalho e Previdência Social, segundo instruções a serem baixadas pelo Departamento Nacional de Mão de Obra".

32. Constituem causas de interrupção do Contrato de Trabalho, EXCETO:

☐ A) Afastamento do trabalho por motivo de doença ou acidente de trabalho, até 15 dias.

☐ B) Descansos em feriados.

☐ C) Descanso por 1 (um) dia, em cada 6 (seis) meses de trabalho, em caso de doação voluntária de sangue devidamente comprovado.

☐ D) Repouso de 10 (dez) minutos a cada período de 90 (noventa) minutos de trabalho consecutivo quando realizados serviços permanentes de mecanografia (datilografia, escrituração ou cálculo).

O candidato deverá marcar a alternativa "C" já que em caso de doação voluntária de sangue, devidamente comprovada, a interrupção na prestação dos serviços será de um dia, a cada 12 meses de trabalho.

Assim estabelece o inciso IV do Art. 473, da CLT

Art. 473. O empregado poderá deixar de comparecer ao serviço sem prejuízo do salário: *(Redação dada pelo Decreto-lei n. 229, de 28.2.1967)*
IV — por um dia, em cada 12 (doze) meses de trabalho, em caso de doação voluntária de sangue devidamente comprovada; *(Inciso incluído pelo Decreto-lei n. 229, de 28.2.1967)*

As demais alternativas são causas de interrupção do contrato de trabalho, nos termos do que dispõe o art. 473, da CLT;

A alternativa "A" — afastamento do trabalho por motivo de doença ou acidente de trabalho, até 15 dias.

Assim também dispõe o art. 60, § 3º, da Lei n. 8.213/1991:

Art. 60. O auxílio-doença será devido ao segurado empregado a contar do décimo sexto dia do afastamento da atividade, e, no caso dos demais segurados, a contar da data do início da incapacidade e enquanto ele permanecer incapaz. *(Redação dada pela Lei n. 9.876, de 26.11.99)*
...
§ 3º Durante os primeiros quinze dias consecutivos ao do afastamento da atividade por motivo de doença, incumbirá à empresa pagar ao segurado empregado o seu salário integral. *(Redação dada pela Lei n. 9.876, de 26.11.99)*

SUM-282 — ABONO DE FALTAS. SERVIÇO MÉDICO DA EMPRESA (mantida) — Res. 121/2003, DJ 19, 20 e 21.11.2003
Ao serviço médico da empresa ou ao mantido por esta última mediante convênio compete abonar os primeiros 15 (quinze) dias de ausência ao trabalho.

A alternativa "B" — descansos em feriados, está previsto no art. 1º, da Lei n. 605/1949, que assim dispõe:

Art. 1º Todo empregado tem direito ao repouso semanal remunerado de vinte e quatro horas consecutivas, preferentemente aos domingos e, nos limites das exigências técnicas das empresas, nos feriados civis e religiosos, de acordo com a tradição local.

SUM-146 — TRABALHO EM DOMINGOS E FERIADOS, NÃO COMPENSADO (incorporada a Orientação Jurisprudencial n. 93 da SBDI-1) — Res. 121/2003, DJ 19, 20 e 21.11.2003
O trabalho prestado em domingos e feriados, não compensado, deve ser pago em dobro, sem prejuízo da remuneração relativa ao repouso semanal.

A alternativa "D" — repouso de 10 (dez) minutos a cada período de 90 (noventa) minutos de trabalho consecutivo quando realizados serviços permanentes de mecanografia (datilografia, escrituração ou cálculo).

Art. 72 CLT — Nos serviços permanentes de mecanografia (datilografia, escrituração ou cálculo), a cada período de 90 (noventa) minutos de trabalho consecutivo corresponderá um repouso de 10 (dez) minutos não deduzidos da duração normal de trabalho.

O trabalho de digitador é equiparado ao de mecanográfico. Assim a jurisprudência.

SUM-346 — DIGITADOR. INTERVALOS INTRAJORNADA. APLICAÇÃO ANALÓGICA DO ART. 72 DA CLT (mantida) — Res. 121/2003, DJ 19, 20 e 21.11.2003
Os digitadores, por aplicação analógica do art. 72 da CLT, equiparam-se aos trabalhadores nos serviços de mecanografia (datilografia, escrituração ou cálculo), razão pela qual têm direito a intervalos de descanso de 10 (dez) minutos a cada 90 (noventa) de trabalho consecutivo.

---

33. Acorde o entendimento jurisprudencial consolidado do Tribunal Superior do Trabalho, relativamente ao instituto da prescrição trabalhista, é CORRETO afirmar:

☐ A) É quinquenal a prescrição do direito de reclamar contra o não-recolhimento da contribuição para o FGTS, observado o prazo de 2 (dois) anos após o término do contrato de trabalho.

☐ B) Não se conhece de prescrição arguida na instância ordinária.

☐ C) A prescrição da pretensão relativa às parcelas remuneratórias alcança o respectivo recolhimento da contribuição para o FGTS.

☐ D) A ação trabalhista, ainda que arquivada, suspende o prazo prescricional somente em relação aos pedidos idênticos.

A alternativa correta é a "C".

Assim estabelece a Súmula n. 206, do TST:

SUM-206 — FGTS. INCIDÊNCIA SOBRE PARCELAS PRESCRITAS (nova redação) — Res. 121/2003, DJ 19, 20 e 21.11.2003
A prescrição da pretensão relativa às parcelas remuneratórias alcança o respectivo recolhimento da contribuição para o FGTS.

Duas são as situações que podem ocorrer em relação a prescrição — se as parcelas remuneratórias forem pagas ao empregado, sem o recolhimento fundiário, a prescrição para reclamar os respectivos depósitos será de 30 anos, ou seja trintenária; se o prazo para reclamar as verbas rescisórias prescrever, em razão do decurso do prazo de 02 anos ou 5 anos, estará prescrito o direito de reclamar o FGTS não depositado.

A alternativa "A" está incorreta. É trintenária a prescrição para reclamar contra o não recolhimento dos depósitos do FGTS.

A prescrição aplicável aos direitos trabalhistas está prevista no art. 7º, XXIX, da Constituição Federal de 1988, que assim dispõe:

Art. 7º São direitos dos trabalhadores urbanos e rurais, além de outros que visem à melhoria de sua condição social:

...

XXIX — ação, quanto aos créditos resultantes das relações de trabalho, com prazo prescricional de cinco anos para os trabalhadores urbanos e rurais, até o limite de dois anos após a extinção do contrato de trabalho; *(Redação dada pela Emenda Constitucional n. 28, de 25.5.2000)*

SUM-362 — FGTS. PRESCRIÇÃO (nova redação) — Res. 121/2003, DJ 19, 20 e 21.11.2003
É trintenária a prescrição do direito de reclamar contra o não-recolhimento da contribuição para o FGTS, observado o prazo de 2 (dois) anos após o término do contrato de trabalho.

A alternativa "C" está incorreta, eis que contrária ao que dispõe a Súmula n. 153, que assim dispõe:
SUM-153 — PRESCRIÇÃO (mantida) — Res. 121/2003, DJ 19, 20 e 21.11.2003
Não se conhece de prescrição não arguida na instância ordinária *(ex-Prejulgado n. 27)*.

A alternativa "D" está incorreta. Com efeito, o arquivamento da reclamação trabalhista não suspende o prazo prescricional, mas o interrompe.

Assim estabelece a Súmula n. 268, do TST:
SUM-268 — PRESCRIÇÃO. INTERRUPÇÃO. AÇÃO TRABALHISTA ARQUIVADA (nova redação) — Res. 121/2003, DJ 19, 20 e 21.11.2003
A ação trabalhista, ainda que arquivada, interrompe a prescrição somente em relação aos pedidos idênticos.

---

34. Quanto ao instituto das férias anuais remuneradas, acorde texto normativo da CLT, é correto afirmar, EXCETO:

A) A época da concessão das férias será a que melhor consulte os interesses do empregado, desde que solicite por escrito a época de sua fruição.

B) Aos menores de 18 (dezoito) anos e aos maiores de 50 (cinquenta) anos de idade, as férias serão sempre concedidas de uma só vez.

C) Não terá direito a férias o empregado que, no curso do período aquisitivo, tiver percebido da Previdência Social prestações de acidente de trabalho ou de auxílio-doença por mais de 6 (seis) meses, embora descontínuos.

D) O empregado perceberá, durante as férias, a remuneração que lhe for devida na data da sua concessão.

O candidato deverá marcar a alternativa "A".

O empregador detém o poder diretivo sobre a prestação de serviços, e a ele compete admitir, assalariar e dirigir a prestação de serviços, bem como definir a época de concessão das férias.

Estabelece o art. 134, da CLT — "As férias serão concedidas por ato do empregador, em um só período, nos 12 (doze) meses subsequentes à data em que o empregado tiver adquirido o direito".

Art. 136, da CLT — A época da concessão das férias será a que melhor consulte os interesses do empregador.

Não obstante, há uma exceção, quando membros da mesma família trabalharem com o mesmo empregador, desde que não acarrete prejuízo para o serviço § 1º do art. 136 — "os membros de uma família, que trabalharem no mesmo estabelecimento ou empresa, terão direito a gozar férias no mesmo período, se assim o desejarem e se disto não resultar prejuízo para o serviço".

A alternativa "B" reproduz o inteiro teor do que dispõe o § 2º do art. 134 que dispõe sobre a concessão das férias. A proibição encontra fundamento legal na proteção do menor e do idoso.

A alternativa "C" reproduz o inteiro teor do art. 133, inciso IV da CLT que trata de um dos casos em que o empregado perde o direito ás férias por ter recebido auxílio-doença por mais de seis meses durante o período aquisitivo.

O objetivo das férias é o de proporcionar ao empregado o descanso, bem como a reposição de energia após 12 (doze) meses de serviço. O afastamento por mais de seis meses atinge esse objetivo.

A alternativa "D" reproduz o inteiro teor do que dispõe o art. 142 da CLT. O mesmo direito é assegurado pela Constituição Federal, em seu art. 7º, XVII — "gozo de férias anuais remuneradas com, pelo menos, um terço a mais do que o salário normal".

Portanto, o empregado deverá receber nas férias a remuneração que lhe for devida na data de sua concessão.

---

35. Assinale a alternativa INCORRETA quanto ao Contrato de Trabalho do Atleta Profissional de Futebol:

☐ A) A atividade do atleta profissional de futebol é caracterizada por remuneração pactuada em contrato tácito ou expresso que corresponda a relação jurídica de emprego firmado com entidade de prática desportiva.

☐ B) O contrato de trabalho do atleta profissional terá prazo determinado, com vigência nunca inferior a três meses nem superior a cinco anos.

☐ C) A entidade de prática desportiva formadora do atleta terá o direito de assinar com esse, a partir de dezesseis anos de idade, o primeiro contrato de trabalho profissional, cujo prazo não poderá ser superior a cinco anos.

☐ D) O atleta poderá postular a rescisão indireta do contrato de trabalho, ficando inclusive livre para se transferir para outra agremiação quando o empregador estiver em atraso com o pagamento de salário, no todo ou em parte, por período igual ou superior a três meses.

A *alternativa incorreta é a "A"*.

A Lei n. 9.615 de 24 de março de 1998 trata das normas sobre o desporto em suas múltiplas manifestações. Todavia, os arts. 27, 27-A, 28, 29, 30, 39, 43, 45 da lei serão obrigatórios e exclusivamente observados pelos atletas e entidades de prática profissional da modalidade de futebol (redação Lei n. 9.981/00).

O art. 28, *caput*, da mencionada lei, confirma a incorreção da alternativa "A" ao dispor:

> A atividade de atleta profissional, de todas as modalidades desportivas, é caracterizada por remuneração pactuada em contrato formal de trabalho firmado com entidade de prática desportiva, pessoa jurídica de direito privado, que deverá conter, obrigatoriamente, cláusula penal para as hipóteses de descumprimento, rompimento ou rescisão unilateral.

O contrato de trabalho tácito ou expresso pode ser verbal ou escrito, em razão da informalidade que o caracteriza, incompatível, portanto, com a formalidade exigida no contrato do atleta do futebol.

A alternativa "B", diz respeito ao prazo de vigência do contrato. Assim dispõe o art. 30 da referida Lei: "O contrato de trabalho de atleta profissional terá prazo determinado, com vigência nunca inferior a três meses nem superior a cinco anos (redação da Lei n. 9.981/00)".

A alternativa "C" trata do momento da celebração do contrato com o próprio atleta.

O art. 29 estabelece: "A entidade de prática desportiva formadora do atleta terá o direito de assinar com esse, a partir de dezesseis anos de idade, o primeiro contrato de trabalho profissional, cujo prazo não poderá ser superior a cinco anos".

A alternativa "D" é garantida pelo § 2º, III, do art. 28, cujo *caput* encontra-se acima transcrito, que assim dispõe: "O vínculo desportivo do atleta com a entidade desportiva contratante tem natureza acessória ao respectivo vínculo trabalhista, dissolvendo-se, para todos os efeitos legais... III — com a rescisão decorrente do inadimplemento salarial de responsabilidade da entidade desportiva empregadora prevista nesta Lei".

O art. 31 assim disciplina: " A entidade de prática desportiva empregadora que estiver com pagamento de salário de atleta profissional em atraso, no todo ou em parte, por período igual ou superior a três meses, terá o contrato de trabalho daquele atleta rescindido, ficando o atleta livre para se transferir para qualquer outra agremiação de mesma modalidade, nacional ou internacional e exigir a multa rescisória e os haveres devidos.".

---

36. São alterações lícitas do contrato de trabalho, EXCETO:

☐ A) Reversão ao cargo efetivo após ocupação de cargo ou função de confiança.

☐ B) Retorno ao cargo efetivo anterior mais baixo, após estar ocupando cargo efetivo mais alto.

☐ C) Readaptação Funcional por causa previdenciária.

☐ D) Substituição temporária funcional previsível.

A *alternativa correta é a "B".*

Devemos analisar a questão a partir da conceituação do contrato de trabalho. Consoante dispõe o art. 442, da CLT — "Contrato Individual de trabalho é o acordo de vontades, tácito ou expresso, correspondente à relação de emprego".

Portanto, o contrato de trabalho constitui uma obrigação. O empregado de prestar o trabalho e o empregador de pagar. Celebrado para ter longa duração, a sua alteração só é permitida por mútuo consentimento e quando não resulte em prejuízo ao empregado. Assim dispõe o art. 468, da CLT: "Nos contratos individuais de trabalho só é lícita a alteração das respectivas condições por mútuo consentimento, e, ainda assim, desde que não resultem, direta ou indiretamente, prejuízos ao empregado, sob pena de nulidade da cláusula infringente desta garantia".

A alteração pode ser salarial, funcional, de jornada e de lugar da prestação de serviço.

A alternativa "B" apresenta um exemplo típico de alteração funcional em fragrante prejuízo ao empregado. O rebaixamento não é permitido, mesmo que não acarrete diminuição salarial.

O retorno à função anterior é permitido no caso indicado na alternativa "A", ou seja, a volta ao cargo efetivo após ocupar cargo de confiança, conforme disposto no Art. 468 — PARÁGRAFO ÚNICO CLT — Não se considera alteração unilateral a determinação do empregador para que o respectivo empregado reverta ao cargo efetivo, anteriormente ocupado, deixando o exercício de função de confiança.

Súmula n. 372 do TST — I — percebia a gratificação de função por dez ou mais anos pelo empregado, se o empregador, sem justo motivo, revertê-lo a seu cargo efetivo, não poderá retirar-lhe a gratificação tendo em vista o princípio da estabilidade financeira; II — Mantido o empregado no exercício da função comissionada, não pode o empregador reduzir o valor da gratificação.

A readaptação funcional também é permitida, em função de lesões físicas ou mentais que justifiquem a alteração. (art. 300 e § 4º, do art. 461 da CLT).

A alternativa "D" trata da alteração funcional previsível, quando a substituição ocorrer em virtude de férias, licenças de saúde, por exemplo). Encontra previsão legal no art. 450 da CLT, que estabelece três hipóteses de reversão, quais sejam, em caso de substituição, comissionamento e interinidade. Súmula n. 159, I do TST — Enquanto perdurar a substituição que não tenha caráter meramente eventual, inclusive nas férias, o empregado substituto fará jus ao salário contratual do substituído.

Outra alteração de função lícita é da readaptação temporária da gestante, durante a gravidez, quando as condições de saúde o exigirem (art. 392, § 4º, I da CLT).

---

37. São princípios peculiares do Direito Processual do Trabalho, EXCETO:

☐ A) Princípio da oralidade.

☐ B) Princípio da identidade física do juiz.

☐ C) Princípio da conciliação.

☐ D) Princípio da concentração dos atos processuais.

A resposta correta é a alternativa "B", pois o princípio da identidade física do juiz não se aplica ao processo do trabalho.

Neste sentido é a Súmula n. 136 do TST, que dispõe:

> Súmula n. 136 — JUIZ. IDENTIDADE FÍSICA. Não se aplica às Varas do Trabalho o princípio da identidade física do juiz.

A referida súmula foi instituída em 1982, e é proveniente do Prejulgado n. 7, de 31.8.1964, época em que o processo do trabalho era julgado em primeira instância pelo órgão colegiado das Juntas de Conciliação e Julgamento, razão pela qual não se mostrava cabível a identidade física do juiz, eis que não havia singularidade na decisão do julgado, bem como havia alta rotatividade dos juízes classistas.

Após a EC n. 24/99 que extinguiu as Juntas de Conciliação e Julgamento e instituiu as Varas do Trabalho, o TST simplesmente alterou a redação da antiga súmula para constar "Varas do Trabalho" no lugar de "Juntas de Conciliação e Julgamento". O que, por corolário, nos mostra que mesmo com os juízos singulares em primeiro grau, ainda persiste o entendimento de que não se aplica o princípio da identidade física do juiz no processo do trabalho.

Este princípio é válido para a Justiça Estadual, onde o juiz que instrui o processo necessariamente deve julgá-lo.

A alternativa "A" está incorreta, pois o princípio da oralidade vige no Processo no Trabalho. A exemplo disso podemos citar: o art. 840 da CLT, que permite a Reclamação na forma verbal; o art. 847 da CLT, que permite a defesa oral em 20 minutos, na audiência e; o art. 850 da CLT, que permite 10 minutos para razões finais.

A alternativa "C" está incorreta, pois o Princípio da Conciliação é um princípio peculiar do Processo do Trabalho. Apenas no Processo do Trabalho a conciliação deve ser obrigatoriamente intentada, em dois momentos: a) antes da formulação da defesa (art. 846, da CLT); b) após a formulação das razões finais (art. 850, da CLT).

Além disso, a conciliação pode se dar de forma voluntária em qualquer fase do Processo do Trabalho, independentemente da provocação do magistrado.

A alternativa "D" está incorreta, pois o Princípio da Concentração dos Atos Processuais também é peculiar do Processo do Trabalho. Este princípio tem por fim concentrar os atos processuais em uma única audiência com a finalidade de se obter uma tutela jurisdicional mais célere. O art. 849 da CLT estabelece que a audiência de julgamento seja feita de uma única vez, salvo força maior.

38. Acerca das Comissões de Conciliação Prévia é correto afirmar, EXCETO:

☐ A) As empresas e os sindicatos podem instituir Comissões de Conciliação Prévia, de composição paritária, com representante dos empregados e dos empregadores, com a atribuição de tentar conciliar os conflitos individuais do trabalho.

☐ B) Não prosperando a conciliação, será fornecida ao empregado e ao empregador declaração da tentativa conciliatória frustada com a descrição de seu objeto, firmada pelos membros da Comissão, que deverá ser juntada à eventual reclamação trabalhista.

☐ C) O termo de conciliação é título executivo extrajudicial e terá eficácia liberatória geral, exceto quanto às parcelas expressamente ressalvadas.

☐ D) O prazo prescricional será interrompido a partir da provocação da Comissão de Conciliação Prévia, recomeçando a fluir, desprezando o prazo anterior, a partir da tentativa frustada de conciliação ou do esgotamento do prazo de dez dias para a realização da sessão de tentativa de conciliação a partir da provocação do interessado.

A alternativa "D" deve ser anotada pelo candidato.

O prazo prescricional será suspenso e não interrompido, a partir da provocação da Comissão de Conciliação Prévia, recomeçando a fluir a partir da conciliação ou da impossibilidade de realização da sessão.

A suspensão do prazo dar-se-á apenas em relação às verbas pleiteadas perante a Comissão.

Assim dispõe o art. 625-G, da CLT

O prazo prescricional será suspenso a partir da provocação da Comissão de Conciliação Prévia, recomeçando a fluir, pelo que lhe resta, a partir da tentativa frustrada de conciliação ou do esgotamento do prazo previsto no art. 625-F.

A prescrição se relaciona com a ação. Diz respeito a inércia do titular de exercer o direito de ação no prazo que a lei estabelecer.

Os créditos trabalhistas prescrevem nos prazos estabelecidos pela Constituição Federal de 1988, no seu art. 7º, inciso XXIX e pelo art. 11, da CLT, abaixo transcritos:

Art. 7º São direitos dos trabalhadores urbanos e rurais, além de outros que visem à melhoria de sua condição social:

...

XXIX — ação, quanto aos créditos resultantes das relações de trabalho, com prazo prescricional de cinco anos para os trabalhadores urbanos e rurais, até o limite de dois anos após a extinção do contrato de trabalho; *(Redação dada pela Emenda Constitucional n. 28, de 25.5.2000)*

Art. 11, da CLT — O direito de ação quanto a créditos resultantes das relações de trabalho prescreve:

I — em cinco anos para o trabalhador urbano, até o limite de dois anos após a extinção do contrato;

II — em dois anos, após a extinção do contrato de trabalho, para o trabalhador rural.

§ 1º O disposto neste artigo não se aplica às ações que tenham por objeto anotações para fins de prova junto à Previdência Social.

A alternativa "A" corresponde ao que dispõe o art. 625-A, da CLT, que instituiu as Comissões de Conciliação Prévia.

> Art. 625-A. As empresas e os sindicatos podem instituir Comissões de Conciliação Prévia, de composição paritária, com representantes dos empregados e dos empregadores, com a atribuição de tentar conciliar os conflitos individuais do trabalho.
>
> Parágrafo único. As Comissões referidas no *caput* deste artigo poderão ser constituídas por grupos de empresas ou ter caráter intersindical.

O *caput* do dispositivo supra mencionado que trata da instituição das CCPs diz que é facultativa, na medida em que o dispositivo legal dispõe que as empresas e sindicatos "podem e não "devem", o que se conclui que não é obrigatória.

A alternativa "B" diz respeito ao procedimento a ser adotado no caso de tentativa frustrada de conciliação e está prevista no § 2º, do art. 625-D, da CLT:

> Não prosperando a conciliação, será fornecida ao empregado e ao empregador declaração da tentativa conciliatória frustrada com a descrição de seu objeto, firmada pelos membros da Comissão, que deverá ser juntada à eventual reclamação trabalhista.

A alternativa "C" revela o que dispõe o parágrafo único, do art. 625-E, da CLT:

> O termo de conciliação é título executivo extrajudicial e terá eficácia liberatória geral, exceto quanto às parcelas expressamente ressalvadas.

Trata-se de título extrajudicial e para tenha validade, é necessária a assinatura do empregado, do empregador e dos membros da comissão.

---

39. Nas demandas que tramitam pelo Rito Sumaríssimo, é INCORRETO afirmar que:

☐ A) Serão decididos, de plano, todos os incidentes e exceções que possam interferir no prosseguimento da audiência e do processo. As demais questões serão decididas na sentença.

☐ B) A sentença mencionará os elementos de convicção do juízo, com resumo dos fatos relevantes ocorridos em audiência, devendo constar o relatório, a fundamentação e o dispositivo decisório, pena de ofensa ao princípio da motivação das prestações jurisdicionais.

☐ C) As testemunhas, até o máximo de duas para cada parte, comparecerão à audiência de instrução e julgamento independentemente de intimação.

☐ D) Nas causas sujeitas ao procedimento sumaríssimo, somente será admitido recurso de revista por contrariedade a súmula de jurisprudência uniforme do Tribunal Superior do Trabalho e violação direta da Constituição da República.

A alternativa correta é a "B".

Estabelece o art. 852-I da CLT que: "A sentença mencionará os elementos de convicção do juízo, com resumo dos fatos relevantes ocorridos em audiência, dispensado o relatório."

Ou seja, é incorreto a afirmativa contida na alternativa "B" ao mencionar que deverá constar o relatório.

As demais alternativas estão corretas. A alternativa "A" é a redação do art. 852-G da CLT. A alternativa "C" é a redação do art. 852-H, § 2º da CLT e, a alternativa "D" é a redação do art. 896, § 6º da CLT.

---

40. São pressupostos de admissibilidade genéricos para conhecimento do recurso ordinário trabalhista, EXCETO:

☐ A) Prequestionamento.

☐ B) Preparo.

☐ C) Regularidade de representação.

☐ D) Recorribilidade do ato.

A alternativa correta é a "A".

Cinco são os pressupostos extrínsecos de admissibilidade dos recursos, inclusive do recurso ordinário:

1º) recorribilidade do ato — as partes têm direito a interposição do recurso que estiver previsto em lei. Trata-se da recorribilidade da decisão. Alguns atos judiciais não são passíveis de ataque via recursal. Ex.: decisão interlocutória, sentenças proferidas nas causas de alçada.

2º) Tempestividade — O direito de recorrer deve ser exercido no prazo legal fixado em lei, razão pela qual os prazos para a interposição dos recursos são peremptórios, ou seja, não podem as partes, por convenção prorrogá-los ou alterá-los.

Lei n. 5.584/70. Art. 6º — os prazos recursais trabalhistas são de 8 dias, salvo embargos de declaração.

O prazo é em dobro para as pessoas jurídicas de direito público (DL. n. 779/69), isto é, União, Estados, Distrito Federal e Municípios, bem como suas respectivas autarquias e fundações públicas.

O prazo não é em dobro para as empresas públicas e sociedades de economia mista.

Súmula n. 1 — TST. PRAZO JUDICIAL (mantida) — Res. 121/2003, DJ 19, 20 e 21.11.2003.

Quando a intimação tiver lugar na sexta-feira, ou a publicação com efeito de intimação for feita nesse dia, o prazo judicial será contado da segunda-feira imediata, inclusive, salvo se não houver expediente, caso em que fluirá no dia útil que se seguir.

Súmula n. 16 — TST. NOTIFICAÇÃO (nova redação) — Res. 121/2003, DJ 19, 20 e 21.11.2003

Presume-se recebida a notificação 48 (quarenta e oito) horas depois de sua postagem. O seu não-recebimento ou a entrega após o decurso desse prazo constitui ônus de prova do destinatário.

Súmula n. 30 — TST. INTIMAÇÃO DA SENTENÇA (mantida) — Res. 121/2003, DJ 19, 20 e 21.11.2003

Quando não juntada a ata ao processo em 48 horas, contadas da audiência de julgamento (art. 851, § 2º, da CLT), o prazo para recurso será contado da data em que a parte receber a intimação da sentença.

Súmula n. 197 — TST. PRAZO (mantida) — Res. 121/2003, DJ 19, 20 e 21.11.2003

O prazo para recurso da parte que, intimada, não comparecer à audiência em prosseguimento para a prolação da sentença conta-se de sua publicação.

Súmula n. 262 — TST. PRAZO JUDICIAL. NOTIFICAÇÃO OU INTIMAÇÃO EM SÁBADO. RECESSO FORENSE (incorporada a Orientação Jurisprudencial n. 209 da SBDI-1) — Res. 129/2005, DJ 20, 22 e 25.4.2005

I — Intimada ou notificada a parte no sábado, o início do prazo se dará no primeiro dia útil imediato e a contagem, no subseqüente. *(ex-Súmula n. 262 — Res. 10/1986, DJ 31.10.1986)*

II — O recesso forense e as férias coletivas dos Ministros do Tribunal Superior do Trabalho (art. 177, § 1º, do RITST) suspendem os prazos recursais. *(ex-OJ n. 209 da SBDI-1 — inserida em 8.11.2000)*

3º) Regularidade de representação — o advogado que assina o recurso deverá ter procuração nos autos, salvo em caso de mandato tácito.

Súmula n. 164 — TST. PROCURAÇÃO. JUNTADA (nova redação) — Res. 121/2003, DJ 19, 20 e 21.11.2003. O não-cumprimento das determinações dos §§ 1º e 2º do art. 5º da Lei n. 8.906, de 4.7.1994 e do art. 37, parágrafo único, do Código de Processo Civil importa o não-conhecimento de recurso, por inexistente, exceto na hipótese de mandato tácito.

É a chamada procuração *apud acta*, que decorre do fato do advogado figurar como assistente da parte na audiência, independentemente da juntada de procuração.

OJ n. 120 da SDI-I do TST — RECURSO. ASSINATURA DA PETIÇÃO OU DAS RAZÕES RECURSAIS. VALIDADE. O recurso sem assinatura será tido por inexistente. Será considerado válido o apelo assinado, ao menos, na petição de apresentação ou nas razões recursais.

OJ n. 371 da SDI-I DO TST — IRREGULARIDADE DE REPRESENTAÇÃO. SUBSTABELECIMENTO NÃO DATADO. INAPLICABILIDADE DO ART. 654, § 1º DO CÓDIGO CIVIL. Não caracteriza a irregularidade de representação a ausência da data da outorga de poderes, pois, no mandato judicial, ao contrário do mandato civil, não é condição de validade do negócio jurídico. Assim, a data a ser considerada é aquela em que o instrumento for juntado aos autos, conforme preceitua o art. 370, IV do CPC. Inaplicável o art. 654, § 1º do Código Civil.

4º) Adequação — a parte deverá escolher o recurso correto para que a decisão seja reexaminada ou anulada. Para cada ato judicial existe o recurso adequado. O pressuposto da adequação há de ser interpretado em sintonia com os princípios da fungibilidade e variabilidade recursais.

5º) Preparo — preparo do recurso é o pagamento prévio das despesas com o seu processamento. No processo do trabalho, o preparo diz respeito ao pagamento das custas e do depósito recursal.

Súmula n. 128 — TST. DEPÓSITO RECURSAL (incorporadas as Orientações Jurisprudenciais ns. 139, 189 e 190 da SBDI-1) — Res. 129/2005, DJ 20, 22 e 25.4.2005

I — É ônus da parte recorrente efetuar o depósito legal, integralmente, em relação a cada novo recurso interposto, sob pena de deserção. Atingido o valor da condenação, nenhum depósito mais é exigido para qualquer recurso. *(ex-Súmula n. 128 — alterada pela Res. 121/2003, DJ 21.11.03, que incorporou a OJ n. 139 da SBDI-1 — inserida em 27.11.1998)*

II — Garantido o juízo, na fase executória, a exigência de depósito para recorrer de qualquer decisão viola os incisos II e LV do art. 5º da CF/1988. Havendo, porém, elevação do valor do débito, exige-se a complementação da garantia do juízo. *(ex-OJ n. 189 da SBDI-1 — inserida em 8.11.2000)*

III — Havendo condenação solidária de duas ou mais empresas, o depósito recursal efetuado por uma delas aproveita as demais, quando a empresa que efetuou o depósito não pleiteia sua exclusão da lide. *(ex-OJ n. 190 da SBDI-1 — inserida em 8.11.2000)*

Súmula n. 217 — DEPÓSITO RECURSAL. CREDENCIAMENTO BANCÁRIO. PROVA DISPENSÁVEL (mantida) — Res. 121/2003, DJ 19, 20 e 21.11.2003
O credenciamento dos bancos para o fim de recebimento do depósito recursal é fato notório, independendo da prova.

Súmula n. 245 — O depósito recursal deve ser feito e comprovado no prazo alusivo ao recurso. A interposição antecipada deste não prejudica a dilação legal.

Súmula n. 161 TST — Se não há pagamento em pecúnia, descabe o depósito de que tratam os §§ 1º e 2º do art. 899 da CLT.

Súmula n. 86 TST — Não ocorre deserção de recurso da massa falida por falta de pagamento de custas ou de depósito do valor da condenação. Esse privilégio, todavia, não se aplica à empresa em liquidação extrajudicial.

Súmula n. 99 TST — Havendo recurso ordinário em sede de rescisória, o depósito recursal só é exigível quando for julgado procedente o pedido e imposta condenação em pecúnia, devendo este ser efetuado no prazo recursal, no limite e nos termos da legislação vigente, sob pena de deserção.

OJ n. 140 da SDI-I do TST — DEPÓSITO RECURSAL E CUSTAS — DIFERENÇA ÍNFIMA — DESERÇÃO — OCORRÊNCIA. Ocorre deserção do recurso pelo recolhimento insuficiente das custas e do depósito recursal, ainda que a diferença em relação ao quantum devido seja ínfima, referente a centavos.

OJ-SDI1-264 — DEPÓSITO RECURSAL. PIS/PASEP. AUSÊNCIA DE INDICAÇÃO NA GUIA DE DEPÓSITO RECURSAL. VALIDADE (inserida em 27.9.2002)
Não é essencial para a validade da comprovação do depósito recursal a indicação do número do PIS/PASEP na guia respectiva.

SUM-426 — DEPÓSITO RECURSAL. UTILIZAÇÃO DA GUIA GFIP. OBRIGATORIEDADE (editada em decorrência do julgamento do processo TST-IUJEEDRR 91700-09.2006.5.18.0006) — Res. 174/2011, DEJT divulgado em 27, 30 e 31.5.2011
Nos dissídios individuais o depósito recursal será efetivado mediante a utilização da Guia de Recolhimento do FGTS e Informações à Previdência Social — GFIP, nos termos dos §§ 4º e 5º do art. 899 da CLT, admitido o depósito judicial, realizado na sede do juízo e à disposição deste, na hipótese de relação de trabalho não submetida ao regime do FGTS.

As pessoas jurídicas de direito público e o Ministério Público não são obrigados a efetuar depósito recursal. (art. 1º, IV do Dec-lei n. 779/69 e item X da IN 3/93). As empresas públicas e as sociedades de economia mista deverão efetuar o recolhimento.

Art. 12 Dec. 509/69 — Empresa Brasileira de Correios e Telégrafos goza dos privilégios da Fazenda Pública.

O prequestionamento, contido na alternativa "A" não é pressuposto genérico de recurso, mas sim pressuposto específico para conhecimento do Recurso de Revista, previsto na Súmula n. 297 do TST.

Súmula n. 297 — PREQUESTIONAMENTO. OPORTUNIDADE. CONFIGURAÇÃO (nova redação) — Res. 121/2003, DJ 19, 20 e 21.11.2003
I. Diz-se prequestionada a matéria ou questão quando na decisão impugnada haja sido adotada, explicitamente, tese a respeito.
II. Incumbe à parte interessada, desde que a matéria haja sido invocada no recurso principal, opor embargos declaratórios objetivando o pronunciamento sobre o tema, sob pena de preclusão.
III. Considera-se prequestionada a questão jurídica invocada no recurso principal sobre a qual se omite o Tribunal de pronunciar tese, não obstante opostos embargos de declaração.

Essa súmula deve ser analisada juntamente com a Orientação Jurisprudencial n. 118 da SDI-I do TST.

OJ-SDI1-118 — PREQUESTIONAMENTO. TESE EXPLÍCITA. INTELIGÊNCIA DA SÚMULA N. 297 (inserida em 20.11.1997). Havendo tese explícita sobre a matéria, na decisão recorrida, desnecessário contenha nela referência expressa do dispositivo legal para ter-se como prequestionado este.

Em apenas uma hipótese o prequestionamento não é necessário. Trata-se da hipótese contemplada pela OJ n. 119 da SDI-I do TST.

OJ-SDI1-119 — PREQUESTIONAMENTO INEXIGÍVEL. VIOLAÇÃO NASCIDA NA PRÓPRIA DECISÃO RECORRIDA. SÚMULA N. 297. INAPLICÁVEL (inserido dispositivo) — DEJT divulgado em 16, 17 e 18.11.2010). É inexigível o prequestionamento quando a violação indicada houver nascido na própria decisão recorrida. Inaplicável a Súmula n. 297 do TST.

OAB/MG 2009.2

41. Sobre o aviso-prévio, marcar a alternativa INCORRETA:

☐ A) A falta do aviso-prévio por parte do empregador dá ao empregado o direito aos salários correspondentes ao prazo do aviso, garantida sempre a integração desse período no seu tempo de serviço.

☐ B) O horário normal de trabalho do empregado, durante o prazo do aviso, e se a rescisão tiver sido promovida pelo empregador, será reduzido de duas horas diárias, sem prejuízo do salário integral, a não ser que o empregado opte por faltar ao serviço por sete dias corridos, também sem prejuízo do salário integral.

☐ C) Dado o aviso-prévio, a rescisão torna-se efetiva depois de expirado o respectivo prazo, mas se o empregado notificante reconsiderar o ato, antes de seu termo, o empregador é obrigado a aceitar a reconsideração.

☐ D) A falta de aviso-prévio por parte do empregado dá ao empregador o direito de descontar os salários correspondentes ao prazo respectivo.

O candidato deve marcar a alternativa "C", uma vez que contraria o disposto no art. 489, § único, da CLT, o qual impõe a concordância da parte contrária ao pedido de reconsideração.

Art. 489. Dado o aviso-prévio, a rescisão torna-se efetiva depois de expirado o respectivo prazo, mas, se a parte notificante reconsiderar o ato, antes de seu termo, à outra parte é facultado aceitar ou não a reconsideração.

Parágrafo único. Caso seja aceita a reconsideração ou continuando a prestação depois de expirado o prazo, o contrato continuará a vigorar, como se o aviso-prévio não tivesse sido dado.

A alternativa "A" está prevista no § 1º, do art. 487, da CLT:

§ 1º A falta do aviso prévio por parte do empregador dá ao empregado o direito aos salários correspondentes ao prazo do aviso, garantida sempre a integração desse período no seu tempo de serviço.

SUM-371 — AVISO-PRÉVIO INDENIZADO. EFEITOS. SUPERVENIÊNCIA DE AUXÍLIO-DOENÇA NO CURSO DESTE (conversão das Orientações Jurisprudenciais ns. 40 e 135 da SBDI-1) — Res. 129/2005, DJ 20, 22 e 25.4.2005

A projeção do contrato de trabalho para o futuro, pela concessão do aviso-prévio indenizado, tem efeitos limitados às vantagens econômicas obtidas no período de pré-aviso, ou seja, salários, reflexos e verbas rescisórias. No caso de concessão de auxílio-doença no curso do aviso-prévio, todavia, só se concretizam os efeitos da dispensa depois de expirado o benefício previdenciário. *(ex-OJs ns. 40 e 135 da SBDI-1 — inseridas, respectivamente, em 28.11.1995 e 27.11.1998)*

SUM-380 — AVISO-PRÉVIO. INÍCIO DA CONTAGEM. ART. 132 DO CÓDIGO CIVIL DE 2002 (conversão da Orientação Jurisprudencial n. 122 da SBDI-1) — Res. 129/2005, DJ 20, 22 e 25.4.2005

Aplica-se a regra prevista no *"caput"* do art. 132 do Código Civil de 2002 à contagem do prazo do aviso-prévio, excluindo-se o dia do começo e incluindo o do vencimento. *(ex-OJ n. 122 da SBDI-1 — inserida em 20.4.1998)*

OJ-SDI1-82 — AVISO-PRÉVIO. BAIXA NA CTPS. Inserida em 28.4.97

A data de saída a ser anotada na CTPS deve corresponder à do término do prazo do aviso-prévio, ainda que indenizado.

A alternativa "B" encontra previsão no art. 488, parágrafo único, da CLT:

Art. 488. O horário normal de trabalho do empregado, durante o prazo do aviso, e se a rescisão tiver sido promovida pelo empregador, será reduzido de 2 (duas) horas diárias, sem prejuízo do salário integral. Parágrafo único. É facultado ao empregado trabalhar sem a redução das 2 (duas) horas diárias previstas neste artigo, caso em que poderá faltar ao serviço, sem prejuízo do salário integral, por 1 (um) dia, na hipótese do inciso I, e por 7 (sete) dias corridos, na hipótese do inciso II do art. 487 desta Consolidação. (Incluído pela Lei n. 7.093, de 25.4.1983)

SUM-230 — AVISO-PRÉVIO. SUBSTITUIÇÃO PELO PAGAMENTO DAS HORAS REDUZIDAS DA JORNADA DE TRABALHO (mantida) — Res. 121/2003, DJ 19, 20 e 21.11.2003

É ilegal substituir o período que se reduz da jornada de trabalho, no aviso-prévio, pelo pagamento das horas correspondentes.

A alternativa "D" encontra previsão no § 2º, do art. 287, da CLT, do seguinte teor:

A falta de aviso-prévio por parte do empregado dá ao empregador o direito de descontar os salários correspondentes ao prazo respectivo.

---

42. Em relação ao trabalho noturno, é CORRETO afirmar:

☐ A) A regulamentação legal é a mesma para trabalhadores rurais e urbanos.

☐ B) O adicional noturno conferido ao trabalhador urbano tem percentual maior do que aquele conferido ao trabalhador rural.

☐ C) Para trabalhadores urbanos e rurais, considera-se noturno o trabalho realizado entre vinte e duas horas de um dia e cinco horas do dia seguinte.

☐ D) Apenas os trabalhadores urbanos têm direito à hora ficta noturna.

A alternativa correta é a "D".

Estabelece o § 1º do art. 73 da CLT o horário noturno dos trabalhadores urbanos: "A hora do trabalho noturno será computada como de 52 (cinquenta e dois) minutos e 30 (trinta) segundos."

A hora ficta noturna que corresponde a 7 horas, equivale a oito horas diurnas.

Súmula n. 65 do TST — O direito à hora noturna de 52 (cinquenta e dois) minutos e 30 (trinta) segundos aplica-se ao vigia noturno.

Incorreta a alternativa "A". O trabalho noturno dos trabalhadores urbanos é regulado pela CLT.

O trabalho noturno dos empregados rurais é regulado pela Lei n. 5.889, de 8 de junho de 1973 que prescreve no art. 7º : "Para os efeitos desta lei, considera-se trabalho noturno o executado entre as 21 horas de um dia e as 5 horas do dia seguinte, na lavoura, e entre as 20 horas de um dia e as 4 horas do dia seguinte, na atividade pecuária".

Além do período noturno ser diferente, para o rural não há a redução ficta, ou seja, a hora noturna equivale a 60 minutos.

Incorreta a alternativa "B", porquanto o percentual do trabalhador urbano é menor do que o rural. O art. 73 da CLT fixa o adicional de 20%; sendo que o trabalhador rural terá adicional de 25%.

Assim prescreve o parágrafo único do art. 7º, já descrito, da Lei n. 5.589/73 — "Todo o trabalho noturno será acrescido de 25% (vinte e cinco por cento) sobre a remuneração normal".

Incorreta a alternativa "C", pois conforme visto acima, o trabalho noturno para os urbanos será das 22:00 às 05:00 horas (art. 73, CLT), enquanto que o rural será das 21:00 às 05:00 horas, para aqueles que trabalham na agricultura e, das 20:00 às 04:00 horas para aqueles que trabalham na pecuária. (Lei n. 5.889/73, art. 7º).

Ainda sobre o trabalho noturno dos urbanos, a CLT estabelece que as prorrogações do horário noturno serão consideradas hora noturna. (art. 73, § 5º CLT).

> Súmula n. 60 TST — ADICIONAL NOTURNO. INTEGRAÇÃO NO SALÁRIO E PRORROGAÇÃO EM HORÁRIO DIURNO (incorporada a Orientação Jurisprudencial n. 6 da SBDI-1) — Res. 129/2005, DJ 20, 22 e 25.4.2005
>
> I — O adicional noturno, pago com habitualidade, integra o salário do empregado para todos os efeitos. *(ex-Súmula n. 60 — RA 105/1974, DJ 24.10.1974)*
>
> II — Cumprida integralmente a jornada no período noturno e prorrogada esta, devido é também o adicional quanto às horas prorrogadas. Exegese do art. 73, § 5º, da CLT. *(ex-OJ n. 6 da SBDI-1 — inserida em 25.11.1996)*

O termo contido no *caput* do art. 73 da CLT "salvo nos casos de revezamento semanal ou quinzenal" foi declarado inconstitucional pelo STF (Súmula n. 213 do STF).

Outras hipóteses previstas em lei:

ADVOGADO — das 20:00 às 05:00. A hora noturna equivale a 60' e o adicional é de 25% (art. 20, Lei n. 8.906/94).

PETROLEIRO — das 22:00 às 05:00. A hora noturna equivale a 60' e o adicional é de 20% (Súmula 112 do TST).

PORTUÁRIO — das 19:00 às 07:00. A hora noturna equivale a 60' e o adicional é de 20% (OJ n. 60 da SDI-I do TST).

AERONAUTA — do pôr ao nascer do sol. A hora noturna equivale a 52'30" e o adicional é de 20% (art. 41, Lei n. 7.183/84).

ENGENHEIRO — das 22:00 às 05:00. A hora noturna equivale a 60' e o adicional é de 25% (art. 7º Lei n. 4.950/66).

---

43. Sobre o trabalho do menor é CORRETO afirmar:

☐ A) A Consolidação das Leis do Trabalho considera menor para efeito de suas disposições o trabalhador de quatorze até dezoito anos.

☐ B) Após cada período de trabalho efetivo, quer contínuo, quer dividido em dois turnos, haverá um intervalo de repouso, não inferior a quinze horas.

☐ C) Em qualquer hipótese é vedado prorrogar a duração normal diária do trabalho do menor.

☐ D) Ao menor não será permitido o trabalho exercido nas ruas, praças e outros logradouros, independentemente de autorização do Juiz da Infância e da Juventude.

A alternativa correta é a "A".

A CLT considera menor o trabalhador com idade entre 14 e 18 anos.

Assim dispõe o art. 402, do Diploma Consolidado:

> Considera-se menor para os efeitos desta Consolidação o trabalhador de 14(quatorze) até 18 (dezoito) anos.

A Emenda Constitucional n. 20, de 15.12.1998, alterou a redação do inciso XXXIII, do art. 7º da Constituição Federal com relação a idade mínima para o registro na condição de empregado de 14 para 16 anos.

O menor aprendiz deverá ter a idade de mínima de 14 anos. (art. 428, da CLT).

A regra é aplicada igualmente ao trabalhador urbano e rural.

Portanto, a CLT contempla dois regimes de proteção ao trabalho do menor. Os menores com idade entre 16 e18 anos (relação empregatícia) e os de idade entre 14 e 24 anos (relação de aprendizagem).

A alternativa "B" está incorreta.

O art. 412, da CLT assim dispõe:

> Após cada período de trabalho efetivo, quer contínuo, quer dividido em 2 (dois) turnos, haverá um intervalo de repouso, não inferior a 11 (onze)horas.

Trata-se o intervalo interjornada que corresponde ao intervalo entre o final de uma jornada diária de trabalho e o início da jornada no dia seguinte. O intervalo deverá ser de no mínimo 11 horas consecutivas.

A regra é rigorosamente a mesma estabelecida para o trabalhador adulto, constante do art. 66, da CLT, que assim dispõe:

> Entre 2 (duas) jornadas de trabalho haverá um período mínimo de 11 (onze) horas consecutivas para descanso.

A alternativa "C" está incorreta. A jornada do menor é a mesma do trabalhador em geral.

Assim determina a CLT no art. 411 ao dispor:

> A duração do trabalho do menor regular-se-á pelas disposições legais relativas à duração do trabalho em geral, com as restrições estabelecidas neste Capítulo.

O art. 7º, inciso XIII, da Constituição Federal, estabelece que o trabalhador cumprirá a jornada de oito horas diárias e 44 semanais.

Assim sendo, concluímos que o menor cumpre a mesma jornada.

Quanto a prorrogação da jornada, a norma consolidada não a admite, a não ser em duas hipóteses a saber: a) mediante acordo coletivo ou convenção coletiva, até duas horas, sem acréscimo salarial e desde que o excesso seja compensado pela diminuição de horas em outro dia; b) em caso de força maior, até 12 horas, com acréscimo salarial de 50% sobre a hora normal, somado a que o trabalho do menor seja imprescindível.

Consigne-se que não se permite ao menor celebrar acordo para a compensação de horas de trabalho.

A alternativa "D" está incorreta.

Estabelece o § 2º, do art. 405, da CLT:

> O trabalho exercido nas ruas, praças e outros logradouros dependerá de prévia autorização do Juiz da Infância e da Juventude, ao qual cabe verificar se a ocupação é indispensável à sua própria subsistência ou à de seus pais, avós ou irmãos e se dessa ocupação não poderá advir prejuízo à sua formação moral.

Da análise do dispositivo constata-se que a norma consolidada permite o trabalho em ruas, praças e logradouros, desde que o trabalho seja executado para atender a necessidade da família e que não haverá nenhum prejuízo ao seu desenvolvimento ético e moral.

44. A Consolidação das Leis do Trabalho permite a concessão de férias coletivas, desde que conferidas:

☐ A) a todos os empregados da empresa.

☐ B) a todos os empregados de um estabelecimento da empresa.

☐ C) a pelo menos metade dos empregados da empresa.

☐ D) a todos os empregados de uma empresa, ou de determinados estabelecimentos ou de setores da empresa.

A *alternativa correta é a "D"*.

Férias coletivas são aquelas concedidas simultaneamente a todos os empregados da empresa, ou do estabelecimento ou de setores da empresa, independentemente de terem sido completados os períodos aquisitivos, dependendo dos interesses do empreendimento.

Poderão ser concedidas em dois períodos, sendo que nenhum poderá ser inferior a 10 dias.

Incorretas as alternativas "A", "B" e "C" eis que as férias coletivas deverão alcançar todos empregados, sejam de uma empresa, de determinados estabelecimentos ou de um setor a empresa, consoante dispõe o art. 139 da CLT.

Art. 139. Poderão ser concedidas férias coletivas a todos os empregados de uma empresa ou de determinados estabelecimentos ou setores da empresa. *(Redação dada pelo Decreto-lei n. 1.535, de 13.4.1977*

---

45. Marque a alternativa CORRETA. Jadir Jader, empregado da Construtora MM, por descuido, quebrou a máquina na qual estava trabalhando. Seu empregador deseja descontar o valor do prejuízo do salário de Jadir.

☐ A) O desconto não poderá ser feito, pois vedado por lei, tendo em vista a hipossuficiência do empregado.

☐ B) O desconto não poderá ser feito, tendo em vista que Jadir não agiu com dolo.

☐ C) O desconto poderá ser feito, desde que haja previsão contratual nesse sentido.

☐ D) O desconto poderá ser feito em qualquer hipótese.

A *alternativa correta é a "C"*.

Assim dispõe o art. 462:

Ao empregador é vedado efetuar qualquer desconto nos salários do empregado, salvo quando este resultar de adiantamentos, de dispositivos de lei ou de contrato coletivo.

§ 1º Em caso de dano causado pelo empregado, o desconto será lícito, desde que esta possibilidade tenha sido acordada ou na ocorrência de dolo do empregado.

A regra contida neste artigo contempla o princípio da intangibilidade do salário. Trata-se de regra de proteção em razão do caráter alimentar do crédito trabalhista, bem como coibir abusos praticados pelo empregador.

Da análise do dispositivo em comento, verificamos que quatro são as hipóteses em que o desconto é permitido: adiantamentos, dispositivo de lei, previsão em norma coletiva e em caso de dano causado pelo empregado.

Nesta última hipótese, será lícito no caso de dolo ou desde que tenha sido previamente contratado. Exemplo da contratação prévia é a do motorista de automóvel cujo contrato estabelece a possibilidade de desconto em caso de multa de trânsito. O enunciado descreve um ato culposo praticado pelo empregado, fruto de negligência. O desconto será possível, desde que esta possibilidade seja prevista no contrato.

Incorreta a alternativa "A", pois como visto a lei autoriza desconto em algumas hipóteses.

Com relação à alternativa "B" cumpre consignar que o dano causado pelo empregado por dolo também autoriza o desconto, mas não é a única hipótese como sugere a alternativa.

A alternativa "D" contraria o dispositivo legal, pois a regra veda o desconto no salário do empregado, sendo admitido apenas em algumas exceções. Trata-se do princípio da intangibilidade salarial.

---

46. Maria da Penha, costureira empregada da empresa Confecções Arruda, cumpre jornada diária de 9h00 (nove horas) às 19h00 (dezenove horas), com duas horas de intervalo para refeição. Há alguns meses participou de um curso de bordados com duração de 15 dias, e que se iniciava às 18h00 (dezoito horas). Para chegar a tempo no curso, com a expressa autorização de seu empregador, durante 15 dias, terminou sua jornada às 17h00 (dezessete horas) e, para compensar, não gozou do intervalo de duas horas. Nesse caso,

☐ A) serão devidas duas horas extras por dia.

☐ B) nenhuma hora extra será devida, tendo em vista que a empregada desejou fazer o curso.

☐ C) nenhuma hora extra será devida, tendo em vista a expressa autorização do empregador.

☐ D) nenhuma hora extra será devida, tendo em vista que a empregada permaneceu trabalhando oito horas diárias.

A alternativa correta é a "A".

47. Da decisão proferida por Turma do Tribunal Regional do Trabalho, no julgamento de agravo de petição, em procedimento sumaríssimo, cabe recurso

- A) de revista, para o Tribunal Superior do Trabalho, em caso de violação literal de disposição de lei federal ou afronta direta e literal à Constituição da República.

- B) de revista, para o Tribunal Superior do Trabalho, em caso de ofensa direta e literal de norma da Constituição da República.

- C) de revista, para o Tribunal Superior do Trabalho, em caso de ofensa à Constituição da República, à lei federal ou, ainda, no caso de divergência jurisprudencial.

- D) de revista, em qualquer caso.

A alternativa correta é a "B".

Na execução o recurso cabível da decisão do Tribunal que julga o agravo de petição é o Recurso de Revista, na hipótese de violação da Constituição Federal, pouco importando o rito em que tramitou pela fase de conhecimento (sumaríssimo ou ordinário), conforme art. 896, § 2º da CLT.

§ 2º Das decisões proferidas pelos Tribunais Regionais do Trabalho ou por suas Turmas, em execução de sentença, inclusive em processo incidente de embargos de terceiro, não caberá Recurso de Revista, salvo na hipótese de ofensa direta e literal de norma da Constituição Federal. *(Redação dada pela Lei n. 9.756, de 17.12.1998)*

Súmula n. 266 TST — RECURSO DE REVISTA. ADMISSIBILIDADE. EXECUÇÃO DE SENTENÇA (mantida) — Res. 121/2003, DJ 19, 20 e 21.11.2003

A admissibilidade do recurso de revista interposto de acórdão proferido em agravo de petição, na liquidação de sentença ou em processo incidente na execução, inclusive os embargos de terceiro, depende de demonstração inequívoca de violência direta à Constituição Federal.

Assim, incorretas as demais alternativas.

---

48. A empresa XYZ, durante a execução definitiva de um processo em que é parte, teve alguns de seus bens penhorados. Como não concordava com os cálculos do exequente, os quais foram homologados, opôs embargos à execução. O juízo da 55ª Vara do Trabalho de Belo Horizonte, decidindo os embargos, deles não conheceu, com base no fundamento de estarem intempestivos.

Dessa decisão caberá:

- A) recurso ordinário.

- B) recurso de revista.

- C) agravo de petição.

- D) agravo de instrumento.

A alternativa correta é a "C".

Das decisões proferidas em execução é cabível agravo de petição, conforme art. 897, alínea *a* da CLT.

> Art. 897. Cabe agravo, no prazo de 8 (oito) dias: *(Redação dada pela Lei n. 8.432, 11.6.1992)*
> a) de petição, das decisões do Juiz ou Presidente, nas execuções; *(Redação dada pela Lei n. 8.432, 11.6.1992)*

Para o conhecimento do agravo terá o agravante que delimitar, justificadamente, as matérias e valores impugnados (§ 1º do art. 897 CLT).

A alternativa "A" é incorreta, pois recurso ordinário é cabível nas hipóteses do art. 895 da CLT.

> Art. 895. Cabe recurso ordinário para a instância superior:
> I — das decisões definitivas ou terminativas das Varas e Juízos, no prazo de 8 (oito) dias; e *(Incluído pela Lei n. 11.925, de 2009)*.
> II — das decisões definitivas ou terminativas dos Tribunais Regionais, em processos de sua competência originária, no prazo de 8 (oito) dias, quer nos dissídios individuais, quer nos dissídios coletivos. *(Incluído pela Lei n. 11.925, de 2009)*

A alternativa "B" também é incorreta, pois Recurso de Revista é cabível tão somente de decisão do Tribunal nas hipóteses do art. 896 da CLT.

> Art. 896. Cabe Recurso de Revista para Turma do Tribunal Superior do Trabalho das decisões proferidas em grau de recurso ordinário, em dissídio individual, pelos Tribunais Regionais do Trabalho, quando: *(Redação dada pela Lei n. 9.756, de 17.12.1998)*
> a) derem ao mesmo dispositivo de lei federal interpretação diversa da que lhe houver dado outro Tribunal Regional, no seu Pleno ou Turma, ou a Seção de Dissídios Individuais do Tribunal Superior do Trabalho, ou a Súmula de Jurisprudência Uniforme dessa Corte; *(Redação dada pela Lei n. 9.756, de 17.12.1998)*
> b) derem ao mesmo dispositivo de lei estadual, Convenção Coletiva de Trabalho, Acordo Coletivo, sentença normativa ou regulamento empresarial de observância obrigatória em área territorial que exceda a jurisdição do Tribunal Regional prolator da decisão recorrida, interpretação divergente, na forma da alínea *a*; *(Redação dada pela Lei n. 9.756, de 17.12.1998)*
> c) proferidas com violação literal de disposição de lei federal ou afronta direta e literal à Constituição Federal. *(Redação dada pela Lei n. 9.756, de 17.12.1998)*
> ...
> § 2º Das decisões proferidas pelos Tribunais Regionais do Trabalho ou por suas Turmas, em execução de sentença, inclusive em processo incidente de embargos de terceiro, não caberá Recurso de Revista, salvo na hipótese de ofensa direta e literal de norma da Constituição Federal. *(Redação dada pela Lei n. 9.756, de 17.12.1998)*
> ...
> § 6º Nas causas sujeitas ao procedimento sumaríssimo, somente será admitido recurso de revista por contrariedade a súmula de jurisprudência uniforme do Tribunal Superior do Trabalho e violação direta da Constituição da República. *(Incluído pela Lei n. 9.957, de 12.1.2000)*

E, por fim, incorreta a alternativa "D", pois agravo de instrumento é cabível apenas contra decisão que denega seguimento a outro recurso para instância superior (art. 897, alínea *b* da CLT).

> Art. 897. Cabe agravo, no prazo de 8 (oito) dias: *(Redação dada pela Lei n. 8.432, 11.6.1992)*
> ...
> b) de instrumento, dos despachos que denegarem a interposição de recursos. *(Redação dada pela Lei n. 8.432, 11.6.1992)*

49. Durante uma audiência de instrução, o autor requereu a oitiva de suas testemunhas, o que foi indeferido pelo juiz por considerar tal prova desnecessária. Após dez dias, foi proferida sentença julgando parcialmente procedente o pedido do autor. Marque a alternativa CORRETA:

☐ A) O autor poderá requerer a anulação da sentença proferida, em grau de recurso de revista para o Tribunal Regional do Trabalho.

☐ B) O autor poderá requerer a anulação da sentença proferida, em grau de recurso ordinário para o Tribunal Regional do Trabalho, desde que alegue erro de procedimento, tendo em vista o cerceamento de defesa e sua hipossuficiência.

☐ C) O autor poderá requerer, a anulação da sentença proferida, em grau de recurso ordinário para o Tribunal Regional do Trabalho, demonstrando seu prejuízo, desde que tenha manifestado sua contrariedade em relação ao indeferimento da oitiva de suas testemunhas, em audiência.

☐ D) O Tribunal competente para examinar o recurso da ré poderá declarar a nulidade da sentença, ainda que não haja requerimento da parte, tendo em vista o efeito devolutivo afeto a todos os recursos trabalhistas.

A alternativa correta é a "C".

As partes terão direito a três testemunhas no procedimento ordinário e a duas no procedimento sumaríssimo. O indeferimento da oitiva de testemunhas implica em cerceamento de defesa, que deverá ser arguido em preliminar de recurso ordinário, desde que não tenha ocorrido a preclusão, ou seja, que a parte tenha manifestado seu inconformismo em audiência. Além do mais, também deverá demonstrar o prejuízo com o indeferimento, conforme determina o art. 794 da CLT.

> Art. 794. Nos processos sujeitos à apreciação da Justiça do Trabalho só haverá nulidade quando resultar dos atos inquinados manifesto prejuízo às partes litigantes.

O momento para se arguir é em preliminar de Recurso Ordinário, pois por se tratar de decisão interlocutória, não comporta recurso imediato.

Por esse motivo incorreta a alternativa "A".

A alternativa "B" está correta até a primeira vírgula, depois está completamente errada, pois pouco importa a hipossuficiência para se falar em nulidade.

A alternativa "D" encontra óbice no disposto no art. 795 da CLT, portanto incorreta.

> Art. 795. As nulidades não serão declaradas senão mediante provocação das partes, as quais deverão argui-las à primeira vez em que tiverem de falar em audiência ou nos autos.

50. No processo do trabalho, é INCORRETO afirmar:

☐ A) Os embargos de declaração interrompem o prazo para a interposição de recurso.

☐ B) Os recursos trabalhistas, em regra, têm efeito suspensivo.

☐ C) Das decisões definitivas ou terminativas dos Tribunais Regionais do Trabalho, em processos de sua competência originária cabe recurso ordinário para o Tribunal Superior do Trabalho.

☐ D) O recurso de revista, o recurso ordinário, o agravo de petição e o agravo de instrumento devem ser interpostos no prazo de oito dias.

A alternativa correta é a "B".

É incorreto afirmar que os recursos trabalhistas têm efeito suspensivo em regra, pois o art. 899 da CLT estabelece que os recursos terão efeito meramente devolutivo.

> Art. 899. Os recursos serão interpostos por simples petição e terão efeito meramente devolutivo, salvo as exceções previstas neste Título, permitida a execução provisória até a penhora. *(Redação dada pela Lei n. 5.442, de 24.5.1968)*

Para se obter efeito suspensivo a recurso, o remédio processual adequado é a ação cautelar, nos termos do item I da Súmula n. 414 do TST.

> Súmula n. 414 TST — MANDADO DE SEGURANÇA. ANTECIPAÇÃO DE TUTELA (OU LIMINAR) CONCEDIDA ANTES OU NA SENTENÇA (conversão das Orientações Jurisprudenciais ns. 50, 51, 58, 86 e 139 da SBDI-2) — Res. 137/2005, DJ 22, 23 e 24.8.2005
> I — A antecipação da tutela concedida na sentença não comporta impugnação pela via do mandado de segurança, por ser impugnável mediante recurso ordinário. A ação cautelar é o meio próprio para se obter efeito suspensivo a recurso. *(ex-OJ n. 51 da SBDI-2 — inserida em 20.9.2000)*
> II — No caso da tutela antecipada (ou liminar) ser concedida antes da sentença, cabe a impetração do mandado de segurança, em face da inexistência de recurso próprio. *(ex-OJs ns. 50 e 58 da SBDI-2 — inseridas em 20.9.2000)*
> III — A superveniência da sentença, nos autos originários, faz perder o objeto do mandado de segurança que impugnava a concessão da tutela antecipada (ou liminar). *(ex-OJs da SBDI-2 ns. 86 — inserida em 13.3.2002 — e 139 — DJ 4.5.2004)*

A afirmativa "A" está correta, pois a oposição dos embargos de declaração é causa de interrupção do prazo para outro recurso.

> Art. 538 CPC — Os embargos de declaração interrompem o prazo para a interposição de outros recursos, por qualquer das partes.

A afirmativa "C" também é correta, pois é exatamente o teor do inciso II do art. 895 da CLT.

> Art. 895. Cabe recurso ordinário para a instância superior:
> I — das decisões definitivas ou terminativas das Varas e Juízos, no prazo de 8 (oito) dias; e *(Incluído pela Lei n. 11.925, de 2009)*
> II — das decisões definitivas ou terminativas dos Tribunais Regionais, em processos de sua competência originária, no prazo de 8 (oito) dias, quer nos dissídios individuais, quer nos dissídios coletivos. *(Incluído pela Lei n. 11.925, de 2009)*

Por fim, a afirmativa contida na alternativa "D" também é correta, pois em todos os recursos trabalhistas o prazo é de 8 dias (art. 6º Lei n. 5.584/70), exceto os embargos de declaração, cujo prazo é de 5 dias.

LTr Loja Virtual
www.ltr.com.br

LTr Biblioteca Digital
www.ltrdigital.com.br

Produção Gráfica e Editoração Eletrônica: **GRAPHIEN DIAGRAMAÇÃO E ARTE**
Projeto de Capa: **FABIO GIGLIO**
Impressão: **HR GRÁFICA E EDITORA**